Die Märchen der Weltliteratur

Begründet von Friedrich von der Leyen

Herausgegeben von Hans-Jörg Uther

Hans Christian Andersen

Märchen und Geschichten

Erster Band

Herausgegeben und übersetzt von
Gisela Perlet

EUGEN DIEDERICHS VERLAG

Die Deutsche Bibliothek – CIP-Einheitsaufnahme
Andersen, Hans Christian:
Märchen und Geschichten / Hans Christian Andersen. Hrsg.
und übers. von Gisela Perlet. – München: Diederichs.
ISBN 3-424-01327-7
NE: Perlet, Gisela [Hrsg.]; Andersen, Hans Christian:
[Sammlung <dt.>]
Bd. 1 (1996)

© Eugen Diederichs Verlag, München 1996
Alle Rechte vorbehalten

Umschlaggestaltung: Ute Dissmann, München, unter
Verwendung von Scherenschnitten von
Hans Christian Andersen
Produktion: Tillmann Roeder, München
Satz: Jung Satzcentrum, Lahnau
Druck und Bindung: Wiener Verlag, Himberg
Printed in Austria

ISBN 3-424-01327-7

INHALT

1. Das Feuerzeug 7
2. Der Kleine Klaus und der Große Klaus 15
3. Die Prinzessin auf der Erbse 30
4. Däumelinchen 31
5. Der Reisekamerad 44
6. Die kleine Meerfrau 68
7. Des Kaisers neue Kleider 95
8. Das Gänseblümchen 101
9. Der standhafte Zinnsoldat 105
10. Die wilden Schwäne 111
11. Der fliegende Koffer 130
12. Ole Lukøie 137
13. Der Schweinehirt 151
14. Die Nachtigall 156
15. Das Liebespärchen 168
16. Das häßliche Entlein 170
17. Der Tannenbaum 182
18. Die Schneekönigin 192
19. Elfenhügel 230
20. Die Hüpfer 238
21. Die Hirtin und der Schornsteinfeger 240
22. Die alte Straßenlaterne 246
23. Die Stopfnadel 253
24. Der Schatten 257
25. Das alte Haus 272
26. Der Wassertropfen 281
27. Das kleine Mädchen mit den Schwefelhölzchen 283
28. Die glückliche Familie 286
29. Die Geschichte einer Mutter 290
30. Der Halskragen 297

31. Fliedermutter 300
32. Die Galoschen des Glücks 309

　Anmerkungen 345

1. Das Feuerzeug

Auf der Landstraße kam ein Soldat dahermarschiert: Eins, zwei! Eins, zwei! Er trug seinen Tornister auf dem Rücken und einen Säbel an der Seite, denn er war im Krieg gewesen und wollte jetzt nach Hause. Da traf er auf der Straße eine alte Hexe; sie sah abscheulich aus, ihre Unterlippe hing ihr bis auf die Brust.

Sie sagte: »Guten Abend, Soldat! Was hast du da für einen hübschen Säbel und was für einen großen Tornister, du bist ein richtiger Soldat! Jetzt sollst du so viel Geld bekommen, wie du haben willst!«

»Vielen Dank, du alte Hexe!« sagte der Soldat.

»Siehst du den großen Baum hier?« sagte die Hexe und zeigte auf einen Baum, der neben ihnen stand. »Der ist innen ganz hohl. Du mußt hinauf in den Wipfel klettern, dort siehst du ein Loch, da kannst du hinunterrutschen, bis tief in den Baum hinein. Ich werde dir einen Strick um den Leib binden, damit ich dich wieder nach oben ziehen kann, wenn du mich rufst.«

»Was soll ich denn unten im Baum?« fragte der Soldat.

»Geld holen!« sagte die Hexe. »Wenn du auf dem Grund des Baums angekommen bist, mußt du wissen, dann bist du in einem großen Gang, der ist ganz hell, denn darin brennen über hundert Lampen. Dann erblickst du drei Türen, du kannst sie öffnen, der Schlüssel steckt. Wenn du nun in die erste Kammer gehst, dann siehst du mitten darin eine große Truhe, auf der ein Hund sitzt; der hat ein Paar Augen so groß wie Teetassen, aber mach dir nichts draus! Ich gebe dir meine blaukarierte Schürze mit, die kannst du auf dem Fußboden ausbreiten; dann geh rasch auf den Hund zu, pack ihn, setz ihn auf meine Schürze, öffne die Truhe und nimm dir so viele Schillinge, wie du willst; sie sind allesamt aus Kupfer. Willst du lieber Silber haben, dann mußt du in die nächste Kammer gehen.

Doch darin sitzt ein Hund, der hat ein Paar Augen so groß wie Mühlräder; aber mach dir nichts draus, setz ihn nur auf meine Schürze und nimm dir von den Münzen! Wünschst du dir dagegen Gold, dann kannst du es auch bekommen, und zwar so viel, wie du tragen magst, wenn du in die dritte Kammer gehst. Aber der Hund, der dort auf der Geldtruhe sitzt, der hat zwei Augen, jedes so groß wie der Runde Turm in Kopenhagen. Das ist ein richtiger Hund, kannst du mir glauben! Aber mach dir nichts draus, setz ihn nur auf meine Schürze, dann tut er dir nichts, und nimm dir so viel Gold aus der Truhe, wie du willst!«

»Das wäre gar nicht so übel!« sagte der Soldat. »Aber was soll ich dir denn geben, du alte Hexe? Ich kann mir wohl denken, daß du auch etwas haben willst.«

»Nein«, sagte die Hexe, »nicht einen einzigen Schilling will ich haben. Bring mir nur ein altes Feuerzeug mit, das meine Großmutter vergessen hat, als sie zuletzt dort unten war!«

»Na, dann binde mir mal den Strick um den Bauch!« sagte der Soldat.

»Hier ist er«, sagte die Hexe, »und hier ist meine blaukarierte Schürze.«

Dann kletterte der Soldat auf den Baum, ließ sich durch das Loch hinunterplumpsen und stand nun, wie die Hexe gesagt, in dem großen Gang, wo die vielen hundert Lampen brannten.

Jetzt öffnete er die erste Tür. Hu! Da saß der Hund mit den Augen so groß wie Teetassen und glotzte ihn an.

»Du bist ja ein netter Kerl!« sagte der Soldat, setzte ihn auf die Schürze der Hexe und nahm sich so viele Kupferschillinge, wie in seine Tasche paßten, schloß dann die Truhe, setzte den Hund wieder darauf und betrat die zweite Kammer.

Eia! Da saß der Hund mit den Augen so groß wie Mühlräder.

»Du solltest mich nicht so starr anglotzen«, sagte der Soldat, »sonst bekommst du schlimme Augen!«

Und dann setzte er den Hund auf die Schürze der Hexe. Doch als er das viele Silbergeld in der Truhe sah, warf er all sein Kupfergeld weg und füllte sich Taschen und Tornister mit purem Silber.

Nun ging er in die dritte Kammer. – Nein, war das grauenhaft! Der Hund hier hatte wirklich zwei Augen, jedes so groß wie der Runde Turm, und sie drehten sich wie Räder in seinem Kopf herum!

»Guten Abend!« sagte der Soldat und griff sich an die Mütze, denn einen solchen Hund hatte er noch nie gesehen. Doch als er ihn ein Weilchen betrachtet hatte, dachte er: »Jetzt mag es genug sein«, setzte ihn auf den Fußboden und öffnete die Truhe. Nein, Gott bewahre, was war darin für eine Menge Gold! Dafür konnte er ganz Kopenhagen und die Zuckerschweinchen der Kuchenfrauen, sämtliche Zinnsoldaten, Peitschen und Schaukelpferde kaufen, die es auf der Welt gab! Ja, das war wirklich Geld!

Da warf der Soldat die Silberschillinge weg, mit denen er seine Taschen und den Tornister gefüllt hatte, und nahm sich statt dessen Gold, ja alle Taschen, den Tornister, die Mütze und die Stiefel stopfte er voll, so daß er kaum noch laufen konnte. Nun hatte er Geld! Er setzte den Hund auf die Truhe, schlug die Tür zu und rief durch den Baum hinauf: »Jetzt zieh mich nach oben, du alte Hexe!«

»Hast du auch das Feuerzeug?« fragte die Hexe.

»Ja richtig«, sagte der Soldat, »das hätte ich glatt vergessen.«

Und dann kehrte er um und holte es. Die Hexe zog ihn hinauf, und da stand er wieder auf der Landstraße und hatte Taschen, Stiefel, Tornister und Mütze voller Geld.

»Was willst du denn mit diesem Feuerzeug?« fragte der Soldat.

»Das geht dich gar nichts an!« sagte die Hexe. »Du hast ja nun Geld bekommen. Gib nur das Feuerzeug her!«

»Schnickschnack!« entgegnete der Soldat. »Wenn du mir nicht gleich sagst, was du damit willst, ziehe ich meinen Säbel und schlage dir den Kopf ab!«

»Nein«, antwortete die Hexe.

Nun schlug der Soldat ihr den Kopf ab. Da lag sie! Er aber knüpfte all sein Geld in ihre Schürze, nahm sie wie ein Bündel auf den Rücken, steckte sich das Feuerzeug in die Tasche und ging geradewegs in die Stadt.

Es war eine schöne Stadt, und im schönsten Wirtshaus kehrte er ein, verlangte die allerbesten Zimmer und sein Lieblingsessen, denn jetzt war er reich, weil er soviel Geld besaß.

Der Diener, der ihm die Stiefel putzen sollte, fand es freilich sonderbar, daß ein so reicher Herr so alte Stiefel trug, denn neue hatte sich der Soldat noch nicht gekauft. Doch am nächsten Tag legte er sich Stiefel zu, mit denen er gehen konnte, und Kleider, die anständig waren. Nun war der Soldat ein vornehmer Herr geworden, und die Leute erzählten ihm von all der Pracht in ihrer Stadt und von ihrem König, und was für eine hübsche Prinzessin seine Tochter sei.

»Wo bekommt man sie denn zu sehen?« fragte der Soldat.

»Man bekommt sie überhaupt nicht zu sehen!« sagten alle. »Sie wohnt in einem großen Kupferschloß, mit unzähligen Mauern und Türmen darum. Nur der König und niemand sonst darf aus und ein bei ihr gehen, denn es ist ihr prophezeit, daß sie einen ganz einfachen Soldaten heiraten wird, und das will der König nicht.«

»Die möchte ich wohl gerne sehen!« dachte der Soldat, aber das hätte man ihm gewiß nicht erlaubt.

Nun lebte er lustig und in Freuden, ging ins Theater, fuhr in den Garten des Königs und gab den Armen Mengen von Geld, und das war hübsch getan! Er wußte noch aus alter Zeit, wie schlimm es war, nicht einen Schilling zu besitzen.

Er war nun reich, trug feine Kleider und hatte auch so viele Freunde, die alle sagten, er sei ein netter Kerl, ein rechter Kavalier, und das gefiel dem Soldaten gut. Doch weil er jeden Tag Geld ausgab und gar nichts einnahm, hatte er schließlich nur noch zwei Schillinge übrig. Er mußte seine schönen Zimmer verlassen und in ein winziges Kämmerlein ziehen, ganz oben unterm Dach, mußte seine Stiefel selber bürsten und mit einer Stopfnadel zusammennähen, und keiner seiner Freunde kam ihn besuchen, denn es waren so viele Treppen zu steigen.

Es war ein ganz dunkler Abend, und er konnte sich nicht einmal eine Kerze kaufen. Da aber fiel ihm ein, daß ein kleiner Stummel in jenem Feuerzeug lag, das er aus dem hohlen Baum mitgebracht hatte, in den er mit Hilfe der Hexe gelangt war. Er holte es mit dem Kerzenstummel hervor, doch sowie er Feuer schlug und die Funken stieben, sprang die Tür auf, und vor ihm stand der Hund, der Augen so groß wie ein Paar Teetassen hatte, und fragte: »Was befiehlt mein Herr?«

»Na so etwas!« sagte der Soldat. »Das ist ja ein lustiges Feuerzeug, wenn ich damit alles bekommen kann, was ich haben will! Beschaff mir etwas Geld!« befahl er dem Hund – und husch! war der fort und husch! wieder da und trug einen großen Beutel voller Schillinge in der Schnauze.

Da wußte der Soldat, was für ein herrliches Feuerzeug das war! Schlug er einmal, kam der Hund von der Truhe mit dem Kupfergeld, schlug er zweimal, kam der, der das Silbergeld hatte, und schlug er dreimal, dann kam jener, der das Gold besaß.

Nun kehrte der Soldat in die schönen Zimmer zurück, zog sich gute Kleider an, und alle seine Freunde erkannten ihn sogleich wieder und hatten ihn herzlich gern.

Da dachte er einmal: »Es ist doch eine seltsame Sache, daß man sich diese Prinzessin nicht ansehen darf! Sie soll wunderschön sein, sagen alle! Aber was nützt das, wenn sie immer nur in dem großen Kupferschloß mit den vielen Türmen sitzen muß. – Kann ich sie denn gar nicht zu sehen bekommen? – Wo ist denn mein Feuerzeug?« Und dann schlug er Feuer, und husch! kam der Hund mit den Augen so groß wie Teetassen.

»Es ist zwar mitten in der Nacht«, sagte der Soldat, »aber ich möchte für mein Leben gern die Prinzessin sehen, nur einen winzigen Augenblick!«

Sofort war der Hund zur Tür hinaus und schneller, als der Soldat denken konnte, mit der Prinzessin zurück. Sie saß auf seinem Rücken und schlief und war so schön, daß jeder erkannte, daß sie eine wirkliche Prinzessin war. Der Soldat konnte gar nicht anders – er mußte sie küssen, denn er war ein richtiger Soldat.

Dann brachte der Hund die Prinzessin ins Schloß zurück. Doch als es Morgen wurde und der König und die Königin den Tee eingossen, sagte die Prinzessin, sie habe in der Nacht so seltsam geträumt, von einem Hund und einem Soldaten. Auf dem Hund sei sie geritten, und der Soldat habe sie geküßt.

»Das ist ja eine schöne Geschichte!« sagte die Königin.

In der folgenden Nacht sollte nun eine der alten Hofdamen am Bett der Prinzessin wachen, um herauszufinden, ob es sich wirklich um einen Traum handelte oder was es sonst sein mochte.

Der Soldat wollte so schrecklich gern die schöne Prinzessin wiedersehen, und nachts kam der Hund, packte sie und lief, was er nur konnte; doch die alte Hofdame zog sich wasserdichte Stiefel an und lief genauso schnell hinterher. Als sie nun sah, daß die beiden in einem großen Haus verschwanden, dachte sie: »Jetzt weiß ich, wo es ist«, und malte mit einem Stück Kreide ein großes Kreuz an das Tor. Dann kehrte sie heim und legte sich schlafen, und der Hund brachte die Prinzessin auch wieder zurück. Doch als er sah, daß dort, wo der Soldat wohnte, ein Kreuz auf das Tor gemalt war, nahm er ebenfalls ein Stück Kreide und malte Kreuze auf sämtliche Tore der ganzen Stadt, und das war klug getan, denn jetzt konnte die Hofdame das richtige Tor nicht finden, weil an allen Toren Kreuze waren.

Früh am Morgen erschienen der König und die Königin, die alte Hofdame und sämtliche Offiziere, um zu sehen, wo die Prinzessin gewesen sei.

»Da ist es!« sagte der König, als er das erste Tor mit einem Kreuz erblickte.

»Nein, da ist es, mein lieber Mann!« sagte die Königin, die das zweite Tor mit einem Kreuz entdeckte.

»Aber da ist eins, und dort ist eins!« sagten sie alle – wohin sie auch sahen, war ein Kreuz auf dem Tor. Da erkannten sie wohl, daß ihnen das Suchen nichts helfen würde.

Aber die Königin war nun eine sehr kluge Frau, die sich auf mehr verstand, als in einer Kutsche zu fahren. Sie nahm ihre große Goldschere, zerschnitt ein großes Stück Seide und nähte daraus einen hübschen kleinen Beutel; den füllte sie mit feiner Buchweizengrütze, band ihn der Prinzessin auf den Rücken, und als das getan war, schnitt sie ein kleines Loch hinein, damit die Grütze den ganzen Weg bestreuen konnte, den die Prinzessin nehmen würde.

In der Nacht erschien der Hund wieder, lud sich die Prinzessin auf den Rücken und brachte sie zum Soldaten, der sie sehr lieb hatte und sehr gern ein Prinz gewesen wäre, um sie zur Frau zu bekommen.

Der Hund merkte gar nicht, wie die Grütze rieselte, während er mit der Prinzessin vom Schloß bis zum Fenster des Soldaten rannte, wo er die Mauer hinauflief. Am Morgen sahen der König und die Königin nun wohl, wo ihre Tochter gewesen war, und da ergriffen sie den Soldaten und steckten ihn ins Kittchen.

Da saß er. Hu, wie dunkel und langweilig es hier war! Und dann wurde ihm gesagt: »Morgen wirst du aufgehängt!« Das hörte sich gar nicht lustig an, und sein Feuerzeug hatte er im Wirtshaus vergessen. Als es Morgen wurde, konnte er durch die Eisenstangen des kleinen Fensters die Leute erkennen, die zur Stadt hinaus eilten, um ihn hängen zu sehen. Er hörte die Trommeln und sah die Soldaten marschieren. Alle Menschen liefen davon; darunter war auch ein Schusterjunge mit Schurzfell und Pantoffeln, der rannte so im Galopp, daß ihm der eine Pantoffel wegflog und zwar direkt gegen die Mauer, wo der Soldat saß und durch die Eisenstangen hinausblickte.

»He, du Schusterjunge! Du brauchst dich nicht so zu beeilen«, sagte der Soldat zu ihm, »es geht doch nicht eher los, als ich da bin! Aber wenn du dorthin läufst, wo ich gewohnt habe, und mir mein Feuerzeug holst, dann sollst du vier Schillinge bekommen! Aber du mußt die Beine in die Hand nehmen!«

Der Schusterjunge wollte gern die vier Schillinge haben, stürzte davon, brachte dem Soldaten das Feuerzeug, und – ja, jetzt werden wir hören!

Vor der Stadt war ein großer Galgen aufgebaut, rundherum standen die Soldaten und viele hunderttausend Menschen. Der König und die Königin saßen auf einem prächtigen Thron, dem Richter und dem ganzen Rat gegenüber.

Der Soldat stand bereits auf der Leiter, doch als sie ihm den Strick um den Hals legen wollten, sagte er, daß man einem Sünder, bevor er seine Strafe verbüßte, stets noch einen unschuldigen Wunsch erlaube und gewähre. Er wolle so gern eine Pfeife Tabak rauchen, es sei ja für ihn die letzte Pfeife auf dieser Welt.

Dazu wollte der König nicht nein sagen, und so nahm

der Soldat sein Feuerzeug und schlug Feuer, eins, zwei drei! Und da standen alle Hunde, der mit Augen so groß wie Teetassen, der mit Augen so groß wie ein Mühlrad und der, dessen Augen so groß waren wie der Runde Turm.

»Jetzt helft mir, damit ich nicht aufgehängt werde!« sagte der Soldat, und da stürzten sich die Hunde auf die Richter und den ganzen Rat, packten den einen an den Beinen und den anderen an der Nase und warfen sie viele Klafter hoch empor, und als sie zu Boden fielen, wurden sie ganz und gar zerschmettert.

»Ich will nicht!« sagte der König. Doch der größte Hund packte ihn samt der Königin und warf sie allen anderen hinterdrein. Da erschraken die Soldaten, und alle Leute riefen: »Kleiner Soldat, du sollst unser König sein und die schöne Prinzessin haben!«

Dann setzten sie den Soldaten in die königliche Kutsche, und alle drei Hunde tanzten voran und riefen: »Hurra!«, die Jungen pfiffen auf den Fingern, und die Soldaten präsentierten das Gewehr. Die Prinzessin kam aus dem Kupferschloß heraus und wurde Königin, und das gefiel ihr sehr! Die Hochzeit dauerte acht Tage, und die Hunde saßen mit am Tisch und machten große Augen.

2. Der Kleine Klaus und der Große Klaus

Es waren in einer Stadt zwei Männer, die beide denselben Namen hatten, beide hießen sie Klaus; doch der eine besaß vier Pferde und der andere nur ein einziges. Um sie nun voneinander zu unterscheiden, nannte man den mit den vier Pferden den Großen Klaus und den mit dem einen Pferd den Kleinen Klaus. Nun werden wir hören, wie es den zweien erging, denn dies ist eine wirkliche Geschichte!

Die ganze Woche lang mußte der Kleine Klaus für den Großen Klaus pflügen und ihm sein einziges Pferd ausleihen; danach half ihm der Große Klaus wieder mit all seinen vieren, doch nur einmal in der Woche, und zwar am Sonntag. Hussa! wie der Kleine Klaus die Peitsche über allen fünf Pferden knallen ließ, sie waren ja nun so gut wie sein eigen, an diesem einen Tag. Die Sonne schien prächtig, und alle Glocken im Kirchturm läuteten zum Gottesdienst, die Leute hatten sich herausgeputzt und gingen mit dem Gesangbuch unter dem Arm zur Kirche, um die Predigt des Pfarrers zu hören, und sie schauten auf den Kleinen Klaus, der mit seinen fünf Pferden pflügte, und der war so vergnügt, daß er abermals mit der Peitsche knallte und dabei rief: »Hü, alle meine Pferde!«

»Das darfst du nicht rufen«, sagte der Große Klaus, »wo dir doch nur das eine Pferd gehört!«

Doch als wieder ein Kirchgänger vorüberkam, vergaß der Kleine Klaus, was ihm verboten war, und rief gleichwohl: »Hü, alle meine Pferde!«

»Jetzt hör aber bitte damit auf!« ermahnte ihn der Große Klaus. »Denn wenn du das noch einmal rufst, dann schlage ich dein Pferd so vor die Stirn, daß es auf der Stelle tot ist, und dann ist es mit ihm vorbei.«

»Ich will es bestimmt nicht mehr sagen!« versprach der Kleine Klaus. Doch als wiederum Leute vorübergingen und ihm einen Gruß zunickten, wurde er so vergnügt und kam sich so schneidig vor, wie er sein Feld mit fünf Pferden pflügte, daß er mit der Peitsche knallte und dabei rief: »Hü, alle meine Pferde!«

»Ich werde deine Pferde hüen!« sagte der Große Klaus, nahm eine große Keule und schlug das einzige Pferd des Kleinen Klaus vor die Stirn, so daß es umfiel und mausetot war.

»Ach, nun habe ich gar kein Pferd mehr!« sagte der Kleine Klaus und brach in Tränen aus. Dann zog er seinem Pferd die Haut ab, ließ sie gut im Winde trocknen, steckte sie in einen Sack, den er auf die Schulter nahm, und machte sich dann auf zur Stadt, um seine Pferdehaut zu verkaufen.

Der Weg dorthin war sehr weit und führte durch einen großen, dunklen Wald, und als nun ein schreckliches Unwetter aufzog, ging er vollkommen in die Irre. Bevor er den rechten Weg wiederfand, war es Abend und unmöglich geworden, vor Einbruch der Nacht die Stadt zu erreichen oder nach Hause zurückzukehren.

Dicht am Wege lag ein großer Bauernhof, die Fensterläden waren geschlossen, doch oberhalb fiel ein Lichtschein heraus. »Hier kann ich vielleicht die Nacht verbringen«, dachte der Kleine Klaus, ging zur Tür und klopfte an.

Die Bauersfrau öffnete, doch als sie hörte, was er wollte, sagte sie, er solle seines Weges gehen, ihr Mann sei nicht zu Hause, und sie empfange keine Fremden.

»Na, dann muß ich eben draußen schlafen«, sagte der Kleine Klaus, und die Bauersfrau schloß vor ihm die Tür.

Ganz in der Nähe ragte ein großer Heuschober auf, und zwischen ihm und dem Haus stand ein kleiner Schuppen, der ein flaches Strohdach hatte.

»Dort oben kann ich liegen«, sagte der Kleine Klaus, als er das Dach erblickte, »das ist ja ein prächtiges Bett! Der Storch wird wohl nicht geflogen kommen und mich in die Beine beißen.« Auf dem Dach stand nämlich ein lebendiger Storch und hatte dort sein Nest.

Nun kletterte der Kleine Klaus auf den Schuppen und drehte und wendete sich, um eine bequeme Lage zu finden. Die hölzernen Fensterläden gegenüber waren oben nicht ganz geschlossen, und so konnte er bis in die Stube sehen.

Dort war ein großer Tisch gedeckt, mit Wein und Braten und ganz prächtigem Fisch, daran saßen die Bauersfrau und der Küster und niemand sonst, und sie schenkte ihm ein, und er machte sich an den Fisch, denn so etwas aß er gern.

»Wenn man doch etwas abbekommen könnte!« sagte der Kleine Klaus und reckte seinen Kopf zum Fenster. Herrgott, was für einen schönen Kuchen sah er da stehen! Ja, das war ein Festschmaus!

Da hörte er auf der Landstraße jemanden geritten kommen und sich dem Hause nähern; es war der Mann der Bauersfrau, der nun zurückkehrte.

Das war ein sehr braver Mann, der jedoch an der seltsamen Krankheit litt, daß er den Anblick von Küstern nicht vertrug; sowie ihm ein Küster unter die Augen kam, wurde er ganz rasend. Deshalb war der Küster auch eingetreten, um der Frau guten Tag zu sagen, als er den Mann außer Haus wußte, und deshalb setzte ihm die brave Frau nun die herrlichsten Speisen vor, die sie hatte. Doch als die beiden nun den Mann heimkehren hörten, bekamen sie einen großen Schreck, und die Frau zeigte dem Küster im Winkel eine große leere Truhe und bat ihn hineinzukriechen. Das tat er, denn er wußte ja, daß der arme Mann den Anblick von Küstern nicht vertrug. Die Frau versteckte geschwind alle herrlichen Speisen und den Wein in ihrem Backofen, denn würde ihr Mann die zu sehen bekommen, dann würde er wohl fragen, was dies alles zu bedeuten hätte.

»Ach ja!« seufzte der Kleine Klaus auf dem Schuppen, als er sah, wie all das Essen verschwand.

»Ist da oben jemand?« fragte der Bauer und blickte zum Kleinen Klaus hinauf. »Warum liegst du denn dort? Komm lieber mit in die Stube!«

Da erzählte der Kleine Klaus von seiner Verirrung und fragte, ob er die Nacht über bleiben dürfe.

»Ja gewiß!« sagte der Bauer. »Aber erst wollen wir uns mal ein bißchen stärken.«

Die Frau empfing die beiden sehr freundlich, deckte einen langen Tisch und setzte ihnen einen große Schüssel mit Grütze vor. Der Bauer war hungrig und aß mit kräftigem Appetit, der Kleine Klaus aber mußte unentwegt an den herrlichen Braten, den Fisch und den Kuchen denken, die er im Ofen wußte.

Unter dem Tisch zu seinen Füßen hatte er den Sack mit der Pferdehaut abgelegt – wir wissen ja, daß er von zu Hause aufgebrochen war, um sie in der Stadt zu verkaufen. Die Grütze wollte ihm gar nicht schmecken, und da trat er auf den Sack, so daß die trockene Haut darin ganz laut knarrte.

»Pst!« sagte der Kleine Klaus zu seinem Sack, trat aber gleich noch einmal zu, so daß es noch viel lauter knarrte.

»Sag mal, was hast du denn in deinem Sack?« fragte der Bauer.

»Oh, das ist ein Zauberer!« antwortete der Kleine Klaus. »Er sagt, wir sollen keine Grütze essen, er hat den ganzen Backofen voll Braten und Fisch und Kuchen gehext.«

»Ist das die Möglichkeit!« rief der Bauer aus und öffnete geschwind den Ofen. Als er nun all die herrlichen Speisen sah, die seine Frau darin versteckt hatte, glaubte er, der Zauberer im Sack habe sie herbeigehext. Die Frau wagte kein Wort zu sagen, sondern brachte das Essen sogleich auf den Tisch, und dann aßen sie vom Fisch und vom Braten und auch vom Kuchen.

Nun trat der Kleine Klaus wieder auf seinen Sack, so daß die Haut knarrte.

»Was sagt er denn jetzt?« fragte der Bauer.

»Er sagt«, antwortete der Kleine Klaus, »er habe auch drei Flaschen Wein für uns gehext, die stehen im Winkel am Ofen.«

Da mußte die Frau den Wein hervorholen, den sie versteckt hatte, und der Bauer trank und wurde sehr vergnügt; so einen Zauberer, wie ihn der Kleine Klaus im Sack besaß, den wollte er furchtbar gern haben.

»Kann er auch den Teufel herbeihexen?« fragte der Bauer, »den möchte ich wohl sehen, denn jetzt bin ich lustig!«

»Ja«, antwortete der Kleine Klaus, »mein Zauberer kann alles, was ich verlange. Nicht wahr, du?« fragte er und trat auf den Sack, daß es knarrte. »Hörst du, wie er ja sagt? Aber der Teufel sieht so häßlich aus und ist es nicht wert, daß man ihn anschaut.«

»Oh, ich habe gar keine Angst! Wie mag er wohl aussehen?«

»Ja, er wird sich ganz leibhaftig wie ein Küster zeigen.«

»Hu«, sagte der Bauer, »das ist ja gräßlich! Ihr müßt nämlich wissen, daß ich den Anblick von Küstern nicht vertrage. Aber das mag nun einerlei sein, ich weiß ja, daß es der Teufel ist, da finde ich mich wohl besser darein. Jetzt habe ich Courage! Aber er darf mir nicht zu nahe kommen.«

»Dann werde ich meinen Zauberer fragen«, sagte der Kleine Klaus, trat auf den Sack und hielt sein Ohr daran.

»Was sagt er?«

»Er sagt, Ihr sollt die Truhe öffnen, die dort im Winkel steht, dann könnt Ihr den Teufel sehen, wie er da hockt und lauert. Aber Ihr müßt den Deckel festhalten, damit er nicht hinausschlüpft.«

»Würdet Ihr mir wohl beim Festhalten helfen?« sagte der Bauer und ging zur Truhe, in der, von der Frau versteckt, der wirkliche Küster saß und vor Angst zitterte.

Der Bauer hob den Deckel ein wenig an und schaute hinein. »Hu!« schrie er und sprang zurück. »Ja, jetzt habe ich ihn gesehen, er sah ganz so aus wie unser Küster. Nein, das ist grauenhaft!«

Darauf mußten sie trinken, und dann tranken sie weiter bis tief in die Nacht.

»Diesen Zauberer mußt du mir verkaufen!« sagte der Bauer. »Du kannst für ihn verlangen, was du willst. Ja, ich gebe dir jetzt gleich einen ganzen Scheffel Geld.«

»Nein, das ist unmöglich«, sagte der Kleine Klaus. »Bedenke doch, wieviel Nutzen ich von diesem Zauberer haben kann!«

»Ach, ich möchte ihn so schrecklich gern haben«, sagte der Bauer und hörte nicht auf zu betteln.

»Ja«, sagte der Kleine Klaus schließlich, »weil du so gut warst und mich heute nacht beherbergt hast, mag es nun einerlei sein. Du sollst den Zauberer haben, wenn du mir einen Scheffel Geld dafür gibst, aber er muß gehäuft sein!«

»Den sollst du bekommen«, sagte der Bauer. »Aber du mußt diese Truhe mitnehmen, ich will sie keine Stunde länger im Haus behalten, man kann nicht wissen, ob er vielleicht noch darin sitzt.«

Da gab der Kleine Klaus dem Bauern seinen Sack mit der trockenen Haut und erhielt dafür einen ganzen Scheffel voll Geld, und zwar gehäuft. Der Bauer schenkte ihm sogar eine große Schubkarre, damit er Geld und Truhe wegschaffen konnte.

»Leb wohl!« sagte der Kleine Klaus, und dann fuhr er mit seinem Geld und der großen Truhe davon, in der noch immer der Küster saß.

Hinter dem Wald war ein großer, tiefer Fluß, dessen Strömung so reißend war, daß man kaum gegen sie schwimmen konnte. Eine große neue Brücke führte hinüber, und mitten darauf hielt der Kleine Klaus an und sagte so laut, daß es der Küster in der Truhe hören konnte:

»Nein, was soll ich nur mit dieser dummen Truhe? Sie ist so schwer, als wären Steine darin! Wenn ich noch weiter damit fahre, werde ich ganz müde, darum will ich sie in den Fluß werfen. Schwimmt sie zu mir nach Hause, dann ist es gut, und schwimmt sie nicht dorthin, dann mag es auch einerlei sein.«

Nun hob er die Truhe mit der einen Hand ein wenig an, als wollte er sie ins Wasser stürzen.

»Nein, bitte nicht!« rief der Küster im Inneren. »Bitte laß mich heraus!«

»Hu!« sagte der Kleine Klaus und tat erschrocken. »Er sitzt noch darin! Schnell in den Fluß mit ihm, damit er ertrinkt!«

»O nein, o nein!« rief der Küster. »Ich will dir einen ganzen Scheffel Geld geben, wenn du es nicht tust!«

»Ja, das ist eine andere Sache!« sagte der Kleine Klaus und öffnete den Deckel. Rasch kroch der Küster heraus und stieß die leere Truhe ins Wasser; dann ging er nach Hause und gab dem Kleinen Klaus einen ganzen Scheffel Geld. Der hatte ja schon einen von dem Bauern bekommen, und nun war seine ganze Schubkarre mit Geld gefüllt!

»Sieh an, das Pferd wurde mir recht gut bezahlt!« sagte er zu sich selbst, als er in seine eigene Stube heimkehrte und mitten darin alles Geld auf einen großen Haufen schüttete. »Wenn der Große Klaus hört, wie reich ich durch mein eines Pferd geworden bin, dann wird er sich ärgern. Aber ich will es ihm doch nicht rundheraus sagen!«

Nun schickte er einen Knecht zum Großen Klaus, um ein Scheffelmaß von ihm zu leihen.

»Was er wohl damit will?« dachte der Große Klaus und beschmierte den Boden mit Teer, damit von dem Inhalt, der gemessen wurde, etwas hängenbleiben konnte, und so geschah es auch: Als er das Maß zurückerhielt, klebten drei neue silberne Achtschillingstücke daran.

»Ist das die Möglichkeit!« rief der Große Klaus und eilte sogleich zu dem Kleinen. »Wo hast du nur das viele Geld her?«

»Oh, das bekam ich für die Pferdehaut, die ich gestern abend verkauft habe.«

»Das ist fürwahr gut bezahlt!« sagte der Große Klaus, lief rasch nach Hause, nahm eine Axt und schlug alle seine vier Pferde tot. Dann zog er die Haut von ihnen ab und fuhr damit in die Stadt.

»Häute! Häute! Wer kauft Häute?« schrie er durch die Straßen.

Alle Schuhmacher und Gerber kamen gelaufen und fragten, was er dafür haben wolle.

»Einen Scheffel Geld für jede«, sagte der Große Klaus.

»Bist du verrückt!« sagten sie alle. »Glaubst du, wir haben das Geld scheffelweise?«

»Häute! Häute! Wer kauft Häute?« schrie er weiter. Doch immer, wenn man ihn nach dem Preis der Häute fragte, antwortete er: »Einen Scheffel Geld.«

»Der will sich über uns lustig machen«, sagten alle, und dann nahmen die Schuhmacher ihre Spannriemen und die Gerber ihre Schurzfelle und prügelten auf den Großen Klaus ein.

»Häute, Häute!« äfften sie ihn nach. »Ja, wir werden dir die Haut schon gerben, bis sie blutet! Zur Stadt hinaus mit ihm!« riefen sie, und der Große Klaus mußte weglaufen, so schnell er konnte, eine solche Tracht Prügel hatte er noch nie bezogen.

»Na«, sagte er, als er nach Hause kam, »das soll mir der Kleine Klaus büßen, dafür will ich ihn totschlagen!«

Bei dem Kleinen Klaus aber war die alte Großmutter gestorben. Obwohl sie ihm böse und schlimm mitgespielt hatte, war er tiefbetrübt und legte die tote Frau in sein warmes Bett – vielleicht könnte sie wieder zum Leben erwachen. Hier sollte sie die ganze Nacht liegen, während er selbst im Winkel auf einem Stuhl schlafen wollte, das hatte er schon öfter getan.

Als er nun in der Nacht dort saß, ging die Tür auf, und herein kam der Große Klaus mit seiner Axt. Er wußte wohl, wo das Bett des Kleinen Klaus stand, eilte sogleich dorthin und schlug die tote Großmutter vor die Stirn, in dem Glauben, es sei der Kleine Klaus.

»Siehst du«, sagte er, »jetzt wirst du mich nicht mehr übertölpeln!« Und dann kehrte er nach Hause zurück.

»So ein schlechter, böser Mann«, sagte der Kleine Klaus, »da wollte er mich totschlagen! Wie gut, daß die alte Mutter schon tot gewesen ist, sonst hätte er sie umgebracht!«

Nun zog er seiner alten Großmutter Sonntagskleider an, lieh sich vom Nachbarn ein Pferd, spannte es vor den Wagen und setzte die alte Großmutter auf den hintersten Sitz, so daß sie beim Fahren nicht herunterfallen konnte, und dann rollte er mit ihr durch den Wald davon. Als die Sonne aufging, hatten sie eine große Schenke erreicht, wo der Kleine Klaus anhielt, um sich ein wenig zu stärken.

Der Gastwirt hatte ungeheuer viel Geld und war auch ein sehr braver Mann, dabei jedoch so hitzig, als wäre er voller Pfeffer und Tabak.

»Guten Morgen!« sagte er zum Kleinen Klaus. »Du hast dich ja heute schon zeitig feingemacht.«

»Ja«, sagte der Kleine Klaus, »ich muß mit meiner alten Großmutter in die Stadt, sie sitzt draußen im Wagen, ich kann sie nicht in die Stube schaffen. Bringt ihr doch bitte ein Glas Met, aber Ihr müßt ziemlich laut sprechen, sie hört nämlich nicht gut.«

»Das will ich wohl tun«, sagte der Gastwirt, schenkte ein großes Glas Met ein und ging damit zu der toten Großmutter, die aufrecht im Wagen saß.

»Hier ist ein Glas Met von Eurem Sohn!« sagte der Gastwirt.

Doch die tote Frau erwiderte kein Wort und saß nur still da.

»Hört Ihr nicht«, rief der Gastwirt, so laut er konnte, »hier ist ein Glas Met von Eurem Sohn!«

Er wiederholte es noch einmal und noch einmal, doch

als sich die Frau gar nicht von der Stelle rührte, wurde er zornig und warf ihr das Glas mitten ins Gesicht, so daß ihr der Met über die Nase lief und sie rücklings vom Wagen fiel, denn sie war nur hineingesetzt und nicht festgebunden.

»Na, na!« rief der Kleine Klaus, eilte zur Tür hinaus und packte den Gastwirt an der Brust. »Du hast meine Großmutter totgeschlagen! Sieh nur hin, in ihrer Stirn ist ein großes Loch!«

»Oh, so ein Unglück!« rief der Gastwirt und schlug die Hände zusammen. »Das kommt alles von meiner Hitzigkeit! Lieber Kleiner Klaus, ich will dir einen ganzen Scheffel Geld geben und deine Großmutter begraben lassen, als wäre es meine eigene, wenn du mich nur nicht verrätst, sonst wird mir der Kopf abgeschlagen, und das ist so ekelhaft!«

Da bekam der Kleine Klaus einen ganzen Scheffel Geld, und der Gastwirt begrub die alte Großmutter, als wäre es seine eigene gewesen.

Als nun der Kleine Klaus mit dem vielen Geld nach Hause kam, schickte er sogleich seinen Knecht zum Großen Klaus und ließ fragen, ob er ein Scheffelmaß ausleihen dürfe.

»Höre ich recht!« rief der Große Klaus aus. »Habe ich den nicht totgeschlagen? Da muß ich doch mal selbst nachsehen.« Und dann ging er zum Kleinen Klaus und brachte ihm das Scheffelmaß persönlich.

Als er das viele Geld erblickte, das noch hinzugekommen war, riß er die Augen auf und fragte: »Aber woher hast du das alles nur bekommen?«

»Nicht mich hast du totgeschlagen, sondern meine Großmutter«, sagte der Kleine Klaus, »die habe ich nun verkauft und habe für sie einen Scheffel Geld bekommen.«

»Das ist fürwahr gut bezahlt!« sagte der Große Klaus, eilte nach Hause, nahm eine Axt und schlug seine alte

Großmutter auf der Stelle tot. Dann legte er sie in den Wagen, fuhr in die Stadt und fragte dort den Apotheker, ob er einen toten Menschen kaufen wolle.

»Wer ist der Mensch, und woher habt Ihr ihn?« fragte der Apotheker.

»Es ist meine Großmutter«, sagte der Große Klaus, »ich habe sie totgeschlagen, für einen Scheffel Geld.«

»Um Himmels willen!« sagte der Apotheker. »Ihr verplappert Euch! So etwas dürft Ihr nicht sagen, das kann Euch den Kopf kosten!« Und dann machte er dem Großen Klaus richtig klar, was für eine entsetzliche Untat er begangen habe und was für ein schlechter Mensch er sei und daß er bestraft werden müsse.

Da erschrak der Große Klaus so heftig, daß er aus der Apotheke direkt in seinen Wagen sprang, auf die Pferde lospeitschte und sich auf den Heimweg machte. Doch weil der Apotheker und alle Leute ihn für verrückt hielten, ließen sie ihn fahren, wohin er wollte.

»Das will ich dir heimzahlen!« sagte der Große Klaus, als er die Landstraße erreicht hatte. »Ja, das will ich dir heimzahlen, Kleiner Klaus!«

Sowie er zu Hause war, nahm er den größten Sack, den er finden konnte, ging hinüber zum Kleinen Klaus und sagte: »Jetzt hast du mich wieder übertölpelt! Erst habe ich meine Pferde totgeschlagen und dann meine alte Großmutter! Das ist alles nur deine Schuld, aber jetzt sollst du mich nie wieder übertölpeln!« Und er faßte den Kleinen Klaus um den Leib und steckte ihn in den Sack, packte ihn dann beim Nacken und schrie ihm zu: »Jetzt geh ich zum Fluß und ertränke dich!«

Bis dahin war es ein weites Stück, und der Kleine Klaus war keine leichte Bürde. Der Weg führte dicht an der Kirche vorbei, und die Orgel spielte, und die Leute sangen so schön. Da stellte der Große Klaus seinen Sack neben die Kirchentür und dachte, es könnte recht gut sein, erst einmal dort einzukehren und sich einen Choral anzuhören – der Kleine Klaus konnte ja nicht entschlüpfen, und alle Leute waren in der Kirche, und so ging er hinein.

»Ach ja, ach ja!« seufzte der Kleine Klaus in dem Sack. Er drehte und wendete sich, doch es war ihm nicht möglich, die Verschnürung zu lösen. Gerade da näherte sich ein alter, alter Viehtreiber mit kreideweißem Haar und einem großen Stock in der Hand. Er trieb eine ganze Herde von Kühen und Stieren vor sich her, und die stießen gegen den Sack, in dem der Kleine Klaus saß, und kippten ihn um.

»Ach ja!« seufzte der Kleine Klaus, »ich bin noch so jung und soll schon ins Himmelreich!«

»Und ich armer Kerl«, sagte der Viehtreiber, »bin so alt und kann noch nicht dorthin gelangen.«

»Mach den Sack auf«, rief der Kleine Klaus, »und kriech für mich hinein, dann wirst du gleich ins Himmelreich kommen!«

»Ja, das will ich furchtbar gern«, sagte der Viehtreiber, löste die Verschnürung, und sogleich sprang der Kleine Klaus heraus.

»Bitte hüte nun das Vieh«, sagte der alte Mann und kroch in den Sack, und der Kleine Klaus schnürte ihn zu und ging dann mit allen Kühen und Stieren davon.

Kurz darauf kam der Große Klaus aus der Kirche, und als er sich nun den Sack wieder auflud, schien der ihm freilich an Gewicht verloren, denn der alte Viehtreiber wog kaum halb soviel wie der Kleine Klaus. »Wie leicht er geworden ist! Ja, das kommt wohl daher, daß ich mir einen Choral angehört habe.«

Dann ging der Große Klaus zum Fluß, der tief und groß war, warf den Sack mit dem alten Viehtreiber ins Wasser und rief ihm nach – in dem Glauben, daß der Kleine Klaus darin sei: »Jetzt sollst du mal sehen! Jetzt sollst du mich nicht mehr übertölpeln!«

Dann machte er sich auf den Heimweg, doch an einer Wegkreuzung begegnete ihm der Kleine Klaus, der all sein Vieh davontrieb.

»Ist das die Möglichkeit!« sagte der Große Klaus. »Habe ich dich nicht ertränkt?«

»Doch«, sagte der Kleine Klaus, »vor einer knappen halben Stunde hast du mich in den Fluß geworfen.«

»Aber woher hast du all das prächtige Vieh bekommen?« fragte der Große Klaus.

»Das ist Meervieh«, sagte der Kleine Klaus. »Ich will dir die ganze Geschichte erzählen, und vielen Dank, daß du mich ertränkt hast! Jetzt bin ich fein raus und richtig reich, das kannst du glauben! – Ich hatte solche Angst, als ich im Sack steckte, und der Wind pfiff mir um die Ohren, als du mich von der Brücke ins kalte Wasser hinunterwarfst. Ich sank sogleich auf den Grund, doch ohne mich zu stoßen, denn dort wächst das herrlichste weiche Gras. Darauf fiel ich, und sogleich wurde der Sack aufgemacht, und die schönste Jungfrau, kreideweiß gekleidet und mit einem grünen Kranz im nassen Haar, nahm mich bei der Hand und sagte: ›Bist du da, Kleiner Klaus? Da hast du fürs erste ein paar Rinder. Eine Meile höher am Weg steht noch eine ganze Herde, die will ich dir schenken.‹ – Nun sah ich, daß der Fluß eine große Landstraße für die Meerleute war. Auf seinem Grund gingen und fuhren sie vom Meer bis tief ins Land hinein, dorthin, wo der Fluß endete. Da wuchsen die prächtigsten Blumen und das saftigste Gras, und die Fische, die im Wasser schwammen, huschten mir um die Ohren wie hier die Vögel in der Luft. Wie fein die Leute da waren, und dann das Vieh, das auf Dämmen und Koppeln weidete!«

»Aber warum bist du dann gleich wieder zu uns zurückgekehrt?« fragte der Große Klaus. »Das hätte ich nicht getan, wenn es so hübsch dort unten war.«

»Ja«, sagte der Kleine Klaus, »das habe ich gerade

schlau gemacht! Du hast mir ja wohl zugehört – das Meermädchen sagte: ›Eine Meile weiter am Weg‹ – und mit Weg meint sie doch den Fluß, denn woanders kann sie ja nicht hin –, ›steht noch eine ganze Herde Rinder für dich bereit.‹ Aber ich weiß, wie sich der Fluß windet, bald hierhin, bald dorthin, das wäre ja ein großer Umweg, nein, das kürzt man sich ab, wenn man kann, und wenn ich hier an Land gehe und mein Vieh dann wieder quer zum Fluß hinübertreibe, dann spare ich dabei fast eine halbe Meile und komme schneller zu meinem Meervieh.«

»Oh, du bist ein glücklicher Mann!« sagte der Große Klaus. »Glaubst du, daß man mir auch Meervieh gibt, wenn ich auf den Grund des Flusses komme?«

»Doch, das möchte ich meinen«, sagte der Kleine Klaus, »aber ich kann dich nicht im Sack bis zum Fluß tragen, du bist mir zu schwer. Wenn du selbst bis zum Ufer gehst und dort in den Sack kriechst, dann will ich dich mit dem größten Vergnügen ins Wasser werfen.«

»Hab vielen Dank!« sagte der Große Klaus. »Aber wenn ich da unten kein Meervieh bekomme, dann verprügle ich dich, das kannst du mir glauben!«

»Ach nein! Sei nicht so böse!«

Und dann gingen sie zum Fluß. Die Rinder waren durstig und wollten trinken, und als sie das Wasser erblickten, liefen sie, was sie nur konnten.

»Sieh mal, wie sie rennen!« sagte der Kleine Klaus. »Sie sehnen sich nach dem Grund zurück.«

»Jetzt hilf mir erst einmal«, sagte der Große Klaus, »sonst bekommst du nämlich Prügel!« Und dann kroch er in den großen Sack, den einer der Stiere auf dem Rücken getragen hatte. »Leg einen Stein dazu, denn sonst, fürchte ich, sinke ich nicht auf den Grund«, sagte der Große Klaus.

»Das wird schon gehen!« sagte der Kleine Klaus,

packte aber doch einen großen Stein in den Sack, schnürte ihn fest zu und stieß ihn dann ins Wasser. Plumps! da lag der Große Klaus im Fluß und sank sogleich bis auf den Grund.

»Ich fürchte, er wird das Vieh nicht finden«, sagte der Kleine Klaus und trieb dann seinen Besitz nach Hause.

3. Die Prinzessin auf der Erbse

Es war einmal ein Prinz, der wünschte sich eine Prinzessin, aber es sollte eine *richtige* Prinzessin sein. Da reiste er durch die ganze Welt, um eine solche zu suchen, doch überall war etwas auszusetzen. Prinzessinnen gab es genug, doch ob es richtige Prinzessinnen waren, das konnte er nicht genau herausfinden, immer war etwas nicht ganz richtig. Da kehrte er nach Hause zurück und war tiefbetrübt, denn er wollte so gern eine wirkliche Prinzessin haben.

Eines Abends zog ein schreckliches Unwetter auf; es blitzte und donnerte, der Regen strömte, es war ganz entsetzlich! Da klopfte es an das Tor der Stadt, und der alte König ging hin, um zu öffnen.

Vor dem Tor stand eine Prinzessin. Aber Herrgott, wie sie vom Regen und vom schlechten Wetter zugerichtet war! Das Wasser lief ihr aus Haaren und Kleidern, zur Schuhspitze hinein und zum Hacken hinaus, und da sagte sie, sie sei eine wirkliche Prinzessin.

»Ja, das werden wir schon sehen!« dachte die alte Königin. Doch sie sagte kein Wort, ging in die Schlafkammer, räumte alles Bettzeug beiseite und legte auf den Boden der Schlafstatt eine Erbse. Dann holte sie zwanzig Matratzen, bedeckte damit die Erbse, und auf die Matratzen legte sie noch zwanzig Eiderdaunendecken.

Darauf sollte die Prinzessin nun in der Nacht liegen.

Am Morgen wurde sie gefragt, wie sie geschlafen habe.

»Ach, furchtbar schlecht!« antwortete die Prinzessin. »Ich habe die ganze Nacht fast kein Auge zugetan! Gott weiß, was in meinem Bett gewesen ist. Ich habe auf etwas gelegen, das war so hart, daß ich braun und blau am ganzen Körper bin. Es ist ganz furchtbar!«

Da erkannten sie, daß es eine richtige Prinzessin war, denn sie hatte durch die zwanzig Matratzen und die zwanzig Eiderdaunendecken hindurch die Erbse gespürt. Nur eine wirkliche Prinzessin und niemand sonst konnte so empfindlich sein.

Da nahm der Prinz sie zur Frau, denn jetzt wußte er, daß er eine richtige Prinzessin hatte, und die Erbse kam in die Kunstkammer, und wenn sie niemand gestohlen hat, dann kann man sie dort noch heute sehen.

Siehst du, das war eine richtige Geschichte!

4. Däumelinchen

Es war einmal eine Frau, die wünschte sich so sehr ein winzig kleines Kind, aber sie wußte gar nicht, woher sie es bekommen sollte. Da ging sie zu einer alten Hexe und sagte: »Ich möchte so herzlich gern ein kleines Kind, willst du mir nicht sagen, woher ich es bekommen kann?«

»Ja, das werden wir schon zuwege bringen!« sagte die Hexe. »Hier hast du ein Gerstenkorn, gar nicht so eins wie auf dem Feld des Bauern wächst oder wie es die Hühner fressen, das steck in einen Blumentopf, dann sollst du etwas zu sehen bekommen!«

»Hab vielen Dank!« sagte die Frau und gab der Hexe zwölf Schillinge.

Dann ging sie nach Hause, pflanzte das Gerstenkorn in den Topf, und sogleich wuchs daraus eine schöne große Blume, die einer Tulpe sehr ähnlich war, doch ihre Blätter schlossen sich so dicht zusammen, als wäre sie noch eine Knospe.

»Das ist eine hübsche Blume!« sagte die Frau und küßte die schönen roten und gelben Blätter. Doch sobald sie das tat, ertönte ein lauter Knall, und die Blume öffnete sich. Wie man nun sah, war es wirklich eine Tulpe, doch mitten darin saß auf einem grünen Stuhl ein winzig kleines Mädchen, ganz zart und fein. Sie war nicht größer als ein Daumen, und deshalb nannte man sie Däumelinchen.

Eine niedliche lackierte Walnußschale bekam sie als Wiege, blaue Veilchenblätter dienten ihr als Matratze und ein Rosenblatt als Deckbett, so schlief sie des Nachts. Am Tage spielte sie auf dem Tisch, die Frau hatte einen Teller dorthin gestellt und ganz mit Blumen umkränzt, deren Stiele im Wasser steckten. Dort schwamm ein großes Tulpenblatt, auf dem Däumelinchen sitzen und von einem Tellerrand zum andern fahren durfte, mit zwei weißen Roßhaaren zum Rudern. Das sah ganz allerliebst aus. Sie konnte auch singen, oh, so fein und lieblich, wie man es hier nie zuvor gehört.

Im Fenster war eine Scheibe kaputt, und eines Nachts, als Däumelinchen in ihrem hübschen Bett lag und unter dem roten Rosenblatt schlief, hüpfte eine häßliche Kröte herein, abscheulich, groß und naß, und sprang mitten auf den Tisch.

»Das wäre eine prächtige Frau für meinen Sohn!« sagte die Kröte, und dann packte sie die Walnußschale mit dem schlafenden Mädchen und hüpfte durch das Fenster in den Garten.

Dort strömte ein Fluß, der groß und breit, jedoch am Ufer sumpfig und morastig war; hier wohnte die Kröte mit ihrem Sohn. Hu! der war genauso häßlich und abscheulich und schlug ganz seiner Mutter nach. »Koax, koax, brekke-ke-kex!« war alles, was er beim Anblick des hübschen kleinen Mädchens in der Walnußschale herausbrachte.

»Sprich nicht so laut, sonst wacht sie auf!« sagte die alte Kröte. »Sie ist nämlich so leicht wie eine Schwanendaune und könnte uns noch weglaufen. Wir wollen sie hinaus in den Fluß auf eins der breiten Seerosenblätter setzen; das ist für sie wie eine Insel, sie ist ja so leicht und klein. Da kann sie nicht weglaufen, während wir unter dem Morast die gute Stube instand setzen, wo ihr Heim und Herd haben sollt.«

Draußen im Fluß wuchsen viele Seerosen und schienen mit ihren breiten grünen Blättern auf dem Wasser zu schwimmen. Das allergrößte Blatt war auch am weitesten entfernt, und dorthin paddelte die alte Kröte und setzte die Walnußschale mit Däumelinchen ab.

Früh am Morgen erwachte die arme Kleine, und als sie sah, wo sie war, begann sie ganz bitterlich zu weinen, denn überall war das große grüne Blatt von Wasser umgeben, sie konnte unmöglich an Land gelangen.

Die alte Kröte saß unten im Schlamm und putzte ihre Stube mit Schilf und gelben Seerosen heraus – es sollte richtig fein für die neue Schwiegertochter werden! Danach schwamm sie mit ihrem häßlichen Sohn zu Däumelinchens Blatt, um ihr hübsches Bett abzuholen und noch vor ihrer Ankunft in der Brautkammer aufzustellen. Die alte Kröte verneigte sich tief im Wasser und sagte zu ihr: »Hier siehst du meinen Sohn, der soll dein Mann werden, und ihr werdet ganz prächtig im Morast wohnen!«

»Koax, koax, brekke-ke-kex!«, das war alles, was der Sohn herausbrachte.

Dann schwammen sie mit dem hübschen Bettchen davon, und Däumelinchen saß ganz allein auf dem grünen Blatt und weinte, denn sie wollte weder bei der häßlichen Kröte wohnen noch ihren häßlichen Sohn zum Mann haben. Die Fischlein, die im Wasser schwammen, hatten die Kröte wohl bemerkt und ihre Worte gehört, deshalb reckten sie die Köpfe in die Höhe, um sich das kleine Mädchen anzusehen. Sie gefiel ihnen auf den ersten Blick, und es tat ihnen herzlich leid, daß sie hinunter zu der häßlichen Kröte mußte. Nein, das sollte niemals geschehen! Deshalb scharten sie sich im Wasser um den grünen Stiel, der das Blatt mit Däumelinchen hielt, knabberten ihn mit ihren Zähnen durch, und dann trieb das Blatt den Fluß hinunter und trug das Mädchen so weit fort, daß es für die Kröte unerreichbar war.

Däumelinchen kam an vielen Orten vorüber, und wenn die kleinen Vögel in den Büschen sie erblickten, sangen sie: »Was für eine hübsche kleine Jungfer!«

Das Blatt schwamm mit ihr weiter und immer weiter, und so reiste Däumelinchen außer Landes.

Ein hübscher kleiner, weißer Schmetterling flog ständig um sie herum, und weil ihm das Mädchen so gut gefiel, ließ er sich schließlich auf dem Blatt nieder. Und sie war vergnügt und froh, denn die Kröte konnte sie nicht mehr einholen, und alles um sie herum war so schön; die Sonne schien auf das Wasser und ließ es glänzen wie das prächtigste Gold. Da löste sie ihren Gürtel, knüpfte ein Ende am Schmetterling und das andere am Blatt fest, und das glitt nun viel schneller davon und sie auch, denn sie stand ja darauf.

Doch plötzlich kam ein großer Maikäfer geflogen, und sowie er sie erblickte, packte er mit seinen Klauen ihre schlanke Taille und trug sie in den Wipfel eines Baums. Das grüne Blatt aber schwamm den Fluß hinunter, und der Schmetterling flog mit, denn er war daran festgebunden und konnte sich nicht befreien.

Herrgott, wie das arme Däumelinchen erschrak, als der Maikäfer mit ihr in den Baumwipfel flog. Doch am meisten tat es ihr um den schönen, weißen Schmetterling leid, den sie am Blatt festgebunden hatte – er mußte ja verhungern, wenn er jetzt nicht freikommen könnte. Aber den Maikäfer kümmerte das nicht im geringsten. Er setzte sich mit ihr auf das größte der grünen Blätter, gab ihr das Süße der Blüten zu essen und sagte, sie sei sehr hübsch, obwohl sie gar keine Ähnlichkeit mit einem Maikäfer habe.

Danach kamen sämtliche Maikäfer, die noch in diesem Baum wohnten, zu Besuch. Sie nahmen Däumelinchen in Augenschein, und die Maikäferfräulein zuckten die Fühler und sagten: »Sie hat ja nur zwei Beine, das sieht jammervoll aus.« – »Sie hat keine Fühler!« sagte eine andere. »Sie hat so eine schmale Taille, pfui! Sie sieht genauso aus wie ein Mensch! Wie häßlich sie ist!« sagten alle Maikäferweibchen.

Und Däumelinchen war doch so hübsch! Das fand auch jener Maikäfer, der sie entführt hatte; doch weil nun alle anderen sagten, sie sei häßlich, da glaubte er es am Ende selbst und wollte sie gar nicht mehr haben – sie mochte gehen, wohin sie wollte. Däumelinchen wurde hinunter vom Baum geschafft und auf ein Gänseblümchen gesetzt; und da weinte sie, weil sie so häßlich war, daß die Maikäfer sie nicht haben wollten. Dabei war sie doch das schönste Mädchen, das man sich denken konnte, so fein und rein wie das lieblichste Rosenblatt.

Den ganzen Sommer lang war das arme Däumelinchen ganz allein im großen Wald. Sie flocht sich ein Bett aus Grashalmen und hängte es unter ein großes Ampferblatt, da war sie vor dem Regen geschützt. Aus den Blüten holte sie sich Süßes zum Essen und trank vom Tau, der jeden Morgen die Blätter bedeckte. So vergingen Sommer und Herbst, doch nun kam der Winter, der lange, kalte Winter. Alle Vögel, die so schön für sie gesungen hatten, flogen davon, Bäume und Blumen welkten, und das große Ampferblatt, unter dem sie gewohnt hatte, rollte sich zusammen, bis nur noch ein gelber, welker Stiel übrig war. Ihre Kleider waren zerrissen, und sie selbst war so fein und klein, deshalb fror sie entsetzlich, das arme Däumelinchen, es mußte erfrieren. Da begann es zu schneien, und jede Schneeflocke, die auf sie fiel, war wie für uns eine ganze Schaufel voll, denn wir sind groß, und sie war nur einen Daumen lang. Sie hüllte sich nun in ein welkes Blatt, doch es wollte nicht wärmen, und sie zitterte vor Kälte.

Gleich hinter dem Wald, in dem sie nun wohnte, befand sich ein großes Feld, von dem das Korn jedoch längst verschwunden war. Aus dem gefrorenen Boden ragten nur die nackten, trockenen Stoppeln und waren für Däumelinchen, als sie hindurchging, wie ein ganzer Wald. Ach, wie sie vor Kälte zitterte! Da geriet sie an die Tür der Feldmaus, eine kleine Öffnung unter den Getreidestoppeln. Hier wohnte die Feldmaus warm und gut, mit einer ganzen Stube voll Korn, einer prächtigen Küche und Speisekammer. Wie ein armes Bettelmädchen stellte sich Däumelinchen in die Tür und bat um ein kleines Stück Gerstenkorn, denn sie hatte seit zwei Tagen nicht das geringste gegessen.

»Du armes Ding!« sagte die Feldmaus, die im Grunde eine gute alte Feldmaus war. »Komm doch in meine warme Stube und iß mit mir!«

Weil sie nun Gefallen an dem Mädchen fand, sagte sie: »Du kannst diesen Winter gern bei mir bleiben, aber du mußt meine Stube hübsch sauberhalten und mir Geschichten erzählen, denn die liebe ich sehr.«

Und Däumelinchen tat, was die gute alte Feldmaus verlangte, und hatte es nun überaus gut.

»Jetzt bekommen wir wohl bald Besuch«, sagte die Feldmaus, »einmal in der Woche pflegt mich mein Nachbar zu besuchen. Der ist noch besser begütert als ich, hat große Säle und so einen wunderbaren schwarzen Pelz aus Samt. Könntest du den nur zum Mann bekommen, dann hättest du ausgesorgt; aber er kann nicht sehen. Du mußt ihm die schönsten Geschichten erzählen, die du kennst!«

Aber Däumelinchen hatte keine Lust, sie wollte den Nachbarn gar nicht haben, der war nämlich ein Maulwurf. Er kam in seinem schwarzen Samtpelz zu Besuch, und die Feldmaus sagte, er sei sehr wohlhabend und sehr gelehrt, seine Wohnung sei zwanzigmal größer als ihre, und kenntnisreich sei er auch. Doch die Sonne und die schönen Blumen mochte er gar nicht leiden, über sie redete er schlecht, denn er hatte sie noch nie gesehen. Däumelinchen mußte singen, und als sie »Maikäfer, flieg!« und »Der Mönch geht durch die Aue« sang, verliebte sich der Maulwurf in sie, um ihrer schönen Stimme willen, doch er sagte kein Wort, denn er war ein äußerst besonnener Mann.

Er hatte neulich erst von seinem Haus zu dem ihren einen langen Gang durch die Erde gegraben, und nun lud er die Feldmaus und Däumelinchen zu einem Spaziergang darin ein, wenn sie wollten. Sie sollten sich aber nicht vor dem toten Vogel erschrecken, der dort lag; es sei ein ganzer Vogel mit Federn und Schnabel, gewiß erst kürzlich bei Winteranbruch gestorben und begraben, eben hier, wo er seinen Gang angelegt hatte.

Der Maulwurf nahm ein Stück faules Holz in sein Maul, denn das leuchtet im Dunkeln wie Feuer, und dann ging er voraus, um für sie den langen, dunklen Gang zu erhellen. Als sie an jene Stelle kamen, wo der tote Vogel lag, hob der Maulwurf seinen breiten Rüssel zur Decke und stieß ein großes Loch in die Erde, damit das Licht hereinfallen konnte. Mitten auf dem Boden lag eine tote Schwalbe, die hübschen Flügel eng an den Körper gedrückt, Beine und Kopf unters Gefieder gezogen; gewiß war der arme Vogel erfroren. Das tat Däumelinchen in der Seele leid, sie hatte all die kleinen Vögel sehr lieb, die den ganzen Sommer so schön für sie gesungen und gezwitschert hatten.

Doch der Maulwurf stieß die Schwalbe mit seinen kurzen Beinen an und sagte: »Jetzt piepst sie nicht mehr! Es muß ein Jammer sein, als kleiner Vogel geboren zu werden! Gott sei Dank, daß dies meinen Kindern nicht passiert! So ein Vogel hat ja nichts weiter als sein Kiwitt und muß im Winter verhungern!«

»Ja, das dürft Ihr als ein vernünftiger Mann wohl sagen«, stimmte die Feldmaus zu. »Was hat der Vogel von all seinem Kiwitt, wenn der Winter kommt? Er muß hungern und frieren, und das soll wohl auch noch etwas Besonderes sein!«

Däumelinchen schwieg, doch als die beiden andern sich abwandten, beugte sie sich zu dem Vogel nieder, schob die Federn über seinem Kopf beiseite und küßte ihn auf die geschlossenen Augen. »Vielleicht ist er es gewesen, der im Sommer so schön für mich gesungen hat«, dachte sie, »wieviel Freude hat er mir doch bereitet, der liebe, schöne Vogel!«

Dann stopfte der Maulwurf das Loch für das Tageslicht zu und begleitete die Damen nach Hause. Doch Däumelinchen konnte in dieser Nacht kein Auge zutun, sie stand auf und flocht aus trockenen Halmen eine große, hübsche Decke, trug sie in den Gang hinunter und hüllte den toten Vogel damit ein; an seine Seiten legte sie weiche Baumwolle, die sie in der Stube der Feldmaus gefunden hatte, um ihm in der kalten Erde ein warmes Lager zu bereiten.

»Leb wohl, du hübscher kleiner Vogel!« sagte sie. »Leb wohl und hab Dank für deinen schönen Gesang im Sommer, als alle Bäume grüne Blätter trugen und die Sonne so warm auf uns schien!«

Doch als sie ihren Kopf an die Brust des Vogels lehnte, bekam sie einen großen Schreck, denn sie glaubte darin etwas klopfen zu hören. Das war das Herz des Vogels. Er war nicht gestorben, sondern in einen tiefen Schlaf gesunken, und als er nun aufgewärmt wurde, erwachte er wieder zum Leben.

Im Herbst fliegen alle Schwalben fort und ziehen in wärmere Länder. Wenn aber eine zurückbleibt, dann friert sie so sehr, daß sie ganz tot zu Boden fällt und liegenbleibt, und dann deckt der kalte Schnee sie zu.

Däumelinchen zitterte ordentlich, so war sie erschrocken – der Vogel war ja viel, viel größer als sie, die sie nur einen Daumen lang war. Aber dann faßte sie Mut, umhüllte die arme Schwalbe noch dichter mit der Baumwolle, holte ein Krauseminzeblatt, das ihr selbst als Deckbett gedient hatte, und legte es dem Vogel über den Kopf.

Als sie sich in der nächsten Nacht wieder zu ihm schlich, da war er ganz lebendig, jedoch so matt, daß er nur kurz seine Augen öffnete und auf Däumelinchen richtete, die ein Stück faules Holz in der Hand hielt, denn eine andere Laterne hatte sie nicht.

»Hab vielen Dank, du hübsches Kindchen!« sagte die kranke Schwalbe. »Mir ist so herrlich warm geworden! Bald bin ich wieder bei Kräften, und dann kann ich auch fliegen, hinaus in den warmen Sonnenschein.«

»Ach«, sagte Däumelinchen, »draußen ist es bitterkalt, es schneit und friert. Bleib nur in deinem warmen Bett, ich werde dich schon pflegen!«

Dann brachte sie dem Vogel Wasser in einem Blütenblatt, und der trank und erzählte ihr, daß sein einer Flügel von einem Dornbusch zerrissen sei; deshalb habe er den anderen Schwalben, als sie davon, weit fort in die warmen Länder flogen, nicht folgen können und sei schließlich zu Boden gefallen. An mehr konnte er sich nicht erinnern und wußte auch nicht, wie er hierhergekommen war.

Nun blieb er den ganzen Winter unten im Gang, und Däumelinchen pflegte ihn und hatte ihn sehr lieb. Weder dem Maulwurf noch der Feldmaus sagte sie davon ein Wort, denn die beiden konnten die arme, unglückliche Schwalbe nicht leiden.

Sobald es Frühling wurde und die Sonne die Erde erwärmte, wollte die Schwalbe Abschied nehmen, und Däumelinchen machte das Loch auf, das der Maulwurf in die Decke des Gangs gebohrt hatte. Die Sonne schien so herrlich zu ihnen herein, und da fragte der Vogel das Mädchen, ob sie nicht mitkommen wolle, sie könne auf seinem Rücken sitzen und mit ihm weit hinaus in den grünen Wald fliegen. Aber Däumelinchen wollte die alte Feldmaus nicht auf solche Art verlassen, denn sie wußte, daß sie ihr damit großen Kummer zufügen würde.

»Nein, ich kann nicht!« sagte sie.

»Leb wohl, leb wohl! Du gutes, hübsches Mädchen!« sagte der Vogel und flog hinaus in den Sonnenschein.

Als Däumelinchen ihm nachsah, füllten sich ihre Augen mit Tränen, denn sie hatte das arme Tier von Herzen lieb.

»Kiwitt! Kiwitt!« sang der Vogel und flog in den grünen Wald.

Däumelinchen war tieftraurig. Niemals durfte sie in den warmen Sonnenschein; das Getreide, das auf dem Acker über dem Haus der Feldmaus gesät war, wuchs so hoch empor, daß es dem armen kleinen Mädchen, das ja nur einen Daumen lang war, wie ein ganzer dichter Wald erschien.

»Diesen Sommer sollst du an deiner Aussteuer nähen«, sagte die Feldmaus zu ihr, denn nun hatte der Nachbar, der langweilige Maulwurf im schwarzen Samtpelz, um sie gefreit. »Du brauchst sowohl Wollenes als auch Leinen. Du sollst alles im Überfluß haben, wenn du die Frau des Maulwurfs wirst!«

Däumelinchen mußte die Spindel drehen, und die Feldmaus stellte vier Spinnen an, die mußten Tag und Nacht spinnen und weben. Jeden Abend machte der Maulwurf Visite, und seine ständige Rede war: Wenn der Sommer zu Ende sei und die Sonne nicht mehr so warm scheine – jetzt brenne sie die Erde ja so hart wie Stein –, ja, wenn der

Sommer vorbei sei, dann wolle er mit Däumelinchen Hochzeit halten.

Aber das Mädchen war gar nicht froh, denn sie mochte den langweiligen Maulwurf nicht leiden. Jeden Morgen bei Sonnenaufgang und jeden Abend bei Sonnenuntergang schlich sie sich in die Tür, und wenn der Wind die Ähren zerteilte und sie den blauen Himmel erblickte, dann dachte sie daran, wie hell und schön es dort draußen sei, und sie wünschte sich sehnlich, die liebe Schwalbe wiederzusehen. Die aber kehrte wohl niemals zurück, gewiß war sie weit weg im schönen, grünen Wald.

Als es nun Herbst wurde, hatte Däumelinchen ihre ganze Aussteuer fertig.

»In vier Wochen sollst du Hochzeit halten!« sagte die Feldmaus zu ihr.

Doch Däumelinchen weinte und sagte, sie wolle den langweiligen Maulwurf nicht haben.

»Schnickschnack!« sagte die Feldmaus. »Jetzt sei nicht dickköpfig, sonst beiße ich dich mit meinem weißen Zahn! Du bekommst doch einen prächtigen Mann! So einen schwarzen Samtpelz wie er hat nicht einmal die Königin! Bei dem sind Küche und Keller voll. Du sollst dem lieben Gott für diesen Mann danken!«

Dann sollte geheiratet werden. Der Maulwurf war schon da, um Däumelinchen abzuholen; sie sollte mit ihm tief unter der Erde wohnen und niemals hinaus in die warme Sonne kommen, denn die konnte er nicht leiden. Die arme Kleine war ganz traurig, jetzt sollte sie Abschied von der schönen Sonne nehmen, die sie bei der Feldmaus wenigstens in der Tür sehen durfte.

»Lebe wohl, du helle Sonne!« sagte sie, reckte die Arme hoch empor und entfernte sich ein kleines Stück vom Haus der Feldmaus, denn jetzt war das Korn geerntet, und nur die dürren Stoppeln waren übrig. »Leb wohl, leb wohl!« rief sie und umschlang mit ihren Ärmchen eine kleine rote Blume. »Grüß mir die liebe Schwalbe, wenn du sie siehst!«

»Kiwitt, kiwitt!« tönte es plötzlich über ihrem Kopf, und als sie aufsah, da war es die kleine Schwalbe, die gerade vorüberkam. Sie freute sich sehr, als sie Däumelinchen erblickte, und das Mädchen erzählte, wie ungern sie den häßlichen Maulwurf zum Mann haben wolle und daß sie tief unter der Erde wohnen müsse, wohin niemals die Sonne schien. Dabei konnte sie die Tränen nicht unterdrücken.

»Jetzt kommt der kalte Winter«, sagte die kleine Schwalbe, »ich fliege weit weg in die warmen Länder, willst du mich begleiten? Du kannst auf meinem Rücken sitzen, binde dich nur mit deinem Gürtel fest, dann fliegen wir dem häßlichen Maulwurf und seiner dunklen Stube davon, weit weg über die Berge in die warmen Länder, wo die Sonne schöner als hier scheint, wo immer Sommer ist mit herrlichen Blumen. Komm nur mit, du liebes kleines Däumelinchen, denn du hast mir das Leben gerettet, als ich erfroren im dunklen Erdkeller lag!«

»Ja, ich will mit dir fliegen!« sagte Däumelinchen, setzte sich auf den Vogelrücken, legte die Füße auf die ausgebreiteten Flügel und band ihren Gürtel an einer der stärksten Federn fest.

Da schwang sich die Schwalbe in die Lüfte empor, flog über Wald und See und über die hohen Berge, die immer mit ewigem Schnee bedeckt sind. Däumelinchen fror in der kalten Luft, dann aber kroch sie unter die warmen Federn und reckte ihr Köpfchen vor, um all die Pracht in der Tiefe zu betrachten.

Endlich waren sie dann in den warmen Ländern. Hier schien die Sonne viel heller als daheim, der Himmel war zweimal so hoch, und auf Dämmen und Wällen wuchsen die prächtigsten grünen und blauen Weintrauben. In den Wäldern hingen Zitronen und Orangen, es duftete nach

Myrte und Krauseminze, und auf der Landstraße liefen die reizendsten Kinder und spielten mit großen bunten Schmetterlingen. Und während die Schwalbe immer weiter flog, wurde es immer noch schöner. Am blauen See, unter den herrlichsten grünen Bäumen, stand ein schimmernd weißes Marmorschloß aus alter Zeit. Die hohen Pfeiler waren von Weinranken umwunden, ganz oben saßen viele Schwalbennester, und eins davon gehörte der Schwalbe, die Däumelinchen trug.

»Hier ist mein Haus«, sagte die Schwalbe. »Aber wenn du dir lieber eine der schönen Blumen suchen möchtest, die darunter wachsen, dann will ich dich dorthin bringen, und du sollst so hübsch wohnen, wie du dir wünschen kannst.«

»Das wäre herrlich!« sagte Däumelinchen und klatschte in ihre kleinen Hände.

Auf der Erde lag eine große weiße Marmorsäule, die umgefallen und in drei Teile zerbrochen war, und dazwischen wuchsen die schönsten großen, weißen Blumen. Zu ihnen flog die Schwalbe mit Däumelinchen und setzte sie auf ein breites Blatt – doch wie erstaunte nun das Mädchen! Mitten in der Blume saß ein kleiner Mann, ganz weiß und durchsichtig, als wäre er aus Glas, mit der niedlichsten Goldkrone auf dem Kopf und den schönsten hellen Flügeln an den Schultern, und dabei war er nicht größer als Däumelinchen. Das war der Engel der Blume. In jeder Blume wohnte so ein kleines Wesen, ein Mann oder eine Frau, dieser aber war König über sie alle.

»Mein Gott, wie schön er ist!« flüsterte Däumelinchen der Schwalbe zu.

Der kleine Prinz erschrak vor der Schwalbe, denn gegen ihn, der so fein und zierlich war, nahm sie sich wie ein richtiger Riesenvogel aus. Doch als er dann Däumelinchen erblickte, wurde er von Herzen froh, denn sie war das schönste Mädchen, das ihm je begegnet war. Darum nahm er seine Goldkrone ab, setzte sie auf ihren Kopf und fragte nach ihrem Namen, und ob sie seine Frau werden wolle, dann solle sie Königin über alle Blumen sein.

Ja, das war freilich ein anderer Mann als der Sohn der Kröte und der Maulwurf mit seinem schwarzen Samtpelz! Sie sagte deshalb zu dem schönen Prinzen ja, und aus jeder Blume kam nun eine Dame oder ein Herr, so hübsch, daß es eine Lust war, und alle brachten Däumelinchen Geschenke. Aber das beste war ein Paar Flügel, die von einer großen weißen Fliege stammten; die wurden Däumelinchen auf den Rücken geheftet, und jetzt konnte sie von Blume zu Blume fliegen – das war eine Freude!

Die kleine Schwalbe saß hoch oben in ihrem Nest und sang für sie, so gut sie konnte, doch in ihrem Herzen war sie betrübt, denn sie hatte Däumelinchen so gern und hätte sich niemals von ihr getrennt.

»Du sollst nicht Däumelinchen heißen!« sagte der Engel der Blume. »Das ist ein häßlicher Name, und du bist so schön. Wir wollen dich Maja nennen!«

»Leb wohl, leb wohl!« rief die kleine Schwalbe und flog davon, fort von den warmen Ländern und zurück nach Dänemark. Dort hat sie ein kleines Nest über jenem Fenster, hinter dem der Mann wohnt, der Märchen erzählen kann. Für ihn sang sie »Kiwitt, kiwitt!«, daher haben wir die ganze Geschichte.

5. Der Reisekamerad

Der arme Johannes war tiefbetrübt, denn sein Vater war sehr krank und lag im Sterben. Die beiden waren ganz allein in der kleinen Stube; die Lampe auf dem Tisch war fast ausgebrannt, und es war schon spät am Abend.

»Du warst ein guter Sohn, Johannes!« sagte der kranke Vater. »Der liebe Gott wird dir in der Welt schon voranhelfen.« Dann sah er ihn mit ernsten, milden Augen an, holte tief Atem und starb; es war, als läge er im Schlaf.

Aber Johannes weinte, denn jetzt hatte er keinen Menschen mehr auf der ganzen Welt, weder Vater noch Mutter, weder Schwester noch Bruder. Der arme Johannes! Er kniete vor dem Bett nieder, küßte dem toten Vater die Hand und weinte so viele salzige Tränen, bis ihm schließlich die Augen zufielen und er einschlief, mit dem Kopf auf der harten Bettkante.

Da träumte er einen seltsamen Traum; er sah, wie sich Sonne und Mond vor ihm verneigten, und er sah seinen Vater wieder frisch und gesund und hörte ihn lachen, wie er immer lachte, wenn er sich von Herzen freute. Ein schönes Mädchen, die auf ihrem prächtigen langen Haar eine Goldkrone trug, reichte Johannes die Hand, und da sagte sein Vater: »Siehst du, welch eine Braut du bekommen hast? Sie ist die schönste auf der ganzen Welt.« Da wachte er auf, und die ganze Pracht war verschwunden, sein Vater lag tot und kalt im Bett, und niemand war bei ihnen. Der arme Johannes!

In der Woche darauf wurde der Tote begraben. Johannes folgte dem Sarg – nun sollte er seinen guten Vater, der ihn so lieb gehabt hatte, niemals wiedersehen. Er hörte, daß die Leute Erde ins Grab warfen, sah noch eine letzte Ecke des Sargs, doch nach der nächsten Schaufel Erde war auch sie verschwunden, und er war so traurig, daß es ihm fast das Herz zerriß. Ringsum wurde ein Choral angestimmt, das klang so wunderschön, da füllten sich seine Augen mit Tränen, er weinte, und das tat ihm gut in seinem Schmerz. Die Sonne schien so prächtig auf die grünen Bäume, als wollte sie sagen: »Du darfst nicht so betrübt sein, Johannes! Siehst du nicht, wie herrlich blau der Himmel ist? Dort oben ist jetzt dein Vater und bittet den lieben Gott, daß es dir immer gut ergehe.«

»Ich will immer gut sein«, sagte Johannes, »dann

komme ich auch in den Himmel zu meinem Vater, und was wird das für eine Freude geben, wenn wir uns wiedersehen! Wieviel werde ich ihm dann zu erzählen haben, und wie viele Dinge wird auch er mir zeigen, wieviel von all der Schönheit im Himmel wird er mir berichten, so wie er mich auf Erden unterrichtet hat. Oh, was wird das für eine Freude sein!«

Johannes stellte sich das so deutlich vor, daß er lächeln mußte, während ihm die Tränen über die Wangen liefen. Die kleinen Vögel in den Kastanienbäumen zwitscherten: »Kiwitt, kiwitt!« Sie freuten sich von Herzen, obwohl auch sie zu den Trauergästen gehörten, aber sie wußten wohl, daß der tote Mann nun im Himmel war und Flügel besaß, viel schönere und größere als ihre, daß er jetzt glücklich war, weil er auf Erden Gutes getan hatte, und darüber freuten sie sich. Als Johannes dann sah, wie sie die grünen Bäume verließen, um weit hinaus in die Welt zu fliegen, überkam ihn eine große Lust, es ihnen gleichzutun. Doch erst einmal schnitzte er für seinen Vater ein großes Holzkreuz, und als er es am Abend aufstellen wollte, da war das Grab mit Sand und Blumen geschmückt. Das hatten fremde Leute getan, denn alle hatten den lieben Vater, der nun gestorben war, sehr gern.

Am nächsten Morgen packte Johannes beizeiten sein kleines Bündel, versteckte sein ganzes Erbe, fünfzig Reichstaler und ein paar Silberschillinge, in seinem Gürtel und wollte nun in die Welt hinauswandern. Doch zuvor besuchte er auf dem Friedhof das Grab seines Vaters, sprach sein Vaterunser und sagte: »Leb wohl, mein lieber Vater! Ich will immer ein guter Mensch sein, und da darfst du den lieben Gott wohl bitten, daß es mir gut ergehen möge!«

Als er nun aufs freie Feld kam, standen alle Blumen so frisch und lieblich im warmen Sonnenschein, und sie nickten im Wind, als wollten sie sagen: »Willkommen im

Grünen! Ist es nicht hübsch hier?« Doch Johannes drehte sich noch einmal zu der alten Kirche um – hier war er als kleines Kind getauft worden, hatte jeden Sonntag mit seinem alten Vater den Gottesdienst besucht und Choräle gesungen. Da sah er hoch oben in einem Loch des Turms den Kirchenkobold mit seiner kleinen roten Zipfelmütze stehen; er beschattete sein Gesicht mit der Armbeuge, um nicht von der Sonne geblendet zu werden. Als Johannes dem Kleinen zum Abschied zunickte, schwenkte der seine rote Mütze, legte die Hand aufs Herz und warf ihm viele Kußhände zu, um zu zeigen, daß er ihm von Herzen Gutes und eine glückliche Reise wünschte.

Johannes dachte an all das Schöne, das er nun in der großen, prächtigen Welt zu sehen bekommen sollte, und er ging weiter, immer weiter, so weit, wie er noch nie gegangen war. Er kannte weder die Städte, durch die er kam, noch die Menschen, die er antraf, und war nun unter Fremden in der Fremde.

In der ersten Nacht mußte er sich auf freiem Feld in einem Heuschober schlafen legen, ein anderes Bett hatte er nicht. Aber das gefiel ihm gerade gut, kein König konnte feiner schlafen. Das ganze Feld mit dem Fluß, der Heuschober und darüber der blaue Himmel, das war die schönste Schlafkammer. Das grüne Gras mit den roten und weißen Blümchen diente als Teppich, Holunderbüsche und wilde Rosenhecken waren Buketts, und als Waschschüssel hatte er den ganzen Fluß mit seinem klaren, frischen Wasser, wo sich das Schilfrohr verneigte und guten Abend und guten Morgen wünschte. Hoch oben unter der blauen Decke hing der Mond und war eine richtige große Nachtlampe, und die steckte nicht die Gardinen in Brand; Johannes konnte ganz ruhig schlafen, und das tat er auch und erwachte erst, als die Sonne aufging und all die kleinen Vögel rundherum sangen: »Guten Morgen! Guten Morgen! Bist du noch nicht aufgestanden?«

Die Glocken läuteten zum Gottesdienst, es war Sonntag, die Leute gingen zur Kirche, und Johannes folgte ihnen, sang einen Choral und hörte Gottes Wort. Da fühlte er sich wie in seiner heimatlichen Kirche, wo er getauft worden war und mit seinem Vater Choräle gesungen hatte.

Auf dem Kirchhof gab es viele Gräber, und auf einigen wuchs hohes Gras. Da dachte Johannes an das Grab seines Vaters, das nun auch bald wie diese aussehen mußte – er konnte es ja nicht pflegen und schmücken. Er setzte sich nieder, jätete das Gras, richtete die umgefallenen Holzkreuze auf und legte die Kränze, die der Wind von den Gräbern geweht hatte, an ihre Plätze zurück. Dabei dachte er: »Vielleicht kümmert sich auch jemand um das Grab meines Vaters, wo ich es nicht tun kann.«

Vor dem Kirchhofstor stand, auf seine Krücke gestützt, ein alter Bettler. Johannes gab ihm alle seine Silberschillinge und zog glücklich und vergnügt davon und in die weite Welt hinaus.

Als gegen Abend ein schreckliches Unwetter aufzog, wollte sich Johannes rasch ein schützendes Dach suchen, doch bald wurde es dunkle Nacht. Endlich erreichte er eine kleine Kirche, die ganz einsam auf einem Hügel stand und deren Tür zum Glück angelehnt war. Er schlüpfte hinein, um darin Zuflucht zu suchen, bis sich das Unwetter wieder legte.

»Hier will ich mich in einen Winkel setzen«, sagte er, »ich bin sehr müde und kann ein bißchen Ruhe wohl gebrauchen.« Das tat er, faltete die Hände und sprach sein Abendgebet, und ehe er es sich versah, war er eingeschlafen und träumte, während es draußen blitzte und donnerte.

Als er in tiefer Nacht erwachte, war das Unwetter abgezogen, und der Mond schien durch die Fenster zu ihm herein. Mitten in der Kirche stand ein offener Sarg, in dem ein toter Mann lag, den man noch nicht begraben hatte. Johannes fürchtete sich nicht im geringsten, denn er hatte ein gutes Gewissen; er wußte wohl, daß die Toten einem nichts zuleide tun, das tun nur die lebendigen bösen Menschen. Zwei davon, lebendige Leute voller Arg, standen neben dem toten Mann, der noch unbegraben in der Kirche lag, und hatten Schlimmes im Sinn, wollten ihm die Ruhe im Sarg nicht gönnen und ihn vor die Kirchentür werfen, den armen toten Mann.

»Warum wollt ihr das tun?« fragte Johannes. »Das ist gemein und niederträchtig, laßt ihn in Jesu Namen schlafen!«

»Schnickschnack!« sagten die beiden Übeltäter. »Er hat uns betrogen und schuldet uns Geld, das er nicht bezahlen konnte, und jetzt ist er auch noch gestorben, da bekommen wir nicht einen Schilling. Deshalb wollen wir uns rächen, er soll wie ein Hund vor der Kirchentür liegen!«

»Ich habe nicht mehr als fünfzig Reichstaler«, sagte Johannes, »das ist mein ganzes Erbe; aber das will ich euch gerne geben, wenn ihr mir ehrlich versprecht, daß ihr den armen toten Mann in Frieden laßt. Ich werde mich schon durchschlagen, auch ohne diese Taler; ich habe gesunde, kräftige Glieder, und der liebe Gott wird mir allezeit helfen!«

»Ja«, sagten die bösen Menschen, »wenn du uns seine Schulden bezahlst, dann werden wir ihm bestimmt nichts tun, da kannst du sicher sein!« Und sie nahmen das Geld, das Johannes ihnen gab, brachen in schallendes Gelächter über seine Gutmütigkeit aus und gingen davon.

Johannes legte den Toten in den Sarg zurück, faltete ihm die Hände, nahm von ihm Abschied und ging dann höchst zufrieden weiter durch den großen Wald.

Überall, wo der Mondschein zwischen die Bäume fiel, sah er hübsche kleine Elfen ganz ausgelassen spielen; sie ließen sich nicht stören und wußten wohl, daß er gut und unschuldig war – nur den bösen Menschen ist es verboten, die Elfen zu sehen. Einige von ihnen waren nicht größer als ein Finger und hatten ihr langes blondes Haar mit Goldkämmen aufgesteckt. Zwei und zwei ließen sie sich von den großen Tautropfen auf Blättern und hohen Gräsern schaukeln; und wenn der Tropfen manchmal herabrollte und sie zwischen die langen Grashalme fielen, dann gab es bei den anderen Wichtlein ein großes Geschrei und Gelächter. Das war ein großer Spaß! Sie sangen auch, und Johannes erkannte ganz deutlich all die schönen Lieder wieder, die er als kleiner Junge gelernt hatte. Große bunte Spinnen, mit Silberkronen auf den Köpfen, mußten von einer Hecke zur anderen lange Hängebrücken und Paläste weben, und als der feine Tau daraufffiel, schimmerten sie im hellen Mondschein wie Glas. So ging es weiter, bis die Sonne aufging. Da schlüpften die kleinen Elfen in die Knospen der Blumen, und der Wind ergriff ihre Brücken und Schlösser, die nun als große Spinnweben durch die Luft flatterten.

Als Johannes den Wald verlassen hatte, hörte er hinter sich eine laute Männerstimme rufen: »Holla, Kamerad! Wohin geht die Reise?«

»In die weite Welt hinaus!« sagte Johannes. »Ich habe weder Vater noch Mutter und bin ein armer Bursche, aber der liebe Gott wird mir schon helfen.«

»Auch ich will in die weite Welt«, sagte der fremde Mann. »Wollen wir uns zusammentun?«

»Ja, gern!« sagte Johannes, und so wanderten sie zusammen.

Weil sie beide gute Menschen waren, fanden sie bald großen Gefallen aneinander. Aber Johannes merkte wohl, daß der Fremde viel klüger war als er; er war fast um die ganze Welt gereist und wußte von allem möglichen zu erzählen.

Die Sonne stand schon hoch am Himmel, und gerade als sie unter einem großen Baum frühstücken wollten, erschien plötzlich eine alte Frau. Oh, sie war ganz alt und ganz krumm, stützte sich beim Gehen auf einen Krückstock und trug ein Bündel Brennholz auf ihrem Rücken, das sie im Wald gesammelt hatte. Ihre Schürze hatte sie aufgesteckt, und Johannes sah drei große Ruten aus Farnkraut und Weidengerten daraus hervorgucken. Kurz bevor sie die Männer erreichte, rutschte sie mit einem Fuß aus, fiel um und gab einen lauten Schrei von sich, denn sie hatte sich ein Bein gebrochen, die arme alte Frau.

Johannes meinte, man müsse sie sogleich dorthin tragen, wo sie wohnte, doch der Fremde holte eine Büchse aus seinem Ränzel und sagte, er habe eine Salbe, die sie augenblicklich heilen und wieder gesund machen würde; dann könne sie allein nach Hause gehen, als hätte sie sich nie ein Bein gebrochen. Aber dafür verlangte er von ihr als Gegengabe jene drei Ruten, die sie in ihrer Schürze trug.

»Das ist gut bezahlt!« sagte die Alte und nickte ganz sonderbar mit dem Kopf. Sie mochte ihre Ruten gar nicht gern hergeben, doch mit einem gebrochenen Bein dazuliegen, war auch nicht sehr angenehm, deshalb erfüllte sie seinen Wunsch.

Sowie der Fremde ihr Bein mit der Salbe eingerieben hatte, erhob sich die alte Mutter und war viel besser zu Fuß als vorher. Eine solche Wirkung konnte diese Salbe tun. Doch sie war nicht in der Apotheke zu kaufen.

»Was willst du denn mit diesen Ruten?« fragte Johannes seinen Reisekameraden.

»Das sind drei hübsche Sträuße«, sagte er, »die gefallen mir ausnehmend gut, ich bin nämlich ein seltsamer Kauz!«

Dann gingen sie wieder eine weite Strecke.

»Sieh nur, was da aufzieht!« sagte Johannes und zeigte nach vorn, »das sind ja entsetzlich dicke Wolken!«

»Nein«, sagte der Reisekamerad, »das sind keine Wolken, das sind die Berge, die prächtigen großen Berge, wo man in der frischen Luft bis über die Wolken klettert. Das ist herrlich, kannst du mir glauben! Morgen haben wir diesen Teil der Welt gewiß erreicht.«

Die Berge waren weiter entfernt, als es den Anschein hatte; sie mußten noch einen ganzen Tag gehen, bis sie dort waren, wo die schwarzen Wälder bis in den Himmel wuchsen und wo es Steine gab, so groß wie eine ganze Stadt. Freilich hatten sie eine anstrengende Wanderung vor sich, um bis auf die andere Seite zu gelangen, und deshalb kehrten Johannes und der Reisekamerad im Wirtshaus ein, wo sie sich tüchtig ausruhen und für den Marsch am nächsten Tag Kräfte sammeln wollten.

In der großen Schankstube waren viele Menschen versammelt, denn hier führte ein Mann ein Puppenspiel auf. Er hatte gerade sein kleines Theater aufgebaut, und die Leute saßen rundherum, um sich die Komödie anzusehen. Ganz vorn, und zwar auf dem allerbesten Platz, saß ein dicker alter Fleischer; neben ihm hockte sein großer Bullenbeißer, hu, wie gefräßig der aussah! und riß die Augen auf wie alle anderen.

Nun fing die Komödie an, und es war eine hübsche Komödie mit einem König und einer Königin; sie saßen auf dem prächtigsten Thron, trugen goldene Kronen auf den Köpfen und lange Schleppen an den Gewändern, denn sie konnten sich das leisten. Die niedlichsten Holzpuppen mit Glasaugen und großen Knebelbärten standen an allen Türen und machten sie auf und machten sie zu, damit frische Luft in die Stube wehen konnte. Die Komödie war wirklich reizend und gar nicht traurig, doch gerade als sich die Königin erhob, um das Zimmer zu durchschreiten, da – ja, Gott weiß, was sich der große Bullenbeißer dachte –, aber weil der dicke Fleischer ihn nicht festhielt, sprang er mitten in das Theater hinein und packte den dünnen Leib der Königin mit seinen Zähnen, daß es »knick, knack!« machte. Es war entsetzlich!

Der arme Mann, der die ganze Komödie spielte, bekam einen großen Schreck und sah seine Königin tiefbetrübt an, denn sie war seine allerniedlichste Puppe, und jetzt hatte der gräßliche Bullenbeißer ihr den Kopf abgebissen. Doch als die Zuschauer gegangen waren, sagte der Fremde, der mit Johannes gekommen war, daß er sie wohl wiederherstellen könne. Darauf holte er seine Büchse hervor und rieb die Puppe mit jener Salbe ein, mit der er auch das gebrochene Bein der armen alten Frau geheilt hatte. Sowie die Puppe eingesalbt war, wurde sie gleich wieder ganz, ja, sie konnte sogar sämtliche Glieder bewegen, und zwar allein, man brauchte gar nicht am Faden zu ziehen; abgesehen davon, daß sie nicht sprechen konnte, war sie wie ein lebendiger Mensch. Da wurde der Besitzer des kleinen Puppentheaters von Herzen froh, jetzt brauchte er seine Puppe nicht mehr zu führen, sie konnte von selber tanzen. Und das konnte keine der andern.

In der Nacht, als sich alle im Wirtshaus schlafen gelegt hatten, begann irgend jemand zu seufzen, so furchtbar tief und langgezogen, daß alle aufstanden, um nachzusehen, wer das wohl sein mochte. Der Mann, der die Komödie aufgeführt hatte, ging zu seinem kleinen Theater, denn von dort kam der Laut. Sämtliche Holzpuppen, der König und alle Trabanten, lagen durcheinandergeworfen, und sie also waren es, die so jämmerlich seufzten und ihre großen Glasaugen aufrissen – sie wollten nämlich so gern ein bißchen eingesalbt werden, genauso wie die Königin, um sich dann auch von selbst zu bewegen. Die Königin warf sich gar auf die Knie, hob ihre prächtige Goldkrone in die Höhe und flehte: »Nimm sie hin, wenn du nur meinen Gemahl und meine Höflinge mit der Salbe einreibst!«

Da konnte der arme Mann, dem das Theater mit all den Puppen gehörte, die Tränen nicht zurückhalten, denn sie taten ihm wirklich von Herzen leid. Sogleich versprach er dem Reisekameraden alles Geld, das ihm die Vorstellung am nächsten Abend einbringen würde, wenn dieser nur vier, fünf seiner schönsten Puppen einsalben wollte. Doch der Reisekamerad verlangte nichts weiter als den großen Säbel, den der Puppenspieler an seiner Seite trug, und als er ihn hatte, rieb er sechs Puppen mit seiner Salbe ein. Sie fingen sofort an zu tanzen, und zwar so allerliebst, daß sämtliche Mädchen, die lebendigen Menschen-Mädchen, bei diesem Anblick auch zu tanzen anfingen. Der Kutscher und das Küchenmädchen tanzten, der Diener und das Stubenmädchen, alle Fremden, und die Feuerschaufel und die Feuerzange, die aber fielen schon nach den ersten Sprüngen hin – ja, es war eine lustige Nacht!

Am nächsten Morgen verließ Johannes mit seinem Reisekameraden das Wirtshaus, sie erklommen die hohen Berge und durchwanderten große Tannenwälder. Sie stiegen so hoch, daß die Kirchtürme zu ihren Füßen schließlich wie kleine rote Beeren wirkten, tief unten in all dem Grün, und sie konnten weit in die Ferne schauen, viele, viele Meilen weit, wo sie noch nie gewesen waren. Soviel Herrlichkeit der schönen Welt hatte Johannes noch nie auf einmal gesehen; die Sonne schien warm, die Luft war frisch und blau, in den Bergen hörte er die Jäger das Waldhorn blasen, so lieblich und rein, daß sich seine Augen mit Freudentränen füllten und er ausrufen mußte: »Du lieber guter Gott, ich könnte dich küssen, weil du so gut zu uns allen bist und uns die ganze Herrlichkeit geschenkt hast, die es auf dieser Welt gibt!«

Auch der Reisekamerad hatte die Hände gefaltet und ließ seinen Blick über den Wald und über die Orte im warmen Sonnenschein schweifen. Da ertönte zu ihren Köpfen ein wunderbarer Klang, und als sie aufschauten, sahen sie einen großen weißen Schwan in der Luft schweben, der war so schön und sang so herrlich, wie sie niemals einen Vogel singen gehört. Doch leiser und leiser wurde sein Lied, er neigte den Kopf und sank, ganz langsam, zu ihren Füßen nieder, wo er tot liegenblieb, der schöne Vogel.

»Zwei so prächtige Flügel«, sagte der Reisekamerad, »so weiß und groß, wie dieser Vogel hat, die sind Geld wert, die will ich mitnehmen! Jetzt siehst du, wie gut es war, daß ich mir einen Säbel geben ließ!« Und dann hieb er dem toten Schwan mit einem Schlag beide Flügel ab, denn die wollte er behalten.

Sie reisten nun viele, viele Meilen weiter über die Berge, und schließlich sahen sie vor sich eine große Stadt mit über hundert Türmen, die im Sonnenschein wie Silber glänzten. Mitten darin stand ein prächtiges Marmorschloß, mit einem Dach aus rotem Gold, und hier wohnte der König.

Johannes und der Reisekamerad gingen nicht sofort in die Stadt hinein, sondern blieben im Wirtshaus vor dem Tor; denn sie wollten sich noch herausputzen, um auf der Straße fein auszusehen. Der Wirt erzählte ihnen, daß der König ein sehr braver Mann sei, der nie einem Menschen etwas zuleide tue, weder das eine noch das andere, aber seine Tochter, ja Gott bewahr uns!, das sei eine böse Prinzessin. Schönheit habe sie genug, so hübsch und reizend sei keine andere; aber was konnte das helfen: Sie war eine böse, gefährliche Hexe und schuld daran, daß so viele schöne Prinzen ihr Leben verloren hatten. – Allen Menschen hatte sie erlaubt, um sie zu freien; jedermann konnte kommen, ob er Prinz oder Bettler war, das war einerlei. Er brauchte nur drei Dinge zu erraten, nach denen sie fragte, und konnte er das, dann sollte er sie zur Frau bekommen und nach dem Tod ihres Vaters König über das ganze Land werden. Doch konnte er diese drei Dinge nicht erraten, dann ließ sie ihn aufhängen oder köpfen, so abscheulich und böse war die schöne Prinzessin! Ihr Vater, der alte König, war darüber sehr traurig, aber er durfte ihr nicht verbieten, so abscheulich zu sein, denn er hatte einmal gesagt, daß er mit ihren Liebsten nie das geringste zu tun haben wolle; sie könne selber tun, wozu sie Lust habe. Immer wieder erschien ein Prinz und versuchte zu raten, um die Prinzessin zu bekommen, und wenn er danebenriet, wurde er aufgehängt oder geköpft – er war ja beizeiten gewarnt worden und hätte das Freien lassen können.

Über all dieses Elend und Unglück war der alte König so betrübt, daß er einen ganzen Tag im Jahr mit all seinen Soldaten auf den Knien lag und betete, die Prinzessin möge sich bessern, aber sie dachte gar nicht daran. Die alten Frauen färbten den Branntwein ganz schwarz, bevor sie ihn tranken – das war ihre Art zu trauern, und mehr konnten sie nicht tun.

»So eine häßliche Prinzessin!« sagte Johannes. »Sie sollte wahrhaftig die Rute bekommen, das könnte ihr guttun. Wenn ich nur der alte König wäre, dann sollte sie den Buckel schon geschmiert bekommen!«

Im gleichen Augenblick hörten sie draußen Hurrageschrei. Die Prinzessin kam vorüber, und sie war wirklich so schön, daß alle Leute ihre Bosheit vergaßen und deshalb Hurra riefen. Zwölf liebliche Jungfrauen, alle in weißen Seidenkleidern und mit einer goldenen Tulpe in der Hand, begleiteten sie auf kohlschwarzen Pferden. Sie selbst ritt ein kreideweißes Pferd, geschmückt mit Diamanten und Rubinen, ihr Reitgewand war aus purem Gold, und die Peitsche in ihrer Hand sah wie ein Sonnenstrahl aus; die goldene Krone auf ihrem Kopf funkelte wie die Sternlein am Himmel, und ihr Mantel war aus über tausend prachtvollen Schmetterlingsflügeln genäht; und doch war sie noch viel schöner als alle ihre Kleider.

Als Johannes sie sah, färbte sich sein Gesicht so rot wie tropfendes Blut, und er konnte kaum ein Wort herausbringen. Die Prinzessin glich ja aufs Haar dem schönen Mädchen mit der goldenen Krone, von dem er in jener Nacht geträumt, als sein Vater gestorben war. Er fand sie bezaubernd und konnte nicht anders, als sie sehr lieb zu gewinnen.

»Es ist bestimmt nicht wahr«, sagte er, »daß sie eine böse Hexe ist und Leute aufhängen oder köpfen läßt, wenn sie nicht raten können, was sie von ihnen verlangt. Wenn jedermann um sie freien darf, sogar der ärmste Bettler, dann will ich auch zum Schloß ziehen, das kann ich einfach nicht lassen!«

Alle Leute versuchten, ihn davon abzubringen – es würde ihm sicher genauso ergehen wie den anderen. Auch der Reisekamerad riet ihm davon ab, doch Johannes meinte, es würde schon gut ablaufen, bürstete seine Schuhe und seinen Rock, wusch sich Gesicht und Hände, kämmte sein schönes blondes Haar und ging dann ganz allein in die Stadt und zum Schloß hinauf.

»Herein!« sagte der alte König, als es klopfte. Da machte Johannes die Tür auf, und der alte König kam ihm im Schlafrock und mit bestickten Pantoffeln entgegen, die Goldkrone auf dem Kopf, das Zepter in der einen und den goldenen Apfel in der anderen Hand. »Warte mal ein bißchen!« sagte er und klemmte den Apfel unter den Arm, um Johannes die Hand reichen zu können. Doch als er nun hörte, daß der ein Freier war, fing er so heftig zu weinen an, daß er Zepter und Apfel fallen ließ und sich mit seinem Schlafrock die Augen wischen mußte. Der arme alte König!

»Laß es sein!« sagte er. »Du schaffst es genausowenig wie alle andern. Jetzt will ich dir mal was zeigen!«

Dann führte er Johannes in den Lustgarten der Prinzessin, wo es ganz grauenhaft aussah! An jedem Baum hingen drei, vier Königssöhne, die um die Prinzessin gefreit und dann die aufgegebenen Rätsel nicht erraten hatten. Sie klapperten bei jedem Windstoß mit allen ihren Knochen, so daß sich die kleinen Vögel vor lauter Schreck niemals in den Garten wagten. Sämtliche Blumen waren an Menschengebeinen aufgebunden, und in den Blumentöpfen steckten grinsende Totenköpfe. Das war wirklich der rechte Garten für eine Prinzessin!

»Hier kannst du sehen!« sagte der alte König. »Es wird dir genauso ergehen wie diesen hier, laß es deshalb lieber sein! Du machst mich ganz unglücklich, ich nehme mir das nämlich so zu Herzen!«

Johannes küßte dem guten alten König die Hand und sagte, es werde schon gut ablaufen, denn er habe die schöne Prinzessin sehr lieb.

In diesem Augenblick kam die Prinzessin selbst mit all ihren Damen auf den Schloßhof geritten, da gingen die beiden Männer zu ihr hin und sagten ihr guten Tag. Sie war ganz reizend, reichte Johannes die Hand und gefiel ihm jetzt noch mehr – sie konnte bestimmt keine böse, schlimme Hexe sein, wie alle Leute sagten. Dann begaben sie sich in den Saal, und die kleinen Pagen boten ihnen Konfitüre und Pfeffernüsse an, doch der alte König war so betrübt, daß er gar nichts essen konnte, und außerdem waren ihm die Pfeffernüsse zu hart.

Nun wurde bestimmt, daß Johannes am nächsten Morgen wieder aufs Schloß kommen sollte, dann würden die Richter und der ganze Rat versammelt sein, um zu hören, wie er sich beim Raten anstellte. Könnte er das Richtige treffen, dann sollte er noch zweimal erscheinen; aber noch nie hatte einer beim ersten Mal richtig geraten, und alle hatten sie das mit dem Leben büßen müssen.

Es bekümmerte Johannes nicht im geringsten, was ihm zustoßen könnte, im Gegenteil, er war vergnügt, hatte nur die schöne Prinzessin im Kopf und glaubte ganz fest daran, daß der liebe Gott ihm schon helfen würde – doch in welcher Weise, das wußte er nicht, und er wollte auch nicht darüber nachdenken. Er tanzte die Landstraße entlang, als er zum Wirtshaus zurückkehrte, wo der Reisekamerad auf ihn wartete.

Johannes konnte gar nicht genug erzählen, wie reizend die Prinzessin zu ihm gewesen und wie schön sie sei – er könne den nächsten Tag kaum erwarten, da solle er wieder aufs Schloß und sein Glück mit dem Raten versuchen.

Doch der Reisekamerad schüttelte den Kopf und war ganz traurig. »Ich habe dich sehr gern!« sagte er. »Wir hätten noch lange zusammensein können, und da soll ich dich jetzt schon verlieren! Du armer, lieber Johannes, mir ist zum Weinen, aber an diesem letzten Abend, den wir vielleicht zusammen verbringen, will ich dir die Freude nicht verderben. Wir wollen lustig sein, so recht lustig; morgen, wenn du fort bist, darf ich weinen!«

Längst hatten alle Leute in der Stadt erfahren, daß ein neuer Freier für die Prinzessin gekommen war, und darüber herrschte große Betrübnis. Das Theater wurde geschlossen, alle Kuchenfrauen hüllten Trauerflor um ihre Zuckerschweinchen, und in der Kirche lagen der König und die Pfarrer auf den Knien – so eine Betrübnis herrschte, denn es konnte Johannes ja nicht besser ergehen, als es allen anderen Freiern ergangen war.

Zu vorgerückter Stunde braute der Reisekamerad einen großen Napf Punsch und forderte Johannes auf, jetzt recht vergnügt mit ihm zu sein und auf das Wohl der Prinzessin zu trinken. Doch als Johannes zwei Gläser getrunken hatte, wurde er so müde, daß er unmöglich die Augen offenhalten konnte und vom Schlaf übermannt wurde. Der Reisekamerad hob ihn ganz behutsam vom Stuhl und legte ihn ins Bett, und als nun die dunkle Nacht hereinbrach, nahm er die beiden großen Flügel, die er dem Schwan abgeschlagen hatte, und befestigte sie an seinen Schultern. In seine Tasche steckte er die größte Rute von der alten Frau, die hingefallen war und sich ein Bein gebrochen hatte. Dann machte er das Fenster auf und flog durch die Stadt bis zum Schloß, wo er sich in einen Winkel unter jenem Fenster setzte, hinter dem die Schlafkammer der Prinzessin lag.

In der ganzen Stadt war es vollkommen still. Da schlug die Uhr dreiviertel zwölf, das Fenster öffnete sich, und die Prinzessin, in einem großen weißen Mantel und mit langen schwarzen Flügeln, flog heraus und nahm Kurs auf einen großen Berg jenseits der Stadt. Nun machte sich der Reisekamerad so unsichtbar, daß sie ihn gar nicht sehen konnte, flog hinter ihr her und peitschte sie mit seiner Rute, daß ordentlich Blut spritzte, wohin er traf. Hu, war das eine Fahrt durch die Luft! Der Wind packte ihren Mantel, und der breitete sich nach allen Seiten wie ein großes Schiffssegel aus, und der Mond schien durch ihn hindurch.

»Wie das hagelt! Wie das hagelt!« rief die Prinzessin jedesmal, wenn die Rute sie traf, und das konnte ihr nur guttun.

Endlich hatte sie den Berg erreicht und klopfte an. Er öffnete sich, wobei es wie Donner dröhnte, und als die Prinzessin nun eintrat, ging der Reisekamerad hinterdrein, denn weil er unsichtbar war, konnte niemand ihn sehen. Sie durchschritten einen großen, langen Gang, dessen Wände ganz sonderbar funkelten – das waren über tausend glühende Spinnen, sie liefen die Mauer hinauf und hinunter und leuchteten wie Feuer. Nun kamen sie in einen großen Saal, mit Wänden aus Silber und aus Gold, an denen Blumen rot und blau und groß wie Sonnenblumen glänzten; doch niemand konnte sie pflücken, denn ihre Stiele waren häßliche giftige Schlangen, aus deren Mäulern Flammen schlugen, das waren die Blüten. Die Decke war über und über mit schimmernden Glühwürmchen und himmelblauen Fledermäusen besetzt, die mit ihren dünnen Flügeln schlugen und einen ganz sonderbaren Anblick boten. In der Mitte des Saals stand ein Thron aus milchweißem Glas, den vier Pferdegerippe mit Geschirren aus roten Feuerspinnen trugen, und als Sitzkissen dienten schwarze Mäuslein, die sich in den Schwanz bissen. Darüber war ein rosenrotes Spinnwebendach, besetzt mit den niedlichsten grünen Fliegen, die wie Edelsteine funkelten. Auf diesem Thron saß ein alter Troll, mit einer Krone auf seinem häßlichen Kopf und einem Zepter in der Hand.

Er küßte die Prinzessin auf die Stirn, forderte sie auf, neben sich auf dem kostbaren Thron Platz zu nehmen, und nun begann die Musik. Große schwarze Heuschrecken spielten Maultrommel, und die Eule schlug sich selbst auf den Bauch, weil ihr die Trommel fehlte. Das war ein komisches Konzert! Kleine schwarze Kobolde, mit einem Irrlicht an der Mütze, tanzten im Saal herum. Der Reisekamerad hatte sich unsichtbar hinter den Thron gestellt und konnte alles hören und sehen. Jetzt kamen auch die Höflinge in den Saal, die überaus fein und vornehm waren, wer aber richtig hinschaute, der merkte wohl, was mit ihnen los war. Sie waren nichts weiter als Besenstiele mit Kohlköpfen, denen der Troll Leben eingehext und bestickte Kleider angezogen hatte. Aber das mochte nun auch einerlei sein, sie wurden ja nur zum Putz gebraucht.

Als man ein Weilchen getanzt hatte, erzählte die Prinzessin dem Troll, daß sie einen neuen Freier bekommen habe, und sie fragte ihn, was sie sich denken und ihm zu raten aufgeben solle, wenn er am nächsten Morgen auf dem Schloß erschien.

»Höre, was ich dir jetzt sage!« antwortete der Troll. »Du mußt etwas ganz Leichtes nehmen, da kommt er am allerwenigsten drauf. Denk nur an deinen einen Schuh. Das rät er nicht. Laß ihm dann den Kopf abschlagen; aber vergiß nicht, wenn du morgen nacht wiederkommst, seine Augen für mich mitzubringen, die will ich nämlich essen!«

Die Prinzessin verneigte sich ganz tief und versprach,

die Augen nicht zu vergessen. Dann öffnete der Troll den Berg, und sie flog nach Hause zurück. Doch der Reisekamerad folgte ihr und prügelte sie so kräftig mit der Rute, daß sie ganz tief seufzte, weil es so furchtbar hagelte, und sich beeilte, was sie konnte, um durch das Fenster wieder in ihre Schlafkammer zu gelangen. Doch der Reisekamerad flog zum Wirtshaus, wo Johannes noch schlief, band die Flügel los und legte sich dann auch ins Bett, denn er war zum Umfallen müde.

Es war ganz früh am Morgen, als Johannes erwachte. Da stand auch der Reisekamerad auf und erzählte, er habe in der Nacht ganz sonderbar von der Prinzessin und ihrem Schuh geträumt, deshalb bitte er Johannes, sie unbedingt zu fragen, ob sie nicht vielleicht an ihren Schuh gedacht habe. Genau das hatte er ja vom Troll im Berg gehört, aber davon wollte er Johannes nichts verraten, er bat ihn nur, der Prinzessin diese Frage zu stellen.

»Ich kann sie das eine wie das andere fragen«, entgegnete Johannes, »vielleicht mag es ganz richtig sein, was du geträumt hast, ich glaube nämlich immer, daß der liebe Gott mir schon helfen wird. Aber ich will doch von dir Abschied nehmen, denn wenn ich verkehrt rate, sehe ich dich niemals wieder.«

Sie küßten sich, und Johannes ging in die Stadt und zum Schloß hinauf. Der ganze Saal war voller Menschen, die Richter saßen in ihren Sesseln und hatten Eiderdaunendecken unter den Köpfen, denn sie hatten so vieles zu bedenken. Der alte König stand auf und wischte sich mit einem weißen Taschentuch die Augen. Dann trat die Prinzessin ein, die noch viel schöner als am Vortag war und alle sehr liebenswürdig begrüßte, doch Johannes gab sie die Hand und sagte: »Guten Morgen, du!«

Nun sollte Johannes raten, woran sie gedacht habe. Herrgott, wie freundlich sie ihn anblickte! Doch sowie sie ihn das eine Wort »Schuh« aussprechen hörte, wurde sie kreideweiß im Gesicht und zitterte am ganzen Körper, aber es half ihr nichts – er hatte richtig geraten!

Potztausend, wie sich der alte König freute! Er schlug einen Purzelbaum, daß es eine Art hatte, und alle Leute klatschten ihm Beifall und Johannes auch, denn der hatte nun das erste Mal richtig geraten.

Auch der Reisekamerad freute sich, als er erfuhr, wie gut es abgegangen war. Doch Johannes faltete seine Hände und dankte dem lieben Gott, und der würde ihm gewiß auch die nächsten beiden Male helfen. Morgen sollte schon wieder geraten werden.

Der Abend verging wie der vorige. Als Johannes eingeschlafen war, flog der Reisekamerad hinter der Prinzessin her zum Berg und prügelte sie dabei noch kräftiger als in der Nacht zuvor, denn jetzt hatte er zwei Ruten mitgenommen. Niemand sah ihn, und er konnte alle Dinge hören.

Die Prinzessin wollte an ihren Handschuh denken, und das erzählte er Johannes, als hätte er davon geträumt. Da konnte Johannes das Richtige wohl raten, und auf dem Schloß gab es eine große Freude. Der ganze Hof schlug Purzelbaum, wie es der König am ersten Tag getan hatte; die Prinzessin aber lag auf dem Sofa und sagte kein einziges Wort.

Nun kam es darauf an, ob Johannes auch das dritte Mal richtig raten konnte. Wenn er das schaffte, dann sollte er die schöne Prinzessin bekommen und nach dem Tod des alten Königs das ganze Königreich erben. Im anderen Fall sollte er sein Leben verlieren, und der Troll würde seine schönen blauen Augen essen.

Am Abend zuvor ging Johannes zeitig ins Bett, sprach sein Abendgebet und schlief dann ganz ruhig. Der Reisekamerad aber befestigte die Flügel an seinem Rücken, band sich den Säbel an die Seite, steckte alle drei Ruten ein und flog dann zum Schloß.

Die Nacht war stockfinster und so stürmisch, daß die Ziegel von den Dächern flogen und die Bäume im Garten, an denen die Gerippe hingen, bei jedem Windstoß wie Schilfrohr schwankten. Es blitzte alle Augenblicke, und die Donnerschläge krachten, daß es ein einziges Getöse war, und das wollte gar nicht aufhören. Da wurde das Fenster aufgeschlagen, und die Prinzessin flog heraus; sie war so bleich wie der Tod, lachte jedoch über das böse Wetter und fand es noch nicht schlimm genug. Ihr weißer Umhang wirbelte wie ein großes Schiffssegel in der Luft, und der Reisekamerad peitschte sie mit seinen drei Ruten so kräftig, daß ihr Blut auf die Erde tropfte, und als sie endlich den Berg erreichte, konnte sie kaum noch fliegen.

»Es hagelt und stürmt«, sagte sie, »nie zuvor war ich bei einem solchen Wetter unterwegs.«

»Man kann des Guten auch zu viel bekommen«, sagte der Troll.

Nun erzählte sie ihm, daß Johannes auch beim zweiten Mal richtig geraten habe; wenn ihm das nun morgen auch gelinge, dann habe er gewonnen, und sie könne nie wieder zum Berg hinauskommen und nie wieder solche Zauberkünste machen – deshalb sei sie so betrübt.

»Er soll es nicht erraten!« sagte der Troll. »Ich will mir schon etwas einfallen lassen, woran er noch nie gedacht hat, oder er muß ein größerer Zauberer sein als ich. Aber jetzt wollen wir lustig sein!« Und dann faßte er die Prinzessin an den Händen, und sie tanzten herum, mit all den kleinen Kobolden und Irrlichtern, die im Saal waren, während die roten Spinnen genauso vergnügt die Wände hinauf- und hinunterliefen und wie die Feuerblumen Funken zu sprühen schienen. Die Eule schlug Trommel, die Grillen zirpten, und die schwarzen Heuschrecken spielten Maultrommel. Das war ein lustiger Ball!

Als sie nun lange genug getanzt hatten, mußte sich die Prinzessin auf den Heimweg begeben, sonst hätte man sie im Schloß vielleicht vermißt. Der Troll bot ihr seine Begleitung an, um noch solange mit ihr zusammenzusein.

So flogen sie bei dem schlimmen Wetter davon, und der Reisekamerad gerbte den beiden mit seinen drei Ruten das Fell – der Troll hatte noch nie einen solchen Hagel erlebt. Vor dem Schloß verabschiedete er sich von der Prinzessin und flüsterte ihr dabei zu: »Denk an meinen Kopf!«

Doch der Reisekamerad hörte es wohl, und gerade als die Prinzessin durchs Fenster in ihre Schlafkammer huschte und der Troll sich auf den Rückweg machen wollte, packte er seinen langen, schwarzen Bart und schlug ihm mit dem Säbel den häßlichen Kopf von den Schultern, so schnell, daß der Troll es nicht einmal selbst sehen konnte. Während der Reisekamerad den Körper in den See zu den Fischen warf, tauchte er den Kopf nur unter Wasser, knüpfte ihn dann in sein seidenes Taschentuch und nahm ihn mit in sein Wirthaus, wo er sich schlafen legte.

Am nächsten Morgen gab er Johannes das Taschentuch, sagte jedoch, er dürfe es nicht eher aufknüpfen, bis die Prinzessin ihn fragte, woran sie gedacht habe.

Im großen Saal des Schlosses waren so viele Menschen versammelt, daß sie übereinanderstanden wie Radieschen in einem Bund. Die Räte saßen in ihren Sesseln mit den weichen Kopfkissen, und der alte König hatte neue Kleider an, seine Goldkrone und das Zepter waren poliert, und das sah richtig hübsch aus. Die Prinzessin aber war ganz bleich und trug ein kohlschwarzes Kleid, als müßte sie zur Beerdigung.

»Woran habe ich gedacht?« fragte sie Johannes, und sogleich knüpfte er das Taschentuch auf, und als er den häßlichen Trollkopf erblickte, bekam er selbst einen großen Schreck. Alle Menschen erschauderten, so entsetzlich war dieser Anblick; und die Prinzessin saß wie versteinert da und konnte kein einziges Wort herausbringen. Endlich erhob sie sich und reichte Johannes die Hand, denn er hatte ja richtig geraten; dabei sah sie weder den einen noch den anderen an und seufzte ganz tief: »Jetzt bist du mein Herr! Heute abend wollen wir Hochzeit halten.«

»Das gefällt mir!« sagte der alte König. »So soll es sein!«

Alle Leute riefen hurra, die Wachtparade machte Musik in den Straßen, die Glocken läuteten, und die Kuchenfrauen nahmen ihren Zuckerschweinchen den Trauerflor ab, denn jetzt herrschte eitel Freude. Drei ganze Ochsen, gebraten und mit Enten und Hühnern gefüllt, wurden mitten auf den Markt gesetzt, und jeder konnte sich ein Stück davon abschneiden. In den Springbrunnen sprudelte der herrlichste Wein, und wenn man beim Bäcker eine Brezel für einen Schilling kaufte, dann bekam man sechs große Kuchenbrötchen dazu, und zwar mit Rosinen.

Am Abend war die ganze Stadt illuminiert, und die Soldaten schossen mit Kanonen und die Jungen mit Knallerbsen, und auf dem Schloß wurde gegessen und getrunken, angestoßen und gehüpft, all die vornehmen Herren und schönen Fräulein tanzten miteinander, und es war weithin zu hören, wie sie sangen:

> »Schöne Mädchen sind hier viele,
> Wollen alle tanzen gehn,
> Wollen schwingen sich im Spiele,
> Schönes Mädchen, sollst dich drehn.
> Spring und tanze immerzu,
> Bis die Sohle fällt vom Schuh!«

Doch die Prinzessin war ja noch eine Hexe und hatte Johannes gar nicht lieb. Das bedachte der Reisekamerad und gab ihm deshalb drei Federn von den Schwanenflügeln und ein Fläschchen mit ein paar Tropfen und sagte, Johannes solle neben das Brautbett einen großen Bottich mit Wasser stellen lassen, und wenn die Prinzessin dann ins Bett steigen wolle, solle er ihr einen kleinen Stoß versetzen, so daß sie hineinfalle. Dann solle er erst die Federn und die Tropfen ins Wasser werfen und danach die Prinzessin dreimal untertauchen, dann sei sie von ihrem Zauber erlöst und würde ihn sehr liebgewinnen.

Johannes tat alles, was der Reisekamerad ihm geraten hatte. Als er die Prinzessin untertauchte, schrie sie laut auf und war nun ein großer, schwarzer Schwan, der mit funkelnden Augen unter seinen Händen zappelte. Als dieser Schwan wieder über die Wasseroberfläche kam, war er, bis auf einen einzigen schwarzen Ring um den Hals, weiß geworden. Johannes betete fromm zum lieben Gott und ließ das Wasser ein drittes Mal über den Vogel fluten, und der verwandelte sich sogleich in die schönste Prinzessin. Sie war noch reizender als vorher und dankte ihm mit Tränen in den schönen Augen, daß er sie von ihrer Verzauberung befreit habe.

Am nächsten Morgen kam der alte König mit seinem ganzen Hofstaat, und man gratulierte viele Stunden. Zuallerletzt kam der Reisekamerad, der seinen Stock in der Hand und das Ränzel auf dem Rücken hatte. Johannes küßte ihn viele Male und sagte, er dürfe nicht fortreisen und solle bei ihm bleiben, denn ihm allein habe er sein ganzes Glück zu verdanken. Doch der Reisekamerad schüttelte den Kopf und sagte ganz sanft und freundlich: »Nein, nun ist meine Zeit um. Ich habe nur meine Schuld beglichen. Erinnerst du dich an den toten Mann, den die bösen Menschen mißhandeln wollten? Du hast alles, was du hattest, dafür gegeben, damit er Ruhe in seinem Grab finden konnte. Dieser Tote bin ich.«

Im gleichen Augenblick war er verschwunden.

Die Hochzeit dauerte einen ganzen Monat. Johannes und die Prinzessin hatten sich sehr lieb, und der alte

König erlebte noch viele frohe Tage und ließ ihre kleinen Kinder auf seinen Knien reiten und mit seinem Zepter spielen. Doch Johannes war König über das ganze Reich.

6. Die kleine Meerfrau

Weit draußen im Meer ist das Wasser so blau wie die Blüte der herrlichsten Kornblume und so klar wie das reinste Glas. Aber es ist sehr tief, tiefer als irgendein Ankertau reicht; viele Kirchtürme muß man übereinanderstellen, um vom Grund bis über die Oberfläche zu gelangen. Dort unten wohnen die Meerleute.

Nun darf man keineswegs glauben, daß in der Tiefe nur nackter, weißer Sandboden ist; nein, hier wachsen die seltsamsten Bäume und Pflanzen, mit so geschmeidigen Stengeln und Blättern, daß sie der kleinsten Bewegung des Wassers folgen, ganz als ob sie lebendig wären. Sämtliche Fische, kleine und große, huschen zwischen ihren Zweigen hindurch, so wie bei uns oben die Vögel in der Luft. An der allertiefsten Stelle ist das Schloß des Meerkönigs zu finden. Seine Mauern sind aus Korallen, die langen, spitzen Fenster aus dem allerklarsten Bernstein, und als Dach dienen Muschelschalen, die sich, je nach der Strömung, öffnen und schließen. Das sieht ganz wunderbar aus, denn in jeder Muschel liegen schimmernde Perlen, von denen eine einzige eine Zierde für die Krone einer Königin wäre.

Der Meerkönig war seit vielen Jahren verwitwet, und seine alte Mutter führte ihm den Haushalt. Sie war eine kluge Frau, jedoch stolz auf ihren Adel, weshalb sie auf dem Schwanz zwölf Austern trug, während die anderen Vornehmen lediglich sechs tragen durften. – Ansonsten verdiente sie jedoch viel Lob, vor allem weil sie den kleinen Meerprinzessinnen, ihren Enkeltöchtern, von Herzen zugetan war. Das waren sechs prächtige Kinder, und am schönsten von ihnen war die Jüngste. Ihre Haut war zart und rein wie ein Rosenblatt, ihre Augen leuchteten so blau wie der tiefste See, doch weil ihr Körper in einem Fischschwanz endete, fehlten ihr wie allen anderen die Füße.

Den ganzen Tag durften die Mädchen unten in den großen Sälen des Schlosses spielen, wo aus den Wänden lebendige Blumen wuchsen. Wenn dann die großen Bernsteinfenster geöffnet wurden, schwammen die Fische zu ihnen herein, so wie zu uns die Schwalben ins Zimmer fliegen, wenn wir die Fenster aufmachen. Doch die Fische schwammen ganz dicht an die kleinen Prinzessinnen heran, aßen ihnen aus der Hand und ließen sich streicheln.

Vor dem Schloß war ein großer Garten mit feuerroten und dunkelblauen Bäumen, deren Früchte wie Gold und die Blüten wie brennendes Feuer glänzten, und sie bewegten ständig Stengel und Blätter. Der Boden war mit dem feinsten Sand bedeckt, der aber blau wie brennender Schwefel war. Alles hier war in einen seltsamen blauen Schimmer getaucht, man hätte annehmen sollen, hoch oben in der Luft zu sein, über sich und unter sich nur Himmel, und nicht unten auf dem Meeresgrund. Bei ganz ruhigem Wasser war die Sonne zu erkennen; sie glich einer purpurroten Blume, aus deren Kelch alles Licht zu strömen schien.

Jede der kleinen Prinzessinnen hatte ihr Fleckchen im Garten, wo sie graben und pflanzen durfte, ganz wie sie Lust hatte. Eine gab ihrem Blumenbeet die Gestalt eines Walfischs, eine andere wollte lieber eine kleine Meerfrau nachbilden, und die Jüngste formte ihr Beet so rund wie die Sonne und hatte nur Blumen, die rot wie die Sonne leuchteten. Sie war ein sonderbares Kind, still und nachdenklich, und während die anderen Schwestern ihre Beete mit den wunderlichsten Dingen von gestrandeten Schiffen schmückten, wollte sie außer den rosenroten Blumen, die der Sonne am Himmel glichen, nur eine hübsche Marmorstatue darauf haben, eine schöne Knabengestalt, aus weißem, reinem Stein gemeißelt, die durch einen Schiffbruch auf den Meeresgrund geraten war. Daneben pflanzte sie eine rosenrote Trauerweide, die prächtig gedieh und ihre frischen Zweige über die Statue bis auf den blauen Sandboden hängen und einen violetten Schatten werfen ließ, der sich wie sie selber bewegte – das sah aus, als küßten sich Wipfel und Wurzeln im Spiel.

Nichts konnte die Jüngste mehr erfreuen, als von der Menschenwelt über dem Wasser zu hören; die alte Großmutter mußte ihr alles erzählen, was sie von Schiffen und Städten, Menschen und Tieren wußte. Sie fand es ganz besonders wunderbar und schön, daß auf der Erde die Blumen dufteten, was sie auf dem Meeresgrund nicht taten, daß die Wälder grün waren und daß die Fische dort zwischen den Zweigen so laut und herrlich singen konnten, daß es eine Lust war – die Großmutter nannte die Vöglein Fische, denn sonst hätten die Prinzessinnen, die noch nie einen Vogel gesehen hatten, sie nicht verstanden.

»Wenn ihr euer fünfzehntes Jahr vollendet«, sagte die Großmutter, »dann wird euch erlaubt sein, aus dem Meer aufzutauchen und im Mondschein auf den Klippen zu sitzen; ihr könnt die großen Schiffe vorübersegeln und Wälder und Städte sehen!«

Im kommenden Jahr sollte die erste der Schwestern fünfzehn Jahre alt werden, die übrigen aber – ja, eine war immer ein Jahr jünger als die andere, und die Jüngste mußte also noch ganze fünf Jahre warten, bis sie vom Meeresgrund aufsteigen und in Augenschein nehmen durfte, wie es bei uns aussah. Doch eine Schwester versprach, den anderen zu berichten, was sie gesehen und was ihr am ersten Tag am besten gefallen habe. Die Großmutter erzählte ihnen nämlich nicht genug; es gab so vieles, worüber sie Bescheid wissen mußten.

Keine war so voller Sehnsucht wie die Jüngste, gerade sie, die doch die längste Zeit zu warten hatte und die so still und nachdenklich war. So manche Nacht stand sie am offnen Fenster und schaute empor, wo die Fische mit ihren Flossen und Schwänzen im dunkelblauen Wasser schlugen. Mond und Sterne konnte sie erkennen; freilich schimmerten sie ganz blaß, nahmen sich durch das Wasser jedoch viel größer als vor unseren Augen aus. Wenn darunter etwas wie eine schwarze Wolke dahinglitt, dann, so wußte die Jüngste, schwamm über ihr entweder ein Walfisch oder vielleicht auch ein Schiff mit vielen Menschen, die gewiß nicht daran dachten, daß in der Tiefe eine schöne kleine Meerfrau stand und ihre weißen Hände zum Kiel emporreckte.

Nun war die älteste Prinzessin fünfzehn Jahre und durfte hinauf über die Meeresfläche steigen.

Nach ihrer Rückkehr hatte sie hundert Dinge zu berichten. Doch am schönsten sei es gewesen, sagte sie, bei Mondschein und ruhiger See auf einer Sandbank zu liegen und die große Stadt an der Küste zu betrachten, deren Lichter wie Hunderte von Sternen blinkten, die Musik, das Getöse und Gelärme von Wagen und Menschen und den Klang der Glocken von den vielen Kirchtürmen und Turmspitzen zu hören. Gerade weil all das für sie unerreichbar war, sehnte sie sich danach am meisten.

Oh, wie die jüngste Schwester lauschte, und wenn sie nun abends am offnen Fenster stand und durch das dunkelblaue Wasser in die Höhe schaute, dachte sie an die große Stadt mit all dem Lärm und Getöse, und da glaubte sie das Läuten der Kirchenglocken bis hinunter auf den Meeresgrund zu hören.

Im nächsten Jahr wurde der zweiten Schwester erlaubt, durch das Wasser emporzusteigen und zu schwimmen, wohin sie wollte. Als sie auftauchte, ging gerade die Sonne unter, und diesen Anblick fand sie am schönsten. Der ganze Himmel sei wie Gold gewesen, sagte sie, und die Wolken, ja ihre Pracht konnte sie gar nicht genug beschreiben! Rot und violett waren sie über sie hinweggesegelt, doch viel schneller noch und wie ein langer weißer Schleier war eine Schar wilder Schwäne über das Wasser geflogen, eben dort, wo die Sonne stand. Die Schwester war auf den Himmelskörper zugeschwommen, da aber versank er, und der Rosenschimmer auf Meeresfläche und Wolken erlosch.

Im Jahr darauf durfte die dritte Schwester nach oben. Sie war von allen die kühnste und schwamm deshalb in einen breiten Fluß, der in das Meer einmündete. Prächtige grüne Hügel mit Weinranken sah sie, aus herrlichen Wäldern guckten Schlösser und Höfe hervor; alle Vögel hörte sie singen, und so warm schien die Sonne, daß sie oft untertauchen mußte, um sich das brennende Gesicht zu kühlen. In einer kleinen Bucht traf sie auf eine ganze Schar kleiner Menschenkinder, die waren ganz nackt und planschten im Wasser; doch als sie mit ihnen spielen wollte, liefen sie erschrocken davon. Dann kam ein kleines schwarzes Tier – es war ein Hund, aber die Meerfrau hatte noch nie einen Hund gesehen – und bellte sie so entsetzlich an, daß sie sich vor Angst in die offene See verzog. Doch niemals würde sie die prächtigen Wälder, die grünen Hügel und die hübschen Kinder vergessen, die auch ohne Fischschwanz im Wasser schwimmen konnten.

Die vierte Schwester war nicht so mutig, sie blieb draußen im wilden Meer und erzählte dann, gerade das sei am schönsten gewesen: Man könne rundherum viele Meilen weit schauen, und der Himmel stehe wie eine große Glasglocke darüber. Schiffe hatte sie nur in weiter Ferne gesehen, die waren so ähnlich wie Mantelmöwen; die lustigen Delphine hatten Purzelbäume geschlagen, und wenn die großen Walfische Wasser aus ihren Nasenlöchern spritzten, schienen ringsum hundert Fontänen aufzusteigen.

Nun kam die fünfte Schwester an die Reihe. Weil ihr Geburtstag gerade in den Winter fiel, bekam sie zu sehen, was die andern beim ersten Mal nicht gesehen hatten. Die See nahm sich vollkommen grün aus, und überall schwammen große Eisberge herum, jeder davon einer Perle gleich, wie sie sagte, und doch viel größer als jene Kirchtürme, welche die Menschen erbauten. Sie zeigten sich in den seltsamsten Gestalten und funkelten wie Diamanten. Als sich das Mädchen auf einen der größten setzte und ihr langes Haar im Wind flattern ließ, wichen ihr alle Segelschiffe erschrocken aus. Doch gegen Abend bezog sich der Himmel mit Wolken, es blitzte und donnerte, und die schwarze See hob die großen Eisblöcke hoch empor und ließ sie im Schein der roten Blitze glänzen. Auf allen Schiffen wurden die Segel eingeholt, überall herrschte Angst und Schrecken, die Meerfrau aber, die auf ihrem schwimmenden Eisberg saß, sah ruhig dem blauen Blitzstrahl zu, der im Zickzack in die schimmernde See einschlug.

Jede der Schwestern, die zum ersten Mal über die Meeresfläche kam, war vom Anblick des Neuen und Schönen begeistert. Als die Mädchen dann aber erwachsen waren und hinaufsteigen durften, wann immer sie wollten, wurde es ihnen gleichgültig. Sie sehnten sich nach ihrem Schloß zurück, und als ein Monat vergangen war, sagten sie, unten bei ihnen sei es doch am allerschönsten, da sei man so hübsch zu Hause.

Oft geschah es in der Abendstunde, daß die fünf Schwestern Arm in Arm und in einer Reihe über das Wasser stiegen. Sie hatten so wunderbare Stimmen, wie Menschen sie gar nicht haben können, und wenn sich nun ein Sturm zusammenbraute und sie annehmen konnten, daß Schiffen der Untergang drohte, dann schwammen sie vor ihnen her und sangen betörend davon, wie schön es auf dem Meeresgrund sei, die Seeleute sollten sich vor der Reise dorthin nicht fürchten. Doch die Männer verstanden ihre Worte nicht und hielten sie für Sturmgebraus, auch die Pracht in der Tiefe bekamen sie nicht zu sehen, denn wenn das Schiff unterging, ertranken die Menschen, und wenn sie zum Schloß des Meerkönigs gelangten, waren sie tot.

Während die Mädchen in der Abendstunde Arm in Arm durch das Wasser stiegen, blieb ihre kleine Schwester ganz allein zurück und sah ihnen nach, und da war ihr, als müßte sie weinen; doch eine Meerfrau hat keine Tränen und deshalb leidet sie viel mehr.

»Ach, wäre ich doch fünfzehn Jahre!« sagte sie. »Ich werde die Welt und die Menschen, die dort oben wohnen und leben, sehr lieb gewinnen, das weiß ich.«

Endlich hatte sie das rechte Alter erreicht.

»Schau an, da haben wir dich soweit«, sagte ihre Großmutter, die alte Königinwitwe. »Komm her, ich will dich schmücken, genauso wie deine Schwestern!«

Und sie setzte ihr einen Kranz weißer Lilien auf den Kopf, von denen jedes Blütenblatt die Hälfte einer Perle war, und befahl acht großen Austern, sich auf dem Schwanz der Prinzessin festzuklemmen, um ihren hohen Stand recht zu beweisen.

»Das tut so weh!« sagte die kleine Meerfrau.

»Ja, wer schön sein will, muß leiden«, sagte die Alte.

Ach, wie gern hätte die kleine Meerfrau die ganze Pracht von sich geschüttelt und den schweren Kranz abgesetzt – die roten Blumen in ihrem Garten kleideten sie viel besser –, aber sie wagte nichts daran zu ändern. »Auf Wiedersehen!« sagte sie und stieg ganz leicht und klar wie eine Luftblase durch das Wasser empor.

Als sie den Kopf über den Meeresspiegel hob, war die Sonne gerade untergegangen, doch alle Wolken glänzten noch wie Rosen und Gold, und mitten in der blaßroten Luft strahlte der Abendstern so hell und schön, die Luft war mild und frisch und das Meer vollkommen still. Da lag ein großes Schiff mit drei Masten, nur ein einziges Segel war gesetzt, denn kein Lüftchen regte sich, und ringsum im Tauwerk und auf Stengen saßen Matrosen. Musik und Gesang ertönte, und als es dunkler wurde, zündete man hundert bunte Laternen an – das sah aus, als wehten Fahnen aller Nationen im Wind.

Die kleine Meerfrau schwamm geradewegs zum Kajütenfenster, und jedesmal, wenn sie vom Wasser emporgehoben wurde, konnte sie einen Blick durch die spiegelblanken Scheiben werfen. Viele geputzte Menschen waren zu sehen, doch am schönsten war der junge Prinz mit den großen schwarzen Augen; er war gewiß nicht viel älter als sechzehn Jahre, und all diese Pracht gab es, weil er Geburtstag hatte. Als er hinaus auf das Deck trat, wo die Matrosen tanzten, stiegen über hundert Raketen auf, leuchtend wie der helle Tag, und ließen die kleine Meerfrau so heftig erschrecken, daß sie untertauchte. Doch bald hob sie den Kopf wieder über das Wasser, und da schienen alle Sterne des Himmels auf sie niederzufallen. Nie zuvor hatte sie solche Feuerkünste gesehen. Große Sonnen schnurrten herum, prächtige Feuerfische schwangen sich durch die blaue Luft, und all dieser Glanz wurde vom klaren, ruhigen Meer gespiegelt. Das Schiff selbst war so hell erleuchtet, daß sie jedes kleine Tau und erst recht die Menschen erkennen konnte. Oh, wie schön war doch der junge Prinz! Er drückte den Leuten die Hand, lachte und lächelte, während die Musik in die herrliche Nacht hinaustönte.

Es wurde spät, doch die kleine Meerfrau konnte den Blick von dem Schiff und vom schmucken Prinzen nicht abwenden. Die bunten Laternen wurden gelöscht, weder Raketen noch die Kanonen wurden abgefeuert, doch tief unten im Meer summte und brummte es. Die kleine Meerfrau saß auf dem Wasser und ließ sich vom Wellengang schaukeln, um in die Kajüte hineinzuschauen.

Aber das Schiff fuhr nun schneller, ein Segel nach dem anderen blähte sich auf, die Wellen gingen höher, große Wolken zogen heran, in der Ferne zuckten Blitze. Ach, ein schlimmes Unwetter braute sich zusammen! Deshalb strichen die Matrosen die Segel. Schwankend jagte das große Schiff über das wilde Meer, das Wasser türmte sich gleichsam zu riesigen schwarzen Bergen und drohte sich über den Mast zu wälzen, doch wie ein Schwan tauchte das Schiff hinunter ins Wellental und ließ sich vom aufsteigenden Wasser wieder in die Höhe tragen. Die kleine Meerfrau fand diese Fahrt gerade lustig, doch die Seeleute fanden das gar nicht. Das Schiff ächzte und knackte, seine dicken Planken bogen sich unter den heftigen Stößen der See, der Mast brach mittendurch, als wäre er Schilfrohr, und das Schiff neigte sich schlingernd zur Seite, während das Wasser in seinen Innenraum drang. Da erkannte die Meerfrau, daß hier Gefahr im Verzug war, sie selbst mußte sich vor den treibenden Balken und Wrackteilen in acht nehmen. Einen Augenblick lang war es so kohlrabenschwarz, daß sie nicht das geringste sehen konnte; doch wenn es dann blitzte, war es wieder so hell, daß sie auf dem Schiff alle Leute erkannte – jeder tummelte sich nach Kräften. Vor allem suchte sie den jungen Prinzen, und als das Schiff auseinanderbrach, sah sie ihn im tiefen Meer versinken. Zuerst freute sie sich sehr, denn jetzt sollte er zu ihr kommen; dann aber dachte sie daran, daß die Menschen im Wasser nicht leben können und daß er sterben müßte, um zum Schloß ihres Vater zu gelangen. Nein, sterben, das durfte er nicht! Deshalb schwamm sie zwischen die treibenden Balken und Planken hindurch, vergaß ganz und gar, daß sie zerquetscht werden könnte, tauchte tief unter und stieg wieder hoch empor, bis sie endlich den jungen

Prinzen erreichte. Der vermochte in der stürmischen See kaum noch zu schwimmen, seine Gliedmaßen erlahmten, die schönen Augen fielen ihm zu, und wenn die kleine Meerfrau nicht gekommen wäre, hätte er sterben müssen. Sie hielt seinen Kopf über Wasser und ließ sich dann mit ihm treiben, wohin die Wellen wollten.

Am Morgen war das böse Wetter vorüber; von dem Schiff war kein Span mehr zu sehen. Als die Sonne ganz rot und leuchtend aus dem Wasser stieg, schienen sich die Wangen des Prinzen zu beleben, doch seine Augen blieben geschlossen. Die Meerfrau küßte ihn auf seine schöne hohe Stirn und strich ihm das nasse Haar zurück; sie fand ihn der Marmorstatue in ihrem kleinen Garten ähnlich, küßte ihn wieder und wünschte sich sehr, er möge am Leben bleiben.

Da erblickte sie vor sich das feste Land, hohe blaue Berge, so schimmernd mit weißem Schnee bedeckt, als lägen auf ihren Gipfeln Schwäne. An der Küste dehnten sich herrliche grüne Wälder aus, und davor sah sie etwas, das vielleicht eine Kirche oder ein Kloster war, jedenfalls war es ein Gebäude. Zitronen- und Apfelsinenbäume wuchsen im Garten, und vor dem Tor ragten hohe Palmen auf. Eine kleine Bucht, mit ruhigem, jedoch sehr tiefem Wasser, zog sich bis zu einer Klippe hin, wo feiner, weißer Sand aufgespült war. Hierhin schwamm die Meerfrau mit dem schönen Prinzen, bettete ihn in den Sand und sorgte vor allem dafür, daß sein Kopf höher und im warmen Sonnenschein lag.

Nun läuteten in dem großen weißen Gebäude Glocken, und durch den Garten kamen viele junge Mädchen gezogen. Da schwamm die kleine Meerfrau weiter hinaus, versteckte sich hinter ein paar hohen Steinen im Wasser, legte sich Meerschaum auf Brust und Haar, damit niemand ihr kleines Gesicht sehen könnte, und hielt Ausschau, wer wohl den armen Prinzen entdeckte.

Es dauerte nicht lange, da näherte sich ihm ein junges Mädchen; sie schien heftig zu erschrecken, doch nur für einen Augenblick, dann holte sie mehrere Leute herbei. Die Meerfrau sah, wie der Prinz zum Leben erwachte und allen zulächelte, die ihn umgaben, nur für sie hatte er kein Lächeln übrig, er wußte ja auch nicht, daß sie ihn gerettet hatte. Darüber wurde sie sehr betrübt, und als die Leute ihn dann in das große Gebäude brachten, tauchte sie traurig unter und schwamm heim zum Schloß ihres Vaters.

Schon immer war sie still und nachdenklich gewesen, jetzt aber wurde sie es noch viel mehr. Die Schwestern fragten sie, was sie bei ihrem ersten Auftauchen gesehen habe, aber sie erzählte nichts.

Oft stieg sie abends und morgens zu jener Stelle empor, an der sie den Prinzen verlassen hatte. Sie sah, daß im Garten die Früchte reiften und abgepflückt wurden, sie sah den Schnee auf den hohen Bergen schmelzen, aber den Prinzen sah sie nicht, und deshalb kehrte sie jedesmal trauriger zurück. Es war ihr einziger Trost, in ihrem Gärtchen zu sitzen und die schöne Marmorstatue zu umarmen, die mit dem Prinzen Ähnlichkeit hatte. Doch ihre Blumen pflegte sie nicht mehr, die wuchsen wie wild, wucherten über die Wege und verflochten ihre langen Stengel und Blätter mit den Zweigen der Bäume, so daß es in ihrem Garten ganz dunkel war.

Schließlich hielt sie es nicht mehr aus und vertraute sich einer der Schwestern an, worauf es sogleich alle andern erfuhren, mehr aber nicht, und noch ein paar weitere Meerfrauen, die es auch nur ihren engsten Freundinnen erzählten. Eine von ihnen wußte Bescheid, sie hatte auch die Pracht auf dem Schiff gesehen und wußte, wer der Prinz war, woher er stammte und wo sein Königreich lag.

»Komm, Schwesterchen!« sagten die andern Prinzessinnen, und Arm in Arm stiegen sie in einer langen Reihe aus dem Meer, an jener Küste, wo das Schloß des Prinzen liegen mußte.

Das war aus einem hellgelben, glänzenden Gestein, und eine seiner großen Marmortreppen führte direkt bis zum Meer. Prächtige vergoldete Kuppeln erhoben sich auf den Dächern, und zwischen den Säulen, die das ganze Gebäude umgaben, standen Marmorbilder, die aussahen, als wären sie lebendig. Durch das klare Glas der hohen Fenster blickte man in die herrlichsten Säle, mit Teppichen und kostbaren Seidengardinen, und alle Wände waren mit großen Gemälden geschmückt – es war eine rechte Augenweide. Mitten im größten Saal plätscherte ein riesiger Springbrunnen und ließ seine Strahlen zur Decke hinaufsteigen, wo die Sonne durch eine gläserne Kuppel auf das Wasser im großen Bassin mit seinen prächtigen Pflanzen schien.

Jetzt wußte die Meerfrau, wo der Prinz wohnte, und oft begab sie sich abends und nachts dorthin. So nah wie sie hatte sich keine der andern Schwestern ans Land gewagt, ja, sie schwamm durch den schmalen Kanal bis unter den prächtigen Marmorbalkon, der einen langen Schatten aufs Wasser warf. Hier saß sie und schaute den jungen Prinzen an, und der wähnte sich im hellen Mondschein ganz allein.

So manchen Abend sah sie ihn in seinem prächtigen Boot fahren, mit Musik und wehenden Fahnen, und wenn sie aus dem grünen Schilf hervorguckte und der Wind ihren langen silberweißen Schleier packte, konnte man sie für einen Schwan mit flatternden Flügeln halten.

Oft hörte sie nachts den Fischern zu, die mit Fackeln unterwegs waren und über den jungen Prinzen soviel Gutes erzählten. Da freute sie sich, daß sie, als er bewußtlos auf den Wellen trieb, sein Leben gerettet hatte, und sie dachte daran, wie fest sein Kopf an ihrer Brust geruht und wie innig sie ihn geküßt hatte – während er gar nichts davon wußte und nicht einmal von ihr träumen konnte.

Immer besser gefielen ihr die Menschen, immer brennender wurde ihr Wunsch, zu ihnen emporzusteigen. Die Welt der Menschen erschien ihr viel größer als ihre eigene; sie konnten mit Schiffen über das Meer fliegen, auf die hohen Berge hoch über den Wolken steigen, und so weit dehnten sich ihre Länder mit Wäldern und Feldern aus, daß es gar nicht zu überschauen war. Die Meerfrau hatte so viele Fragen, doch die Schwestern wußten nicht immer Antwort. Deshalb wandte sie sich an die alte Großmutter, und die kannte sich mit der höheren Welt aus und nannte sie ganz richtig die Länder über dem Meer.

»Wenn die Menschen nicht ertrinken«, fragte die kleine Meerfrau, »können sie dann immer leben, brauchen sie nicht zu sterben wie wir auf dem Meeresgrund?«

»Doch«, sagte die Alte, »sterben müssen sie auch, und ihre Lebenszeit ist sogar kürzer als unsere. Wir können dreihundert Jahre alt werden, aber wenn wir dann von hier verschwinden, bleibt von uns nur Schaum auf dem Wasser, wir finden nicht einmal ein Grab bei unsern Lieben. Wir haben keine unsterbliche Seele und werden nicht wieder zum Leben erweckt, wir sind wie das grüne Schilf – ist es erst einmal abgeschnitten, dann kann es kein zweites Mal grünen. Die Seele der Menschen dagegen lebt immer, auch dann, wenn der Körper Erde ist; sie steigt durch die klare Luft empor, zu all den leuchtenden Sternen. So wie wir aus dem Meer auftauchen und dann die Länder der Menschen erblicken, so tauchen sie zu unbekannten, wunderbaren Orten auf, die wir niemals zu sehen bekommen.«

»Warum sind wir nicht mit einer unsterblichen Seele geboren?« fragte die kleine Meerfrau betrübt. »Ich würde alle meine dreihundert Jahre Lebenszeit dafür geben, um nur einen einzigen Tag lang ein Mensch zu sein und dann an der himmlischen Welt teilzuhaben!«

»An so etwas darfst du gar nicht denken!« sagte die Alte. »Wir leben viel glücklicher und besser als die Menschen da oben.«

»Ich muß also sterben und als Schaum auf dem Meer treiben, ohne die Musik der Wellen zu hören, ohne die prächtigen Blumen und die rote Sonne zu sehen! Kann ich denn gar nichts tun, um eine ewige Seele zu gewinnen?«

»Nein!« sagte die Alte »Nur wenn ein Mensch dich so lieben könnte, daß du ihm mehr wärst als Vater und Mutter; wenn er mit allen Gedanken und all seiner Liebe an dir hinge und seine rechte Hand vom Pfarrer in deine Rechte legen ließe, mit dem Versprechen ewiger Treue, dann würde seine Seele in deinen Körper strömen, und auch du könntest am Glück der Menschen teilhaben. Er würde dir eine Seele geben und seine eigene doch behalten. Aber das kann niemals geschehen! Was hier im Meer gerade schön ist, dein Fischschwanz, das finden die da oben auf der Erde häßlich, mehr verstehen sie nicht davon, man muß zwei plumpe Stelzen haben, die sie Beine nennen, um schön zu sein!«

Da seufzte die Meerfrau und sah ihren Fischschwanz traurig an.

»Wir wollen lustig sein«, sagte die Alte, »hüpfen und springen in den dreihundert Jahren, die wir zu leben haben, das ist doch eine ganz schöne Zeit! Danach kann man sich um so vergnüglicher in seinem Grab ausruhen. Heute abend wollen wir einen Hofball geben!«

Es war eine solche Pracht, wie man sie niemals auf Erden sieht! Wände und Decke des großen Tanzsaals bestanden aus dickem, aber klarem Glas. Auf jeder Seite waren mehrere hundert kolossale rosenrote und grasgrüne Muschelschalen aufgestellt, mit einem blau brennenden Feuer, das nicht nur den ganzen Saal erhellte, sondern seinen Schein auch durch die Wände nach draußen warf, so daß die See hell erleuchtet war. All die unzähligen

Fische, große und kleine, die auf die Glasmauer zuschwammen, waren zu sehen; bei einigen glänzten die Schuppen purpurrot, bei anderen wie Silber und Gold. – Mitten durch den Saal ergoß sich ein breiter Strom, und darauf tanzten Meermänner und Meerfrauen zu ihrem eigenen Gesang, und ihre Stimmen waren so wunderbar, wie Menschen auf der Erde sie gar nicht haben. Am herrlichsten von allen sang die kleine Meerfrau, und als die andern ihr Beifall klatschten, spürte sie für einen Augenblick in ihrem Herzen Freude, denn sie wußte, daß keiner auf Erden und im Meer eine schönere Stimme hatte.

Bald aber mußte sie wieder an die Welt über der ihren denken; sie konnte den schönen Prinzen nicht vergessen und ihren Kummer darüber nicht verwinden, daß sie keine unsterbliche Seele wie er besaß. Deshalb schlich sie heimlich hinaus, und während das Schloß ihres Vaters ganz und gar von Gesang und Frohsinn erfüllt war, saß sie betrübt in ihrem kleinen Garten. Da hörte sie durch das Wasser hindurch den Klang von Waldhörnern und dachte: »Jetzt ist er wohl da oben in seinem Schiff, *er*, den ich mehr liebe als Vater und Mutter, er, an dem meine Gedanken hängen, in dessen Hand ich das Glück meines Lebens legen möchte. Alles will ich wagen, um ihn und eine unsterbliche Seele zu gewinnen! Derweil meine Schwestern im Schloß des Vaters tanzen, will ich zur Meerhexe gehen, vor der ich immer so große Angst hatte, aber sie kann mir vielleicht raten und helfen.«

Da verließ die kleine Meerfrau ihren Garten und machte sich zu den brausenden Mahlströmen auf, hinter denen die Hexe wohnte. Diesen Weg war sie noch nie gegangen, hier wuchs keine Blume, kein Seegras, er führte nur über nackten, grauen Sand, bis hin zu den Mahlströmen, wo das tosende Wasser wie rasende Mühlräder wirbelte und alles mit in die Tiefe riß, was sich mitnehmen ließ. Zwischen diesen toddrohenden Strudeln mußte sie hindurch, um ins Gebiet der Meerhexe zu gelangen, wo es noch eine lange Strecke mit heißem, brodelndem Schlamm zu überwinden galt, was die Hexe ihr Torfmoor nannte. Dahinter stand ihr Haus, umgeben von einem seltsamen Wald. Alle Sträucher und Bäume waren Polypen, halb Tier und halb Pflanze, was aussah, als wüchsen aus dem Boden hundertköpfige Schlangen. An Stelle der Zweige hatten sie lange, schleimige Arme, mit Fingern, die geschmeidigen Würmern glichen und sich Glied für Glied von der Wurzel bis zur äußersten Spitze bewegten. Sie umklammerten alles, was sie im Meer ergreifen konnten, um es nie wieder loszulassen. Die kleine Meerfrau blieb ganz erschrocken stehen, ihr Herz klopfte vor Angst, und beinahe wäre sie umgekehrt. Dann aber dachte sie an den Prinzen und an die Seele der Menschen, und da faßte sie Mut. Sie band sich ihr langes, flatterndes Haar fest um den Kopf, damit die Polypen sie nicht daran packen konnten, preßte die Hände vor der Brust zusammen, und dann flog sie, wie ein Fisch durchs Wasser fliegt, zwischen den häßlichen Polypen hindurch, die ihre geschmeidigen Arme und Finger nach ihr ausstreckten. Sie sah, daß jeder von ihnen etwas gefangen hatte und mit hundert kleinen Armen wie mit starken Eisenbändern festhielt. Menschen, die auf See umgekommen und in die Tiefe gesunken waren, steckten als weiße Gerippe in den Polypenarmen. Sie hielten Schiffsruder und Kisten umklammert, auch Skelette von Landtieren, und sogar eine kleine Meerfrau hatten sie gefangen und erwürgt – das war für die jüngste Prinzessin fast das Schlimmste.

Nun kam sie zu einem weiten, schlierigen Platz, auf dem sich große, fette Wasserschlangen tummelten und ihre häßlichen weißgelben Bäuche zeigten. In der Mitte stand ein Haus, errichtet aus den weißen Gebeinen ertrunkener Menschen. Hier saß die Meerhexe und ließ eine Kröte aus ihrem Mund fressen, wie die Menschen einen kleinen Kanarienvogel mit Zucker füttern. Sie nannte die häßlichen, fetten Wasserschlangen ihre Hühnchen und gestattete ihnen, sich auf ihrer großen, schwammigen Brust zu wälzen.

»Ich weiß schon, was du willst«, sagte die Meerhexe, »das ist eine Dummheit! Trotzdem sollst du deinen Willen haben, denn das wird dich ins Unglück stürzen, mein schönes Prinzeßchen! Du möchtest deinen Fischschwanz loswerden und dafür zwei Stümpfe zum Gehen haben, so wie die Menschen, damit sich der junge Prinz in dich verlieben kann und du ihn und eine unsterbliche Seele bekommst!« Dabei lachte die Hexe so laut und häßlich, daß ihr die Kröte und die Schlangen von der Brust fielen und sich nun auf dem Boden wälzten. »Du kommst gerade zur rechten Zeit«, fuhr sie fort, »denn wenn morgen früh die Sonne aufgeht, muß erst wieder ein Jahr verstreichen, bevor ich dir helfen kann. Ich werde dir einen Trank brauen, damit mußt du vor Sonnenaufgang zum Land schwimmen, mußt dich ans Ufer setzen und ihn trinken. Dann teilt sich dein Schwanz auseinander und schrumpft ein, bis du hast, was die Menschen hübsche Beine nennen. Aber das tut so weh, als ginge das scharfe Schwert durch dich hindurch. Alle Leute werden sagen, sie hätten noch nie ein so herrliches Menschenkind wie dich gesehen. Du wirst deinen schwebenden Gang behalten, keine Tänzerin kann schweben wie du, doch bei jedem deiner Schritte glaubst du auf ein scharfes Messer zu treten und dich bis auf das Blut zu schneiden. Wenn du bereit bist, all das zu leiden, dann will ich dir helfen.«

»Ja!« sagte die kleine Meerfrau mit bebender Stimme und dachte an den Prinzen und den Gewinn einer unsterblichen Seele.

»Aber denk dran«, sagte die Hexe, »hast du erst einmal menschliche Gestalt angenommen, dann kannst du nie wieder eine Meerfrau werden! Du kannst nie wieder durchs Wasser zu deinen Schwestern und zum Schloß deines Vaters hinuntersteigen, und wenn es dir nicht gelingt, die Liebe des Prinzen zu gewinnen – so daß er über dir Vater und Mutter vergißt, mit all seinen Gedanken an dir hängt, den Pfarrer eure Hände ineinanderlegen läßt und ihr Mann und Frau werdet –, dann bekommst du keine unsterbliche Seele! Am ersten Morgen nach seiner Hochzeit mit einer anderen muß dir das Herz brechen, und du wirst Schaum auf dem Wasser.«

»Ich will es!« sagte die kleine Meerfrau und war bleich wie der Tod.

»Aber du mußt mich auch bezahlen«, sagte die Hexe, »und was ich verlange, ist nicht wenig. Du hast von allen auf dem Meeresgrund die schönste Stimme und glaubst wohl, du könntest den Prinzen damit bezaubern, und diese Stimme sollst du mir überlassen. Ich wünsche für meinen kostbaren Trank das Beste, was du besitzt. Ich muß dir ja mein eignes Blut darin geben, damit er so scharf wird wie ein zweischneidiges Schwert!«

»Aber wenn du mir meine Stimme wegnimmst«, sagte die kleine Meerfrau, »was bleibt mir dann noch?«

»Deine schöne Gestalt«, sagte die Hexe, »dein schwebender Gang und deine sprechenden Augen, damit kannst du ein Menschenherz wohl betören. Na, hast du den Mut verloren? Streck mal dein Zünglein heraus, damit ich es abschneiden kann, als Bezahlung, und dann sollst du den kräftigen Trank bekommen!«

»Es geschehe!« sagte die kleine Meerfrau, und die Hexe setzte ihren Kessel auf, um den Zaubertrank zu kochen. »Reinlichkeit ist eine gute Sache«, sagte sie, machte aus den Schlangen einen Knoten und scheuerte damit den Kessel blank. Dann ritzte sie sich in die Brust und ließ ihr schwarzes Blut hineintropfen, wobei der Dampf so absonderliche Gestalten formte, daß einem angst und bange werden konnte. Alle Augenblicke warf die Hexe neue

Dinge in den Kessel, und als es darin richtig kochte, schien ein Krokodil zu weinen. Endlich war der Trank fertig und sah nun aus wie das klarste Wasser.

»Da hast du ihn!« sagte die Hexe und schnitt der kleinen Meerfrau die Zunge ab. Die war nun stumm und konnte weder singen noch sprechen.

»Wenn du nach Hause gehst und die Polypen in meinem Wald nach dir greifen«, sagte die Hexe, »dann brauchst du nur einen einzigen Tropfen von diesem Trank auf sie zu spritzen, und ihre Arme und Finger zerspringen in tausend Stücke!«

Aber das war gar nicht nötig. Sowie die Polypen den Trank nur erblickten, der in der Hand der kleinen Meerfrau wie ein heller Stern funkelte, zogen sie sich erschrocken zurück. Bald hatte sie den Wald, das Moor und die brausenden Mahlströme überwunden und konnte schon das Schloß ihres Vaters sehen. Die Fackeln im großen Tanzsaal waren erloschen, gewiß schliefen alle, doch sie wagte sich nicht zu ihnen hinein, denn sie war stumm und wollte sie nun für immer verlassen. Es war, als müßte ihr Herz vor Kummer zerreißen. Da schlich sie sich in den Garten, pflückte von jedem Beet ihrer Schwestern eine Blume, warf dem Schloß tausend Kußhände zu und stieg durch das dunkelblaue Meer empor.

Als sie das Schloß des Prinzen erblickte und die prächtige Marmortreppe erklomm, war die Sonne noch nicht aufgegangen. Der Mond schien wunderbar hell. Die kleine Meerfrau schluckte den brennend scharfen Trunk, und es war, als ginge ein zweischneidiges Schwert durch ihren zarten Körper, sie verlor das Bewußtsein und blieb wie tot liegen. Erst als die Sonnenstrahlen über das Wasser fielen, wachte sie auf und spürte einen brennenden Schmerz. Doch gerade vor ihr stand der schöne junge Prinz, und als er seine kohlschwarzen Augen auf sie heftete, schlug sie die ihren nieder und sah, daß ihr Fischschwanz verschwunden war. Sie hatte die reizendsten weißen Beine, wie sie ein kleines Mädchen nur haben kann; doch sie war vollkommen nackt und hüllte sich deshalb in ihr dichtes, langes Haar. Der Prinz fragte nach ihrem Namen und wie sie hierhergekommen sei, und sie blickte ihn freundlich und doch so traurig mit ihren dunkelblauen Augen an, sie konnte ja nicht sprechen. Da nahm er sie bei der Hand und führte sie ins Schloß. Bei jedem ihrer Schritte glaubte sie, wie die Hexe vorausgesagt, auf spitze Ahlen und scharfe Messer zu treten, aber das ertrug sie gern. An der Hand des Prinzen stieg sie leicht wie eine Blase das Ufer hinauf, und er wie alle anderen wunderten sich über ihren anmutigen, schwebenden Gang.

Sie bekam kostbare Kleider aus Seide und Musselin und war im Schloß die Schönste von allen, doch sie war stumm, konnte weder singen noch sprechen. Reizende Sklavinnen, gekleidet in Gold und Seide, erfreuten den Prinzen und seine königlichen Eltern mit ihrem Gesang; eine sang lieblicher als alle andern, und der Prinz klatschte und lächelte ihr zu. Da wurde die kleine Meerfrau, die einst viel herrlicher gesungen hatte, traurig und dachte: »Ach, wenn er nur wüßte, daß ich meine Stimme für alle Ewigkeit weggegeben habe, um bei ihm zu sein!«

Als nun die Sklavinnen zur schönsten Musik anmutige, schwebende Tänze darboten, hob die kleine Meerfrau ihre hübschen weißen Arme, schwebte auf Zehenspitzen durch den Saal und tanzte, wie nie zuvor jemand getanzt hatte. Bei jeder Bewegung wurde ihre Schönheit mehr offenbar, und ihr Auge sprach das Herz inniger an, als es der Gesang der Sklavinnen vermochte.

Alle waren davon begeistert, besonders der Prinz, der sie sein kleines Findelkind nannte, und sie tanzte und tanzte, obwohl sie jedesmal, wenn ihr Fuß den Boden berührte, einen Schmerz wie von scharfen Messern empfand. Da sagte der Prinz, sie solle immerfort bei ihm sein, und sie durfte nun vor seiner Tür auf einem Samtkissen schlafen.

Er ließ ihr Männerkleidung nähen, damit sie ihn zu Pferde begleiten konnte. Sie ritt mit ihm durch die duftenden Wälder, wo ihr die grünen Zweige auf die Schulter schlugen und zwischen den frischen Blättern die Vöglein sangen. Sie kletterte mit dem Prinzen auf die hohen Berge, und obwohl auch für andere sichtbar war, daß ihre zarten Füße bluteten, lachte sie nur darüber und folgte ihm, bis sie die Wolken unter sich ziehen sahen, wie eine Schar Vögel in ferne Länder.

Wenn nachts alle andern im Schloß des Prinzen schliefen, stieg die Meerfrau die breite Marmortreppe hinunter und ließ sich vom kalten Seewasser die brennenden Füße kühlen, und dann dachte sie an jene in der Tiefe.

Eines Nachts kamen ihre Schwestern Arm in Arm durch das Wasser geschwommen und sangen dabei ein trauriges Lied, und sie erkannten die Meerfrau, die ihnen zuwinkte, und erzählten ihr, daß sie allen in der Tiefe großen Kummer zugefügt habe. Von da an erschienen sie jede Nacht, und einmal sah die Meerfrau in weiter Ferne die alte Großmutter, die viele Jahre nicht über der Meeresfläche aufgetaucht war, dazu den Meerkönig mit seiner Krone auf dem Kopf, und beide streckten sie die Hände nach ihr aus, wagten sich jedoch nicht so dicht ans Land heran wie die Schwestern.

Mit jedem Tag gewann der Prinz sie mehr lieb; er hatte sie gern, wie man ein gutes, liebes Kind gern hat, doch sie zu seiner Königin zu machen, das fiel ihm gar nicht ein, und seine Frau mußte sie werden, sonst würde sie keine unsterbliche Seele bekommen und am Morgen nach seiner Hochzeit zu Schaum auf dem Meer werden.

»Bin ich dir nicht die Liebste von allen?« schienen ihre Augen zu fragen, wenn er sie in seine Arme nahm und auf die schöne Stirn küßte.

»Doch, du bist mir am liebsten«, sagte der Prinz, »denn du hast von allen das beste Herz, du bist mir am treuesten ergeben, und du ähnelst einem jungen Mädchen, das ich einmal sah und wohl niemals wiederfinden werde. Ich war einmal auf einem Schiff, das untergehen mußte, und die Wellen trieben mich an Land, zu einem heiligen Tempel, in dem mehrere junge Mädchen Dienst taten. Die Jüngste von ihnen fand mich am Ufer und hat mir das Leben gerettet – nur zweimal habe ich sie gesehen. Sie ist die einzige, die ich auf dieser Welt lieben könnte, du aber ähnelst ihr und verdrängst fast ihr Bild aus meiner Seele. Sie gehört dem heiligen Tempel an, und du wurdest mir von meinem guten Glück geschickt – wir wollen uns niemals trennen!« – »Ach, er weiß nicht, daß ich es war, die sein Leben rettete«, dachte die kleine Meerfrau, »ich habe ihn über das Meer bis zum Wald mit dem Tempel getragen. Ich saß hinter dem Schaum und hielt Ausschau nach Menschen. Ich habe das schöne Mädchen gesehen, das er mehr liebt als mich!« Und sie seufzte tief, sie konnte nicht weinen. »Das Mädchen gehört dem heiligen Tempel an, hat er gesagt, nie wird sie in die Welt hinauskommen, sie werden sich niemals wieder begegnen. Ich aber bin bei ihm, sehe ihn jeden Tag, ich will ihn pflegen, ihn lieben, für ihn mein Leben opfern!«

Doch nun sollte der Prinz heiraten, wurde erzählt, und zwar die schöne Tochter des Nachbarkönigs, deshalb sei er dabei, so ein prächtiges Schiff auszurüsten. Es hieß zwar, er wolle die Länder des Nachbarkönigs besichtigen, aber man wußte wohl, daß er sich die Tochter des Nachbarkönigs ansehen wollte, begleitet von einem großen Gefolge.

Doch die kleine Meerfrau schüttelte den Kopf und lachte, sie kannte die Gedanken des Prinzen viel besser als alle andern. »Ich muß verreisen«, hatte er zu ihr gesagt, »ich muß mir die schöne Prinzessin ansehen, wie meine

Eltern es verlangen. Aber sie als meine Braut heimzuführen, dazu werden sie mich niemals zwingen! Ich kann sie nicht lieben! Sie gleicht nicht dem schönen Mädchen im Tempel, dem du ähnlich bist. Sollte ich mir einmal eine Braut erwählen, dann eher dich, mein stummes Findelkind mit den sprechenden Augen!« Und er küßte sie auf den roten Mund, spielte mit ihrem langen Haar und legte seinen Kopf an ihr Herz – und das träumte von Menschenglück und einer unsterblichen Seele.

»Du hast doch wohl keine Angst vor dem Meer, mein stummes Kind?« fragte er, als sie dann auf dem prächtigen Schiff standen, das ihn in die Länder des Nachbarkönigs bringen sollte. Und er erzählte ihr von Sturm und Meeresstille, von seltsamen Fischen der Tiefe und was dort der Taucher gesehen, und sie hörte ihm lächelnd zu, denn über den Meeresgrund wußte sie besser Bescheid als jeder andere.

In der mondhellen Nacht, als alle schliefen, nur der Steuermann am Ruder nicht, setzte sie sich an die Reling und schaute ins klare Wasser hinunter. Da glaubte sie das Schloß ihres Vaters zu sehen, wo ganz oben die alte Großmutter stand, mit der silbernen Krone auf dem Kopf, und durch die reißenden Fluten empor zum Schiffskiel starrte. Nun tauchten ihre Schwestern aus dem Wasser auf, blickten sie traurig an und rangen ihre weißen Hände. Die Meerfrau winkte ihnen und lächelte, doch gerade als sie erzählen wollte, wie gut es ihr gehe und wie glücklich sie sei, kam der Schiffsjunge zu ihr, die Schwestern verschwanden, und da mußte er glauben, das Weiße, das er auf dem Wasser gesehen, sei nichts weiter als Schaum gewesen.

Am nächsten Morgen lief das Schiff in den Hafen der prächtigen Stadt des Nachbarkönigs ein. Alle Kirchenglocken läuteten, von den hohen Türmen ertönten Posaunen, und die Soldaten paradierten mit wehenden

Fahnen und blitzenden Bajonetten. Jeden Tag wurde ein Fest gefeiert, Bälle und Gesellschaften folgten im Wechsel. Doch die Prinzessin war noch nicht gekommen, sie wurde weit weg von hier in einem heiligen Tempel erzogen, hieß es, um dort alle königlichen Tugenden zu erlernen. Endlich traf sie ein.

Die kleine Meerfrau, die begierig auf den Anblick ihrer Schönheit gewesen war, mußte zugeben, daß sie eine so liebliche Gestalt wie die Prinzessin noch nie gesehen hatte. Ihre Haut war ganz zart und rein, und unter den langen dunklen Wimpern lächelte ein Paar schwarzblauer, treuer Augen.

»Du bist es«, sagte der Prinz, »du hast mich gerettet, als ich wie tot am Ufer lag!« Und er nahm seine errötende Braut in die Arme. »Oh, ich bin überglücklich!« sagte er zu der kleinen Meerfrau. »Mein innigster Wunsch ist in Erfüllung gegangen, wie ich es niemals zu hoffen wagte. Du wirst dich über mein Glück freuen, denn du hast mich von allen am liebsten!«

Und die kleine Meerfrau küßte ihm die Hand, und ihr war, als müßte ihr das Herz brechen. Der Morgen nach seiner Hochzeit würde ihr ja den Tod bringen und sie in Schaum auf dem Meer verwandeln.

Alle Kirchenglocken läuteten, die Herolde ritten durch die Straßen, um die Verlobung zu verkünden. Auf allen Altären brannte duftendes Öl in kostbaren Silberlampen. Die Priester schwenkten die Weihrauchfässer, Braut und Bräutigam reichten sich die Hand und empfingen den Segen des Bischofs. Die kleine Meerfrau war in Gold und Seide gekleidet und trug die Schleppe der Braut, doch sie vermochte die festliche Musik nicht zu hören, die heilige Zeremonie nicht zu sehen, sie dachte an ihre Todesnacht, an alles, was sie auf dieser Welt verloren.

Noch am selben Abend gingen Braut und Bräutigam an Bord ihres Schiffs, wo die Kanonen dröhnten, alle Fahnen wehten und wo in der Mitte ein kostbares Zelt errichtet war, aus Gold und Purpur und mit den prächtigsten Pfühlen, hier sollte das Brautpaar die stille, kühle Nacht verbringen.

Die Segel blähten sich im Wind, und das Schiff glitt leicht und ohne große Bewegung über die klare See.

Als es dunkelte, wurden bunte Lampen angezündet, und die Seeleute tanzten auf dem Deck lustige Tänze. Die kleine Meerfrau mußte daran denken, wie sie das erste Mal aus dem Meer aufgetaucht war und die gleiche Pracht und Freude gesehen hatte. Jetzt wirbelte sie mit im Tanz, schwebend wie die Schwalbe, wenn sie verfolgt wird, und alle brachen in Bewunderung und Jubel aus – so herrlich hatte sie noch nie getanzt. Es schnitt in ihre zarten Füße wie mit scharfen Messern, aber das spürte sie nicht; es schnitt ihr noch tiefer ins Herz. Sie wußte, daß sie ihn an diesem Abend zum letzten Mal sah – ihn, für den sie ihre Familie und ihr Heim verlassen, ihre herrliche Stimme hingegeben und jeden Tag unendliche Qualen gelitten hatte, ohne daß er etwas davon ahnte. Es war die letzte Nacht, in der sie dieselbe Luft atmete, das tiefe Meer und den sternblauen Himmel sah wie er. Auf sie, die keine Seele hatte und keine gewinnen konnte, wartete eine ewige Nacht, ohne Gedanken und ohne Traum. Und alles an Bord war Freude und Frohsinn, bis weit nach Mitternacht, sie lachte und tanzte mit dem Todesgedanken im Herzen. Der Prinz küßte seine schöne Braut, und sie spielte mit seinem schwarzen Haar, und Arm in Arm gingen sie in das prächtige Zelt und legten sich zur Ruhe.

Auf dem Schiff wurde es still, alles verstummte, nur der Steuermann stand am Ruder. Die kleine Meerfrau legte ihre weißen Arme auf die Reling und spähte nach der Morgenröte im Osten – der erste Sonnenstrahl, wußte sie, würde sie töten. Da sah sie ihre Schwestern aus dem Meer emporsteigen, blaß wie sie selbst; ihr langes schönes Haar flatterte nicht mehr im Wind, es war abgeschnitten.

»Wir haben es der Hexe geschenkt und sie um Hilfe gebeten, damit du in dieser Nacht nicht zu sterben brauchst! Sie hat uns dafür ein Messer gegeben, hier ist es, siehst du, wie scharf? Das mußt du vor Sonnenaufgang dem Prinzen ins Herz stechen, und wenn sein warmes Blut auf deine Füße spritzt, dann wachsen sie zu einem Fischschwanz zusammen, und du wirst wieder eine Meerfrau, kannst durch das Wasser zu uns hinuntersteigen und deine dreihundert Jahre leben, bevor du zum toten, salzigen Meerschaum wirst. Beeil dich! Er oder du, einer muß sterben, bevor die Sonne aufgeht! Unsre alte Großmutter hat vor lauter Kummer ihr weißes Haar verloren, wie wir das unsere unter der Schere der Hexe. Töte den Prinzen und kehr zurück! Beeil dich, siehst du den roten Streifen am Himmel? In wenigen Minuten kommt die Sonne, und dann mußt du sterben!« Und sie stießen einen sonderbar tiefen Seufzer aus und verschwanden in den Wellen.

Die kleine Meerfrau zog den Purpurvorhang vom Zelt, und als sie die liebliche Braut mit dem Kopf auf der Brust des Prinzen schlafen sah, beugte sie sich über ihn, küßte ihn auf die schöne Stirn, blickte zum Himmel, an dem immer heller das Morgenrot leuchtete, blickte auf das scharfe Messer und schaute dann wieder den Prinzen an, der im Traum seine Braut bei Namen nannte, weil er nur sie in Gedanken hatte, und das Messer zitterte in der Hand der Meerfrau – da aber warf sie es weit ins Meer hinaus, und wo es niederfiel, glänzten die Wellen rot, als würden Blutstropfen aus dem Wasser quellen. Noch einmal betrachtete sie den Prinzen mit halbgebrochenem Blick, stürzte sich dann vom Schiff ins Wasser und merkte, wie sich ihr Körper in Schaum auflöste.

Da stieg die Sonne aus dem Meer und ließ ihre Strahlen mild und warm auf den todkalten Meerschaum fallen. Die kleine Meerfrau spürte nichts vom Tod, sie sah die helle Sonne und über sich Hunderte von anmutigen Geschöpfen schweben, die so durchsichtig waren, daß sie durch sie hindurch die weißen Segel des Schiffs und die roten Wolken des Himmels erkennen konnte. Ihre Stimmen vereinten sich zu einer Melodie, die aber so geistig war, daß kein irdisches Ohr sie vernehmen konnte, wie auch kein irdisches Auge sie zu sehen vermochte. Sie wurden nicht von Flügeln, sondern von ihrer eignen Leichtigkeit durch die Luft getragen. Da entdeckte die kleine Meerfrau, daß auch sie einen solchen Körper hatte, und hob sich höher und höher aus dem Schaum.

»Wohin komme ich?« fragte sie, und ihre Stimme klang wie die der anderen Wesen, so geistig, wie es keine irdische Musik wiederzugeben vermag.

»Zu den Töchtern der Luft!« war die Antwort. »Die Meerfrau hat keine unsterbliche Seele und bekommt sie nur dann, wenn sie die Liebe eines Menschen gewinnt. Von einer fremden Macht hängt ihr ewiges Dasein ab. Auch den Töchtern der Luft fehlt die ewige Seele, doch sie können sich durch gute Taten selbst eine schaffen. Wir fliegen in die warmen Länder, wo der schwüle Pesthauch die Menschen tötet, und fächeln dort Kühlung. Wir verbreiten den Duft der Blumen und bringen Labsal und Heilung. Haben wir uns dann dreihundert Jahre bemüht, nach unseren Kräften Gutes zu tun, dann bekommen wir eine unsterbliche Seele und haben teil am ewigen Glück der Menschen. Du arme kleine Meerfrau, du hast mit deinem ganzen Herzen nach demselben gestrebt, hast gelitten, geduldet und hast dich in die Welt der Luftgeister emporgehoben – jetzt kannst du dir durch gute Taten in dreihundert Jahren selbst eine unsterbliche Seele schaffen.«

Und die kleine Meerfrau streckte ihre hellen Arme zur Sonne, und zum ersten Mal spürte sie Tränen.

Auf dem Schiff herrschte wieder Leben und Treiben, sie sah den Prinzen mit seiner schönen Braut nach ihr suchen, wehmütig starrten sie auf den wogenden Schaum, als wüßten sie von ihrem Sprung in die Wellen. Unsichtbar, wie die Meerfrau nun war, küßte sie die Braut auf die Stirn, lächelte dem Prinzen zu und stieg dann mit den andern Kindern der Luft auf die rosenrote Wolke, die durch die Luft segelte.

»In dreihundert Jahren schweben wir auf solche Art in Gottes Reich!«

»Schon früher können wir dorthin kommen«, flüsterte eins. »Wir schweben unsichtbar in die Häuser der Menschen, wo es Kinder gibt, und für jeden Tag, an dem wir ein gutes Kind entdecken, das seinen Eltern Freude macht und ihre Liebe verdient, wird unsre Probezeit von Gott verkürzt. Das Kind merkt nicht, daß wir durchs Zimmer fliegen, und wenn wir dann vor Freude lächeln, wird ein Jahr von den dreihundert abgezogen. Doch wenn wir ein unartiges und böses Kind erblicken, dann müssen wir vor Kummer weinen, und jede Träne verlängert unsre Probezeit um einen Tag!«

7. Des Kaisers neue Kleider

Vor vielen Jahren lebte ein Kaiser, der war so versessen auf schöne neue Kleider, daß er sein ganzes Geld ausgab, um sich recht herauszuputzen. Er kümmerte sich nicht um seine Soldaten, und ins Theater oder in den Wald fuhr er nur deshalb, um seine neuen Kleider vorzuführen. Für jede Stunde des Tages besaß er ein Gewand, und wie man von einem König sagt, er sei im Rat, so sagte man hier immer: »Der Kaiser ist in der Garderobe!«

Er wohnte in einer großen Stadt, wo es sehr vergnüglich zuging, täglich kamen viele Fremde. Darunter waren einmal zwei Betrüger, die gaben sich für Weber aus und sagten, sie verstünden den herrlichsten Stoff zu weben, den man sich vorstellen könnte. Farben und Muster seien von ungewöhnlicher Schönheit, doch nicht genug damit, die aus diesem Stoff genähten Kleider hätten zudem die wunderbare Eigenschaft, für jeden Menschen unsichtbar zu sein, der für sein Amt nicht taugte oder dümmer war als erlaubt.

»Das sind ja herrliche Kleider«, dachte der Kaiser, »wenn ich die anhätte, könnte ich dahinterkommen, wer in meinem Reich für sein Amt nicht taugt, ich könnte die Klugen von den Dummen unterscheiden! Ja, diesen Stoff soll man sofort für mich weben!« Und er gab den beiden Betrügern viel Geld auf die Hand, damit sie sich an die Arbeit machten.

Sie stellten auch zwei Webstühle auf, taten, als wären sie damit sehr beschäftigt, doch sie hatten darauf nicht das geringste. Keck verlangten sie die feinste Seide und das prächtigste Gold, steckten alles in die eigene Tasche und arbeiteten an den leeren Webstühlen weiter, und das bis in die tiefe Nacht.

»Jetzt hätte ich gern gewußt, wie weit sie mit dem Stoff sind«, dachte der Kaiser. Doch bei dem Gedanken, daß jemand, der dumm war oder sein Amt schlecht versah, diesen Stoff nicht sehen könnte, wurde ihm ordentlich seltsam ums Herz. Er glaubte zwar, daß er für sich selbst nichts zu befürchten brauchte, wollte aber doch lieber erst einen anderen nachsehen lassen, wie es um die Sache stand. Alle Leute in der ganzen Stadt wußten, welch eine wunderbare Kraft der Stoff besaß, und alle waren begierig zu erfahren, wie schlecht oder dumm der Nachbar sei.

»Ich will meinen alten ehrlichen Minister zu den Webern schicken«, dachte der Kaiser, »der kann am besten beurteilen, wie sich der Stoff ausnimmt, denn er hat Verstand und versieht sein Amt besser als jeder andere!«

Nun ging der alte brave Minister in den Saal, wo die beiden Betrüger an den leeren Webstühlen arbeiteten. »Allmächtiger Gott!« dachte er und riß die Augen auf. »Ich kann ja nichts sehen!« Aber das sagte er nicht.

Die beiden Betrüger baten ihn näher zu treten und fragten, ob das Muster nicht schön und die Farben nicht prachtvoll seien. Dabei zeigten sie auf den leeren Webstuhl, und der arme alte Minister riß seine Augen immer weiter auf und konnte doch nichts sehen, weil da nichts war.

»Herrgott!« dachte er. »Sollte ich dumm sein? Das hätte ich niemals gedacht, und das darf kein Mensch erfahren! Sollte ich für mein Amt nicht taugen? Nein, ich kann unmöglich erzählen, daß der Stoff unsichtbar für mich ist!«

»Na, Sie sagen ja gar nichts dazu«, sagte der eine Weber.

»Oh, es ist hübsch! Ganz allerliebst!« entgegnete der alte Minister und blickte durch seine Brille. »Dieses Muster und diese Farben! – Ja, ich werde dem Kaiser berichten, daß es mir ausnehmend gut gefällt.«

»So, das freut uns!« sagten die beiden Weber, und dann nannten sie die Farben und das seltsame Muster bei Namen. Der alte Minister hörte gut zu, denn er wollte es vor dem Kaiser wiederholen, und das tat er dann auch.

Nun verlangten die Betrüger mehr Geld, mehr Seide und Gold, um ihre Arbeit fortzusetzen. Sie steckten sich alles in die eigenen Taschen, auf den leeren Webstuhl kam nicht ein einziger Faden, doch sie webten daran weiter wie zuvor.

Der Kaiser schickte bald wieder einen braven Beamten, der nachschauen sollte, wie es mit dem Weben gehe und ob der Stoff bald fertig sei. Es erging ihm genauso wie dem ersten, er schaute und schaute, doch weil da nur die leeren Webstühle waren, konnte er nichts sehen.

»Ja, ist das nicht ein schönes Stück Stoff?« sagten die

beiden Betrüger und zeigten und erklärten das herrliche Muster, das gar nicht da war.

»Dumm bin ich nicht!« dachte der Mann. »Sollte es etwa daran liegen, daß ich für mein gutes Amt nicht tauge? Das wäre doch sonderbar! Aber dergleichen darf man sich nicht anmerken lassen!« Und so lobte er den Stoff, den er nicht sah, und versicherte den Betrügern seine Freude über die exzellenten Farben und das entzückende Muster. »Ja, es ist ganz allerliebst!« sagte er zum Kaiser.

Alle Menschen in der Stadt sprachen von dem prächtigen Stoff.

Nun wollte der Kaiser ihn selbst besichtigen, solange er noch auf dem Webstuhl war. Mit einem ganzen Gefolge erlesener Männer, darunter die beiden braven alten Beamten, die zuvor dort gewesen waren, begab er sich zu den beiden listigen Betrügern, die nun aus Leibeskräften, doch ohne Faden noch Faser webten.

»Ja, ist das nicht magnifik?« sagten die beiden braven Beamten. »Geruhen Ihre Majestät bitte zu sehen, welch ein Muster, was für Farben!« Und sie zeigten auf den leeren Webstuhl, denn sie glaubten, die anderen könnten den Stoff gewiß erkennen.

»Nanu«, dachte der Kaiser, »ich sehe ja gar nichts! Das ist ja furchtbar! Bin ich dumm? Tauge ich nicht dafür, Kaiser zu sein? Das wäre das Schrecklichste, was mir zustoßen könnte!« – »Oh, es ist sehr schön!« sagte der Kaiser. »Es hat meinen allerhöchsten Beifall.« Und er nickte zufrieden und betrachtete den leeren Webstuhl; er wollte nicht zugeben, daß er nichts sah.

Das ganze Gefolge, das ihn begleitete, schaute und schaute, ohne mehr zu erkennen als alle andern, doch sie sagten genauso wie der Kaiser: »Oh, das ist sehr schön!« Und sie rieten ihm, diese neuen, prächtigen Kleider bei der bevorstehenden großen Prozession zum ersten Mal zu tragen.

»Das ist magnifik! Entzückend! Exzellent!« ging es von Mund zu Mund, und alle waren sie damit höchst zufrieden.

Der Kaiser verlieh jedem Betrüger ein Ritterkreuz, im Knopfloch zu tragen, und den Titel eines Weber-Junkers.

Die ganze Nacht, bevor die Prozession stattfinden sollte, waren die Betrüger auf und hatten über sechzehn Kerzen angezündet. Die Leute konnten sehen, wie sehr sie sich mühten, um die Kleider des Kaisers fertigzubekommen. Sie taten, als lösten sie den Stoff vom Webstuhl, sie schnitten mit großen Scheren in die Luft, sie nähten mit Nähnadeln ohne Faden und sagten endlich: »Seht, nun sind die Kleider fertig!«

Als dann der Kaiser in Begleitung seiner vornehmsten Kavaliere selbst erschien, hoben beide Betrüger einen Arm, als hielten sie etwas in die Höhe, und sagten: »Hier sind die Beinkleider! Hier ist der Gehrock! Hier ist der Mantel!« Und so fort. »Es trägt sich so leicht wie Spinnweben, fast sollte man glauben, man hätte gar nichts auf dem Leib, aber das ist gerade der Vorzug!«

»Ja!« sagten alle Kavaliere, doch sie konnten nichts sehen, denn es war nichts da.

»Würden Ihre kaiserliche Majestät nun allergnädigst geruhen, die alten Kleider abzulegen«, sagten die Betrüger, »dann werden wir Sie mit den neuen versehen, dort vor dem großen Spiegel.«

Der Kaiser zog sich alle seine Kleider aus, und die Betrüger taten so, als legten sie ihm die neuen, die sie genäht haben wollten, eins nach dem anderen an, während sich der Kaiser vor dem Spiegel fortwährend drehte und wendete.

»Gott, wie gut sie ihm stehen! Wie prächtig sie sitzen!« sagten sämtliche Kavaliere. »Welch ein Muster! Was für Farben! Das ist ein kostbares Kostüm!«

»Draußen warten sie mit dem Thronhimmel, unter dem Ihre Majestät in der Prozession gehen sollen«, sagte der Oberzeremonienmeister.

»Ja, ich bin fertig«, sagte der Kaiser. »Sitzt es nicht gut?« Und dann drehte er sich noch einmal vor dem Spiegel, um sich den Anschein zu geben, als studierte er recht seine Pracht.

Die Kammerherren, welche die Schleppe tragen sollten, tasteten auf dem Fußboden herum, als würden sie die Schleppe aufheben, und hielten dann ihre Hände in die Luft – sie durften sich ja nicht anmerken lassen, daß sie nichts sahen.

Dann schritt der Kaiser unter dem prächtigen Thronhimmel in der Prozession, und alle Leute auf der Straße und an den Fenstern sagten: »Gott, wie sind des Kaisers neue Kleider unvergleichlich! Was hat er für eine herrliche Schleppe am Rock! Wie prächtig das sitzt!«

Niemand wollte sich anmerken lassen, daß er nichts sah, dann hätte er ja für sein Amt nicht getaugt oder wäre sehr dumm gewesen. Noch nie hatten die Kleider des Kaisers soviel Beifall gefunden.

»Aber er hat ja nichts an!« sagte ein kleines Kind.

»Herrgott, hört die Stimme des Unschuldigen«, sagte der Vater. Und einer flüsterte dem andern zu, was das Kind sagte.

»Aber er hat ja nichts an!« rief schließlich das ganze Volk.

Dem Kaiser lief es kalt den Rücken herunter, denn ihm schien, die Leute hatten recht, aber er dachte wohl: »Jetzt muß ich die Prozession bis zu Ende durchhalten.«

Und die Kammerherren folgten ihm und trugen die Schleppe, die gar nicht da war.

8. Das Gänseblümchen

Jetzt sollst du hören!

Draußen auf dem Lande, dicht am Weg, stand ein Landhaus, du hast es bestimmt schon selbst gesehen! Es hat einen kleinen Garten mit Blumen und einen Zaun, der gestrichen ist. Nicht weit von hier, am Graben, wuchs mitten im prächtigsten grünen Gras ein kleines Gänseblümchen. Die Sonne schien genauso warm und schön darauf wie auf die großen, reichen Prachtblumen im Garten, und deshalb wurde es von Stunde zu Stunde größer. Eines Morgens war es ganz und gar aufgeblüht, und die leuchtend weißen Blättchen umgaben die kleine gelbe Sonne in seiner Mitte wie Strahlen. Es dachte gar nicht daran, daß es dort im Gras von keinem Menschen gesehen wurde und daß es eine armselige, verachtete Blume war; nein, es war sehr vergnügt, wandte sich der warmen Sonne zu, blickte zu ihr empor und lauschte der Lerche, die in der Luft ihr Lied sang.

Das kleine Gänseblümchen war so glücklich, als ob ein großer Feiertag wäre, und dabei war doch nur Montag. Während alle Kinder in der Schule auf ihren Bänken saßen und etwas lernten, saß es auf seinem kleinen grünen Stengel und lernte auch, denn die warme Sonne und die ganze Natur gaben ihm Unterricht in Gottes Güte, und alles, was es im stillen fühlte, glaubte es ganz deutlich und schön im Gesang der kleinen Lerche zu hören. Das Gänseblümchen schaute mit einer Art Ehrfurcht zu dem glücklichen Vogel auf, der singen und fliegen konnte, war jedoch gar nicht traurig darüber, daß ihm selbst diese Fähigkeit fehlte. »Ich kann ja sehen und hören«, dachte es, »die Sonne bescheint mich, und der Wind küßt mich – oh, wie bin ich doch begünstigt!«

Im Garten hinter dem Zaun standen viele steife, vornehme Blumen; je weniger sie dufteten, desto höher trugen sie die Nase. Die Pfingstrosen bliesen sich auf, weil sie größer als eine richtige Rose sein wollten, dabei kommt es auf die Größe gar nicht an! Die Tulpen hatten die allerschönsten Farben, das wußten sie wohl, und um sich noch besser ins Licht zu setzen, hielten sie sich sehr gerade. Sie schenkten dem kleinen Gänseblümchen hinter dem Zaun keinerlei Beachtung, das aber konnte den Blick gar nicht von ihnen abwenden und dachte: »Wie reich und prächtig sie sind! Ja, sie bekommen gewiß von dem schönen Vogel Besuch! Gott sei Dank stehe ich doch so nahe, daß ich mir die ganze Herrlichkeit ansehen kann.« Und gerade, als es dies dachte, da kam, »kwirrewitt!«, die Lerche geflogen, doch nicht zu den Pfingstrosen und zu den Tulpen, nein, sie flog hinunter ins Gras zum armen Gänseblümchen, und das erschrak vor lauter Freude so heftig, daß es gar nicht mehr wußte, was es denken sollte.

Der kleine Vogel tanzte um das Gänseblümchen herum und sang dabei: »Nein, wie weich das Gras ist! Und was ist das für ein süßes Blümchen mit Gold im Herzen und Silber am Kleid!« – Der gelbe Punkt in der Blüte sah ja auch aus wie Gold, und ihre Blättchen schimmerten silberweiß.

So glücklich, wie das Gänseblümchen jetzt war, nein, das ist gar nicht zu fassen. Die Lerche küßte es mit ihrem Schnabel, sang ihm ein Lied und schwang sich dann wieder in die blaue Luft. Es dauerte bestimmt eine ganze Viertelstunde, bis das Blümchen wieder zu sich kam. Halb verschämt und doch innig vergnügt, spähte es nach den Blumen im Garten – sie hatten ja gesehen, welche Ehre und Glückseligkeit ihm widerfahren war, sie mußten diese Freude doch verstehen! Doch die Tulpen standen noch steifer als zuvor, mit ganz spitzen und roten Gesichtern, denn sie hatten sich geärgert. Die Pfingstrosen sahen ganz hohlköpfig aus, buh! wie gut, daß sie nicht reden konnten, sonst hätten sie dem Gänseblümchen ordentlich Bescheid gesagt. Die arme kleine Blume erkannte wohl, daß die großen schlechte Laune hatten, und das tat ihr aufrichtig leid. Da aber betrat ein Mädchen den Garten, ging mit einem großen Messer, blitzend und scharf, geradewegs zum Beet der Tulpen und schnitt eine nach der andern ab.

»Hu«, seufzte das Gänseblümchen, »das ist ja furchtbar, jetzt ist es mit ihnen aus!« Dann ging das Mädchen mit den Tulpen davon.

Das Gänseblümchen freute sich, daß es draußen im Gras stand und nur eine arme, kleine Blume war, und empfand eine rechte Dankbarkeit. Als die Sonne unterging, faltete es seine Blätter, schlief ein und träumte die ganze Nacht von der Sonne und dem kleinen Vogel.

Am nächsten Morgen streckte es vor Glück alle seine weißen Blätter wie kleine Arme nach Licht und Luft aus, und da hörte es die Stimme des Vogels wieder, doch was er sang, war sehr traurig. Ja, die arme Lerche hatte wohl Grund dazu, sie war gefangen und saß nun in einem Bauer am offenen Fenster. Sie sang vom freien, glücklichen Fliegen, vom jungen, grünen Korn auf dem Feld und von der herrlichen Reise, die sie mit ihren Flügeln hoch in die Luft empor machen könnte. Die Stimmung des armen Vogels war gar nicht gut, gefangen saß er im Bauer.

Das kleine Gänseblümchen hätte ihm so gern geholfen, wie aber sollte es das anstellen? Ja, da war guter Rat teuer. Es vergaß vollkommen, wie herrlich alles rundherum wuchs, wie warm die Sonne schien und wie hübsch weiß seine eigenen Blätter waren; ach, es dachte nur an den gefangenen Vogel und konnte so gar nichts für ihn tun.

In diesem Augenblick kamen zwei kleine Jungen aus dem Garten; der eine von ihnen hielt in der Hand ein Messer, groß und scharf wie jenes, mit dem das Mädchen die Tulpen abgeschnitten hatte. Sie gingen geradewegs auf das Gänseblümchen zu, das gar nicht verstehen konnte, was sie von ihm wollten.

»Hier haben wir ein prächtiges Rasenstück für die Lerche«, sagte der eine Junge und begann ein tiefes Viereck auszuschneiden, so daß das Gänseblümchen nun mitten in einer Grassode stand,

»Reiß die Blume aus!« sagte der zweite Junge. Das Gänseblümchen zitterte ordentlich vor Angst, denn ausgerissen werden, das hieße ja sein Leben verlieren, und es wollte so gern am Leben bleiben, sollte es doch mit dem Rasenstück in den Bauer der gefangenen Lerche kommen.

»Nein, laß sie stehen!« sagte der andere Junge. »Das ist eine hübsche Verzierung!« Und so blieb sie stehen und geriet in den Bauer der Lerche.

Doch der arme Vogel klagte laut über den Verlust seiner Freiheit und schlug mit den Flügeln gegen den Eisendraht. Das kleine Gänseblümchen konnte nicht sprechen, konnte ihm kein tröstendes Wort sagen, wie gern es auch wollte. So verging der ganze Vormittag.

»Hier ist kein Wasser!« sagte die gefangene Lerche. »Alle sind sie fort, ohne an einen Tropfen zu trinken für mich zu denken. Mein Hals ist trocken und brennt! Mein Körper ist Feuer und Eis, und die Luft ist so schwer! Ach, ich muß sterben und alles verlassen, den warmen Sonnenschein, das frische Grün, die ganze Herrlichkeit, die Gott geschaffen hat!« Und dann bohrte sie ihren kleinen Schnabel ins kühle Rasenstück, um sich ein wenig zu erfrischen. Dabei fiel ihr Blick auf das Gänseblümchen, und sie nickte ihm zu, küßte es mit dem Schnabel und sagte: »Auch du mußt hier verwelken, du armes Blümchen! Du und der kleine grüne Rasenfleck sollen mir die ganze Welt ersetzen, die ich draußen hatte! Jedes Grashälmchen soll mir ein grüner Baum sein, jedes deiner weißen Blättchen eine duftende Blume! Ach, ihr erzählt mir nur, wieviel ich verloren habe!«

»Wenn man sie doch nur trösten könnte!« dachte das Gänseblümchen, aber es vermochte kein Blatt zu regen.

Doch der Duft, der seinen feinen Blättchen entströmte, war viel stärker als sonst bei dieser Blumenart. Das spürte auch der Vogel, und obwohl er vor Durst verschmachtete und in seiner Qual die grünen Grashalme ausriß, rührte er die Blume nicht an.

Es wurde Abend, und noch immer war niemand gekommen, um dem armen Vogel einen Tropfen Wasser zu geben. Da streckte er seine schönen Flügel aus, begann krampfhaft zu zittern, aus seinem Lied wurde ein wehmütiges Piepsen, sein Köpfchen neigte sich der Blume zu, und sein Herz brach vor Verlangen und Sehnsucht. Nun war das Gänseblümchen nicht mehr imstande, wie am Abend zuvor seine Blätter zu falten und einzuschlafen, sondern hing krank und traurig herab.

Die Jungen erschienen erst am nächsten Morgen, und als sie den toten Vogel sahen, vergossen sie viele Tränen und gruben ihm ein hübsches Grab, das sie mit Blütenblättern schmückten. Der kleine Tote kam in eine hübsche rote Schachtel – er sollte ein königliches Begräbnis haben, der arme Vogel! Als er noch gelebt und gesungen hatte, da hatte man ihn vergessen, hatte ihn im Bauer hocken und Not leiden lassen – jetzt wurde er herausgeputzt und heftig beweint.

Aber das Rasenstück mit dem Gänseblümchen wurde in den Staub der Landstraße geworfen, niemand dachte daran, daß dieses Blümchen für den kleinen Vogel am wärmsten gefühlt und sich so sehnlichst gewünscht hatte, ihn zu trösten.

9. *Der standhafte Zinnsoldat*

Es waren einmal fünfundzwanzig Zinnsoldaten, die waren allesamt Brüder, denn ein alter Zinnlöffel hatte sie geboren. Sie hielten ihr Gewehr im Arm und das Gesicht geradeaus; rot und blau, so prächtig war ihre Uniform. Als der Deckel von ihrer Schachtel abgenommen wurde, war das allererste, was sie auf dieser Welt vernahmen, das Wort: »Zinnsoldaten!« Ein kleiner Junge rief es aus und klatschte in die Hände; er hatte sie geschenkt bekommen, weil er Geburtstag hatte, und baute sie nun auf dem Tisch auf. Ein Soldat glich haargenau dem anderen, nur ein einziger wich ein wenig ab; er hatte nur ein Bein, denn man hatte ihn zuletzt gegossen, als nicht mehr genug Zinn da war. Doch auf diesem einen stand er genauso fest wie die anderen auf ihren zwei, und gerade er verdient Beachtung.

Auf dem Tisch, wo die Soldaten aufgestellt waren, lag noch eine Menge anderes Spielzeug; was aber am meisten in die Augen fiel, das war ein niedliches Schloß aus Papier. Man konnte durch seine kleinen Fenster direkt in die Säle hineinschauen. Es war von kleinen Bäumen eingefaßt und von einem kleinen Spiegel umgeben, der einem See gleichen sollte, auf dem Wachsschwäne schwammen und sich spiegelten. Das alles war sehr hübsch, doch noch hübscher war eine kleine Jungfer, die mitten in der offenen Schloßtür stand. Auch sie war aus Papier geschnitten, sie trug jedoch einen Rock aus dem hellsten Linon und ein schmales blaues Bändchen über der Schulter, wie ein Gewand, und mitten darauf glitzerte eine Paillette, die genauso groß war wie ihr ganzes Gesicht. Die kleine Jungfer streckte beide Arme aus, denn sie war eine Tänzerin, und dann hob sie das eine Bein so hoch empor, daß der Zinnsoldat es gar nicht mehr sehen konnte, und deshalb glaubte er, sie sei genauso einbeinig wie er.

»Das wäre eine Frau für mich!« dachte er. »Aber sie ist etwas vornehm, sie wohnt in einem Schloß, und ich habe nur eine Schachtel, und darin sind wir fünfundzwanzig, das ist kein Ort für sie! Ich muß aber doch zusehen, daß ich ihre Bekanntschaft mache!« Und dann legte er sich, so lang er war, hinter eine Schnupftabakdose auf den Tisch; von hier aus konnte er die kleine feine Dame, die unentwegt auf einem Bein stand, ohne die Balance zu verlieren, recht betrachten.

Spät am Abend kamen alle anderen Zinnsoldaten in ihre Schachtel, und die Leute des Hauses gingen zu Bett. Nun begann das Spielzeug zu spielen: Gäste kommen, Krieg führen und Ball geben. Die Zinnsoldaten, die auch dabeisein wollten, klapperten in der Schachtel, konnten aber den Deckel nicht abheben. Der Nußknacker schlug Purzelbäume, und der Griffel trieb Allotria auf der Tafel; es war so ein Spektakel, daß der Kanarienvogel aufwachte und anfing mitzureden, und zwar in Versen. Die beiden einzigen, die sich nicht von der Stelle rührten, waren der Zinnsoldat und die kleine Tänzerin; sie hielt sich, die Arme ausgebreitet, ganz gerade auf der Zehenspitze; er war auf seinem einen Bein genauso standhaft und konnte die Augen keinen Moment von ihr abwenden.

Nun schlug die Uhr zwölf, und klatsch, sprang der Deckel der Schnupftabakdose auf, in der aber kein Tabak war, nein, sondern ein kleiner schwarzer Troll – das war so ein Kunststück.

»Zinnsoldat«, sagte der Troll, »willst du wohl deine Augen bei dir behalten!«

Doch der Zinnsoldat tat, als hörte er nicht.

»Ja, warte nur bis morgen!« sagte der Troll.

Als es dann Morgen wurde und die Kinder aus dem Bett gekommen waren, stellten sie den Zinnsoldaten ins Fenster, und plötzlich – mochte nun der Troll oder der Zugwind schuld daran sein – flog das Fenster auf, und der Soldat stürzte kopfüber aus dem dritten Stock in die Tiefe. Es war eine entsetzliche Fahrt, bis er, sein Bein nach oben gewandt und das Bajonett zwischen die Pflastersteine gebohrt, auf seiner Mütze stehenblieb.

Das Dienstmädchen und der kleine Junge liefen sogleich hinunter, um ihn zu suchen, und obwohl sie beinahe auf ihn traten, konnten sie ihn doch nicht finden. Hätte der Zinnsoldat gerufen: »Hier bin ich!«, dann hätten sie ihn wohl entdeckt; aber er hielt es für unschicklich, so laut zu schreien, schließlich war er in Uniform.

Nun begann es zu regnen, immer dichter fielen die Tropfen, es wurde ein ordentlicher Schauer. Als er vorüber war, tauchten zwei Straßenjungen auf.

»Guck mal«, sagte der eine, »da liegt ein Zinnsoldat! Der soll mal eine Bootsfahrt machen!«

Und dann falteten sie aus einer Zeitung ein Boot, setzten den Zinnsoldaten mitten hinein, und nun fuhr er den Rinnstein hinunter, und die beiden Jungen liefen nebenher und klatschten in die Hände. Um Himmels willen, wie hoch die Wellen im Rinnstein schlugen und wie reißend die Strömung war! Ja, es hatte auch wie aus Kannen gegossen. Das Papierschiff wippte auf und nieder und drehte sich dann wieder so schnell, daß der Zinnsoldat erbebte; doch er blieb standhaft, verzog keine Miene, sah geradeaus und hielt sein Gewehr im Arm.

Mit einem Mal wurde das Boot unter ein langes Rinnsteinbrett getrieben; und nun wurde es für den Soldaten genauso dunkel, als ob er in seiner Schachtel wäre.

»Wohin mag ich jetzt wohl geraten«, dachte er, »ja, ja, das hat der Troll getan! Ach, wenn doch die kleine Jungfer bei mir säße, dann könnte es gern noch einmal so dunkel sein!«

In diesem Moment erschien eine große Wasserratte, die unter dem Rinnsteinbrett wohnte.

»Hast du einen Paß?« fragte die Ratte. »Her mit dem Paß!«

Doch der Zinnsoldat schwieg und hielt sein Gewehr noch fester. Das Boot jagte davon und die Ratte hinterher. Hu! wie sie die Zähne fletschte, und sie rief Hölzchen und Halmen zu:

»Haltet ihn! Haltet ihn! Er hat keinen Zoll bezahlt! Er hat keinen Paß gezeigt!«

Doch die Strömung wurde immer heftiger. Schon konnte der Zinnsoldat am Ende des Bretts das helle Tageslicht erkennen, aber es war auch ein Brausen zu hören, und so ein Geräusch kann einen tapferen Mann wohl erschrecken! Stellt euch vor, der Rinnstein stürzte am Ende des Bretts direkt in einen großen Kanal, das wäre für den Zinnsoldaten genauso gefährlich gewesen, als sollten wir einen großen Wasserfall hinunterfahren.

Er war jetzt schon so nahe daran, daß er das Boot nicht mehr anhalten konnte. Es schoß davon, und der arme Zinnsoldat hielt sich so steif, wie er konnte, er wollte sich nicht nachsagen lassen, daß er auch nur mit der Wimper zuckte. Als das Boot drei-, viermal herumgewirbelt war, hatte es sich bis zum Rand mit Wasser gefüllt und mußte untergehen. Dem Zinnsoldaten stand das Wasser bis zum Hals, das Boot sank immer tiefer, das Papier löste sich immer mehr auf, schon ging ihm das Wasser über den Kopf – da dachte er an die hübsche kleine Tänzerin, die er niemals wiedersehen sollte, und in seinen Ohren klang es:

»Fahre hin, du Krieger kühn,
Den Tod sollst du erleiden!«

Da ging das Papier entzwei, und der Zinnsoldat fiel hindurch – wurde aber im selben Augenblick von einem großen Fisch verschluckt.

Nein, wie dunkel es in dem war! Hier war es noch schlimmer als unter dem Rinnsteinbrett, und dann so eng; doch der Zinnsoldat war standhaft und lag längelang da, das Gewehr in seinem Arm.

Der Fisch zappelte hierhin und dahin, er machte die gräßlichsten Bewegungen; endlich wurde er ganz still und wie von einem Blitzstrahl durchbohrt. Es wurde taghell, und eine Stimme rief laut: »Ein Zinnsoldat!«

Man hatte den Fisch gefangen, auf den Markt gebracht und verkauft, dann war er in die Küche gekommen, wo ihn ein Mädchen nun mit einem großen Messer aufschlitzte. Sie faßte den Soldaten mit zwei Fingern um den Leib und trug ihn in die Stube, und alle wollten diesen merkwürdigen Mann sehen, der in einem Fischbauch herumgereist war – doch der Zinnsoldat war gar nicht stolz. Er wurde auf den Tisch gestellt, und da – nein, wie sonderbar es in der Welt zugehen kann! Der Zinnsoldat war in dieselbe Stube geraten, in der er schon einmal gewesen war; er sah dieselben Kinder und auf dem Tisch dasselbe Spielzeug: das prächtige Schloß mit der hübschen kleinen Tänzerin. Sie hielt sich noch immer auf einem Bein und hatte das andere hoch emporgereckt, auch sie war standhaft. Das rührte den Zinnsoldaten so sehr, daß er fast Zinn geweint hätte, aber das schickte sich nicht. Er sah sie an, und sie sah ihn an, doch sie sprachen kein Wort.

Mit einem Mal packte der eine der kleinen Jungen den Soldaten und warf ihn in den Kachelofen, und dafür hatte er gar keinen Grund; bestimmt war der Troll in der Dose schuld daran.

Der Zinnsoldat stand in einem blendenden Licht und spürte eine Hitze, die entsetzlich war; doch ob sie vom wirklichen Feuer oder von der Liebe herrührte, das wußte er nicht. Die Farben hatte er ganz und gar verloren, ob auf der Reise oder vor Kummer, das konnte niemand sagen. Er sah die kleine Jungfer an, sie sah ihn an, und er fühlte sich schmelzen, hielt sich aber immer noch standhaft, mit seinem Gewehr im Arm.

Da öffnete sich eine Tür, die Tänzerin wurde vom Wind gepackt und flog einer Sylphide gleich geradewegs zum Zinnsoldaten in den Kachelofen, loderte auf und war fort. Nun schmolz der Zinnsoldat zu einem Klümpchen, und als am nächsten Tag das Mädchen die Asche herausnahm, fand sie ihn als kleines Zinnherz wieder. Doch von der Tänzerin war nur die Paillette übrig, und die war kohlrabenschwarz gebrannt.

10. *Die wilden Schwäne*

Weit fort von hier, wohin die Schwalben geflogen sind, wenn bei uns Winter ist, wohnte ein König, der hatte elf Söhne und eine Tochter, Elisa. Diese elf Brüder waren Prinzen und trugen, wenn sie zur Schule gingen, einen Stern auf der Brust und einen Säbel an der Seite. Sie schrieben mit Diamantengriffeln auf goldenen Tafeln und lernten genausogut auswendig wie inwendig; man konnte sogleich hören, daß sie Prinzen waren. Ihre Schwester Elisa saß auf einem kleinen Schemel aus Spiegelglas und sah sich ein Bilderbuch an, das hatte das halbe Königreich gekostet.

Oh, diese Kinder hatten es sehr gut, aber so sollte es nicht bleiben!

Ihr Vater, der König über das ganze Land, verheiratete sich mit einer bösen Königin, die den armen Kindern gar nicht wohlgesinnt war; das bekamen sie schon am ersten Tag zu spüren. Im ganzen Schloß wurde geschwelgt und gefeiert, und die Kinder spielten ›Gäste kommen‹; doch während sie sonst sämtliche Kuchen und Bratäpfel erhielten, die sich auftreiben ließen, gab ihnen die neue Königin nur eine Teetasse voll Sand und sagte, sie könnten sich ja etwas darunter vorstellen.

Eine Woche später schickte sie die kleine Schwester Elisa zu Bauern aufs Land, und es dauerte nicht lange, da hatte sie dem König soviel über die armen Prinzen eingeflüstert, daß er sie gar nicht mehr leiden mochte.

»Fliegt hinaus in die Welt und sorgt für euch selbst!« sagte die böse Königin. »Fliegt als große Vögel, ohne Stimme!«

Aber ganz so schlimm, wie sie wünschte, wurde es doch nicht; die Prinzen wurden in elf schöne wilde Schwäne verwandelt. Mit einem seltsamen Schrei flogen sie zu den Schloßfenstern hinaus und über Park und Wald davon.

Es war noch ganz früh am Morgen, da kamen sie an jenem Bauernhaus vorüber, wo ihre Schwester Elisa in der Stube schlief. Sie schwebten ein Weilchen über dem Dach, verdrehten ihre langen Hälse und schlugen mit den Flügeln, ohne daß es jemand sah oder hörte. Dann mußten sie ihren Weg fortsetzen, mußten hoch hinauf zu den Wolken und in die weite Welt hinaus fliegen, und dann erreichten sie einen großen dunklen Wald, der sich bis zum Meeresstrand erstreckte.

Die arme kleine Elisa stand in der Stube des Bauern und spielte mit einem grünen Blatt, anderes Spielzeug hatte sie nicht. Als sie nun ein Loch in das Blatt bohrte und da hindurch in die Sonne guckte, da glaubte sie die klaren Augen der Brüder zu erkennen, und immer, wenn die warmen Sonnenstrahlen auf ihre Wangen fielen, dachte sie an alle Küsse von ihren Brüdern.

Ein Tag verlief genauso wie der andere. Wenn der Wind durch die großen Rosenhecken vor dem Haus wehte, dann flüsterte er den Rosen zu: »Wer kann schöner sein als ihr?« Aber die Rosen schüttelten die Köpfe und sagten: »Elisa ist schöner.« Und wenn die alte Frau sonntags in der Tür saß und in ihrem Gesangbuch las, dann drehte der Wind die Seiten um und fragte das Buch: »Wer kann frommer sein als du?« – »Elisa ist frommer«, sagte das Gesangbuch, und was Rosen und Gesangbuch sagten, das war die reine Wahrheit.

Als Elisa fünfzehn Jahre alt war, sollte sie ins Schloß zurückkehren. Doch als die Königin bemerkte, wie schön sie nun war, wurde sie von einem solchen Zorn und Haß gepackt, daß sie das Mädchen am liebsten in einen wilden Schwan verwandelt hätte, wie ihre Brüder; aber das wagte sie nicht sogleich, denn der König wollte seine Tochter sehen.

Frühmorgens ging die Königin ins Bad, das war aus Marmor und mit weichen Kissen und den herrlichsten Teppichen geschmückt. Dort nahm sie drei Kröten, küßte sie und befahl der einen: »Wenn Elisa ins Bad kommt, dann setz dich auf ihren Kopf, damit sie so träge wird wie du! – Und du setz dich auf ihre Stirn«, befahl sie der zweiten, »damit sie so häßlich wird wie du und ihr Vater sie nicht erkennt! – Du ruhe an ihrem Herzen«, flüsterte sie der dritten zu, »gib ihr einen so bösen Sinn, daß sie darunter leidet!«

Dann setzte sie die Kröten ins klare Wasser, das sogleich grünlich wurde, rief Elisa herbei, zog ihr die Kleider aus und ließ sie hinunter ins Wasser steigen. Als das Mädchen nun untertauchte, setzte sich die eine Kröte in ihr Haar, die zweite auf ihre Stirn und die dritte auf ihre Brust. Aber Elisa schien es gar nicht zu bemerken, und als sie sich aus dem Wasser erhob, schwammen drei rote Mohnblumen darauf. Wären die Tiere nicht giftig gewesen und von der Hexe geküßt, dann hätten sie sich in rote Rosen verwandelt; aber nachdem sie auf Elisas Kopf und an ihrem Herzen gelegen hatten, waren sie doch zu Blumen geworden – der Zauber hatte keine Macht über Elisa gewinnen können, denn sie war zu unschuldig und zu fromm.

Als das die böse Königin sah, rieb sie das Mädchen mit Walnußsaft ein, daß es ganz schwarzbraun wurde, bestrich ihr schönes Gesicht mit einer stinkenden Salbe und ließ ihr schönes Haar verfilzen, und jetzt war die schöne Elisa unmöglich wiederzuerkennen.

Als sie ihrem Vater unter die Augen kam, erschrak er heftig und erklärte, das sei nicht seine Tochter. Auch kein anderer wollte sich zu ihr bekennen, ausgenommen der Kettenhund und die Schwalben, aber das waren niedere Tiere, die nichts zu sagen hatten.

Da weinte die arme Elisa und dachte an ihre elf Brüder, die alle verschwunden waren. Betrübt schlich sie sich aus dem Schloß und lief den ganzen Tag über Feld und Moor, bis in den großen Wald. Sie wußte gar nicht, wohin sie wollte, sie war nur so traurig und voller Sehnsucht nach ihren Brüdern, die man wohl genauso hinaus in die Welt gejagt hatte, und Elisa wollte sie suchen und finden.

Gerade als sie den Wald erreicht hatte, brach die Nacht herein, und sie wußte weder Weg noch Steg. Da legte sie sich ins weiche Moos, sprach ihr Abendgebet und lehnte ihren Kopf an einen Baumstumpf. Es war vollkommen still, die Luft war ganz mild, und überall in Gras und Moos leuchtete es wie ein grünes Feuer, das waren über hundert Glühwürmchen. Als ihre Hand sacht einen Zweig berührte, fielen die schimmernden Insekten wie Sternschnuppen auf sie herab.

Die ganze Nacht träumte sie von ihren Brüdern: Sie spielten wieder wie in ihrer Kindheit, schrieben mit Diamantengriffeln auf goldenen Tafeln und sahen sich das herrliche Bilderbuch an, das einmal das halbe Reich gekostet hatte. Doch sie schrieben nicht mehr Nullen und Striche auf die Tafel, nein, ihre kühnsten Taten schrieben sie auf, alles, was sie erlebt und gesehen; und in dem Bilderbuch war alles lebendig, die Vögel sangen, und die Menschen traten aus den Seiten und sprachen mit Elisa und ihren Brüdern, doch sowie umgeblättert wurde, sprangen sie sogleich wieder an ihren Platz, denn die Bilder sollten nicht durcheinandergeraten.

Als Elisa erwachte, war es schon heller Tag. Sie konnte die Sonne zwar nicht sehen, denn die hohen Bäume breiteten ihre dichten Zweige davor aus, doch die Strahlen glänzten in den Wipfeln wie ein wehender Flor aus Gold. Das frische Grün duftete, und die Vögel setzten sich fast auf ihre Schulter. Sie hörte Wasser plätschern, es strömte aus vielen reichen Quellen, die sich allesamt in einen Teich ergossen, wo es den schönsten Sandboden gab. Am Ufer wuchsen zwar überall dichte Sträucher, doch an einer Stelle hatten Hirsche eine große Öffnung geschaffen, und hier gelangte Elisa ans Wasser. Das war ganz klar, und wenn der Wind nicht Zweige und Büsche bewegt hätte, dann hätten sie wie auf den Grund gemalt ausgesehen, so deutlich spiegelte sich jedes Blatt, ob von der Sonne durchschimmert oder tief im Schatten.

Sobald Elisa ihr Gesicht erblickte, durchzuckte sie ein jäher Schreck, so braun und häßlich war es geworden. Doch als sie ihre kleine Hand benetzte und sich Augen und Stirn damit rieb, leuchtete die weiße Haut wieder hervor, und da zog sie sich ganz und gar aus und ging in das frische Wasser hinein – ein schöneres Königskind, als sie nun war, gab es nicht auf dieser Welt.

Als sie sich wieder angekleidet und ihr langes Haar geflochten hatte, ging sie zur sprudelnden Quelle, trank aus ihrer hohlen Hand und wanderte dann tiefer in den Wald, ohne selbst zu wissen wohin.

Sie dachte an ihre Brüder und dachte an den lieben Gott, der sie gewiß nicht verlassen würde. Er ließ die wilden Holzäpfel wachsen, um den Hungernden zu sättigen, und er zeigte ihr einen solchen Baum, dessen Zweige sich unter der Last ihrer Früchte bogen. Hier hielt sie ihr Mittagsmahl, stellte Stützen unter die Zweige und begab sich dann in den dunkelsten Teil des Waldes. Dort war es so still, daß sie ihre eigenen Schritte und jedes welke Blättchen hörte, das sich unter ihrem Fuß krümmte. Nicht ein Vogel war zu sehen, nicht ein Sonnenstrahl schlüpfte zwischen den großen, dicken Zweigen hindurch; die hohen Stämme standen so dicht zusammen, daß Elisa glaubte, von einem Balkenzaun nach dem anderen umschlossen zu sein – oh, eine solche Einsamkeit hatte sie noch nie verspürt.

Die Nacht wurde ganz dunkel, kein einziges Glühwürmchen leuchtete im Moos, traurig legte sie sich zum

Schlafen nieder. Da war ihr, als teilten sich die Zweige der Bäume auseinander, als schaute der liebe Gott mit milden Augen auf sie herab und als guckten über seinem Kopf und unter seinen Armen kleine Engel hervor.

Als sie am Morgen erwachte, wußte sie nicht, ob sie dies geträumt oder wirklich gesehen hatte.

Sie ging nun ein paar Schritte weiter und begegnete einer alten Frau, die einen Korb voller Beeren trug und ihr ein paar davon schenkte. Elisa fragte sie, ob sie nicht elf Prinzen durch den Wald reiten gesehen habe.

»Nein«, sagte die Alte, »aber gestern sah ich ganz in der Nähe elf Schwäne, die Goldkronen trugen und den Fluß hinunterschwammen.«

Und sie führte Elisa zu einem Hang, an dessen Fuß sich ein Fluß schlängelte. Die Bäume an den Ufern schoben ihre langen, blätterreichen Zweige ineinander, und wo sie durch ihren natürlichen Wuchs nicht zusammentreffen konnten, hatten sie ihre Wurzeln aus dem Erdreich gerissen und neigten sie, mit den Zweigen verflochten, über das Wasser.

Elisa nahm Abschied von der Alten und ging weiter am Fluß entlang, bis sie einen großen, offenen Strand erreichte.

Das ganze herrliche Meer lag vor dem jungen Mädchen ausgebreitet, doch kein Segelschiff, kein Boot war zu sehen – wie sollte sie nur weiterkommen? Sie sah sich die zahllosen Steinchen an, die das Ufer bedeckten – alle waren vom Wasser rundgeschliffen; Glas, Eisen, Gestein, alles, was dort angespült lag, hatte das Wasser geformt, und doch war es viel weicher als ihr zarte Hand. »Es wird nicht müde in seinem Strömen, und so wird das Harte glatt, ich will genauso unermüdlich sein! Habt Dank für eure Lehre, ihr klaren, rollenden Wellen; einmal, das sagt mir mein Herz, werdet ihr mich zu meinen lieben Brüdern tragen!«

Auf dem angeschwemmten Tang lagen elf weiße Schwanenfedern, die Elisa zu einem Strauß zusammenfügte; ob die Wassertropfen darauf Tau oder Tränen waren, das war nicht zu erkennen. Einsam war es hier, doch sie spürte es nicht; das Meer war in ewigem Wechsel, ja, es bot in einigen wenigen Stunden mehr Abwechslung als die Süßwasserseen in einem ganzen Jahr. Zog eine große schwarze Wolke heran, dann schien es zu sagen: »Ich kann auch finster aussehen!« Und der Wind wehte, und die Wellen schäumten vor Zorn weiß. Wenn aber auf den Wolken ein roter Schimmer lag und die Winde schliefen, dann glich das Meer einem Rosenblatt. Bald war es grün, bald war es weiß, doch wie still es auch ruhte, stets war am Ufer eine sachte Bewegung; das Wasser hob sich so leicht wie die Brust eines schlafenden Kindes.

Als sich die Sonne dem Horizont näherte, erblickte Elisa elf wilde Schwäne, die mit Goldkronen auf den Köpfen in Richtung Land flogen; sie schwebten einer hinter dem anderen und glichen einem langen, weißen Band. Da stieg das Mädchen auf den Hügel und versteckte sich hinter einem Busch, während sich die Schwäne in ihrer Nähe niederließen und mit ihren großen weißen Flügeln schlugen.

Sobald die Sonne im Wasser verschwunden war, fielen die Schwanenkleider plötzlich ab, und da standen elf schöne Prinzen, Elisas Brüder. Sie schrie laut auf, denn trotz der großen Veränderung wußte sie, daß es ihre Brüder waren, fühlte, daß sie es sein mußten. Da sprang sie in ihre Arme, rief sie bei Namen, und die Prinzen, die ihre kleine Schwester erkannten, waren überglücklich, daß sie so groß und schön geworden war. Sie lachten und sie weinten, und bald hatten sie nun einander erzählt, wie böse ihre Stiefmutter sie alle behandelt hatte.

»Wir Brüder«, sagte der älteste, »fliegen als wilde Schwäne, solange die Sonne am Himmel steht, und wenn sie versunken ist, bekommen wir unsre menschliche Gestalt. Deshalb müssen wir stets achtgeben, daß wir bei Sonnenuntergang auf festem Boden sind; denn wenn wir dann noch in den Wolken fliegen, müssen wir als Menschen in die Tiefe stürzen. Hier ist nicht unser Wohnsitz; hinter dem Meer liegt ein Land, das genauso schön ist wie dieses. Aber dorthin ist es sehr weit, wir müssen über das große Wasser, und es gibt keine Insel zum Übernachten, nur eine einsame kleine Klippe ragt auf halbem Wege auf. Sie ist nicht größer, als daß wir Seite an Seite Platz darauf finden, und bei Seegang spritzt das Wasser hoch über uns hinweg; und doch sind wir unserm Herrgott dafür dankbar. Dort schlafen wir in unsrer Gestalt als Menschen, ohne diese Klippe könnten wir niemals unser geliebtes Vaterland erreichen, denn für diesen Flug brauchen wir zwei der längsten Sommertage. Nur einmal im Jahr ist uns ein Besuch unsrer Heimat vergönnt, und elf Tage dürfen wir bleiben, dürfen den großen Wald überfliegen, wo wir das Schloß sehen können, in dem wir geboren wurden und in dem unser Vater wohnt, und auch den hohen Turm der Kirche, wo unsre Mutter begraben liegt. – Hier sind Bäume und Sträucher wie mit uns verwandt, hier jagen die wilden Pferde über die Ebenen, wie wir es in unsrer Kindheit sahen; hier singt der Köhler die alten Lieder, nach denen wir als Kinder tanzten, hier ist unser Vaterland, hier zieht es uns hin, und hier haben wir dich gefunden, liebes Schwesterchen! Zwei Tage dürfen wir noch bleiben, dann müssen wir über das Meer in ein schönes Land, das doch nicht unser Vaterland ist. Wie können wir dich mitnehmen? Wir haben weder Schiff noch Boot.«

»Wie könnte ich euch nur erlösen?« fragte die Schwester.

Und so unterhielten sie sich fast die ganze Nacht und schliefen nur wenige Stunden.

Elisa wurde davon wach, daß über ihr Schwanenflügel

rauschten. Die Brüder waren wieder verwandelt und flogen in großen Kreisen, bis sie schließlich verschwanden. Doch einer von ihnen, der jüngste, blieb zurück, legte seinen Kopf in ihren Schoß, und sie streichelte seine weißen Schwingen und war mit ihm den ganzen Tag zusammen. Gegen Abend kehrten die andern heim, und als dann die Sonne versunken war, hatten sie wieder ihre natürliche Gestalt.

»Morgen fliegen wir von hier fort und dürfen erst nach einem ganzen Jahr wiederkommen, aber wir können dich nicht zurücklassen! Hast du den Mut, mit uns zu reisen? Mein Arm ist so stark, daß er dich durch den Wald tragen kann; sollten wir alle zusammen mit unsern Schwingen nicht stark genug sein, um mit dir über das Meer zu fliegen?«

»Ja, nehmt mich mit!« sagte Elisa.

Die ganze Nacht brachten sie damit zu, aus geschmeidiger Weidenrinde und haltbarem Schilf ein Netz zu flechten; es wurde so groß und fest, daß sich Elisa hineinlegen konnte. Als dann die Sonne hervorkam und die Brüder in wilde Schwäne verwandelt wurden, nahmen sie das Netz in ihre Schnäbel und flogen mit der geliebten Schwester, die noch schlief, hoch zu den Wolken empor. Damit ihr die Sonnenstrahlen nicht direkt ins Gesicht fallen sollten, flog einer der Schwäne über ihrem Kopf und spendete ihr mit seinen großen Flügeln Schatten.

Sie waren schon weit vom Land entfernt, als Elisa erwachte. Sie glaubte zu träumen, so seltsam kam es ihr vor, daß sie hoch über dem Meer durch die Luft getragen wurde. Neben ihr im Netz lag ein Zweig mit prächtigen reifen Beeren und ein Bund wohlschmeckender Wurzeln, die hatte der jüngste Bruder für sie gesammelt. Sie lächelte ihm dankbar zu, denn sie wußte, daß er es war, der direkt über ihrem Kopf flog und ihr mit seinen Flügeln Schatten spendete.

Sie waren so hoch oben, daß das erste Schiff, das unter ihnen sichtbar wurde, einer weißen Möwe glich. Hinter ihnen stand eine Wolke, groß wie ein ganzer Berg, und darauf flogen riesige Schatten, die von Elisa und den elf Schwänen; es war ein Gemälde, wie das Mädchen es nie prächtiger gesehen hatte. Doch als die Sonne höherstieg und die Wolke weiter zurückblieb, da verschwand das schwebende Schattenbild.

Den ganzen Tag brauste die Schar wie ein Pfeil durch die Luft, und doch flogen die Schwäne langsamer als gewöhnlich, denn sie hatten die Schwester zu tragen. Als es Abend wurde, zog ein Unwetter auf; ängstlich verfolgte Elisa das Sinken der Sonne, und noch war die einsame Klippe im Meer nicht in Sicht; es kam ihr so vor, als würden die Flügelschläge der Schwäne kraftvoller. – Ach, sie war schuld daran, daß es nicht schnell genug vorwärtsging; sobald die Sonne versunken war, müßten die Schwäne als Menschen ins Wasser stürzen und ertrinken. Da betete sie aus tiefstem Herzen zu Gott dem Herrn, aber noch immer war keine Klippe zu sehen. Die schwarze Wolke kam näher, heftige Windstöße verkündeten Sturm; nun waren die Wolken eine einzige große, dräuende Woge und jagten fest wie Blei heran; ein Blitz zuckte nach dem anderen.

Jetzt war die Sonne am Meeresrand. Elisas Herz bebte; die Schwäne eilten so schnell in die Tiefe, daß sie zu fallen fürchtete, aber sie schwebten weiter. Schon war die Sonne zur Hälfte im Wasser, erst da erblickten sie die kleine Klippe, die kaum größer als ein Seehund erschien, der seinen Kopf über das Wasser reckte. Immer schneller sank die Sonne, jetzt glich sie nur noch einem Stern, und als sie wie der letzte Funke eines brennenden Papiers erlosch, berührte Elisas Fuß festen Boden. Um sie herum standen Arm in Arm ihre Brüder, doch mehr Platz als gerade für die zwölf Geschwister war auch nicht da. Die See brandete gegen die Klippe und ging wie ein Regenschauer über sie hinweg; der Himmel leuchtete wie ein ständig loderndes Feuer, und der Donner dröhnte Schlag auf Schlag. Doch Schwester und Brüder hielten sich an den Händen, sangen einen Choral und schöpften daraus Trost und Mut.

Im Morgengrauen war die Luft rein und still; sobald die Sonne aufging, flogen die Schwäne mit Elisa weiter. Das Meer war noch immer in Aufruhr, und als sie dann hoch oben waren, sah der weiße Schaum auf den schwarzgrünen Wellen wie Millionen von schwimmenden Schwänen aus.

Als die Sonne noch höher stieg, erblickte Elisa vor sich und halb in der Luft schwebend ein Bergland mit schimmernden Eismassen auf den Gipfeln, und mitten darin erhob sich ein Schloß, gewiß mehrere Meilen groß, mit kühnen Säulengängen, von denen einer den anderen überragte; an seinem Fuße wiegten sich Palmenwälder und prächtige Blumen, so groß wie Mühlräder. Sie fragte, ob dieses Land das Ziel ihrer Reise sei, aber die Schwäne schüttelten die Köpfe, denn was das Mädchen da sah, das war das herrliche, stets wandelbare Wolkenschloß der Fata Morgana; dorthin durften sie keinen Menschen bringen. Elisa schaute und schaute, da stürzten Berge, Wälder und Schloß zusammen, und es standen zwanzig stolze Kirchen da, alle einander gleich, mit hohen Türmen und spitzen Fenstern. Sie glaubte den Klang der Orgel zu hören, doch was sie da hörte, das war das Meer. Als sie den Kirchen schon ganz nahe war, wurde daraus eine ganze Flotte, die nun unter ihr segelte, doch als sie genauer hinsah, war es nur Seenebel, der über das Wasser jagte. Ja, ständig wechselten die Bilder vor ihren Augen ab, und dann sah sie das wirkliche Land, das Ziel ihrer Reise, das sich mit herrlichen blauen Bergen, mit Zedernwäldern, Städten und Schlössern erhob. Lange vor Sonnenuntergang saß sie auf dem Felsen vor einer großen Höhle, die mit feinen grünen Schlingpflanzen wie mit bestickten Decken bekleidet war.

»Jetzt wollen wir sehen, was du heute nacht hier träumst!« sagte der jüngste Bruder und zeigte ihr, wo sie schlafen sollte.

»Wenn mir doch träumte, wie ich euch erlösen könnte!« sagte sie.

Dieser Gedanke beschäftigte sie unablässig; sie bat ganz inständig Gott um Hilfe und betete sogar noch im Schlaf. Da glaubte sie, hoch empor in die Luft zu fliegen, zum Wolkenschloß der Fata Morgana, und eine schöne, schimmernde Fee trat ihr entgegen, die aber doch vollkommen jener alten Frau glich, die ihr im Wald Beeren geschenkt und von den Schwänen mit den Goldenkronen erzählt hatte.

»Deine Brüder können erlöst werden!« sagte sie. »Aber hast du auch Ausdauer und Mut? Zwar ist das Meer weicher als deine zarten Hände und formt doch die harten Steine, aber es spürt nicht den Schmerz, den deine Finger spüren werden; es hat kein Herz, leidet nicht unter jener Angst und Qual, die du ertragen mußt. Siehst du die Brennessel in meiner Hand? Von dieser Art gibt es viele rund um die Höhle, in der du schläfst; nur diese und solche, die auf den Gräbern des Friedhofs wachsen, sind brauchbar, merk dir das! Du mußt sie pflücken, auch wenn sie deine Haut zu Blasen brennen! Wenn du sie mit deinen Füßen brichst, hast du Flachs; den mußt du zwirnen, daraus sollst du elf Panzerhemden mit langen Ärmeln stricken, und wenn du die über die elf wilden Schwäne wirfst, dann ist der Zauber gelöst. Doch merk dir wohl: Von dem Augenblick an, da du mit dieser Arbeit beginnst, mußt du verstummen und solange schweigen, bis sie vollendet ist, auch wenn es Jahre dauert. Das erste Wort, das du aussprichst, wird wie ein tödlicher Dolch ins

Herz deiner Brüder fahren; an deiner Zunge hängt ihr Leben. Merk dir das alles!«

Im selben Augenblick berührte sie mit der Nessel Elisas Hand, das war wie ein brennendes Feuer, und davon wachte das Mädchen auf. Es war heller Tag, und gleich neben ihrer Schlafstatt lag eine Nessel wie jene, die sie im Traum gesehen. Da fiel sie auf die Knie, dankte dem lieben Gott und verließ die Höhle, um ihre Arbeit zu beginnen.

Mit ihren zarten Händen griff sie in die abscheulichen Nesseln, und die waren wie Feuer und brannten ihr große Blasen auf Hände und Arme. Aber das wollte sie gern erleiden, könnte sie nur die geliebten Brüder erlösen. Sie brach jede Nessel mit ihren nackten Füßen und zwirnte daraus grünen Flachs.

Nach Sonnenuntergang kamen die Brüder, und als ihre Schwester so schweigsam war, erschraken sie und glaubten, das sei ein neuer Zauber der bösen Stiefmutter. Doch als sie Elisas Hände sahen, verstanden sie, was die Schwester um ihretwillen tat. Der jüngste Bruder weinte, und dort, wo seine Tränen auf ihre Haut fielen, spürte sie keine Schmerzen mehr, und die brennenden Blasen verschwanden.

Die ganze Nacht verbrachte sie mit ihrer Arbeit, denn sie konnte erst Ruhe finden, wenn sie die lieben Brüder erlöst hätte. Den ganzen folgenden Tag, während die Schwäne ausgeflogen waren, saß sie in ihrer Einsamkeit, doch noch nie war ihr die Zeit so schnell vergangen. Schon war das erste Panzerhemd fertig, und sie begann mit dem zweiten.

Da ertönten Jagdhörner in den Bergen und versetzten sie in große Angst. Als sie lauter wurden und Elisa auch Hunde bellen hörte, floh sie erschrocken in die Höhle, band die Nesseln, die sie gesammelt und gehechelt hatte, zu einem Bündel und setzte sich darauf.

Im selben Moment kam ein großer Hund aus dem Gebüsch gesprungen, und gleich darauf ein zweiter und ein dritter; sie bellten laut, liefen davon und kehrten zurück. Nur wenige Minuten später standen alle Jäger vor der Höhle, und der stattlichste von ihnen war der König des Landes. Er ging auf Elisa zu – ein schöneres Mädchen hatte er nie gesehen.

»Woher bist du gekommen, du liebliches Kind?« fragte er. Elisa schüttelte den Kopf, denn sie durfte nicht sprechen, es galt Erlösung und Leben der Brüder. Und sie verbarg ihre Hände unter der Schürze, damit der König nicht sah, was sie litt.

»Komm mit mir«, sagte er, »hier darfst du nicht bleiben! Wenn du so gut bist wie schön, dann will ich dich in Samt und Seide kleiden, will dir die goldene Krone aufsetzen, und du sollst in meinem prächtigsten Schloß leben und wohnen!« Dann hob er sie auf sein Pferd, und als sie weinte und die Hände rang, sagte er: »Ich will nur dein Glück! Du wirst mir einmal dafür danken.« Und er jagte mit ihr in die Berge und hielt sie vor sich auf seinem Pferd, und die Jäger folgten hinterdrein.

Als die Sonne unterging, lag vor ihnen die prächtige Königsstadt mit Kirchen und Kuppeln, und der König führte Elisa ins Schloß. Hier plätscherten große Springbrunnen in hohen Marmorsälen, wo an Wänden und Decken Gemälde prangten; doch das Mädchen hatte dafür kein Auge, sie weinte und trauerte. Gutwillig ließ sie es zu, daß die Frauen ihr königliche Kleider anzogen, Perlen in die Haare flochten und feine Handschuhe über die verbrannten Finger streiften.

Als sie nun in ihrer ganzen Herrlichkeit dastand, war sie so strahlend schön, daß sich der Hof noch tiefer vor ihr verneigte und der König sie zu seiner Braut erkor, obwohl der Erzbischof den Kopf schüttelte und flüsterte, das schöne Waldmädchen sei gewiß eine Hexe, sie würde alle blenden und des Königs Herz betören.

Aber der hörte nicht darauf, ließ Musik spielen, die köstlichsten Gerichte auftragen, die reizendsten Mädchen um Elisa tanzen und sie durch duftende Gärten in prächtige Säle führen. Doch weder ihre Lippen noch ihre Augen wollten lächeln, darin war Kummer, als ein ewiges Vermächtnis. Nun öffnete der König eine kleine Kammer, die gleich neben ihrem Schlafraum lag; sie war mit kostbaren grünen Teppichen geschmückt und glich ganz und gar ihrer Höhle. Auf dem Boden lag jenes Bündel Flachs, das sie aus den Nesseln gesponnen hatte, und unter der Decke hing das Panzerhemd, das schon fertig war. All das hatte einer der Jäger als ein Kuriosum mitgenommen.

»Hier kannst du dich in dein früheres Heim zurückträumen«, sagte der König. »Hier ist die Arbeit, die dich dort beschäftigte. Mitten in all deiner Pracht wird es dir jetzt ein Vergnügen sein, an jene Zeit zurückzudenken.«

Als Elisa sah, was ihr so sehr am Herzen lag, da spielte ein Lächeln um ihren Mund, und das Blut kehrte in ihre Wangen zurück. Sie dachte an die Erlösung ihrer Brüder, küßte dem König die Hand, und er drückte sie an sein Herz und ließ alle Kirchenglocken das Hochzeitsfest verkünden. Das schöne stumme Mädchen aus dem Wald war die Königin des Landes.

Da flüsterte der Erzbischof dem König böse Worte ins Ohr, die jedoch nicht bis in sein Herz drangen, und die Hochzeit fand statt. Der Erzbischof selbst mußte Elisa die Krone aufsetzen, und er drückte den engen Ring mit böser Absicht so fest in ihre Stirn, daß es weh tat. Doch den körperlichen Schmerz spürte sie nicht, der Ring, der ihr Herz umschloß, drückte sie schlimmer: Es war die Sorge um ihre Brüder. Ein einziges Wort hätte ihnen den Tod gebracht, deshalb war ihr Mund stumm, doch aus ihren Augen sprach eine tiefe Liebe zu dem guten, schönen König, der alles tat, um sie zu erfreuen.

Mit ganzem Herzen war sie ihm von Tag zu Tag mehr

zugetan; ach, hätte sie sich ihm nur anvertrauen und ihm sagen dürfen, was sie litt! Doch stumm mußte sie sein, stumm mußte sie ihr Werk vollbringen. Deshalb schlich sie sich nachts von seiner Seite fort, ging in ihr Kämmerlein, das wie die Höhle geschmückt war, und strickte ein Panzerhemd nach dem anderen fertig. Als sie aber mit dem siebenten beginnen wollte, da ging ihr der Flachs aus.

Auf dem Friedhof, so wußte sie, wuchsen jene Nesseln, die sie benötigte, aber sie müßte sie selber pflücken, und wie sollte sie dorthin gelangen?

»Ach, was ist der Schmerz in meinen Fingern gegen jene Qual, die mein Herz leidet!« dachte sie. »Ich muß es wagen! Der liebe Gott wird seine Hand nicht von mir abziehen!«

Mit einer Herzensangst, als sollte sie eine böse Tat vollbringen, schlich sie sich in mondheller Nacht in den Garten, ging durch lange Alleen und auf einsamen Straßen bis zum Friedhof. Dort erblickte sie auf einem der breitesten Grabsteine einen Kreis von Lamien. Das waren häßliche Hexen, die ihre Lumpen ablegten, als wollten sie baden, und dann wühlten sie mit ihren langen, knochigen Fingern in den frischen Gräbern, zerrten die Leichen heraus und fraßen ihr Fleisch. Sie starrten Elisa, die dicht an ihnen vorüber mußte, mit bösen Augen an, aber das Mädchen betete, pflückte die brennenden Nesseln und trug sie heim ins Schloß.

Nur ein einziger Mensch hatte sie gesehen, der Erzbischof, der wachte, wenn die anderen schliefen. Nun hatte er mit seiner Meinung doch recht bekommen: Mit der Königin war es nicht, wie es sein sollte; sie war eine Hexe, deshalb hatte sie den König und das ganze Volk betört.

Im Beichtstuhl teilte er dem König mit, was er gesehen und was er befürchtete, und als solche harten Worte von seinen Lippen kamen, schüttelten die geschnitzten Heiligenbilder die Köpfe, als wollten sie sagen: »Das stimmt nicht, Elisa ist unschuldig!« Doch der Erzbischof legte es anders aus und behauptete, daß sie gegen die Königin zeugten und den Kopf über ihre Sünde schüttelten.

Da rollten zwei schwere Tränen über die Wangen des Königs, und mit Zweifel im Herzen kehrte er heim. In der Nacht stellte er sich schlafend, doch in seine Augen kam kein sanfter Schlaf; er bemerkte, daß Elisa aufstand und fortging. Das wiederholte sich Nacht für Nacht, und jedesmal folgte er ihr leise und sah, daß sie in ihrem Kämmerlein verschwand.

Seine Miene wurde von Tag zu Tag finsterer; Elisa sah es und verstand es nicht, doch es erfüllte sie mit Angst, und was litt sie in ihrem Herzen erst für ihre Brüder! Sie weinte salzige Tränen, die auf ihrem königlichen Samt und Purpur wie Diamanten glänzten, und jeder, der diese reiche Pracht erblickte, wollte auch gern Königin sein.

Indessen näherte sich ihre Arbeit dem Ende, es fehlte nur noch ein einziges Panzerhemd. Doch auch der Flachs ging zur Neige, und sie hatte keine einzige Nessel mehr. Deshalb mußte sie noch einmal, nur noch dieses eine Mal, zum Friedhof und ein paar Hände voll pflücken. Voller Angst dachte sie an die einsame Wanderung und an die schrecklichen Lamien; doch ihr Wille war so unerschütterlich wie ihr Vertrauen zum lieben Gott.

Sie machte sich auf, und der König und der Erzbischof gingen ihr nach und sahen sie hinter dem Gittertor des Friedhofs verschwinden. Als sie nun nähertraten, erblickten auch sie auf dem Grabstein die Lamien, und der König wandte sich ab – er glaubte unter diesen auch jene, deren Kopf eben noch an seiner Brust geruht hatte.

»Das Volk muß über sie richten!« sagte er, und das Volk verurteilte sie zum Tod in den roten Flammen.

Man brachte sie aus den prächtigen Königssälen in ein dunkles, feuchtes Loch, wo der Wind durch das vergitterte Fenster pfiff. Als Kopfkissen bekam sie jenes Bund

Nesseln, das sie auf dem Friedhof gesammelt hatte; die harten, brennenden Panzerhemden, die sie gestrickt hatte, sollten ihr als Bett und Decke dienen. Ein besseres Geschenk hätte man ihr gar nicht bereiten können – sie machte sich wieder an ihre Arbeit und betete zu ihrem Herrgott. Draußen wurden von den Straßenjungen Spottlieder über sie gesungen, keine Seele tröstete sie mit einem lieben Wort.

Gegend Abend rauschte dicht vor dem Gitter ein Schwanenflügel – der jüngste der Brüder hatte die Schwester gefunden. Da weinte sie laut vor Freude, obgleich sie wußte, daß die kommende Nacht die letzte in ihrem Leben sein könnte, doch jetzt war die Arbeit ja fast vollbracht, und ihre Brüder waren gekommen.

Als der Erzbischof erschien, um in der letzten Stunde bei ihr zu sein, wie er dem König versprochen, schüttelte sie den Kopf und bat ihn mit Blicken und Mienen zu gehen. In dieser Nacht mußte sie ihre Arbeit vollenden, sonst wäre alles umsonst – alles, Schmerz, Tränen und schlaflose Nächte. Da verließ der Erzbischof sie mit bösen Worten, doch die arme Elisa wußte, daß sie unschuldig war, und fuhr in ihrer Arbeit fort.

Die kleinen Mäuse liefen über den Boden und schleppten die Nesseln vor ihre Füße, um auch ein wenig zu helfen, und die Drossel setzte sich an das vergitterte Fenster und sang die ganze Nacht, so lustig sie konnte, denn Elisa sollte den Mut nicht verlieren.

Der Tag war kaum angebrochen, erst in einer Stunde würde die Sonne aufgehen, da standen alle elf Brüder am Tor des Schlosses und verlangten, zum König geführt zu werden. Aber das sei unmöglich, war die Antwort, es sei ja noch Nacht, der König schlafe, und man dürfe ihn nicht wecken. Die Brüder baten, sie drohten, die Wache erschien, ja der König selbst kam ans Tor und fragte, was dies zu bedeuten habe. Im gleichen Moment ging die Sonne auf, und von den Brüdern war nichts mehr zu sehen, doch über dem Schloß flogen elf wilde Schwäne.

Alle Leute strömten zum Stadttor hinaus, um die Hexe brennen zu sehen. Eine Schindmähre zog den Karren, in dem sie saß; man hatte ihr einen Kittel aus grobem Sackleinen angezogen. Das prachtvolle lange Haar flatterte ihr lose um den schönen Kopf; ihre Wangen waren leichenblaß, ihre Lippen bewegten sich leise, und ihre Finger zwirnten den grünen Flachs. Nicht einmal auf ihrem Weg in den Tod ließ sie von der begonnenen Arbeit ab, zehn Panzerhemden lagen zu ihren Füßen, an dem elften strickte sie noch.

Der Pöbel verhöhnte sie: »Seht euch die Hexe an, wie sie mummelt! Sie hält kein Gesangbuch in der Hand, nein, sie sitzt da mit ihrem gräßlichen Hexenwerk, reißt es ihr weg und in tausend Stücke!«

Und alle drangen auf sie ein und wollten ihr Strickzeug zerreißen. Da kamen elf weiße Schwäne geflogen, und als sie sich um sie herum auf dem Karren niederließen und mit ihren großen Flügeln schlugen, wich der Haufe entsetzt zur Seite.

»Das ist ein Zeichen des Himmels! Bestimmt ist sie unschuldig!« flüsterten viele, wagten es aber nicht laut zu sagen.

Als nun der Büttel ihre Hand ergriff, warf sie rasch die elf Hemden über die Schwäne, und elf schöne Prinzen standen nun da. Doch der jüngste hatte statt des einen Arms einen Schwanenflügel, denn an seinem Panzerhemd hatte ein Ärmel gefehlt, Elisa war nicht damit fertig geworden.

»Jetzt darf ich sprechen«, sagte sie, »ich bin unschuldig!«

Als die Leute sahen, was hier geschehen war, verneigten sie sich vor ihr wie vor einer Heiligen. Doch Elisa sank ihren Brüdern leblos in die Arme, so sehr hatten Spannung, Angst und Schmerz auf sie gewirkt.

»Ja, unschuldig ist sie!« sagte der älteste Bruder, und dann erzählte er die ganze Geschichte, und währenddessen verbreitete sich ein Duft wie von Millionen Rosen. Jedes Holzstück des Scheiterhaufens hatte Wurzeln geschlagen und Zweige getrieben, und nun erhob sich hoch und groß eine duftende Hecke von roten Rosen; zuoberst glänzte eine weiße Blüte und leuchtete wie ein Stern. Die brach der König und heftete sie an Elisas Brust, da erwachte sie, mit Frieden und Glück im Herzen.

Und alle Kirchenglocken läuteten von selbst, und die Vögel kamen in großen Scharen; ein Hochzeitszug kehrte zum Schloß zurück, wie ihn noch nie ein König gesehen.

11. Der fliegende Koffer

Es war einmal ein Kaufmann, der war so reich, daß er die ganze Straße und beinah eine kleine Gasse dazu mit Silbergeld pflastern konnte. Aber das tat er nicht, er wußte sein Geld anders zu gebrauchen, und wenn er einen Schilling ausgab, bekam er einen Taler zurück. So ein Kaufmann war er – und dann starb er.

Nun erbte all dieses Geld sein Sohn. Er lebte lustig und in Freuden, ging jeden Abend zum Maskenball, bastelte Papierdrachen aus Reichstalerscheinen, und wenn er Butterbrote über den See werfen wollte, nahm er nicht Steine, sondern Goldstücke. So konnte sein Vermögen wahrhaftig zusammenschrumpfen, was es auch tat; am Ende besaß er nicht mehr als vier Schillinge und keine anderen Kleider als einen alten Schlafrock und ein Paar Pantoffeln. Da mochten ihn seine Freunde nicht mehr leiden, sie konnten sich ja nicht mit ihm auf der Straße zeigen; doch einer von ihnen, der ein guter Mensch war, schickte ihm einen alten Koffer und sagte: »Pack ein!« Ja, das war gut gesagt, aber er hatte nichts einzupacken, und deshalb setzte er sich selbst hinein.

Das war ein seltsamer Koffer! Sobald man auf das Schloß drückte, konnte er fliegen, jawohl, husch! flog er mit dem Kaufmannssohn durch den Schornstein, hoch hinauf bis über die Wolken, weiter und immer weiter. Als es im Boden knackte, bekam der Bursche einen großen Schreck und fürchtete, sein Koffer könnte kaputtgehen – da hätte er aber eine hübsche Volte geschlagen, Gott bewahre!

Und dann kam er in das Land der Türken. Den Koffer versteckte er im Wald unter welken Blättern, und dann ging er in die Stadt; das konnte er durchaus, denn bei den Türken liefen ja alle in Schlafrock und Pantoffeln herum, genauso wie er. Da begegnete er einer Amme mit einem kleinen Kind.

»Hör mal, du Türken-Amme«, sagte er, »was ist das für ein großes Schloß hier gleich bei der Stadt? Die Fenster sitzen ja so hoch!«

»Da wohnt die Tochter des Königs«, antwortete sie. »Man hat ihr prophezeit, daß sie wegen eines Liebsten sehr unglücklich werden soll, und deshalb darf niemand sie besuchen, oder nur dann, wenn der König und die Königin dabei sind.«

»Danke!« sagte der Kaufmannssohn, und dann ging er zurück in den Wald, setzte sich in seinen Koffer, flog auf das Dach des Schlosses und kletterte durchs Fenster zur Prinzessin hinein.

Sie lag auf dem Sofa und schlief, und sie war so schön, daß der Kaufmannssohn sie küssen mußte. Da wachte sie auf und war ganz erschrocken; er aber sagte, er sei der Türkengott und durch die Luft zu ihr gekommen, und das hörte sie gern.

Dann saßen sie nebeneinander auf dem Sofa, und er erzählte Geschichten von ihren Augen: Das waren die herrlichsten dunklen Seen, und die Gedanken schwammen wie Meerfrauen darin. Und von ihrer Stirn erzählte er, daß sie ein Schneegebirge mit den prächtigsten Sälen und Bildern sei, und dann erzählte er ihr vom Storch, der die lieben Kinderlein bringt.

Ja, das waren prachtvolle Geschichten! Und als er dann um die Prinzessin freite, sagte sie sofort ja.

»Aber Sie müssen am Samstag wiederkommen«, sagte sie, »dann trinken der König und die Königin bei mir Tee. Sie werden sehr stolz darauf sein, daß ich den Türkengott bekomme! Doch Sie müssen zusehen, daß Sie ein richtig schönes Märchen erzählen, das lieben meine Eltern über alles; meine Mutter will es moralisch und vornehm haben und mein Vater lustig, daß man lachen kann.«

»Ja, ich bringe keine andere Brautgabe als ein Märchen mit«, sagte er, und dann trennten sie sich. Doch die Prinzessin schenkte ihm einen Säbel, der mit Goldgeld besetzt war, und den konnte er sehr gut gebrauchen.

Nun flog er davon, kaufte sich einen neuen Schlafrock und saß dann draußen im Wald und dichtete an einem Märchen. Es sollte bis zum Samstag fertig sein, und das ist gar nicht so einfach.

Dann war er fertig, und dann war Samstag.

Der König, die Königin und der ganze Hof saßen bei der Prinzessin und warteten mit dem Tee. Er wurde ganz reizend empfangen!

»Bitte erzählen Sie ein Märchen!« sagte die Königin. »Eins, das tiefsinnig und belehrend ist.«

»Aber man soll auch darüber lachen können!« sagte der König.

»Jawohl!« sagte der Kaufmannssohn und erzählte – und jetzt muß man gut zuhören!

»Es war einmal ein Bund Schwefelhölzchen, die waren

ganz außerordentlich stolz darauf, daß sie von vornehmer Herkunft waren. Ihr Stammbaum, das heißt die große Fichte, von der sie jedes ein Splitter waren, war ein hoher, alter Baum im Wald gewesen. Nun lagen die Schwefelhölzchen auf dem Regal zwischen einem Feuerzeug und einem alten Eisentopf, und denen erzählten sie von ihrer Jugend. ›Ja, als wir auf dem grünen Zweig waren‹, sagten sie, ›da waren wir wirklich auf dem grünen Zweig! Jeden Morgen und jeden Abend Diamantentee, das war der Tau; den ganzen Tag hatten wir Sonnenschein, wenn die Sonne schien, und alle kleinen Vögel mußten uns Geschichten erzählen. Wir konnten wohl merken, daß wir auch reich waren, denn die Laubbäume, die waren nur im Sommer bekleidet, aber unsre Familie konnte sich sowohl im Sommer als auch im Winter grüne Kleider leisten. Dann aber kamen die Holzfäller, das war die große Revolution, und unsre Familie wurde zersplittert. Der Stammvater fand einen Platz als Großmast auf einem prächtigen Schiff, das um die Welt segeln konnte, wenn es wollte; die anderen Zweige kamen woandershin, und wir sind nun damit beauftragt worden, der niederen Menge ein Licht aufzustecken; das ist der Grund, weshalb wir vornehmen Leute in diese Küche geraten sind.‹

›Ja, mit mir ist das nun eine andere Sache‹, sagte der Eisentopf, der neben den Schwefelhölzchen stand. ›Seitdem ich hinaus in die Welt gekommen bin, wurde ich viele Male gescheuert und gekocht. Ich sorge für das Solide und bin eigentlich hier im Haus der Erste. Meine einzige Freude besteht darin, nach dem Essen sauber und ordentlich auf dem Regal zu stehen und mit den Kameraden ein vernünftiges Gespräch zu führen. Doch wenn ich den Wassereimer ausnehme, der ab und zu in den Hof hinunterkommt, so bleiben wir stets in unsern vier Wänden. Unser einziger Nachrichtenbote ist der Marktkorb, aber der redet so besorgniserregend von der Regierung und vom Volk; ja, neulich ist es geschehen, daß ein alter Topf vor Schreck darüber zu Boden gefallen und zu Bruch gegangen ist! Der ist freisinnig, sage ich Ihnen!‹ – ›Jetzt schwatzt du zu viel!‹ sagte das Feuerzeug, und der Stahl schlug gegen den Feuerstein, daß die Funken sprühten. ›Wollten wir uns nicht einen vergnügten Abend machen?‹

›Ja, laßt uns darüber reden, wer am vornehmsten ist!‹ sagten die Schwefelhölzchen.

›Nein, ich rede nicht gern von mir selbst‹, sagte der Tonkrug, ›wir wollen eine Abendunterhaltung führen! Ich will den Anfang machen, und ich werde so etwas erzählen, was jeder erlebt hat. Da kann man sich so hübsch hineinversetzen, und das ist so vergnüglich: ›'Am Ostseestrand unter dänischen Buchen!'‹

›Das ist ein prachtvoller Anfang!‹ sagten alle Teller zusammen. ›Das wird bestimmt eine Geschichte, die uns gefällt!‹

›Ja, ich habe meine Jugend bei einer stillen Familie verbracht; da wurden die Möbel poliert, der Fußboden gewischt und die Gardinen alle vierzehn Tage gewaschen!‹

›Wie interessant Sie doch erzählen!‹ sagte der Staubwedel. ›Ihrer Erzählung ist doch gleich anzuhören, daß sie von einem Frauenzimmer stammt, sie wird von etwas Reinlichem durchzogen!‹

›Ja, das spürt man!‹ sagte der Wassereimer und machte vor Freude einen kleinen Hüpfer, daß es Klatsch auf dem Fußboden sagte.

Und der Krug erzählte und erzählte, und das Ende war genausogut wie der Anfang.

Alle Teller klapperten vor Freude, und der Staubwedel holte aus dem Streusandverschlag grüne Petersilie und bekränzte den Krug, denn er wußte, daß dies die andern ärgern würde, und: ›Bekränze ich ihn heute‹, dachte er, ›so bekränzt er mich morgen.‹

›Jetzt will ich tanzen!‹ sagte die Feuerzange und tanzte;

ja, Gott bewahre, wie sie das eine Bein emporschwingen konnte! Der alte Stuhlbezug im Winkel riß bei diesem Anblick entzwei! ›Darf ich bitten, bekränzt zu werden!‹ sagte die Feuerzange, und sie wurde es.

›Das ist doch nur Pöbel!‹ dachten die Schwefelhölzchen.

Nun sollte die Teemaschine singen, doch sie war erkältet, wie sie sagte, und konnte nur singen, wenn sie kochte. Aber das war vornehmes Getue, sie wollte eben nur dann singen, wenn sie auf dem Tisch der Herrschaft stand.

Auf dem Fensterbrett saß eine alte Schreibfeder, mit dem das Mädchen zu schreiben pflegte. An ihr war gar nichts bemerkenswert, außer daß man sie zu tief ins Tintenfaß getunkt hatte, aber darauf bildete sie sich etwas ein. ›Wenn die Teemaschine nicht singen will‹, sagte sie, ›dann soll sie's bleiben lassen! Draußen hängt ein Bauer mit einer Nachtigall, die kann singen; freilich hat sie nichts gelernt, aber darüber wollen wir heute abend kein böses Wort verlieren.‹

›Ich finde es höchst unpassend‹, sagte der Teekessel, der Küchensänger und ein Halbbruder der Teemaschine war, ›daß so ein fremder Vogel gehört werden soll! Ist das patriotisch? Ich will die Entscheidung dem Marktkorb überlassen.‹

›Ich ärgere mich nur‹, sagte der Marktkorb, ›ich ärgere mich so entsetzlich, wie man sich vorstellen kann! Ist das eine passende Art, den Abend zu verbringen? Wäre es nicht richtiger, Ordnung im Haus zu machen? Da sollte jeder an seinen rechten Platz kommen, und ich würde das Ganze regieren. Das wäre eine andere Sache!‹

›Ja, wir wollen Spektakel machen!‹ riefen alle.

In diesem Moment ging die Tür auf. Es war das Dienstmädchen, und da standen alle still, niemand sagte einen Mucks. Doch es gab keinen Topf, der nicht sehr wohl wußte, was er ausrichten konnte und wie vornehm er war.

›Ja, wenn ich nur gewollt hätte‹, dachten sie, ›dann wäre es gewiß ein lustiger Abend geworden!‹

Das Dienstmädchen nahm die Schwefelhölzchen, um Feuer zu machen – Gott bewahre, wie sie sprühten und auflodertn!

›Jetzt kann doch jeder sehen‹, dachten sie, ›daß wir die Vornehmsten sind! Was haben wir für einen Glanz! Was für ein Licht!‹ – Und dann waren sie abgebrannt.«

»Das war ein herrliches Märchen!« sagte die Königin. »Ich habe mich ganz in der Küche bei den Schwefelhölzchen gefühlt, ja, nun sollst du unsre Tochter haben!«

»Ja gewiß!« sagte der König. »Am Montag sollst du unsre Tochter bekommen.« Und jetzt sagten sie Du zu ihm, denn er sollte zur Familie gehören.

Nun war die Hochzeit beschlossen, und am Abend davor wurde die ganze Stadt illuminiert. Kuchenbrötchen und Brezeln flogen in die Menge; die Straßenjungen stellten sich auf die Zehenspitzen, riefen hurra und pfiffen auf zwei Fingern – es war überaus prächtig!

»Da muß ich wohl zusehen, daß ich auch etwas tu«, dachte der Kaufmannssohn, und dann kaufte er Raketen, Knallerbsen und alles Feuerwerk, das sich denken läßt, packte es in seinen Koffer und flog damit hoch hinauf in die Luft.

Rutsch, wie das puffte und paffte!

Alle Türken sprangen in die Höhe, daß ihnen die Pantoffeln um die Ohren flogen – so eine Lufterscheinung hatten sie noch nie gesehen. Jetzt begriffen sie wohl, daß es der Türkengott persönlich war, der die Prinzessin bekommen sollte.

Sobald der Kaufmannssohn mit seinem Koffer wieder im Wald gelandet war, dachte er: »Ich will doch mal in die Stadt gehen und mich umhören, wie sich das Feuerwerk ausgenommen hat!« Und es war ja auch ganz verständlich, daß er Lust dazu hatte.

Nein, was die Leute alles erzählten! Jeder, aber auch jeder, den er fragte, hatte es auf seine eigene Weise gesehen, doch prächtig hatten sie es alle gefunden.

»Ich sah den Türkengott persönlich«, sagte einer, »er hatte Augen wie leuchtende Sterne und einen Bart wie schäumendes Wasser!«

»Er flog in einem Feuermantel«, sagte ein zweiter. »Aus den Falten guckten die reizendsten Engelkinder.«

Ja, schöne Dinge bekam er zu hören, und am nächsten Tag sollte er Hochzeit feiern.

Nun ging er in den Wald zurück und wollte sich in seinen Koffer setzen – aber wo war der? Er war verbrannt. Ein Funke, der vom Feuerwerk übriggeblieben war, hatte ihn angezündet, und jetzt war der Koffer Asche. Der Kaufmannssohn konnte nicht mehr fliegen und nicht mehr seine Braut besuchen.

Die stand den ganzen Tag auf dem Dach und wartete, sie wartet noch immer, während er durch die Welt läuft und Märchen erzählt; aber so lustig wie das von den Schwefelhölzchen sind sie nicht mehr.

12. Ole Lukøie

Niemand auf der ganzen Welt weiß so viele Geschichten wie Ole Lukøie. Der kann wirklich erzählen!

Wenn es Abend wird und die Kinder noch brav am Tisch oder auf ihrem Schemel sitzen, dann kommt Ole Lukøie. Er stiehlt sich ganz leise die Treppe hinauf, er geht nämlich auf Strümpfen; dann öffnet er ganz sacht die Tür, und witsch! sprüht er den Kindern süße Milch in die Augen, ganz fein, ganz fein, aber immer noch soviel, daß sie die Augen nicht mehr aufhalten und ihn deshalb nicht sehen können. Dann schleicht er um sie herum, bläst ihnen leicht in den Nacken, und da wird ihnen der Kopf schwer, ach ja, aber das tut nicht weh, denn Ole Lukøie meint es mit den Kindern gerade gut. Er möchte nur, daß sie ruhig sind, und das ist auch am besten, wenn sie ins Bett gesteckt werden, sie sollen still sein, dann kann er ihnen Geschichten erzählen.

Wenn die Kinder schlafen, setzt sich Ole Lukøie zu ihnen aufs Bett. Er ist vornehm gekleidet, trägt einen Mantel aus Seide, doch von welcher Farbe der ist, läßt sich unmöglich sagen, denn er glänzt grün, rot und blau, je nachdem, wie er sich dreht. Unter jedem Arm hat Ole Lukøie einen Regenschirm; der eine ist mit Bildern bedeckt, den spannt er über den braven Kinder auf, dann träumen sie die ganze Nacht die schönsten Geschichten. Den anderen Schirm, auf dem gar nichts ist, stellt er über die ungezogenen Kinder, dann schlafen sie ganz komisch und haben morgens, wenn sie aufwachen, nicht das geringste geträumt.

Jetzt werden wir hören, wie Ole Lukøie eine ganze Woche lang jeden Abend einen kleinen Jungen mit Namen Hjalmar besuchte und was er ihm dabei erzählte! Es sind ganze sieben Geschichten, denn eine Woche hat sieben Tage.

Montag

»Jetzt hör mal zu!« sagte Ole Lukøie am Abend, als er Hjalmar ins Bett gebracht hatte. »Jetzt will ich es hier fein machen!« Und nun verwandelten sich alle Topfpflanzen in große Bäume, reckten ihre langen Zweige über Decke und Wand, und die ganze Stube sah aus wie die schönste Laube. Alle Zweige waren voller Blüten, und jede Blüte war schöner als eine Rose und duftete ganz herrlich, und wenn man sie kostete, dann war sie süßer als Konfitüre. Die Früchte glänzten wie Gold und waren Kuchenbrötchen, die vor Rosinen fast platzten – es war wunderbar!

Doch plötzlich begann etwas furchtbar zu jammern, und zwar in der Schublade, wo Hjalmars Schulbücher lagen.

»Was ist denn das?« sagte Ole Lukøie, ging zum Tisch und zog die Schublade heraus. Es war die Tafel, in der es zwickte und zwackte, denn in die Rechenaufgabe war eine verkehrte Zahl geraten, und deshalb fiel sie fast auseinander. Der Griffel hüpfte und sprang an seinem Bindfaden wie ein kleiner Hund, der bei der Rechenaufgabe helfen wollte, aber das konnte er nicht. – Und in Hjalmars Schreibheft jammerte auch etwas, oh, das hörte sich richtig häßlich an! Auf jeder Seite standen sämtliche großen Buchstaben in einer ganzen Reihe untereinander, jeder mit einem kleinen daneben, das war so eine Vorlage, und daneben standen wieder ein paar Buchstaben, die glaubten, sie würden den anderen vollkommen gleich sein. Die hatte Hjalmar geschrieben, und sie sahen fast so aus, als wären sie über den Bleistiftstrich gefallen, auf dem sie stehen sollten.

»Guckt mal, so müßt ihr euch halten!« sagte die Vorlage, »guckt mal, so zur Seite geneigt, mit einem flotten Schwung!«

»Ach, das würden wir ja gern«, sagten Hjalmars Buchstaben, »aber wir können nicht, wir sind so schlecht!«

»Dann müßt ihr Kinderpulver schlucken!« sagte Ole Lukøie.

»Ach nein!« riefen sie, und plötzlich waren sie so gerade, daß es eine Lust war.

»Ja, da können wir keine Geschichten erzählen«, sagte Ole Lukøie, »ich muß sie erst exerzieren. Eins, zwei! Eins, zwei!« Und als er die Buchstaben exerziert hatte, waren sie so rank und so gesund, wie eine Vorlage nur sein konnte. Doch am Morgen, als Ole Lukøie gegangen war und Hjalmar nach seinen Buchstaben schaute, da waren sie genauso kläglich wie zuvor.

Dienstag

Sobald Hjalmar im Bett lag, berührte Ole Lukøie mit seiner kleinen Zauberspritze sämtliche Möbel im Zimmer, und sogleich begannen sie zu reden, und sie redeten alle über sich selbst. Nur der Spucknapf war stumm und ärgerte sich, daß sie so eitel waren und nur über sich selber redeten, nur an sich selber dachten und überhaupt nicht an jenen, der so bescheiden im Winkel stand und sich bespucken ließ.

Über der Kommode hing in einem vergoldeten Rahmen ein großes Gemälde. Es war eine Landschaft, man sah hohe alte Bäume, Blumen im Gras und ein großes Gewässer mit einem Fluß, der sich um den Wald herumschlängelte und an vielen Schlössern vorbei und weit fort ins wilde Meer strömte.

Als Ole Lukøie mit seiner Zauberspritze das Bild anrührte, begannen die Vögel darauf zu singen, die Zweige der Bäume bewegten sich, und die Wolken gerieten ordentlich in Fahrt, so daß man ihre Schatten über die Landschaft fliegen sah.

Nun hob Ole Lukøie den kleinen Hjalmar zum Rahmen empor, und der Junge steckte seine Beine in das Gemälde, mitten in das hohe Gras, und da stand er nun in der Sonne, die durch die Zweige der Bäume schien. Er lief zum Wasser und setzte sich in ein kleines Boot; das war rot und weiß gestrichen, hatte silberglänzende Segel und wurde von sechs Schwänen gezogen, alle mit Goldkronen um den Hals und mit einem leuchtend blauen Stern auf dem Kopf. Es fuhr an den grünen Wäldern vorbei, und die Bäume erzählten von Räubern und Hexen und die Blumen von den niedlichen kleinen Elfen und was ihnen die Schmetterlinge mitgeteilt hatten.

Die prächtigsten Fische, mit Schuppen wie Silber und Gold, schwammen hinter dem Boot her und machten manchmal einen Sprung im Wasser, daß es Platsch sagte. Dann folgten in zwei langen Reihen die Vögel, rote und blaue, kleine und große; die Mücken tanzten, und der Maikäfer sagte »bum, bum« – alle wollten Hjalmar begleiten, und jeder hatte eine Geschichte zu erzählen.

Das war eine Bootsfahrt! Bald waren die Wälder ganz dicht und dunkel, bald glichen sie dem schönsten Garten mit Blumen und Sonnenschein. Da waren große Schlösser aus Glas und Marmor, und auf den Balkons standen Prinzessinnen, allesamt kleine Mädchen, die Hjalmar gut kannte, denn er hatte mit ihnen schon gespielt. Jede streckte die Hand aus und bot ihm das niedlichste Zuckerschwein dar, das je eine Kuchenfrau feilbieten konnte, und Hjalmar ergriff im Vorbeifahren das eine Ende, während die Prinzessin das andere gut festhielt, und so bekam jeder sein Stück, sie das kleinste und er das allergrößte! Vor jedem Schloß standen kleine Prinzen Schildwache, sie schulterten ihren Goldsäbel und ließen Rosinen und Zinnsoldaten herabregnen – das waren richtige Prinzen!

Bald fuhr Hjalmar mit seinem Boot durch Wälder, bald ging es wie durch große Säle oder mitten durch eine Stadt. Er kam auch durch jenen Ort, wo sein Kindermädchen wohnte; sie hatte ihn auf dem Arm getragen, als er noch ein ganz kleiner Junge war, und hatte ihn sehr lieb gehabt. Jetzt nickte und winkte sie und sang den hübschen kleinen Vers, den sie selbst gedichtet und an Hjalmar geschickt hatte:

>»Ich denke an dich so manche Stund,
>Wie hab ich an dir gehangen!
>Ich küßte dich ja auf Stirn und Mund
>Und auf deine roten Wangen.
>Ich hörte von dir dein erstes Wort,
>Mein Hjalmar, sah größer dich werden,

Dann aber mußte ich von dir fort,
Gott segne dich Engel auf Erden!«

Und alle Vögel sangen mit, die Blumen tanzten auf ihrem Stengel, und die alten Bäume nickten, als erzählte Ole Lukøie auch ihnen Geschichten.

Mittwoch

Nein, wie der Regen strömte! Hjalmar konnte ihn noch beim Einschlafen hören, und als Ole Lukøie ein Fenster öffnete, da stand das Wasser bis zum Fensterrahmen; draußen war ein ganzer See, und vor dem Haus lag das prächtigste Schiff.

»Willst du mitfahren, lieber Hjalmar?« fragte Ole Lukøie. »Heute nacht kannst du in ferne Länder reisen, und morgen bist du wieder hier.«

Auf einmal stand Hjalmar in seinen Sonntagskleidern mitten auf dem prächtigen Schiff, und sogleich wurde das Wetter wunderschön, und sie segelten durch die Straßen, kreuzten um die Kirche herum, und dann war alles ein großes, wildes Meer. Sie segelten so lange, bis kein Land mehr zu sehen war, und da erblickten sie eine Schar Störche, die auch von zu Hause kamen und in die warmen Länder wollten. Sie flogen einer hinter dem anderen und waren schon weit, sehr weit geflogen. Einer von ihnen war so müde, daß seine Flügel ihn kaum noch tragen konnten, er war der allerletzte in der Reihe und bald ein großes Stück zurückgeblieben. Schließlich sank er mit ausgebreiteten Flügeln tiefer und tiefer, machte noch ein paar Schläge, aber es half nichts; da berührte er mit seinen Füßen das Tauwerk des Schiffs, glitt am Segel hinunter, und bums! da stand er auf dem Deck.

Der Schiffsjunge packte ihn und sperrte ihn in den Hühnerstall, zu Hühnern, Enten und Putern; dem armen Storch wurde in ihrer Mitte ganz beklommen zumute.

»Guckt euch mal den an!« sagten sämtliche Hühner.

Und der Puter plusterte sich auf, so dick er konnte, und fragte, wer der Fremde sei; und die Enten liefen rückwärts und knufften sich: »Rappel dich! Rappel dich!«

Da erzählte der Storch vom warmen Afrika, von den Pyramiden und vom Strauß, der wie ein wildes Pferd durch die Wüste läuft, doch die Enten verstanden ihn nicht, stießen sich an und sagten: »Wir sind uns wohl darin einig, daß er dumm ist!«

»Ja, bestimmt ist er dumm!« sagte der Puter und plusterte sich auf.

Da wurde der Storch ganz still und dachte an sein Afrika.

»Ihr habt so prachtvolle dünne Beine!« sagte der Puter. »Was kostet davon die Elle?«

»Skrat, skrat, skrat!« lachten sämtliche Enten, doch der Storch tat, als ob er es gar nicht hörte.

»Ihr dürft gern mitlachen«, forderte ihn der Puter auf, »das war nämlich sehr witzig gesagt! Oder war es Ihm vielleicht zu seicht? Ach, ach, Er ist nicht vielseitig! Laßt uns auch weiterhin interessant für uns selber sein!« Und dann kollerte er, und die Enten schnatterten »Gick gack! Gick gack!« Es war entsetzlich, wie sie sich amüsierten.

Doch Hjalmar ging zum Hühnerstall, machte die Tür auf, rief den Storch, und der hüpfte zu ihm aufs Deck. Nun hatte er sich ausgeruht, und es war, als nickte er Hjalmar zu, um ihm zu danken. Dann breitete er seine Flügel aus und flog davon in die warmen Länder, während die Hühner gackerten, die Enten schnatterten und der Puter einen ganz feuerroten Kopf bekam.

»Morgen werden wir aus euch Suppe kochen!« sagte Hjalmar, und dann wachte er auf und lag in seinem Bettchen. Heute nacht hatte ihn Ole Lukøie doch auf eine wunderbare Reise geschickt!

Donnerstag

»Weißt du was«, sagte Ole Lukøie, »jetzt darfst du nicht erschrecken! Guck dir mal diese kleine Maus an!« Und dann streckte er Hjalmar seine Hand entgegen, in der ein leichtes, niedliches Tierchen saß. »Sie ist gekommen, um dich zur Hochzeit einzuladen. Hier gibt es zwei kleine Mäuse, die heute nacht in den Stand der Ehe treten möchten. Sie wohnen in der Speisekammer deiner Mutter, darunter soll es eine ganz prächtige Wohnung geben.«

»Aber wie soll ich denn durch das winzige Mauseloch im Fußboden schlüpfen?«

»Das laß mal meine Sache sein!« sagte Ole Lukøie. »Ich werde dich schon klein bekommen!« Und dann berührte er ihn mit seiner Zauberspritze, und sogleich wurde Hjalmar kleiner und kleiner, bis er schließlich kaum noch so groß wie ein Finger war.

»Jetzt kannst du dir vom Zinnsoldaten Kleider leihen, ich denke, die werden dir passen, und man sieht so elegant aus, wenn man in einer Gesellschaft Uniform trägt.«

»Jawohl!« sagte Hjalmar, und augenblicklich war er gekleidet wie der niedlichste Zinnsoldat.

»Wenn Sie bitte die Güte hätten, sich in den Fingerhut Ihrer Mutter zu setzen«, sagte die kleine Maus, »dann soll es mir eine Ehre sein, Sie zu ziehen!«

»Großer Gott, wollen sich das gnädige Fräulein selbst bemühen!« sagte Hjalmar, und dann fuhren sie zur Mäusehochzeit.

Als sie unter den Fußboden geschlüpft waren, kamen sie zuerst in einen langen Gang, nicht höher, als daß sie eben mit einem Fingerhut hindurchfahren konnten, und überall mit faulem Holz illuminiert.

»Riecht es hier nicht wunderbar?« sagte die Maus, die ihn zog. »Der ganze Gang ist mit Speckschwarte eingeschmiert! Prächtiger kann es nicht sein!«

Nun kamen sie in den Hochzeitssaal. Zur Rechten standen alle kleinen Mäusinnen und flüsterten und tuschelten, als hielten sie einander zum Narren; zur Linken standen alle Mäuseriche und strichen sich mit der Pfote den Schnurrbart, und mitten im Saal sah man in einer ausgehöhlten Käserinde das Brautpaar, daß sich so furchtbar oft vor aller Augen küßte; schließlich waren sie ja verlobt und sollten gleich Hochzeit feiern.

Immer mehr Gäste trafen ein; eine Maus trat beinah die andere tot, und das Brautpaar hatte sich mitten in die Tür gestellt, so daß man weder hinaus- noch hineinkommen konnte. Die ganze Stube war wie der Gang mit Speckschwarte eingeschmiert, das war die einzige Bewirtung; doch als Dessert wurde eine Erbse vorgezeigt, in die ein Mäuschen aus der Familie den Namen des Brautpaars hineingebissen hatte, das heißt den ersten Buchstaben – das war etwas ganz Besonderes!

Alle Mäuse sagten, es sei eine prachtvolle Hochzeit gewesen, mit einer vorzüglichen Konversation.

Und dann fuhr Hjalmar wieder nach Hause. Er war wirklich in vornehmer Gesellschaft gewesen, aber dafür hatte er sich auch ordentlich zusammengekrümmt und eine Zinnsoldatenuniform angezogen.

Freitag

»Es ist unglaublich, wie viele ältere Leuten sich an mich wenden!« sagte Ole Lukøie. »Das sind vor allem solche, die etwas Böses getan haben. ›Lieber, guter Ole‹, sagen sie zu mir, ›wir können keinen Schlaf in die Augen bekommen, und dann liegen wir die ganze Nacht wach und sehen alle unsre schlechten Taten, die als häßliche kleine Trolle auf der Bettkante sitzen und uns mit heißem Wasser bespritzen. Bitte komm und vertreib sie, damit wir gut schlafen können!‹ Und dann seufzen sie ganz tief: ›Wir wollen auch gern dafür bezahlen, gute Nacht, Ole, das Geld liegt im Fenster!‹ Aber ich tu es nicht für Geld«, sagte Ole Lukøie.

»Was wollen wir denn diese Nacht unternehmen?« fragte Hjalmar.

»Ja, ich weiß nicht, ob du Lust hast, auch heute wieder eine Hochzeit zu besuchen, die ist von anderer Art als die gestern. Die große Puppe deiner Schwester, die wie ein Mannsbild aussieht und Hermann heißt, die soll heute die Puppe Bertha heiraten. Außerdem hat sie Geburtstag, und deshalb wird es eine Menge Geschenke geben.«

»Ja, das kenne ich schon«, sagte Hjalmar, »immer wenn die Puppen neue Kleider brauchen, dann läßt sie meine Schwester Geburtstag haben oder Hochzeit feiern. Das ist bestimmt schon hundertmal passiert!«

»Aber heute nacht ist die Hochzeit hundertundeins, und wenn hundertundeins vorbei ist, dann ist alles vorbei! Deshalb wird es diesmal auch ganz unvergleichlich werden. Sieh doch mal!«

Und als Hjalmar auf den Tisch schaute, stand da ein kleines Haus aus Pappe, mit Licht in den Fenstern, und davor präsentierten alle Zinnsoldaten das Gewehr. Das Brautpaar saß auf dem Fußboden, gegen das Tischbein gelehnt und ganz in Gedanken versunken, wozu es wohl Grund haben mochte. Und Ole Lukøie, der Großmutters schwarzen Rock trug, vollzog die Trauung. Als die vorüber war, stimmten alle Möbel im Zimmer das folgende schöne Lied an, das der Bleistift geschrieben hatte, und zwar nach der Melodie des Zapfenstreichs.

»Wir singen unser Lied ganz laut
Dem Bräutigam und seiner Braut;
Sie sind so stolz und gut gebaut,
Genäht aus feiner Handschuhhaut!
Hurra, hurra, sie sind getraut!
Das singen wir ganz laut, ganz laut!«

Und nun bekamen die beiden Geschenke, doch sie hatten sich sämtliche eßbaren Dinge verbeten, denn sie hatten an ihrer Liebe genug.

»Wollen wir nun aufs Land in die Sommerfrische oder ins Ausland reisen?« fragte der Bräutigam, und dann wurden die Schwalbe, die weitgereist war, und das alte Hofhuhn, das fünfmal Küken ausgebrütet hatte, um Rat gefragt. Die Schwalbe erzählte von den herrlichen warmen Ländern, wo so große und schwere Weintrauben hingen, wo die Luft so mild war und die Berge Farben hatten, wie man sie hierzulande gar nicht kennt.

»Aber unsern Grünkohl haben sie doch nicht!« sagte das Huhn. »Ich bin einmal einen Sommer lang mit allen meinen Küken auf dem Lande gewesen. Da war eine Kiesgrube, in der konnten wir herumlaufen und scharren, und dann hatten wir Zutritt zu einem Garten mit Grünkohl. Oh, war der grün! Ich kann mir nichts Schöneres denken.«

»Aber ein Kohlstrunk sieht genau aus wie der andere«, sagte die Schwalbe, »und dann ist hier so oft schlechtes Wetter!«

»Ja, daran ist man gewöhnt«, sagte das Huhn.

»Aber hier ist es kalt, es friert!«

»Das ist gut für den Kohl«, sagte das Huhn. »Außerdem kann es auch warm bei uns sein! Hatten wir nicht vor vier Jahren einen Sommer, der fünf Wochen gedauert hat? Da war es so heiß, daß man keine Luft mehr bekam. Und all die giftigen Tiere, die sie im Ausland haben, die haben wir nicht, und wir haben auch keine Räuber! Ein Lump, wer unser Land nicht für das allerschönste hält! Der verdiente es gar nicht, hier zu leben!« Und dann brach das Huhn in Tränen aus. »Ich habe auch Reisen unternommen! Ich bin in einem Bottich über zwölf Meilen gefahren! Reisen ist überhaupt kein Vergnügen!«

»Ja, das Huhn ist eine vernünftige Frau!« sagte die

Puppe Bertha. »Ich mag auch gar nicht ins Gebirge fahren, da geht es nur hinauf und dann hinunter. Nein, wir wollen zur Kiesgrube ziehen und im Kohlgarten spazierengehen!«
Und dabei blieb es.

Samstag

»Erzählst du mir jetzt Geschichten?« fragte der kleine Hjalmar, sobald Ole Lukøie ihn eingeschläfert hatte.

»Heute abend haben wir dafür keine Zeit«, sagte Ole und spannte über ihm seinen schönsten Regenschirm auf. »Schau dir mal diese Chinesen an!« Und der ganze Schirm glich einer großen chinesischen Schale mit blauen Bäumen und spitzen Brücken und kleinen Chinesen darauf, die mit dem Kopf nickten. »Bis morgen müssen wir die ganze Welt herausgeputzt haben«, sagte Ole, »morgen ist Sonntag, das ist doch ein Feiertag. Ich muß in die Kirchtürme und nachsehen, ob die kleinen Kirchenkobolde die Glocken polieren, damit sie auch schön klingen. Ich muß aufs Feld hinaus und nachsehen, ob die Winde den Staub von Gräsern und Blättern blasen, und dann muß ich, was die größte Arbeit ist, sämtliche Sterne herunterholen und blankreiben. Ich packe sie in meine Schürze, aber zuerst muß ich sie allesamt numerieren, und die Löcher, in denen sie da oben sitzen, müssen auch numeriert werden, damit sie wieder an ihre rechten Plätze kommen, sonst sitzen sie nämlich nicht fest, und dann gibt es zu viele Sternschnuppen, die eine nach der anderen zu uns herunterfallen!«

»Jetzt hören Sie mal, Herr Lukøie!« sagte ein altes Porträt, das über Hjalmars Bett an der Wand hing. »Ich bin Hjalmars Urgroßvater und bin Ihnen zu Dank verpflichtet, daß Sie dem Jungen Geschichten erzählen, aber Sie dürfen ihm nicht die Begriffe verwirren! Die Sterne kann man nicht abnehmen und polieren! Die Sterne sind Himmelskörper wie unsere Erde, und das ist gerade das Gute daran!«

»Vielen Dank, du alter Urgroßvater!« sagte Ole Lukøie. »Vielen Dank! Du bist zwar das Oberhaupt der Familie, du bist das ›Ur-Haupt‹, doch ich bin älter als du! Ich bin ein alter Heide, die Römer und Griechen nannten mich den Gott der Träume. Ich habe in den vornehmsten Häusern verkehrt und tu das noch immer! Ich verstehe mich auf den Umgang mit Großen wie mit Kleinen! Jetzt kannst du erzählen!« – Und dann ging Ole Lukøie weg und nahm den Regenschirm mit.

»Jetzt darf man wohl nicht einmal mehr seine Meinung äußern!« sagte das alte Porträt.

Und da wachte Hjalmar auf.

Sonntag

»Guten Abend!« sagte Ole Lukøie, und Hjalmar nickte, drehte dann aber rasch Urgroßvaters Porträt zur Wand, damit es sich nicht wie gestern einmischen konnte.

»Und nun erzähl mir Geschichten, von den fünf grünen Erbsen, die in einer Schote wohnten, und vom Hahnenfuß, der dem Hühnerbein den Hof machte, und von der Stopfnadel, die so vornehm war, daß sie sich einbildete, eine Nähnadel zu sein!«

»Man kann des Guten auch zuviel bekommen!« sagte Ole Lukøie. »Weißt du was, ich will dir lieber etwas zeigen! Ich will dir meinen Bruder zeigen, der auch Ole Lukøie heißt. Aber der kommt zu keinem Menschen öfter als einmal, und wen er besucht, den nimmt er mit auf seinem Pferd und erzählt ihm Geschichten. Er weiß nur zwei, die eine ist so wunderschön, wie sich niemand auf der Welt vorstellen kann, und die andere ist ganz häßlich und grauenhaft – ja, das ist gar nicht zu beschreiben!« Und dann hob Ole Lukøie den kleinen Hjalmar zum Fenster hinauf und sagte: »Dort siehst du meinen Bruder, den anderen Ole Lukøie! Er wird auch der Tod genannt. Siehst du, er ist gar nicht so schlimm wie in den Bilderbüchern abgebildet, wo er nur Knochen und Gerippe ist. Nein, sein Gewand ist mit Silber bestickt, es ist die prächtigste Husarenuniform. Ein Umhang aus schwarzem Samt fliegt hinter ihm über dem Pferd. Sieh mal, wie er im Galopp reitet!«

Und Hjalmar sah, wie der andere Ole Lukøie davonsprengte und junge wie alte Leute auf sein Pferd nahm. Einige setzte er vor sich und andere hinter sich, doch immer fragte er zuerst: »Wie steht es mit dem Zeugnisbuch?« – »Gut!« sagten sie alle. »Ja, dann will ich mal selber nachsehen!« sagte er, und dann mußten sie ihm das Buch zeigen. Alle, die »Sehr gut« und »Vorzüglich« hatten, kamen vorn aufs Pferd und durften die wunderschöne Geschichte hören; wer aber »Recht gut« und »Mäßig« hatte, der mußte hinten drauf und bekam die häßliche Geschichte. Sie zitterten und weinten und wollten herunterspringen, aber das konnten sie nicht, denn sie waren gleich an dem Pferd festgewachsen.

»Der Tod ist doch der schönste Ole Lukøie!« sagte Hjalmar. »Vor dem habe ich keine Angst.«

»Das sollst du auch nicht«, sagte Ole Lukøie. »Sieh nur zu, daß du ein gutes Zeugnisbuch hast!«

»Ja, das ist lehrreich«, murmelte das Porträt des Urgroßvaters. »Es nützt doch etwas, daß man seine Meinung äußert!« Und dann freute es sich.

Siehst du, das ist die Geschichte von Ole Lukøie! Heute abend kann er dir selbst noch mehr erzählen!

13. Der Schweinehirt

Es war einmal ein armer Prinz; er hatte ein Königreich, das war ganz klein, aber als Heiratsgut war es allemal groß genug, und heiraten wollte er.

Es war ja wirklich etwas dreist, daß er es wagte, die Tochter des Kaisers zu fragen: »Willst du mich haben?«, aber er wagte es doch, denn sein Name war weit und breit berühmt. Es gab hundert Prinzessinnen, die gern ja gesagt hätten, was aber tat diese eine?

Jetzt wollen wir hören:

Auf dem Grab, in dem der Vater des Prinzen ruhte, wuchs ein Rosenbusch, ach, ein ganz prachtvoller Rosenbusch! Er trug nur alle fünf Jahre Blüten und dann auch nur eine einzige; diese Rose aber duftete so süß, daß man nur daran zu riechen brauchte, und schon hatte man alle Sorgen und allen Kummer vergessen. Und dann besaß der Prinz eine Nachtigall, die konnte so wunderbar singen, als hätte sie alle schönen Melodien in ihrer kleinen Kehle. Diese Rose und diese Nachtigall sollte die Prinzessin haben, und deshalb wurden beide in große Silberfutterale eingepackt und an sie geschickt.

Der Kaiser ließ sie vor sich her in den großen Saal tragen, wo die Prinzessin mit ihren Hofdamen gerade ›Gäste kommen‹ spielte, und als sie die großen Futterale mit den Geschenken sah, klatschte sie vor Freude in die Hände.

»Hoffentlich ist es eine kleine Miezekatze!« sagte sie – aber dann kam der Rosenstock mit der herrlichen Rose zum Vorschein.

»Nein, wie niedlich der ist!« sagten sämtliche Hofdamen.

»Der ist mehr als niedlich«, sagte der Kaiser, »der ist hübsch!«

Doch als die Prinzessin ihn befühlte, war sie den Tränen nahe.

»Pfui, Papa«, sagte sie, »der ist nicht künstlich, der ist *echt*!«

»Pfui!« sagte der ganze Hofstaat. »Der ist echt!«

»Wir wollen erst einmal nachsehen, was in dem zweiten Futteral ist, bevor wir uns empören«, meinte der Kaiser, und dann kam die Nachtigall zum Vorschein.

Sie sang so wunderschön, daß man im ersten Moment nichts Schlechtes über sie sagen konnte.

»*Superbe! Charmant!*« sagten die Hofdamen, denn sie redeten allesamt französisch, die eine schlimmer als die andere.

»Wie mich dieser Vogel an die Spieldose der seligen Kaiserin erinnert«, sagte ein alter Kavalier, »ach ja! es ist ganz derselbe Ton, derselbe Vortrag!«

»Ja!« sagte der Kaiser, und dann weinte er wie ein kleines Kind.

»Ich will doch wohl nicht hoffen, daß sie auch echt ist!« sagte die Prinzessin.

»Doch, das ist ein wirklicher Vogel«, sagten jene, die ihn gebracht hatten.

»Ja, dann laßt den Vogel fliegen«, sagte die Prinzessin, und sie wollte dem Prinzen auf keinen Fall erlauben, ihr einen Besuch abzustatten.

Der aber ließ es sich nicht verdrießen; er rieb sich braune und schwarze Farbe ins Gesicht, drückte die Mütze tief in die Stirn und klopfte an.

»Guten Tag, Kaiser!« sagte er. »Kann ich nicht einen Dienst hier im Schloß finden?«

»Jawohl!« sagte der Kaiser. »Ich brauche einen zum Schweinehüten, von denen haben wir nämlich zu viele.«

Und so wurde der Prinz als kaiserlicher Schweinehirt angestellt. Er bekam ein schlechtes Kämmerlein neben dem Schweinestall, und hier mußte er bleiben. Doch er arbeitete den ganzen Tag, und als es Abend wurde, hatte er einen hübschen kleinen Topf gemacht, an dem rundherum Glöckchen hingen und, sowie er kochte, ganz lieblich läuteten und die alte Melodie spielten:

> »Ach, du lieber Augustin,
> Alles ist weg, weg, weg!«

Aber am allerkunstvollsten daran war, daß man nur den Finger in den Dampf des Topfes zu halten brauchte, dann konnte man sofort riechen, welche Speisen auf allen Herden gekocht wurden, die es in der Stadt gab. Na, das war freilich etwas anderes als die Rose!

Nun kam die Prinzessin mit all ihren Hofdamen herbeispaziert, und als sie die Melodie vernahm, blieb sie stehen und schien sich sehr zu freuen, denn »Ach, du lieber Augustin« konnte sie auch spielen; es war das einzige, was sie konnte, aber sie spielte es mit einem Finger.

»Das ist ja das, was ich kann!« sagte sie. »Dann muß es ein gebildeter Schweinehirt sein. Hört mal, geht zu ihm und fragt ihn, was dieses Instrument kostet!«

Und dann mußte eine der Hofdamen zum Schweinestall laufen, sie zog sich dafür aber Holzschuhe an.

»Was willst du für diesen Topf haben?« fragte die Hofdame.

»Ich will zehn Küsse von der Prinzessin haben!« sagte der Schweinehirt.

»Gott bewahr uns!« sagte die Hofdame.

»Ja, weniger kann es nicht sein!« antwortete der Schweinehirt.

»Der ist ja ungezogen!« sagte die Prinzessin, und dann ging sie fort. Doch als sie ein kleines Stück gegangen war, da klangen die Glöckchen so wunderschön:

> »Ach, du lieber Augustin,
> Alles ist weg, weg, weg!«

»Hört mal«, sagte die Prinzessin, »fragt ihn, ob er zehn Küsse von meinen Hofdamen haben will!«

»Nein danke!« sagte der Schweinehirt. »Zehn Küsse von der Prinzessin, oder ich behalte den Topf.«

»So eine ärgerliche Geschichte!« sagte die Prinzessin. »Aber dann müßt ihr euch vor mich stellen, damit es keiner sieht!«

Und die Hofdamen stellten sich vor sie und breiteten ihre Kleider aus, und dann bekam der Schweinehirt die zehn Küsse und die Prinzessin den Topf.

Na, das wurde ein Vergnügen! Den ganzen Abend und den ganzen Tag mußte der Topf kochen. Es gab keinen einzigen Herd in der Stadt, von dem man nicht erfuhr, was darauf kochte, sowohl beim Kammerherrn als auch beim Schuster. Die Hofdamen tanzten und klatschten in die Hände.

»Wir wissen, bei wem es süße Suppe und Eierkuchen gibt! Wir wissen, wo sie Grütze und Karbonade essen! Das ist ungeheuer interessant!«

»Aber ihr müßt den Mund halten, denn ich bin die Tochter des Kaisers!«

»Gott bewahr uns!« sagten sie alle samt.

Der Schweinehirt, das heißt der Prinz, aber sie kannten ihn ja nur als einen echten Schweinehirten, ließ den Tag nicht ungenutzt verstreichen. Und so machte er eine Schnarre; wenn man die herumdrehte, erklangen sämtliche Walzer und Hopser, die man seit Erschaffung der Welt kannte.

»Aber das ist ja superbe!« sagte die Prinzessin, als sie vorbeiging. »Niemals habe ich eine schönere Komposition gehört! Hört mal, geht zu ihm und fragt, was dieses Instrument kostet – aber küssen tu ich nicht!«

»Er will hundert Küsse von der Prinzessin haben!« sagte die Hofdame, nachdem sie gefragt hatte.

»Ich glaube, der ist verrückt!« entgegnete die Prinzessin, und dann ging sie fort. Doch als sie ein kleines Stück gegangen war, blieb sie stehen. »Man muß die Kunst ermuntern!« sagte sie. »Ich bin die Tochter des Kaisers! Sagt ihm, er soll zehn Küsse so wie gestern bekommen, den Rest kann er sich bei meinen Hofdamen holen!«

»Aber das würden wir höchst ungern tun!« sagten die Hofdamen.

»Unsinn!« sagte die Prinzessin. »Wenn ich ihn küssen kann, dann könnt ihr das auch! Vergeßt nicht, daß ihr bei mir in Lohn und Brot seid!« Und so mußte die Hofdame wieder zu ihm gehen.

»Hundert Küsse von der Prinzessin«, sagte der Schweinehirt, »oder jeder behält seins!«

»Stellt euch davor!!!« sagte die Prinzessin, und dann stellten sich alle Hofdamen vor sie hin, und dann küßte er.

»Was mag das nur für ein Auflauf da unten beim Schweinestall sein?« sagte der Kaiser, der auf den Balkon getreten war. Er rieb sich die Augen und setzte die Brille auf. »Das sind ja die Hofdamen, die da am Werk sind! Ich muß wohl zu ihnen auf den Hof!« – Und dann zog er seine Pantoffeln hinten hoch, das waren nämlich Schuhe, die er heruntergetreten hatte.

Potztausend, wie er rannte!

Sobald er unten angekommen war, ging er ganz leise, und die Hofdamen hatten mit dem Küssezählen soviel zu tun, weil es ja ehrlich zugehen sollte, daß sie den Kaiser gar nicht bemerkten. Der stellte sich nun auf Zehenspitzen.

»Was ist denn das!« sagte er, als er sah, wie die beiden sich küßten, und dann schlug er ihnen seinen Pantoffel auf den Kopf, gerade als der Schweinehirt den sechsundachtzigsten Kuß bekam. »Hinaus!« sagte der Kaiser, denn er war wütend, und sowohl die Prinzessin als auch der Schweinehirt wurden aus seinem Kaiserreich geworfen.

Da stand die Prinzessin nun und weinte, der Schweinehirt schimpfte, und der Regen strömte.

»Ach, ich elender Mensch!« sagte die Prinzessin. »Hätte ich doch den schönen Prinzen genommen! Ach, wie unglücklich ich bin!«

Und der Schweinehirt ging hinter einen Baum, rieb sich das Schwarze und Braune aus dem Gesicht, warf die häßlichen Kleider ab und trat nun in seiner Prinzentracht hervor, so prächtig, daß sich die Prinzessin vor ihm verneigen mußte.

»Ich habe dich verachten gelernt, du!« sagte er. »Einen ehrlichen Prinzen wolltest du nicht haben. Von der Rose und der Nachtigall wolltest du nichts wissen, aber den Schweinehirten konntest du für eine Spielerei küssen! Und jetzt mach's gut!«

Und dann ging er in sein Königreich und verschloß vor ihr die Tür, und jetzt konnte sie wahrhaftig singen:

»Ach, du lieber Augustin,
Alles ist weg, weg, weg!«

14. *Die Nachtigall*

In China, das weißt du wohl, ist der Kaiser ein Chinese, und alle, die er um sich hat, sind auch Chinesen. Es ist nun viele Jahre her, aber gerade deshalb verdient diese Geschichte Beachtung, bevor sie vergessen wird.

Das Schloß des Kaisers war das prächtigste auf der Welt, ganz und gar aus feinem Porzellan und sehr kostbar, doch auch so zerbrechlich und empfindlich zu berühren, daß man sich ordentlich vorsehen mußte. Im Garten sah man die wundersamsten Blumen, und die allerprächtigsten trugen klingende Silberglöckchen, damit man nicht achtlos an ihnen vorübergehen sollte. Ja, alles war äußerst raffiniert im kaiserlichen Garten, und der war so ausgedehnt, daß nicht einmal der Gärtner sein Ende kannte. Wenn man weiterging, gelangte man in den herrlichsten Wald mit hohen Bäumen und tiefen Seen, der sich bis an das blaue, tiefe Meer erstreckte, so daß die großen Schiffe bis unter die Zweige segeln konnten. Hier wohnte eine Nachtigall, die so wunderschön sang, daß selbst der arme Fischer, der so vieles andere zu besorgen hatte, innehielt und zuhörte, wenn er nachts sein Netz heraufzog und ihr Lied vernahm. »Herrgott, wie schön das ist!« sagte er. Dann aber mußte er sich um seine Arbeit kümmern und vergaß den Vogel. Doch wenn er in der nächsten Nacht aufs Meer kam und dieses Lied hörte, sagte er wieder: »Herrgott, wie ist das doch schön!«

Aus allen Ländern der Welt kamen Reisende in die Residenz des Kaisers, und sie bewunderten Stadt, Schloß und Garten. Doch wenn sie die Nachtigall vernahmen, sagten alle: »Sie ist doch das Beste!«

Und wenn die Reisenden heimkehrten, erzählten sie davon, und die Gelehrten schrieben viele Bücher über Stadt, Schloß und Garten, ohne aber die Nachtigall zu vergessen. Sie wurde an die erste Stelle gesetzt; und wer dichten konnte, der schrieb die schönsten Gedichte, allesamt über die Nachtigall im Wald am tiefen Meer.

Diese Bücher wurden in der ganzen Welt verbreitet, und einmal gelangten auch ein paar zum Kaiser. Er saß auf seinem goldenen Stuhl, las und las und nickte alle Augenblicke mit dem Kopf, denn die prächtigen Beschreibungen von Stadt, Schloß und Garten bereiteten ihm großes Vergnügen. »Aber die Nachtigall ist doch das Allerbeste!« stand da geschrieben.

»Was denn«, sagte der Kaiser, »die Nachtigall? Die kenne ich ja gar nicht! Gibt es so einen Vogel in meinem Kaiserreich, noch dazu in meinem Garten? Davon habe ich noch nie gehört! Und so etwas muß man sich anlesen!«

Und dann rief er seinen Kavalier, der so vornehm war, daß er immer, wenn ein Geringerer ihn anzusprechen oder etwas zu fragen wagte, nichts anderes als »P!« zur Antwort gab, und das hat gar nichts zu bedeuten.

»Hier soll es einen höchst merkwürdigen Vogel geben, der Nachtigall genannt wird!« sagte der Kaiser. »Man sagt, er sei das Allerbeste in meinem großen Reich. Warum hat man mir nie von ihm erzählt?«

»Ich habe ihn niemals erwähnen gehört«, sagte der Kavalier, »er wurde niemals bei Hofe vorgestellt!«

»Ich verlange, daß er heute abend herkommt und für mich singt!« sagte der Kaiser. »Da weiß die ganze Welt, was ich besitze, und ich weiß es nicht!«

»Ich habe ihn niemals erwähnen gehört!« sagte der Kavalier. »Ich werde ihn suchen, ich werde ihn finden!«

Aber wo war er zu finden? Der Kavalier lief sämtliche Treppen hinauf und hinunter, durch Säle und Gänge, keiner von allen, die er unterwegs traf, hatte je von der Nachtigall reden gehört. Da lief er wieder zum Kaiser und sagte, das müsse wohl eine Fabel von solchen Leuten sein, die Bücher verfaßten. »Ihre kaiserliche Majestät dürfen nicht glauben, was man da schreibt! Das sind Erfindungen und so etwas, was man die Schwarze Kunst nennt!«

»Aber das Buch, in dem ich es gelesen habe«, sagte der Kaiser, »das hat mir der großmächtige Kaiser von Japan geschickt, und dann kann es keine Unwahrheit sein. Ich will die Nachtigall hören! Sie soll heute abend hier sein! Sie besitzt meine allerhöchste Gnade! Und wenn sie nicht kommt, dann soll der ganze Hof auf den Bauch geschlagen werden, wenn er Abendbrot gegessen hat.«

»Tsing-pe!« sagte der Kavalier und lief wieder sämtliche Treppen hinauf und hinunter, durch alle Säle und Gänge, und der halbe Hof lief mit, denn keiner wollte gern auf den Bauch geschlagen werden. Es gab eine große Fragerei nach der seltsamen Nachtigall, welche die ganze Welt, doch niemand bei Hofe kannte.

Endlich trafen sie in der Küche ein armes, kleines Mädchen, das sagte: »Ach Gott, die Nachtigall! Die kenne ich wohl, ja, die kann singen! Jeden Abend darf ich ein paar Reste von der Tafel für meine arme kranke Mutter mitnehmen, die unten am Strand wohnt, und wenn ich dann auf dem Rückweg müde bin und mich im Wald ausruhe, dann höre ich die Nachtigall singen. Die Tränen kommen mir dabei, das ist, als ob mich meine Mutter küßte.«

»Kleines Küchenmädchen«, sagte der Kavalier, »ich werde Ihr eine feste Anstellung in der Küche und die Erlaubnis verschaffen, den Kaiser speisen zu sehen, sofern Sie imstande ist, uns zu der Nachtigall zu führen, denn die ist heute abend vorgeladen.«

Und dann zogen sie alle in den Wald hinaus, wo die Nachtigall zu singen pflegte, und der halbe Hof zog mit. Wie sie so gingen, begann plötzlich eine Kuh zu muhen.

»Oh!« sagten die Hofjunker. »Jetzt haben wir sie! Es ist doch erstaunlich, welch eine Kraft so einem kleinen Tier innewohnt! Ich habe es ganz bestimmt schon einmal gehört.«

»Nein, das sind die Kühe, die muhen!« sagte das kleine Küchenmädchen. »Wir sind noch weit vom Ort entfernt.«

Da quakten die Frösche im Tümpel.

»Entzückend!« sagte der chinesische Schloßpropst. »Jetzt höre ich sie, das klingt ja wie kleine Kirchenglocken!«

»Nein, das sind die Frösche!« sagte das kleine Küchenmädchen. »Aber ich glaube, jetzt hören wir sie bald.«

Da fing die Nachtigall an zu singen.

»Das ist sie«, sagte das kleine Mädchen, »hört! hört! Und dort sitzt sie.« Und dabei zeigte sie auf einen kleinen grauen Vogel hoch oben in den Zweigen.

»Ist das die Möglichkeit!« sagte der Kavalier. »So hätte ich sie mir niemals vorgestellt! Wie simpel sie aussieht! Gewiß hat sie bei dem Anblick so vieler vornehmer Menschen die Farbe verloren!«

»Liebe Nachtigall«, rief das kleine Küchenmädchen

ganz laut, »unser gnädiger Kaiser möchte so gern, daß Sie für ihn singen!«

»Mit dem größten Vergnügen!« antwortete die Nachtigall und sang, daß es eine Lust war.

»Das klingt wie Glasglocken!« sagte der Kavalier. »Und seht mal die kleine Kehle, wie sie sich anstrengt! Es ist sonderbar, daß wir sie noch nie gehört haben! Sie wird am Hof Furore machen!«

»Soll ich noch einmal für den Kaiser singen?« fragte die Nachtigall, denn sie glaubte, der Kaiser sei auch dabei.

»Meine vortreffliche kleine Nachtigall«, sagte der Kavalier, »ich habe die große Freude, Sie heute abend zu einem Hoffest vorzuladen, dort werden Sie ihre hohe kaiserliche Gnaden mit Ihrem charmanten Gesang bezaubern!«

»Der klingt am besten im Grünen«, sagte die Nachtigall. Doch als sie hörte, daß der Kaiser es wünschte, kam sie doch gern mit.

Das Schloß war ordentlich herausgeputzt! Wände und Fußböden, die ja aus Porzellan waren, glänzten im Schein von vielen tausend goldenen Lampen. In den Gängen waren die prächtigsten Blumen aufgestellt, die richtig klingen konnten; da war ein Gelaufe und ein Durchzug, doch als nun alle Glöckchen gleichzeitig läuteten, konnte man sein eigenes Wort nicht verstehen.

Mitten in dem großen Saal, in dem der Kaiser saß, hatte man einen goldenen Stab aufgestellt, und darauf sollte die Nachtigall Platz nehmen. Der ganze Hof war versammelt, und das kleine Küchenmädchen durfte hinter der Tür stehen, denn jetzt besaß sie den Titel eines wirklichen Küchenmädchens. Alle hatten sich in ihren feinsten Staat geworfen, und alle blickten den kleinen grauen Vogel an, dem der Kaiser nun zunickte.

Und die Nachtigall sang so wunderschön, daß dem Kaiser Tränen in die Augen traten und über die Wangen rollten, und dann sang die Nachtigall noch schöner, das ging so recht ans Herz. Der Kaiser wurde sehr vergnügt und sagte, die Nachtigall solle seinen goldenen Pantoffel haben und um ihren Hals tragen. Aber die Nachtigall bedankte sich: Sie habe schon Lohn genug.

»Ich habe Tränen in den Augen des Kaisers gesehen, das ist für mich der größte Schatz! Die Tränen eines Kaisers haben eine wundersame Macht. Gott weiß, daß ich reichlich belohnt bin!« Und dann sang sie noch einmal mit ihrer süßen, begnadeten Stimme.

»Das ist die reizendste Koketterie, die ich kenne«, sagten die Damen ringsum, und dann nahmen sie Wasser in den Mund, um zu glucksen, wenn sie angesprochen wurden – damit glaubten sie ebenfalls Nachtigallen zu sein. Auch die Lakaien und Kammermädchen ließen ihre Zufriedenheit vermelden, und das will viel heißen, denn ihnen läßt sich zu allerletzt etwas recht machen. Ja, die Nachtigall fand wahrhaftig Beifall!

Sie sollte nun bei Hofe bleiben und ihren eigenen Bauer sowie die Freiheit haben, zweimal am Tage und einmal des Nachts spazierenzugehen. Sie wurde begleitet von zwölf Dienern, die allesamt ein Seidenband festhielten, das ihr ums Bein geknüpft war. Dieser Spaziergang machte überhaupt keinen Spaß.

Die ganze Stadt sprach von dem merkwürdigen Vogel, und wenn zwei zusammentrafen, dann sagte der eine nichts weiter als »Nacht-!«, und der andere sagte »-gall!« Und dann seufzten sie und verstanden einander, ja, elf Speckkrämer benannten nach ihr ihre Kinder, doch nicht eins davon hatte einen Ton im Leibe.

Eines Tages bekam der Kaiser ein großes Paket, auf dem geschrieben stand: «*Nachtigall.*«

»Da haben wir wohl ein neues Buch über unsern berühmten Vogel«, sagte der Kaiser. Aber es war kein Buch, sondern ein kleines Kunstwerk, das in einer Schachtel lag, eine künstliche Nachtigall, die der lebendigen gleichen sollte, jedoch über und über mit Diamanten, Rubinen und Saphiren besetzt war. Sobald man diesen Kunstvogel aufzog, konnte er eins von den Stücken der wirklichen Nachtigall singen, und dabei wippte sein Schwanz auf und nieder und glänzte von Silber und Gold. Er trug ein Bändchen um den Hals, auf dem geschrieben stand: »*Die Nachtigall des Kaisers von Japan ist arm gegen die des Kaisers von China.*«

»Das ist entzückend!« sagten alle, und der Überbringer des künstlichen Vogels erhielt sogleich den Titel eines »Ober-Kaiserlichen-Nachtigall-Überbringers«.

»Jetzt sollen sie zusammen singen! Was wird das für ein Duett!«

Und dann mußten sie zusammen singen, doch das wollte nicht recht gehen, denn die wirkliche Nachtigall sang auf ihre Weise und der Kunstvogel auf Walzen.

»Er hat keine Schuld«, sagte der Spielmeister, »er ist überaus taktfest und entspricht ganz meiner Schule.«

Dann sollte der Kunstvogel allein singen. Er fand genausoviel Beifall wie der wirkliche, und zudem war er ja auch so viel hübscher anzusehen, er glitzerte wie Armbänder und Broschen.

Dreiunddreißigmal sang er ein und dasselbe Stück, und dann war er immer noch nicht müde. Die Leute hätten ihn gern wieder von vorn gehört, doch der Kaiser meinte, jetzt sollte auch die lebendige Nachtigall ein bißchen singen – aber wo war sie? Niemand hatte bemerkt, daß sie zum offenen Fenster hinausgeflogen war, auf und davon in ihre grünen Wälder.

»Aber was soll denn das!« sagte der Kaiser; und alle Höflinge schimpften und meinten, die Nachtigall sei ein höchst undankbares Tier. »Wir haben doch den besten Vogel!« sagten sie. Und dann mußte der Kunstvogel von neuem singen, und sie hörten dasselbe Stück zum vierunddreißigsten Mal, aber weil es so schwer war, konnten sie es immer noch nicht ganz. Der Spielmeister lobte den Vogel über die Maßen, ja, er versicherte, daß er besser als die wirkliche Nachtigall sei, nicht nur in Hinblick auf seine Kleider und die vielen prächtigen Diamanten, sondern auch auf sein Inneres.

»Denn sehen Sie, meine Herrschaften, insbesondere der Kaiser, bei der wirklichen Nachtigall kann man niemals berechnen, was da geschehen wird, bei dem Kunstvogel aber steht alles fest. So ist es, und so bleibt es! Es läßt sich erklären, man kann ihn aufschlitzen und das menschliche Denken zeigen, wie die Walzen liegen, wie sie laufen und wie eins auf das andere folgt.«

»Das ist ganz meine Meinung!« sagten alle, und der Spielmeister erhielt die Erlaubnis, den Vogel am nächsten Sonntag dem Volk vorzuführen. Die Leute sollten ihn ebenfalls singen hören, sagte der Kaiser; und als sie ihn hörten, wurden sie so vergnügt, als hätten sie sich einen Tee-Schwips angetrunken, denn das ist sehr chinesisch, und alle sagten sie »Oh!« und reckten jenen Finger in die Höhe, den man Zeigefinger nennt, und dann nickten sie.

Die armen Fischer aber, welche die wirkliche Nachtigall gehört hatten, sagten: »Das klingt zwar hübsch, das ist auch ähnlich, aber da fehlt etwas, ich weiß nicht was!«

Die wirkliche Nachtigall war aus Land und Reich verwiesen.

Der Kunstvogel hatte seinen Platz auf einem Seidenkissen gleich neben dem Bett des Kaisers, umgeben von allen Geschenken, die er bekommen hatte, von Gold und Edelsteinen. Er war nun so hoch gestiegen, daß er den Titel »Hochkaiserlicher Nachttisch-Sänger« und den Rang Nummer eins zur linken Seite trug, denn der Kaiser hielt jene Seite, wo das Herz ist, für die vornehmste, und auch bei einem Kaiser ist das Herz links. Der Spielmeister schrieb über den Kunstvogel fünfundzwanzig Bände, die so gelehrt und langatmig und gespickt mit den allerschwierigsten chinesischen Wörtern waren, daß alle Leute sagten, sie hätten sie gelesen und verstanden, denn sonst wären sie dumm gewesen, und dann hätte man sie auf den Bauch geschlagen.

So verging ein ganzes Jahr. Der Kaiser, der Hof und alle anderen Chinesen konnten jeden kleinen Gluckser im Lied des Kunstvogels auswendig, aber gerade deshalb gefiel es ihnen am allerbesten; sie konnten selber mitsingen, und das taten sie. Die Straßenjungen sangen »Zizizi! Kluckkluckkluck!«, und der Kaiser sang es – ja, das war bestimmt prachtvoll!

Doch eines Abends, als der Kunstvogel gerade am besten sang und der Kaiser im Bett lag und ihm zuhörte, sagte es im Inneren des Vogels: »Schwupp!«, etwas zerriß: »Surrrrrr!«, alle Räder liefen herum, und dann brach die Musik ab.

Der Kaiser sprang sogleich aus dem Bett und ließ seinen Leibarzt rufen, aber was konnte der helfen? Dann wurde der Uhrmacher geholt, und der setzte nach vielem Reden und vielem Nachsehen den Vogel einigermaßen instand, sagte jedoch, das Kunstwerk müsse sehr geschont werden, die Zapfen seien recht verschlissen, und neue, mit denen die Musik sicher spielte, ließen sich unmöglich einsetzen. Da herrschte große Betrübnis! Nur einmal im Jahr durfte man den Vogel singen lassen, und das war schon fast zuviel; aber dann hielt der Spielmeister eine kleine Rede mit den schwierigen Wörtern und sagte, es sei genausogut wie zuvor, und dann war es genausogut wie zuvor.

Als nun fünf Jahre vergangen waren, wurde das ganze Land von einer sehr großen Sorge erfüllt, denn im Grunde hatten alle ihren Kaiser lieb, und nun hieß es, er sei krank und liege auf dem Sterbebett. Ein neuer Kaiser war schon gewählt, und die Leute standen auf der Straße und fragten den Kavalier, wie es ihrem Kaiser gehe.

»P!« sagte er und schüttelte den Kopf.

Kalt und blaß lag der Kaiser in seinem großen, prächtigen Bett, der ganze Hof glaubte ihn tot, und jeder beeilte sich, den neuen Kaiser zu begrüßen. Die Kammerdiener liefen hinaus, um darüber zu schwatzen, und die Schloßmägde hielten großen Kaffeeklatsch. Alle Säle und Gänge waren mit Tuch ausgelegt, damit man keinen Schritt hören sollte, und deshalb war es dort ganz still, ganz still. Doch der Kaiser war noch nicht gestorben; steif und blaß lag er in dem prächtigen Bett mit den langen Samtvorhängen und den schweren Goldquasten. Hoch oben stand ein Fenster offen, und der Mond schien zu dem Kaiser und dem Kunstvogel herein.

Der arme Kaiser konnte kaum noch atmen, es war, als säße ihm etwas auf der Brust. Als er nun die Augen aufschlug, sah er, daß es der Tod war, der sich auf seiner Brust niedergelassen und seine goldene Krone aufgesetzt hatte und in der einen Hand seinen goldenen Säbel und in der anderen seine prächtige Fahne hielt. Aus den Falten der großen samtenen Bettvorhänge guckten überall seltsame Köpfe hervor, einige ganz häßlich, andere liebreich und mild: Das waren all die bösen und guten Taten des Kaisers, die ihn anschauten, jetzt, wo der Tod auf seinem Herzen saß.

»Weißt du noch?« flüsterte eine nach der anderen. »Weißt du das noch?« Und dann erzählten sie ihm so vieles, daß ihm der Schweiß auf die Stirn trat.

»Das habe ich niemals gewußt!« sagte der Kaiser. »Musik, Musik, die große chinesische Trommel«, rief er, »damit ich nicht alles hören muß, was sie sagen!«

Und sie flüsterten weiter, und zu allem, was gesagt wurde, nickte der Tod genauso wie ein Chinese.

»Musik, Musik!« schrie der Kaiser. »Du lieber, segensreicher Goldvogel, sing doch, sing! Ich habe dir Gold und Kostbarkeiten geschenkt, ich habe dir selbst meinen goldenen Pantoffel um den Hals gehängt, sing doch, sing!«

Aber der Vogel stand still, niemand war da, der ihn aufziehen konnte, und anders sang er nicht. Und der Tod starrte den Kaiser unverwandt mit seinen großen, leeren Augenhöhlen an, und es war so still, so entsetzlich still.

Auf einmal ertönte der schönste Gesang – das war die kleine, lebendige Nachtigall, die auf einem Zweig gleich hinter dem Fenster saß. Sie hatte von der Not ihres Kaisers gehört und war nun gekommen, um ihm Trost und Hoffnung zu singen, und je länger sie sang, um so mehr verblaßten die Gestalten, immer frischer strömte das Blut durch die schwachen Glieder des Kaisers, und selbst der Tod lauschte und sagte: »Sing weiter, kleine Nachtigall, sing weiter!«

»Ja, wenn du mir den prächtigen Goldsäbel gibst! Wenn du mir die reiche Fahne gibst! Wenn du mir die Krone des Kaisers gibst!«

Und der Tod gab jedes Kleinod hin für ein Lied, und die Nachtigall sang immer weiter, und sie sang vom stillen Friedhof, wo die weißen Rosen blühen, wo der Fliederbusch duftet und wo die Hinterbliebenen das frische Gras mit ihren Tränen netzen. Da bekam der Tod Sehnsucht nach seinem Garten und schwebte als kalter, weißer Nebel zum Fenster hinaus.

»Danke, danke!« sagte der Kaiser. »Du himmlischer kleiner Vogel, ich kenne dich wohl! Ich habe dich aus meinem Land und Reich gejagt, und doch hast du mir die bösen Gesichte vom Bett gesungen, hast den Tod von meinem Herzen vertrieben! Wie soll ich dich belohnen?«

»Du hast mich schon belohnt!« sagte die Nachtigall. »Als ich das erste Mal vor dir sang, sah ich Tränen in deinen Augen, das werde ich dir nie vergessen! Das sind jene Juwelen, die einem Sängerherzen guttun. Jetzt aber schlaf dich gesund und kräftig! Ich werde für dich singen.«

Und sie sang – und der Kaiser fiel in einen süßen Schlummer, sanft und wohltuend.

Die Sonne schien durch die Fenster zu ihm herein, als er erwachte, gestärkt und gesund. Keiner seiner Diener war zurückgekommen, sie hielten ihn alle für tot, aber die Nachtigall saß noch da und sang.

»Du mußt für immer bei mir bleiben!« sagte der Kaiser. »Du sollst nur dann singen, wenn du selbst willst, und den Kunstvogel schlage ich in tausend Stücke.«

»Tu das nicht!« sagte die Nachtigall. »Er hat ja Gutes getan, wie er konnte. Behalte ihn nur! Ich kann im Schloß nicht leben und wohnen; doch laß mich kommen, wenn ich selbst Lust dazu habe, dann will ich abends auf dem Zweig vor deinem Fenster sitzen und für dich singen, damit du froh und nachdenklich zugleich wirst! Ich will von den Glücklichen singen und von jenen, die leiden! Ich will vom Bösen und Guten singen, das man vor dir versteckt! Der kleine Singvogel fliegt weit herum, zum armen Fischer, zum Dach des Bauern, zu allen, die von dir und deinem Hof weit entfernt sind. Ich liebe dein Herz mehr als deine Krone, und doch hat diese Krone den Duft von etwas Heiligem! – Ich komme, ich singe für dich, aber eins mußt du mir versprechen!«

»Alles!« sagte der Kaiser und stand nun da in seiner kaiserlichen Tracht, die er sich selber angezogen hatte, und hielt den Säbel, der schwer von Gold war, an sein Herz.

»Um eins bitte ich dich: Erzähle keinem, daß du einen kleinen Vogel hast, der dir alles sagt, dann wird es noch besser gehen!«

Und dann flog die Nachtigall davon.

Die Diener kamen herein, um nach ihrem toten Kaiser zu schauen – ja, da standen sie, und der Kaiser sagte: »Guten Morgen!«

15. Das Liebespärchen

Der Kreisel und das Bällchen lagen mit anderem Spielzeug zusammen in der Schublade, und da sagte der Kreisel zum Bällchen: »Wollen wir nicht ein Pärchen sein, wo wir doch in derselben Schublade liegen?«

Aber das Bällchen, das aus Saffian genäht war und sich genausoviel einbildete wie ein feines Fräulein, wollte auf derlei nicht antworten.

Am nächsten Tag kam der kleine Junge, dem das Spielzeug gehörte. Er bemalte den Kreisel rot und gelb und schlug in seine Mitte einen Nagel aus Messing. Das sah ganz prächtig aus, wenn sich der Kreisel drehte.

»Sehen Sie mich an!« sagte er zum Bällchen. »Was sagen Sie nun? Wollen wir jetzt nicht ein Pärchen sein, wir passen so gut zusammen, Sie springen, und ich tanze! Niemand könnte glücklicher werden als wir zwei.«

»So, glauben Sie das!« sagte das Bällchen. »Sie wissen wohl nicht, daß meine Eltern Saffianpantoffeln waren und daß ich einen Korken im Leibe habe!«

»Aber ich bin aus Mahagoni«, sagte der Kreisel, »und der Stadtrichter selbst hat mich gedrechselt; er besitzt seine eigene Drechselbank, und es war ihm ein großes Vergnügen!«

»Ja, wie soll ich das glauben!« sagte das Bällchen.

»Möge ich niemals die Peitsche bekommen, wenn ich lüge!« sagte der Kreisel.

»Sie stellen sich sehr gut selber dar!« sagte das Bällchen. »Aber ich kann trotzdem nicht, ich bin mit einer Schwalbe so gut wie halb verlobt! Jedesmal, wenn ich in die Höhe steige, reckt sie den Kopf aus ihrem Nest und fragt: ›Wollen Sie?‹ Und nun habe ich innerlich ja gesagt, und das ist so gut wie eine halbe Verlobung. Aber ich werde Sie niemals vergessen, das verspreche ich Ihnen!«

»Ja, was soll mir das groß helfen!« sagte der Kreisel, und dann sprachen sie nicht mehr miteinander.

Am nächsten Tag wurde das Bällchen hervorgeholt; der Kreisel sah, wie es einem Vogel gleich in die Luft emporflog und schließlich gar nicht mehr sichtbar war. Es kehrte immer wieder zurück, doch wenn es die Erde berührte, machte es stets einen hohen Sprung, und das geschah entweder aus Sehnsucht, oder weil es einen Korken im Leibe hatte. Beim neunten Mal blieb es weg und kam nicht wieder, und der Junge suchte und suchte, aber es war verschwunden.

»Ich weiß wohl, wo es ist«, seufzte der Kreisel, »es ist im Schwalbennest und mit der Schwalbe verheiratet.«

Je länger der Kreisel an das Bällchen dachte, desto größer wurde seine Sehnsucht; gerade weil er es nicht bekommen konnte, liebte er es um so mehr, und daß es einen anderen genommen hatte, das war das Aparte daran. Und der Kreisel tanzte herum und schnurrte, dachte jedoch unentwegt an das Bällchen, das in seinen Gedanken schöner und schöner wurde. So vergingen viele Jahre – und da war es eine alte Liebe.

Und der Kreisel war nicht mehr jung! Doch eines Tages wurde er ganz und gar vergoldet, nie zuvor hatte er so prächtig ausgesehen; er war jetzt ein Goldkreisel und sprang, daß er danach nur so schnurrte. Ja, das war etwas! Doch auf einmal sprang er zu hoch – und weg war er.

Man suchte und suchte, sogar unten im Keller, aber er war nicht zu finden.

Wo war er?

Er war in den Abfalleimer gesprungen, wo alles mögliche lag, Kohlstrünke, Kehricht und Schutt aus der Dachrinne.

»Hier liege ich wirklich gut! Da wird meine Vergoldung bald abgehen. Und was ist das für Gesindel, unter das ich geraten bin!« Dabei schielte er zu einem langen Kohlstrunk, den man allzu sehr gerupft hatte, und zu einem seltsamen runden Ding, das aussah wie ein alter

Apfel. – Aber es war kein Apfel, es war ein alter Ball, der viele Jahre in der Dachrinne gelegen hatte, vom Wasser durchsickert.

»Gott sei Dank, daß man doch einmal jemanden von Seinesgleichen trifft, mit dem sich reden läßt!« sagte das Bällchen und betrachtete den vergoldeten Kreisel. »Ich bin eigentlich aus Saffian, genäht von Jungfernhänden, und habe einen Korken im Leibe, aber das sollte mir keiner ansehen! Ich stand im Begriff, mit einer Schwalbe Hochzeit zu halten, aber dann bin ich in die Dachrinne gefallen, und dort habe ich fünf Jahre gelegen und getrieft. Glauben Sie mir, das ist eine lange Zeit für eine Jungfer!«

Aber der Kreisel sagte nichts, er dachte an seine alte Liebste, und je länger er zuhörte, um so klarer wurde ihm, daß sie es war.

Da kam ein Dienstmädchen und wollte den Abfalleimer leeren. »Heißa, da ist der Goldkreisel!« sagte sie.

Und der Kreisel kehrte in die Stube zurück und gelangte zu großer Achtung und Ehre. Doch vom Bällchen hörte man nichts mehr, und der Kreisel verlor kein Wort mehr über seine alte Liebe – die geht vorüber, wenn die Liebste fünf Jahre in einer Wasserrinne gelegen und getrieft hat, ja, man erkennt sie nicht wieder, wenn man sie im Abfalleimer trifft.

16. Das häßliche Entlein

Es war so schön auf dem Lande; es war Sommer, das Korn stand gelb, der Hafer grün, das Heu war auf den grünen Wiesen zu Schobern geschichtet, und dort lief der Storch auf seinen langen, roten Beinen und plapperte ägyptisch, denn diese Sprache hatte er von seiner Mutter gelernt. Hinter Feldern und Wiesen dehnten sich große

Wälder aus, und mitten darin waren tiefe Seen – ja, es war wirklich schön auf dem Lande!

Mitten im Sonnenschein lag zwischen tiefen Kanälen ein alter Gutshof. Von seiner Mauer bis zum Wasser wuchsen Ampferblätter, die so riesig waren, daß sich unter die größten kleine Kinder stellen konnten; es war eine Wildnis wie im dichtesten Wald. Hier saß eine Ente auf ihrem Nest und brütete ihre Entlein aus. Doch nun hatte sie es fast satt, denn es dauerte so lange, und sie bekam so selten Besuch. Die anderen Enten schwammen lieber auf den Kanälen herum, statt ans Ufer zu kommen und unter einem Ampferblatt zu sitzen, um mit ihr zu plaudern.

Endlich knackte ein Ei nach dem anderen. »Piep! Piep!« tönte es, alle Eidotter waren lebendig geworden und streckten die Köpfe heraus.

»Rapp! Rapp!« sagte die Ente, und dann rappelten sich die Kleinen, wie sie nur konnten, und sahen sich unter den grünen Blättern nach allen Seiten um. Die Mutter ließ sie gucken, soviel sie wollten, denn Grün ist gut für die Augen.

»Wie groß die Welt ist!« sagten alle Jungen, denn jetzt hatten sie ganz anders und mehr Platz als vorher im Ei.

»Ihr glaubt wohl, dies wäre die ganze Welt?« sagte die Mutter. »Die erstreckt sich bis weit hinter den Garten, bis zum Feld des Pfarrers, aber da bin ich noch nicht gewesen. – Ihr seid doch wohl alle hier?« – Und dann richtete sie sich auf. »Nein, ich habe nicht alle, das größte Ei liegt noch im Nest. Wie lange soll denn das dauern! Jetzt habe ich's wirklich bald satt!« Und dann setzte sie sich wieder.

»Na, wie geht es denn?« fragte eine alte Ente, die ihr einen Besuch abstatten wollte.

»Es dauert so lange bei dem einen Ei!« sagte die brütende Ente. »Es will nicht aufbrechen. Aber schau dir mal die andern an! Das sind die reizendsten Entlein, die ich je gesehen habe. Sie haben allesamt Ähnlichkeit mit ihrem Vater, diesem Schuft, der kommt mich nicht besuchen!«

»Laß mich mal das Ei ansehen, das nicht platzen will!« sagte die Alte. »Glaub mir, das ist ein Putenei! So wurde ich auch einmal angeführt, danach hatte ich meine liebe Not mit den Jungen, die sind nämlich wasserscheu, will ich dir sagen! Sie waren nicht hineinzubekommen, ich konnte rappen und schnappen, es half nichts. – Laß mich mal sehen! Ja, das ist ein Putenei! Kümmre dich nicht weiter darum und lehre die andern Kinder schwimmen!«

»Ich will doch noch ein Weilchen brüten«, sagte die Ente. »Wenn ich nun schon so lange darauf gesessen habe, dann kann ich auch noch ein bißchen länger sitzen.«

»Wie du willst!« sagte die alte Ente und ging davon.

Endlich platzte das große Ei. »Piep! Piep!« sagte das Junge und fiel heraus, groß und häßlich wie es war.

Die Ente betrachtete es und sagte: »Das ist ja ein entsetzlich großes Entlein! So ist keins von den andern. Es ist doch wohl kein Putenküken? Na, dahinter werden wir bald kommen! Ins Wasser muß es, und wenn ich es selbst hineintreten soll!«

Am nächsten Tag war das Wetter ganz wunderbar, die Sonne schien auf alle grünen Ampferblätter. Die Entenmutter zog mit ihrer ganzen Familie zum Kanal, platsch! sprang sie ins Wasser. »Rapp! Rapp!« sagte sie, und ein Entlein nach dem andern plumpste hinein. Das Wasser schlug über ihren Köpfen zusammen, doch sie tauchten gleich wieder auf und schwammen ganz prächtig. Ihre Beinchen bewegten sich von selbst, und alle waren sie nun unterwegs, sogar das häßliche, graue Junge schwamm mit.

»Nein, das ist kein Puter!« sagte die Entenmutter. »Seht nur, wie schön es die Beine bewegt, wie gerade es sich hält! Das ist mein eigenes Kind! Wenn man es recht betrachtet, dann ist es eigentlich doch ganz hübsch. Rapp! Rapp! – Jetzt folgt mir, ich will euch in die Welt einführen und euch im Entenhof vorstellen. Aber haltet euch stets in meiner Nähe, damit niemand auf euch tritt, und nehmt euch vor den Katzen in acht!«

Und dann begaben sie sich in den Entenhof. Dort war ein entsetzlicher Spektakel, weil sich zwei Familien um einen Aalkopf rauften, und dann bekam ihn doch die Katze.

»Seht ihr, so geht es zu auf der Welt!« sagte die Entenmutter und leckte sich den Schnabel, denn sie hätte den Aalkopf auch gern gehabt. »Jetzt gebraucht eure Beine!« sagte sie. »Seht zu, daß ihr euch rappelt, und neigt vor der alten Ente dort den Hals! Sie ist hier die vornehmste von allen. Sie ist von spanischem Blut, deshalb ist sie so schwer, und seht mal den roten Lappen an ihrem Bein! Das ist etwas außerordentlich Schönes und die größte Auszeichnung, die je eine Ente erlangen kann; es bedeutet soviel, daß man sich nicht von ihr trennen will und daß sie von Menschen und Tieren erkannt werden soll. – Rappelt euch! – Nicht über den großen Onkel latschen! Ein wohlerzogenes Entlein setzt die Füße weit auseinander, genauso wie Vater und Mutter. Seht mal, so! Jetzt neigt den Hals und sagt: ›Rapp!‹«

Und das taten sie. Doch die anderen Enten ringsum nahmen sie in Augenschein und sagten ganz laut: »Guckt euch das an! Jetzt sollen wir diese Sippschaft auch noch bekommen, als ob wir nicht so schon genug wären! Und pfui, wie das eine Entlein aussieht! Mit dem wollen wir nicht reden!« – Und sogleich flog eine Ente zu ihm und biß es in den Nacken.

»Laßt es in Ruhe!« sagte die Mutter. »Es tut ja keinem etwas.«

»Aber es ist zu groß und zu apart!« sagte die beißende Ente, »deshalb muß man es triezen!«

»Sie hat ja hübsche Kinder«, sagte die alte Ente mit dem Lappen am Bein, »allesamt hübsch, nur das eine nicht, das ist mißraten. Ich wünschte, Sie könnte es umbrüten!«

»Das geht nicht, Ihro Gnaden«, sagte die Entenmutter, »es ist zwar nicht hübsch, hat aber ein herzensgutes Gemüt und schwimmt genauso prachtvoll wie die andern, ja, ich darf sagen, noch ein bißchen besser. Ich denke, es wird sich schon hübschwachsen oder mit der Zeit etwas kleiner werden. Es hat zu lange im Ei gelegen und deshalb nicht die rechte Gestalt bekommen.« Und dann zupfte sie das Entlein im Nacken und putzte sein Gefieder. »Außerdem ist es ein Enterich«, sagte sie, »und da macht es nicht so viel aus. Ich glaube, der wird zu Kräften kommen und sich wohl durchschlagen!«

»Die andern Entlein sind niedlich«, sagte die Alte. »Jetzt fühlt euch wie zu Hause, und wenn ihr einen Aalkopf findet, dann könnt ihr ihn zu mir bringen!«

Und dann fühlten sie sich wie zu Hause.

Das arme Entlein aber, das zuletzt aus dem Ei geschlüpft war und so häßlich aussah, wurde gebissen, geknufft und gehänselt, und zwar von Enten wie von Hühnern. »Der ist zu groß!« sagten alle, und der Puter, der mit Sporen auf die Welt gekommen war und sich daher für einen Kaiser hielt, plusterte sich auf wie ein Schiff mit vollen Segeln, ging direkt auf das Entlein los und kollerte, bis er einen ganz roten Kopf bekam. Das arme Entlein wußte weder, wo es stehen noch wo es gehen durfte, es war ganz traurig, weil es so häßlich aussah und dem ganzen Entenhof zum Gespött war.

So ging es am ersten Tag, und dann wurde es schlimmer und schlimmer. Das arme Entlein wurde von allen gejagt und sogar von seinen eigenen Geschwistern gequält, und die sagten fortwährend: »Wenn dich doch bloß die Katze holte, du häßliches Ungetüm!« Und die Mutter sagte: »Wenn du doch weit weg wärst!« Und die Enten bissen es, und die Hühner hackten es, und das Mädchen, das die Tiere füttern sollte, trat es mit dem Fuß.

Da lief und flog es über die Hecke, und die kleinen Vögel in den Büschen fuhren erschrocken auf. »Das tun sie, weil ich so häßlich bin«, dachte das Entlein und schloß die Augen, lief aber trotzdem weiter. Nun geriet es in den großen Sumpf, in dem die Wildenten wohnten. Hier lag es die ganze Nacht, es war so müde und traurig.

Am Morgen flogen die Wildenten auf und sahen sich den neuen Kameraden an. »Was bist du denn für einer?« fragten sie, und das Entlein drehte sich nach allen Seiten und grüßte, so gut es konnte.

»Du bist abgrundtief häßlich!« sagten die Wildenten. »Aber das kann uns egal sein, wenn du nur nicht in unsre Familie einheiratest!« – Das arme Ding! Es dachte gewiß nicht ans Heiraten, wenn man ihm nur erlaubte, im Schilf zu liegen und ein wenig Moorwasser zu trinken.

Als es zwei ganze Tage so gelegen hatte, näherten sich zwei Wildgänse oder richtiger: Wildgänseriche, denn es waren zwei Männchen. Sie waren vor gar nicht langer Zeit aus dem Ei gekrochen, und deshalb gingen sie keck drauflos.

»Hör mal, Kamerad!« sagten sie. »Du bist so häßlich, daß du uns gefällst! Willst du mitmachen und Zugvogel sein? In einem andern Sumpf gleich in der Nähe sind ein paar süße, liebe Wildgänschen, allesamt Fräuleins, die Rapp sagen können. Du bist imstande, bei ihnen dein Glück zu machen, so häßlich wie du bist!«

»Piff! Paff!« ertönte es in diesem Augenblick von oben, beide Wildgänseriche fielen tot ins Schilf, und das Wasser färbte sich blutrot. »Piff! Paff!« ertönte es abermals, und ganze Scharen von Wildgänsen flogen auf, und dann knallte es wieder.

Es war eine große Jagd, die Jäger lagen rund um das Moor, einige saßen sogar auf den Baumzweigen, die sich weit über das Schilf hinausreckten. Der blaue Rauch schwebte wolkengleich zwischen den dunklen Bäumen und weit über das Wasser. Die Jagdhunde wateten durch den Morast, klatsch, klatsch, Schilf und Rohr schwankten nach allen Seiten. Das arme Entlein bekam einen großen Schreck und drehte den Kopf, um ihn unter den Flügel zu stecken. Da aber erblickte es vor sich einen entsetzlich großen Hund, dem die Zunge weit aus dem Halse hing und dessen Augen grauenhaft glänzten; er riß direkt über dem Entlein seinen Rachen auf, zeigte ihm seine scharfen Zähne – und platsch, platsch, lief er weiter, ohne ihm etwas zu tun.

»Oh, Gott sei Dank!« seufzte das Entlein. »Ich bin so häßlich, daß der Hund mich nicht einmal beißen mag.«

Und dann blieb es ganz still liegen, während das Schrot ins Schilf prasselte und ein Schuß nach dem anderen knallte.

Erst am Nachmittag wurde es ruhig, doch das arme Entlein wagte sich noch immer nicht zu erheben, erst nach mehreren Stunden sah es sich um. Dann verließ es den Sumpf, so schnell es konnte, lief über Feld und Wiese, kam in dem heftigen Wind jedoch nur mühsam voran.

Gegen Abend gelangte es zu einem armseligen kleinen Bauernhaus; das war so jämmerlich, daß es selbst nicht wußte, nach welcher Seite es fallen sollte, und deshalb blieb es stehen. Der Wind war nun so stark geworden, daß sich das Entlein auf seinen Schwanz setzen mußte, um sich dagegenzustemmen, und er wurde schärfer und schärfer. Da bemerkte es, daß die Tür nur in einer Angel und so schief hing, daß es durch den Spalt in die Stube schlüpfen konnte, was es auch tat.

Hier wohnte eine alte Frau mit ihrem Kater und ihrem Huhn, und der Kater, den sie Söhnchen nannte, konnte einen Buckel machen und schnurren, er konnte sogar Funken sprühen, wenn er gegen den Strich gestreichelt wurde. Das Huhn hatte ganz kurze Beinchen und hieß deshalb »Puttchen Kurzbein«; es war eine gute Legehenne, und die Frau liebte es wie ihr eigenes Kind.

Am Morgen wurde das fremde Entlein sogleich bemerkt, und der Kater begann zu schnurren und das Huhn zu glucken.

»Was ist denn da los?« fragte die Frau und sah sich um. Aber sie hatte schlechte Augen und hielt das Entlein für eine fette Ente, die sich verlaufen hatte. »Das ist ja ein hübscher Fang!« sagte sie. »Da komme ich vielleicht zu Enteneiern, wenn es nur kein Enterich ist! Das müssen wir ausprobieren!«

Und dann wurde das Entlein drei Wochen zur Probe angenommen, aber es legte kein Ei. Und der Kater war Herr im Hause, und das Huhn war die Madam, und immer sagten sie: »Wir und die Welt!« Denn sie glaubten, sie wären die Hälfte davon, und zwar der allerbeste Teil. Das Entlein fand zwar, daß man auch eine andere Meinung haben könnte, aber das wurde von der Henne nicht geduldet.

»Kannst du Eier legen?« fragte sie.

»Nein!«

»Dann halte bitte deinen Mund!«

Und der Kater sagte: »Kannst du einen Buckel machen, schnurren und Funken sprühen?«

»Nein!«

»Dann hast du auch keine Meinung zu haben, wenn vernünftige Leute reden!«

Und das Entlein saß im Winkel und war schlechter Stimmung. Da mußte es an die frische Luft und an den Sonnenschein denken und wurde von einer so seltsamen Lust erfaßt, auf dem Wasser zu schwimmen, daß es der Henne unwillkürlich davon erzählte.

»Was ist denn mit dir los?« fragte die Henne. »Du hast nichts zu tun, deshalb fängst du Grillen! Das gibt sich, sowie du Eier legst oder schnurrst.«

»Es ist aber so schön, auf dem Wasser zu schwimmen«, sagte das Entlein, »so schön, den Kopf hineinzustecken und bis auf den Grund zu tauchen!«

»Ja, das ist bestimmt ein großes Vergnügen!« sagte die Henne. »Du bist wohl übergeschnappt? Frag mal den Kater, der ist das klügste Geschöpf, das ich kenne, ob der gern auf dem Wasser schwimmt oder untertaucht! Von mir will ich gar nicht reden. – Frag selbst unsre Herrschaft, die alte Frau, keiner auf der Welt ist klüger als sie! Glaubst du, die hat Lust, auf dem Wasser zu schwimmen und den Kopf hineinzustecken?«

»Ihr versteht mich nicht!« sagte das Entlein.

»Ja, wenn wir es nicht tun, wer sollte dich dann verstehen? Du willst doch wohl nicht klüger sein als der Kater und die Frau, von mir ganz zu schweigen! Mach keine Geschichten, Kind, und bedanke dich bei deinem Schöpfer für all das Gute, was man für dich getan hat! Hast du nicht eine warme Stube und einen Umgang gefunden, von dem du etwas lernen kannst? Aber du bist ein Schwätzer, und der Umgang mit dir ist nicht vergnüglich! Mir kannst du glauben! Ich meine es gut mit dir, ich sage dir unangenehme Dinge, und daran erkennt man seine wahren Freunde. Sieh nur zu, daß du Eier legst und schnurren und Funken sprühen lernst!«

»Ich glaube, ich will in die weite Welt hinausgehen!« sagte das Entlein.

»Ja, tu das nur!« sagte die Henne.

Und dann ging das Entlein davon. Es schwamm auf dem Wasser, es tauchte unter, doch es wurde wegen seiner Häßlichkeit von allen Tieren übersehen.

Nun wurde es Herbst, die Blätter im Wald färbten sich gelb und braun, der Wind packte sie und ließ sie tanzen, und hoch oben in der Luft sah es kalt aus. Die Wolken hingen schwer von Hagel und Schneeflocken herab, und auf dem Zaun stand der Rabe und schrie vor lauter Kälte:

»Au! Au!« Ja, man konnte ordentlich frieren, wenn man daran dachte; dem armen Entlein ging es gar nicht gut.

Eines Abends, als die Sonne so wunderbar unterging, kam eine ganze Schar herrlicher großer Vögel aus dem Gebüsch; so schöne hatte das Entlein noch nie gesehen, schimmernd weiß, mit langen, biegsamen Hälsen – es waren Schwäne. Sie gaben einen ganz merkwürdigen Laut von sich, breiteten ihre prächtigen langen Flügel aus, verließen die kalten Gegenden und flogen davon in wärmere Länder, zu offenen Seen. Sie stiegen so hoch, so hoch, und dem häßlichen Entlein wurde ganz sonderbar zumute. Es drehte sich im Wasser wie ein Rad, reckte den Hals ihnen nach und stieß einen Schrei aus, der so laut und merkwürdig war, daß es selbst darüber erschrak. Ach, es konnte diese herrlichen, diese glücklichen Vögel nicht vergessen. Als sie aus seinem Blickfeld verschwunden waren, tauchte das Entlein bis auf den Grund und war, als es nach oben kam, wie außer sich. Es wußte weder, wie die Vögel hießen, noch, wohin sie flogen, und doch waren sie seinem Herzen so nah wie kein anderes Wesen zuvor. Es empfand keine Spur von Neid – nie wäre ihm eingefallen, sich eine solche Pracht zu wünschen, es wäre schon froh gewesen, hätten es die Enten nur unter sich geduldet! – Das arme, häßliche Tier!

Und der Winter wurde so kalt, so kalt! Das Entlein mußte unentwegt im Wasser schwimmen, um nicht darin einzufrieren; doch mit jeder Nacht wurde das Loch, in dem es schwamm, enger und enger; es herrschte ein Frost, daß die Eiskruste knackte. Ständig mußte das Entlein die Beine bewegen, um das Wasser offenzuhalten; am Ende wurde es ganz matt, blieb still liegen und fror im Eis fest.

Früh am Morgen kam ein Bauer, und als er das Entlein erblickte, ging er zu ihm, zerschlug mit seinem Holzschuh das Eis und trug das Tier nach Hause zu seiner Frau. Dort wurde es wiederbelebt.

Die Kinder wollten mit ihm spielen, aber das Entlein glaubte, sie wollten ihm etwas zuleide tun, und sprang vor Entsetzen direkt in die Milchschüssel, so daß die Milch in die Stube spritzte. Die Frau schrie auf und riß die Hände hoch, dann flog es ins Butterfaß und dann in die Mehltonne und wieder hinaus – na, und wie es dann aussah! Und die Frau schrie und schlug nach ihm mit der Feuerzange, und die Kinder rannten sich gegenseitig über den Haufen, um das Entlein zu fangen, und sie lachten und sie schrien! – Wie gut, daß die Tür offenstand, das Entlein stürzte hinaus und zwischen die Büsche in den frischgefallenen Schnee – da lag es nun, wie betäubt.

Aber es würde zu traurig, wollte man alles erzählen, was das Entlein in diesem strengen Winter an Not und Elend durchmachen mußte.

Das Entlein lag im Moor zwischen den Rohrkolben, und dann schien die Sonne wieder wärmer, die Lerchen sangen – es war herrlicher Frühling.

Auf einmal hob es seine Flügel, sie rauschten lauter als zuvor und trugen es kraftvoll davon. Bevor es noch recht davon wußte, war es in einem großen Garten, wo die Apfelbäume blühten, wo die Fliederbüsche dufteten und ihre langen grünen Zweigen zu den gewundenen Kanälen herabhängen ließen. Oh, hier war es so schön, so frühlingsfrisch! Und aus dem Dickicht ganz in der Nähe kamen drei herrliche weiße Schwäne mit rauschenden Federn und schwammen ganz leicht auf dem Wasser. Das Entlein erkannte die prächtigen Tiere wieder und wurde von einer seltsamen Traurigkeit erfüllt.

»Ich will zu ihnen fliegen, zu diesen königlichen Vögeln, und sie werden mich tothacken, weil ich häßliches Tier mich ihnen zu nähern wage. Aber das ist einerlei! Besser von ihnen getötet als von den Enten gezwickt, von den Hühnern gehackt, vom Hühnermädchen getreten und im Winter von der Not gequält zu werden!« Und es flog zum Wasser und schwamm auf die prächtigen Schwäne zu, und als die es erblickten, eilten sie mit rauschenden Flügeln herbei.

»Tötet mich nur!« sagte das arme Tier, neigte seinen Kopf zur Wasserfläche und erwartete den Tod – was aber erblickte es im klaren Wasser? Es sah unter sich sein eigenes Bild, doch es war kein plumper, schwarzgrauer Vogel mehr, abstoßend und häßlich, sondern selber ein Schwan.

Es macht nichts, daß man im Entenhof geboren wurde, wenn man nur in einem Schwanenei gelegen hat!

Der junge Schwan war ordentlich froh, daß er soviel Not und Schweres durchgemacht hatte – gerade deshalb wußte er jetzt sein Glück, all die Herrlichkeit, die ihn begrüßte, recht zu schätzen. – Und die großen Schwäne umringten ihn und streichelten ihn mit ihren Schnäbeln.

Ein paar kleine Kinder kamen in den Garten, sie warfen Brot und Getreidekörner ins Wasser, und das kleinste rief: »Da ist ein neuer!« Die anderen Kindern stimmten in den Jubel ein: »Ja, da ist ein neuer gekommen!« Sie klatschten in die Hände, tanzten herum und holten Vater und Mutter. Und sie warfen Weißbrot und Schwarzbrot ins Wasser, und alle sagten: »Der neue ist der schönste! So jung und prächtig!« Und die alten Schwäne verneigten sich vor ihm.

Da wurde er ganz verschämt und steckte den Kopf unter den Flügel, ganz verwirrt und durcheinander. Er war überglücklich, doch stolz überhaupt nicht, denn ein gutes Herz wird niemals stolz. Er dachte daran, wie er verfolgt und verhöhnt worden war, und nun hörte er alle sagen, er sei der prächtigste aller prächtigen Vögel. Die Fliederbüsche neigten sich mit ihren Zweigen zu ihm ins Wasser, und die Sonne schien so warm und so gut, da rauschte sein Gefieder, sein schlanker Hals hob sich, und er jubelte von ganzem Herzen: »Soviel Glück habe ich mir nicht träumen lassen, als ich das häßliche Entlein war!«

17. Der Tannenbaum

Draußen im Wald stand ein ganz reizender Tannenbaum. Er hatte einen guten Platz, ließ sich von der Sonne bescheinen, Luft gab es genug, und rundherum wuchsen viele größere Kameraden, Tannen und auch Fichten. Doch der kleine Tannenbaum wollte so brennend gern wachsen; er dachte weder an die warme Sonne noch an die frische Luft, er machte sich auch nichts aus den Bauernkindern, die mit leisem Geplauder im Wald Erdbeeren und Himbeeren sammelten. Oft, wenn sie einen ganzen Krug gefüllt oder Erdbeeren auf Halme gezogen hatten, setzten sie sich zu ihm und sagten: »Nein, wie hübsch klein der ist!« Das hörte der Tannenbaum gar nicht gern.

Im Jahr darauf war er um einen langen Trieb gewachsen, und im nächsten Jahr um einen weiteren; bei einem Tannenbaum kann man stets an der Zahl der Triebe sehen, wie viele Jahre er alt ist.

»Ach, wäre ich doch so ein großer Baum wie die andern!« seufzte der kleine Baum, »dann könnte ich meine Zweige ganz weit ausbreiten und mit dem Wipfel in die weite Welt hinausschauen! Die Vögel würden in meinen Zweigen Nester bauen, und bei Wind könnte ich so vornehm nicken wie die andern dort!«

Er hatte gar keine Freude am Sonnenschein, an den Vögeln oder an den roten Wolken, die morgens und abends über ihn hinsegelten.

Wenn es nun Winter war und der weiße Schnee ringsum glitzerte, dann kam oft ein Hase gehoppelt und sprang geradewegs über ihn hinweg – ach, war das ärgerlich! Aber zwei Winter vergingen, und im dritten war er schon so groß, daß der Hase um ihn herumlaufen mußte. »Oh, wachsen, wachsen, groß und alt werden, das ist doch das einzig Schöne auf dieser Welt!« dachte der Baum.

Im Herbst kamen stets Holzfäller und fällten einige der größten Bäume, das geschah jedes Jahr, und der junge Tannenbaum, der jetzt eine ansehnliche Höhe erreicht hatte, bebte, wenn die großen, prächtigen Bäume krachend und dröhnend zu Boden fielen. Die Zweige wurden ihnen abgeschlagen, nun waren sie ganz nackt, lang und schmal und kaum wiederzuerkennen, dann aber wurden sie auf Wagen geladen und von Pferden aus dem Wald gezogen.

Wo fuhren sie hin? Was stand ihnen bevor?

Im Frühjahr kehrten Storch und Schwalbe zurück, und der Baum fragte sie: »Wißt ihr nicht, wo sie hingebracht wurden? Seid ihr ihnen nicht begegnet?«

Die Schwalben wußten nichts, doch der Storch zog eine bedenkliche Miene, nickte und sagte: »Ich glaube schon! Auf meinem Flug von Ägypten hierher habe ich viele neue Schiffe gesehen; sie hatten prächtige Mastbäume, und ich wage zu behaupten, daß sie nach Tanne rochen; sie lassen vielmals grüßen und tragen den Kopf hoch, sehr hoch!«

»Ach, wäre ich doch auch so groß, daß ich über das Meer fliegen könnte! Wie ist es eigentlich, dieses Meer, wem sieht es ähnlich?«

»Ja, das ist ein zu weites Feld!« sagte der Storch und ging davon.

»Freu dich an deiner Jugend!« sagten die Sonnenstrahlen. »Freu dich an deinem frischen Wuchs, am jungen Leben, das in dir ist!«

Und der Wind küßte ihn, und der Tau weinte über ihn Tränen, aber das verstand der Tannenbaum nicht.

Wenn es auf Weihnachten zuging, dann wurden ganz junge Bäume gefällt, Bäume, die häufig weder so groß noch so alt wie der Tannenbaum waren, der weder Rast noch Ruhe hatte und ständig an Fernweh litt. Diese jungen Bäumchen, und es waren gerade die allerschönsten, durften alle ihre Zweige behalten, sie wurden auf Wagen geladen und von Pferden aus dem Wald gezogen.

»Wo sollen sie hin?« fragte der Tannenbaum. »Sie sind nicht größer als ich, einer war sogar noch viel kleiner. Warum behalten sie alle ihre Zweige? Wo fahren sie nur hin?«

»Das wissen wir, das wissen wir!« zwitscherten die Spatzen. »Wir waren in der Stadt und haben durch die Fensterscheiben geguckt. Wir wissen, wo sie hinfahren. Oh, sie erleben die größte Pracht und Herrlichkeit, die man sich denken kann! Wir haben hinter den Fenstern gesehen, wie sie mitten in die warme Stube gepflanzt und mit den prächtigsten Dingen geschmückt wurden, mit vergoldeten Äpfeln, Honigkuchen, Spielzeug und vielen hundert Lichtern!«

»Und dann – ?« fragte der Tannenbaum und zitterte an allen Zweigen. »Und dann? Was geschieht dann?«

»Mehr haben wir nicht gesehen. Es war unvergleichlich!«

»Ob ich wohl dazu geboren bin, diesen glänzenden Weg zu gehen?« jubelte der Baum. »Das ist noch besser, als über das Meer zu fahren. Wie ich an Sehnsucht leide! Wenn doch nur Weihnachten wäre! Jetzt bin ich groß und breit wie die andern, die man im letzten Jahr weggebracht hat. – Ach, wäre ich doch schon auf dem Wagen! Wäre ich doch in der warmen Stube mit all dieser Pracht und Herrlichkeit! Und dann? – Ja, dann kommt etwas noch Besseres, noch Schöneres, denn warum sollten sie mich sonst so schmücken? Es muß etwas noch Größeres, noch Herrlicheres kommen! Aber was? Ach, ich leide! Ich habe Sehnsucht! Ich weiß selbst nicht, was mit mir los ist!«

»Freu dich an mir!« sagten Luft und Sonnenlicht. »Freu dich an deiner frischen Jugend im Freien!«

Aber das Bäumchen freute sich gar nicht; es wuchs und wuchs, war im Winter wie im Sommer grün, dunkelgrün, und die Leute sagten bei seinem Anblick: »Das ist ein prächtiger Baum!«

Als nun das Weihnachtsfest nahte, wurde es als erstes von allen gefällt. Die Axt traf den Baum tief ins Mark, er fiel mit einem Seufzer zu Boden, er fühlte Schmerz, eine Ohnmacht, und an irgendein Glück konnte er gar nicht denken. Es betrübte ihn, daß er die Heimat verlassen mußte, jenen Fleck, an dem er aufgewachsen war; niemals, das wußte er, würde er die lieben alten Kameraden wiedersehen, die kleinen Büsche und Blumen ringsum, ja vielleicht nicht einmal die Vögel. Die Abreise war gar nicht angenehm.

Der Baum kam erst wieder zu sich, als er mit den anderen Bäumen im Hof abgeladen war und einen Mann sagen hörte: »Der da ist prächtig! Wir können nur den gebrauchen.«

Nun kamen zwei Diener in voller Montur und trugen ihn in einen großen, prächtigen Saal. Überall an den Wänden hingen Porträts, und neben dem hohen Porzellankachelofen standen große chinesische Vasen mit Löwen auf dem Deckel; da waren Schaukelstühle, seidene Sofas, große Tische voller Bilderbücher und Spielzeug für hundertmal hundert Reichstaler – wenigstens sagten das die Kinder. Und der Tannenbaum wurde in eine sandgefüllte Tonne gestellt, doch niemand konnte sehen, daß es eine Tonne war, denn sie war mit grünem Stoff bekleidet und stand auf einer großen bunten Decke. Oh, wie der Baum bebte! Was würde jetzt wohl geschehen? Diener und Fräulein waren damit beschäftigt, ihn zu schmücken. An einen Zweig kamen kleine Netze, jedes aus Buntpapier geschnitten und mit Zuckerwerk gefüllt; sie behängten ihn mit vergoldeten Äpfeln und Walnüssen, die wie festgewachsen aussahen, und dann steckten sie ihm über hundert rote, blaue und weiße kleine Lichter auf die Zweige. Puppen, die leibhaftigen Menschen glichen – dergleichen hatte der Baum noch nie gesehen – schwebten im Grünen, und ganz oben im Wipfel glänzte ein großer Stern aus Flittergold. Es war prachtvoll, ganz unbeschreiblich prachtvoll.

»Heute abend«, sagten alle, »heute abend soll er strahlen!«

»Ach«, dachte der Baum, »wenn es doch schon Abend wäre! Würden nur bald die Lichter angezündet! Und was wird dann wohl geschehen? Ob aus dem Wald Bäume kommen, um mich zu besichtigen? Ob die Spatzen an die Fensterscheiben fliegen? Ob ich wohl festwachse und Winter und Sommer geschmückt hier stehen soll?«

Ja, er kannte sich gut aus! Aber vor lauter Sehnsucht hatte er auch ordentlich Borkenschmerzen, und Borkenschmerzen sind für einen Baum genauso schlimm wie Kopfschmerzen für uns andere.

Jetzt wurden die Lichter angezündet. Welch ein Glanz, welch eine Pracht! Dabei erbebte der Baum so sehr an allen Zweigen, daß eins seiner Lichter das Grün anzündete – es brannte ordentlich.

»Um Himmels willen!« schrien die Fräulein und löschten schleunigst.

Da wagte der Baum nicht einmal mehr zu beben. Ach, es war ein Graus! Er hatte große Angst, etwas von all seinem Staat zu verlieren, und war von all dem Glanz ganz verwirrt. – Und nun gingen beide Flügeltüren auf, und viele Kinder stürmten herein, als wollten sie den ganzen Baum umwerfen; die älteren Leute folgten bedächtig nach. Die Kleinen blieben stumm stehen, doch nur einen Augenblick, dann jubelten sie, daß es widerhallte. Sie tanzten um den Baum herum, und ein Geschenk nach dem anderen wurde abgepflückt.

»Was tun sie da nur?« dachte der Baum. »Was wird jetzt wohl geschehen?« Und die Lichter brannten fast bis auf die Zweige herunter und wurden eins nach dem andern gelöscht, und dann durften die Kinder den Baum plündern. Oh, sie stürzten auf ihn los, daß es in all seinen Zweigen knackte; wenn die Spitze und der Goldstern nicht an der Decke befestigt gewesen wären, dann wäre er umgekippt.

Die Kinder tanzten mit ihrem prächtigen Spielzeug herum, niemand kümmerte sich um den Baum, nur das alte Kindermädchen guckte zwischen die Zweige, aber sie wollte nur nachsehen, ob da nicht vielleicht eine Feige oder ein Apfel vergessen war.

»Eine Geschichte! Eine Geschichte!« riefen die Kinder und zerrten einen dicken kleinen Mann bis zum Baum, und er setzte sich direkt darunter.

»So sind wir nämlich im Grünen«, sagte er, »und dem Baum kann es nur guttun, wenn er zuhört. Ich erzähle aber nur eine Geschichte. Wollt ihr die von *Ivede-Avede* oder die von *Klumpe-Dumpe, der die Treppe hinunterfiel und doch den Thron bestieg und die Prinzessin bekam*?«

»Ivede-Avede!« schrien einige. »Klumpe-Dumpe!« schrien andere. Es gab ein Geschrei und Gerufe, nur der Tannenbaum schwieg ganz still und dachte: »Soll ich denn gar nicht dabeisein, soll ich denn gar nichts tun?« Er war ja dabeigewesen und hatte getan, was er sollte.

Und der Mann erzählte von *Klumpe-Dumpe, der die Treppe hinunterfiel und doch den Thron bestieg und die Prinzessin bekam*. Die Kinder klatschten in die Hände und riefen: »Erzähl! Erzähl!« Sie wollten auch »Ivede-Avede« hören, aber es blieb bei der Geschichte von »Klumpe-Dumpe«. Der Tannenbaum stand still und nachdenklich da, so etwas hatten die Vögel im Wald niemals erzählt. »Klumpe-Dumpe fiel die Treppe hinunter und bekam doch die Prinzessin! Ja, ja, so geht es zu auf der Welt!« dachte er und hielt alles für Wirklichkeit, denn der Mann, der es erzählte, war ein so netter Mann. »Ja, ja, wer weiß! Vielleicht falle ich auch die Treppe hinunter und bekomme eine Prinzessin.« Und er freute sich darauf, am nächsten Tag wieder mit Lichtern und Spielzeug, Gold und Früchten bekleidet zu werden.

»Morgen will ich nicht zittern!« dachte er. »Ich will mich recht an all meiner Herrlichkeit freuen. Morgen werde ich wieder die Geschichte von Klumpe-Dumpe hören und vielleicht auch die von Ivede-Avede.« Und der Baum stand die ganze Nacht still und nachdenklich da.

Am Morgen erschienen Knecht und Dienstmagd.

»Jetzt beginnt die Pracht von neuem!« dachte der Baum. Aber sie schleppten ihn aus der Stube, die Treppe hinauf und auf den Boden, und dort stellten sie ihn in einen finsteren Winkel, wohin kein Tageslicht fiel.

»Was hat das zu bedeuten?« dachte der Baum. »Was soll ich hier tun? Was werde ich hier zu hören bekommen?« Und er lehnte sich gegen die Mauer und dachte und dachte. – Und dafür hatte er viel Zeit, denn es vergingen Tage und Nächte, niemand kam auf den Boden, und wenn doch endlich jemand kam, dann nur, um ein paar große Kisten in den Winkel zu stellen. Der Baum stand ganz verborgen, man hatte ihn wohl ganz und gar vergessen.

»Jetzt ist draußen Winter«, dachte der Baum. »Die Erde ist hart und mit Schnee bedeckt, die Menschen können mich nicht pflanzen; deshalb soll ich hier wohl geschützt bis zum Frühjahr stehen. Wie wohlbedacht das ist! Wie gut die Menschen doch sind! – Wenn es hier nur nicht so dunkel und so entsetzlich einsam wäre! Nicht einmal ein kleiner Hase! Es war doch so hübsch draußen im Wald, wenn Schnee lag und der Hase vorüberhoppelte; ja, auch dann noch, als er über mich weg sprang, obwohl ich das damals gar nicht mochte. Hier oben ist es doch entsetzlich einsam!«

»Piep, piep«, sagte ein Mäuschen, das in diesem Moment aus seinem Loch schlüpfte, und dann kam noch eins.

Sie beschnupperten den Tannenbaum und huschten in seinen Zweigen herum.

»Die Kälte ist gräßlich«, sagten die Mäuschen. »Sonst ist das ja ein guter Ort, nicht wahr, du alter Tannenbaum?«

»Ich bin gar nicht alt!« sagte der Tannenbaum. »Andere sind viel älter als ich.«

»Wo kommst du her?« fragten die Mäuse. »Und was weißt du?« Sie waren so schrecklich neugierig. »Erzähl uns doch von dem schönsten Ort auf Erden! Bist du da gewesen? Bist du in der Speisekammer gewesen, wo Käselaibe in den Regalen liegen und Schinken unter der Decke hängen, wo man auf Talglichtern tanzt, mager hineingeht und fett herauskommt?«

»Das kenne ich nicht«, sagte der Baum, »aber den Wald kenne ich, wo die Sonne scheint und die Vögel singen.« Und dann erzählte er alles aus seiner Jugend, und so etwas hatten die Mäuschen noch nie gehört, und sie spitzten die Ohren und sagten: »Nein, wieviel du gesehen hast! Wie glücklich du gewesen bist!«

»Ich!« sagte der Tannenbaum und dachte darüber nach, was er selber erzählte. »Ja, im Grunde waren es ganz lustige Zeiten!« – Dann aber erzählte er vom Weihnachtsabend, als er geschmückt war mit Gebäck und Lichtern.

»Oh«, sagten die Mäuschen, »wie glücklich du gewesen bist, du alter Tannenbaum!«

»Ich bin gar nicht alt!« sagte der Baum. »Ich bin doch erst diesen Winter aus dem Wald gekommen, ich bin in meinem allerbesten Alter, ich bin nur in meiner Entwicklung zurückgeblieben!«

»Wie schön du erzählst!« sagten die Mäuschen, und in der nächsten Nacht brachten sie vier weitere Mäuschen mit, die sich den Baum anhören sollten, und je mehr der erzählte, um so deutlicher konnte er sich an alles erinnern, und er fand: »Das waren doch ganz lustige Zeiten!

Aber sie können wiederkehren, sie können wiederkehren! Klumpe-Dumpe fiel die Treppe hinunter und bekam doch die Prinzessin, vielleicht kann ich auch eine Prinzessin bekommen.« Und dann dachte er an so eine kleine hübsche Birke, die draußen im Wald wuchs und für den Tannenbaum wirklich eine schöne Prinzessin gewesen wäre.

»Wer ist Klumpe-Dumpe?« fragten die Mäuschen. Und da erzählte der Tannenbaum das ganze Märchen, er wußte noch jedes einzelne Wort; und die Mäuschen wären vor lauter Vergnügen beinah bis in seinen Wipfel gesprungen.

In der nächsten Nacht kamen noch viel mehr Mäuse und am Sonntag sogar zwei Ratten; aber die fanden die Geschichte gar nicht lustig, und das betrübte die Mäuschen, denn nun gefiel sie ihnen auch nicht mehr so gut.

»Können Sie nur diese eine Geschichte?« fragten die Ratten.

»Nur diese eine!« antwortete der Baum. »Ich habe sie an meinem glücklichsten Abend gehört, aber damals dachte ich nicht daran, wie glücklich ich war.«

»Das ist eine äußerst schlechte Geschichte! Können Sie keine mit Speck und Talglichtern? Keine Speisekammer-Geschichte?«

»Nein!« sagte der Baum.

»Na, dann vielen Dank!« antworteten die Ratten und gingen ihrer Wege.

Schließlich blieben auch die Mäuschen weg, und da seufzte der Baum: »Es war doch ganz nett, als sie alle um mich herum saßen, die flinken Mäuschen, und mir zuhörten. Nun ist auch das vorbei. – Aber wenn ich dann wieder vorgeholt werde, will ich nicht vergessen, mich zu freuen!«

Wann aber sollte das geschehen? – Doch, eines Morgens, da kamen Leute die Treppe herauf und rumorten, rückten die Kisten beiseite und zogen den Baum hervor. Freilich warfen sie ihn etwas hart auf den Boden, doch ein Knecht schleppte ihn zur Treppe, und dort leuchtete der helle Tag.

»Jetzt fängt das Leben wieder an!« dachte der Baum. Er spürte die frische Luft, den ersten Sonnenstrahl – und dann war er draußen im Hof. Alles ging so geschwind, daß er vollkommen vergaß, sich selbst zu betrachten, so vieles gab es ringsum zu sehen. Der Hof grenzte an einen Garten, und alles dort stand in Blüte; die Rosen hingen so frisch und duftend über den niedrigen Zaun, die Linden blühten, und die Schwalben flogen herum und sagten: »Kwirre-wirre-wit, mein Mann ist gekommen!« Aber sie meinten nicht den Tannenbaum damit.

»Jetzt werde ich leben!« jubelte er und breitete weit seine Zweige aus – ach, sie waren alle verdorrt und verwelkt, er lag im Winkel zwischen Unkraut und Nesseln. Der Goldpapierstern saß noch in seinem Wipfel und glitzerte im hellen Sonnenschein.

Auf dem Hof spielten ein paar von den lustigen Kindern, die am Weihnachtsabend um den Baum herumgetanzt waren und sich so über ihn gefreut hatten. Eins der kleinsten riß ihm nun rasch den Goldstern ab.

»Guckt mal, was da noch an dem häßlichen alten Weihnachtsbaum war!« sagte der Junge und trampelte auf den Zweigen, daß sie unter seinen Stiefeln knackten.

Und der Baum sah auf all die Blumenpracht und Frische des Gartens, er sah sich selbst an und wünschte, er wäre in seinem dunklen Winkel auf dem Boden geblieben. Er dachte an seine frische Jugend im Wald, an den lustigen Weihnachtsabend und an die Mäuschen, die sich so vergnügt die Geschichte von Klumpe-Dumpe angehört hatten.

»Vorbei! Vorbei!« sagte der arme Baum. »Hätte ich mich doch gefreut, als ich es konnte! Vorbei! Vorbei!«

Und der Knecht kam und hackte den Baum in kleine Stücke, bis ein ganzer Haufen dalag. Herrlich loderte er unter dem großen Braukessel auf, und dabei seufzte er ganz tief, jeder Seufzer war wie ein kleiner Schuß. Deshalb eilten die spielenden Kinder herbei, setzten sich vor das Feuer, schauten hinein und riefen: »Piff! Paff!« Doch bei jedem Knall, der ein tiefer Seufzer war, dachte der Baum an einen Sommertag im Wald, an eine Winternacht im Sternenschein. Er dachte an den Weihnachtsabend und an Klumpe-Dumpe, das einzige Märchen, das er gehört hatte und zu erzählen wußte – und dann war er verbrannt.

Die Jungen spielten im Hof, und der kleinste hatte sich den Goldstern an die Brust geheftet, den der Baum an seinem glücklichsten Abend getragen hatte. Der war jetzt vorbei, und mit dem Baum war es vorbei, und mit der Geschichte auch – vorbei, vorbei, so geht es mit allen Geschichten!

18. Die Schneekönigin
Ein Märchen in sieben Geschichten

Erste Geschichte,
die vom Spiegel und von den Scherben handelt

Siehst du, jetzt fangen wir an! Wenn wir am Ende der Geschichte angelangt sind, wissen wir mehr, als wir jetzt wissen, denn das war ein böser Troll! Es war einer von den allerschlimmsten, es war der Teufel! Eines Tages war er in allerbester Laune, denn er hatte einen Spiegel hergestellt, der die Eigenschaft besaß, daß sich alles Gute und Schöne darin so sehr verkleinerte, bis es fast gar nicht mehr da war, während das, was nichts taugte und sich schlecht ausnahm, erst recht hervortrat und noch schlimmer wurde. Die schönsten Landschaften sahen wie gekochter Spinat darin aus, und die besten Menschen wurden abscheulich oder standen ohne Bauch auf dem Kopf; die Gesichter wurden so verzerrt, daß sie nicht mehr zu erkennen waren, und wer eine Sommersprosse hatte, der konnte sicher sein, daß sie ihm jetzt über Mund und Nase lief. Das sei ungeheuer lustig, sagte der Teufel. Wenn nun ein guter, frommer Gedanke durch einen Menschen ging, dann erschien im Spiegel ein Grinsen, und der Troll-Teufel mußte über seine kunstvolle Erfindung lachen. Alle, die in die Troll-Schule gingen – denn er hielt Troll-Schule ab –, erzählten weit und breit, es sei ein Wunder geschehen; erst jetzt könne man richtig erkennen, meinten sie, wie die Welt und die Menschen in Wirklichkeit ausschauten. Sie liefen mit dem Spiegel überall hin, und schließlich gab es kein Land und keinen Menschen mehr, der nicht darin verzerrt worden wäre. Nun wollten sie sogar zum Himmel fliegen, um mit den Engeln und unserm Herrgott ihren Spaß zu treiben. Je höher sie mit dem Spiegel flogen, desto unverschämter wurde sein Grinsen, so daß sie ihn kaum noch festhalten konnten. Sie flogen höher und höher, näher und näher zu Gott und den Engeln. Da wurde der Spiegel von seinem Grinsen so furchtbar erschüttert, daß er aus ihren Händen glitt und auf die Erde stürzte, wo er in hundert Millionen, Billionen und noch mehr Stücke zersprang und just dadurch noch viel mehr Unglück als zuvor anrichtete. Einige Stücke nämlich, die kaum so groß wie ein Sandkorn waren, flogen in die weite Welt, und wenn sie den Leuten in die Augen gerieten, blieben sie sitzen, und dann sahen diese Menschen alles verkehrt oder erkannten an einer Sache nur das, was verkehrt war, denn jedes kleine Spiegelkörnchen besaß noch dieselben Kräfte wie der ganze Spiegel. Einige Menschen bekamen sogar eine kleine Spiegelscherbe ins Herz, und das war ganz entsetzlich, ihr Herz wurde gleichsam ein Klumpen Eis. Manche Stücke des Spiegels waren so groß, daß sie als Fensterglas eingesetzt wurden, aber durch eine solche Scheibe betrachtete man seine Freunde besser nicht. Andere Stücke gerieten in Brillen, und wenn die Leute diese Brillen aufsetzten, um richtig zu sehen und gerecht zu sein, dann ging das nicht gut; der Böse lachte, daß ihm der Bauch platzte, und das fand er so schön kitzlig. Aber es flogen noch mehr kleine Glasscherben durch die Luft. Jetzt werden wir hören!

Zweite Geschichte
Ein kleiner Junge und ein kleines Mädchen

In der großen Stadt, wo es so viele Häuser und Menschen und so wenig Platz gibt, daß nicht alle Leute einen kleinen Garten haben können und sich die meisten daher mit Blumen in Töpfen begnügen müssen, wohnten zwei arme Kinder, deren Garten doch etwas größer als ein Blumentopf war. Sie waren nicht verschwistert, hatten sich aber so lieb, als wären sie Bruder und Schwester. Ihre Eltern wohnten in zwei Dachkammern, die einander direkt gegenüberlagen, und wo das eine Dach an das Dach des Nachbarhauses stieß und die Dachrinnen verliefen, da hatte jedes Haus ein kleines Fenster; man brauchte also nur über die Rinne zu steigen, um von dem einen Fenster zum anderen zu gelangen.

Die Eltern hatten vor jedem Fenster einen großen Holzkasten angebracht, und darin bauten sie Kräuter an, die sie in der Küche brauchten, und dann war in jedem Kasten auch ein kleiner Rosenstock, der ganz wunderbar gedieh. Nun kamen die Eltern auf die Idee, die Kästen quer über die Dachrinne zu stellen, so daß sie beinah von einem Fenster zum anderen reichten und ganz und gar wie zwei Blumenbeete wirkten. Die Erbsenranken hingen über die Ränder, und die Rosenstöcke wanden ihre langen Zweige um die Fenster und neigten sich einander zu – das sah fast wie eine Ehrenpforte aus Blättern und Blüten aus. Weil diese Kästen sehr hoch waren und die Kinder wußten, daß sie nicht auf den Rand klettern durften, wurde es ihnen oft erlaubt, einander zu besuchen und auf ihren kleinen Schemeln unter den Rosen zu sitzen, und da spielten sie wunderbar.

Im Winter war es mit diesem Vergnügen dann vorbei. Oft waren die Fenster ganz und gar zugefroren, aber die Kinder erwärmten auf dem Kachelofen Kupferschillinge, drückten sie gegen die gefrorene Scheibe, so daß dort ein herrliches Guckloch schmolz, ganz rund, ganz rund. Hindurch schaute ein liebes, mildes Auge, eins von jedem Fenster – der kleine Junge und das kleine Mädchen. Er hieß Kay, und sie hieß Gerda. Im Sommer konnten sie mit einem Sprung zueinander kommen, im Winter mußten sie erst viele Treppen hinunter und viele Treppen hinauf, und draußen stiebte der Schnee.

»Da schwärmen die weißen Bienen«, sagte die alte Großmutter.

»Haben sie auch eine Bienenkönigin?« fragte der kleine Junge, denn er wußte, daß es bei den wirklichen Bienen eine solche gab.

»Die haben sie«, sagte die Großmutter. »Sie fliegt dort, wo sie am dichtesten schwärmen. Sie ist die größte von allen, und sie bleibt niemals auf der Erde liegen, sondern fliegt wieder mit der schwarzen Wolke empor. So manche Winternacht fliegt sie durch die Straßen der Stadt und guckt in die Fenster, und dann frieren sie so wunderlich zu, wie mit Blumen bedeckt.«

»Ja, das haben wir gesehen«, sagten beide Kinder, und da wußten sie, daß es stimmte.

»Kann die Schneekönigin zu uns hereinkommen?« fragte das kleine Mädchen.

»Das soll sie nur«, sagte der Junge, »ich setze sie auf den warmen Kachelofen, und dann schmilzt sie.«

Doch die Großmutter strich ihm über das Haar und erzählte andere Geschichten.

Abends, als der kleine Kay zu Hause und halb ausgezogen war, kletterte er auf den Stuhl am Fenster und guckte durch das kleine Loch hinaus. Ein paar Schneeflocken fielen vom Himmel, und eine davon, die allergrößte, blieb auf dem Rand des einen Blumenkastens liegen. Sie wuchs und wuchs, und schließlich war sie ein ganzes Frauenzimmer, eingehüllt in den feinsten weißen Flor, der aus Millionen von sternähnlichen Flocken zusammengesetzt schien. Sie war sehr schön und fein, jedoch aus Eis, dem blendenden, blitzenden Eis, und doch war sie lebendig. Ihre Augen starrten wie zwei helle Sterne, aber darin war weder Rast noch Ruh. Sie nickte zum Fenster und winkte mit der Hand. Der kleine Junge sprang erschrocken vom Stuhl, da war es, als flöge draußen ein großer Vogel vorüber.

Am nächsten Tag herrschte klarer Frost – und dann wurde es Frühling, die Sonne schien, das Grün kam zum Vorschein, die Schwalben bauten Nester, die Fenster öffneten sich, und die Kinder saßen wieder in ihrem kleinen Garten in der Dachrinne, hoch über allen Stockwerken.

In diesem Sommer blühten die Rosen so schön wie nie. Das kleine Mädchen hatte einen Choral gelernt, in dem es um Rosen ging, und dabei dachte sie an ihre eigenen; und sie sang ihn dem kleinen Jungen vor, und der sang mit:

> »Die Rosen sind voller Blüten,
> Das Jesuskind wird uns behüten!«

Und die Kinder hielten sich an den Händen, küßten die Rosen, schauten in Gottes hellen Sonnenschein und sprachen zu ihm, als wäre darin das Jesuskind. Wie schön waren diese Sommertage, wie herrlich war es unter den frischen Rosenstöcken, die aussahen, als wollten sie niemals aufhören zu blühen!

Kay und Gerda betrachteten gerade das Bilderbuch mit Tieren und Vögeln, da geschah es – die Uhr auf dem großen Kirchturm schlug genau fünf –, daß Kay ausrief: »Au, es hat mir ins Herz gestochen! Und jetzt habe ich etwas ins Auge bekommen!«

Das kleine Mädchen faßte ihn um den Hals; er zwinkerte mit den Augen, nein, da war nichts zu sehen.

»Ich glaube, es ist weg«, sagte er, aber es war nicht weg. Es war just eins dieser Glaskörnchen, die aus dem Spiegel gesprungen waren, dem Trollspiegel, wir erinnern uns wohl, dem häßlichen Glas, das alles Große und Gute, wenn es sich darin spiegelte, klein und häßlich machte, und alles Böse und Schlechte so recht hervortreten ließ, so daß jeder Fehler an einem Ding sogleich in die Augen fiel. Ein weiteres Körnchen war dem armen Kay mitten ins Herz geflogen und würde es bald in einen Eisklumpen verwandeln. Es tat zwar nicht mehr weh, aber das Körnchen war da.

»Warum weinst du?« fragte er. »Das macht dich häßlich! Mir fehlt doch gar nichts. Pfui!« rief er auf einmal. »An dieser Rose hat ein Wurm genagt! Und sieh mal, da ist eine ganz schief. Eigentlich sind diese Rosen abscheulich, sie sind wie die Kästen, in denen sie stehen!« Und dann versetzte er dem Kasten einen kräftigen Fußtritt und riß die beiden Rosen ab.

»Kay, was tust du!« rief das kleine Mädchen. Und als er ihr Entsetzen sah, riß er eine dritte Rose ab, verschwand rasch durch sein Fenster und ließ die liebe kleine Gerda allein.

Als sie später mit dem Bilderbuch zu ihm kam, sagte er, das sei für Säuglinge, und wenn die Großmutter Geschichten erzählte, hatte er ständig ein *Aber*. Wenn er eine Gelegenheit dazu fand, stellte er sich hinter sie, setzte eine Brille auf und ahmte sie nach, und zwar ganz genau, und brachte damit die Leute zum Lachen. Bald gab es in der ganzen Straße keinen Menschen mehr, dessen Sprache und Gang er nicht imitieren konnte; alles, was bei den Leuten auffällig und unschön war, verstand Kay nachzumachen, und es wurde gesagt: »Dieser Junge ist bestimmt ein vorzüglicher Kopf!« Aber es lag an dem Glas, das er ins Auge bekommen hatte, und an dem Glas, das in seinem Herzen saß, das war der Grund, weshalb er sogar die kleine Gerda hänselte, die ihn von ganzer Seele liebte.

Er spielte nun ganz andere Spiele als zuvor, sie waren überaus vernünftig. An einem Wintertag, als die Schneeflocken stiebten, holte er sich ein großes Brennglas, hob den Zipfel seines blauen Mantels an und ließ die Schneeflocken darauffallen.

»Guck mal durch das Glas, Gerda!« sagte er, und da war jede Schneeflocke viel größer geworden und glich einer prächtigen Blume oder einem zehneckigen Stern – das war ein herrlicher Anblick.

»Siehst du, wie kunstvoll!« sagte Kay. »Die sind viel interessanter als die wirklichen Blumen, und an denen ist kein einziger Fehler, sie sind ganz akkurat, wenn sie nur nicht schmelzen.«

Kurz darauf zog Kay große Handschuhe an, nahm seinen Schlitten auf den Rücken und schrie Gerda direkt ins Ohr: »Ich darf zum großen Platz fahren, wo die andern spielen!« Und weg war er.

Auf diesem Platz kam es oft vor, daß die kecksten Jungen ihre Schlitten an einem Bauernwagen festbanden und dann ein gutes Stück mitfuhren. Das war ein besonderer Spaß. Gerade als sie am besten spielten, näherte sich ein großer Schlitten, der ganz weißgemalt war, und darin saß eine Gestalt, die einen zottigen weißen Pelz und eine weiße zottige Mütze trug. Als der Schlitten zweimal den Platz umrundet hatte, band Kay rasch seinen kleinen Schlitten daran fest und fuhr nun mit. Es ging schneller, immer schneller und in die nächste Straße hinein; die weiße Person drehte sich um und nickte Kay so freundlich zu, als ob sie Bekannte wären. Jedesmal, wenn Kay seinen Schlitten losbinden wollte, nickte sie wieder, und da blieb er sitzen, und sie fuhren geradewegs zum Stadttor hinaus. Nun fiel der Schnee in solchen Mengen, daß der kleine Junge keine Hand mehr vor Augen sehen konnte, und doch fuhr er weiter. Da ließ er schnell die Schnur los, um von dem großen Schlitten freizukommen, aber das half nichts, sein kleines Fahrzeug hing fest, und in Windeseile ging es davon. Er schrie ganz laut, ohne daß ihn jemand hörte, und der Schnee stiebte, und der Schlitten flog weiter und machte dann und wann einen Sprung, als überquerte er Gräben und Zäune. Zutiefst erschrocken wollte Kay sein Vaterunser beten, doch das einzige, was ihm einfiel, war das große Einmaleins.

Die Schneeflocken wurden größer und größer, sahen schließlich wie große weiße Hühner aus und flogen plötzlich zur Seite. Der große Schlitten hielt an, und die Person, die ihn gefahren hatte, erhob sich – ihr Pelz und ihre Mütze waren aus purem Schnee. Es war eine Dame, sehr groß und stolz und blendend weiß, es war die Schneekönigin.

»Wir sind gut vorangekommen«, sagte sie. »Aber du frierst ja! Kriech zu mir in den Bärenpelz!« Und sie setzte ihn neben sich auf den Schlitten und hüllte ihn in ihren Pelz; dabei war ihm, als würde er in einer Schneewehe versinken.

»Frierst du noch?« fragte sie, und dann küßte sie ihn auf die Stirn. Hu, das war kälter als Eis und fuhr ihm mitten ins Herz, das ja schon halbwegs ein Eisklumpen war. Ihm war zum Sterben zumute – doch nur für einen Augenblick, dann tat es gerade gut; von der Kälte, die ihn umgab, spürte er nichts mehr.

»Mein Schlitten! Vergiß meinen Schlitten nicht!« Das fiel ihm als erstes ein, und der wurde nun einem der weißen Hühner auf den Rücken gebunden, und das flog nun mit ihm hinterdrein. Die Schneekönigin küßte den Jungen noch einmal, und da hatte er die kleine Gerda und die Großmutter und alle daheim vergessen.

»Mehr Küsse bekommst du jetzt nicht«, sagte sie, »sonst küsse ich dich zu Tode.«

Kay betrachtete sie: sie war wunderschön, er konnte sich kein klügeres, reizvolleres Gesicht vorstellen. Jetzt schien sie nicht aus Eis, wie damals, als sie vor seinem Fenster gesessen und ihm zugewinkt hatte, sie war in seinen Augen vollkommen. Er verspürte nicht die geringste Furcht und erzählte ihr, was er konnte: Kopfrechnen und Rechnen mit Brüchen, wie viele Quadratmeilen und wie viele Einwohner die Länder hatten. Weil sie die ganze Zeit lächelte, glaubte er, er wisse doch nicht genug, und schaute in den großen, großen Luftraum hinauf. Und sie flog mit ihm weiter, flog hoch empor auf der schwarzen Wolke, und der Sturm sauste und brauste und schien alte Lieder zu singen. Sie flogen über Wälder und Seen, über Meere und Länder; unter ihnen pfiff der kalte Wind, heulten die Wölfe, funkelte der Schnee, krächzten schwarze Krähen. Doch am Himmel schien der Mond so groß und hell, und ihn sah Kay in der langen, langen Winternacht an, während er am Tage zu Füßen der Schneekönigin schlief.

Dritte Geschichte
Der Blumengarten der Frau, die zaubern konnte

Doch wie erging es der kleinen Gerda, als Kay nicht wiederkehrte? Wo war er nur? – Niemand wußte es, niemand konnte Auskunft geben. Die anderen Jungen erzählten, sie hätten nur gesehen, daß er seinen kleinen Schlitten an einen prächtigen großen gebunden habe und mit ihm dann die Straße entlang und zum Stadttor hinausgefahren sei. Niemand wußte, wo er war, viele Tränen flossen, die kleine Gerda weinte und weinte bitterlich. – Dann sagten die Leute, er sei tot, sei im Fluß nahe der Stadt ertrunken. Ach, das waren sehr lange, dunkle Wintertage.

Dann kam der Frühling und die Sonne schien wärmer.

»Kay ist tot und verschwunden!« sagte die kleine Gerda.

»Das glaube ich nicht«, sagte der Sonnenschein.

»Er ist tot und verschwunden!« sagte sie zu den Schwalben.

»Das glauben wir nicht«, antworteten sie, und schließlich glaubte es die kleine Gerda auch nicht.

»Ich will meine neuen roten Schuhe anziehen«, sagte sie eines Morgens, »die Kay nie gesehen hat, und dann will ich hinunter zum Fluß gehen und den fragen.«

Und es war noch ganz früh; sie küßte ihre alte Großmutter, die noch schlief, zog sich die roten Schuhe an und ging ganz allein zum Tor hinaus und zum Fluß.

»Stimmt es, daß du mir meinen kleinen Spielgefährten weggenommen hast? Ich will dir meine roten Schuhe schenken, wenn du ihn mir zurückgibst!«

Es kam ihr so vor, als ob die Wellen sonderbar nickten, und da nahm sie ihre roten Schuhe, die ihr das Liebste waren, und warf sie alle beide in den Fluß. Doch sie fielen so dicht am Ufer nieder, daß die kleinen Wellen sie rasch wieder zu ihr trugen, als wollte der Fluß ihr Liebstes nicht haben, weil auch er den kleinen Kay nicht hatte. Sie aber glaubte, sie hätte nur nicht weit genug geworfen, und als sie im Schilf ein Boot erblickte, kletterte sie hinein, ging bis ans äußerste Ende und warf die Schuhe noch einmal ins Wasser. Doch das Boot war nicht festgebunden, und sie stieß es durch ihre Bewegung vom Ufer ab. Als sie das merkte, wollte sie schleunigst an Land zurück, aber das Boot war schon mehr als eine Elle weit entfernt und schwamm immer schneller davon.

Da bekam die kleine Gerda einen großen Schreck und

fing laut an zu weinen, was keiner hörte außer den Spatzen, und die konnten sie nicht an Land tragen. Doch sie flogen am Ufer entlang und sangen, wie um sie zu trösten: »Hier sind wir! Hier sind wir!« Das Boot trieb mit der Strömung, die kleine Gerda saß ganz still, nur in Strümpfen; ihre kleinen roten Schuhe schwammen hinterdrein, konnten aber das Boot nicht erreichen, denn es trieb immer rascher davon.

Die Ufer waren schön zu beiden Seiten, prächtige Blumen, alte Bäume und Hänge mit Schafen und Kühen waren zu sehen, doch nirgends ein Mensch.

»Vielleicht trägt der Fluß mich zum kleinen Kay«, dachte Gerda, und da wurde ihre Stimmung besser, sie richtete sich auf und betrachtete viele Stunden die schönen grünen Ufer.

Dann trieb sie auf einen großen Kirschgarten zu, in dem ein Häuschen stand, das merkwürdige rote und blaue Fenster und ein Strohdach hatte, und davor standen zwei hölzerne Soldaten, die schulterten für die Vorbeifahrenden das Gewehr.

Gerda glaubte, sie wären lebendig, und rief sie an, doch natürlich gaben sie keine Antwort. Der Fluß trieb das Boot ganz dicht an sie heran und direkt zum Ufer.

Als Gerda noch lauter rief, kam aus dem Haus eine alte, alte Frau. Sie stützte sich auf einen Krummstab und trug auf dem Kopf einen großen Sonnenhut, der mit den schönsten Blumen bemalt war.

»Du armes Kindchen!« sagte die alte Frau. »Wie bist du nur in diesen großen, reißenden Strom geraten und so weit in die Welt hinausgetrieben?« Und dann watete sie durch das Wasser, packte mit ihrem Krummstab das Boot, zog es an Land und hob die kleine Gerda heraus.

Und obwohl sich Gerda freute, daß sie nun auf dem Trockenen war, hatte sie vor der fremden alten Frau doch ein wenig Angst.

»Jetzt erzähl mir mal, wer du bist und was dich hierhergeführt hat!« sagte die Alte.

Da begann Gerda zu erzählen, und die Frau schüttelte den Kopf und sagte: »Hm! Hm!« Und nachdem Gerda alles berichtet und sie gefragt hatte, ob sie nicht den kleinen Kay gesehen habe, antwortete die Frau, er sei zwar noch nicht vorbeigekommen, würde es aber sicher tun; Gerda solle nur nicht traurig sein, sondern ihre Kirschen probieren und die Blumen betrachten, die seien schöner als irgendein Bilderbuch, und jede könne eine ganze Geschichte erzählen. Dann nahm sie das Mädchen bei der Hand, ging mit ihr in das Häuschen und schloß die Tür auf.

Die Fenster saßen sehr hoch, hatten rote, blaue und gelbe Scheiben und ließen das Tageslicht ganz sonderbar in allen Farben schimmern. Auf dem Tisch standen die herrlichsten Kirschen, und Gerda durfte so viele essen, wie sie wollte. Und während sie aß, kämmte die alte Frau mit einem goldenen Kamm ihr Haar, bis es sich kräuselte und mit wunderbarem gelben Glanz ihr freundliches kleines Gesicht umrahmte, das ganz rund war und wie eine Rose aussah.

»So ein liebes kleines Mädchen habe ich mir immer gewünscht«, sagte die Alte. »Jetzt sollst du sehen, wie gut wir zwei uns vertragen!« Und je länger sie Gerdas Haare kämmte, um so weniger dachte das Mädchen an Kay, ihren Pflegebruder. Die alte Frau konnte nämlich zaubern, war aber kein böses Trollweib, sondern zauberte nur ein bißchen zu ihrem eigenen Vergnügen, und nun wollte sie die kleine Gerda gern behalten. Deshalb ging sie in den Garten, richtete ihren Krummstab auf alle Rosenstöcke, und die mochten noch so schön blühen, sie versanken doch allesamt in der schwarzen Erde, und nichts ließ erkennen, wo sie gestanden hatten. Die Alte befürchtete nämlich, Gerda könnte beim Anblick dieser Blumen an ihre Rosen zu Hause denken und sich dann an den kleinen Kay erinnern und davonlaufen.

Nun führte sie Gerda in den Blumengarten. – Nein, was für ein Duft und welch eine Schönheit! Alle nur denkbaren Blumen, und zwar aus allen Jahreszeiten, standen im herrlichsten Flor – kein Bilderbuch konnte bunter und schöner sein. Gerda hüpfte vor Freude und spielte nun hinter den hohen Kirschbäumen, bis die Sonne unterging. Dann bekam sie ein schönes Bett mit roten Seidendecken, die mit blauen Veilchen gefüllt waren, und sie schlief und träumte so herrlich wie eine Königin an ihrem Hochzeitstag.

Am nächsten Tag durfte sie wieder mit den Blumen im warmen Sonnenschein spielen – so vergingen viele Tage. Gerda kannte jede Blume, doch wie viele es hier auch gab, eine schien ihr doch zu fehlen, nur welche, das wußte sie nicht. Eines Tages fiel ihr Blick auf den Sonnenhut der alten Frau, der mit Blumen bemalt war, und just die schönste davon war eine Rose. Während die Alte alle anderen Rosen in die Erde gezaubert hatte, hatte sie die am Hut vergessen – so ist das, wenn man seine Gedanken nicht beisammen hat!

»Wie«, sagte Gerda, »soll es hier keine Rosen geben?«

Doch als sie zwischen die Beete sprang, suchte und suchte, konnte sie keine finden. Da setzte sie sich nieder und weinte, und ihre heißen Tränen fielen gerade auf jene Stelle, wo ein Rosenstock versunken war, und als sie die Erde näßten, wuchs er mit einem Mal empor, so blühend wie einst. Und Gerda umarmte ihn, küßte die Blüten und dachte an ihre schönen Rosen daheim und damit auch an den kleinen Kay.

»Oh, wie bin ich aufgehalten worden!« sagte das kleine Mädchen. »Ich war doch auf der Suche nach Kay! – Wißt ihr nicht, wo er ist?« fragte sie die Rosen. »Glaubt ihr, daß er tot ist und verschwunden?«

»Tot ist er nicht«, sagten die Rosen. »Wir kommen ja

aus der Erde, wo alle Toten sind, aber Kay war nicht dabei.«

»Habt vielen Dank!« sagte die kleine Gerda. Dann ging sie zu den anderen Blumen, schaute in ihre Kelche und fragte: »Wißt ihr nicht, wo der kleine Kay ist?«

Doch jede Blume stand in der Sonne und träumte ihr eigenes Märchen, ihre eigene Geschichte; davon hörte Gerda so viele, viele, doch keine wußte etwas von Kay.

Und was erzählte die Feuerlilie?

»Hörst du die Trommel: bum! bum! Sie hat nur zwei Töne, immer bum! bum! Hör den Trauergesang der Frauen! Hör die Rufe der Priester! Auf dem Scheiterhaufen steht im langen roten Gewand die Hindu-Frau, die Flammen umlodern sie und ihren toten Mann. Doch sie denkt an den Lebendigen in diesem Kreis, an ihn, dessen Augen heißer brennen als die Flammen, der mit dem Feuer seiner Augen eher ihr Herz erreicht als jene Flammen, die ihren Körper bald zu Asche verwandeln. Kann die Flamme des Herzens in den Flammen des Scheiterhaufens sterben?«

»Das verstehe ich gar nicht«, sagte die kleine Gerda.

»Das ist mein Märchen!« sagte die Feuerlilie.

Und was sagte die Winde?

»Über dem schmalen Gebirgspfad ragt eine alte Ritterburg auf; an ihren alten roten Mauern wächst dichtes Immergrün, Blatt an Blatt, und windet sich um den Balkon, auf dem ein schönes Mädchen steht. Sie beugt sich über die Brüstung und blickt auf den Weg hinunter. Keine Rose am Strauch ist frischer, keine Apfelblüte im Wind schwebt anmutiger als sie; wie raschelt ihr prächtiges Seidengewand. ›Kommt er denn nicht?‹«

»Ist es Kay, den du meinst?« fragte die kleine Gerda.

»Ich rede nur von meinem Märchen, meinem Traum«, antwortete die Winde.

Was sagte das kleine Schneeglöckchen?

»Zwischen den Bäumen hängt an Stricken ein langes Brett, das ist eine Schaukel. Zwei niedliche kleine Mädchen – die Kleider sind weiß wie Schnee, lange grüne Seidenbänder flattern von den Hüten – schwingen sich hin und her. Ihr Bruder, der größer ist als sie, steht auf dem Brett und hat nur den Arm um den Strick gelegt, denn in der einen Hand hält er eine kleine Schüssel, in der anderen eine Tonpfeife – er macht Seifenblasen. Die Schaukel geht hin und her, und die Blasen fliegen mit prächtigen, wechselnden Farben, die letzte hängt noch am Pfeifenstiel und flattert im Wind; die Schaukel schwingt. Das schwarze Hündchen, leicht wie die Blasen, stellt sich auf die Hinterbeine und will auch auf die fliegende Schaukel; es fällt auf die Nase, kläfft und ist wütend – es ist genarrt, die Seifenblasen platzen. – Ein schaukelndes Brett, ein zerspringendes Schaumbild, das ist mein Lied!«

»Es mag ja hübsch sein, was du erzählst, aber du sagst es so traurig, und Kay nennst du gar nicht. Was sagen die Hyazinthen?«

»Es waren drei schöne Schwestern, so durchsichtig und fein; die eine hatte ein rotes Gewand, die zweite ein blaues, die dritte ein ganz weißes. Hand in Hand tanzten sie im hellen Mondschein am stillen See. Sie waren keine Elfen, sondern Menschenkinder. Es duftete so süß, und die Mädchen verschwanden im Wald; der Duft wurde stärker – drei Särge kamen aus dem Dickicht des Waldes und glitten über den See, darin lagen die schönen Mädchen; Glühwürmchen schwirrten leuchtend herum, wie kleine schwebende Lichter. Schlafen die tanzenden Mädchen, oder sind sie tot? – Der Blumenduft sagt, daß sie gestorben sind, die Abendglocke läutet für die Toten!«

»Du machst mich ganz traurig«, sagte die kleine Gerda. »Du duftest so stark, ich muß an die toten Mädchen denken. Ach, ist der kleine Kay wirklich gestorben? Die Rosen waren in der Erde, und sie sagen nein!«

»Ding, dang!« läuteten die Glocken der Hyazinthen. »Wir läuten nicht für den kleinen Kay, den kennen wir nicht. Wir singen nur unser Lied, das einzige, das wir können.«

Und Gerda ging zur Butterblume, die zwischen den glänzenden grünen Blättern schimmerte.

»Du bist eine kleine helle Sonne!« sagte Gerda. »Sag mir, ob du weißt, wo ich meinen Spielgefährten finde!«

Und die Butterblume leuchtete so schön und erwiderte Gerdas Blick. Was für ein Lied konnte sie wohl singen? Es handelte auch nicht von Kay.

»Am ersten Frühlingstag schien Gottes liebe Sonne so warm in einen kleinen Hof und ließ ihre Strahlen an der weißen Wand des Nachbarn hinuntergleiten, wo gleich daneben die ersten gelben Blumen wuchsen, leuchtendes Gold in der warmen Sonne. Die alte Großmutter saß auf ihrem Stuhl vor dem Haus, ihre Enkeltochter, das arme, schöne Dienstmädchen, kam zu einem kurzen Besuch und küßte sie. In diesem lieben Kuß war Gold, das Gold des Herzens. Gold auf dem Munde, Gold auf dem Grunde, Gold dort oben in der Morgenstunde! Siehst du, das ist meine kleine Geschichte«, sagte die Butterblume.

»Meine arme alte Großmutter!« seufzte Gerda. »Ja, sie hat gewiß nach mir Sehnsucht, ist betrübt über mich, genauso wie über den kleinen Kay. Aber ich kehre bald zurück, und dann bringe ich Kay mit. – Es nützt nichts, daß ich die Blumen frage, sie können nur ihr eigenes Lied, sie geben mir keine Auskunft.« Und dann schürzte sie ihr Kleidchen, damit sie schneller laufen konnte. Doch eine Narzisse, über die sie sprang, schlug sie gegen die Beine. Da blieb sie stehen, betrachtete die lange gelbe Blume, beugte sich zu ihr hinunter und fragte: »Weißt du vielleicht etwas?«

Und was sagte die Narzisse?

»Ich kann mich selbst sehen! Ich kann mich selbst sehen!« sagte die Narzisse. »Oh, oh, wie ich dufte! – In der kleinen Dachkammer steht, halbbekleidet, eine kleine Tänzerin, bald steht sie auf einem Bein, bald auf zweien, sie tritt die ganze Welt mit Füßen, sie ist nur eine Augentäuschung. Sie gießt Wasser aus dem Teekessel auf ein Stück Stoff, das ist ihr Schnürleib – Reinlichkeit ist eine gute Sache! Das weiße Kleid dort am Haken hat sie auch im Teekessel gewaschen und auf dem Dach getrocknet; das zieht sie nun an, das safrangelbe Halstuch läßt es noch weißer leuchten. Hoch das Bein! Schau, wie stolz sie sich reckt auf einem Stiel! Ich kann mich selbst sehen! Ich kann mich selbst sehen!«

»Das gefällt mir überhaupt nicht!« sagte Gerda. »Das ist nichts für meine Ohren!« Und dann lief sie bis an die Grenze des Gartens.

Die Tür war geschlossen, doch sie rüttelte die verrostete Krampe los, und die Tür sprang auf, und dann lief die kleine Gerda auf nackten Füßen in die weite Welt hinaus. Sie blickte dreimal zurück, doch niemand verfolgte sie. Schließlich konnte sie nicht mehr laufen und setzte sich auf einen großen Stein, und als sie sich umsah, war der Sommer vergangen, und es war Spätherbst, was in dem prächtigen Garten, wo immer die Sonne schien und Blumen aller Jahreszeiten blühten, gar nicht zu spüren gewesen war.

»Gott, wie habe ich mich verspätet!« sagte die kleine Gerda. »Es ist ja schon Herbst! Da darf ich nicht ruhen!« Und sie stand auf und wollte weitergehen.

Ach, ihre kleinen Füße waren wund und müde, und ringsum sah es kalt und unwirtlich aus. Die langen Weidenblätter waren ganz gelb und triefen von Nässe, Blatt für Blatt fiel herab, nur der Schlehdorn trug Früchte, so herb, daß es einem den Mund zusammenzog. Ach, wie grau und bedrückend war es in der weiten Welt.

Vierte Geschichte
Prinz und Prinzessin

Als sich Gerda wieder ausruhen mußte, sah sie vor sich eine große Krähe im Schnee hüpfen; die hatte lange dort gesessen, das Mädchen betrachtet und mit dem Kopf gewackelt. Jetzt sagte sie: »Kra! Kra! – Gu' Ta'! Gu' Ta'!« Besser konnte sie sich nicht ausdrücken, doch sie meinte es gut mit dem kleinen Mädchen und fragte, wohin sie so allein in der weiten Welt unterwegs sei.

Das Wort *allein* verstand Gerda sehr gut und fühlte so recht, was darin lag, und da erzählte sie der Krähe ihr ganzes Leben und fragte, ob sie Kay nicht gesehen habe.

Und die Krähe nickte sehr nachdenklich und sagte: »Das könnte sein! Das könnte sein!«

»Glaubst du wirklich?« rief das kleine Mädchen und hätte die Krähe mit ihren Küssen fast totgedrückt.

»Vernünftig! Vernünftig!« sagte die Krähe. »Ich glaube, ich weiß – ich glaube, das könnte der kleine Kay sein. Aber er hat dich nun gewiß über der Prinzessin vergessen.«

»Wohnt er bei einer Prinzessin?« fragte Gerda.

»Hör zu!« sagte die Krähe. »Aber es fällt mir so schwer, deine Sprache zu sprechen. Wenn du Krähenwelsch verstehst, dann kann ich besser erzählen.«

»Nein, das habe ich nicht gelernt«, sagte Gerda, »aber Großmutter konnte es, und Löffelsprache konnte sie auch. Hätte ich es doch nur gelernt!«

»Macht nichts«, sagte die Krähe, »ich will erzählen, so gut ich kann, aber schlecht wird es trotzdem.« Und dann erzählte sie, was sie wußte.

»In dem Königreich, in dem wir jetzt sitzen, wohnt eine Prinzessin, die ist ungeheuer klug; aber sie hat auch alle Zeitungen, die es auf der Welt gibt, gelesen und dann wieder vergessen, so klug ist sie. Neulich sitzt sie auf ihrem Thron, und das ist gar nicht mal lustig, sagt man, und da summt sie unwillkürlich eine Melodie, und das war just das Lied ›Warum soll ich nicht heiraten‹. – ›Da ist etwas dran‹, sagt sie, und dann wollte sie heiraten, aber sie wollte einen Mann haben, der zu antworten wußte, wenn man ihn ansprach, nicht so einen, der nur vornehm aussieht, denn das ist so langweilig. Nun ließ sie alle Hofdamen zusammentrommeln, und als diese von ihrem Wunsch hörten, wurden sie ganz vergnügt. ›Das gefällt mir gut‹, sagten sie. ›An so etwas habe ich neulich auch schon gedacht.‹ – Glaub mir, jedes Wort, das ich sage, ist wahr!« beteuerte die Krähe. »Ich habe eine zahme Liebste, die läuft frei im Schloß herum, und die hat mir alles erzählt.«

Diese Liebste war natürlich auch eine Krähe, denn eine Krähe sitzt gern bei der andern.

»Die Zeitungen bekamen sogleich einen Rand mit Herzen und dem Namenszug der Prinzessin; man konnte lesen, daß es jedem jungen Mann von gutem Aussehen freistehe, aufs Schloß zu kommen und mit der Prinzessin zu reden; und denjenigen, der am unbefangensten und am besten reden konnte, den wollte die Prinzessin zum Mann nehmen. – Ja, ja«, sagte die Krähe. »Glaub mir, das ist so gewiß, wie ich hier sitze! Die Leute strömten herbei, es gab ein Gedränge und Gelaufe, doch keinem gelang es, weder am ersten noch am zweiten Tag. Draußen auf der Straße konnten sie allesamt gut reden, aber sowie sie durch das Schloßtor kamen und die Garde in Silber erblickten und auf den Treppen die Lakaien in Gold und dann die großen, hellerleuchteten Säle, da verschlug es ihnen die Sprache; und wenn sie vor dem Thron standen, auf dem die Prinzessin saß, dann wußten sie nichts weiter zu sagen als das letzte Wort, das sie gesagt hatte, und das mochte sie nicht noch einmal hören. Es war, als hätten die Leute im Schloß Schnupftabak auf den Bauch bekommen und wären in einen Dämmerschlaf gefallen, doch als sie dann wieder auf die Straße kamen, ja, da konnten sie reden! Da standen sie alle in einer ganzen Reihe da, vom Stadttor bis zum Schloß. Ich habe es mit eigenen Augen gesehen!« sagte die Krähe. »Sie bekamen Hunger und Durst, aber vom Schloß wurde ihnen nicht einmal soviel wie ein Glas lauwarmes Wasser gegeben. Zwar hatten sich einige der Klügsten Butterbrote mitgenommen, aber die wollten sie nicht mit ihren Nachbarn teilen, denn sie dachten wohl so: ›Soll er doch hungrig aussehen, dann nimmt ihn die Prinzessin nicht!‹«

»Aber Kay, der kleine Kay?« fragte Gerda. »Wann ist er denn gekommen? War er unter den vielen?«

»Warte ab! Warte ab! Gleich sind wir bei ihm. Es war am dritten Tag, da kam ein kleiner Bursche, der hatte weder Pferd noch Wagen und marschierte ganz beherzt sporstreichs zum Schloß. Seine Augen glänzten wie deine, er hatte schönes langes Haar, aber sonst ärmliche Kleider.«

»Das war Kay!« jubelte Gerda. »Oh, dann habe ich ihn gefunden!« Und sie klatschte in die Hände.

»Er trug ein kleines Ränzel auf dem Rücken«, sagte die Krähe.

»Nein, das war sicher sein Schlitten«, sagte Gerda, »denn den hatte er zuletzt bei sich.«

»Das mag schon sein«, sagte die Krähe, »ich habe nicht so genau hingesehen. Aber das weiß ich von meiner zahmen Liebsten, als er durchs Schloßtor ging und die Leibgarde in Silber und auf der Treppe die Lakaien in Gold erblickte, da wurde er kein bißchen bange, sondern nickte ihnen zu und sagte: ›Es muß langweilig sein, auf der Treppe zu stehen, ich gehe lieber hinein.‹ Die Säle strahlten von Lichtern, Geheimräte und Exzellenzen liefen barfuß und trugen goldene Schalen – da konnte einem ganz feierlich zumute werden! Seine Stiefel knarrten ganz furchtbar laut, aber er bekam doch keine Angst!«

»Das war ganz bestimmt Kay!« sagte Gerda. »Ich weiß, daß er neue Stiefel hatte, ich habe sie in Großmutters Stube knarren gehört.«

»Ja, geknarrt haben sie«, sagte die Krähe, »und keck ging er geradewegs zur Prinzessin, die auf einer Perle so groß wie ein Spinnrad saß. Und rundherum waren alle Hofdamen mit ihren Mägden und den Mägden ihrer Mägde und alle Kavaliere mit ihren Dienern und den Dienern ihrer Diener und deren Knecht aufgestellt, und je näher sie der Tür standen, um so stolzer sahen sie aus. Den Knecht der Diener, der stets Pantoffeln trägt, konnte man fast nicht ansehen, so stolz stand er in der Tür.«

»Das muß grauenhaft sein!« sagte die kleine Gerda. »Und Kay hat doch die Prinzessin bekommen?«

»Wäre ich nicht eine Krähe gewesen, dann hätte ich die Prinzessin genommen, und das, obwohl ich verlobt bin. Er soll genausogut gesprochen haben wie ich, wenn ich Krähenwelsch spreche, das habe ich von meiner zahmen Liebsten. Er war keck und hübsch; er wollte gar nicht um die Prinzessin freien, sondern war nur gekommen, um ihre Klugheit zu hören, und die gefiel ihm gut, und er gefiel ihr auch gut.«

»Ja, bestimmt war das Kay!« sagte Gerda. »Er war so klug, er konnte Kopfrechnen mit Brüchen! – Ach, bitte führ mich doch ins Schloß!«

»Das ist leicht gesagt«, entgegnete die Krähe. »Aber wie stellen wir das an? Ich will mit meiner zahmen Liebsten reden, sie kann uns wohl raten. Denn eins muß ich dir sagen: so einem kleinen Mädchen wie dir erlaubt man nie, ordentlich hineinzukommen!«

»Doch, das schaffe ich!« sagte Gerda. »Wenn Kay hört, daß ich hier bin, kommt er sofort heraus, um mich zu holen.«

»Warte auf mich dort am Steg!« sagte die Krähe, wackelte mit dem Kopf und flog davon.

Erst als es dunkler Abend war, kehrte sie zurück: »Kra! Kra!« sagte sie. »Ich soll dich vielmals von meiner Liebsten grüßen, und hier ist ein Stückchen Brot für dich, das hat sie in der Küche gestohlen, da gibt es genug davon, und du bist sicher hungrig. – Du kannst unmöglich ins Schloß hineingehen, du hast ja nackte Füße; das würden die Garde in Silber und die Lakaien in Gold nicht erlauben. Aber weine nicht, du sollst doch hineingelangen. Meine Liebste weiß eine kleine Hintertreppe, die zur Schlafkammer führt, und sie weiß auch, wo man den Schlüssel holt.«

Dann gingen sie in den Garten, in die große Allee, wo ein Blatt nach dem anderen fiel, und als nach und nach die Lichter im Schloß erloschen, führte die Krähe die kleine Gerda zu einer Hintertür, die nur angelehnt war.

Oh, wie Gerdas Herz vor Angst und Sehnsucht klopfte! Ihr war zumute, als sollte sie etwas Schlimmes tun, und sie wollte doch nur in Erfahrung bringen, ob es der kleine Kay war – ja, er mußte es sein! Sie stellte sich ganz lebhaft seine klugen Augen, sein langes Haar vor und konnte richtig sehen, wie er damals lächelte, als sie daheim unter den Rosen saßen. Sicher würde er sich freuen, wenn er sie erblickte, wenn er hörte, welch einen weiten Weg sie seinetwegen gegangen war, wenn er wüßte, wie es alle zu Hause bekümmert hatte, als er nicht zurückgekehrt war. Oh, wie sie sich fürchtete und freute!

Nun hatten sie die Treppe erreicht. Auf einem Schrank brannte eine kleine Lampe, mitten auf dem Fußboden stand die zahme Krähe, drehte den Kopf nach allen Seiten und betrachtete Gerda, die einen Knicks machte, wie die Großmutter ihr beigebracht hatte.

»Mein Verlobter hat so hübsch von Ihnen gesprochen, mein kleines Fräulein«, sagte die zahme Krähe, »Ihre *Vita*, wie man das nennt, ist auch äußerst rührend! – Würden Sie bitte die Lampe tragen, dann will ich vorangehen. Wir nehmen diesen geraden Weg, da begegnen wir keinem.«

»Mir scheint, es kommt jemand hinter uns her«, sagte Gerda, denn es schwirrte etwas an ihr vorüber, wie Schatten an der Wand, Pferde mit flatternden Mähnen und dünnen Beinen, Jägerburschen, Herren und Damen zu Pferde.

»Das sind nur die Träume«, sagte die Krähe. »Sie holen die Gedanken der hohen Herrschaft zur Jagd, das ist gut, da können Sie die beiden im Bett besser betrachten. Aber ich darf wohl erwarten, daß Sie mir ein dankbares Herz bezeigen, wenn Sie zu Ehren und Würden gelangen!«

»Das ist doch ganz selbstverständlich!« sagte die Krähe aus dem Wald.

Nun kamen sie in den ersten Saal, dessen Wände mit rosenrotem Atlas und künstlichen Blumen bekleidet waren. Auch hier schwirrten die Träume an ihnen vorüber, und zwar so schnell, daß Gerda die hohe Herrschaft nicht sehen konnte. Ein Saal war prächtiger als der andere, ja, da konnte man schon staunen, und nun waren sie in der Schlafkammer. Die Zimmerdecke glich einer großen Palme mit Blättern aus Glas, kostbarem Glas, und in der Mitte hingen an einem dicken goldenen Stengel zwei Betten, von denen jedes einer Lilie glich. Das eine war weiß, darin lag die Prinzessin; das andere war rot, und darin sollte Gerda nun den kleinen Kay suchen. Sie bog eins der roten Blätter zur Seite und erblickte einen braunen Nacken – oh, das war Kay! Sie rief ganz laut seinen Namen, ließ den Lichtschein der Lampe auf ihn fallen – da schwirrten die Träume zu Pferde rasch ins Zimmer zurück – er wachte auf, wandte den Kopf – und war nicht der kleine Kay.

Der Prinz ähnelte ihm nur im Nacken, doch er war jung und schön. Und aus dem weißen Lilienbett guckte die Prinzessin hervor und fragte, was es gebe. Da weinte die kleine Gerda und erzählte ihre ganze Geschichte und alles, was die Krähen für sie getan hatten.

»Du armes Ding!« sagten der Prinz und die Prinzessin, und sie lobten die Krähen und versicherten, sie seien ihnen überhaupt nicht böse, aber sie sollten das bitte nicht noch einmal tun. Indessen sollten sie eine Belohnung bekommen.

»Wollt ihr frei fliegen«, fragte die Prinzessin, »oder wollt ihr eine feste Anstellung als Hofkrähen haben, mit allem, was in der Küche abfällt?«

Und beide Krähen verneigten sich und baten um eine feste Anstellung, denn sie dachten an ihr Alter. »Es ist doch gut, wenn man auf seine alten Tage etwas hat«, wie sie sich ausdrückten.

Da stieg der Prinz aus seinem Bett und ließ Gerda darin schlafen, und mehr konnte er nicht tun. Sie faltete ihre kleinen Hände und dachte: »Wie gut Menschen und Tiere doch sind!« Und dann schloß sie die Augen und fiel in einen gesegneten Schlaf. Sämtliche Träume kamen wieder hereingeflogen, und sie sahen wie Gottes Engel aus und zogen einen kleinen Schlitten, und darauf saß Kay und nickte. Aber alles war nur Träumerei und deshalb auch wieder verschwunden, als Gerda erwachte.

Am nächsten Tag kleidete man sie von Kopf bis Fuß in Samt und Seide; sie wurde eingeladen, auf dem Schloß zu bleiben und sich's gut sein zu lassen. Aber sie bat nur um einen kleinen Wagen mit einem Pferd und um ein Paar kleine Stiefel, dann wollte sie wieder in die weite Welt hinausfahren und Kay suchen.

Und sie bekam zu den Stiefeln noch einen Muff und wurde allerliebst eingekleidet, und als sie aufbrechen wollte, hielt vor der Tür eine neue Kutsche aus purem Gold, daran leuchtete das Wappen des Prinzen und der Prinzessin wie ein Stern; Kutscher, Diener und Vorreiter, denn Vorreiter gab es auch, trugen goldene Kronen. Der

Prinz und die Prinzessin halfen Gerda persönlich in den Wagen und wünschten ihr viel Glück. Die Waldkrähe, die jetzt verheiratet war, begleitete sie die ersten drei Meilen und saß neben ihr, weil sie Rückwärtsfahren nicht vertrug. Die zweite Krähe stand im Tor und schlug mit den Flügeln, sie wollte nicht mitkommen, denn seitdem sie eine feste Anstellung und zuviel zu essen hatte, litt sie an Kopfschmerzen. Die Kutsche war innen mit Zuckerkringeln gefüttert, und auf dem Sitz lagen Früchte und Pfeffernüsse.

»Leb wohl! Leb wohl!« riefen Prinz und Prinzessin, und die kleine Gerda weinte, und die Krähe weinte – so ging es die ersten Meilen, dann sagte auch die Krähe Lebewohl, und das war der schmerzlichste Abschied; sie flog auf einen Baum und schlug mit ihren schwarzen Flügeln, solange sie den Wagen sah, und der glänzte wie der helle Sonnenschein.

Fünfte Geschichte
Das kleine Räubermädchen

Sie fuhren durch den dunklen Wald, doch die Kutsche leuchtete wie eine Flamme; das schnitt den Räubern so in die Augen, daß sie es nicht ertragen konnten.

»Das ist Gold! Das ist Gold!« riefen sie, stürzten hervor, packten die Pferde, schlugen die kleinen Vorreiter, den Kutscher und die Diener tot und zerrten dann die kleine Gerda aus dem Wagen.

»Sie ist fett, sie ist hübsch, sie ist mit Nußkernen gemästet!« sagte das alte Räuberweib, das einen langen, struppigen Bart und Brauen bis über die Augen hatte. »Die ist so gut wie ein fettes Lämmchen, ha, die wird uns schmecken!« Und dann zückte sie ihr blankes Messer, und das blitzte – es war grauenhaft!

»Au!« rief die Alte im gleichen Moment, denn ihre eigene kleine Tochter hatte sie ins Ohr gebissen. Sie hing auf ihrem Rücken und war so wild und ungezogen, daß es eine Lust war. »Du freche Göre!« sagte die Mutter und hatte nun keine Zeit mehr, Gerda zu schlachten.

»Sie soll mit mir spielen!« sagte das kleine Räubermädchen. »Sie soll mir ihren Muff und ihr hübsches Kleid geben und in meinem Bett schlafen!« Und dann biß sie noch einmal zu, daß die Räuberalte in die Höhe sprang und herumwirbelte, und alle Räuber lachten und sagten: »Guckt mal, wie sie mit ihrer Kleinen tanzt!«

»Ich will in die Kutsche!« sagte das kleine Räubermädchen, und sie war so verwöhnt und so dickköpfig, daß sie ihren Willen haben wollte und mußte.

Sie setzte sich nun zu Gerda, und dann fuhren sie über Stock und Stein tiefer in den Wald. Das kleine Räubermädchen war nicht größer als Gerda, jedoch kräftiger, hatte breitere Schultern und eine dunkle Haut; die Augen waren ganz schwarz und sahen fast traurig aus. Sie legte ihren Arm um die kleine Gerda und sagte: »Sie sollen dich nicht schlachten, solange ich nicht wütend auf dich bin. Bist du wirklich eine Prinzessin?«

»Nein«, sagte Gerda und erzählte alles, was sie erlebt und wie gern sie den kleinen Kay hatte.

Das Räubermädchen sah sie sehr ernst an, nickte kurz mit dem Kopf und sagte: »Sie sollen dich nicht schlachten, auch nicht, wenn ich wütend auf dich werde, dann will ich das schon selber tun!« Und sie trocknete Gerda die Augen und steckte beide Hände in ihren hübschen Muff, der war so weich und so warm.

Nun hielt die Kutsche an, sie waren mitten im Hof eines Räuberschlosses. Das war von oben bis unten geborsten, Raben und Krähen flogen aus den offenen Löchern, und riesige Bullenbeißer, von denen jeder aussah, als könnte er einen Menschen verschlingen, sprangen hoch, aber sie bellten nicht, denn das war verboten.

In der Mitte des großen alten, verrußten Saals brannte auf dem Steinfußboden ein gewaltiges Feuer; der Rauch zog unter der Decke entlang und mußte sich selbst einen Abzug suchen; in einem großen Braukessel kochte Suppe, und Hasen und Kaninchen drehten sich am Spieß.

»Du sollst heute nacht bei mir und allen meinen Tierchen schlafen!« sagte das Räubermädchen.

Sie bekamen zu essen und zu trinken und gingen dann in eine Ecke, wo Stroh und Decken lagen. Darüber saßen auf Stäben und Latten fast hundert Tauben, die alle zu schlafen schienen, doch als die beiden Mädchen kamen, regten sie sich ein wenig.

»Die gehören alle mir«, sagte das kleine Räubermädchen, packte rasch eine der nächsten an den Beinen und schüttelte sie, daß sie mit den Flügeln schlug. »Gib ihr einen Kuß!« rief sie und klatschte die Taube Gerda ins Gesicht. »Da sitzen die Waldkanaillen!« fuhr sie fort und zeigte auf ein Loch hoch oben in der Mauer, das mit vielen Stangen verschlossen war. »Das sind Waldkanaillen, die beiden, sowie man sie nicht richtig einsperrt, fliegen sie weg. Und hier ist mein alter Liebling Bä« – dabei zog sie ein Rentier, das einen blanken Kupferring um den Hals trug und festgebunden war, am Geweih. »Den müssen wir auch in die Zange nehmen, sonst läuft er uns weg. Jeden Abend kitzle ich seinen Hals mit meinem scharfen Messer, davor hat er große Angst.« Und das kleine Mädchen zog aus einem Spalt in der Mauer ein langes Messer und ließ es über den Hals des Rentiers gleiten; das arme Tier schlug mit den Beinen aus, und das Räubermädchen lachte, und dann zerrte sie Gerda ins Bett.

»Willst du das Messer bei dir behalten, wenn du schläfst?« fragte Gerda und sah es etwas ängstlich an.

»Ich schlafe immer mit einem Messer!« sagte das kleine Räubermädchen. »Man weiß nie, was kommen kann. Aber jetzt erzähl mir noch einmal die Geschichte mit dem kleinen Kay, und warum du hinaus in die weite Welt gegangen bist!«

Und Gerda erzählte von vorn, und die Waldtauben im Bauer gurrten, während die anderen Tauben schliefen. Das kleine Räubermädchen, das seinen Arm um Gerdas Hals gelegt hatte und in der andern Hand das Messer hielt, schlief, daß es zu hören war. Doch Gerda konnte kein Auge zutun, sie wußte nicht, ob sie leben oder sterben sollte. Die Räuber am Feuer sangen und tranken, während das alte Räuberweib Purzelbäume schlug. Ach, das war für das kleine Mädchen ein gräßlicher Anblick!

Da sagten die Waldtauben: »Kurre, kurre! Wir haben den kleinen Kay gesehen. Ein weißes Huhn trug seinen Schlitten, er saß bei der Schneekönigin im Wagen und fuhr mit ihr dicht über den Wald hinweg, als wir im Nest saßen. Sie hat uns angeblasen, und alle Jungen sind gestorben, nur wir zwei nicht; kurre, kurre!«

»Was sagt ihr da oben?« rief Gerda. »Wo ist die Schneekönigin hingefahren? Wißt ihr etwas darüber?«

»Wahrscheinlich ist sie nach Lappland gefahren, weil es da immer Schnee und Eis gibt. Frag nur das Rentier, das dort angebunden steht.«

»Da gibt es Eis und Schnee, da ist es erfrischend und gut!« sagte das Rentier. »Da läuft man frei herum in den großen schimmernden Tälern, da hat die Schneekönigin ihr Sommerzelt; aber ihr festes Schloß ist oben am Nordpol, auf jener Insel, die Spitzbergen heißt.«

»Ach Kay, lieber Kay!« seufzte Gerda.

»Jetzt lieg aber still«, sagte das Räubermädchen, »sonst bekommst du das Messer in den Bauch!«

Am Morgen erzählte Gerda ihr alles, was die Waldtauben gesagt hatten, und das kleine Räubermädchen wurde sehr ernst, nickte jedoch mit dem Kopf und sagte: »Das macht nichts! Das macht nichts! – Weißt du, wo Lappland liegt?« fragte sie das Rentier.

»Wer sollte das besser wissen als ich«, sagte das Tier, und seine Augen leuchteten. »Dort bin ich geboren und aufgewachsen, dort bin ich über das Schneefeld gelaufen.«

»Hör zu!« sagte das Räubermädchen zu Gerda. »Wie du siehst, sind alle unsre Kerle weg, nur Mutter ist noch hier und bleibt auch hier. Aber gegen Morgen genehmigt sie sich einen Schluck aus der großen Flasche und macht danach ein Nickerchen – da werde ich etwas für dich tun!«

Dann sprang sie aus dem Bett, fiel ihrer Mutter um den Hals, zog sie am Schnurrbart und sagte: »Mein lieber guter Ziegenbock, guten Morgen!« Und die Mutter kniff sie in die Nase, daß sie rot und blau wurde, doch all das geschah aus lauter Liebe.

Als die Mutter dann aus ihrer Flasche getrunken hatte und ihr Nickerchen machte, ging das Räubermädchen zum Rentier und sagte: »Ich hätte riesige Lust, dich noch viele Male mit dem scharfen Messer zu kitzeln, dann bist du nämlich so lustig, aber das ist egal, ich will deinen Strick lösen und dir hinaus ins Freie helfen, damit du nach Lappland laufen kannst. Aber du mußt die Beine in die Hand nehmen und mir dieses kleine Mädchen zum Schloß der Schneekönigin bringen, wo ihr Spielkamerad ist. Du hast ihre Erzählung wohl gehört, sie hat ja laut genug geredet, und du bist ein Horcher!«

Das Rentier tat einen Freudensprung. Das Räubermädchen hob die kleine Gerda hinauf und band sie vorsichtshalber fest, ja, sie gab ihr sogar ein kleines Kissen zum Sitzen. »Das macht nichts«, sagte sie, »da hast du deine Fellstiefel, es wird ja kalt. Aber den Muff behalte ich, der ist zu hübsch! Trotzdem sollst du nicht frieren. Hier hast du die großen Fausthandschuhe meiner Mutter, die reichen dir bis zum Ellenbogen, zieh sie an! – Jetzt siehst du an den Händen genauso aus wie meine abscheuliche Mutter.«

Und Gerda weinte vor Freude.

»Ich kann dein Geflenne nicht leiden!« sagte das kleine Räubermädchen. »Du sollst jetzt gerade vergnügt aussehen! Und hier hast du zwei Brote und einen Schinken, damit du nicht hungerst.« Beides wurde dem Rentier aufs Hinterteil gebunden; das kleine Räubermädchen öffnete die Tür, lockte alle großen Hunde herein, und dann zerschnitt sie mit ihrem Messer den Strick und sagte zum Rentier: »Jetzt lauf! Aber gib gut auf das kleine Mädchen acht!«

Und Gerda streckte ihre Hände in den großen Fausthandschuhen zu dem Räubermädchen aus und rief Lebwohl, und dann flog das Rentier davon, über Büsche und Baumstümpfe, durch den großen Wald, über Moore und Steppen, so schnell es konnte. Die Wölfe heulten, und die Raben schrien. »Fut! Fut!« sagte es am Himmel, der aussah, als nieste er rot.

»Das sind meine alten Nordlichter!« sagte das Rentier, »sieh, wie sie leuchten!« Und dann lief es noch schneller, Nacht und Tag. Die Brote wurden gegessen, der Schinken auch, und dann waren sie in Lappland.

Sechste Geschichte
Die Lappin und die Finnin

Sie hielten vor einem kleinen Haus, das zum Erbarmen aussah. Das Dach ging bis zur Erde, und die Tür war so niedrig, daß die Familie auf dem Bauch kriechen mußte, wenn sie hinaus- oder hineinwollte. Hier war niemand außer einer alten Lappenfrau, die im Schein einer Tranlampe Fische briet. Das Rentier erzählte ihr Gerdas ganze Geschichte, doch zuerst seine eigene, denn die hielt es für sehr viel wichtiger, und Gerda war von der Kälte so mitgenommen, daß sie nicht sprechen konnte.

»Ach, ihr Armen, ihr Unglücklichen!« sagte die Lappin, »da habt ihr noch weit zu laufen! Ihr müßt über hundert Meilen tief nach Finnmarken, dort hat die Schneekönigin ihren Landsitz und zündet jeden Abend Blaulicht an. Ich werde ein paar Worte auf einen gedörrten Klippfisch schreiben, Papier habe ich nicht, den will ich euch für die Finnin da oben mitgeben, die kann euch besser Auskunft geben als ich.«

Und als sich Gerda nun aufgewärmt und gegessen und getrunken hatte, schrieb die Lappin ein paar Worte auf einen gedörrten Klippfisch, bat Gerda, gut darauf achtzugeben, und band sie wieder auf dem Rentier fest, und das rannte los. »Fut! Fut!« sagte es hoch oben in der Luft, wo die ganze Nacht die herrlichsten blauen Nordlichter brannten. – Und dann erreichten sie Finnmarken und klopften bei der Finnin an den Schornstein, denn die hatte nicht einmal eine Tür.

Bei ihr war es so heiß, daß sie fast nackt war; klein war sie und ziemlich schmuddelig. Weil die kleine Gerda die Hitze sonst nicht ausgehalten hätte, öffnete sie ihr sogleich die Kleider und zog ihr Fausthandschuhe und Stiefel aus, und das Rentier bekam ein Stück Eis auf den Kopf. Dann las sie, was auf dem Klippfisch geschrieben stand, sie las dreimal, bis sie es auswendig konnte, und steckte danach den Fisch in den Kochtopf, denn der war durchaus zu essen, und sie warf niemals etwas weg.

Nun erzählte das Rentier erst seine und dann Gerdas Geschichte, und die Finnin blinzelte mit ihren klugen Augen, blieb jedoch stumm.

»Du bist so klug«, sagte das Rentier, »ich weiß, daß du sämtliche Winde der Welt mit einem Zwirnsfaden zusammenbinden kannst. Löst der Schiffer den einen Knoten, bekommt er guten Wind, löst er den zweiten, weht es scharf, und wenn er den dritten und vierten löst, dann wird es so stürmisch, daß die Wälder umfallen. Willst du dem kleinen Mädchen nicht einen Trunk einflößen, damit sie Zwölfmännerstärke bekommt und die Schneekönigin überwinden kann?«

»Zwölfmännerstärke«, sagte die Finnin, »ja, das wird wohl viel nützen!« Und dann ging sie zu einem Regal, nahm ein großes Stück Leder und rollte es auseinander; merkwürdige Buchstaben waren darauf geschrieben, und die Finnin las, daß ihr der Schweiß von der Stirne troff.

Doch als das Rentier noch einmal ganz innig für die kleine Gerda Fürsprache einlegte und das Mädchen die Finnin so flehend und mit Tränen in den Augen ansah, begann diese wieder zu blinzeln, zog das Rentier in einen Winkel und flüsterte ihm etwas ins Ohr, wobei sie ihm frisches Eis auf den Kopf legte.

»Freilich ist der kleine Kay bei der Schneekönigin und glaubt, dies wäre der beste Teil der Welt, weil er alles nach Wunsch und Verlangen findet. Aber das ist nur deshalb, weil er einen Glassplitter ins Herz und ein Glaskörnchen ins Auge bekommen hat; die müssen erst heraus, sonst wird er nie wieder ein Mensch und bleibt in der Gewalt der Schneekönigin.«

»Aber kannst du der kleinen Gerda nicht etwas einflößen, daß sie Macht darüber gewinnt?«

»Ich kann ihr keine größere Macht verleihen, als sie schon hat. Siehst du denn nicht, wie groß die ist? Siehst du nicht, wie Menschen und Tiere ihr dienen müssen, wie es ihr gelungen ist, auf nackten Füßen so gut durch die Welt zu kommen? Nicht von uns soll sie von ihrer Macht erfahren, die trägt sie im Herzen, die hat sie, weil sie ein liebes, unschuldiges Kind ist. Wenn es ihr nicht aus eigener Kraft gelingt, bis zur Schneekönigin vorzudringen und den kleinen Kay von den Glassplittern zu befreien, dann können wir auch nicht helfen! Zwei Meilen von hier fängt der Garten der Schneekönigin an, dorthin kannst du das kleine Mädchen tragen und es dann an dem großen Busch, der im Schnee rote Beeren trägt, absetzen; mach kein langes Gerede und komm schnell wieder zurück!« Und dann hob die Finnin die kleine Gerda auf das Rentier, und das lief davon, was es nur konnte.

»Ach, ich habe meine Stiefel nicht an! Ich habe meine Fausthandschuhe nicht an!« rief die kleine Gerda, als sie die schneidende Kälte spürte. Aber das Rentier wagte nicht anzuhalten, es lief bis zu dem großen Busch mit den roten Beeren; dort setzte es Gerda ab, küßte sie auf den Mund, wobei ihm große, blanke Tränen über die Wangen liefen, und dann rannte es mit großen Sätzen wieder zurück. Da stand die arme Gerda nun ohne Schuhe, ohne Handschuhe mitten in der furchtbaren, eiskalten Finnmark.

Sie lief weiter, so schnell sie konnte. Da kam ihr ein ganzes Regiment Schneeflocken entgegen, die jedoch nicht vom Himmel fielen, der ganz klar und leuchtend von Nordlichtern war, sondern auf der Erde entlangliefen und um so größer wurden, je näher sie kamen. Gerda konnte sich wohl an die großen, kunstvollen Schneeflocken erinnern, die sie durch das Brennglas gesehen hatte; aber diese hier waren viel größer und schrecklicher, sie waren lebendig, sie waren die Vorposten der Schneekönigin. Dabei hatten sie die seltsamsten Gestalten: Einige sahen wie große, häßliche Igel aus, andere wie ganze Bündel von Schlangen mit erhobenen Köpfen und noch andere wie kleine dicke Bären mit gesträubtem Fell; alle waren glänzend weiß, alle waren lebendige Schneeflocken.

Da betete die kleine Gerda ihr Vaterunser, und die Kälte war so groß, daß sie ihren eigenen Atem sah, der ihr wie eine Rauchfahne vor dem Mund stand. Er verdichtete sich und formte sich zu kleinen hellen Engeln, die, als sie die Erde berührten, immer größer wurden und alle einen Helm auf dem Kopf und Speer und Schild in den Händen trugen. Sie vervielfachten sich, und als Gerda ihr Gebet beendet hatte, war sie von einer ganzen Legion umgeben.

Sie schlugen mit ihren Speeren auf die schrecklichen Schneeflocken ein, daß sie in hundert Stücke zersprangen, und die kleine Gerda ging ganz sicher und furchtlos weiter. Die Engel streichelten ihre Füße und Hände, da empfand sie die Kälte weniger und ging beherzt auf das Schloß der Schneekönigin zu.

Aber nun wollen wir erst einmal sehen, wie es um Kay steht. Er hatte die kleine Gerda vollkommen vergessen, und zuallerletzt stellte er sich vor, daß sie das Schloß erreicht hatte.

Siebente Geschichte
Was im Schloß der Schneekönigin geschehen war und was dann geschah

Das Schloß hatte Wände aus stiebendem Schnee und Fenster und Türen aus schneidenden Winden. Je nachdem, wie der Schnee stiebte, gab es über hundert Säle, deren größter sich viele Meilen weit erstreckte, alle von kräftigen Nordlichtern erhellt, und sie waren so groß, so leer, so eisig kalt und so schimmernd. Niemals gab es hier eine Lustbarkeit, nicht einmal soviel wie einen kleinen Bärenball – da hätte der Sturm aufblasen, die Eisbären hätten auf den Hinterbeinen laufen und feine Manieren zeigen können –, niemals eine kleine Spielgesellschaft mit Maulschellen und Tatzenschlag, niemals einen kleinen Kaffeeklatsch der weißen Fuchs-Fräulein; leer, groß und kalt war es in den Sälen der Schneekönigin. Die Nordlichter flammten so genau, daß man sich ausrechnen konnte, wann sie den höchsten und wann den tiefsten Punkt erreichten. Mitten in dem leeren, unendlichen Schneesaal lag ein zugefrorener See. Sein Eis war in tausend Stücke geborsten, doch jedes Stück glich so genau dem anderen, daß es ein ganzes Kunstwerk war, und mitten darauf saß die Schneekönigin, wenn sie zu Hause war, und dann sagte sie, sie sitze im Spiegel des Verstandes, und der sei der einzige und beste auf dieser Welt.

Der kleine Kay war vor Kälte ganz blau, ja fast schwarz, aber das spürte er nicht, denn die Schneekönigin hatte ihm den Frostschauer ja weggeküßt, und sein Herz war so gut wie ein Eisklumpen. Er schleppte ein paar scharfe, flache Eisstücke hin und her und legte sie in allen möglichen Mustern, denn er wollte einen Gewinn daraus haben – das war wie unser Spiel, das wir das chinesische nennen, bei dem wir Figuren aus kleinen Holzstücken legen. Auch Kay legte mit seinen Stücken Figuren, und zwar die allerkunstvollsten, das war das *Eisspiel des Verstandes*. Sie kamen ihm ganz vorzüglich und von allerhöchster Wichtigkeit vor, das bewirkte das Glaskorn, das ihm im Auge saß. Er legte ganze Figuren, und immer war es ein geschriebenes Wort, doch nie brachte er jenes Wort zustande, das er gern schreiben wollte, nämlich das Wort *Ewigkeit*. Die Schneekönigin hatte ihm gesagt: »Kannst du mir diese Figur herausbekommen, dann sollst du dein eigener Herr sein, und ich will dir die ganze Welt und ein Paar neue Schlittschuhe schenken.« Aber er schaffte es nicht.

»Jetzt fliege ich davon«, sagte die Schneekönigin, »ich will in die warmen Länder und in die schwarzen Töpfe gucken!« – Das waren die feuerspeienden Berge, Aetna und Vesuv, wie man sie nennt. – »Ich werde sie ein wenig weißen! Das gehört dazu, das wird den Zitronen und Weintrauben guttun.« Und dann verschwand sie, und Kay saß ganz allein in dem leeren, viele Meilen großen Eissaal und sah die Eisstücke an und dachte so heftig, daß es in ihm knackte, ganz steif und still saß er da, man hätte meinen können, er sei erfroren.

Da geschah es, daß die kleine Gerda durch das große Schloßtor trat, das aus schneidenden Winden bestand; doch als sie ein Abendgebet gesprochen hatte, legten sie sich, als wollten sie schlafen, und nun ging Gerda durch die großen, leeren, kalten Säle. – Da erblickte sie Kay, sie erkannte ihn, flog ihm um den Hals, hielt ihn ganz fest und rief: »Kay! Lieber kleiner Kay! Jetzt habe ich dich gefunden!«

Doch er blieb ganz still, steif und kalt sitzen – die kleine Gerda weinte heiße Tränen, sie fielen ihm auf die Brust, sie drangen ihm ins Herz, sie tauten den Eisklumpen auf und verzehrten darin das Spiegelstückchen. Er sah Gerda an, und sie sang den Choral:

> »Die Rosen sind voller Blüten,
> Das Jesuskind wird uns behüten!«

Da brach Kay in Tränen aus; er weinte so sehr, daß er sich dabei den Spiegelsplitter aus dem Auge spülte. Da erkannte er sie und jubelte: »Gerda! Liebe kleine Gerda! – Wo bist du nur so lange gewesen?« Und er blickte sich um. »Wie kalt es hier ist! Wie leer und einsam!« Und er hielt sich an Gerda fest, und sie lachte und weinte vor Freude. Das war so wunderbar, daß selbst die Eisstückchen vor Freude tanzten, und als sie müde waren und sich niederlegten, da formten sie gerade jenes Wort, von dem die Schneekönigin gesagt hatte, er solle es finden, dann sei er sein eigener Herr, und sie würde ihm die ganze Welt und ein Paar neue Schlittschuhe schenken.

Und Gerda küßte seine Wangen, und sie wurden blühend; sie küßte seine Augen, und sie leuchteten wie ihre; sie küßte ihm Hände und Füße, und er war gesund und munter. Die Schneekönigin mochte nur heimkehren: Sein Freibrief war mit schimmernden Eisstückchen geschrieben.

Und sie nahmen sich bei den Händen und verließen das große Schloß. Sie sprachen von der Großmutter und von den Rosen auf dem Dach; und wo sie gingen, legten sich die Winde, und die Sonne brach hervor; und als sie den Busch mit den roten Beeren erreichten, wurden sie von dem Rentier schon erwartet. Es hatte ein zweites junges

Ren dabei, mit prallem Euter, und das gab den Kindern seine warme Milch zu trinken und küßte sie auf den Mund. Dann wurden Kay und Gerda von den Renen zuerst zur Finnin getragen, wo sie sich in der heißen Stube aufwärmten und die Heimreise erklären ließen, und dann zur Lappin, die ihnen indessen neue Kleider genäht und ihren Schlitten instand gesetzt hatte.

Und beide Rene, das alte und das junge, liefen neben ihnen her und begleiteten sie bis zur Landesgrenze, wo das erste Grün hervorguckte. Dort nahmen Gerda und Kay vom Rentier und von der Lappin Abschied. »Auf Wiedersehen!« sagten alle. Und die ersten Vöglein begannen zu zwitschern, die Bäume trugen grüne Knospen, und aus dem Wald kam auf einem prächtigen Pferd, das Gerda kannte (es hatte die goldene Kutsche gezogen), ein junges Mädchen geritten, mit einer leuchtend roten Mütze auf dem Kopf und Pistolen vor sich. Das war das kleine Räubermädchen, das nicht mehr zu Hause bleiben mochte und nun zuerst nach Norden und dann in eine andere Richtung wollte, falls ihr das keinen Spaß machte. Sie erkannte Gerda sofort, und Gerda erkannte sie – das war eine Freude!

»Du hast dich ja ganz schön herumgetrieben!« sagte sie zu dem kleinen Kay. »Ich möchte wohl wissen, ob du's verdienst, daß man bis ans Ende der Welt für dich rennt!«

Aber Gerda streichelte ihr die Wange und fragte nach dem Prinzen und der Prinzessin.

»Die sind in ferne Länder gereist«, sagte das Räubermädchen.

»Und die Krähe?« fragte die kleine Gerda.

»Ja, die ist gestorben«, antwortete sie. »Die zahme Liebste ist nun Witwe und trägt ein Stückchen schwarzen Wollfaden am Bein; sie jammert ganz erbärmlich, und das ist alles Unsinn! – Aber erzähl mir jetzt, wie es dir ergangen ist und wie du ihn erwischt hast!«

Und Gerda und Kay erzählten zusammen.

»Und Schnipp-schnapp-schnurre-basselurre!« sagte das Räubermädchen, nahm sie bei den Händen und versprach ihnen, sie zu besuchen, falls sie einmal durch ihre Stadt kommen sollte, und dann ritt sie in die weite Welt hinaus.

Doch Kay und Gerda gingen Hand in Hand weiter, und auf einmal war schönster Frühling mit Blumen und Grün. Die Kirchenglocken läuteten, und sie erkannten die hohen Türme, die große Stadt, es war ihre Stadt, und sie gingen hinein und durch Großmutters Tür, die Treppe hinauf und in die Stube, wo alles genauso war wie zuvor und die Uhr »Tick! Tack!« sagte und der Zeiger sich drehte.

Doch während sie durch die Tür gingen, bemerkten sie, daß sie erwachsene Menschen geworden waren. Die Rosen von der Dachrinne blühten bis in die offenen Fenster, und da standen die kleinen Kinderstühle, und Kay und Gerda setzten sich jeder auf seinen und hielten sich bei den Händen. Sie hatten die kalte, leere Pracht der Schneekönigin wie einen schweren Traum vergessen. Die Großmutter saß in Gottes hellem Sonnenschein und las aus der Bibel vor: »Wenn ihr nicht wie die Kinder werdet, so werdet ihr nicht in das Himmelreich kommen!«

Und Kay und Gerda schauten sich in die Augen, und auf einmal verstanden sie den alten Choral:

> »Die Rosen sind voller Blüten,
> Das Jesuskind wird uns behüten!«

Da saßen sie beide als Erwachsene und doch als Kinder, Kinder im Herzen, und es war Sommer, der warme, segensreiche Sommer.

19. Elfenhügel

In den Spalten eines alten Baums huschten ein paar große Eidechsen herum; sie konnten einander gut verstehen, denn sie sprachen die Eidechsensprache.

»Nein, wie das in dem alten Elfenhügel rummelt und brummelt!« sagte die eine. »Da ist ein solcher Spektakel, daß ich schon zwei Nächte kein Auge zugetan habe; genausogut könnte ich Zahnschmerzen haben, da schlafe ich nämlich auch nicht!«

»Da drin ist etwas im Gange!« sagte die zweite Eidechse. »Sie stellen den Hügel auf den Kopf, auf vier rote Pfähle, bis zum Hahnenschrei, da wird ordentlich ausgelüftet, und die Elfenmädchen haben neue Tänze gelernt, bei denen man stampft. Da ist etwas im Gange!«

»Ja, ich habe mit einem Regenwurm aus meiner Bekanntschaft gesprochen«, sagte die dritte Eidechse, »der kam direkt aus dem Hügel, wo er Nächte und Tage in der Erde gewühlt hat. Dabei hat er so manches gehört, sehen kann er ja nicht, dieser elende Wurm, aber die Fühler ausstrecken und horchen, das versteht er. Im Elfenhügel erwartet man Gäste, vornehme Gäste, aber wen, das wollte der Regenwurm nicht verraten, oder er wußte es wohl nicht. Alle Glühwürmchen haben Befehl, zum Fackelzug zu kommen, wie man das nennt, und Gold und Silber, wovon es genug im Hügel gibt, wird poliert und im Mondschein ausgestellt.«

»Was mögen das für Gäste sein?« fragten sämtliche Eidechsen. »Was ist da wohl im Gange? Hört, wie es summt! Hört, wie es brummt!«

In diesem Augenblick teilte sich der Elfenhügel, und ein altes Elfenmädchen, das rückenlos, ansonsten jedoch sehr anständig gekleidet war, kam herausgetrippelt. Es war die Haushälterin des alten Elfenkönigs, die um sieben Ecken herum mit der Familie verwandt war und ein Bernsteinherz auf der Stirn trug. Ihre Beine liefen ganz flink: trip! trip! – potztausend, wie sie trippeln konnte! und zwar geradewegs ins Moor, wo der Nachtrabe wohnte.

»Sie sind in den Elfenhügel eingeladen, und zwar heute nacht«, sagte sie. »Aber vorher könnten Sie uns noch einen großen Gefallen tun und sich um die Einladungen kümmern. Wer wie Sie keinen eigenen Hausstand hat, der muß sich nützlich machen! Wir erwarten ein paar hochvornehme Gäste, Trolle, die etwas zu sagen haben, und deswegen will sich der alte Elfenkönig zeigen.«

»Wen soll ich denn einladen?« fragte der Nachtrabe.

»Zum großen Ball kann alle Welt kommen, sogar Menschen, wenn sie nur im Schlaf reden oder sonst so ein bißchen was tun können, was in unsre Art fällt. Aber für das erste Gelage soll die Auswahl sehr streng sein, da wollen wir nur die Allervornehmsten haben. Ich habe mich mit dem Elfenkönig gestritten, weil ich die Meinung vertrete, daß nicht einmal Gespenster dabei sein dürfen. Zuerst sind der Meermann und seine Töchter einzuladen, die kommen zwar nicht sehr gern aufs Trockne, aber wir wollen jedem einen nassen Stein oder etwas Besseres zum Sitzen geben, und deshalb glaube ich, daß sie diesmal wohl nicht absagen. Sämtliche alten Trolle der ersten Klasse mit Schwanz, den Flußmann und die Kobolde müssen wir haben, und dann, meine ich, können wir die Grabsau, das Totenpferd und den Kirchenkobold nicht übergehen; sie gehören zwar zur Geistlichkeit, die wir nicht sonderlich mögen, aber das ist nun mal ihr Amt, sie sind unsre nahen Verwandten und kommen dauernd zu Besuch.«

»Brav!« sagte der Nachtrabe und flog davon, um die Einladungen zu überbringen.

Die Elfenmädchen tanzten schon auf dem Elfenhügel, ihre Schleier waren aus Nebel und Mondschein gewebt, und wem das gefällt, der findet das niedlich. Der große

Saal mitten im Hügel war ordentlich herausgeputzt; der Fußboden war mit Mondschein gewischt und die Wände mit Hexenfett eingerieben, so daß sie im Licht wie Tulpenblätter glänzten. Die Küche war wohlversehen, da gab es Frösche am Spieß, Natternhaut mit kleinen Kinderfingern und Salate aus Pilzsporen, feuchte Mäuseschnäuzchen und Schierling, Bier vom Gebräu der Moorfrau, schimmernden Salpeterwein aus dem Grabkeller, alles sehr solide; verrostete Nägel und Kirchenfensterglas gehörten zum Naschwerk.

Der alte Elfenkönig ließ seine Goldkrone mit gestoßenem Griffel polieren; es war ein Primus-Griffel, und der ist für den Elfenkönig äußerst schwer zu besorgen! In der Schlafkammer wurden Gardinen aufgehängt und mit Kuckucksspeichel befestigt. Ja, das war wirklich ein Summen und Brummen!

»Jetzt muß ich hier noch mit Roßhaar und Schweineborsten räuchern, und dann, glaube ich, habe ich das meine getan!« sagte das alte Elfenmädchen.

»Liebster Vater«, sagte die kleinste der Töchter, »erzählst du mir nun, wer die vornehmen Gäste sind?«

»Na ja«, sagte er, »dann muß ich's wohl sagen. Zwei von meinen Töchtern dürfen sich zur Hochzeit bereithalten! Zwei werden wohl unter die Haube kommen. Der Troll-Alte aus Norwegen, der in dem alten Dovrefjell wohnt und viele Felsenschlösser aus Wackersteinen und dazu ein Goldwerk hat, das besser ist, als man glaubt, der besucht uns mit seinen zwei Söhnen, die sollen sich eine Frau aussuchen. Der Troll-Alte ist so ein richtiger alter, ehrlicher norwegischer Opa, lustig und gradezu, ich kenne ihn aus früheren Zeiten, da haben wir Brüderschaft getrunken. Er hat sich hier seine Frau geholt, die ist inzwischen gestorben und war eine Tochter des Felsenkönigs der Insel Møn. Er hat sich seine Frau auf die Kreide genommen, wie man sagt! Oh, wie ich mich nach dem norwegischen Troll-

Alten sehne! Die Söhne, heißt es, sollen ungezogene, großmäulige Bürschchen sein, aber man kann ihnen auch Unrecht tun, sie werden sich die Hörner schon noch abstoßen. Seht zu, daß ihr ihnen Manieren beibringt!«

»Und wann kommen sie?« fragte die eine Tochter.

»Das hängt von Wind und Wetter ab«, sagte der Elfenkönig. »Sie reisen ökonomisch und kommen auf dem Wasserweg. Ich hätte es lieber gesehen, daß sie über Schweden reisten, aber dazu hat der Alte noch keine Neigung. Er geht nicht mit der Zeit, und das kann ich nicht leiden!«

Im gleichen Augenblick kamen zwei Glühwürmchen herbeigehüpft, eins schneller als das andere, und deshalb war das eine zuerst da.

»Sie kommen! Sie kommen!« riefen sie.

»Gebt mir meine Krone und laßt mich im Mondschein stehen!« sagte der Elfenkönig.

Die Töchter hoben die Schleier und verneigten sich bis zur Erde.

Da stand der Troll-Alte von Dovre, er trug eine Krone aus gehärteten Eiszapfen und polierten Tannenzapfen, ansonsten einen Bärenpelz und zottige Winterstiefel. Die Söhne dagegen trugen weder Halstuch noch Hosenträger, denn sie waren Kraftkerle.

»Ist das ein Hügel?« fragte der kleinere der Jungen und zeigte auf den Elfenhügel. »Das nennen wir oben in Norwegen ein Loch!«

»Jungs!« sagte der Alte. »Loch geht nach innen, Hügel geht nach oben! Habt ihr denn keine Augen im Kopf!«

Das einzige, was sie hier unten wundere, sagten sie, sei, daß sie die Sprache ohne weiteres verstehen könnten.

»Jetzt nehmt euch mal zusammen!« sagte der Alte. »Man könnte meinen, ihr seid noch nicht ganz trocken hinter den Ohren!«

Und dann gingen sie ins Innere des Elfenhügels, wo

sich wirklich eine feine Gesellschaft versammelt hatte, und zwar so rasend schnell, daß man annehmen sollte, sie wäre zusammengeblasen. Für jeden war es hübsch eingerichtet. Die Meerleute saßen an der Tafel in großen Wasserkübeln und sagten, sie fühlten sich wie zu Hause. Alle hatten sie gute Manieren, nur die beiden kleinen norwegischen Trolle nicht: sie legten die Beine auf den Tisch und glaubten, ihnen stünde alles gut!

»Die Füße aus der Schüssel!« sagte der alte Troll, und sie gehorchten auch, ließen sich aber doch ein wenig Zeit. Sie kitzelten ihre Tischdame mit Tannenzapfen, die sie in der Tasche mitgebracht hatten, und dann zogen sie sich die Stiefel aus, um bequemer zu sitzen, und ließen ihre Dame die Stiefel halten. Ihr Vater, der alte Dovre-Troll, der war freilich von ganz andrer Art; er erzählte so schön von den stolzen norwegischen Fjellen und von Wasserfällen, die schaumweiß in die Tiefe stürzten, mit einem Getöse wie Donnerschlag und Orgelklang. Er erzählte vom Lachs, der gegen die stürzenden Wasser hinaufsprang, wenn der Nöck auf der Goldharfe spielte. Er erzählte von den schimmernden Winternächten, wenn die Glöckchen der Schlitten erklangen und die Burschen mit brennenden Fackeln über das blanke Eis liefen, das so durchsichtig war, daß die Fische unter ihren Füßen erschraken. Ja, er konnte erzählen, daß man alles hörte und sah; das war, als würden sich die Sägemühlen drehen, als würden Burschen und Mädchen Lieder singen und den Hallingetanz tanzen. Heißa! auf einmal gab der Troll-Alte dem alten Elfenmädchen einen Gevatter-Schmatz, das war ein ordentlicher Kuß, und dabei waren sie gar nicht verwandt.

Nun mußten die Elfenmädchen tanzen, sowohl einfach als auch mit Stampfen, und das stand ihnen gut. Dann kam der Kunsttanz oder, wie sie es nannten, das »Aus-dem-Tanz-Treten«, potztausend, wie sie die Beine streckten! Man wußte gar nicht, was Ende und was Anfang war; man wußte nicht, was Arme und was Beine waren, es schwirrte wie Sägespäne durcheinander, und dann wirbelten sie herum, daß dem Totenpferd schlecht wurde und es den Tisch verlassen mußte.

»Prrr!« sagte der Troll-Alte, »so ein Gaudi mit den Stelzen! Aber was können sie denn außer Tanzen, Beinestrecken und Wirbelwindmachen noch?«

»Das sollst du erfahren!« sagte der Elfenkönig, und dann rief er seine jüngste Tochter herbei. Sie war zart und hell wie der Mondschein und die feinste von allen Schwestern; und als sie ein weißes Stäbchen in den Mund nahm, da war sie reinweg verschwunden, das war ihre Kunst.

Aber der Troll-Alte sagte, eine solche Kunst könne er bei seiner Frau nicht leiden, und er glaube auch nicht, daß sie seinen Jungen gefalle.

Die zweite Tochter konnte neben sich selber gehen, so als hätte sie einen Schatten, den die Trolle nun einmal nicht haben.

Die dritte war von ganz anderer Art, sie hatte im Brauhaus der Moorfrau gelernt und verstand es, Erlenstümpfe mit Glühwürmchen zu spicken.

»Die wird eine gute Hausfrau!« sagte der Troll-Alte, und dann prostete er ihr mit den Augen zu, denn er wollte nicht so viel trinken.

Nun kam das vierte Elfenmädchen. Sie hatte eine große Goldharfe zum Spielen, und als sie die erste Saite anschlug, hoben alle das linke Bein, denn Trolle sind linksbeinig, und als sie die zweite Saite anschlug, mußten alle tun, was sie wollte.

»Das ist ein gefährliches Frauenzimmer!« sagte der Troll-Alte. Aber nun verließen die beiden Söhne den Hügel, denn sie hatten die Sache satt.

»Was kann die nächste Tochter?« fragte der Troll-Alte.

»Ich habe gelernt, die Norweger zu mögen«, sagte sie,

»und niemals werde ich heiraten, wenn ich nicht nach Norwegen komme!«

Doch die kleinste der Schwestern flüsterte dem Troll-Alten zu: »Das sagt sie nur, weil sie ein norwegisches Lied gehört hat, in dem es heißt, daß die norwegischen Felsen wie Bautasteine stehenbleiben, wenn auch die Welt vergeht, und deshalb will sie dorthin, sie hat nämlich vor dem Vergehen so große Angst.«

»Ho, ho!« sagte der Troll-Alte. »Das steckt also dahinter! Aber was kann die siebte und letzte?«

»Vor der siebten kommt die sechste!« sagte der Elfenkönig, denn rechnen konnte er. Aber die sechste wollte nicht recht vortreten.

»Ich kann den Leuten nur die Wahrheit sagen«, erklärte sie, »keiner mag mich, und ich habe genug damit zu tun, an meinem Totenhemd zu nähen!«

Nun kam die siebte und letzte, und was konnte sie? Ja, sie konnte Märchen erzählen, und zwar so viele, wie sie wollte.

»Hier sind alle meine fünf Finger«, sagte der Troll-Alte, »erzähl mir von jedem eins!«

Und das Elfenmädchen umfaßte sein Handgelenk, und er lachte, daß es in ihm gluckste, und als sie zum Ringfinger kam, der Goldbrand hieß und einen Goldring um den Leib trug, als wüßte er, daß es bald eine Verlobung geben sollte, da sagte der Troll-Alte: »Halt fest, was du hast, die Hand ist dein! Dich will ich selbst zur Frau haben!«

Und das Elfenmädchen entgegnete, es gebe noch etwas über Goldbrand und den kleinen Finger Per Spielmann zu erzählen.

»Das wollen wir im Winter hören!« sagte der Troll-Alte. »Und von der Tanne wollen wir hören und von der Birke und von den Geschenken der Huldre und vom klirrenden Frost! Du sollst schon Gelegenheit zum Erzählen haben, das tut nämlich noch keiner richtig da oben! – Und dann werden wir in meiner Steinkammer sitzen, wo die Kienfackel brennt, und Met aus den Goldhörnern der alten norwegischen Könige trinken; der Nöck hat mir ein paar davon geschenkt, und wenn wir da sitzen, dann kommt der Hofkobold zu Besuch und singt dir alle Lieder des Hirtenmädchens. Lustig soll es sein! Der Lachs wird im Wasserfall springen und gegen die Steinwand schlagen, aber herein kommt er doch nicht! – Ja, glaub mir, im lieben alten Norwegen ist es gut! Aber wo sind denn die Jungs?«

Ja, wo waren die Jungen? Sie bliesen auf dem Feld die Irrlichter aus, die so brav ihren Fackelzug machen wollten.

»Was treibt ihr euch herum!« sagte der Troll-Alte. »Jetzt habe ich eine Mutter für euch genommen, nun könnt ihr jeder eine Tante nehmen!«

Aber die Jungen sagten, sie wollten am liebsten eine Rede halten und Brüderschaft trinken, zum Heiraten hätten sie keine Lust. – Und dann hielten sie eine Rede, tranken Brüderschaft und machten mit den Gläsern die Nagelprobe, um zu zeigen, daß sie ausgetrunken hatten. Dann zogen sie ihre Kleider aus und legten sich auf den Tisch zum Schlafen, denn sie genierten sich nicht. Doch der Troll-Alte tanzte mit seiner jungen Braut durch die Stube und tauschte mit ihr die Stiefel, das ist nämlich feiner als Ringetauschen.

»Jetzt kräht der Hahn!« sagte das alte Elfenmädchen, das den Haushalt führte. »Jetzt müssen wir die Fensterläden schließen, damit die Sonne uns nicht verbrennt!«

Und dann schloß sich der Hügel. Draußen aber liefen die Eidechsen den geborstenen Baum hinauf und hinunter, und die eine sagte zur anderen: »Ach, wie gut hat mir doch der norwegische Troll-Alte gefallen!«

»Mir gefallen die Jungen besser«, sagte der Regenwurm, aber er konnte ja nicht sehen, der elende Wurm.

20. Die Hüpfer

Der Floh, die Heuschrecke und der Hüpfauf wollten einmal sehen, wer von ihnen am höchsten springen könnte, und sie luden die ganze Welt und alle, die sonst noch das große Schauspiel sehen wollten, zu sich ein, und sie waren drei ordentliche Hüpfer, wie sie da in der Stube zusammentrafen.

»Ja, ich will jenem, der am höchsten springt, meine Tochter geben!« sagte der König. »Denn es wäre doch zu armselig, wenn diese Personen für nichts und wieder nichts springen sollten!«

Der Floh trat zuerst hervor. Er hatte sehr hübsche Manieren und grüßte nach allen Seiten, denn er enthielt Fräuleinblut und war den Umgang mit Menschen gewöhnt, und das macht eben viel aus.

Dann kam die Heuschrecke, die freilich bedeutend schwerfälliger war, aber sie hatte doch recht gute Lebensart und eine grüne Uniform, und die war angeboren. Außerdem sagte sie, daß sie eine sehr alte Familie im Lande Ägypten habe und hierzulande hochgeschätzt sei. Man hatte sie direkt vom Feld geholt und in ein Kartenhaus gesetzt, dessen drei Etagen allesamt aus Bildkarten waren, mit der bunten Seite nach innen, und Tür und Fenster waren der Herzdame aus dem Leib geschnitten.

»Ich singe in einer Weise«, sagte die Heuschrecke, »daß sich sechzehn eingeborene Grillen, die von klein auf gezirpt und doch kein Kartenhaus bekommen haben, beim Zuhören noch dünner ärgerten, als sie schon waren!«

Beide, der Floh und die Heuschrecke, legten ganz vorzüglich dar, wer sie seien und daß sie glaubten, eine Prinzessin wohl ehelichen zu können.

Der Hüpfauf äußerte sich nicht, doch er stand in dem Ruf, um so mehr zu denken, und der Hofhund brauchte ihn nur zu beschnüffeln, schon verbürgte er sich dafür, daß der Hüpfauf aus guter Familie sei. Der alte Ratsherr, der für seine Verschwiegenheit drei Orden bekommen hatte, versicherte zu wissen, der Hüpfauf sei mit Wahrsage-Kraft begabt und man könne an seinem Rücken sehen, ob es einen milden oder strengen Winter gebe, und das sei nicht einmal seinem eigenen Rücken anzusehen, und er verfasse immerhin den Kalender.

»Ja, ich sage gar nichts«, sagte der alte König, »aber ich mache mir immer so meine eigenen Gedanken.«

Nun galt es, den Sprung zu tun. Der Floh sprang so hoch, daß niemand es sehen konnte, und da wurde behauptet, er sei gar nicht gesprungen, und das war gemein!

Die Heuschrecke sprang zwar nur halb so hoch, jedoch dem König mitten ins Gesicht, und da sagte er, das sei eklig.

Der Hüpfauf blieb so lange stehen und überlegte, daß man am Ende glaubte, er könne gar nicht springen.

»Hoffentlich ist ihm nicht schlecht geworden!« sagte der Hofhund, und dann beschnupperte er ihn noch einmal.

Rutsch! machte der Hüpfauf und landete mit einem kleinen, schiefen Sprung auf dem Schoß der Prinzessin, die auf einem niedrigen Goldschemel saß.

Da sagte der König: »Der höchste Sprung ist der, zu meiner Tochter hinaufzuspringen, denn das ist dabei das Feine; aber um darauf zu kommen, braucht man Köpfchen, und der Hüpfauf hat gezeigt, daß er Köpfchen hat. Der ist kein Hohlkopf!«

Und so bekam er die Prinzessin.

»Ich bin doch am höchsten gesprungen!« sagte der Floh. »Aber das mag einerlei sein. Soll sie diesen Gänseknochen mit Stöckchen und Pech nur heiraten! Ich bin doch am höchsten gesprungen, aber in dieser Welt braucht es einen Körper, damit man gesehen wird.«

Und dann trat der Floh in fremden Kriegsdienst und wurde totgeschlagen, wie man sagt.

Die Heuschrecke setzte sich in den Graben und dachte darüber nach, wie es eigentlich zuging in der Welt, und dann sagte auch sie: »Körper braucht es! Körper braucht es!« Und dann sang sie ihr eigenes trauriges Lied, und daher haben wir die Geschichte, die aber auch erlogen sein könnte, obwohl sie sogar gedruckt ist.

21. *Die Hirtin und der Schornsteinfeger*

Hast du schon einmal einen richtig alten Holzschrank gesehen, ganz schwarz vom Alter und mit geschnitzten Schnörkeln und Blättern? Gerade so einer stand in der Wohnstube, von der Urgroßmutter vererbt und von oben bis unten mit geschnitzten Rosen und Tulpen bedeckt. Er hatte die seltsamsten Schnörkel, zwischen denen kleine Hirsche ihre vielzackigen Geweihe hervorreckten, und mitten darauf stand ein ganzer geschnitzter Mann. Der sah wirklich komisch aus und zog auch ein komisches Gesicht, denn Lachen konnte man das nicht nennen; er hatte Beine wie ein Ziegenbock, auf der Stirn kleine Hörner und dazu einen langen Bart. Die Kinder im Zimmer nannten ihn stets den *Ziegenbockbein-Oberunduntergeneralkriegskommandeursergeanten,* weil das ein schwieriger Name war und nicht viele diesen Titel bekommen; und so einen Kerl zu schnitzen, das war auch etwas. Aber nun gab es ihn! Er blickte unverwandt zum Tisch unter dem Spiegel, denn dort stand eine reizende kleine Hirtin aus Porzellan; ihre Schuhe waren vergoldet, ihr Kleid mit einer roten Rose hübsch aufgesteckt, und dann trug sie einen goldenen Hut und einen Hirtenstab – sie war wunderschön. Nicht weit von ihr stand ein kleiner Schornsteinfeger, so schwarz wie ein Stück Kohle, doch ansonsten auch aus Porzellan und genauso sauber und ehrbar wie jeder andere; daß er Schornsteinfeger war, das war nur eine Rolle, der Porzellanmacher hätte ihn genausogut zu einem Prinzen formen können, das war ein und dasselbe.

Er war sehr hübsch, wie er da mit seiner Leiter stand, im Gesicht so weiß und rot wie ein Mädchen, und das war eigentlich ein Fehler, denn es hätte wohl auch ein bißchen schwarz sein können. Er war der Hirtin ganz nahe; beide standen sie, wo man sie hingestellt hatte, und weil sie nun so gestellt waren, hatten sie sich verlobt. Sie paßten ja zueinander, sie waren jung, aus dem gleichen Porzellan und beide gleich zerbrechlich.

In ihrer Nähe stand noch eine Puppe, die war dreimal größer und ein alter Chinese, der nicken konnte. Auch er war aus Porzellan und sagte, er sei der Großvater der kleinen Hirtin, aber das konnte er kaum beweisen. Er behauptete, Macht über sie zu haben, und deshalb hatte er dem Ziegenbockbein-Oberunduntergeneralkriegskommandeursergeanten zugenickt, als dieser um die kleine Hirtin freite.

»Da bekommst du einen Mann«, sagte der alte Chinese, »einen Mann, der aus Mahagoni ist, wie ich fast glaube. Er kann dich zur Ziegenbockbein-Oberunduntergeneralkriegskommandeursergeantin machen; er hat den ganzen Schrank voller Tafelsilber und dann noch, was in den Geheimfächern ist.«

»Ich will nicht in den dunklen Schrank!« sagte die kleine Hirtin. »Wie ich gehört habe, hat er elf Porzellanfrauen darin!«

»Dann kannst du die zwölfte sein«, sagte der Chinese, »heute nacht, sobald es in dem alten Schrank knackt, sollt ihr Hochzeit halten, so wahr ich ein Chinese bin!« Und dann nickte er mit dem Kopf und schlief ein.

Aber die kleine Hirtin weinte und sah zu ihrem Herzallerliebsten, dem Porzellanschornsteinfeger hin.

»Ich glaube, ich möchte dich bitten, mit mir hinaus in

die weite Welt zu gehen«, sagte sie, »denn hier können wir nicht bleiben!«

»Ich will alles, was du willst!« sagte der kleine Schornsteinfeger. »Laß uns gleich aufbrechen; ich glaube wohl, daß ich dich mit meinem Beruf ernähren kann.«

»Wenn wir nur schon wohlbehalten vom Tisch wären!« sagte sie. »Ich bin nicht eher froh, bis wir in der weiten Welt sind!«

Und er tröstete sie und zeigte ihr, wie sie ihr Füßchen auf die geschnitzten Kanten und das vergoldete Laubwerk des Tischbeins setzen mußte, auch seine Leiter nahm er zur Hilfe, und dann hatten sie den Fußboden erreicht. Doch als sie zu dem alten Schrank hinaufsahen, da herrschte dort große Bewegung; alle geschnitzten Hirsche reckten die Köpfe noch weiter vor, hoben die Geweihe und drehten die Hälse; der Ziegenbockbein-Oberunduntergeneralkriegskommandeursergeant sprang in die Höhe und rief dem alten Chinesen zu: »Da laufen sie! Da laufen sie!«

Da bekamen die beiden einen kleinen Schreck und sprangen rasch in die Schublade unter dem Fenstertritt.

Hier lagen drei, vier Kartenspiele, die nicht vollständig waren, und dann war ein kleines Puppentheater aufgestellt, so gut es sich machen ließ. Es wurde Komödie gespielt, und sämtliche Damen – Karo, Herz, Kreuz und Pik – saßen in der ersten Reihe und fächelten sich mit ihrer Tulpe, und dahinter standen alle Buben und zeigten, daß sie Köpfchen hatten, von oben wie von unten, wie es bei Spielkarten üblich ist. Die Komödie handelte von einem Pärchen, das sich nicht bekommen durfte, und darüber mußte die Hirtin weinen, denn es war gleichsam ihre eigene Geschichte.

»Das halte ich nicht aus!« sagte sie. »Ich muß aus der Schublade!«

Doch als sie dann wieder auf dem Fußboden waren und zum Tisch hinaufschauten, war der alte Chinese aufgewacht und wackelte mit dem ganzen Körper, denn er war unten ein Klumpen.

»Jetzt kommt der alte Chinese!« schrie die kleine Hirtin und war so verzweifelt, daß sie schnurstracks auf ihre Porzellanknie fiel.

»Mir kommt ein Gedanke!« sagte der Schornsteinfeger. »Wollen wir nicht in die große Potpourrivase kriechen, die dort im Winkel steht? Da können wir auf Rosen und Lavendel liegen und ihm, wenn er kommt, Salz in die Augen streuen.«

»Das wird nichts helfen«, sagte sie. »Außerdem weiß ich, daß der alte Chinese mit der Potpourrivase einmal verlobt war, und von einem solchen Verhältnis bleibt immer etwas Wohlwollen übrig. Nein, wir haben keine andere Wahl, als in die weite Welt hinauszugehen!«

»Wagst du dich wirklich mit mir in die weite Welt hinaus?« fragte der Schornsteinfeger. »Hast du bedacht, wie groß die ist und daß wir nie wieder heimkehren können?«

»Das habe ich!« sagte sie.

Und nachdem der Schornsteinfeger sie ganz starr angesehen hatte, sagte er: »Mein Weg führt durch den Schornstein. Hast du wirklich den Mut, mit mir durch den Kachelofen zu kriechen, durch den Feuerkasten und durch das Rohr? Wenn wir dann in den Schornstein kommen, kann ich alle meine Kräfte zeigen! Wir steigen so hoch, daß wir unerreichbar für sie sind, und ganz oben ist ein Loch, und dahinter ist die weite Welt.«

Und er führte sie zur Tür des Kachelofens.

»Da sieht es schwarz aus!« sagte sie, aber sie folgte ihm doch, sowohl durch den Feuerkasten als auch durch das Rohr, und darin war pechschwarze Nacht.

»Jetzt sind wir im Schornstein«, sagte er, »und sieh nur, sieh! Dort oben leuchtet der herrlichste Stern!«

Und wirklich stand ein Stern am Himmel, der funkelte zu ihnen herab, als ob er ihnen den Weg zeigen wollte.

Und sie krochen und sie kletterten, der Weg war grauenhaft, so steil, so steil; doch der Schornsteinfeger hob und stützte die Hirtin, hielt sie fest und zeigte ihr, wohin sie ihre Porzellanfüßchen am besten setzte, und als sie dann den Schornsteinrand erreichten, ließen sie sich darauf nieder, denn sie waren wirklich müde, und dazu hatten sie auch Grund.

Über ihnen war der Himmel mit all seinen Sternen und unter ihnen die Stadt mit all ihren Dächern. Sie hatten eine weite Aussicht, so weit in die Welt hinaus, wie sich die arme Hirtin nie vorgestellt hatte. Sie lehnte ihr Köpfchen an den Schornsteinfeger, und dann weinte sie so heftig, daß das Gold von ihrem Gürtel sprang.

»Das ist zuviel!« sagte sie. »Das kann ich nicht aushalten! Die Welt ist zu groß! Wenn ich doch auf dem Tischchen unter dem Spiegel wäre! Ich bin erst wieder froh, wenn ich dort unten bin! Ich habe dich hinaus in die weite Welt begleitet, und sofern du mich ein wenig lieb hast, dann begleitest du mich wieder heim.«

Und der Schornsteinfeger redete ihr vernünftig zu, sprach von dem alten Chinesen und dem Ziegenbockbein-Oberunduntergeneralkriegskommandeursergeanten, aber sie schluchzte so entsetzlich und küßte ihren kleinen Schornsteinfeger, und da konnte er nicht anders und mußte sich fügen, obwohl das verkehrt war.

Mit großer Mühe kletterten sie den Schornstein wieder hinunter, krochen durch den Feuerkasten und durch das Rohr, was gar nicht angenehm war, und dann standen sie hinter der Tür des dunklen Kachelofens und horchten, was in der Stube los war. Da war es ganz still, und als sie hinausschauten – ach, da lag mitten im Zimmer der alte Chinese. Er hatte sie verfolgen wollen, war dabei vom Tisch gefallen und in drei Teile zerbrochen; der ganze Rücken war abgegangen, und sein Kopf war in einen Winkel gerollt. Der Ziegenbockbein-Oberunduntergeneralkriegskommandeursergeant stand, wo er immer gestanden hatte, und dachte nach.

»Das ist ja furchtbar!« sagte die kleine Hirtin. »Der alte Großvater ist zerbrochen, und das ist unsre Schuld. Das werde ich niemals überleben!« Und dann rang sie ihre kleinen Händchen.

»Er läßt sich noch reparieren«, sagte der Schornsteinfeger. »Er läßt sich sehr gut reparieren! – Sei nur nicht so hitzig! Wenn man seinen Rücken leimt und ihm eine gute Niete in den Nacken steckt, dann ist er wieder so gut wie neu und kann uns viele Unannehmlichkeiten sagen.«

»Glaubst du?« sagte sie. Und dann kletterten sie zurück auf den Tisch, auf dem sie vorher gestanden hatten.

»So weit sind wir nun gekommen«, sagte der Schornsteinfeger, »da hätten wir uns die ganze Mühe sparen können!«

»Hätten wir nur schon den alten Großvater repariert!« sagte die Hirtin. »Ob das sehr teuer ist?«

Und er wurde repariert. Die Familie ließ seinen Rücken leimen, er bekam eine gute Niete in den Nacken; er war so gut wie neu, aber nicken konnte er nicht mehr.

»Sie sind wohl hochnäsig geworden, nachdem man Sie zerschlagen hat?« sagte der Ziegenbockbein-Oberunduntergeneralkriegskommandeursergeant. »Ich finde allerdings, daß man darauf nicht so schrecklich stolz sein sollte! Bekomme ich sie, oder bekomme ich sie nicht?«

Und der Schornsteinfeger und die kleine Hirtin warfen dem alten Chinesen flehende Blicke zu, sie hatten solche Angst, daß er nicken könnte. Aber das konnte er nicht, und es war ihm auch unangenehm, einem Fremden zu erzählen, daß er ständig eine Niete im Nacken hatte. Und so blieb das Porzellanpärchen zusammen, und sie segneten Großvaters Niete und hatten sich lieb, bis sie in Stücke gingen.

22. Die alte Straßenlaterne

Kennst du die Geschichte von der alten Straßenlaterne? Die ist gar nicht so sehr lustig, aber man kann sie immerhin einmal hören. Sie war so eine brave alte Straßenlaterne, die viele, viele Jahre ihren Dienst getan hatte, aber nun sollte sie ausgemustert werden. Es war der letzte Abend, an dem sie auf dem Pfahl saß und die Straße beleuchtete, und dabei war ihr zumute wie einer alten Ballettänzerin, die ihre letzte Vorstellung tanzt und sich klar darüber ist, daß sie morgen nur noch vom Schnürboden aus zuschauen darf. Die Laterne fürchtete sich sehr vor dem nächsten Tag, wußte sie doch, daß sie da zum ersten Mal aufs Rathaus mußte, wo die sechsunddreißig Stadtverordneten begutachten würden, ob sie noch brauchbar sei oder nicht, und dann sollte die Entscheidung über sie fallen. Würde man sie zum Leuchten auf eine der Brücken schicken oder aufs Land in eine Fabrik? Sollte sie vielleicht geradewegs zu einem Eisengießer, der sie einschmelzen und umgießen würde – dann könnte freilich alles aus ihr werden; doch ob sie dann die Erinnerung an ihr Dasein als Straßenlaterne behalten könnte, das wußte sie nicht, und das quälte sie. – Was immer geschehen oder nicht geschehen würde, sie mußte den Wächter und seine Frau verlassen, die sie ganz als ihre Familie ansah. Sie war zur selben Zeit Laterne geworden, als er Wächter wurde. Damals trug die Frau die Nase hoch und sah die Laterne nur abends an und niemals am Tage. Doch in der letzten Zeit, als sie nun alle drei in die Jahre gekommen waren, der Wächter, seine Frau und die Laterne, da hatte auch die Frau sie gepflegt, geputzt und mit Tran versorgt. Sie waren ehrliche Leute, die beiden, und hatten die Laterne niemals auch nur um einen einzigen Tropfen betrogen. Es war ihr letzter Abend in dieser Straße, und morgen sollte sie aufs Rathaus – das waren zwei düstre Gedanken für die Laterne, und da kann man sich wohl vorstellen, wie sie brannte. Doch sie wurde auch von anderen Gedanken beschäftigt; es gab so vieles, was sie gesehen, so vieles, was sie beleuchtet hatte, vielleicht genausoviel wie die sechsunddreißig Stadtverordneten. Aber das sagte sie nicht, denn sie war eine brave alte Laterne, die niemanden kränken wollte, zuallerletzt ihre Obrigkeit. Sie erinnerte sich an so vieles, und manchmal flammte es in ihr auf wie ein Gefühl, das sagte: »Ja, man erinnert sich noch an mich! Da gab es diesen hübschen jungen Mann – ja, das ist viele Jahre her! Er kam zu mir mit einem Brief auf rosenrotem Papier, so fein, so fein und mit Goldrand und einer zierlichen Schrift von einer Damenhand. Er las ihn zweimal, küßte ihn und sah zu mir auf, wobei seine Augen sagten: ›Ich bin der glücklichste Mensch!‹ – Ja, nur er und ich wußten, was in dem ersten Brief seiner Liebsten stand. – Ich erinnere mich auch an zwei andere Augen – es ist doch seltsam, welche Sprünge die Gedanken machen können! Ein prächtiger Leichenzug kam durch diese Straße, im Sarg auf dem samtbedeckten Leichenwagen lag die schöne junge Frau; es gab so viele Blumen und Kränze, es brannten so viele Fackeln, daß mein Licht reinweg verschwand; der ganze Bürgersteig war voller Menschen, die alle dem Leichenzug folgten. Doch als die Fackeln nicht mehr zu sehen waren, da stand noch einer weinend an meinem Pfahl und schaute mit so traurigen Augen in mich hinein, daß ich sie niemals vergessen werde!«

Viele solcher Gedanken gingen durch die alte Straßenlaterne, die an diesem Abend zum letzten Mal brannte. – Wenn eine Schildwache abgelöst wird, dann kennt sie ihren Nachfolger und kann ihm noch ein paar Worte sagen; doch die Laterne wußte nicht, wer nach ihr kam, und dabei hätte sie ihm diesen und jenen Hinweis geben können, über Sturm und Regen, wie weit der Mondschein über den Gehweg fiel und woher der Wind wehte.

Auf dem Rinnsteinbrett standen drei, die glaubten, die Laterne würde ihr Amt selbst vergeben, und deswegen wurden sie bei ihr vorstellig. Der eine Bewerber war ein Heringskopf, der meinte, er könne auf dem Laternenpfahl eine große Traneinsparung sein, weil er im Dunkeln leuchtete. Der zweite war ein Stück faules Holz, ebenfalls leuchtend, und, wie es selbst sagte, allemal heller als ein Klippfisch, außerdem war es das letzte Stück eines Baums, der einst die Zierde des Waldes war. Der dritte war ein Glühwürmchen; woher es stammte, wußte die Laterne nicht, doch nun war es da und leuchtete auch, obwohl das faule Holzstück und der Heringskopf darauf schworen, es sei nur zu bestimmten Zeiten da und deshalb niemals in Betracht zu ziehen.

Die alte Straßenlaterne sagte, daß keiner von ihnen hell genug leuchte, um sie zu ersetzen, aber das glaubten sie nicht, und als sie nun hörten, daß sie ihr Amt gar nicht selbst weitergebe, fanden sie das sehr erfreulich, denn die alte Laterne war nach ihrer Ansicht für eine solche Entscheidung auch viel zu gebrechlich.

In diesem Augenblick eilte der Wind von der Straßenecke herbei, fuhr der alten Laterne durch die Rauchkappe und sagte zu ihr: »Habe ich richtig gehört, daß du morgen fort willst? Soll ich dich heute abend zum letzten Mal hier treffen? Ja, dann will ich dir etwas schenken! Ich werde dir jetzt die Hirnschale lüften, damit du dich nicht nur an an alles deutlich erinnern kannst, was du gehört und gesehen hast, sondern auch so gescheit wirst, daß du alles siehst, was man in deiner Gegenwart erzählt oder liest!«

»Das ist ja ungeheuer viel!« sagte die alte Straßenlaterne. »Herzlichen Dank! Wenn ich nur nicht umgegossen werde!«

»Das passiert noch nicht«, sagte der Wind, »und jetzt blase ich dein Gedächtnis auf. Solltest du noch mehr solcher Geschenke wie dieses bekommen, dann können deine alten Tage recht vergnüglich werden.«

»Wenn ich nur nicht umgegossen werde!« sagte die Laterne. »Oder kannst du mir auch in solchem Fall das Gedächtnis sichern?«

»Alte Laterne, sei vernünftig!« sagte der Wind, und dann blies er. – Im gleichen Augenblick kam der Mond hervor. »Was geben Sie?« fragte der Wind.

»Ich gebe nichts!« sagte der Mond. »Schließlich bin ich im Abnehmen begriffen, und die Laternen haben niemals für mich, sondern ich habe für die Laternen geleuchtet.« Und dann verzog er sich wieder hinter die Wolken, denn er wünschte nicht belästigt zu werden.

Da fiel direkt auf die Rauchkappe ein Wassertropfen, und obwohl er aus einer Dachtraufe zu stammen schien, sagte er, er komme aus den grauen Wolken und sei ebenfalls ein Geschenk und vielleicht das allerbeste. »Ich dringe in dich ein und verleihe dir die Fähigkeit, dich über Nacht in Rost zu verwandeln, ganz zu zerfallen und Staub zu werden, wann du es wünschst.« Aber das hielt die Laterne für ein schlechtes Geschenk, und der Wind fand das auch. »Hast du kein besseres, hast du kein besseres?« blies er, so laut er konnte. Da ging eine Sternschnuppe nieder, funkelnd und leuchtend mit einem langen Schweif.

»Was war denn das?« rief der Heringskopf. »Ist da nicht ein Stern senkrecht vom Himmel gefallen? Ich glaube, er ist in die Laterne gefahren! – Na, wenn sich auch so Hochstehende um dieses Amt bemühen, dann können wir abtreten!« Und das tat er, und die anderen taten es auch.

Doch mit einem Mal leuchtete die alte Laterne wunderbar auf. »Das war ein prächtiges Geschenk!« sagte sie. »Die hellen Sterne, an denen ich stets soviel Freude hatte und die so herrlich scheinen, wie ich es eigentlich niemals konnte, obwohl ich mich nach Kräften bemühte, die haben mich arme alte Laterne bemerkt und einen der Ihren mit einem Geschenk zu mir geschickt. Es ist die Fähigkeit, daß alles, was ich selbst erinnere und ganz deutlich sehe, auch von denen gesehen werden kann, die ich gern habe. Und das erst ist das wahre Vergnügen, denn kann man seine Freude nicht mit andern teilen, dann ist sie nur halb!«

»Das ist sehr ehrenwert gedacht!« sagte der Wind. »Aber du weißt wohl nicht, daß es dazu ein Wachslicht braucht. Nur wenn ein Wachslicht in deinem Inneren brennt, kann ein anderer etwas von dir sehen. Das haben die Sterne nicht bedacht, sie glauben nämlich, daß alles, was glänzt, zumindest ein Wachslicht enthält. Aber jetzt bin ich müde!« sagte der Wind. »Jetzt will ich mich legen.« Und dann legte er sich.

Am nächsten Tag – ja, den nächsten Tag können wir überspringen; am nächsten Abend lag die Laterne in einem Lehnstuhl und wo? – bei dem alten Wächter. Er hatte sich als Lohn für seine langjährigen treuen Dienste von den sechsunddreißig Stadtverordneten erbeten, daß er die alte Laterne behalten dürfe. Sie lachten ihn deswegen aus, gaben ihm die Laterne aber doch, und nun lag sie im Lehnstuhl gleich neben dem warmen Kachelofen und schien ordentlich dabei gewachsen, denn sie füllte fast den ganzen Stuhl aus. Und die alten Leute saßen beim Abendbrot, warfen der alten Laterne freundliche Blicke zu und hätten ihr auch gern einen Platz am Tisch gegeben. Ihre Wohnung lag zwar im Keller, zwei Ellen tief unter der Erde, und die Stube war nur durch einen gepflasterten Hausflur zu betreten, aber sie war schön warm, denn an der Tür saßen Tuchleisten. Es war sauber und hübsch, um die Bettstelle hingen Vorhänge und vor den kleinen Fenstern Gardinen, und auf dem Fensterbrett standen zwei seltsame Blumentöpfe. Die hatte der Matrose Christian aus Ostindien oder Westindien mitgebracht, es waren zwei Elefanten aus Ton, denen der Rücken fehlte. Doch aus der Erde, die sie enthielten, wuchs etwas: aus dem einen der prächtigste Schnittlauch und aus dem anderen eine große blühende Geranie – das war ihr Blumengarten. An der Wand hing ein großes buntes Bild, das den Wiener Kongreß darstellte, da hatten sie alle Könige und Kaiser auf einmal. – Eine Standuhr machte mit ihren schweren Bleigewichten »tick! tack!« und zwar immer zu schnell, aber das sei besser als zu langsam, meinten die alten Leute.

Sie aßen ihr Abendbrot, und die alte Straßenlaterne lag, wie gesagt, im Lehnstuhl gleich neben dem warmen Kachelofen. Dabei war ihr zumute, als sei die ganze Welt auf den Kopf gestellt. – Doch als der alte Wächter sie ansah und davon erzählte, was sie miteinander erlebt hatten, bei Regen und Sturm, in den hellen, kurzen Sommernächten und bei Schneegestöber, wo man gern in den Keller zurückkehrte, da war für die alte Laterne wieder alles in Ordnung, sie sah es vor sich wie gegenwärtig, ja, der Wind hatte sie wirklich erleuchtet.

Die alten Leutchen waren sehr fleißig und rührig und ließen keine Stunde ungenutzt verstreichen. Am Sonntagnachmittag wurde dieses oder jenes Buch hervorgeholt, am liebsten eine Reisebeschreibung, und der alte Mann las vor, über Afrika und die großen Wälder und über die Elefanten, die dort wild herumliefen, und die alte Frau hörte aufmerksam zu und sah verstohlen auf die Ton-Elefanten, die als Blumentöpfe dienten. – »Ich kann's mir fast vorstellen«, sagte sie. Und die Laterne wünschte sehnlichst, jemand würde ein Wachslicht anzünden und in sie hineinstellen, damit die Frau alles ganz genauso sehen könnte wie sie selbst: die hohen Bäume, die dichten, ineinanderverschlungenen Zweige, die nackten schwarzen Menschen zu Pferde und ganze Scharen von Elefanten, die mit ihren breiten Hufen Schilf und Gebüsch zertrampelten.

»Was nützen mir alle meine Talente, wenn das Wachslicht fehlt!« seufzte die Laterne. »Sie haben nur Tran und Talgkerzen, und das ist nicht genug.«

Als eines Tages ein ganzes Bund von Wachslichtstummeln in den Keller kam, wurden die größten abgebrannt, und mit den kleineren wachste die alte Frau ihren Faden beim Nähen. Wachslicht war da, aber die Leute dachten gar nicht daran, ein kleines Stückchen in die Laterne zu setzen.

»Da stehe ich nun mit meinen seltenen Gaben!« sagte sie. »Alles habe ich in mir und kann es doch nicht mit ihnen teilen. Sie wissen nicht, daß ich die weißen Wände in die schönsten Tapeten verwandeln kann, in üppige Wälder, in alles, was sie sich wünschen. – Sie wissen es nicht!«

Ansonsten stand sie geputzt und sauber in einem Winkel, wo sie stets auffiel. Andere Leute bezeichneten sie zwar als Ungetüm, aber das kümmerte die Alten nicht, sie hatten ihre Laterne lieb.

Eines Tages, als der alte Wächter Geburtstag hatte, ging die alte Frau zur Laterne, lächelte leise und sagte: »Ich will für ihn illuminieren!« Da knackte es in der Bleikappe der Laterne, denn sie dachte: »Jetzt geht ihnen ein Licht auf!« Doch es gab für sie Tran und kein Wachslicht, und sie brannte den ganzen Abend. Nun wußte sie, daß jene Gabe, die sie von den Sternen bekommen hatte, die beste Gabe von allen, in diesem Leben ein ungehobener Schatz bleiben mußte.

Da träumte sie – und wer solche Fähigkeiten hat, der kann wohl träumen –, die alten Leute seien gestorben, und sie selbst sei zu einem Eisengießer gekommen und sollte eingeschmolzen und umgegossen werden. Davor fürchtete sie sich genauso wie damals, als sie aufs Rathaus sollte, um von den sechsunddreißig Männern besichtigt zu werden. Doch obgleich sie die Fähigkeit besaß, zu Rost und Staub zu zerfallen, wann sie es wünschte, tat sie es doch nicht, und so kam sie in den Schmelzofen und wurde in einen eisernen Leuchter verwandelt, wie es ihn schöner für ein Wachslicht nicht geben konnte. Er hatte die Form eines Engels, der einen Blumenstrauß trug, und mitten hinein wurde das Wachslicht und er selbst auf einen grünen Schreibtisch gestellt. Und das Zimmer war so gemütlich, mit vielen Büchern und prächtigen Bildern, hier wohnte ein Dichter, und alles, was er dachte und schrieb, das erschien: Das Zimmer verwandelte sich in tiefe, dunkle Wälder, in sonnenbeschienene Wiesen, auf denen der Storch stolzierte, und in ein Schiffsdeck hoch über dem wogenden Meer.

»Was habe ich doch für Talente!« sagte die alte Laterne, als sie erwachte. »Fast könnte ich mich nach dem Umgießen sehnen! – Aber nein, das darf nicht geschehen, solange die alten Leute am Leben sind. Sie haben mich um meiner Person willen lieb. Sie halten mich ja wie ihr eigenes Kind, sie haben mich geputzt, und sie haben mir Tran gegeben! Und es geht mir genausogut wie dem ›Kongreß‹, der so etwas Vornehmes ist!«

Und seit dieser Zeit war sie innerlich ruhiger, und das hatte die brave alte Straßenlaterne verdient.

23. *Die Stopfnadel*

Es war einmal eine Stopfnadel, die war so fein und vornehm, daß sie sich einbildete, eine Nähnadel zu sein.

»Seht euch gut an, was ihr da haltet!« sagte die Stopfnadel zu den Fingern, die sie ergriffen. »Verliert mich nicht! Wenn ich auf den Fußboden falle, bin ich imstande, unauffindbar zu bleiben, so fein bin ich!«

»Alles hat Grenzen!« sagten die Finger, und dann preßten sie sich fest um ihren Leib.

»Seht ihr, ich komme mit Gefolge!« sagte die Stopfnadel, und da zog sie einen langen Faden hinter sich her, der aber nicht einmal einen Knoten hatte.

Die Finger richteten die Nadel direkt auf den Pantoffel des Küchenmädchens, dessen Oberleder zerrissen war und der nun zusammengenäht werden sollte.

»Das ist eine niedere Arbeit!« sagte die Stopfnadel. »Da gehe ich nie hindurch! Ich breche! Ich breche!« – Und dann zerbrach sie. »Habe ich es nicht gesagt!« sagte sie. »Ich bin zu fein!«

»Jetzt ist sie zu nichts mehr zu gebrauchen«, meinten die Finger, mußten sie aber doch festhalten, denn das Küchenmädchen beträufelte sie mit Siegellack und steckte sie sich ins Tuch.

»Seht nur, jetzt bin ich eine Brustnadel!« sagte die Stopfnadel. »Ich wußte wohl, daß ich zu Ehren komme; wenn man etwas ist, dann wird man allemal etwas!« Und dann lachte sie innerlich, denn äußerlich ist einer Stopfnadel niemals anzusehen, daß sie lacht. Sie saß nun so stolz da, als führe sie in einer Kutsche, und warf Blicke nach allen Seiten.

»Darf ich mir wohl die Frage erlauben, ob Sie aus Gold sind?« wurde sie von der Stecknadel gefragt, die ihre Nachbarin war. »Sie haben ein prachtvolles Aussehen und Ihren eigenen Kopf, aber klein ist er. Sie müssen zusehen, daß er wächst, denn man kann nicht alle am Ende lackieren!«

Da reckte sich die Stopfnadel so stolz in die Höhe, daß sie aus dem Tuch rutschte und ins Wasser fiel, gerade als das Küchenmädchen beim Spülen war.

»Jetzt gehen wir auf Reisen!« sagte die Stopfnadel. »Wenn ich nur nicht abhanden komme!« Aber das tat sie.

»Ich bin zu fein für diese Welt!« sagte sie, als sie im Rinnstein lag. »Ich habe meine gute Gesinnung, und das ist allemal ein kleines Vergnügen!« Und dann machte sie sich gerade und behielt ihre gute Laune.

Nun schwamm alles mögliche über sie hinweg, Stöckchen, Halme, Zeitungsreste. »Sieh nur, wie sie schwimmen!« sagte die Stopfnadel. »Sie wissen nicht, was unter ihnen steckt. Ich stecke, ich sitze hier. Sieh den Stock, der da treibt, der denkt an nichts auf der Welt als an ›Stock‹, und das ist er selbst. Da schwimmt ein Halm, sieh, wie er schwankt und sich dreht! Denk nicht soviel an dich selbst, du könntest dich an den Pflastersteinen stoßen! – Da schwimmt eine Zeitung! – Was darin steht, ist vergessen, und doch macht sie sich breit. – Ich sitze geduldig und still. Ich weiß, was ich bin, und das bleibe ich!«

Eines Tages war etwas in ihrer Nähe, das glänzte so prachtvoll, daß die Stopfnadel es für einen Diamanten hielt. Aber es war ein Flaschenscherben, und weil er glänzte, sprach ihn die Stopfnadel an und gab sich als Brustnadel zu erkennen. »Sie sind wohl ein Diamant?« – »Ja, so etwas bin ich!« – Und da hielten sie sich für große Kostbarkeiten, und dann sprachen sie über den Hochmut der Welt.

»Ja, ich habe in der Schachtel einer Jungfer gewohnt«, sagte die Stopfnadel, »und diese Jungfer war Küchenmädchen. Sie hatte fünf Finger an jeder Hand, aber so etwas Eingebildetes wie diese fünf Finger habe ich noch nicht erlebt, und dann waren sie nur dazu da, mich zu halten, mich aus der Schachtel zu holen und mich in die Schachtel zu legen!«

»Hatten sie Glanz?« fragte der Flaschenscherben.

»Glanz!« sagte die Stopfnadel. »Nein, das war Hochmut! Sie waren fünf Brüder, alle geborene ›Finger‹, sie hielten sich gegenseitig aufrecht, obwohl sie von unterschiedlicher Länge waren. Der äußerste von ihnen, der Daumen, war kurz und dick, er war außerhalb von Reih und Glied, und dann hatte er im Rücken nicht mehr als einen Knick, er konnte nur eine einzige Verbeugung machen, aber er sagte, wenn er abgeschlagen würde, dann wäre der ganze Mensch für den Kriegsdienst verdorben. Der Zeigefinger, Topflecker genannt, tauchte in Süßes und Saures, zeigte auf Sonne und Mond, und er war es, der beim Schreiben drückte. Der Mittelfinger mit Namen Langemann schaute den andern über den Kopf; der Ringfinger, der Goldbrand hieß, trug einen goldenen Ring um den Bauch, und der kleine Finger Per Spielmann tat gar nichts, und darauf war er stolz. Geprahle war es, und Geprahle blieb es, und dann fiel ich ins Wasser!«

»Und nun sitzen wir hier und glänzen«, sagte der Glasscherben. Im gleichen Moment ergoß sich ein Schwall Wasser in den Rinnstein, überschwemmte alle Ufer und riß den Scherben mit.

»Siehst du, da wurde er befördert«, sagte die Stopfnadel. »Ich bleibe sitzen, ich bin zu fein, aber das ist mein Stolz, und der verdient Achtung!« Und dann saß sie mit geradem Rücken da und machte sich viele Gedanken.

»Ich möchte fast annehmen, ein Sonnenstrahl hat mich geboren, wo ich so fein bin! Auch will mir scheinen, daß die Sonne stets mich unter dem Wasser sucht. Ach, ich bin so fein, daß meine Mutter mich nicht finden kann. Hätte ich noch mein altes Öhr, das mein Auge war und dann brach, ich glaube, dann könnte ich weinen! – Obwohl – ich täte es doch nicht – weinen, das ist nicht fein!«

Als eines Tages ein paar Straßenjungen im Rinnstein stocherten, fanden sie alte Nägel, Schillinge und dergleichen. Es war eine Schweinerei, aber sie hatten ihren Spaß daran.

»Au!« sagte der eine, als er sich an der Stopfnadel stach. »Das ist ja ein Bursche!«

»Ich bin kein Bursche, ich bin ein Fräulein!« sagte die Stopfnadel, was jedoch niemand hörte. Der Lack war abgegangen, und schwarz war sie geworden, aber schwarz macht dünner, und deshalb hielt sie sich für noch feiner als zuvor.

»Da kommt eine Eierschale geschwommen!« sagten die Jungen, und dann steckten sie die Stopfnadel daran fest.

»Weiße Wände und selber schwarz«, sagte die Stopfnadel, »das putzt! So bin ich doch zu sehen! – Wenn ich nur nicht seekrank werde, dann breche ich nämlich!« – Aber sie wurde nicht seekrank, und sie brach nicht.

»Gegen Seekrankheit hilft ein Stahlbauch und das Wissen, daß man etwas mehr ist als ein Mensch! Jetzt bin ich fein raus. Je feiner man ist, um so mehr kann man aushalten.«

»Krach!« sagte die Eierschale, als eine Wagenladung über sie rollte. – »Hu, wie das drückt!« sagte die Stopfnadel. »Jetzt werde ich doch seekrank! Ich breche! Ich breche!«

Aber sie brach nicht, obwohl eine Wagenladung über sie ging, sie lag längelang da – und so mag sie liegenbleiben!

24. *Der Schatten*

In den heißen Ländern, da kann die Sonne wahrhaftig brennen! Die Leute werden ganz mahagonibraun, ja, in den allerheißesten Ländern brennen sie zu Negern. Deshalb war ein gelehrter Mann aus den kalten Ländern nur bis in die heißen gereist, wo er glaubte, herumlaufen zu können wie daheim, aber das wurde ihm bald abgewöhnt. Er mußte wie alle vernünftigen Leute in seinen vier Wänden bleiben und den ganzen Tag Fensterläden und Türen geschlossen halten; das sah aus, als ob das ganze Haus schliefe oder von allen verlassen wäre. Er wohnte in einer schmalen Straße mit hohen Häusern, die so gebaut waren, daß sie von morgens bis abends im Sonnenschein lagen, und das war wirklich nicht auszuhalten! – Der gelehrte Mann aus den kalten Ländern, der ein junger Mann, ein kluger Mann war, fühlte sich wie in einem glühenden Ofen; das zehrte an seinen Kräften, er wurde ganz mager, sogar sein Schatten, der auch von der Sonne angegriffen wurde, schrumpfte ein und war nun viel kleiner als zu Hause. Der Mann und sein Schatten lebten erst wieder auf, wenn am Abend die Sonne untergegangen war.

Das anzusehen war ein rechtes Vergnügen: Sobald das Licht in die Stube gebracht wurde, streckte sich der Schatten ganz hoch an der Wand empor, ja, sogar bis über die Zimmerdecke, so lang machte er sich; das mußte er tun, um zu Kräften zu kommen. Der Gelehrte ging auf den Balkon hinaus, um sich zu strecken, und erst wenn die Sterne in der schönen klaren Luft hervortraten, glaubte er wieder zum Leben zu erwachen. Auf allen Balkons der Straße, und in den warmen Ländern hat jedes Fenster einen Balkon, kamen Leute zum Vorschein, denn Luft muß man haben, auch wenn man gewöhnt ist, mahagonibraun zu sein! Da wurde es oben und unten äußerst lebendig. Schuster und Schneider, alle Leute zogen nun auf die Straße, mit Tischen und Stühlen und brennendem Licht, ja, über tausend Lichter brannten, und der eine erzählte, und der andere sang, man promenierte, die Wagen fuhren, die Esel bimmelten: klingelingeling!, denn sie laufen mit Glöckchen herum. Tote wurden mit frommem Gesang zu Grabe getragen, die Straßenjungen feuerten Sprühteufelchen ab, die Kirchenglocken läuteten – ja, in der Straße war wirklich Leben! Nur jenes Haus, dem der fremde gelehrte Mann gegenüber wohnte, war vollkommen still. Es war aber nicht unbewohnt, denn auf dem Balkon standen Blumen, die in der Sonnenglut prächtig gediehen, und das konnten sie nur, wenn sie gegossen wurden, und das mußte jemand tun, also mußten dort Leute sein. Auch wurde gegen Abend die Tür halb geöffnet, doch dahinter war es dunkel, zumindest in dem vordersten Zimmer, während aus dem Inneren Musik erklang. Der fremde gelehrte Mann fand sie ganz unvergleichlich, aber das konnte durchaus eine Einbildung sein, denn er fand alles in den warmen Ländern unvergleichlich, wenn nur die Sonne nicht gewesen wäre. Sein Wirt sagte, er kenne die Mieter dort drüben nicht, es sei auch niemand zu sehen, und was die Musik betraf, so fand er sie furchtbar langweilig. »Das klingt, als ob jemand ein Stück übt, das zu schwer für ihn ist, und es immer noch einmal spielt. ›Ich werde es doch schaffen!‹ sagt er wohl, aber er schafft es nicht, er mag noch so lange spielen.«

Eines Nachts wurde der Fremde davon wach, daß sich vor seiner offnen Balkontür die Gardine im Wind hob, und er glaubte auf dem Balkon gegenüber einen wunderbaren Glanz zu sehen, alle Blumen leuchteten wie Flammen und in den herrlichsten Farben, in ihrer Mitte stand eine schlanke, liebliche Jungfrau, und auch sie schien zu leuchten. Das schnitt ihm wirklich in die Augen, er hatte sie freilich auch schrecklich weit aufgerissen, außerdem kam er aus dem tiefsten Schlaf. Mit einem Satz war er aus dem Bett und schlich sich ganz leise hinter die Gardine, aber die Jungfrau war fort, der Glanz war fort, die Blumen leuchteten ganz und gar nicht, sondern standen genauso da wie immer. Die Tür war angelehnt, und die Musik, die aus den inneren Räumen tönte, war so sanft und lieblich, daß man dabei ordentlich in süße Gedanken versinken konnte. Das war wie ein Zauber, und wer wohnte dort? Wo war der eigentliche Eingang? Durch das Erdgeschoß, wo ein Geschäft neben dem anderen lag, konnten die Leute doch nicht immer hindurchlaufen.

Als der Fremde eines Abends wieder auf seinem Balkon saß und hinter ihm Licht brannte, da war es ganz natürlich, daß sein Schatten zur Hauswand gegenüber wanderte; ja, er setzte sich mitten zwischen die Blumen auf dem Balkon, und wenn der Fremde sich regte, dann regte er sich auch, denn das tut ein Schatten.

»Ich glaube, mein Schatten ist das einzig Lebendige, was ich da drüben sehe«, sagte der gelehrte Mann. »Schau an, wie hübsch er zwischen den Blumen sitzt, die Tür ist angelehnt, und jetzt sollte er so schlau sein und hineingehen, sich dort umsehen und dann zurückkehren und mir erzählen, was er gesehen hat! Ja, du solltest dich nützlich machen!« sagte er im Spaß. »Bitte, tritt ein! So! Gehst du nun?« Und dann nickte er seinem Schatten zu, und sein Schatten nickte zurück. »Ja, geh nur, aber komm auch wieder!« Und als sich der Fremde erhob, erhob sich auch sein Schatten auf dem Balkon gegenüber und drehte sich, als sich der Fremde drehte, ja, wenn es jemand genau beobachtet hätte, dann hätte er deutlich erkennen können, daß der Schatten durch die halbgeöffnete Balkontür trat, gerade in dem Moment, als der Fremde in sein Zimmer zurückkehrte und hinter sich die lange Gardine herabfallen ließ.

Am nächsten Morgen ging der gelehrte Mann aus, um Kaffee zu trinken und Zeitungen zu lesen. »Was ist denn das?« sagte er, als er in den Sonnenschein kam. »Ich habe ja keinen Schatten! Dann ist er gestern abend tatsächlich verschwunden und nicht wiedergekommen – das ist eine unangenehme Geschichte!«

Und er ärgerte sich, doch nicht so sehr darüber, daß er keinen Schatten mehr hatte, sondern weil es eine Geschichte von einem Mann ohne Schatten gab, die, wie er wußte, alle Leute in den kalten Ländern kannten, und wenn er nun heimkehrte und die seine erzählte, dann würden sie sagen, er ahme nur nach, und das hatte er nicht nötig. Deshalb wollte er gar nicht davon reden, und das war vernünftig gedacht.

Am Abend begab er sich wieder auf seinen Balkon. Das Licht hatte er ganz richtig hinter sich gestellt, denn ihm war bekannt, daß der Schatten stets seinen Herrn als Schirm haben will, doch er konnte ihn nicht hervorlocken. Er machte sich klein, er machte sich groß, kein Schatten war da, kein Schatten erschien! Er sagte: »Hm! Hm!«, aber das half auch nichts.

Das war schon ärgerlich, doch in den warmen Ländern wächst alles sehr schnell, und nach acht Tagen konnte er zu seiner großen Freude merken, daß aus seinen Beinen, wenn er in die Sonne kam, ein neuer Schatten wuchs, also mußte die Wurzel geblieben sein. Drei Wochen später war dieser Schatten ganz passabel, und während der Heimreise in die nördlichen Länder wuchs er immer weiter, bis er schließlich so lang und so groß geworden war, daß die Hälfte ausgereicht hätte.

Dann kehrte der gelehrte Mann nach Hause zurück und schrieb Bücher darüber, was es an Wahrem und Gutem und Schönem auf der Welt gab, und es vergingen Tage, und es vergingen Jahre; es vergingen viele Jahre.

Als er nun eines Abends in seiner Stube saß, klopfte es ganz leise an die Tür.

»Herein!« sagte er, doch es kam niemand. Da machte er auf, und ein Mensch stand vor ihm, der so außerordentlich mager war, daß dem gelehrten Mann ganz seltsam zumute wurde. Ansonsten war dieser Mensch überaus fein gekleidet, es mußte ein vornehmer Mann sein.

»Mit wem habe ich die Ehre zu sprechen?« fragte der Gelehrte.

»Ja, das habe ich mir gedacht«, sagte der feine Mann, »daß Sie mich nicht erkennen würden. Ich bin so sehr Körper geworden, ich habe mir ordentlich Fleisch und Kleider zugelegt. Sie haben wohl kaum erwartet, mich jemals in einem solchen Wohlstand wiederzusehen. Erkennen Sie Ihren alten Schatten nicht? Ja, Sie haben gewiß nicht mit meiner Rückkehr gerechnet. Seitdem ich das letzte Mal bei Ihnen war, ist es mir überaus gut ergangen, ich bin sehr vermögend in jeder Hinsicht geworden. Ich kann mich vom Dienst freikaufen, wenn es erforderlich ist!« Und dann klapperte er mit einem ganzen Bund von kostbaren Petschaften, das an seiner Uhr hing, und nahm die dicke Goldkette, die er um den Hals trug, in seine Hand – nein, wie die Diamantringe glänzten, die er an allen Finger trug! Und die waren alle echt.

»Nein, ich kann mich gar nicht fassen!« sagte der gelehrte Mann. »Was ist das bloß alles!«

»Ja, etwas Gewöhnliches ist es nicht!« sagte der Schatten. »Aber Sie selbst gehören ja auch nicht zu den Gewöhnlichen, und ich, das wissen Sie wohl, bin von Kindesbeinen an in Ihre Fußstapfen getreten. Sobald Sie mich für reif befanden, allein hinaus in die Welt zu gehen, bin ich meinen eigenen Weg gegangen. Ich befinde mich in den allerbrillantesten Umständen, aber dann hat mich eine Art Sehnsucht ergriffen, ich wollte Sie noch einmal sehen, bevor Sie sterben, und sterben müssen Sie ja! Ich wollte auch gern diese Länder wiedersehen, schließlich hängt man an seinem Vaterland. – Wie ich weiß, haben Sie einen anderen Schatten bekommen, bin ich ihm oder Ihnen etwas schuldig? Haben Sie nur die Güte, es mir zu sagen.«

»Nein, bist du's wirklich!« sagte der gelehrte Mann, »das ist doch höchst sonderbar! Nie hätte ich geglaubt, daß mein alter Schatten als Mensch wiederkäme!«

»Sagen Sie mir, was ich schuldig bin«, entgegnete der Schatten. »Ich will sehr ungern in einer Art Schuld stehen!«

»Wie kannst du nur so reden!« sagte der gelehrte Mann. »Was soll denn das für eine Schuld sein? Fühl dich so frei wie jeder andre! Ich freue mich von Herzen über dein Glück. Nimm Platz, alter Freund, und erzähl mir nur ein wenig, wie alles zuging und was du im Haus gegenüber sahst, dort in den warmen Ländern!«

»Ja, ich will es Ihnen erzählen«, sagte der Schatten und setzte sich. »Aber Sie müssen mir dann auch versprechen, niemandem in dieser Stadt, wo immer Sie mir begegnen, zu verraten, daß ich einmal Ihr Schatten war! Ich habe vor, mich zu verloben; ich kann mehr als eine Familie ernähren!«

»Sei ganz unbesorgt!« sagte der gelehrte Mann. »Ich werde keinem erzählen, wer du eigentlich bist. Hier ist meine Hand! Ich verspreche es, und ein Mann ein Wort!«

»Ein Wort ein Schatten!« sagte der Schatten, und so mußte er ja sprechen.

Es war wirklich ganz seltsam, wie sehr er jetzt Mensch war. Er war vollkommen schwarz gekleidet, mit dem allerfeinsten schwarzen Tuch, er trug Lackstiefel und einen Hut, der sich zusammenklappen ließ, so daß nur Deckel und Krempe übrigblieben, ganz zu schweigen von jenen Dingen, die wir schon kennen: Petschaften, goldenen Halsketten und Diamantringen. Ja, der Schatten war überaus gut gekleidet, und eben das machte, daß er ganz Mensch war.

»Jetzt will ich erzählen«, sagte der Schatten, und dann stellte er seine Füße mit den Lackstiefeln, so hart er konnte, auf den neuen Schatten, der seinem Herrn, dem gelehrten Mann, wie ein Pudel zu Füßen lag. Das tat er entweder aus Hochmut oder vielleicht, damit dieser Schatten festkleben sollte; und der blieb ganz ruhig liegen und war ganz Ohr – er wollte wohl wissen, wie man es anstellte, um loszukommen, sich hochzudienen und sein eigener Herr zu sein.

»Wissen Sie, wer im Haus gegenüber wohnte?« sagte der Schatten. »Es war die Schönste von allen, es war die *Poesie*! Drei Wochen hielt ich mich dort auf, und das hatte dieselbe Wirkung, als hätte man dreitausend Jahre gelebt und alles gelesen, was da gedichtet und geschrieben wurde, und wenn ich das sage, ist das richtig. Ich habe alles gesehen, und ich weiß alles!«

»Die Poesie!« rief der gelehrte Mann. »Ja, ja – in den

großen Städten ist sie häufig ein Eremit. Die Poesie! Ich habe sie einen einzigen kurzen Moment gesehen, doch in meinen Augen saß der Schlaf. Sie stand auf dem Balkon und glänzte, wie das Nordlicht glänzt. Erzähl, erzähl! Du warst auf dem Balkon, du bist durch die Tür gegangen, und dann –?«

»Dann war ich im Vorgemach«, sagte der Schatten. »Sie haben die ganze Zeit nur ins Vorgemach gesehen. Da war gar kein Licht, sondern eine Art Dämmerung, doch eine Tür stand offen und dann noch eine und noch eine, es war eine lange Flucht von Zimmern und Sälen. Hell war es da, und wäre ich bis zur Jungfrau vorgedrungen, dann hätte mich das Licht reinweg erschlagen. Aber ich war besonnen, ich ließ mir Zeit, und das soll man tun.«

»Und was hast du dann gesehen?« fragte der gelehrte Mann.

»Ich habe alles gesehen, und ich werde es Ihnen erzählen, aber – das sage ich durchaus nicht aus Stolz – als freier Mann und bei meinen Kenntnissen, von meiner guten Stellung, meinen vortrefflichen Umständen ganz zu schweigen – ich wünsche, daß Sie mich mit *Sie* anreden!«

»Entschuldigen Sie!« sagte der gelehrte Mann. »Das ist eine alte Gewohnheit, und die sitzt fest! – Sie haben vollkommen Recht, und ich will es mir merken. Aber erzählen Sie mir nun alles, was Sie gesehen haben!«

»Alles«, sagte der Schatten, »denn ich habe alles gesehen, und ich weiß alles!«

»Wie sah es aus in den innersten Sälen?« fragte der gelehrte Mann. »War es wie im frischen Wald? War es wie in einer heiligen Kirche? Waren die Säle wie der sternklare Himmel, wenn man auf den hohen Bergen steht?«

»Alles war da!« sagte der Schatten. »Ich bin ja nicht ganz hineingegangen, ich bin im vordersten Zimmer, in der Dämmerung geblieben, aber da stand ich überaus gut;

ich habe alles gesehen, und ich weiß alles! Ich bin am Hof der Poesie gewesen, im Vorgemach!«

»Aber was haben Sie dann gesehen? Sind alle Götter des Altertums durch die großen Säle geschritten? Haben dort die alten Helden gekämpft? Haben hübsche Kinder gespielt und ihre Träume erzählt?«

»Ich sage Ihnen ja, daß ich dort war, und da verstehen Sie, daß ich alles gesehen habe, was es zu sehen gab. Wären Sie dorthin gekommen, dann wären Sie nicht ein Mensch geworden. Aber ich wurde es! Und gleichzeitig lernte ich meine innerste Natur kennen, das, was mir angeboren ist, meine Verwandtschaft mit der Poesie. Ja, damals, als ich bei Ihnen war, da dachte ich nicht darüber nach; doch immer, wenn die Sonne auf- und unterging, Sie wissen schon, wurde ich so merkwürdig groß; im Mondschein war ich fast deutlicher als Sie. Damals war mir meine Natur noch nicht klar, erst im Vorgemach ging sie mir auf, ich wurde Mensch! – Gereift kam ich heraus, Sie aber hatten die warmen Länder verlassen. Ich schämte mich, so, wie ich war, als Mensch herumzulaufen; ich brauchte Stiefel, Kleider, diesen ganzen Menschen-Firnis, der einen Menschen kenntlich macht. – Ich begab mich, ja, Ihnen kann ich es sagen, Sie schreiben es ja doch in kein Buch, ich begab mich unter die Schürze der Kuchenfrau, da habe ich mich versteckt; die Frau dachte gar nicht daran, wieviel sie verbarg. Erst am Abend ging ich aus und lief im Mondschein auf der Straße herum; ich streckte mich lang die Mauer hinauf, das kitzelt so schön am Rücken. Ich lief auf und ich lief ab, guckte in die höchsten Fenster, in den Saal und auf das Dach, ich guckte, wohin niemand gucken kann, und ich sah, was niemand gesehen hat und niemand sehen sollte. Es ist im Grunde eine niedrige Welt. Wäre es nicht die geltende Meinung, daß dies etwas sei – ich wollte nicht Mensch sein! Ich habe gesehen, was am unvorstellbarsten ist, bei den Frauen, bei den

Männern, bei den Eltern und bei den reizenden, allerliebsten Kindern – ich habe gesehen«, sagte der Schatten, »was kein Mensch wissen dürfte, was sie aber alle so gern wissen möchten, das Böse beim Nachbarn. – Wenn ich eine Zeitung geschrieben hätte, die wäre gelesen worden! Doch ich schrieb direkt an die Person, und da gab es in allen Städten, in die ich kam, ein großes Entsetzen. Ich wurde von den Leuten sehr gefürchtet und ganz außerordentlich geschätzt. Die Professoren machten mich zum Professor, die Schneider gaben mir neue Kleider, ich bin wohlversehen; der Münzmeister prägte für mich Münzen, und die Gattinnen sagten, ich sei so nett! – Und so wurde ich der Mann, der ich jetzt bin. Und nun verabschiede ich mich; hier ist meine Karte, ich wohne auf der Sonnenseite und bin bei Regenwetter stets zu Hause!« Und dann ging der Schatten davon.

»Das war doch seltsam!« sagte der gelehrte Mann.

Nach Jahr und Tag kehrte der Schatten zurück.

»Wie geht's?« fragte er.

»Ach!« sagte der gelehrte Mann. »Ich schreibe über das Wahre und das Gute und das Schöne, aber niemand mag dergleichen hören, ich bin ganz verzweifelt, denn ich nehme mir das so zu Herzen.«

»Das tu ich nicht«, sagte der Schatten. »Ich werde fett, und das soll man werden! Ja, Sie verstehen sich nicht auf die Welt, Sie werden krank davon. Sie müssen wegfahren! Ich mache im Sommer eine Reise, wollen Sie mitkommen? Ich hätte schon gern einen Gefährten. Wollen Sie mich begleiten, als Schatten? Es soll mir ein großes Vergnügen sein, Sie bei mir zu haben, ich bezahle die Reise!«

»Das geht wohl zu weit!« sagte der gelehrte Mann.

»Wie man es nimmt!« sagte der Schatten. »Das Reisen wird Ihnen überaus guttun! Wenn Sie mein Schatten sein wollen, werden Sie unterwegs alles umsonst bekommen.«

»Das ist zu toll!« sagte der gelehrte Mann.

»Aber so ist die Welt nun einmal«, sagte der Schatten, »und so bleibt sie auch!« Und dann verschwand er.

Dem gelehrten Mann erging es gar nicht gut, er wurde von Kummer und Not verfolgt, und was er über das Wahre und Gute und Schöne sagte, das war für die meisten wie Rosen für eine Kuh! – Schließlich war er ganz krank.

»Sie sehen wirklich aus wie ein Schatten!« sagten die Leute zu ihm, und der gelehrte Mann schrak zusammen, denn er machte sich dabei seine Gedanken.

»Sie sollten ins Bad fahren!« sagte der Schatten, der ihn besuchen kam. »Etwas anderes bleibt Ihnen nicht übrig. Weil wir alte Bekannte sind, will ich Sie mitnehmen; ich bezahle die Reise, und Sie machen die Beschreibung und unterhalten mich unterwegs ein wenig! Ich will ein Bad aufsuchen, mein Bart wächst nicht so, wie er sollte, das ist auch eine Krankheit, und einen Bart muß man haben! Sie sollten so vernünftig sein und mein Angebot annehmen, schließlich reisen wir als Kameraden!«

Und so brachen sie auf. Der Schatten war jetzt Herr, und der Herr war jetzt Schatten; sie fuhren zusammen, sie ritten und gingen zusammen, Seite an Seite, voreinander und hintereinander, je nachdem, wie die Sonne stand. Der Schatten wußte den Platz des Herren stets zu behaupten, und der gelehrte Mann dachte nicht viel darüber nach. Er hatte ein sehr gutes Herz und war äußerst mild und freundlich, und da sagte er eines Tages zu dem Schatten: »Wo wir nun einmal Reisekameraden geworden und seit unsrer Kindheit zusammen sind, sollten wir da nicht Brüderschaft trinken? Das ist doch vertraulicher!«

»Was sagen Sie da!« entgegnete der Schatten, der nun der eigentliche Herr war. »Das ist sehr geradezu und wohlgemeint gesagt, ich will genauso wohlmeinend und geradezu antworten. Sie, als gelehrter Mann, wissen sicher, wie sonderbar die Natur ist. Einige Menschen vertragen es nicht, graues Papier zu berühren, es wird ihnen schlecht davon; anderen geht es durch und durch, wenn ein Nagel auf einer Glasscheibe kratzt; genau diese Empfindung habe ich, wenn ich Sie Du zu mir sagen höre, ich fühle mich gleichsam zu Boden gedrückt, in meine erste Stellung bei Ihnen. Dies ist, wie Sie sehen, ein Gefühl und kein Stolz. Ich kann es Ihnen nicht erlauben, mich mit Du anzureden, dafür will ich gern Du zu Ihnen sagen, das ist immerhin die Hälfte!«

Und so sagte der Schatten zu seinem vorherigen Herrn Du.

»Das ist doch zu toll«, dachte dieser, »daß ich Sie sagen muß, während er Du zu mir sagt.« Aber nun hatte er es zu erdulden.

Dann erreichten sie das Bad, wo es viele Gäste gab, und darunter war eine schöne Königstochter, die an der Krankheit litt, daß sie allzu scharf sah, und das war äußerst beängstigend.

Sie bemerkte sogleich, daß jemand gekommen war, der sich von allen anderen unterschied. »Er ist hier, damit sein Bart besser wächst, wird gesagt, aber ich sehe die wirkliche Ursache: Er kann keinen Schatten werfen.«

Da sie nun neugierig geworden war, knüpfte sie beim Spazierengehen sogleich ein Gespräch mit dem fremden Herrn an. Als Königstochter brauchte sie nicht viele Umstände zu machen, und deshalb sagte sie: »Ihre Krankheit besteht darin, daß Sie keinen Schatten werfen können.«

»Ihre Königliche Hoheit müssen sich entschieden auf dem Weg der Besserung befinden!« sagte der Schatten. »Ich weiß, daß Sie daran leiden, allzu scharf zu sehen, aber das hat sich verloren, Sie sind geheilt, ich habe just einen ganz ungewöhnlichen Schatten! Sehen Sie nicht jene Person, die mich immer begleitet? Andere Menschen haben einen gewöhnlichen Schatten, ich aber mag das Gewöhnliche nicht. Man gibt seinem Diener oft besseres Tuch für die Livree, als man selber trägt, und so habe ich meinen Schatten zum Menschen herausputzen lassen. Ja, wie Sie sehen, habe ich *ihm* sogar einen Schatten gegeben. Das ist sehr kostbar, aber ich habe gern etwas für mich selbst!«

»Wie«, dachte die Prinzessin, »sollte ich wirklich genesen sein? Dieses Bad ist das beste, das es gibt! In unsrer Zeit hat das Wasser ganz wunderbare Kräfte. Aber ich reise nicht ab, denn jetzt wird es hier lustig; der Fremde gefällt mir außerordentlich gut. Wenn nur nicht sein Bart wächst, denn dann verläßt er das Bad!«

Am Abend tanzten die Königstochter und der Schatten im großen Ballsaal. Sie war leicht, doch er war noch leichter, so einen Tänzer hatte sie noch nie gehabt. Sie erzählte ihm, woher sie sei, und er kannte das Land, er hatte es besucht, aber da war sie gerade nicht zu Hause gewesen. Er hatte dort in die Fenster geguckt, oben und unten, dabei hatte er dieses und jenes gesehen, und so konnte er der Königstochter antworten und Andeutungen machen, daß sie staunte – er mußte der weiseste Mann auf der ganzen Erde sein! Sein Wissen machte auf sie großen Eindruck, und als sie dann wieder tanzten, da verliebte sie sich in ihn, und das konnte der Schatten wohl merken, denn sie hätte beinah durch ihn hindurchgesehen. Dann tanzten sie noch einmal, und um ein Haar hätte sie es ihm gesagt, aber sie war besonnen und dachte an ihr Land und Reich und an die vielen Menschen, die sie regieren sollte. »Er ist ein weiser Mann«, sagte sie bei sich selbst, »das ist gut! Und ein prachtvoller Tänzer, das ist auch gut. Aber genauso wichtig ist, ob er auch gründliche Kenntnisse hat. Er muß examiniert werden.« Und dann machte sie sich daran, ihm die schwierigsten Fragen zu stellen, auf die sie selbst keine Antwort wußte, und der Schatten zog ein ganz sonderbares Gesicht.

»Darauf können Sie nicht antworten!« sagte die Königstochter.

»Das habe ich schon als Kind gewußt«, sagte der Schatten, »ich glaube, sogar mein Schatten dort an der Tür kann die Antwort geben!«

»Ihr Schatten?« sagte die Königstochter. »Das wäre höchst seltsam!«

»Ich kann es nicht mit Bestimmtheit behaupten«, sagte der Schatten, »aber ich möchte es annehmen, wo er mich nun so viele Jahre begleitet und mir zugehört hat – ich möchte es annehmen! Doch gestatten Ihre Königliche Hoheit, daß ich Sie darauf aufmerksam mache, daß er sehr stolz darauf ist, als Mensch zu gelten, und damit er in die rechte Stimmung kommt, und in der muß er sein, um gut zu antworten, muß man ihn ganz wie einen Menschen behandeln.«

»Das gefällt mir gut!« sagte die Königstochter.

Und dann ging sie zu dem gelehrten Mann, der an der Tür stand, und unterhielt sich mit ihm über Sonne und Mond und über die Menschen, sowohl von außen wie von innen, und er antwortete überaus klug und gut.

»Was muß das für ein Mann sein, wenn er so einen weisen Schatten hat!« dachte sie. »Es wäre ein wahrer Segen für mein Volk und mein Reich, wenn ich ihn zum Gemahl erwählte – ich tu es!«

Und sie waren sich bald einig, die Königstochter und der Schatten, doch niemand sollte etwas davon wissen, bevor sie in ihr Reich heimgekehrt war.

»Niemand, nicht einmal mein Schatten!« sagte der Schatten, und dabei hatte er nun so seine Gedanken.

Dann kamen sie in das Land, wo die Königstochter regierte, wenn sie zu Hause war.

»Hör mal, mein guter Freund!« sagte der Schatten zu dem gelehrten Mann. »Nun bin ich so glücklich und mächtig geworden, wie man nur werden kann, da will ich auch für dich etwas Besonderes tun. Du sollst immer bei mir im Schloß wohnen, mit mir in meinem königlichen Wagen fahren und hunderttausend Reichstaler im Jahr bekommen. Aber dafür mußt du dich von all und jedem Schatten nennen lassen; du darfst nicht sagen, daß du jemals ein Mensch warst, und einmal im Jahr, wenn ich auf dem Balkon im Sonnenschein sitze und mich zeige, mußt du mir zu Füßen liegen, wie es ein Schatten soll! Ich heirate die Königstochter, will ich dir sagen, und heute abend soll die Hochzeit sein.«

»Nein, das ist doch zu toll!« sagte der gelehrte Mann. »Das will ich nicht, das tu ich nicht! Das hieße, das ganze Land und die Königstochter dazu betrügen! Ich werde alles sagen! Daß ich der Mensch bin und du der Schatten, daß du nur verkleidet bist!«

»Das wird dir keiner glauben!« sagte der Schatten. »Sei vernünftig, oder ich rufe die Wache!«

»Gleich gehe ich zur Königstochter!« sagte der gelehrte Mann.

»Aber ich gehe zuerst«, sagte der Schatten, »und du gehst ins Gefängnis!« – Und so geschah es, und die Schildwachen gehorchten ihm, weil sie wußten, daß die Königstochter ihn haben wollte.

»Du zitterst ja!« sagte die Königstochter, als der Schatten zu ihr kam. »Ist etwas passiert? Du darfst nicht krank werden, wo wir heute abend Hochzeit feiern.«

»Ich habe das Schrecklichste erlebt, was man erleben kann!« sagte der Schatten. »Stell dir vor – ja, so ein armes Schattenhirn hält nicht viel aus! – Stell dir vor, mein Schatten ist verrückt geworden, er glaubt, er sei ein Mensch, und ich – stell dir das nur vor – ich sei sein Schatten!«

»Das ist entsetzlich!« sagte die Prinzessin. »Er ist doch wohl eingesperrt?«

»Gewiß! Ich fürchte, er wird niemals gesund.«

»Armer Schatten!« sagte die Prinzessin. »Er ist sehr unglücklich; es wäre eine wahre Wohltat, wenn man ihn von seinem bißchen Leben befreite, und wenn ich es recht bedenke, dann glaube ich, daß es wohl notwendig ist, ihm in aller Stille den Garaus zu machen!«

»Das ist aber hart!« sagte der Schatten. »Schließlich war er ein treuer Diener.« Und dann stieß er so etwas wie einen Seufzer aus.

»Sie sind ein edler Charakter!« sagte die Königstochter.

Am Abend war die ganze Stadt illuminiert, und die Kanonen feuerten: bum!, und die Soldaten präsentierten das Gewehr. Das war eine Hochzeit! Die Königstochter trat mit dem Schatten auf den Balkon, um sich zu zeigen und noch einmal Hurra zu hören.

Der gelehrte Mann hörte von alledem nichts, denn man hatte ihn ums Leben gebracht.

25. Das alte Haus

Dort drüben in der Straße stand ein altes, altes Haus, fast dreihundert Jahre war es alt. Das konnte man am Balken lesen, in den die Jahreszahl geschnitzt war, zusammen mit Tulpen und Hopfenranken. Ganze Verse gab es da, in der Schreibweise der alten Zeit, und über jedem Fenster war ein geschnitztes Gesicht, das eine Grimasse zog. Ein Stockwerk überragte das andere um ein ganzes Stück, und unter dem Dach war eine Bleirinne mit einem Drachenkopf, dem das Regenwasser aus dem Maul laufen sollte; doch weil die Rinne ein Loch hatte, lief es aus dem Bauch.

Alle anderen Häuser in der Straße waren so neu und so hübsch, mit großen Fenstern und glatten Wänden. Man sah ihnen an, daß sie mit dem alten Haus nichts zu tun haben wollten, und sie dachten wohl: »Wie lange soll dieses Ungetüm noch zum Spott und Gelächter in der Straße stehen; sein Erker ragt so weit hervor, daß niemand von unseren Fenstern erkennen kann, was dort passiert! Die Treppe ist so breit wie für ein Schloß und so hoch wie für einen Kirchturm. Das Eisengeländer sieht aus, als sollte es eine alte Grabstätte umschließen, und dann hat es Messingknöpfe. Das ist geschmacklos!«

Auch gegenüber waren die Häuser neu und hübsch, und sie dachten wie die anderen. Hier aber saß ein kleiner Junge am Fenster, mit frischen, roten Wangen und klaren, strahlenden Augen, dem gefiel das alte Haus freilich am besten, und zwar im Sonnenschein wie im Mondschein. Und wenn er die Mauer gegenüber betrachtete, wo der Kalk abgeplatzt war, dann konnte er sich die wunderlichsten Bilder vorstellen und sah die Straße ganz genau vor sich, wie sie früher gewesen war, mit Treppen, Erkern und spitzen Giebeln; er sah Soldaten mit Hellebarden und Dachrinnen, die Drachen und Lindwürmern glichen. – An diesem Haus gab es wirklich etwas zu sehen! Und darin wohnte ein alter Mann, der Plüschhosen, einen Rock mit großen Messingknöpfen und eine Perücke trug, der man ansah, daß es eine wirkliche Perücke war. Jeden Morgen kam ein alter Knecht, der aufräumte und Besorgungen machte, aber sonst war der alte Mann mit den Plüschhosen ganz allein in dem alten Haus. Hin und wieder trat er ans Fenster und schaute hinaus, und der kleine Junge nickte ihm zu, und der alte Mann nickte zurück, und so waren sie Bekannte, und so wurden sie Freunde, obgleich sie niemals ein Wort gewechselt hatten, aber was machte das schon.

Der kleine Junge hörte, wie seine Eltern sagten: »Dem alten Mann da drüben geht es sehr gut, aber er ist so schrecklich allein!«

Am nächsten Sonntag wickelte der kleine Junge etwas in ein Stück Papier, ging hinunter ins Tor, und als der Knecht vorüberkam, der Besorgungen machte, sagte er zu ihm: »Hör mal, würdest du dem alten Mann das hier von mir bringen? Ich habe zwei Zinnsoldaten, dies ist der eine; er soll ihn haben, denn ich weiß, daß er so schrecklich allein ist.«

Und der alte Knecht sah ganz vergnügt aus, nickte und

nahm den Zinnsoldaten mit. Daraufhin ließ der alte Mann fragen, ob der kleine Junge nicht Lust habe, ihn selbst zu besuchen, was seine Eltern auch erlaubten, und so ging er hinüber in das alte Haus.

Und die Messingknöpfe auf dem Treppengeländer glänzten noch viel mehr als sonst, man hätte annehmen können, sie wären extra für diesen Besuch poliert, und die geschnitzten Trompeter – denn in die Tür waren Trompeter geschnitzt, die in Tulpen standen – schienen aus Leibeskräften zu blasen, ihre Wangen sahen viel dicker aus als zuvor. Ja, sie bliesen: »Täterätätä! Der kleine Junge kommt! Täterätätä!« – Und dann öffnete sich die Tür. Der ganze Flur war angefüllt mit alten Bildern, Rittern im Harnisch und Damen im Seidenkleid; und die Harnische rasselten, und die Seidenkleider raschelten! – Und dann kam eine Treppe, die führte ein großes Stück hinauf und ein kleines Stück hinunter – und dann war man auf einem Altan, der freilich sehr gebrechlich war und große Löcher und lange Risse hatte, doch daraus wuchsen Gräser und Blätter, und überall, an der Außenwand, im Hof und an der Mauer gab es so viel Grün, daß es wie ein Garten aussah, und doch war es nur ein Altan. Hier standen alte Blumentöpfe, mit Gesichtern und Eselsohren, und die Blumen wuchsen darin, wie sie wollten. Der eine Topf quoll richtig von Nelken über, das heißt von ihrem Grün, den vielen Trieben, und das sagte ganz deutlich: »Die Luft hat mich gestreichelt, die Sonne hat mich geküßt und mir eine kleine Blüte am Sonntag versprochen, eine kleine Blüte am Sonntag!«

Und dann führte der Knecht den Jungen in eine Kammer, wo die Wände Tapeten aus Schweinsleder hatten, und darauf waren Goldblumen gedruckt.

»Vergoldung vergeht,
Doch Schweinsleder besteht!«

sagten die Wände.

Hier standen Lehnstühle mit viel Schnitzwerk und hohen Lehnen und Armen zu beiden Seiten. »Nimm Platz! Nimm Platz!« sagten sie. »Hu, wie es in mir knackt! Jetzt bekomme ich wohl die Gicht wie der alte Schrank! Gicht im Rücken, hu!«

Und dann betrat der kleine Junge jenes Zimmer, das den Erker hatte, und hier saß der alte Mann.

»Hab Dank für den Zinnsoldaten, mein kleiner Freund!« sagte der alte Mann. »Und hab Dank, daß du zu mir gekommen bist!«

»Dank! Dank!« oder »Knack! Knack!« sagte es in allen Möbeln; es gab so viele, daß sie einander fast im Wege standen, um sich den kleinen Jungen anzusehen.

Und mitten an der Wand hing ein Gemälde, das eine schöne Dame darstellte, sie war so jung, so fröhlich, doch ganz wie in alter Zeit gekleidet, mit gepudertem Haar und steif abstehenden Kleidern; sie sagte weder »Dank« noch »Knack«, sondern sah mit ihren milden Augen den kleinen Jungen an, der den alten Mann sogleich fragte: »Wo hast du denn die her?«

»Vom Trödler drüben!« sagte der alte Mann. »Dort hängen so viele Bilder; keiner kennt sie, keiner mag sie, denn die Leute darauf sind allesamt begraben. Aber diese Dame habe ich in alter Zeit gekannt, und nun ist sie schon ein halbes Jahrhundert tot und nicht mehr da.«

Unter dem Gemälde hing hinter Glas ein Strauß welker Blumen; die sahen aus, als wären sie gewiß auch ein halbes Jahrhundert alt. Und der Perpendikel der großen Uhr ging hin und her, und der Zeiger drehte sich, und alle Dinge im Zimmer wurden noch älter, aber das merkten sie nicht.

»Zu Hause haben sie erzählt«, sagte der kleine Junge, »daß du so schrecklich allein bist.«

»Oh«, sagte der Mann, »ich bekomme Besuch von den alten Gedanken, mit allem, was sie mitbringen können, und jetzt besuchst du mich auch! – Es geht mir sehr gut!«

Und dann holte er aus dem Regal ein Buch, darin waren Bilder, ganze lange Aufzüge, die merkwürdigsten Kutschen, wie es sie heutzutage nicht mehr gibt, Soldaten wie Kreuzbuben gekleidet, und Bürger mit wehenden Fahnen. Auf der Fahne der Schneider war eine Schere, von zwei Löwen gehalten, und auf der Fahne der Schuhmacher war nicht etwa ein Stiefel, sondern ein Adler, der zwei Köpfe hatte, denn die Schuhmacher müssen alles so haben, daß sie sagen können: »Das ist ein Paar.« – Ja, das war ein Bilderbuch!

Und der alte Mann ging in das zweite Zimmer, um Konfitüre, Äpfel und Nüsse zu holen – es war wirklich ganz wunderbar in dem alten Haus.

»Ich kann das nicht aushalten!« sagte der Zinnsoldat, der auf der Truhe stand. »Hier ist es so einsam und so traurig; nein, wer in einer Familie gelebt hat, der kann sich an dieses Leben nicht gewöhnen! – Das halte ich nicht aus! Der ganze Tag ist so lang und der Abend noch länger! Hier ist es gar nicht so wie drüben bei dir, da haben deine Eltern so lustig geredet, und du und all die lieben Kinder, ihr habt so einen prachtvollen Lärm gemacht. Nein, wie einsam der alte Mann lebt! Glaubst du, der bekommt Küsse? Glaubst du, der bekommt freundliche Blicke oder einen Weihnachtsbaum? Er bekommt gar nichts, nur ein Begräbnis! – Ich kann das nicht aushalten!«

»Du darfst das nicht so schwer nehmen!« sagte der kleine Junge. »Ich finde es herrlich hier, und dann die alten Gedanken, mit allem, was sie mitbringen können, die kommen ja auch zu Besuch!«

»Die sehe ich nicht, und die kenne ich nicht!« sagte der Zinnsoldat. »Ich kann das nicht aushalten!«

»Du mußt aber!« sagte der kleine Junge.

Und als der alte Mann, mit dem vergnügtesten Gesicht,

mit der schönsten Konfitüre, mit Äpfeln und Nüssen zurückkam, da hatte der kleine Junge den Zinnsoldaten vergessen.

Glücklich und froh kehrte er heim, und Wochen vergingen und Tage vergingen, und man nickte sich zu, hin und her, und dann ging der kleine Junge wieder dorthin.

Und die geschnitzten Trompeter bliesen: »Täterätätä! Da ist der kleine Junge! Täterätätä!« Und Schwert und Rüstung auf den Ritterbildern rasselten, und die Seidenkleider raschelten, das Schweinsleder redete, und die alten Stühle hatten im Rücken die Gicht: »Au!« Es war ganz genauso wie beim ersten Mal, denn hier glich ein Tag dem anderen und eine Stunde der anderen.

»Ich kann das nicht aushalten!« sagte der Zinnsoldat. »Ich habe Zinn geweint! Hier ist es viel zu traurig! Lieber will ich in den Krieg ziehen und Arm und Bein verlieren! Das ist allemal eine Veränderung. Ich kann das nicht aushalten! – Jetzt weiß ich, wie es ist, wenn einen die alten Gedanken besuchen, mit allem, was sie mitbringen können. Ich habe Besuch von den meinen gehabt, und glaub mir, das ist auf die Dauer kein Vergnügen, am Ende wäre ich fast von der Truhe gesprungen. Ich habe euch alle da drüben so deutlich gesehen, als ob ihr wirklich hier gewesen wärt; es war wieder an jenem Sonntagmorgen, du weißt schon! Ihr Kinder habt alle vor dem Tisch gestanden und euern Choral gesungen, den ihr jeden Morgen singt; andächtig standet ihr da mit gefalteten Händen, und Vater und Mutter waren genauso feierlich, und dann ging die Tür auf, und die kleine Schwester Maria, die noch keine zwei Jahre alt ist und die immer tanzt, wenn sie Musik oder Gesang hört, was es auch sein mag, wurde hereingelassen – das sollte sie freilich nicht –, und dann fing sie zu tanzen an, konnte aber den Takt nicht finden, denn die Töne waren so lang, und dann stand sie zuerst auf dem einen Bein und reckte den Kopf ganz weit vor, und dann auf dem anderen Bein und legte den Kopf ganz weit zurück, aber es wollte nicht gelingen. Ihr hattet alle ganz ernste Gesichter, was euch sicher sehr schwer fiel, ich aber habe innerlich gelacht, und deshalb bin ich vom Tisch gefallen und habe mir eine Beule geholt, die habe ich immer noch, denn daß ich gelacht habe, war nicht recht. Aber das Ganze geht nun wieder in mir um, und alles, was ich so erlebt habe; und das sind wohl die alten Gedanken mit dem, was sie mitbringen können! – Sag mir, singt ihr noch am Sonntag? Erzähl mir ein bißchen von der kleinen Maria! Und wie geht es meinem Kameraden, dem zweiten Zinnsoldaten? Ja, der ist wirklich glücklich dran! – Ich kann das nicht aushalten!«

»Du bist verschenkt!« sagte der kleine Junge. »Du mußt bleiben. Kannst du das nicht einsehen?«

Und der alte Mann brachte eine Schublade, in der vieles zu sehen war, Kreidebüchsen und Balsambüchsen und alte Karten, so groß und vergoldet, wie man sie heutzutage gar nicht mehr sieht. Und noch mehr Schubladen wurden geöffnet, und auch das Klavier wurde geöffnet, dessen Deckel innen mit einer Landschaft bemalt war, und als der alte Mann darauf spielte, war es ganz heiser, und dann summte er ein Lied.

»Ja, das konnte sie singen!« sagte er, und dann nickte er dem Porträt zu, das er beim Trödler gekauft hatte, und dabei glänzten seine Augen ganz hell.

»Ich will in den Krieg! Ich will in den Krieg!« rief der Zinnsoldat, so laut er konnte, und dann stürzte er sich auf den Fußboden.

Ja, wo war er denn nur? Der alte Mann suchte, der kleine Junge suchte, weg war er, und weg blieb er. »Ich finde ihn schon noch«, sagte der Alte. Aber er fand ihn nie; der Fußboden war zu verschlissen und durchlöchert – der Zinnsoldat war in eine Ritze gefallen, und da lag er wie in einem offenen Grab.

Und der Tag verging, und der kleine Junge kehrte heim, und Wochen vergingen und noch mehr Wochen. Die Fenster waren ganz zugefroren; der kleine Junge mußte sich ein Guckloch hauchen, um hinüber zum alten Haus zu sehen. Dort war der Schnee in alle Schnörkel und Inschriften geweht, er lag bis über die Treppe, als wäre dort niemand daheim, und es war auch niemand daheim, der alte Mann war gestorben.

Am Abend hielt ein Wagen vor dem Haus, und der Mann wurde im Sarg dorthin getragen, um in seiner Grabstätte auf dem Lande beerdigt zu werden. Da fuhr er nun, und keiner begleitete ihn, denn alle seine Freunde waren tot. Der kleine Junge warf dem Sarg eine Kußhand nach.

Ein paar Tage später gab es in dem alten Haus eine Auktion, und der kleine Junge sah von seinem Fenster, was da weggeschleppt wurde: die alten Ritter und die alten Damen, die Blumentöpfe mit den langen Ohren, die alten Stühle und die alten Schränke; etwas kam hierhin, etwas kam dahin. Das Frauenporträt, das der alte Mann beim Trödler gefunden hatte, kam zum Trödler zurück, und dort blieb es nun für immer hängen, denn niemand kannte die Dame, niemand machte sich etwas aus dem alten Bild.

Im Frühjahr ging man daran, das Haus abzureißen, denn es sei ein Ungetüm, sagten die Leute. Man konnte von der Straße direkt in das Zimmer mit der Schweinsledertapete sehen, die zerfetzt und zerrissen wurde; und das Grün des Altans hing ganz verwildert über die fallenden Balken. – Und dann wurde aufgeräumt.

»Das hat geholfen!« sagten die Nachbarhäuser.

*

Und man baute ein prächtiges Haus mit großen Fenstern und weißen, glatten Mauern, und davor, wo eigentlich das alte Haus gestanden hatte, legte man einen kleinen Garten an, und an den benachbarten Mauern rankte sich wilder

Wein empor. Der Garten bekam ein großes Eisengitter mit einem eisernen Tor, das nahm sich prächtig aus, die Leute blieben stehen und schauten hinein. Und die Spatzen ließen sich zu Dutzenden auf den Weinranken nieder, schwatzten durcheinander, so gut sie konnten, doch es ging dabei nicht um das alte Haus, das hatten sie vergessen.

Es waren so viele Jahre vergangen, daß der kleine Junge zu einem ganzen Mann, ja, zu einem tüchtigen Mann herangewachsen war, zur Freude seiner Eltern. Er hatte gerade geheiratet und war mit seiner kleinen Frau in dieses Haus mit dem Garten eingezogen; und nun stand er neben ihr, während sie eine Feldblume pflanzte, die ihr so gut gefiel. Sie pflanzte sie mit ihrer kleinen Hand und drückte die Erde mit den Fingern fest. – Au, was war das? Sie hatte sich gestochen. Etwas Spitzes ragte aus dem weichen Boden.

Es war – ja, denk nur, es war der Zinnsoldat, der bei dem alten Mann verlorengegangen und dann zwischen Bauholz und Schutt herumgepurzelt und -gepoltert war und schließlich viele Jahre in der Erde gelegen hatte.

Die junge Frau reinigte den Soldaten, zuerst mit einem grünen Blatt und dann mit ihrem feinen Taschentuch, das duftete so schön! Und dem Zinnsoldaten war dabei zumute, als erwachte er aus einem tiefen Schlaf.

»Laß mich mal sehen!« sagte der junge Mann, lachte und schüttelte dann den Kopf. »Nein, der kann es wohl nicht sein, aber er erinnert mich an eine Geschichte mit einem Zinnsoldaten, den ich als kleiner Junge hatte.«

Und dann erzählte er seiner Frau von dem alten Haus und dem alten Mann und von dem Zinnsoldaten, den er zu ihm geschickt hatte, weil der Alte so schrecklich einsam gewesen war, und er erzählte es genau so, wie es wirklich gewesen war, und die junge Frau wurde davon so gerührt, daß ihr die Tränen in die Augen traten.

»Vielleicht ist es doch derselbe Zinnsoldat«, sagte sie, »ich will ihn aufheben und mir alles merken, was du erzählt hast, aber das Grab des alten Mannes mußt du mir zeigen!«

»Ich kenne es nicht«, sagte er, »und niemand kennt es. Alle seine Freunde waren schon gestorben, niemand hat es gepflegt, und ich war noch ein kleiner Junge.«

»Wie schrecklich einsam er gewesen sein muß!« sagte sie.

»Schrecklich einsam!« sagte der Zinnsoldat. »Aber wie schön, wenn man nicht vergessen wird!«

»Schön!« rief etwas in der Nähe, doch nur der Zinnsoldat konnte sehen, daß es ein Stückchen von jener Tapete aus Schweinsleder war, das alle Vergoldung verloren hatte; es sah wie feuchte Erde aus, hatte aber eine Meinung und äußerte sie:

»Vergoldung vergeht,
Doch Schweinsleder besteht.«

Aber das glaubte der Zinnsoldat nicht.

26. *Der Wassertropfen*

Du kennst doch ein Vergrößerungsglas, so ein rundes Brillenglas, das alles hundertmal größer macht, als es ist? Wenn man es sich vor sein Auge hält und einen Wassertropfen vom Teich betrachtet, dann sieht man über tausend seltsame Tiere, die man sonst niemals im Wasser erblickt, aber es gibt sie, und sie sind wirklich da. Das sieht fast aus wie ein ganzer Teller voll Krabben, die durcheinanderspringen, und sie sind äußerst gefräßig, sie reißen einander Arme und Beine, Ecken und Enden aus, und doch sind sie froh und vergnügt, auf ihre Weise.

Nun war einmal ein alter Mann, den alle Leute Kribble-

Krabble nannten, denn so hieß er. Er wollte immerfort von jedem Ding das Beste, und wenn es gar nicht gehen wollte, dann half er sich mit einem Zauber.

Da saß er nun eines Tages und hielt sich sein Vergrößerungsglas vor das Auge und betrachtete einen Wassertropfen, der aus dem Wasserrest eines Grabens stammte. Nein, wie das kribbelte und krabbelte! All die tausend kleinen Tierchen hüpften und sprangen, zerrten und fraßen sich auf.

»Aber das ist ja abscheulich!« sagte der alte Kribble-Krabble. »Kann man sie nicht dazu bringen, daß sie in Ruhe und Frieden leben und jeder sich um das Seine kümmert?« Und er überlegte und überlegte, aber es wollte nicht gehen, und da mußte er zaubern. »Ich will sie färben, damit sie deutlicher werden«, sagte er und tat etwas in den Wassertropfen, das einem Tröpfchen Rotwein glich, doch es war Hexenblut, und zwar von der allerfeinsten Sorte zu zwei Schilling; und dann wurden all die seltsamen Tiere rosenrot am ganzen Körper, das sah aus wie eine ganze Stadt voller nackter wilder Männer.

»Was hast du denn da?« fragte ein zweiter alter Troll, der keinen Namen hatte, und das war bei ihm das Feine.

»Wenn du nicht raten kannst, was das ist«, sagte Kribble-Krabble, »dann will ich's dir schenken; aber wer es nicht weiß, für den ist es nicht so leicht herauszufinden!«

Und der Troll, der keinen Namen hatte, schaute durch das Vergrößerungsglas. Es sah wirklich aus wie eine ganze Stadt, in der alle Menschen ohne Kleider herumlaufen. Das war grauenhaft, aber noch grauenhafter war, wie einer den anderen knuffte und puffte, wie sie sich zwickten und zwackten, bissen und zerrten. Was zuunterst war, sollte zuoberst sein, und was zuoberst war, sollte ganz nach unten! »Sieh nur, sieh! Sein Bein ist länger als meins! Baff! Weg damit! Der da hat einen kleinen Pickel hinter dem Ohr, einen kleinen unschuldigen Pickel, aber der quält ihn und soll ihn noch mehr quälen!« Und sie hackten ihn, und sie zerrten ihn, und sie fraßen ihn wegen des kleinen Pickels auf. Ein Wesen saß ganz still da wie eine kleine Jungfer und wünschte sich nur Ruhe und Frieden, aber dann sollte die Jungfer hervor, und sie wurde gezerrt, und sie wurde geschunden, und sie wurde gefressen!

»Das ist außerordentlich lustig!« sagte der Troll.

»Und was glaubst du, was das ist?« fragte Kribble-Krabble. »Kannst du das herausfinden?«

»Das ist doch gut zu erkennen«, sagte der andere, »das ist Kopenhagen oder eine andere große Stadt, sie gleichen sich ja alle. Eine große Stadt ist es!«

»Das ist Grabenwasser!« sagte Kribble-Krabble.

27. Das kleine Mädchen mit den Schwefelhölzchen

Es war ganz furchtbar kalt, es schneite, und die Dunkelheit brach herein; es war auch der letzte Abend des Jahres, der Silvesterabend. In dieser Kälte und Finsternis ging auf der Straße ein kleines armes Mädchen, ohne Mütze und auf nackten Füßen. Als sie von zu Hause aufgebrochen war, da hatte sie zwar Pantoffeln gehabt, aber was half das jetzt noch! Sie waren sehr groß gewesen, so groß, daß ihre Mutter sie zuvor getragen hatte; doch als die Kleine dann über die Straße eilte, weil zwei Wagen in rasender Geschwindigkeit vorüberfuhren, da hatte sie ihre Pantoffeln verloren. Der eine war nicht mehr zu finden, und mit dem anderen lief ein Junge davon; er sagte, er könne ihn als Wiege gebrauchen, wenn er selbst einmal Kinder hätte.

So ging das Mädchen nun auf nackten Füßchen, die waren vor Kälte rot und blau. In einer alten Schürze trug sie viele Schwefelhölzchen und hielt ein Bund davon in der Hand. Den ganzen Tag lang hatte ihr niemand etwas abgekauft, niemand hatte ihr einen kleinen Schilling gegeben; hungrig und verfroren ging sie weiter und sah ganz verschüchtert aus, die arme Kleine! Die Schneeflocken fielen auf ihr langes blondes Haar, das sich so hübsch im Nacken kräuselte, aber an diese Pracht dachte sie gewiß nicht. Aus allen Fenstern fiel heller Lichtschein, und dann roch es in der Straße so herrlich nach Gänsebraten – es war ja Silvesterabend, ja, daran dachte sie.

In einem Winkel zwischen zwei Häusern, von denen eins etwas weiter als das andere in die Straße hineinragte, kauerte sie sich zusammen und zog die kleinen Beine dicht an den Körper, aber sie fror nur noch mehr. Nach Hause getraute sie sich nicht, denn sie hatte ja keine Schwefelhölzchen verkauft und keinen einzigen Schilling verdient. Der Vater würde sie schlagen, und kalt war es dort auch, über der Wohnung war nur das Dach, und obwohl die größten Ritzen mit Stroh und Lumpen zugestopft waren, pfiff der Wind herein. Ihre Händchen waren vor Kälte fast abgestorben. Ach, ein kleines Schwefelhölzchen könnte guttun! Dürfte sie nur eins aus dem Bund nehmen, gegen die Wand streichen und sich die Finger daran wärmen! Sie zog eins heraus, ritsch! wie es sprühte, wie es auflöderte! Sie beschützte es mit der Hand, und es brannte mit einer warmen, hellen Flamme, wie ein Lichtlein – es war ein seltsames Licht! Das kleine Mädchen glaubte vor einem großen eisernen Ofen mit blanken Messingkugeln und einer Messingtrommel zu sitzen; das Feuer brannte so wunderbar, wärmte so gut! Nein, was war das? – Die Kleine streckte schon die Füße aus, um sie auch aufzuwärmen – da erlosch die Flamme, der Ofen verschwand – und in der Hand hielt sie einen kleinen Rest des abgebrannten Schwefelhölzchens.

Ein neues wurde angestrichen, es brannte, es leuchtete, und wo sein Schein auf die Mauer fiel, da wurde sie durchsichtig wie Flor. Das Mädchen konnte direkt ins Zimmer schauen: Der Tisch war mit einem blendend weißen Tuch und feinem Porzellan gedeckt, und herrlich dampfte die gebratene Gans, gefüllt mit Backpflaumen und Äpfeln! Und es kam noch schöner: Die Gans sprang aus der Schüssel, watschelte mit Messer und Gabel im Rücken durch die Stube, direkt auf das arme Mädchen zu – da erlosch das Schwefelhölzchen, und nur die dicke, kalte Mauer war zu sehen.

Sie zündete ein neues an. Da saß sie unter dem herrlichsten Weihnachtsbaum; der war noch größer und prächtiger geputzt als jener, den sie beim letzten Weihnachtsfest durch die Glastür beim reichen Kaufmann gesehen hatte. Tausend Lichter brannten auf den grünen Zweigen, und bunte Bilder wie die, mit denen man die Schaufenster schmückte, blickten zu ihr herab. Die Kleine streckte beide Hände danach aus – da erlosch das Schwefelhölzchen. Die vielen Weihnachtslichter stiegen immer höher, sie verwandelten sich in helle Sterne, einer davon fiel herab und zog einen langen Feuerschweif über den Himmel.

»Jetzt stirbt ein Mensch!« sagte die Kleine, denn sie hatte von ihrer alten Großmutter gehört, die sie als einzige gut behandelt hatte, nun aber tot war: »Wenn ein Stern fällt, steigt eine Seele zu Gott hinauf.«

Wieder strich sie ein Schwefelhölzchen gegen die Mauer, es leuchtete ringsum auf, und in diesem Glanz stand die alte Großmutter, so hell, so schimmernd, so mild und freundlich.

»Großmutter!« rief die Kleine. »Ach, nimm mich mit! Ich weiß, wenn das Schwefelhölzchen ausgeht, dann bist du fort; genauso wie der warme Ofen, der herrliche Gänsebraten und der große, prächtige Weihnachtsbaum!« – Und rasch strich sie alle Schwefelhölzchen an, die noch im Bund waren, sie wollte die Großmutter recht festhalten;

und die Schwefelhölzchen leuchteten mit einem solchen Glanz, daß es heller war als mitten am Tag. Nie zuvor war die Großmutter so schön, so groß gewesen; sie nahm das kleine Mädchen auf den Arm, und beide flogen in Glanz und Freude empor, empor; und da war keine Kälte, kein Hunger, keine Angst – sie waren bei Gott!

Doch in der kalten Morgenstunde saß im Winkel am Haus das kleine Mädchen mit roten Wangen, mit einem Lächeln um den Mund – tot, erfroren am letzten Abend des alten Jahres. Der Neujahrsmorgen ging über der kleine Leiche auf, die ein Bund Schwefelhölzchen hielt, das fast abgebrannt war. »Sie wollte sich wärmen«, sagten die Leute. Niemand wußte, was sie an Schönem gesehen hatte, in welch einem Glanz sie mit ihrer alten Großmutter zur Neujahrsfreude eingegangen war!

28. Die glückliche Familie

Das größte grüne Blatt in Dänemark, das hat gewiß die Pestwurz. Wenn man es vor sein Bäuchlein hält, dann ist es wie eine ganze Schürze, und bei Regenwetter auf den Kopf gelegt, ist es fast so gut wie ein Schirm, denn es ist so entsetzlich groß. Eine Pestwurz wächst niemals allein, nein, wo eine wächst, da wachsen noch mehr, das ist eine große Pracht, und all diese Pracht ist Schneckenfutter. Die großen weißen Schnecken, aus denen vornehme Leute in alter Zeit Frikassee kochen ließen – und wenn sie es aßen, sagten sie: »Hum! Wie das schmeckt!«, weil sie glaubten, es schmecke so herrlich –, die lebten von Pestwurzblättern, und deshalb wurden diese Pflanzen gesät.

Nun gab es einen alten Herrenhof, da aß man keine Schnecken mehr, sie waren ganz und gar ausgestorben. Aber die Pestwurz war noch da, sie wuchs und wuchs über sämtliche Wege und Beete und war gar nicht zu bändigen, sie bildete einen ganzen Pestwurzwald; wenn hier und da nicht ein Apfel- und ein Pflaumenbaum gestanden hätte, dann hätte man überhaupt nicht geglaubt, daß dies ein Garten sei. Alles war Pestwurz, und darin wohnten die beiden letzten, uralten Schnecken.

Sie wußten selbst nicht, wie alt sie waren, doch sie konnten sich gut daran erinnern, daß sie einmal viel mehr gewesen waren, daß ihre Familie aus fernen Ländern stammte und daß der ganze Wald für sie und die Ihren angepflanzt worden war. Obwohl sie ihn niemals verlassen hatten, wußten sie, daß es noch etwas auf der Welt gab, das Herrenhof hieß, und dort oben wurde man gekocht, und dann wurde man schwarz, und dann wurde man in eine silberne Schüssel gelegt, aber was weiter geschah, das war unbekannt. Wie man sich ansonsten fühlte, wenn man gekocht und in eine silberne Schüssel gelegt wurde, das konnten sie sich nicht vorstellen, aber prachtvoll sollte es sein und überaus vornehm. Sie fragten den Maikäfer, die Kröte und den Regenwurm, doch keiner konnte darüber Auskunft geben, keiner von ihnen war gekocht und in eine silberne Schüssel gelegt worden.

Die alten weißen Schnecken wußten, daß sie die Vornehmsten auf der Welt waren, ihretwegen gab es den Wald, und den Herrenhof gab es deshalb, damit sie gekocht und in eine silberne Schüssel gelegt werden konnten.

Sie lebten nun sehr einsam und glücklich, und da sie selbst keine Kinder hatten, so hatten sie einen kleinen gewöhnlichen Schneckenjungen zu sich genommen, den sie wie ihren eigenen Sohn erzogen. Der Kleine wollte nicht wachsen, denn er war eine gewöhnliche Schnecke, doch die Alten, vor allem Mutter, die Schneckenmutter, glaubten trotzdem zu bemerken, wie er zunahm, und sie bat Vater, sofern er es nicht sehen könnte, das kleine

Schneckenhaus zu befühlen, und das tat er und fand, daß Mutter recht hatte.

Eines Tages goß es in Strömen.

»Hör mal, wie es auf dem Pestwurzwald trommel-rommel-rommt!« sagte Schneckenvater.

»Da kommen auch Tropfen!« sagte Schneckenmutter. »Das läuft ja direkt am Stengel herunter! Du sollst mal sehen, wie naß es hier wird! Ich bin froh, daß wir unser gutes Haus haben und daß auch der Kleine seins hat. Für uns wurde wahrhaftig mehr getan als für alle anderen Geschöpfe; man kann doch sehen, daß wir die Herrschaft auf der Welt sind! Wir haben von Geburt an ein Haus, und der Pestwurzwald ist unsertwegen gesät – ich wüßte gern, wie weit er sich erstreckt und was dahinter ist!«

»Nichts ist dahinter!« sagte Schneckenvater. »Besser als bei uns kann es nirgendwo sein, und weiter habe ich keine Wünsche!«

»Doch«, sagte Mutter, »ich möchte schon gern auf den Herrenhof kommen, gekocht und in eine silberne Schüssel gelegt werden, wie es alle unsere Vorväter erlebt haben, und glaub mir, das hat etwas Apartes!«

»Vielleicht ist der Herrenhof zusammengefallen«, meinte Schneckenvater, »oder der Pestwurzwald hat ihn überwachsen, und die Menschen können nicht herauskommen. Es hat ja auch keine Eile, aber du rast immer so schrecklich, und der Kleine fängt auch schon so an – ist er nicht innerhalb von drei Tagen den Stiel hinaufgekrochen? Mir tut der Kopf weh, wenn ich zu ihm hinaufschaue!«

»Du darfst nicht schimpfen«, sagte Schneckenmutter, »er kriecht so bedacht, wir werden schon noch unsre Freude an ihm haben, und wofür sollten wir Alten sonst leben! Aber hast du dir überlegt, woher wir eine Frau für ihn nehmen? Glaubst du nicht, daß es tief im Pestwurzwald eine von unsrer Art geben könnte?«

»Ich glaube wohl, daß es dort schwarze Schnecken gibt«, sagte der Alte, »schwarze Schnecken ohne Haus, aber das ist so simpel, und sie sind eingebildet. Wir können ja die Ameisen damit beauftragen, sie rennen hin und her, als ob sie etwas zu tun hätten, sie kennen bestimmt eine Frau für unsern kleinen Schneck.«

»Freilich kenne ich die allerschönste«, sagte eine der Ameisen, »aber ich fürchte, das geht nicht, sie ist nämlich eine Königin!«

»Das macht nichts«, sagten die Alten. »Hat sie ein Haus?«

»Sie hat ein Schloß!« sagte die Ameise. »Das schönste Ameisenschloß mit siebenhundert Gängen.«

»Vielen Dank!« sagte Schneckenmutter. »Unser Sohn soll nicht in einen Ameisenhaufen! Wenn ihr nichts Besseres wißt, dann geben wir den Auftrag den Zuckmücken, die fliegen weit herum, bei Regen und bei Sonnenschein, die kennen den Pestwurzwald von innen und von außen.«

»Wir haben eine Frau für ihn!« sagten die Mücken. »Hundert Menschenschritte von hier entfernt, da sitzt auf einem Stachelbeerbusch eine kleine Schnecke mit Haus, die ist ganz einsam und im heiratsfähigen Alter. Es sind nur hundert Menschenschritte!«

»Dann soll sie zu ihm kommen!« sagten die Alten. »Er hat einen Pestwurzwald, sie hat nur einen Busch!«

Und dann wurde das kleine Schneckenfräulein geholt. Es dauerte acht Tage, bis sie eintraf, aber das war gerade so hübsch, da konnte man sehen, daß sie von der rechten Art war.

Und dann wurde Hochzeit gefeiert. Sechs Glühwürmchen leuchteten, so gut sie konnten; ansonsten ging alles still ab, denn die alten Schneckenleute konnten Zecherei und Lustbarkeit nicht vertragen. Schneckenmutter hielt jedoch eine prachtvolle Rede, Vater konnte nicht, er war zu bewegt, und dann schenkten sie dem jungen Paar den ganzen Pestwurzwald und sagten, was sie immer gesagt hatten: Dies sei das Beste auf der Welt, und wenn die beiden brav und ehrlich lebten und sich vermehrten, dann würden sie und ihre Kinder einmal auf den Herrenhof kommen, um schwarz gekocht und in eine silberne Schüssel gelegt zu werden.

Und nachdem die Rede gehalten war, verkrochen sich die Alten in ihr Haus, um niemals wieder hervorzukommen, sie schliefen. Das junge Schneckenpaar regierte im Wald und bekam zahlreiche Nachkommen, doch sie wurden niemals gekocht und niemals in eine silberne Schüssel gelegt, und daraus schlossen sie, daß der Herrenhof zusammengefallen sei und alle Menschen auf der Welt ausgestorben seien, und da ihnen niemand widersprach, war es die Wahrheit. Und der Regen schlug auf die Pestwurzblätter, um für sie Trommel-Musik zu machen, und die Sonne schien, um für sie dem Pestwurzwald Farbe zu geben, und sie waren sehr glücklich, und die ganze Familie war glücklich, denn das war sie.

29. *Die Geschichte einer Mutter*

Eine Mutter saß bei ihrem Kindchen und war so betrübt, so voller Angst, daß es sterben könnte. Es war ganz bleich, die kleinen Augen hatten sich geschlossen, es atmete ganz leise und manchmal so tief, als ob es seufzte; und die Mutter sah die kleine Seele noch bekümmerter an.

Da klopfte es an die Tür, und hereintrat ein armer, alter Mann, eingehüllt in etwas wie eine große Pferdedecke, denn die wärmt, und das hatte er nötig, es war ja kalter Winter. Draußen war alles mit Eis und Schnee bedeckt, und der Wind wehte so scharf, daß es einem ins Gesicht schnitt.

Und weil der alte Mann vor Kälte zitterte und das kleine Kind für einen Augenblick schlief, stellte die Mutter ein Töpfchen Bier in die Ofenröhre, um es für den alten Mann warm zu machen, und der saß da und wiegte den Kopf, und die Mutter setzte sich auf den Stuhl neben ihn und betrachtete ihr krankes Kind, das so tief Atem holte und sein Händchen hob.

»Glaubst du nicht auch, daß ich meinen Jungen behalten darf?« sagte sie. »Der liebe Gott wird ihn mir nicht nehmen!«

Und der alte Mann – es war der Tod selber –, der nickte ganz sonderbar, das konnte ebensogut ja wie nein bedeuten. Die Mutter schlug die Augen nieder, und die Tränen liefen ihr über die Wangen – der Kopf wurde ihr so schwer, sie hatte drei Tage und Nächte kein Auge zugetan, und da schlief sie ein, doch im nächsten Moment fuhr sie wieder auf, zitternd vor Kälte.

»Was ist das?« fragte sie und blickte nach allen Seiten. Aber der alte Mann war verschwunden, und ihr Kindchen war verschwunden, er hatte es mitgenommen; und im Winkel schnurrte und surrte die alte Uhr, das schwere Bleigewicht fiel zu Boden, bums, und dann stand auch die Uhr still.

Doch die arme Mutter lief aus dem Haus und rief nach ihrem Kind.

Draußen, mitten im Schnee, saß eine Frau in langen schwarzen Kleidern, und sie sagte: »Der Tod war in deiner Stube, ich habe ihn mit deinem Kindchen davoneilen sehen; er schreitet schneller aus als der Wind, und was er genommen hat, bringt er niemals zurück.«

»Sag mir nur, wohin er ging!« bat die Mutter. »Sag mir den Weg, und ich werde ihn finden!«

»Den kenne ich«, antwortete die Frau in den schwarzen Kleidern, »doch bevor ich ihn sage, mußt du mir all die Lieder vorsingen, die du für dein Kind gesungen hast!

Ich habe dabei gelauscht, sie gefallen mir gut, ich bin die Nacht, ich habe dich singen gehört und deine Tränen gesehen.«

»Ich will sie alle, alle singen!« sagte die Mutter. »Aber halt mich nicht auf, ich muß ihn einholen, damit ich mein Kind finden kann!«

Doch als die Nacht stumm und still blieb, rang die Mutter ihre Hände, sang und weinte, und es waren viele Lieder und noch mehr Tränen, und dann sagte die Nacht: »Geh nach rechts, in den dunklen Tannenwald, dorthin sah ich den Tod mit deinem Kindchen verschwinden!«

Als sie tief in den Wald eingedrungen war, kreuzten sich die Wege, und sie wußte nicht, welchen sie einschlagen sollte. Da erblickte sie einen Dornbusch, der weder Blatt noch Blüte trug, es war ja auch kalter Winter, und Eiszapfen hingen an den Zweigen.

»Hast du nicht den Tod mit meinem Kindchen vorübergehen sehen?«

»Doch«, antwortete der Dornbusch, »aber welchen Weg er genommen hat, das sage ich erst, wenn du mich an deinem Herzen wärmst! Ich erfriere, ich werde zu lauter Eis!«

Und die Mutter drückte den Dornbusch ganz fest an ihre Brust, um ihn recht aufzuwärmen, und die Dornen drangen ihr so tief ins Fleisch, daß sie große Tropfen Blut verlor. Doch der Dornbusch bekam in der kalten Winternacht frische grüne Blätter und Blüten, so warm war es am Herzen einer betrübten Mutter; und dann sagte er ihr, welchen Weg sie gehen sollte.

Sie kam an einen großen See, doch es war weder ein Schiff noch ein Boot zu entdecken. Das Eis darauf war nicht dick genug, um sie zu tragen, und zum Waten war das Wasser zu tief, aber sie mußte ans andere Ufer, wenn sie ihr Kind finden wollte. Da legte sie sich nieder, um den See auszutrinken, und das war für einen Menschen unmöglich, doch die betrübte Mutter dachte, es könnte ein Wunder geschehen.

»Nein, das geht nicht!« sagte der See. »Laß uns lieber einen Handel abschließen! Ich sammle so gerne Perlen, und du hast die klarsten Augen, die ich jemals gesehen habe. Wenn du sie für mich ausweinst, dann will ich dich hinüber zu dem großen Gewächshaus tragen. Dort wohnt der Tod und wartet Blumen und Bäume; jedes Gewächs ist ein Menschenleben.«

»Oh, was gebe ich nicht, um zu meinem Kind zu kommen!« sagte die verweinte Mutter, und sie weinte noch mehr, und ihre Augen sanken auf den Grund des Sees und verwandelten sich in zwei kostbare Perlen. Sie selbst wurde von den Wellen wie von einer Schaukel gehoben, und in einem Schwung flog sie zum anderen Ufer.

Dort stand ein seltsames Haus, das war mehrere Meilen breit, und man wußte nicht, ob es ein Berg mit Wald und Höhlen oder ob es zusammengezimmert war. Doch die arme Mutter konnte nichts sehen, sie hatte sich ja die Augen ausgeweint.

»Wo werde ich den Tod finden, der mit meinem Kindchen davonging?« fragte sie.

»Er ist noch nicht hier eingetroffen«, sagte die alte Friedhofsfrau, die auf das große Gewächshaus des Todes achtgeben mußte. »Wie hast du nur hierherfinden können, und wer hat dir dabei geholfen?«

»Der liebe Gott hat mir geholfen!« sagte die Mutter. »Er ist barmherzig, und das wirst du auch sein! Wo werde ich mein Kindchen finden?«

»Das weiß ich nicht«, sagte die Frau, »und du kannst ja auch nicht sehen. – Heute nacht sind viele Blumen und Bäume verwelkt, bald wird der Tod kommen und sie umpflanzen. Du weißt wohl, daß jeder Mensch seinen Lebensbaum oder seine Blume hat, je nachdem, wie er eingerichtet ist. Diese Gewächse sehen wie andere aus, doch sie haben einen Herzschlag, auch ein Kinderherz kann schlagen! Geh danach, vielleicht kannst du den deines Kindes erkennen. Aber was gibst du mir dafür, daß ich dir sage, was du sonst noch tun mußt?«

»Ich habe nichts mehr zu geben«, sagte die betrübte Mutter, »aber ich will bis ans Ende der Welt für dich gehen!«

»Ja, da habe ich nichts zu schaffen«, sagte die Frau. »Aber du kannst mir dein langes schwarzes Haar geben, du weißt ja selbst, wie schön es ist, und es gefällt mir. Du sollst dafür mein weißes bekommen, das ist auch etwas!«

»Wenn du nichts weiter verlangst«, sagte die Mutter, »das gebe ich dir mit Freuden!« Und sie gab der Alten ihr schönes Haar und bekam dafür das schneeweiße.

Und dann betraten sie das große Gewächshaus des Todes, wo Blumen und Bäume sonderbar durcheinanderwuchsen. Da gab es feine Hyazinthen unter Glasglocken, und da gab es baumstarke Pfingstrosen; da wuchsen Wasserpflanzen, von denen einige ganz frisch, andere halb krank waren, die Wasserschlangen ringelten sich um sie herum, und schwarze Krebse umklammerten ihren Stengel. Da gab es herrliche Palmen, Eichen und Platanen, da gab es Petersilie und blühenden Thymian. Jeder Baum und jede Blume hatte einen Namen, jedes Gewächs war ein Menschenleben, dieser Mensch lebte noch, einer in China, einer in Grönland, überall auf der Welt. Es gab große Bäume in kleinen Töpfen, die ganz verkümmert waren und ihren Topf fast sprengten; an vielen Stellen wuchsen auch kleine, reizlose Blumen in fetter Erde, von Moos umgeben und gehegt und gepflegt. Und die bekümmerte Mutter beugte sich über die kleinsten Pflanzen und hörte darin das Menschenherz klopfen, und unter Millionen erkannte sie das Herz ihres Kindes.

»Da ist es!« rief sie und streckte die Hand über einem

kleinen blauen Krokus aus, der ganz krank nach einer Seite hing.

»Rühr die Blume nicht an!« sagte die alte Frau. »Bleib hier stehen, und wenn der Tod eintrifft, den ich jeden Augenblick erwarte, dann laß nicht zu, daß er die Pflanze ausreißt! Du mußt damit drohen, daß du dasselbe mit den anderen Blumen tust, dann bekommt er es mit der Angst. Er muß dem Herrgott Rechenschaft für sie ablegen, keine darf ausgerissen werden, bevor er es erlaubt.«

Mit einem Mal ging durch den Raum ein eiskaltes Rauschen, und die blinde Mutter spürte, daß jetzt der Tod kam.

»Wie konntest du den Weg hierher finden?« fragte er. »Wie konntest du schneller sein als ich?«

»Ich bin eine Mutter«, sagte sie.

Und der Tod streckte seine lange Hand nach der kleinen zarten Blume aus, doch die Mutter umschloß sie mit ihren Händen, ganz fest und doch ängstlich bedacht, keins der Blätter zu berühren. Da blies der Tod auf ihre Hände, und das war kälter als der kalte Wind, und da fielen sie matt herab.

»Gegen mich kannst du doch nichts ausrichten!« sagte der Tod.«

»Aber der liebe Gott kann es!« sagte sie.

»Ich tue nur, was er will«, sagte der Tod. »Ich bin sein Gärtner. Ich nehme alle seine Blumen und Bäume und pflanze sie in den großen Paradiesgarten im unbekannten Land, aber wie sie dort wachsen und wie es dort ist, das darf ich dir nicht verraten.«

»Gib mir mein Kind zurück!« sagte die Mutter und weinte und flehte. Auf einmal packte sie mit jeder Hand zwei schöne Blumen ganz in der Nähe und rief dem Tod zu: »Ich reiße alle deine Blumen aus, so verzweifelt bin ich!«

»Rühr sie nicht an!« sagte der Tod. »Du sagst, daß du

so unglücklich bist, und jetzt willst du eine andere Mutter genauso unglücklich machen!«

»Eine andere Mutter!« sagte die arme Frau und ließ die Blumen sogleich los.

»Da hast du deine Augen«, sagte der Tod, »ich habe sie aus dem See gefischt, sie haben so hell geleuchtet. Ich wußte nicht, daß es deine waren; nimm sie zurück, sie sind jetzt noch heller als zuvor, und dann schau in diesen tiefen Brunnen. Ich werde die Namen der beiden Blumen nennen, die du ausreißen wolltest, und du wirst ihre ganze Zukunft sehen, ihr ganzes Menschenleben, alles, was du vernichten und zerstören wolltest!«

Und die Mutter blickte hinab in den Brunnen; und es war wunderschön anzusehen, wie die eine Blume zum Segen für die Welt heranwuchs, wieviel Glück und Freude sich in ihrem Umkreis entfaltete. Doch als sie das Leben der anderen sah, da war es nur Sorge und Not, Grauen und Elend.

»Beides ist Gottes Wille!« sagte der Tod.

»Welche von ihnen ist die Blume des Unglücks und welche des Segens?« fragte die Mutter.

»Das sage ich dir nicht«, antwortete der Tod, »aber das sollst du von mir erfahren: Die eine Blume war die deines eigenen Kindes, du hast das Schicksal deines Kindes, die Zukunft deines eigenen Kindes gesehen!«

Da schrie die Mutter vor Entsetzen: »Welche davon war mein Kind? Sag es mir! Erlöse die Unschuld! Erlöse mein Kind von all dem Elend! Trag es lieber weg! Trag es in Gottes Reich! Vergiß meine Tränen, vergiß meine Bitten und alles, was ich gesagt und getan habe!«

»Ich verstehe dich nicht!« sagte der Tod. »Willst du dein Kind wiederhaben, oder soll ich es in jenes Land tragen, das du nicht kennst?«

Da rang die Mutter ihre Hände, fiel auf die Knie und betete zum lieben Gott: »Höre mich nicht an, wenn sich mein Gebet gegen deinen Willen richtet, denn der ist der beste! Erhöre mich nicht! Erhöre mich nicht!«

Und sie senkte den Kopf in ihren Schoß.

Und der Tod ging mit ihrem Kind in das unbekannte Land.

30. *Der Halskragen*

Es war einmal ein feiner Kavalier, dessen ganze Habe aus einem Stiefelknecht und einem Kamm bestand, aber sein Halskragen war der schönste auf der Welt, und eben von ihm wollen wir eine Geschichte hören. – Er war nun so alt geworden, daß er ans Heiraten dachte, und da traf es sich, daß er mit einem Strumpfband zusammen in die Wäsche kam.

»Nein«, sagte der Halskragen, »etwas so Schlankes und Feines, so Weiches und Niedliches habe ich noch nie gesehen! Darf ich nach Ihrem Namen fragen?«

»Den sage ich nicht!« entgegnete das Strumpfband.

»Wo sind Sie zu Hause?« fragte der Halskragen.

Aber das Strumpfband war sehr verschämt und fand es etwas sonderbar, darauf zu antworten.

»Sie sind wohl eine Leibbinde«, sagte der Kragen, »so eine inwendige Leibbinde? Ich sehe wohl, daß Sie sowohl zum Nutzen als auch zur Zierde sind, kleine Jungfer!«

»Sie dürfen mich nicht ansprechen!« sagte das Strumpfband. »Ich finde, daß ich keinerlei Anlaß dazu gegeben habe.«

»Doch, wenn man so schön ist wie Sie«, sagte der Kragen, »dann ist das Anlaß genug.«

»Kommen Sie mir bitte nicht so nahe!« sagte das Strumpfband. »Sie sehen so mannhaft aus!«

»Ich bin auch ein feiner Kavalier«, sagte der Kragen, »ich habe Stiefelknecht und Kamm!« Das stimmte zwar nicht, weil diese Dinge seinem Herrn gehörten, aber er prahlte.

»Kommen Sie nicht in meine Nähe!« sagte das Strumpfband. »Das bin ich nicht gewöhnt.«

»Zimperliese!« sagte der Kragen, und dann wurden sie aus der Wäsche genommen und gestärkt, auf einem Stuhl in die Sonne gehängt und danach aufs Bügelbrett gelegt, und dann kam das heiße Eisen.

»Gnädige Frau«, sagte der Kragen, »liebe Frau Witwe! Mir wird ganz warm! Ich werde ein anderer, ich verliere vollkommen die Fassung, man brennt ein Loch in mich hinein! Huh! – Ich halte um Ihre Hand an!«

»Lump!« sagte das Bügeleisen und ging stolz über ihn hinweg; es bildete sich nämlich ein, es sei ein Dampfkessel und unterwegs zur Eisenbahn, um Wagen zu ziehen.

»Lump!« sagte es.

Als die Ränder des Kragens etwas zerfransten, kam die Papierschere, um die Fransen abzuschneiden.

»Oh!« sagte der Kragen. »Sie sind wohl eine Primaballerina? Wie Sie die Beine strecken können! Das ist das Lieblichste, was ich je gesehen habe! Das kann Ihnen kein Mensch nachtun!«

»Das weiß ich!« sagte die Schere.

»Sie verdienten es, Gräfin zu sein!« sagte der Kragen. »Alles, was ich habe, das ist ein feiner Kavalier, ein Stiefelknecht und ein Kamm. – Wenn ich doch eine Grafschaft hätte!«

»Will Er etwa um mich freien?« sagte die Schere und wurde so wütend, daß sie ihm einen ordentlichen Schnitt versetzte, und da war der Kragen ruiniert.

»Da muß ich wohl um den Kamm freien! Es ist doch sonderbar, daß Sie noch alle Ihre Zähne haben, kleines Fräulein!« sagte der Kragen. »Haben Sie noch nie an Verlobung gedacht?«

»Das dürften Sie wohl wissen!« sagte der Kamm. »Ich bin doch mit dem Stiefelknecht verlobt.«

»Verlobt!« sagte der Kragen.

Nun war keine mehr zum Freien da, und das erfüllte ihn mit Verachtung.

Als eine lange Zeit vergangen war, kam der Kragen zum Papiermüller in die Kiste. Da war eine große Lumpen-Gesellschaft, die feinen für sich, die groben für sich, so, wie es sein soll. Alle hatten sie viel zu erzählen, doch am allermeisten der Kragen, er war ein ordentlicher Prahlhans.

»Ich hatte so schrecklich viele Geliebte«, sagte er, »sie haben mir keine Ruhe gelassen! Aber ich war eben auch ein feiner Kavalier, mit Stärke! Ich besaß sowohl einen Stiefelknecht als auch einen Kamm, ohne daß ich sie jemals benutzte. – Sie hätten mich damals sehen sollen, als ich auf der Seite lag! Niemals vergesse ich meine erste Liebste, sie war eine Leibbinde, so fein, so weich und so niedlich, sie hat sich meinetwegen in einen Waschzuber gestürzt! – Da war auch eine Witwe, die wurde glühend, aber ich ließ sie stehen und schwarz werden. Da war die erste Tänzerin, sie hat mir den Ratscher versetzt, mit dem ich jetzt herumlaufe, sie war so gefräßig! Mein eigener Kamm war in mich verliebt und hat vor Liebeskummer sämtliche Zähne verloren. Ja, in dieser Art habe ich vieles erlebt! Doch am meisten tut es mir um das Strumpfband leid – ich meine die Leibbinde, die in den Waschzuber kam. Ich habe eine Menge auf dem Gewissen und habe es wohl nötig, daß weißes Papier aus mir wird!«

Und so geschah es, alle Lumpen wurden in weißes Papier verwandelt, doch der Halskragen wurde eben jenes weiße Stück Papier, das wir hier sehen, worauf die Geschichte gedruckt ist. Und das geschah, weil er so schrecklich damit geprahlt hatte, was niemals so gewesen war; und daran sollen wir denken, damit wir es nicht genauso machen, denn wir können ja nicht wissen, ob wir nicht auch einmal in der Lumpenkiste landen und in weißes Papier verwandelt werden und unsre ganze Geschichte aufgedruckt bekommen, sogar die allergeheimste – und dann müssen wir damit herumlaufen und sie selbst erzählen, genauso wie der Halskragen.

31. Fliedermutter

Es war einmal ein kleiner Junge, der hatte sich erkältet. Er hatte nasse Füße bekommen, doch wie das zugegangen war, konnte niemand begreifen, denn das Wetter war vollkommen trocken. Da zog ihn seine Mutter aus, brachte ihn ins Bett und holte die Teemaschine, um ihm eine gute Tasse Fliedertee zu kochen, das wärmt nämlich. In diesem Augenblick kam der lustige alte Mann zur Tür herein, der unter dem Dach wohnte und ganz allein lebte, denn er hatte weder Frau noch Kinder. Doch er hatte alle Kinder gern und wußte so viele Märchen und Geschichten zu erzählen, daß es eine Lust war.

»Jetzt trinkst du deinen Tee!« sagte die Mutter. »Vielleicht bekommst du dann ein Märchen.«

»Ja, wenn man nur etwas Neues wüßte!« sagte der alte Mann und nickte ganz mild. »Aber wo hat der Kleine die nassen Füße her?« fragte er.

»Ja, woher hat er sie«, sagte die Mutter, »das kann keiner begreifen.«

»Erzählen Sie mir ein Märchen?« fragte der Junge.

»Ja, kannst du mir möglichst genau sagen – das muß ich nämlich erst wissen –, wie tief der Rinnstein in der kleinen Straße ist, wo du zur Schule gehst?«

»Genau bis zur Mitte der Schäfte«, sagte der Junge, »aber dann muß ich durch das tiefe Loch waten.«

»So, so, daher haben wir die nassen Füße«, sagte der

Alte. »Jetzt müßte ich wohl ein Märchen erzählen, aber ich kann keins mehr.«

»Sie können ja ganz fix eins machen«, entgegnete der kleine Junge. »Mutter sagt, alles, was Sie ansehen, das kann zu einem Märchen werden, und alles, was Sie anrühren, daraus können Sie eine Geschichte machen!«

»Aber diese Märchen und Geschichten taugen nichts. Nein, die richtigen, die kommen von selbst, die klopfen an meine Stirn und sagen: ›Hier bin ich!‹«

»Klopft es nicht bald?« fragte der kleine Junge, und die Mutter lachte, schüttete Fliedertee in die Kanne und goß kochendes Wasser darauf.

»Erzählen Sie! Erzählen Sie!«

»Ja, wenn ein Märchen von selber käme – aber so eins ist vornehm, das kommt nur, wenn es Lust dazu hat. – Halt!« sagte er plötzlich. »Da haben wir's! Paß auf, jetzt ist es in der Teekanne!«

Und als der kleine Junge die Teekanne anschaute, hob sich der Deckel immer höher, und frische weiße Fliederblüten quollen hervor, aus denen große, lange Zweige wuchsen. Sie kamen sogar aus der Tülle, breiteten sich nach allen Seiten aus und wurden größer und größer – da stand der schönste Fliederbusch, ein ganzer Baum, er reichte bis in sein Bett hinein und schob die Gardinen beiseite – nein, wie das blühte und duftete! Und mitten darin saß eine freundliche alte Frau mit einem seltsamen Kleid, genauso grün wie die Blätter des Fliederbuschs und mit großen weißen Fliederblüten besetzt; ob das Stoff oder lebendiges blühendes Grün war, konnte man nicht gleich erkennen.

»Wie heißt diese Frau?« fragte der kleine Junge.

»Ja, bei den Römern und Griechen«, sagte der alte Mann, »da hieß sie Dryade, aber das verstehen wir nicht. Im Stadtteil Nyboder hat man für sie einen besseren Namen, dort heißt sie Fliedermutter, und auf sie sollst du nun achtgeben; hör einfach zu und sieh dir den prächtigen Fliederbusch an:

In Nyboder, im Winkel eines kleinen, armseligen Hofes, stand gerade so ein großer blühender Strauch. Darunter saßen eines Nachmittags, im schönsten Sonnenschein, zwei alte Leute, ein alter, alter Seemann mit seiner alten, alten Frau. Sie waren Urgroßeltern und wollten bald ihre goldene Hochzeit feiern, aber sie konnten sich nicht recht an das Datum erinnern, und Fliedermutter saß im Strauch und zog ein vergnügtes Gesicht, genauso wie jetzt hier. ›Ich weiß wohl, wann die goldene Hochzeit ist!‹ sagte sie. Aber das hörten die beiden nicht, sie sprachen von vergangenen Zeiten.

›Ja, weißt du noch‹, sagte der alte Seemann, ›damals, als wir winzig kleine Kinder waren und hier spielten, in eben diesem Hof, wo wir jetzt sitzen, da haben wir Stöckchen in die Erde gesteckt und einen Garten gemacht.‹

›Ja‹, sagte die alte Frau, ›das weiß ich wohl! Und wir haben die Stöckchen begossen, und einer davon war ein Fliederzweig, der hat dann Wurzeln geschlagen, grüne Triebe gesetzt, und daraus ist dieser große Strauch geworden, unter dem wir jetzt als alte Leute sitzen.‹

›Ja gewiß‹, sagte er. ›Und dort im Winkel stand ein Wasserkübel, darin schwamm mein Boot, das ich selber geschnitzt hatte, und wie das schwimmen konnte! Freilich bin ich dann bald ganz anders zur See gefahren.‹

›Aber erst sind wir zur Schule gegangen und haben etwas gelernt‹, sagte sie. ›Und dann wurden wir konfirmiert und haben beide geweint. Aber am Nachmittag sind wir Hand in Hand auf den Runden Turm gestiegen und haben einen Blick auf die Welt geworfen, auf Kopenhagen und das Wasser. Danach sind wir nach Frederiksberg gegangen, wo der König und die Königin in ihren prächtigen Booten auf den Kanälen fuhren.‹

›Aber dann bin ich freilich mit ganz anderen Booten

gefahren, und das viele Jahre lang, weit weg auf großen Reisen!‹

›Ja, wie oft habe ich um dich geweint!‹ sagte sie. ›Ich fürchtete, du seist tot und verschwunden, unten im tiefen Wasser! So manche Nacht bin ich aufgestanden und habe nach der Wetterfahne gesehen; ja, sie drehte sich wohl, aber du bist nicht gekommen. Ich erinnere mich ganz deutlich an einen Tag, da goß es in Strömen, und dort, wo ich diente, sollte der Müllkutscher kommen. Ich trug den Abfalleimer hinunter und blieb an der Tür stehen – was für ein häßliches Wetter! –, und wie ich da stand, trat der Postbote zu mir und überreichte mir einen Brief, der war von dir! Ja, wie weit der herumgereist war! Ich riß ihn schnell auf und las, ich lachte und weinte – ich freute mich so! Da stand, daß du in den warmen Ländern seist, wo die Kaffeebohnen wachsen – was muß das für ein gesegnetes Land sein! Du erzähltest so viel, und ich sah alles vor mir, während der Regen strömte und ich den Abfalleimer hielt. Gerade in diesem Augenblick faßte mich jemand um –!‹

›Aber du hast mir ordentlich eins hinter die Ohren gegeben, das klatschte richtig!‹

›Ich wußte doch nicht, daß du das warst! Du warst zur selben Zeit wie dein Brief gekommen, und du warst so schmuck – das bist du immer noch! Du hattest ein langes, gelbes Seidentuch in der Tasche und einen blanken Hut auf dem Kopf – du warst so fein. Herrgott, was war das nur für ein Wetter, und wie sah die Straße aus!‹

›Dann haben wir geheiratet‹, sagte er, ›weißt du noch? Und dann bekamen wir unsern ersten kleinen Jungen und dann Marie und Niels und Peter und Hans Christian!‹

›Und alle sind sie herangewachsen und brave Menschen geworden und überall beliebt.‹

›Und ihre Kinder, die haben wieder Kinder bekommen‹, sagte der alte Matrose. ›Ja, unsre Urenkelkinder, die haben Mumm! – Ich glaube, unsere Hochzeit war zu dieser Jahreszeit!‹

›Ja, eben heute ist der Tag der goldenen Hochzeit‹, sagte Fliedermutter und steckte ihren Kopf zwischen die beiden Alten, und die glaubten, die Nachbarsfrau nicke ihnen zu. Sie sahen sich an und hielten sich bei den Händen. Bald darauf kamen Kinder und Kindeskinder, die wohl wußten, daß heute die goldene Hochzeit war. Sie hatten schon am frühen Morgen gratuliert, aber das hatten die Alten, die sich so gut an alles erinnern konnten, was vor vielen Jahren geschehen war, reinweg vergessen. Und der Fliederbusch verströmte seinen starken Duft, und die untergehende Sonne schien den Alten mitten ins Gesicht, daß sie beide ganz rosig aussahen, während die jüngsten Enkelkinder um sie herumtanzten und überglücklich schrien, daß sie heute abend richtig feiern und warme Kartoffeln essen wollten; und Fliedermutter nickte im Strauch und rief mit allen andern hurra.«

»Aber das war doch gar kein Märchen!« sagte der kleine Junge, der zugehört hatte.

»Du mußt es nur richtig verstehen«, sagte der Mann, der erzählte. »Aber wir wollen Fliedermutter fragen!«

»Das war kein Märchen«, sagte Fliedermutter, »doch jetzt kommt es! Aus dem Wirklichen wächst gerade das wundersamste Märchen, sonst hätte mein prächtiger Fliederbusch ja nicht aus der Teekanne sprießen können!« Und dann hob sie den kleinen Jungen aus dem Bett, nahm ihn an ihre Brust, und die Zweige, die voller Fliederblüten waren, schlugen über den beiden zusammen, sie saßen wie in der dichtesten Laube und flogen damit durch die Luft – das war ganz herrlich. Fliedermutter war auf einmal ein hübsches junges Mädchen geworden, doch ihr Kleid war noch aus dem gleichen grünen, weißgeblümten Stoff. An der Brust trug sie eine echte Fliederblüte und auf ihren blonden Locken einen ganzen Fliederblütenkranz; ihre

Augen waren so groß, so blau, oh, sie sah wunderschön aus! Sie küßte sich mit dem Jungen, und da waren sie an Lust und Alter gleich.

Hand in Hand verließen sie die Laube und begaben sich in den schönen Blumengarten. Auf dem frischen Rasenfleck stand Vaters Gehstock an einen Stab gebunden – für die Kleinen war er lebendig; sobald sie sich rittlings auf ihn setzten, verwandelte sich der blanke Knauf in einen prächtigen, wiehernden Kopf, eine lange schwarze Mähne flatterte, vier schlanke, kräftige Beine schritten aus. Es war ein starkes, feuriges Tier, sie galoppierten um den Rasen herum – hussa! – »Jetzt reiten wir viele Meilen weit!« sagte der Junge. »Wir reiten zum Gutshof, wo wir voriges Jahr waren!« Und sie ritten und ritten um den Rasen herum, und das kleine Mädchen, das niemand anders als Fliedermutter war, wie wir wissen, rief fortwährend: »Jetzt sind wir auf dem Lande! Erkennst du das Bauernhaus mit dem großen Backofen? Der sieht wie ein riesiges Ei in der Mauer zur Straße aus, der Fliederbusch breitet seine Zweige darüber, und der Hahn läuft herum und scharrt für die Hühner, schau mal, wie er sich brüstet! – Jetzt sind wir an der Kirche! Die steht hoch auf dem Hügel zwischen großen Eichen, von denen eine halb abgestorben ist. – Jetzt sind wir an der Schmiede, wo das Feuer brennt und die halbnackten Männer mit dem Hammer schlagen, daß die Funken weit umherfliegen. Weiter, weiter zum prächtigen Gutshof!«

Und alles, was das kleine Mädchen dem Jungen, der vor ihr auf dem Stock saß, erzählte, das flog wirklich vorüber, der Junge sah es, und doch ritten sie nur um den Rasen herum. Dann spielten sie auf dem Seitenweg und ritzten einen kleinen Garten in die Erde, und das Mädchen nahm die Fliederblüte aus dem Haar, steckte sie in den Boden, und da wuchs sie ganz genauso, wie es die alten Leute in Nyboder als kleine Kinder erlebt hatten und wie es zuvor berichtet wurde. Die beiden gingen Hand in Hand, wie die alten Leute in ihrer Kindheit, doch nicht auf den Runden Turm oder zum Garten von Frederiksberg, nein, das kleine Mädchen umfaßte den Jungen, und dann flogen sie weit herum, über ganz Dänemark, und es war Frühling, und es wurde Sommer, und es war Herbst, und es wurde Winter, und tausend Bilder spiegelten sich in Augen und Herz des Jungen, und ständig sang ihm das kleine Mädchen vor: »Das wirst du niemals vergessen!« Und während der ganzen Zeit duftete der Fliederbusch so süß und so schön; der Junge verspürte zwar die Rosen und die frischen Buchen, aber der Fliederbusch duftete doch noch wundersamer, denn seine Blüten hingen am Herzen des kleinen Mädchens, und dorthin neigte der Junge oft seinen Kopf.

»Hier ist es herrlich im Frühling!« sagte das junge Mädchen, und sie standen im Buchenwald, der gerade ausgeschlagen hatte, und zu ihren Füßen duftete der grüne Waldmeister, und die blaßroten Anemonen blühten so schön im Grünen. »Oh, wäre es immer Frühling im duftenden dänischen Buchenwald!«

»Hier ist es herrlich im Sommer!« sagte das Mädchen, und sie flogen an alten Herrenhöfen aus der Ritterzeit vorüber, deren rote Mauern und gezackte Giebel sich in Kanälen spiegelten, auf denen Schwäne schwammen und zu den alten, kühlen Alleen emporschauten. Auf dem Feld wogte das Korn wie ein See, die Gräben wurden von roten und gelben Blumen eingefaßt, und an den Zäunen wuchsen wilder Hopfen und blühende Winden. Am Abend sahen sie rund und groß den Mond aufgehen, und die Heuschober auf den Wiesen dufteten so süß. »Das ist unvergeßlich!«

»Hier ist es herrlich im Herbst!« sagte das kleine Mädchen, und die Luft wurde doppelt so hoch und so blau, der Wald nahm die prächtigsten Farben an: Rot,

Gelb und Grün, die Jagdhunde eilten davon, ganze Scharen von wilden Vögeln flogen schreiend über die alten Steine des Hünengrabs, das von Brombeerranken bedeckt war. Weiße Segler fuhren über das schwarzblaue Meer, und auf der Tenne saßen alte Frauen, Mädchen und Kinder und pflückten Hopfen in ein großes Faß. Die jungen Leute sangen Lieder, und die alten erzählten Märchen von Kobolden und Trollen. Es konnte nicht besser sein!

»Hier ist es herrlich im Winter!« sagte das kleine Mädchen; und alle Bäume waren mit Rauhreif bedeckt und sahen wie weiße Korallen aus. Der Schnee knirschte unter den Füßen, als hätte man ständig neue Stiefel an, und eine Sternschnuppe nach der anderen fiel vom Himmel. In der Stube wurde der Weihnachtsbaum angezündet, es gab Geschenke und gute Laune. Im Bauernhaus auf dem Land spielte die Fiedel, Krapfen flogen jedem zu; selbst das ärmste Kind sagte: »Es ist doch herrlich im Winter!«

Ja, es war herrlich! Und all das zeigte das kleine Mädchen dem Jungen, und immerfort duftete der Fliederbusch, und immer wehte die rote Fahne mit dem weißen Kreuz, jene Fahne, unter welcher der alte Seemann aus Nyboder zur See gefahren war.

Und aus dem Jungen wurde ein Bursche, und er sollte hinaus in die weite Welt, weit fort bis in die warmen Länder, wo der Kaffee wächst. Doch zum Abschied nahm das kleine Mädchen eine Fliederblüte von ihrer Brust, gab sie ihm in Verwahrung, und er legte sie in sein Gesangbuch, und immer, wenn er es in der Fremde aufschlug, öffnete es sich gerade an jener Stelle, wo die Erinnerungsblume lag, und sie wurde um so frischer, je häufiger er sie ansah. Er spürte gleichsam einen Duft der dänischen Wälder, und zwischen den Blütenblättern sah er deutlich das kleine Mädchen mit den klaren blauen Augen hervorgucken, und da flüsterte sie: »Hier ist es herrlich im Frühling, im

Sommer, im Herbst und im Winter!« Und hundert Bilder flogen durch seine Gedanken.

So vergingen viele Jahre, und nun war er ein alter Mann und saß mit seiner alten Frau unter einem blühenden Strauch. Sie hielten sich an den Händen, wie einst Urgroßvater und Urgroßmutter in Nyboder, und sie sprachen wie sie von alten Zeiten und von der goldenen Hochzeit. Das kleine Mädchen mit den blauen Augen und mit den Fliederblüten im Haar saß oben im Strauch, nickte den beiden zu und sagte: »Heute ist goldene Hochzeit!« Und dann nahm sie zwei Blüten aus ihrem Kranz, küßte sie, bis sie erst wie Silber, dann wie Gold erglänzten, und legte sie den alten Leuten auf den Kopf – da verwandelte sich jede Blüte in eine goldene Krone. Wie ein Königspaar saßen die beiden nun unter dem duftenden Strauch, der ganz und gar aussah wie ein Fliederbusch, und der alte Mann erzählte seiner alten Frau die Geschichte von der Fliedermutter, so wie er sie als kleiner Junge gehört hatte, und beide fanden darin viel Ähnlichkeit mit ihrer eigenen Geschichte, und gerade das gefiel ihnen am besten.

»Ja, so ist das!« sagte das kleine Mädchen im Strauch. »Einige nennen mich Fliedermutter, andere nennen mich Dryade, aber eigentlich heiße ich *Erinnerung*. Ich bin's, die in dem Strauch sitzt, der immer weiter wächst, *ich* kann mich erinnern, *ich* kann erzählen! Laß sehen, ob du deine Blüte noch hast!«

Und als der alte Mann sein Gesangbuch aufschlug, lag darin die Fliederblüte so frisch, als wäre sie gerade erst hineingelegt worden, und die Erinnerung nickte, und die beiden Alten saßen mit ihren goldenen Kronen in der roten Abendsonne; sie schlossen die Augen, und – und – ja, da war das Märchen aus!

Der kleine Junge lag in seinem Bett, er wußte nicht, ob er geträumt oder eine Erzählung gehört hatte. Die Teekanne stand auf dem Tisch, doch kein Fliederbusch wuchs daraus hervor, und der alte Mann, der erzählt hatte, wollte gerade zur Tür hinausgehen, und das tat er auch.

»Das war aber schön!« sagte der kleine Junge. »Mutter, ich bin in den warmen Ländern gewesen!«

»Ja, das glaube ich wohl«, sagte die Mutter, »wenn man zwei randvolle Tassen Fliedertee in den Bauch bekommt, dann schafft man es wohl bis in die warmen Länder!« – Und sie deckte ihn gut zu, damit er sich nicht erkältete. »Du hast wohl geschlafen, während ich mich mit ihm gestritten habe, ob es nun eine Geschichte oder ein Märchen war.«

»Und wo ist Fliedermutter?« fragte der Junge.

»Die ist in der Teekanne«, sagte die Mutter, »und darin mag sie bleiben!«

32. Die Galoschen des Glücks

I
Ein Anfang

Es war in Kopenhagen, in einem Haus an der Østergade, nicht weit vom Königlichen Neumarkt, da wurde eine große Gesellschaft gegeben, denn das muß man hin und wieder tun, damit es getan ist und man auch wieder eingeladen wird. Die eine Hälfte der Gesellschaft saß schon an den Spieltischen, und die andere Hälfte wartete darauf, was auf die Worte der gnädigen Frau erfolgen würde: »Ja, nun sollten wir uns etwas einfallen lassen!« So weit war man, und man unterhielt sich, wie man konnte. Dabei kam die Rede auch auf das Mittelalter, das einige für weit besser hielten als unsere Zeit, ja, Justizrat Knap vertrat diese Ansicht so heftig, daß die Dame des Hauses ihm sogleich zustimmte, und beide eiferten zusammen gegen Ørsteds Abhandlung im Almanach über »Alte und neue Zeiten«, die unser Zeitalter im wesentlichen zuoberst setzt. Für den Justizrat war jene Zeit, als König Hans herrschte, die schönste und glücklichste.

Man sprach dafür, man sprach dawider, und all das Gerede wurde nur für einen Augenblick unterbrochen, als die Zeitung kam, in der jedoch nichts Lesenswertes stand. Wir wollen uns währenddessen in das vorderste Zimmer begeben, wo Mäntel, Stöcke, Schirme und Galoschen aufbewahrt wurden. Hier saßen zwei Mädchen, ein junges und ein altes; man sollte meinen, sie seien gekommen, um ihre Herrschaft, vielleicht ein altes Fräulein oder eine Witwe, nach Hause zu begleiten. Doch wenn man etwas genauer hinschaute, erkannte man, daß sie keine gewöhnlichen Dienstmädchen waren, dafür waren ihre Hände zu fein, ihre Haltung und ganze Art sich zu bewegen zu königlich, denn das war sie, und auch ihre Kleider hatten einen ganz eigenen, kühnen Schnitt. Es waren zwei Feen. Die jüngere war zwar nicht das Glück persönlich, aber doch eins der Kammermädchen seiner Kammerjungfern, welche die kleineren Gaben des Glücks austragen. Die ältere sah ganz bitterernst aus; es war die Sorge, die ihre Besorgungen immer höchstselber macht, dann weiß sie, daß alles richtig ausgeführt wird.

Sie erzählten einander, wo sie an diesem Tag gewesen waren. Jene, welche Kammermädchen der Kammerjungfer des Glücks war, hatte bisher nur ein paar unbedeutende Angelegenheiten geregelt; sie hatte, wie sie sagte, einen neuen Hut vor einem Regenguß gerettet, einem ehrlichen Mann den Gruß einer vornehmen Null verschafft und ähnliches mehr, doch einen Auftrag hatte sie noch nicht erfüllt, und der war ganz ungewöhnlich.

»Ich muß dazu sagen«, erklärte sie, »daß ich heute Geburtstag habe, und dem zu Ehren wurde mir ein Paar Galoschen anvertraut, das soll ich der Menschheit bringen.

Diese Galoschen haben die Eigenschaft, daß sie jeden, der sie anzieht, augenblicklich dorthin versetzen, wo er am liebsten sein möchte; jeglicher Wunsch, was Zeit oder Ort betrifft, wird unverzüglich erfüllt und der Mensch hier unten auf solche Art endlich einmal glücklich!«

»Ja, das glaub mal!« sagte die Sorge. »Er wird zutiefst unglücklich werden und den Augenblick segnen, in dem er die Galoschen wieder loswird!«

»Wo denkst du hin!« sagte die andere. »Jetzt stelle ich sie hier an die Tür, einer wird sie aus Versehen nehmen und der Glückliche sein!«

So also war dieses Gespräch.

II
Wie es dem Justizrat erging

Es war spät. Justizrat Knap, in die Zeit des Königs Hans vertieft, wollte nach Hause, und nun ergab es sich so, daß er statt seiner eigenen die Galoschen des Glücks anzog und damit auf die Østergade trat. Doch durch die Zauberkraft der Galoschen war er in die Zeit des Königs Hans zurückgetreten, und deshalb setzte er seinen Fuß mitten in Schlamm und Morast, denn zu dieser Zeit gab es noch kein Straßenpflaster.

»Das ist ja entsetzlich, wie schmutzig es hier ist!« sagte der Justizrat. »Der ganze Bürgersteig ist weg, und alle Laternen sind erloschen!«

Der Mond war noch nicht hoch genug gestiegen, zudem war die Luft ziemlich diesig, so daß alles ringsum im Dunkel verschwamm. Indessen hing an der nächsten Ecke vor einem Madonnenbild eine Laterne, doch diese Beleuchtung war so gut wie keine; der Justizrat bemerkte sie erst, als er unmittelbar darunter stand und seine Augen auf das gemalte Bild der Mutter mit dem Kind fielen.

»Das ist wohl ein Kunstkabinett«, dachte er, »wo sie vergessen haben, das Schild hereinzunehmen.«

Ein paar Menschen, im Kostüm des Zeitalters, gingen an ihm vorbei.

»Wie sahen die nur aus! Sie kamen wohl von einem Maskenball.«

Auf einmal ertönten Trommeln und Pfeifen, hell lodernde Fackeln tauchten auf; der Justizrat blieb stehen und erblickte nun einen seltsamen Zug. An der Spitze ging ein ganzer Trupp von Trommelschlägern, die ihr Instrument recht artig traktierten, dann folgten Trabanten mit Bogen und Armbüchsen. Der Vornehmste im Zug war ein geistlicher Mann. Verblüfft fragte der Justizrat, was dies zu bedeuten habe und wer dieser Mann sei.

»Das ist der Bischof von Seeland!« wurde geantwortet.

»Herrgott, was ist denn mit dem los?« seufzte der Justizrat und schüttelte den Kopf – das konnte doch unmöglich der Bischof sein. Während er darüber nachdachte, ging er, ohne nach rechts oder links zu sehen, die Østergade hinunter und über den Højbro-Platz. Die Brücke zum Schloßplatz war nicht zu finden, er nahm undeutlich ein sumpfiges Flußufer wahr und stieß endlich auf zwei Burschen, die hier in einem Boot lagen.

»Will der Herr zur Insel übergesetzt werden?« fragten sie.

»Zur Insel?« fragte der Justizrat, der nicht wußte, in welchem Zeitalter er wanderte. »Ich will doch nach Christianshavn, in die Kleine Torvegade!«

Die Burschen sahen ihn an.

»Zeigt mir nur, wo die Brücke ist!« sagte er. »So eine Schande, daß die Laternen nicht brennen, und dann ist hier ein Morast, als watete man durch einen Sumpf!«

Je länger er mit den Männern im Boot redete, desto unverständlicher kamen sie ihm vor.

»Ich verstehe euern Bornholmer Dialekt nicht!« sagte

er schließlich wütend und wandte ihnen den Rücken. Die Brücke konnte er nicht finden, ein Geländer war auch nicht da. »Es ist ein Skandal, wie es hier aussieht!« sagte er. Noch nie war ihm sein Zeitalter erbärmlicher erschienen als an diesem Abend. »Ich glaube, ich nehme eine Droschke«, dachte er – aber wo waren die Droschken? Keine war zu sehen. »Ich muß zum Königlichen Neumarkt zurück, dort halten wohl Wagen, sonst komme ich niemals nach Christianshavn!«

Nun ging er durch die Østergade und hatte sie schon fast passiert, da kam der Mond hervor.

»Du lieber Gott, was haben sie denn da für ein Gestell aufgebaut!« sagte er, als er das Stadttor Østerport erblickte, das zu jener Zeit am Ende der Østergade stand.

Endlich fand er doch eine Pforte, durch die er dann auf unseren Neumarkt gelangte. Aber der war ein großer Wiesengrund mit einzelnen Büschen, über den ein breiter Kanal oder Strom verlief. Ein paar armselige Holzbuden von jenen holländischen Schiffern, nach denen der Ort den Namen Hallandsaas hatte, standen am anderen Ufer.

»Entweder ich sehe eine Fata Morgana, wie man das nennt, oder ich bin betrunken!« jammerte der Justizrat. »Was ist das nur? Was ist das nur?«

Er kehrte wieder um, im festen Glauben, krank zu sein. Als er die Straße erreichte, betrachtete er die Häuser etwas genauer, die meisten waren Fachwerkhäuser, und viele hatten nur ein Strohdach.

»Nein, mir ist gar nicht gut!« seufzte er. »Und dabei habe ich doch nur ein Glas Punsch getrunken! Aber ich kann das nicht vertragen! Und es war ja auch wahnsinnig, uns Punsch und warmen Lachs zu servieren! Das werde ich der Frau Agentin auch sagen! Ob ich zurückkehre und ihnen sage, wie es mir geht? Aber das ist so dumm, und vielleicht sind sie gar nicht mehr auf!«

Er suchte nach dem Hof, aber der war nicht zu finden.

»Das ist ja schrecklich! Ich kann die Østergade nicht wiedererkennen! Hier ist kein einziges Geschäft! Alte, baufällige Hütten sehe ich, als wäre ich in Roskilde oder Ringsted! Ach, ich bin krank! Genieren nützt auch nichts! Doch wo in aller Welt ist der Hof des Agenten? Der sieht sich selbst nicht mehr ähnlich! Aber dort sind noch Leute wach – ach, ich bin ganz gewiß krank!«

Nun stieß er auf eine halboffene Tür, durch die Licht hinausfiel. Es war eine Herberge, wie es sie zu dieser Zeit gab, eine Art Bierhaus. Der Raum sah aus wie eine holsteinische Diele; ein paar Leutchen, Schiffer, Kopenhagener Bürger und ein paar Gelehrte, saßen hier in einen Disput vertieft bei ihren Krügen und gaben auf den Eintretenden nur wenig acht.

»Entschuldigen Sie«, sagte der Justizrat zur Wirtin, die ihm entgegenkam, »mir ist so furchtbar elend, können Sie mir nicht eine Droschke nach Christianshavn besorgen?«

Die Frau sah ihn an und schüttelte den Kopf; dann sprach sie ihn auf deutsch an. Da der Justizrat vermutete, daß sie die dänische Sprache nicht beherrschte, trug er seinen Wunsch nun deutsch vor, was zusammen mit seiner Kleidung die Frau in der Meinung bestärkte, daß er ein Ausländer sei. Daß es ihm schlecht ging, begriff sie schnell, und deshalb gab sie ihm einen Krug Wasser, das freilich etwas brackig war, denn es war aus dem Brunnen geschöpft.

Der Justizrat stützte seinen Kopf auf die Hand, holte tief Atem und dachte über all das Seltsame nach, das ihn umgab.

»Ist das ›Der Tag‹ von heute abend?« fragte er, um etwas zu sagen, als er sah, wie die Frau ein großes Stück Papier weglegte.

Sie verstand nicht, was er meinte, reichte ihm jedoch das Blatt; es war ein Holzschnitt, der eine Lufterscheinung darstellte, gesehen in der Stadt Köln.

»Das ist sehr alt!« sagte der Justizrat und wurde ganz vergnügt, weil er an ein so altes Stück geraten war. »Wie sind Sie nur an dieses seltene Blatt geraten? Das ist sehr interessant, obwohl das Ganze eine Fabel ist! Dergleichen Lufterscheinungen werden damit erklärt, daß es Nordlichter waren; wahrscheinlich entstehen sie durch Elektrizität!«

Die ihm am nächsten saßen und seine Rede hörten, blickten ihn verwundert an, und einer von ihnen erhob sich, lüftete ehrerbietig den Hut und sagte mit der ernsthaftesten Miene: »Ihr seid gewiß ein sehr gelehrter Mann, Monsieur!«

»Ach nein!« antwortete der Justizrat. »Ich kann nur bei diesem und jenem mitreden, wie man es können soll.«

»*Modestia* ist eine schöne Tugend!« sagte der Mann. »Ansonsten muß ich zu Eurer Rede sagen: *Mihi secus videtur*, doch hier suspendiere ich gern mein *Judicium*!«

»Darf ich wohl fragen, mit wem ich das Vergnügen zu sprechen habe?« fragte der Justizrat.

»Ich bin Baccalaureus in der Heiligen Schrift!« erwiderte der Mann.

Diese Antwort war dem Justizrat genug, hier entsprach der Titel der Kleidung. »Das ist gewiß ein alter Dorfschulmeister«, dachte er, »ein Sonderling, wie man ihn noch oben in Jütland antreffen kann.«

»Hier ist zwar kein *locus docendi*«, hub der Mann an, »doch ich bitte Euch, Ihr möget Euch der Mühe des Redens unterziehen! Ihr seid gewiß äußerst belesen, was die Alten betrifft!«

»O ja, wahrhaftig!« antwortete der Justizrat. »Ich lese gern alte nützliche Schriften, aber ich mag auch die neueren, nur nicht die ›Alltagsgeschichten‹, von denen haben wir in der Wirklichkeit genug!«

»Alltagsgeschichten?« fragte unser Baccalaureus.

»Ja, ich meine diese neuen Romane, die es gibt.«

»Oh«, lächelte der Mann, »in ihnen liegt doch ein großer Scharfsinn, und sie werden bei Hofe gelesen; der König liebt insonderheit den Roman über den Herrn Iffven und den Herrn Gaudian, der vom König Artus und seinen Recken am runden Tisch handelt, er hat darüber mit seinen hohen Herren gescherzt!«*

»Ja, den habe ich noch nicht gelesen!« sagte der Justizrat, »das muß ein ganz neuer sein, den Heiberg herausgegeben hat.«

»Nein«, antwortete der Mann, »nicht Heiberg hat ihn herausgegeben, sondern Gotfred von Ghemen!«

»Aha, so heißt der Verfasser«, sagte der Justizrat, »das ist ein sehr alter Name! Ist das nicht der erste Buchdrucker, den es in Dänemark gab?«

»Ja, das ist unser erster Buchdrucker«, sagte der Mann.

Auf diese Art ging es recht gut. Nun sprach einer der guten Bürgersleute von der erschröcklichen Pestilenz, die vor ein paar Jahren regieret hatte, und meinte die im Jahre 1484. Der Justizrat vermutete, es handele sich um die Cholera, und so lief der Diskurs recht munter. Der Freibeuterkrieg 1490 lag so nahe, daß er erwähnt werden mußte; die englischen Freibeuter hätten die Schiffe von der Reede gestohlen, sagten die Leute, und der Justizrat, der sich eingehend mit dem Ereignis des Jahres 1801 beschäftigt hatte, stimmte vortrefflich in die Schelte auf den Engländer ein. Doch ansonsten glückte die Unterhaltung nicht so gut, man redete alle Augenblicke aneinander vor-

---

* Holberg erzählt in seiner ›Geschichte des dänischen Reiches‹, daß König Hans, nachdem er den Roman über König Artus gelesen, eines Tages mit dem bekannten und von ihm sehr geschätzten Otto Rud scherzte: »Herr Ivent und Herr Gaudian sind, wie ich diesem Buch entnehme, bemerkenswerte Ritter gewesen; Ritter von dieser Art findet man heutigentags nicht mehr!« Worauf Otto Rud erwiderte: »Wenn es solche Recken wie König Artus gäbe, dann sollte es wohl auch viele Ritter wie Herrn Ivent und Herrn Gaudian geben!«

bei. Der Justizrat fand den guten Baccalaureus allzu unwissend, und dem wiederum erschienen die einfachsten Äußerungen seines Gesprächspartners zu kühn und zu phantastisch. Sie schauten sich an, und wenn es allzu toll wurde, dann sprach der Baccalaureus Latein, in der Meinung, darin verständlicher zu sein, aber das half auch nichts.

»Wie steht es um Euch?« fragte die Wirtin und zog den Justizrat am Ärmel. Da kehrte ihm die Besinnung zurück, denn er hatte während der Unterhaltung vollkommen vergessen, was ihr vorausgegangen war.

»Herrgott, wo bin ich?« sagte er, und als er darüber nachdachte, wurde ihm schwindlig.

»Klarett wollen wir trinken! Met und Bier aus Bremen!« rief einer der Gäste. »Und Ihr sollt mittrinken!«

Zwei Mädchen kamen herein, die eine trug eine zweifarbige Haube. Sie schenkten ein und knicksten, dem Justizrat lief es eiskalt den Rücken hinunter.

»Was ist das nur! Was ist das nur!« sagte er, doch er mußte mit den Leuten trinken, die dem guten Mann ganz artig zusetzten. Schließlich wußte er sich keinen Rat mehr, und als einer von ihnen sagte, er sei betrunken, bezweifelte er das nicht im geringsten und äußerte nur noch den Wunsch, man möge ihm eine Droschke beschaffen, und da glaubten die Leute, er rede moskowitisch.

Noch nie war er in einer so rohen und gemeinen Gesellschaft gewesen; man sollte annehmen, das Land sei zum Heidentum zurückgekehrt, fand er. »Das ist der schrecklichste Augenblick meines Lebens!« Da aber kam ihm ein rettender Einfall, er bückte sich unter den Tisch und kroch zur Tür, um hinauszuschlüpfen; doch gerade als er den Ausgang erreichte, bemerkten die anderen sein Vorhaben und packten ihn an den Beinen, und da, zu seinem großen Glück, lösten sich die Galoschen – und mit ihnen der ganze Zauber.

Der Justizrat sah deutlich eine helle Laterne vor sich brennen, und dahinter erhob sich ein großer Hof, der ihm bekannt war, wie die Nachbarhöfe auch – es war die Østergade, wie wir sie alle kennen. Da lag er mit den Beinen in einem Tor, und ihm gegenüber saß der Wächter und schlief.

»Du lieber Himmel, da habe ich hier auf der Straße gelegen und geträumt!« sagte er. »Ja, das ist die Østergade! Wie wunderbar hell und bunt! Es ist ja entsetzlich, wie dieses Glas Punsch auf mich gewirkt haben muß!«

Zwei Minuten später saß er in einer Droschke, und die fuhr ihn nach Christianshavn. Er dachte an all die Angst und Not, die er überstanden hatte, und pries von Herzen die glückliche Wirklichkeit, unsere Zeit, die bei all ihren Mängeln doch viel besser ist als jene, in der er sich vor kurzem befunden hatte, und siehst du, das war vom Justizrat vernünftig!

III
Die Abenteuer des Wächters

»Das sind ja ein Paar Galoschen!« sagte der Wächter. »Die gehören sicher dem Leutnant, der dort oben wohnt, wo sie direkt am Tor liegen.«

Dort oben brannte noch Licht, und gern hätte der ehrliche Mann geläutet, um sie abzuliefern, doch weil er die anderen Leute im Haus nicht wecken wollte, ließ er es bleiben.

»Das muß schön mollig sein, wenn man so ein Paar Dinger anhat«, sagte er. »Die sind aus ganz weichem Leder.« Sie schmiegten sich um seine Füße. »Wie komisch es doch auf der Welt zugeht! Da könnte er jetzt in seinem guten Bett liegen – aber was tut er? Er trottet auf und ab! Das ist ein glücklicher Mensch! Er hat weder Mutter noch Gören! Jeden Abend ist er in einer Gesellschaft, wäre ich doch an seiner Stelle, ja, dann wäre ich ein glücklicher Mann!«

Sowie er seinen Wunsch aussprach, wirkten die Galoschen, die er an seinen Füßen trug; der Wächter nahm ganz und gar Gestalt und Denken des Leutnants an. Da stand er oben im Zimmer und hielt in den Fingern ein kleines rosenrotes Stück Papier, auf dem ein Gedicht geschrieben war, ein Gedicht von dem Herrn Leutnant persönlich – denn wer ist nicht einmal in seinem Leben in Dichterstimmung gewesen, und schreibt man den Gedanken auf, dann hat man den Vers. Hier stand geschrieben:

»Wär ich doch reich!«

»Wär ich doch reich!« war mein Gebet so oft,
Hab es, kaum ellengroß, so sehr erhofft.
»Wär ich doch reich, dann würd' ich Offizier,
Beschaffte Säbel, Uniform und Feder mir.«
Es kam die Zeit – ich wurde Offizier,
Nicht aber reich und sollt' es auch nicht sein,
Mir half Gott allein!

Froh und vergnügt war ich zur Abendstund,
Ein kleines Mädchen küßte meinen Mund,
Denn ich war reich an Märchen und Geschichten,
An Geld und Gut jedoch war ich's mitnichten,
Die liebe Kleine wollte nur Geschichten,
Warum mir fehlten Gold und Edelstein,
Weiß Gott allein!

»Wär ich doch reich!« ist immer noch mein Flehn,
Das kleine Mädchen ist nun groß und schön,
Sie ist so lieblich, klug und herzensgut,
Ach, wüßte sie von meines Herzens Glut,
Ach, wäre sie, wie einstmals, mir so gut!
Doch ich bin arm, und meines Herzens Schrein
Hört Gott allein!

Wär ich doch reich an Trost und Frieden,
Dann hätt ich meinen Schmerz nicht aufgeschrieben!
Du, die ich liebe, wenn du mich verstehst,
Lies dies als ein Gedicht aus Jugendjahren,
Es wär doch besser, wenn du's nicht verstehst,
Arm bin ich, größer nur wird meine Not,
Segne dich Gott!

Ja, solche Verse schreibt man, wenn man verliebt ist, doch ein besonnener Mann gibt sie nicht in Druck. Leutnant, Liebe, Not, das ist ein Dreieck oder, was genausogut ist, der halbe zerbrochene Würfel des Glücks. So empfand der Leutnant auch, und deshalb lehnte er seinen Kopf gegen den Fensterrahmen und seufzte ganz tief:

»Der arme Wächter auf der Straße ist viel glücklicher als ich! Er kennt nicht, was ich Sehnsucht nenne! Er hat ein Heim, Weib und Kinder, die über seinen Kummer weinen, sich über seine Freude freuen. Ach, ich wäre glücklicher als ich bin, wenn ich geradewegs in ihn hineinschlüpfen könnte, denn er ist glücklicher als ich!«

Im gleichen Moment war der Wächter wieder Wächter, denn nur die Galoschen des Glücks hatten ihn zum Leutnant gemacht, doch wie wir gesehen haben, hatte er sich da noch viel weniger zufrieden gefühlt und am liebsten sein wollen, was er eigentlich war. Also war der Wächter wieder Wächter.

»Das war ein häßlicher Traum!« sagte er, »aber komisch war er schon. Ich fühlte mich wie der Leutnant dort oben, und das war gar kein Vergnügen. Mir haben Mutter und die Gören gefehlt, die küssen mir ja fast die Augen aus!«

Er saß wieder da und nickte, der Traum wollte ihm nicht recht aus dem Sinn, die Galoschen hatte er noch an den Füßen. Eine Sternschnuppe huschte über den Himmel.

»Da ging sie hin!« sagte der Wächter. »Aber Sterne gibt es ja genug. Ich hätte wohl Lust, mir diese Dinger ein bißchen genauer anzusehen, vor allem den Mond, denn der verschwindet einem nicht zwischen den Händen. Wenn wir sterben, hat der Student gesagt, für den meine Frau die große Wäsche macht, dann fliegen wir von einem zum anderen. Das ist gelogen, wäre aber doch recht hübsch. Könnte ich doch einen kleinen Sprung dort hinauf tun, dann könnte der Körper meinetwegen auf der Treppe bleiben!«

Siehst du, es gibt nun mal gewisse Dinge auf der Welt, die man nur mit äußerster Vorsicht aussprechen darf, und noch vorsichtiger sollte man besonders dann sein, wenn man die Galoschen des Glücks an den Füßen hat. Hör nur, wie es dem Wächter erging!

Was uns Menschen betrifft, so kennen wir ja fast alle die Geschwindigkeit durch den Dampf, wir haben sie entweder auf der Eisenbahn oder mit dem Schiff über das Meer ausprobiert. Dieses Tempo ist jedoch wie die Wanderung des Faultiers oder der Marsch der Schnecke, verglichen mit der Geschwindigkeit des Lichts; das fliegt neunzehn Millionen Male schneller als der beste Wettläufer, und doch ist die Elektrizität noch schneller. Der Tod ist ein elektrischer Schlag, den wir ins Herz bekommen; auf den Flügeln der Elektrizität fliegt die befreite Seele. In acht Minuten und ein paar Sekunden kann das Sonnenlicht über zwanzig Millionen Meilen reisen; die Seele braucht für dieselbe Entfernung mit der Eilpost der Elektrizität weniger Minuten. Für sie ist der Abstand zwischen den Himmelskörpern nicht größer als für uns zwischen den Häusern unserer Freunde in ein und derselben Stadt, auch wenn sie ziemlich dicht beieinander stehen. Dieser elektrische Herzschlag kostet uns indessen den Gebrauch unseres Körpers auf Erden, falls wir nicht wie der Wächter die Galoschen des Glücks an den Füßen haben.

In wenigen Sekunden war der Wächter die 52.000 Meilen zum Mond geflogen, der, wie man weiß, aus einem viel leichteren Stoff als unsre Erde beschaffen und, wie wir es nennen würden, weich wie frisch gefallener Schnee ist. Er befand sich auf einem der unzähligen Ringgebirge, die wir von Dr. Mädlers großer Mondkarte kennen; die kennst du doch, nicht wahr? Die Innenseite des Ringgebirges fiel steil in einen Kessel ab, der eine ganze dänische Meile tief war. Dort unten lag eine Stadt, die aussah wie Eiweiß in einem Glas Wasser, genauso weich und auch mit Türmen, Kuppeln und segelförmigen Altanen, die durchsichtig in der dünnen Luft schwankten. Über seinem Kopf schwebte unsre Erde als große, feuerrote Kugel.

Zahlreiche Geschöpfe gab es hier, alle waren sie wohl, was wir als Menschen bezeichnen würden, sahen jedoch ganz anders als wir aus. Sie hatten auch eine Sprache, und obwohl das keineswegs von ihr zu verlangen war, verstand die Seele des Wächters sie trotzdem.

Sie verstand diese Sprache sogar sehr gut. Die Mondbewohner disputierten über unsre Erde und bezweifelten, daß sie bewohnbar sei – dort sei die Luft doch viel zu dick, als daß irgendein vernünftiges Mondgeschöpf darin leben könnte. Sie glaubten, nur der Mond habe lebendige Wesen, er sei der eigentliche Erdball, wo die alten Erdballleute wohnten.

Doch wir begeben uns wieder zur Østergade und schauen nach, wie es um den Körper des Wächters steht.

Leblos saß er auf der Treppe, der Morgenstern war ihm aus der Hand gefallen, und seine Augen waren auf den Mond gerichtet und hielten nach der ehrlichen Seele Ausschau, die dort herumlief.

»Wie spät ist es, Wächter?« fragte ein Passant. Doch wer nicht antwortete, das war der Wächter, und als der Mann ihn ganz sacht an der Nase zupfte, verlor der Körper die Balance, und nun lag er der Länge nach da, denn der Mensch war ja tot, und jener, der ihn gezupft hatte, bekam einen großen Schreck. Der Wächter war tot und blieb tot, es wurde gemeldet und wurde vermeldet, und in der Morgenstunde trug man den Körper ins Hospital.

Das könnte ein ganz artiger Spaß für die Seele werden, wenn sie zurückkehrte und aller Wahrscheinlichkeit nach ihren Körper in der Østergade suchte und ihn nicht finden könnte! Vermutlich würde sie zuerst zum Polizeiamt laufen, danach zum Adreßbüro, um ihn von dort unter den verlorengegangenen Sachen suchen zu lassen, und schließlich zum Hospital. Doch wir können uns damit trösten, daß die Seele auf eigene Faust am klügsten handelt, nur der Körper macht sie dumm.

Der Körper des Wächters kam, wie schon gesagt, ins Hospital, wurde dort in den Waschraum gebracht, und hier zog man ihm natürlich als erstes die Galoschen aus, und da mußte die Seele zurück, und sie nahm gleich Kurs auf ihren Körper, und mit einem Mal wurde der Mann lebendig. Er versicherte, das sei die schrecklichste Nacht seines Lebens gewesen; für keine zwei Mark wollte er solche Empfindungen noch einmal haben, aber jetzt sei es ja überstanden.

Er wurde noch am selben Tag entlassen, doch die Galoschen blieben im Hospital.

IV
Ein Hauptmoment. Eine Deklamationsnummer. Eine höchst ungewöhnliche Reise

Nun weiß jeder Kopenhagener genau, wie der Eingang des Frederiks-Hospitals aussieht; da aber vermutlich auch einige Nicht-Kopenhagener diese Geschichte lesen, müssen wir eine kurze Beschreibung geben.

Das Hospital ist von der Straße durch ein ziemlich hohes Gitter aus dicken Eisenstangen abgetrennt, die jedoch so weit voneinander entfernt sind, daß sich, wie man erzählt, sehr dünne Kandidaten hindurchgequetscht und auf solche Art ihre kleinen Besuche im Freien gemacht haben sollen. Jener Körperteil, der am schwierigsten hinauszupraktizieren ging, war der Kopf; hier, wie so häufig in der Welt, waren die kleinen Köpfe also am glücklichsten dran. Dies mag als Einleitung genug sein.

An diesem Abend versah den Wachdienst just ein junger Volontär, von dem man in körperlicher Hinsicht nicht eben sagen konnte, daß er ein Köpfchen hatte. Der Regen strömte, doch, ungeachtet beider Hindernisse, mußte er hinaus, nur eine Viertelstunde, und das lohnte sich nicht, wie er fand, sich dem Pförtner anzuvertrauen, man konnte ja durch die Eisenstangen schlüpfen. Als der Volontär die Galoschen erblickte, die der Wächter vergessen hatte, dachte er mit keinem Gedanken daran, daß es die Galoschen des Glücks sein könnten, und streifte sie über, denn sie konnten ihm bei diesem Wetter sehr gute Dienste tun. Nun galt es, sich durch das Gitter zu zwängen, was er nie zuvor ausprobiert hatte. Da stand er nun.

»Wollte Gott, ich hätte den Kopf schon draußen!« sagte er, und obgleich dieser sehr dick und aufgeblasen war, glitt er sofort leicht und glücklich hindurch – die Galoschen mußten den Wunsch also verstanden haben. Doch jetzt sollte der Körper hinterdrein, hier stand er nun.

»Hu, ich bin zu dick!« sagte er. »Ich hatte den Kopf für die größte Schwierigkeit gehalten. Ich komme nicht durch.«

Da wollte er den Kopf rasch zurückziehen, aber das ging nicht. Nur den Hals konnte er bequem bewegen, das war auch alles. Als erstes empfand er Zorn, als zweites spürte er, daß seine Stimmung bis unter den Nullpunkt sank. Die Galoschen des Glücks hatten ihn in die entsetzlichste Lage gebracht, und zu allem Unglück fiel es ihm nicht ein, sich wieder frei zu wünschen, nein, er handelte und kam deshalb nicht von der Stelle. Der Regen strömte, kein Mensch war auf der Straße zu sehen. Die Glocke am Tor konnte er nicht erreichen – wie sollte er sich nur befreien? Er sah schon vor sich, daß er bis in die Morgenstunde hier stehen würde, dann müßte ein Schmied geholt werden, der die Eisenstangen durchfeilen könnte. Aber das alles würde eine Weile dauern, bis dahin würden sämtliche blauuniformierten Schüler aus dem Waisenhaus gegenüber auf den Beinen sein, der ganze Stadtteil Nyboder würde erscheinen, um ihn im Halseisen stehen zu sehen, das würde einen Auflauf geben, ganz anders als im vorigen Jahr zur Amerikanischen Agave. »Hu! Mir steigt das Blut zu Kopf, da muß ich wohl verrückt werden! – Ja, ich werde verrückt! Ach, wäre ich doch wieder frei, dann ginge das wohl vorüber!«

Siehst du, das hätte er etwas früher sagen sollen, denn sowie der Gedanke ausgesprochen war, hatte er den Kopf frei und stürzte nun ins Hospital, ganz verwirrt von jenem Schreck, in den die Galoschen des Glücks ihn versetzt hatten.

Wir dürfen aber ja nicht glauben, daß damit das Ganze überstanden wäre, nein, es kommt noch schlimmer!

Die Nacht verging und der nächste Tag auch, niemand holte die Galoschen ab.

Am Abend sollte es im kleinen Theater in der Kannikestræde eine Vorstellung geben. Das Haus war überfüllt; zwischen den Deklamationsnummern wurde ein neues Gedicht vorgetragen. Wir wollen es hören. Der Titel lautete:

Tantes Brille

Die Klugheit meiner Tante ist bekannt,
Man hätte sie in alter Zeit gewiß verbrannt.
Was auch geschieht, sie weiß es, mehr noch gar,
Sie schaut geradezu ins nächste Jahr,

Ja, in das kommende Jahrzehnt voraus,
Doch will sie niemals richtig mit der Sprache raus.
Und was wird wohl im nächsten Jahr geschehen?
Merkwürdiges? Ja, ich möchte gerne sehen,
Wie es mir selbst, Kunst, Land und Reich ergeht,
Vergebens habe ich sie darum angefleht.
Ich ließ nicht nach, fuhr fort zu fragen,
Erst war sie still, dann kamen Klagen,
Das schlug ich alles in den Wind,
Bin ich ja doch ihr Lieblingskind!

»Dies eine Mal geschehe nun dein Wille«,
So fing sie an und gab mir ihre Brille.
»Nun stellst du dich auf einen menschenvollen Platz,
Mit meiner Brille hast du einen Schatz:
Du siehst mit ihr im dichtesten Gedränge
Als Kartenspiel die ganze Menschenmenge.
Aus diesen Karten sagst du allen sogleich wahr,
Was da geschieht und kommt im nächsten Jahr!«

Ich dankte ihr und lief davon und wollte sehen,
Wohin nun wohl die meisten Menschen gehen.
Nach Langelinie, wo Erkältung droht?
Zur Østergade? Bah, der Gassenkot!
Doch ins Theater, wäre das ein Segen!
Die Abendunterhaltung kommt mir just gelegen –
Da bin ich nun! Für den, der mich nicht kannte,
Stell ich mich vor, dazu die Brille meiner Tante,
Die ich, gestatten Sie, benutze, um zu sehen,
Ob Sie ein Kartenspiel sind – nein, nicht gehen! –,
Dem ich entnehme, was die Zeit wird schenken,
– Ihr Schweigen will ich als ein Ja mir denken,
Zum Danke werden Sie nun eingeweiht
Und nehmen teil an der Gemeinsamkeit.
Ich werde Ihnen, mir, Land und Reich wahrsagen,

Nun woll'n wir sehen und die Karten fragen.
(Und dann setzte er die Brille auf.)
Ja, richtig, nein, da muß ich lachen!
Oh, könnt' ich Sie nur sehend machen!
So ungeheuer viele Herren kann ich hier gewahren,
Herzdamen auch in ganzen Scharen.
Das Schwarze da, ja, das ist Kreuz und Pik.
Nun hab ich gleich den rechten Überblick!
Pikdame seh ich, die mit Herz und Hand
Dem Karobuben heftig sich hat zugewandt.
Oh, dieser Anblick macht mich toll!
Von Geld auch ist das Haus sehr voll
Und Fremden aus den fernsten Fernen.
Das aber möchten wir nicht kennenlernen.
Die Stände? Wollen sehn! – Was dabei zu gewahren,
Das soll man später aus den Zeitungen erfahren!
Wenn ich nun plaudre, schad' ich ihnen
Und klaute aus dem Kuchen die Rosinen.
Und das Theater? – Wie steht es mit Geschmack und Ton?
Ich will's mir nicht verderben mit der Direktion!
Und meine Zukunft? – Ja, da will ich schweigen,
Was einen selbst betrifft, da ist man eigen!
Ich sehe! –
Ich kann nicht sagen, was ich sehe,
Sie aber sollen's hören, wann es auch geschehe.
Wer ist der Glücklichste wohl von uns allen?
Der Glücklichste? Schwer soll mir das nicht fallen!
Das ist doch – nein, das kann so leicht genieren,
Ja, manchem könnte Trauriges passieren!
Wer lebt am längsten? Läßt sich alles finden!
Doch nein, dergleichen darf man nicht verkünden!
Soll ich weissagen von –? Nein! – Von? Nein! – Von? Nein?
Von? – Am Ende fällt es mir auch gar nicht ein;

Ich bin gehemmt, leicht kann man einen kränken!
Nun, ich will sehen, was Sie glauben, denken,
Was meine Wahrsagkraft vermag zu schenken.
Sie glauben? Nein, wie bitte? Kann ich recht verstehen?
Daß alles wird mit Nichts zu Ende gehen?
Daß Sie nur hören werden Kling und Klang?
Da schweige ich, verehrteste Vereinung,
Ich schulde Ihnen – Ihre eigne Meinung!

Das Gedicht wurde vorzüglich vorgetragen, und der Deklamator hatte großen Erfolg. Unter den Zuschauern war der Volontär aus dem Hospital, der sein Abenteuer in der vorausgegangenen Nacht vergessen zu haben schien. Die Galoschen hatte er an, denn niemand hatte sie abgeholt, und weil die Straße morastig war, konnten sie ihm gute Dienste tun.

Das Gedicht gefiel ihm gut. Die Idee beschäftigte ihn sehr, und gern hätte er auch eine solche Brille gehabt. – Wenn man sie richtig zu gebrauchen wüßte, könnte man den Leuten vielleicht mitten ins Herz damit schauen; das fand er eigentlich interessanter als vorherzusehen, was im nächsten Jahr geschehen sollte – dies würde man ohnehin erfahren, das andere dagegen nie.

»Wenn ich mir sämtliche Herren und Damen in der ersten Reihe vorstelle – könnte man denen direkt in die Brust hineinsehen, ja, da müßte es eine Öffnung, eine Art Laden geben – na, da würden meine Augen aber einen Ladenbummel machen! Bei jener Dame dort würde ich gewiß einen großen Modesalon vorfinden! Bei der hier ist der Laden leer, könnte aber mal eine Säuberung gebrauchen! Doch es ließen sich auch solide Geschäfte finden, ach ja!« seufzte er. »Ich kenne eins, da ist alles solide, aber da gibt es schon einen Ladenschwengel, das ist das einzig Schlechte am ganzen Laden! Aus diesem oder jenem würde es rufen: ›Treten Sie doch bitte ein!‹ – Ja, könnte ich nur eintreten und wie ein hübscher kleiner Gedanke durch die Herzen gehen!«

Siehst du, das war für die Galoschen genug, der ganze Volontär schrumpfte zusammen, und nun begann eine höchst ungewöhnliche Reise mitten durch die Herzen der Zuschauer in der vordersten Reihe. Das erste Herz, in das er kam, war das einer Dame; doch er glaubte unwillkürlich im Orthopädischen Institut zu sein, wie man jenes Haus nennt, wo der Doktor Menschen-Knoten beseitigt und die Leute geradrmacht. Er befand sich dort in jenem Zimmer, wo die Gipsabgüsse der verwachsenen Gliedmaßen an den Wänden hängen. Doch während die Abgüsse im Institut bei der Ankunft des Patienten abgenommen werden, waren die im Herzen aufbewahrten erst nach Weggang der guten Leute hergestellt worden. Es waren Abgüsse von Freundinnen, von ihren körperlichen und geistigen Gebrechen.

Rasch schlüpfte er in ein zweites weibliches Herz hinein, und dieses kam ihm wie eine große heilige Kirche vor. Die weiße Taube der Unschuld flatterte über dem Hochaltar – wie gern wäre er niedergekniet, aber er mußte weiter und in das nächste Herz. Noch hörte er die Orgeltöne und fühlte sich als neuer und besserer Mensch, der nicht unwürdig war, das nächste Heiligtum zu betreten. Dies war, wie sich zeigte, eine armselige Dachkammer, in der eine kranke Mutter lag. Doch durch das offne Fenster schien Gottes warme Sonne, aus der kleinen Holzkiste auf dem Dach nickten herrliche Rosen, und zwei himmelblaue Vögel sangen von kindlicher Freude, während die kranke Mutter den Segen für ihre Tochter herbeiflehte.

Nun kroch er auf Händen und Füßen durch einen überfüllten Schlachterladen, da war Fleisch und immer nur Fleisch; es war das Herz eines reichen, respektablen Herrn, dessen Name gewiß im Adreßbuch steht. Das Herz der Gemahlin, in das er dann kam, war ein alter, verfallener Taubenschlag; das Porträt des Ehemanns diente als Wetterfahne und war mit den Türen verbunden, und diese gingen auf und zu, sobald sich der Mann drehte.

Danach geriet er in ein Spiegelkabinett, wie wir es auf Schloß Rosenborg haben, doch hier vergrößerten die Spiegel in einem unglaublichen Grad. Mitten darin saß, einem Dalai-Lama gleich, das unbedeutende Ich der Person, verblüfft vom Anblick seiner eigenen Größe.

Hiernach wähnte er sich in einer engen Nadelbüchse, die mit spitzen Nadeln gefüllt war. »Das ist das Herz einer alten, unverheirateten Jungfer«, mußte er denken, was aber nicht der Fall war; es gehörte einem ganz jungen Militär mit mehreren Orden und just, wie man sagte, einem Mann mit Geist und Herz.

Ganz verwirrt kam der sündige Volontär aus dem letzten Herzen in der Reihe, außerstande, seine Gedanken zu ordnen, er glaubte jedoch, seine allzu starke Phantasie sei mit ihm durchgegangen.

»Herrgott«, seufzte er, »ich bin gewiß im Begriff, verrückt zu werden! Hier drin ist es auch unerlaubt heiß! Das Blut steigt mir zu Kopfe!« Und nun erinnerte er sich an das große Ereignis am Abend zuvor, als sein Kopf zwischen den Eisenstäben des Hospitals festgesessen hatte. »Da habe ich mir das bestimmt geholt!« meinte er. »Ich muß beizeiten etwas dagegen unternehmen, ein russisches Bad könnte guttun. Wenn ich doch schon auf der obersten Bank läge!«

Und da lag er auf der obersten Bank des Dampfbads, doch er trug noch alle Kleider, die Stiefel und Galoschen, während ihm die heißen Wassertropfen von der Decke ins Gesicht tropften.

»Hu!« schrie er und sprang hinunter, um sich ein Sturzbad zu genehmigen. Als der Aufwärter den bekleideten Menschen im Dampfbad sah, schrie er ebenfalls laut auf.

Indessen besaß der Volontär soviel Fassung, daß er ihm zuflüsterte: »Es handelt sich um eine Wette!«

Doch sowie er wieder in seinem eigenen Zimmer war, klebte er sich als erstes ein großes Spanischfliegenpflaster in den Nacken und ein zweites auf den Rücken, damit die Tollheit ausziehen konnte.

Am nächsten Morgen hatte er dann einen blutigen Rücken, das war alles, was er durch die Galoschen des Glücks gewann.

V
Die Verwandlung des Kopisten

Indessen erinnerte sich der Wächter, den wir gewiß nicht vergessen haben, daß er ein Paar Galoschen gefunden und mit ins Hospital genommen hatte. Er holte sie ab, doch als sich weder der Leutnant noch sonst jemand in der Straße zu ihnen bekennen wollte, brachte er sie zum Polizeiamt.

»Die sehen aus wie meine eigenen Galoschen«, sagte einer der Herren Kopisten, als er die Fundsache musterte, und stellte sie neben die seinen. »Das braucht mehr als ein Schusterauge, um einen Unterschied zu erkennen!«

»Herr Kopist!« sagte ein Beamter, der mit einigen Papieren eintrat.

Der Kopist wandte sich um und unterhielt sich mit ihm, doch als er sich anschließend die Galoschen ansah, war er im größten Zweifel, ob ihm die zur Linken oder die zur Rechten gehörten. »Es müssen die nassen sein«, dachte er. Aber das war gerade falsch gedacht, denn naß waren die Galoschen des Glücks, doch warum sollte sich nicht auch die Polizei einmal irren? Er zog sie an, steckte sich ein paar Papiere in die Tasche, ein paar andere unter den Arm, er wollte sie zu Hause durchlesen und abschreiben. Jetzt aber war es Sonntagvormittag, und das Wetter war gut. »Ein Ausflug nach Frederiksberg könnte mir guttun!« dachte er, und so machte er sich auf den Weg.

Einen ruhigeren und fleißigeren Menschen als diesen jungen Mann gab es nicht, wir wollen ihm diesen kleinen Spaziergang, der ihm nach dem vielen Sitzen gewiß überaus wohltun könnte, von Herzen gönnen. Anfangs ging er nur vor sich hin und dachte an gar nichts, weshalb die Galoschen keine Gelegenheit hatten, ihre Zauberkraft zu beweisen.

In der Allee traf er einen Bekannten, einen jungen Dichter, und der erzählte ihm, daß er am nächsten Tag seine Sommerreise antreten wolle.

»So, wollen Sie wieder auf Reisen gehen!« sagte der Kopist. »Sie sind ja auch ein glücklicher, freier Mensch. Sie können fliegen, wohin Sie wollen, wir anderen haben eine Kette am Bein.«

»Aber die ist am Brotbaum befestigt!« entgegnete der Dichter. »Sie brauchen sich nicht um den morgigen Tag zu sorgen, und wenn Sie alt werden, dann bekommen Sie Pension!«

»Sie haben es doch am besten«, entgegnete der Kopist, »dasitzen und dichten, das ist doch ein Vergnügen! Von der ganzen Welt hören Sie Freundlichkeiten, und dann sind Sie Ihr eigener Herr! Ja, Sie sollten ausprobieren, wie es sich auf dem Gericht mit den trivialen Sachen sitzt!«

Der Dichter schüttelte den Kopf, der Kopist schüttelte auch den Kopf, jeder blieb bei seiner Meinung, und dann trennten sie sich.

»Das ist doch ein besonderes Völkchen, diese Poeten!« sagte der Kopist. »Ich würde es gern mal ausprobieren, in eine solche Natur hineinzuschlüpfen und selbst ein Poet zu sein. Ich bin mir sicher, daß ich nicht solche Jammerverse wie die andern schreiben würde! – Das ist so recht ein Frühlingstag für einen Dichter! Die Luft ist ungewöhnlich klar, die Wolken sind so schön, und dazu der

Duft von all dem Grünen! Ja, so wie in diesem Augenblick habe ich es viele Jahre nicht empfunden.«

Wir merken schon, daß er Dichter geworden war. Das fiel gar nicht so sehr auf, denn es ist eine törichte Vorstellung, daß sich ein Dichter von anderen Menschen unterscheidet, bei denen es viel poetischere Naturen geben kann, als sie manch großer, anerkannter Dichter besitzt. Der Unterschied besteht nur darin, daß der Dichter ein besseres geistiges Gedächtnis hat, er kann Idee und Gefühl festhalten, bis sie sich klar und deutlich in Worte verwandelt haben, das können die anderen nicht. Doch die Verwandlung einer alltäglichen Natur in eine begabte, das ist allemal ein Übergang, und den hatte der Kopist nun gemacht.

»Dieser wunderbare Duft«, sagte er, »wie er mich an die Veilchen bei Tante Lone erinnert! Ja, damals war ich ein kleiner Junge. Herrgott, daran habe ich so lange nicht gedacht! Das gute alte Mädchen! Sie wohnte hinter der Börse; stets hatte sie einen Zweig oder ein paar grüne Triebe im Wasser stehen, der Winter mochte noch so streng sein. Die Veilchen dufteten, während ich die angewärmten Kupferschillinge gegen die gefrorene Fensterscheibe drückte und Gucklöcher machte. Das war ein hübsches Fernrohr. Draußen im Kanal waren die Schiffe eingefroren und von allen Seeleuten verlassen, eine schreiende Krähe war nun die ganze Besatzung. Doch wenn die Frühlingswinde wehten, dann gab es zu tun; mit Gesang und Hurrarufen zersägten sie das Eis, teerten und takelten die Schiffe, und dann fuhren sie in ferne Länder. Ich bin hier geblieben und muß immer hier bleiben, immer im Polizeiamt sitzen und zusehen, wie sich die andern ihren Paß für eine Auslandsreise holen, das ist mein Los! Ach ja!« seufzte er tief, hielt jedoch ganz plötzlich inne. »Herrgott, was ist nur mit mir los! So habe ich noch nie gedacht und empfunden! Das muß die Frühlingsluft sein! Das ist so beängstigend wie angenehm.« Er griff in die Tasche nach seinen Papieren. »Die werden mich auf andere Gedanken bringen!« sagte er und ließ seine Augen über das erste Blatt gleiten. »*Frau Sigbrith*, Originaltragödie in fünf Akten«, las er. »Was ist denn das? Das ist ja meine eigene Hand. Habe ich diese Tragödie geschrieben? *Die Intrige auf dem Wall oder Buß- und Bettag*, Vaudeville. – Aber wie bin ich denn dazu gekommen? Jemand muß es mir in die Tasche gesteckt haben. Hier ist ja ein Brief!« Ja, der war von der Theaterdirektion, die Stücke waren abgelehnt und der Brief selbst alles andere als höflich abgefaßt. »Hm, hm!« sagte der Kopist und setzte sich auf eine Bank. Sein Gedanke war so lebendig, sein Herz so weich; unwillkürlich griff er nach einer der nächsten Blumen, das war ein einfaches Gänseblümchen – was der Botaniker uns nur in vielen Vorlesungen sagen kann, das verkündet sie in einer Minute. Sie erzählte den Mythos von ihrer Geburt, sie erzählte von der Macht des Sonnenlichts, sie breitete ihre feinen Blätter aus und zwang sie zu duften. Da dachte der Kopist an die Kämpfe des Lebens, die auf gleiche Weise die Gefühle in unsrer Brust erwecken. Luft und Licht waren die Freier der Blume, doch sie bevorzugte das Licht und neigte sich ihm zu, und wenn es verschwand, dann rollte sie ihre Blätter zusammen und schlief ein, in der Umarmung der Luft. »Es ist das Licht, was mich schmückt!« sagte die Blume. »Aber die Luft läßt dich atmen!« flüsterte die Dichterstimme.

Ganz in der Nähe stand ein Junge und schlug mit seinem Stock in einen morastigen Graben, daß die Wassertropfen zwischen den grünen Zweigen aufspritzten. Da dachte der Kopist an die Millionen von unsichtbaren Tieren, die mit den Tropfen in eine Höhe flogen, die, in Anbetracht ihrer Größe, genauso hoch war, als würden wir bis über die Wolken gewirbelt. Während der Kopist darüber und über die ganze Veränderung, die mit ihm geschehen war, nachdachte, lächelte er: »Ich schlafe und träume! Trotzdem ist es sonderbar, wie natürlich man träumen kann, ohne dabei zu vergessen, daß es nur ein Traum ist. Könnte ich mich doch daran erinnern, wenn ich morgen erwache; mir scheint, ich bin jetzt ganz ungewöhnlich gut aufgelegt! Ich sehe alles mit klarem Blick, fühle mich so aufgeweckt, doch ich bin mir sicher, wenn ich morgen etwas davon erinnere, dann ist es Unsinn, das habe ich schon einmal erlebt! Man kann noch soviel Kluges und Prächtiges im Traum hören und sagen, es ist doch nur mit dem Gold der Unterirdischen vergleichbar – wenn man es findet, ist es reich und herrlich, doch bei Tage besehen, sind es nur Steine und welke Blätter. Ach«, seufzte er ganz wehmütig und betrachtete die singenden Vögel, die sehr vergnügt von einem Zweig zum andern hüpften, »denen geht es viel besser als mir! Fliegen, das ist eine herrliche Kunst, glücklich, wer mit ihr geboren ist! Ja, wenn ich mich in etwas anderes verwandeln könnte, dann sollte es so eine kleine Lerche sein!«

Im selben Moment schlossen sich seine Rockschöße und Ärmel zu Flügeln zusammen, seine Kleider wurden zu Gefieder und die Galoschen zu Krallen. Er bemerkte es sehr wohl und lachte innerlich: »So, nun kann ich doch sehen, daß es ein Traum ist! Aber so närrisch habe ich noch nie geträumt.« Und dann flog er hinauf in die grünen Zweige und sang, doch seinem Lied fehlte es an Poesie, denn die Dichternatur war verschwunden. Die Galoschen konnten wie jeder, der etwas Nützliches tut, immer nur ein Ding auf einmal bewirken – er wollte Dichter sein und wurde es; dann wollte er eine kleine Lerche sein, doch als er das wurde, war es mit der vorherigen Eigenart vorbei.

»Das ist ja hübsch«, sagte er, »am Tage sitze ich im Polizeiamt mit den solidesten Abhandlungen, in der Nacht kann ich im Garten von Frederiksberg als Lerche träumen und fliegen – man könnte wahrhaftig eine ganze Volkskomödie darüber schreiben!«

Nun flog er ins Gras hinunter, drehte den Kopf nach allen Seiten und schlug mit dem Schnabel auf die geschmeidigen Grashalme ein, die im Verhältnis zu seiner jetzigen Größe so groß wie Nordafrikas Palmwedel wirkten.

Das dauerte nur einen Augenblick, dann wurde es um ihn herum kohlrabenschwarze Nacht. Ihm war, als würde er von einem riesigen Gegenstand umschlossen, das war eine große Mütze, die ein Junge aus Nyboder über ihn geworfen hatte. Dann näherte sich eine Hand und packte den Kopisten am Rücken und an den Flügeln, so daß er aufschrie, und im ersten Schrecken rief er laut: »Du unverschämter Grünschnabel! Ich bin Kopist im Polizeiamt!« Doch in den Ohren des Jungen klang das nur wie »Pipipi!«, er schlug den Vogel auf den Schnabel und wanderte davon.

In der Allee traf er zwei Schuljungen aus der gebildeten Klasse, das heißt als Menschen betrachtet, als Geister gehörten sie der untersten Schulklasse an. Sie kauften den Vogel für acht Schillinge, und so geriet der Kopist nach Kopenhagen, zu einer Familie in der Gothersgade.

»Wie gut, daß ich träume«, sagte der Kopist, »sonst würde ich verdammt wütend! Erst war ich Poet, jetzt bin ich Lerche, ja, es war die Poetennatur, die mich in das kleine Tier verwandelt hat! Das ist doch eine jämmerliche Sache, vor allem wenn man ein paar Jungen in die Hände fällt. Ich möchte wohl wissen, wie das hier ausgeht!«

Die Jungen brachten ihn in eine äußerst elegante Stube; eine dicke Frau nahm sie lachend in Empfang, doch sie war gar nicht froh darüber, daß dieser simple Feldvogel, wie sie die Lerche nannte, mit ins Zimmer kam, nur für heute wolle sie das durchgehen lassen; sie sollten den Vogel in den leeren Bauer auf dem Fensterbrett sperren. »Vielleicht kann unser Papelchen Spaß daran haben«, fügte sie hinzu und lachte einen großen grünen Papagei an, der in einem prächtigen Messingbauer vornehm auf seinem Ring schaukelte. »Papelchen hat heute Geburtstag«, sagte sie dumm-naiv, »darum will ihm der kleine Feldvogel gratulieren.«

Papelchen antwortete mit keinem Wort, sondern schaukelte vornehm hin und her. Dagegen begann ein hübscher Kanarienvogel, den man im letzten Sommer aus seinem warmen, duftenden Vaterland hierhergebracht hatte, laut zu singen.

»Schreihals!« rief die Frau und warf ein weißes Taschentuch über seinen Bauer.

»Pipi!« seufzte der Kanarienvogel. »So ein entsetzliches Schneetreiben!« Und nach diesem Seufzer verstummte er.

Der Kopist oder, wie die gnädige Frau ihn nannte, der Feldvogel, kam in einen kleinen Bauer gleich neben dem Kanarienvogel, nicht weit von dem Papagei entfernt. Die einzige menschliche Tirade, die Papelchen daherplappern konnte und die häufig recht komisch ausfiel, war folgende: »Nein, laßt uns doch Menschen sein!« Alles, was er sonst noch schrie, war genauso unverständlich wie das Zwitschern des Kanarienvogels, nur nicht für den Kopisten, der jetzt selbst ein Vogel war und seine Kameraden sehr gut verstand.

»Ich flog unter der grünen Palme und dem blühenden Mandelbaum«, sang der Kanarienvogel, »ich flog mit meinen Brüdern und Schwestern über die prächtigen Blumen und den glasklaren See, wo die Pflanzen vom Grunde nickten. Ich sah auch viele schöne Papageien, die haben die lustigsten Geschichten erzählt, ganz lange und ganz viele!«

»Das waren wilde Vögel«, antwortete der Papagei, »die hatten keine Bildung. Nein, laßt uns doch Menschen sein! – Warum lachst du nicht? Wenn die gnädige Frau und alle

Gäste darüber lachen können, dann kannst du das auch. Es ist ein großer Mangel, wenn man das Amüsante nicht zu goutieren versteht. Nein, laßt uns doch Menschen sein!«

»Ach, erinnerst du dich an die schönen Mädchen, die im Zelt unter den blühenden Bäumen tanzten? Erinnerst du dich an die süßen Früchte und an den erfrischenden Saft der wilden Kräuter?«

»O ja«, antwortete der Papagei, »aber hier habe ich es viel besser! Ich bekomme gutes Essen und eine intime Behandlung; ich weiß, daß ich ein guter Kopf bin, und mehr verlange ich nicht. Laßt uns doch Menschen sein! Du bist eine Dichterseele, wie sie das nennen, ich dagegen verfüge über gründliche Kenntnisse und Witz. Du hast dieses Genie, doch keine Besonnenheit, gehst ganz in diesen lauten Naturtönen auf, und deshalb decken dich die Menschen zu. Das bieten sie mir nicht, nein, ich habe sie nämlich etwas mehr gekostet! Ich imponiere mit meinem Schnabel und versprühe Witz! Witz! Witz! Nein, laßt uns doch Menschen sein!«

»Ach, mein warmes, blühendes Vaterland!« sang der Kanarienvogel. »Singen will ich von deinen dunkelgrünen Bäumen, deinen stillen Meeresbuchten, wo die Zweige die klare Wasserfläche küssen, singen will ich vom Jubel all meiner schimmernden Brüder und Schwestern, wo die ›Pflanzenquellen der Wüste‹* wachsen!«

»Hör doch bloß auf mit diesen Jammertönen!« sagte der Papagei. »Erzähl etwas, worüber man lachen kann! Gelächter ist ein Zeichen von höchstem geistigen Standpunkt. Können denn Hunde oder Pferde lachen? Nein, weinen können sie, doch das Lachen ist allein den Menschen gegeben. Ho, ho, ho!« lachte Papelchen und fügte seinen üblichen Witz hinzu: »Laßt uns doch Menschen sein!«

---

* Kakteen

»Du kleiner, grauer dänischer Vogel«, sagte der Kanarienvogel, »dich hat man auch gefangen! Gewiß ist es kalt in deinen Wäldern, aber dort findest du Freiheit, flieg hinaus! Sie haben vergessen, dich einzuschließen, das oberste Fenster steht offen. Flieg weg, flieg weg!«

Und das tat der Kopist, husch, war er aus dem Bauer. Im gleichen Moment knarrte die Tür zum nächsten Zimmer, die halboffen war, und geschmeidig, mit grünen, schillernden Augen schlich die Hauskatze herein und machte auf ihn Jagd. Der Kanarienvogel flatterte in seinem Bauer, der Papagei schlug mit den Flügeln und rief: »Laßt uns doch Menschen sein!« Zu Tode erschrocken flog der Kopist zum Fenster hinaus, über Häuser und Straßen, bis er sich schließlich ein wenig ausruhen mußte.

Das Haus gegenüber erschien ihm vertraut; ein Fenster stand offen, und als er hineinflog, war es sein eigenes Zimmer, und er setzte sich auf den Tisch.

»Laßt uns doch Menschen sein!« ahmte er unwillkürlich den Papagei nach, und im gleichen Moment war er der Kopist, saß aber noch auf dem Tisch.

»Um Himmels willen!« sagte er. »Wie bin ich auf den Tisch geraten und dann eingeschlafen? Ich habe auch so unruhig geträumt. Die ganze Geschichte war dummes Zeug!«

VI
Das Beste, was die Galoschen brachten

Am nächsten Morgen, als der Kopist noch im Bett lag, klopfte es früh an seine Tür; und sein Nachbar aus dem selben Stock, ein Student, der Pfarrer werden wollte, trat herein.

»Leih mir deine Galoschen«, sagte er, »es ist so naß im Garten, aber die Sonne scheint prächtig, ich möchte dort gern eine Pfeife rauchen.«

Er zog sich die Galoschen an und eilte in den Garten, der einen Pflaumen- und einen Birnbaum besaß. In der Innenstadt von Kopenhagen gilt selbst ein so kleiner Garten wie dieser als eine große Herrlichkeit.

Der Student ging den Weg auf und ab; es war erst sechs Uhr morgens, und von der Straße ertönte ein Posthorn.

»Oh, reisen, reisen!« rief er aus. »Das ist doch das größte Glück auf der Welt! Das ist das höchste Ziel meiner Wünsche! Das würde die Unruhe, die mich quält, stillen. Aber weit weg müßte es sein! Ich möchte die herrliche Schweiz sehen, nach Italien reisen und –«

Ja, wie gut, daß die Galoschen gleich sofort wirkten, sonst wäre er allzuweit herumgekommen, sowohl für sich selbst als auch für uns andere. Er war unterwegs und mitten in der Schweiz, jedoch mit acht anderen Passagieren in das Innerste einer Diligence gepackt. Der Kopf tat weh, der Nacken war steif, die Stiefel drückten, und in seinen geschwollenen Beinen staute sich das Blut. Er war in einem Schwebezustand zwischen Schlafen und Wachen. In seiner rechten Tasche hatte er das Kreditiv, in der linken den Paß und auf der Brust einen kleinen Lederbeutel mit ein paar festgenähten Louisdor. Jeder Traum kündigte ihm den Verlust der einen oder andern dieser Kostbarkeiten an. Dann schreckte er wie im Fieber hoch, und die erste Bewegung seiner Hand war ein Dreieck von rechts nach links und zur Brust hinauf, um zu fühlen, ob seine Schätze noch da waren oder nicht. Im Netz über ihm schaukelten Regenschirme, Stöcke und Hüte und versperrten so ziemlich die Aussicht, die höchst imponierend war. Während er dorthin spähte, sang sein Herz, was zumindest *ein* uns bekannter Dichter in der Schweiz gesungen, jedoch bis dato nicht in Druck gegeben hat:

Ja, schön ist es hier, wie kaum auf der Welt,
Ich seh den Mont Blanc, meine Lieben.

Ach, hätte ich nur das nötige Geld,
Dann wäre ich gern hiergeblieben!

Die ganze Natur ringsum war groß, ernst und dunkel. Die Tannenwälder auf den hohen Klippen, deren Gipfel Wolkendunst verhüllte, ähnelten Heidekrautbüscheln. Nun begann es zu schneien, der Wind wehte kalt.

»Huh!« seufzte er, »wären wir doch jenseits der Alpen, dann wäre Sommer, und ich könnte Geld für mein Kreditiv bekommen; die Angst um das Geld verleidet mir den Genuß der Schweiz, oh, wäre ich doch auf der anderen Seite!«

Und dann war er auf der anderen Seite, tief in Italien war er, zwischen Florenz und Rom. Im Abendlicht lag der Trasimenische See zwischen den dunkelblauen Bergen wie flammendes Gold; hier, wo einst Hannibal den Flaminius schlug, hielten sich nun die Weinranken friedlich an ihren grünen Fingern. Am Wege, unter einer Gruppe von duftenden Lorbeerbäumen, hüteten anmutige halbnackte Kinder eine Herde kohlschwarzer Schweine. Könnten wir dieses Gemälde recht wiedergeben, wir jubelten alle: »Herrliches Italien!« Aber das sagte weder der Theologe noch ein einziger seiner Reisegenossen im Wagen des Vetturins.

Giftige Fliegen und Mücken schwirrten zu Tausenden herein, vergebens schlugen die Reisenden mit Myrtenzweigen um sich, die Fliegen stachen trotzdem. Es gab im Wagen nicht einen Menschen, dessen Gesicht nicht geschwollen und von Stichen blutig war. Die armen Pferde sahen wie Kadaver aus, die Fliegen bedeckten sie in großen Flatschen, und wenn der Kutscher abstieg und die Tiere abkratzte, dann half es nur für einen Augenblick. Nun ging die Sonne unter, die ganze Natur wurde von einem kurzen, jedoch eisigen Kälteschauer durchrieselt, das war gar nicht angenehm. Doch Berge und Wolken ringsum nahmen die schönste grüne Farbe an, so klar, so schimmernd – ja, sieh es dir selber an, das ist besser, als die Beschreibung zu lesen! Es war unvergleichlich! Das fanden die Reisenden auch, aber – der Magen war leer, der Körper müde, alle Sehnsucht des Herzens richtete sich auf ein Nachtquartier – doch wie würde das werden? Danach hielt man viel interessierter Ausschau als nach der schönen Natur.

Die Straße führte durch einen Olivenwald, der Student fühlte sich wie zu Hause zwischen knorrigen Weiden, hier stand das einsame Wirtshaus. Ein Dutzend bettelnder Krüppel hatte sich davor gelagert, der Gesündeste von ihnen sah aus wie »der älteste Sohn des Hungers, der sein Mündigkeitsalter erreicht hatte«*, die anderen waren entweder blind, dürrbeinig, krochen auf den Händen, oder ihren eingeschrumpften Armen fehlten die Finger. Es war so recht das aus den Lumpen gezerrte Elend. »Eccelenza, miserabili!« seufzten sie und streckten die kranken Gliedmaßen vor. Die Wirtin, barfüßig, ungekämmt und nur mit einer schmutzigen Bluse bekleidet, empfing die Gäste persönlich. Die Türen waren mit Bindfaden zusammengebunden; der Fußboden der Zimmer bestand aus einem halb aufgerissenen Pflaster von Mauersteinen, unter der Decke flogen Fledermäuse, und der Gestank –.

»Ja, würde Sie bitte den Tisch im Stall decken!« sagte einer der Reisenden. »Da unten weiß man wenigstens, was man einatmet.«

Die Fenster wurden geöffnet, damit ein wenig frische Luft eindringen konnte, doch schneller als diese kamen die verkrüppelten Bettler und ihr ewiges Gejammer herein: »Miserabili, Eccelenza!« Die Wände waren mit zahlreichen Inschriften bedeckt, die Hälfte davon gegen *Bella Italia* gerichtet.

---

* Snarleyyow

Das Essen wurde aufgetragen; es bestand aus einer Wassersuppe, gewürzt mit Pfeffer und ranzigem Öl, und dasselbe Öl noch einmal für den Salat. Verdorbene Eier und gebratene Hahnenkämme waren die Prachtgerichte; sogar der Wein hatte einen Beigeschmack, es war eine wahre Mixtur.

Zur Nacht stellte man die Koffer vor die Tür, einer der Reisenden hielt Wache, während die anderen schliefen, und dieser Wachhabende war der Theologe. Oh, wie stickig es hier war! Die Hitze war drückend, die Mücken surrten und stachen, draußen jammerten die *miserabili* im Schlaf.

»Ja, Reisen ist schon recht gut«, seufzte der Student, »hätte man nur nicht einen Körper! Wenn dieser sich ausruhen und der Geist dafür fliegen könnte –. Wohin ich komme, herrscht eine solche Not, daß es das Herz bedrückt. Etwas Besseres als das Augenblickliche, das wünschte ich mir; ja, etwas Besseres, das Beste, aber wo und was ist das? Im Grunde weiß ich wohl, was ich will, ich will ein glückliches Ende, das Glücklichste von allem!«

Und sowie er das Wort ausgesprochen hatte, war er zu Hause. Die langen weißen Gardinen hingen vor dem Fenster, und mitten im Zimmer stand der schwarze Sarg, in dem er selber in seinem stillen Todesschlaf lag. Sein Wunsch hatte sich erfüllt, der Körper ruhte, der Geist war auf Reisen. »Niemand ist vor seinem Ende glücklich zu preisen«, diese Worte von Solon erfuhren hier erneut ihre Bestätigung.

Jede Leiche ist eine Sphinx der Unsterblichkeit; auch diese Sphinx im schwarzen Sarg erklärt uns nicht, was der Lebende zwei Tage zuvor niedergeschrieben hatte:

Dein Schweigen, starker Tod, ist schrecklich groß;
Zerbrichst du auch des Denkens Jakobsleiter?

Du hinterläßt ja Friedhofsgräber bloß,
Leb' ich in deinem Reich als Grashalm weiter?

Verborgen bleibt oft unser größter Schmerz
Der Welt, allein gingst du den Weg zu Ende,
Im Diesseits drückt viel Schwereres das Herz
Als jene Erde jetzt des Sarges Wände.

Zwei Gestalten bewegten sich im Zimmer, wir kennen sie beide: es waren die Fee der Sorge und die Ausgesandte des Glücks, die sich über den Toten beugten.

»Siehst du«, sagte die Sorge, »was für ein Glück haben deine Galoschen der Menschheit wohl gebracht?«

»Zumindest ihm, der hier schläft, brachten sie einen dauerhaften Nutzen!« antwortete die Freude.

»O nein!« entgegnete die Sorge. »Er ist von selber fortgegangen, er wurde nicht gerufen. Seine geistige Kraft war nicht stark genug, um jene Schätze dort zu heben, die er nach seiner Bestimmung heben muß. Ich will ihm eine Wohltat erweisen!«

Und sie zog die Galoschen von seinen Füßen – da war der Todesschlaf zu Ende, der Wiederbelebte erhob sich. Die Sorge verschwand, und mit ihr die Galoschen; sie hat sie gewiß als ihr Eigentum betrachtet.

Anmerkungen

Abkürzungen

AaTh = Antti Aarne und Stith Thompson. The Types of the Folktale. Second Revision. Helsinki 1961.
EB = H. C. Andersen. Eventyr, fortalte for Børn. EB 1–35, EB 2–35, EB 3–37: Første Samling. 1.–3. Hefte. Kjøbenhavn 1835–37. EB 4–38, EB 5–39, EB 6–42: Ny Samling. 1.–3. Hefte. Kjøbenhavn 1838–42.
EP-50 = H. C. Andersen. Eventyr med Illustrationer af Vilhelm Pedersen. Kjøbenhavn 1850.
H = H. C. Andersen. Historier. H 1–52, H 2–53: 1.–2. Samling. Kjøbenhavn 1852–53.
HP-55 = H. C. Andersen. Historier med Illustrationer af Vilhelm Pedersen. Kjøbenhavn 1855.
NE = H. C. Andersen. Nye Eventyr. NE 1–44, NE 2–45, NE 3–45: Første Bind. 1.–3. Samling. Kjøbenhavn 1844–45. NE 4–47, NE 5–48: Andet Bind. 1.–2. Samling. Kjøbenhavn 1847–48.
NEH = H. C. Andersen. Nye Eventyr og Historier. NEH 1–58, NEH 2–58, NEH 3–59, NEH 4–60: 1. Række. 1.–4. Samling. Kjøbenhavn 1858–60. NEH 5–61, NEH 6–62, NEH 7–65, NEH 8–66: 2. Række. 1.–4. Samling. Kjøbenhavn 1861–66. NEH 9–72, NEH 10–72: 3. Række. 1.–2. Samling. Kjøbenhavn 1872.
3 NEH–70 = H. C. Andersen. Tre nye Eventyr og Historier. Kjøbenhavn 1870.

1. DAS FEUERZEUG. Erstdruck 1835 in EB 1–35, S. 1–16.
Nachdichtung eines dänischen Volksmärchens, das Andersen als Kind »in der Spinnstube und beim Hopfenpflücken« hörte. AaTh 562. Weitere Einflüsse durch »Tausendundeine Nacht« und Adam Oehlenschlägers Drama »Aladdin eller Den forunderlige Lampe« (Aladdin oder Die Wunderlampe, 1805).
8 *der Runde Turm*: 36 Meter hoher astronomischer Beobachtungsturm in Kopenhagen, 1642 errichtet, 1656 mit der Trinitatis Kirke verbunden.
15 *Klafter:* etwa 189 Zentimeter.
2. DER KLEINE KLAUS UND DER GROSSE KLAUS. Erstdruck 1835 in EB 1–35, S. 17–42.

Nachdichtung eines dänischen Volksmärchens. AaTh 1535.
21 *Scheffel:* etwa 17,5 Liter.
3. DIE PRINZESSIN AUF DER ERBSE. AaTh 704. Erstdruck 1835 in EB 1–35, S. 42–44.
Auch dieses Märchen will Andersen als Kind gehört haben, es ist in dänischer Tradition jedoch nicht zu finden. Möglicherweise ist es durch ein schwedisches Volksmärchen und durch Tiecks Märchendichtung »Der gestiefelte Kater« (1797) beeinflußt.
4. DÄUMELINCHEN. Erstdruck 1835 in EB 2–35, S. 5–28.
Andersen bezeichnet den Text als »vollkommen eigene Erfindung«, ist aber bei der Heldenwahl deutlich vom Däumling des Volksmärchens beeinflußt.
5. DER REISEKAMERAD. Erstdruck 1835 in EB 2–35, S. 34–76.
Eine Vorform mit dem Titel »Dødningen« (Der Tote) war bereits 1830 in der Sammlung »Digte« (Gedichte) erschienen. Auch hier ist die Grundlage ein dänisches Volksmärchen. AaTh 507A. Das Turandot-Motiv war Andersen durch Carlo Gozzis Märchenspiel »Turandotte« (1761) bekannt, die Namensgebung ist möglicherweise durch Grimm beeinflußt.
45 *Da träumte... Traum:* Vgl. 1. Mos. 37,9.
6. DIE KLEINE MEERFRAU. Erstdruck 1837 in EB 3–37, S. 5–51.
Andersen bezeichnet das Märchen als »vollkommen eigene Erfindung«, kannte aber Friedrich de la Motte Fouqués »Undine« (1811), war durch ein Märchen B. S. Ingemanns und das Volksmärchen vom Ritter Grünhut beeinflußt. Nixen und andere Wasserwesen faszinierten ihn, vgl. u. a. sein lyrisches Drama »Agnete og Havmanden" (Agnete und der Wassermann, 1833).
7. DES KAISERS NEUE KLEIDER. Erstdruck 1837 in EB 3–37, S. 52–60. AaTh 1620. Andersen führt als Quelle Don Juan Manuel (1282–1343) an, aus dessen Sammlung »El Conde Lucanor« (1335) die Novelle »So ist der Lauf der Welt« in Karl Eduard von Bülows Anthologie »Das Novellenbuch«, IV., Leipzig 1836, auf deutsch erschienen war.
8. DAS GÄNSEBLÜMCHEN. Erstdruck 1838 in EB 4–38, S. 5–13.
Von Andersen als »original« bezeichnet.
9. DER STANDHAFTE ZINNSOLDAT. Erstdruck 1838 in EB 4–38, S. 14–23.
Andersen bezeichnet den Text als eigene Erfindung. Das Motiv des Fisches, der ein Lebewesen oder einen Gegenstand verschluckt, ist u. a. in der Bibel und in der Volksliteratur bekannt.
106 *Linon:* leinenähnliches Baumwollgewebe.

110 *Sylphide:* weiblicher Luftgeist, hier auch Anspielung auf die dänische Tänzerin Lucile Grahn (1819–1907).
10. DIE WILDEN SCHWÄNE. Erstdruck 1838 in EB 4–38, S. 24–58.
Andersen bezeichnet den Text als Nachdichtung eines dänischen Volksmärchens. AaTh 451.
126 *Lamien:* in der griechischen Mythologie weibliche Ungeheuer, die Kinder raubten und aßen.
11. DER FLIEGENDE KOFFER. Erstdruck 1839 in EB 5–39, S. 31–43.
Andersen nennt als Quelle »Tausendundeine Nacht«, tatsächlich ist die Rahmenhandlung jedoch angeregt durch die Erzählung von »Malek und Prinzessin Schirine« in »Tausendundein Tag«, die 1759 im Dänischen erschienen war. Weitere Einflüsse stammen aus »Die stumme Liebe« von Musäus und aus Andersens eigenem Märchen »Das Feuerzeug« (Nr. 1).
12. OLE LUKØIE. Erstdruck 1841 in EB 6–42, S. 1–24.
Die Gestalt des Ole Lukøie (wörtlich: Ole Schließauge), die dem Volksglauben entstammt, hat Andersen nach eigener Aussage dem deutschen Sandmann nachgestaltet und mit Varianten auch in anderen Werken verwendet. Einflüsse hat er zudem aus Brentanos Märchen »Gockel, Hinkel und Gackeleia« (1838) aufgenommen, so den mit Bildern bedeckten Regenschirm (S. 138).
139 *Kinderpulver:* im Original deutsch, Pulver für Kleinkinder mit abführender und beruhigender Wirkung.
149 *Gott der Träume:* Morpheus, Sohn des Gottes Hypnos.
13. DER SCHWEINEHIRT. Erstdruck 1841 in EB 6–42, S. 36–45.
Nachdichtung eines in der Kindheit gehörten Volksmärchens. AaTh 570.
153, 156 *»Ach, du lieber Augustin...«:* im Original deutsch.
14. DIE NACHTIGALL. Erstdruck 1843 in NE 1–44, S. 7–24.
Andersen interessierte sich früh für China (und Chinoiserien), mit dem er recht phantasievolle Vorstellungen verband. Als Anregung diente ihm u. a. die Zauberoper »Der chinesische Prinz« von François Auber und Eugène Scribe, die 1836 in Kopenhagen aufgeführt worden war. Auch seine Verehrung für die »schwedische Nachtigall«, die Sängerin Jenny Lind (1820–1887) hat den Text möglicherweise beeinflußt.
158 *Tsing-pe:* Was Andersen mit dieser Art Chinesisch gemeint haben könnte, ist nicht bekannt.
165 *Chinese:* chinesische Porzellanpuppe, die nicken konnte.
15. DAS LIEBESPÄRCHEN. Erstdruck 1843 in NE 1–44, S. 25–30.
Als biographischer Hintergrund gilt Andersens Beziehung zu

Riborg Voigt (1806–1883), die er selbst als seine unglückliche Jugendliebe darstellte, jedoch später distanzierter sah.
16. DAS HÄSSLICHE ENTLEIN. Erstdruck 1843 in NE 1-44, S. 31-47.
Andersen nennt den Text selbst eine »Abspiegelung meines eigenen Lebens« – des verkannten armen Jungen, der mit seiner Begabung aller Unbill zum Trotz berühmt und geehrt wird.
17. DER TANNENBAUM. Erstdruck 1844 in NE 2-45, S. 1-16.
18. DIE SCHNEEKÖNIGIN. Erstdruck 1844 in NE 2-45, S. 17-68.
Das Motiv des Zauberspiegels ist vermutlich durch das mikroskopische Glas des Peregrinus Tütz in E.T.A. Hoffmanns »Meister Floh« (1822) angeregt und wird auch in »Die Galoschen des Glücks« (Nr. 32) verwendet. Die Schneekönigin, eine Gestalt des dänischen Volksglaubens, taucht bereits 1829 in einem Jugendgedicht auf und kehrt später in veränderter Gestalt als Eisjungfrau (Nr. 56) wieder. Andersen verwendet zahlreiche Motive des Volksmärchens und des Volksglaubens, z. B. daß ein Mensch ein Ding berührt und nicht loslassen kann; das Kämmen, das tiefen Schlaf zur Folge hat; die Erlösung bringenden Tränen; die rettende Wirkung des Vaterunsers; das einsam gelegene Zauberschloß; die heilende Wirkung von Küssen.
196 »*Die Rosen . . . behüten*«: Zitat aus einem Choral des dänischen Psalmendichters Hans Adolph Brorson (1694–1764).
222 *Finnmarken:* nördlichster Teil Skandinaviens.
222 *Blaulicht:* Nordlicht, hier mit magischer Bedeutung.
226 *Figuren:* Anspielung auf Novalis' Romanfragment »Heinrich von Ofterdingen« (1802).
229 »*Wenn ihr nicht . . . kommen!*«: Vgl. Matth. 18,3.
19. ELFENHÜGEL. Erstdruck 1845 in NE 3-45, S. 1-13.
Nach Andersens Meinung ist der Text mehr »eine Art Feuerwerk als ein eigentliches Märchen«.
230 *vier rote Pfähle:* Nach dem Volksglauben standen solche Hügel, wenn sie sich öffneten, auf glühenden Pfählen.
230 *rückenlos:* Nach dem Volksglauben fehlte den Elfenmädchen der Rücken.
231 *Nachtrabe:* ein gebanntes Gespenst.
231 *Flußmann:* wohnt in Flüssen und lockt die Menschen mit Musik und Gesang.
231 *Grabsau:* unheilbringendes Gespenst einer Sau, die lebendig begraben wurde.
231 *Totenpferd:* dreibeiniges Pferd, das den Tod ankündigt.
231 *Kirchenkobold:* hält in Kirchen auf Ordnung.

232 *Gebräu der Moorfrau:* Nebel, der aus Wiesen und Mooren aufsteigt, nach dem Volksglauben vom Bierbrauen der Moorfrau.

232 *Primus-Griffel:* Schiefergriffel des Klassenbesten.

232 *Kuckucksspeichel:* Schaummasse der Zikaden.

232 *Dovrefjell:* Bergkette in Norwegen. Andersen spielt auf das norwegische Volksmärchen »Der Alte von Dovre« an.

232 *Felsenkönig der Insel Møn:* übernatürliches Wesen in den Kreidefelsen der Insel Møn, auf die auch im folgenden Wortspiel hingedeutet wird.

233 *über Schweden:* Norwegen befand sich seit 1814 in Personalunion mit Schweden, was von der Bevölkerung kritisch gesehen wurde.

234 *Nöck:* Wesen des Volksglaubens, das sich in Menschen- oder Pferdegestalt in Flüssen und Seen aufhält.

234 *Hallingetanz:* Volkstanz aus dem norwegischen Hallingedalen.

235 *ein weißes Stäbchen in den Mund:* Das macht nach dem Volksglauben unsichtbar.

236 *Bautasteine:* Gedenksteine ohne Inschrift aus der Bronzezeit in Skandinavien.

236 *Geschenke der Huldre:* d. h. übernatürlicher Wesen in den norwegischen Bergen, von magischer Kraft.

20. DIE HÜPFER. Erstdruck 1845 in NE 3-45, S. 27-32.

238 *Hüpfauf:* Spielzeug aus dem Brustknochen einer Gans.

238 *alte Familie im Lande Ägypten:* Anspielung auf die Heuschreckenplage 2. Mos. 10, 1-20.

238 *Bildkarten:* König, Dame, Bube.

21. DIE HIRTIN UND DER SCHORNSTEINFEGER. Erstdruck 1845 in NE 3-45, S. 33-42. Beeinflußt von E.T.A. Hoffmanns Märchen »Nußknacker und Mausekönig« (1816).

243 *Potpourrivase:* Porzellanvase zur Aufbewahrung duftender Kräuter.

22. DIE ALTE STRASSENLATERNE. Erstdruck 1847 in NE 4-47, S. 1-13.

251 *Wiener Kongreß:* Versammlung europäischer Fürsten und Staatsmänner vom 1.11.1814 bis 19.6.1815 zur territorialen Neuordnung Europas nach dem Sturz Napoleons.

23. DIE STOPFNADEL. Erstdruck 1845 in Gæa, æsthetisk Aarbog, udg. af P. L. Møller, 1846. Kjøbenhavn 1845.

Nach Andersens Auskunft angeregt durch den Bildhauer Bertel

Thorvaldsen (1770–1844).
24. DER SCHATTEN. Erstdruck 1847 in NE 4-47, S. 51-72.
Unmittelbare Anregung war Andersens Erlebnis der Hitze im Sommer 1846 in Neapel. Wichtigstes Vorbild war Adalbert von Chamissos »Peter Schlemihls wundersame Geschichte« (1813). Einflüsse werden auch aus Volksmärchen und E.T.A. Hoffmanns »Die Abenteuer in der Silvester-Nacht« (1814–15) vermutet.
260 *Geschichte von einem Mann ohne Schatten:* Adalbert von Chamissos »Peter Schlemihls wundersame Geschichte«.
25. DAS ALTE HAUS. Erstdruck 1847 in englischer Übersetzung, dänisch 1848 in NE 5-48, S. 7-21.
Anregung war ein Besuch des Schriftstellers Julius Mosen (1803–1867) in Oldenburg 1845, wobei Andersen einen Zinnsoldaten geschenkt bekam.
278 *Balsambüchse:* Dose mit wohlriechenden Kräutern.
26. DER WASSERTROPFEN. Erstdruck 1847 in englischer Übersetzung, dänisch 1848 in NE 5-48, S. 23-27.
Andersen hatte 1830 bei dem Botaniker Niels Hofman Bang (1776–1855) Infusionstierchen durchs Mikroskop betrachtet und sich jahrelang mit diesem Eindruck beschäftigt.
27. DAS KLEINE MÄDCHEN MIT DEN SCHWEFELHÖLZCHEN. Erstdruck 1845 in Dansk Folkekalender for 1846, udg. af Frederik Frølund. Kjøbenhavn 1845.
Anregung war eine Zeichnung des dänischen Malers Johan Thomas Lundbye (1818–48), die Andersen 1845 kennenlernte und mit eigenen Erfahrungen verband.
28. DIE GLÜCKLICHE FAMILIE. Erstdruck 1847 in englischer Übersetzung, dänisch 1848 in NE 5-48, S. 35-42.
29. DIE GESCHICHTE EINER MUTTER. Erstdruck 1847 in englischer Übersetzung, dänisch 1848 in NE 5-48, S. 43-53.
Das Motiv des sterbenden Kindes hat Andersen bereits in einem frühen Gedicht 1827 und später in weiteren Werken verwendet. In diesen Text wurden Elemente und Motive des Volksmärchens eingearbeitet, so der Versuch, das Lebenslicht des Todes auszutauschen.
30. DER HALSKRAGEN. Erstdruck 1847 in englischer Übersetzung, dänisch 1848 in NE 5-48, S. 55-60.
31. FLIEDERMUTTER. Erstdruck 1844 in Gæa, æsthetisk Aarbog, udg. af P. L. Møller 1845. Kjøbenhavn 1844.
Andersen verweist auf die Sage von der Fliedermutter in der Sammlung von Just Matthias Thiele, Danmarks Folkesagn,

I–III, 1843–60.
301 *Dryade:* griechische Baum- und Waldnymphe.
302 *Runder Turm:* Vgl. Anm. zu S. 8.
32. Die Galoschen des Glücks. Erstdruck 1838 in Tre Digtninger (Drei Dichtungen), erschien in überarbeiteter Form, die der Übersetzung zugrunde liegt, 1849 in EP-50, S. 249–290. AaTh 844.
Gilt als das erste Märchen, das Andersen dezidiert für Erwachsene schrieb. Das Motiv der vertauschten Schuhe taucht bereits im Frühwerk »Fußreise von Holmens Kanal zur Ostspitze von Amager in den Jahren 1828 und 1829« (1829) auf, wo Ahasver, dem Schuhmacher von Jerusalem, die Siebenmeilenstiefel vertauscht werden.
309 *Østergade:* belebte Straße im Zentrum Kopenhagens.
310 *Ørsteds Abhandlung:* »Gamle og nye Tider« (Alte und neue Zeiten, 1835) des dänischen Physikers und Entdeckers des Elektromagnetismus Hans Christian Ørsted (1777–1851), mit dem Andersen befreundet war.
310 *König Hans:* König von Dänemark, Norwegen und Schweden (1455–1513).
312 *Christianshavn:* bis 1674 selbständige Gemeinde auf der Insel Amager, dann Stadtteil von Kopenhagen.
312 *Bornholmer Dialekt:* Dialekt der dänischen Insel Bornholm, der sich vom Kopenhagener Dänisch stark unterscheidet.
313 *Hallandsaas:* Höhenzug in Schweden, hier Bezeichnung für das Gelände des späteren Kongens Nytorv, was jedoch nichts mit holländischen Schiffern zu tun hat.
314 ›*Der Tag*‹*:* Dagen, dänische Tageszeitung 1803–43.
315 *Modestia:* (lat.) Bescheidenheit.
315 *Mihi secus videtur:* (lat.) Das erscheint mir anders.
315 *Judicium:* (lat.) Urteil.
315 *Baccalaureus:* Gelehrter des niedrigsten akademischen Grades.
315 *locus docendi:* (lat.) Ort zu belehren.
315 ›*Alltagsgeschichten*‹*:* Anspielung auf eine Novelle der dänischen Autorin Thomasine Gyllembourg (1773–1856), die namensgebend für ein ganzes Genre gegenwartsbezogener Erzählungen wurde, das Andersen als oberflächlich mißfiel.
316 *Herr Iffven und Herr Gaudian:* Gemeint ist der Roman »Yvain ou Le Chevalier au lion« (Der Löwenritter, um 1175) von Chrétien de Troyes (um 1130–1183).

316 *Heiberg:* Johan Ludvig Heiberg (1791–1860), dänischer Schriftsteller und Herausgeber.

316 *Gotfred von Ghemen:* gest. um 1510, aus Holland gebürtiger Buchdrucker, der 1493 die ersten Bücher in Kopenhagen druckte.

316 *Freibeuterkrieg:* Gemeint ist ein Überfall französischer und englischer Seeräuber 1484 auf die Reede von Helsingør, von Andersen großzügig datiert und gedeutet.

316 *Ereignis des Jahres 1801:* Schlacht auf der Reede von Kopenhagen, dänisch-britisches Seegefecht, bei dem Dänemark einen Teil seiner Flotte verlor.

317 *Klarett:* mit Zucker und Gewürzen versetzter Wein.

317 *zweifarbige Haube:* Nach königlichem Gebot 1496 mußten Huren derartige Hauben tragen.

317 *moskowitisch:* russisch, hier: unverständlich.

322 *Dr. Mädlers große Mondkarte:* Gemeint ist die erste vollständige Karte des sichtbaren Teils der Mondscheibe, die 1834 von Johann Heinrich von Mädler und Wilhelm Beer veröffentlicht worden war.

322 *dänische Meile:* 7,5 32 Kilometer.

322 *Morgenstern:* Schlagwaffe, deren kugelförmiges Ende mit Stacheln besetzt war.

325 *Amerikanische Agave:* 1836 war die nur selten blühende Agavenart in Kopenhagen zu bewundern gewesen.

326 *Langelinie:* Uferpromenade von Kopenhagen.

331 *Spanischfliegenpflaster:* Pflaster aus pulverisierten smaragdgrünen Insekten, die ein blasenziehendes Sekret absondern.

338 *Witz, Witz, Witz!:* im Original deutsch.

340 *Diligence:* Eilpostwagen.

340 *Kreditiv:* Kreditbrief.

340 *Louisdor:* alte französische Goldmünze.

341 *Hannibal:* karthagischer Feldherr (247–183 v. Chr.), der 217 am Trasimenischen See die Römer schlug.

341 *Vetturin:* italienischer Kutscher.

342 *Snarleyyow:* »Snarleyyow, or The Dog Fiend« (Snarleyyow oder Der Teufelshund, 1837), historischer Roman von Frederick Marryatt.

342 *»Eccelenza, miserabili!«:* (ital.) Exzellenz, wir Elenden!

342 *Bella Italia:* (ital.) schönes Italien.

343 *Solon:* griech. Staatsmann und Dichter (um 640–560 v. Chr.).

343 *Jakobsleiter:* Himmelsleiter, vgl. 1. Mos. 28,12.

Die Märchen der Weltliteratur

Begründet von Friedrich von der Leyen

Herausgegeben von Hans-Jörg Uther

Hans Christian Andersen
Märchen und Geschichten

Zweiter Band

Herausgegeben und übersetzt von
Gisela Perlet

EUGEN DIEDERICHS VERLAG

Die Deutsche Bibliothek – CIP-Einheitsaufnahme
Andersen, Hans Christian:
Märchen und Geschichten / Hans Christian Andersen. Hrsg.
und übers. von Gisela Perlet. – München : Diederichs.
ISBN 3-424-01327-7
NE: Perlet, Gisela [Hrsg.]; Andersen, Hans Christian:
[Sammlung <dt.>]
Bd. 2 (1996)

© Eugen Diederichs Verlag, München 1996
Alle Rechte vorbehalten

Umschlaggestaltung: Ute Dissmann, München, unter
Verwendung von Scherenschnitten von
Hans Christian Andersen
Produktion: Tillmann Roeder, München
Satz: Jung Satzcentrum, Lahnau
Druck und Bindung: Wiener Verlag, Himberg
Printed in Austria

ISBN 3-424-01327-7

INHALT

33. Die Glocke 7
34. Der Flachs 13
35. Die Geschichte des Jahres 18
36. Das ist ganz gewiß! 28
37. Eine gute Laune 31
38. Der Kobold und der Kaufmann 36
39. In Jahrtausenden 40
40. Unter dem Weidenbaum 42
41. Fünf aus einer Erbsenschote 59
42. Tölpel-Hans 63
43. »Sie taugte nichts« 68
44. Suppe aus einem Wurstspeiler 77
45. »Etwas« 93
46. Die Schnelläufer 100
47. Der Wind erzählt von Valdemar Daae
    und seinen Töchtern 104
48. Hofhahn und Wetterhahn 117
49. Vogel Phönix 120
50. Zwölf mit der Post 121
51. Der Mistkäfer 126
52. Was Vater tut, ist immer richtig 135
53. Der Schneemann 141
54. Im Entenhof 147
55. Die Muse des neuen Jahrhunderts 154
56. Die Eisjungfrau 161
57. Der Schmetterling 219
58. Die Schnecke und der Rosenbusch 222
59. Die Irrlichter sind in der Stadt,
    sagte die Moorfrau 225

60.	Die Kröte	241
61.	Der böse Fürst	249
62.	Der Marionettenspieler	252
63.	Die Teekanne	257
64.	Die kleinen Grünen	259
65.	Der Kobold und die Madam	261
66.	Was man erfinden kann	266
67.	Der Floh und der Professor	270
68.	Die große Seeschlange	275
69.	Der Gärtner und die Herrschaft	286
70.	Tante Zahnweh	294
Nachwort von Hans-Jörg Uther		308
Anmerkungen		322
Literatur		333

33. Die Glocke

Abends bei Sonnenuntergang, wenn die Wolken zwischen den Schornsteinen der großen Stadt wie Gold erglänzten, hörte bald dieser, bald jener in den engen Straßen einen seltsamen Klang, wie von einer Kirchenglocke, doch immer nur für einen kurzen Augenblick, denn hier rasselten Wagen, hier gab es Geschrei, und so etwas stört. »Jetzt läutet die Abendglocke«, sagte man, »jetzt geht die Sonne unter!«

Wer zur Stadt hinaus und dorthin ging, wo die Häuser weiter voneinander entfernt und von Gärten und kleinen Feldern umgeben waren, der sah einen noch schöneren Abendhimmel und hörte das Glockengeläut viel deutlicher; es schien aus einer Kirche tief im stillen, duftenden Wald zu kommen, und wenn die Leute in diese Richtung schauten, wurden sie ganz feierlich gestimmt.

Nun verging eine lange Zeit, und einer sagte zum anderen: »Ob wohl da draußen im Wald eine Kirche steht? Diese Glocke hat so einen wundersamen, herrlichen Klang – wollen wir nicht dorthin ziehen und sie etwas näher ansehen?« Und die reichen Leute fuhren, und die armen gingen, aber der Weg erschien ihnen ganz merkwürdig lang, und als sie am Waldrand eine Gruppe von Weiden entdeckten, ließen sie sich darunter nieder, schauten zu den langen Zweigen empor und glaubten sich so recht im Grünen. Der Konditor kam aus der Stadt und schlug hier sein Zelt auf, und dann kam noch ein Konditor, und der hängte über sein Zelt eine Glocke, und zwar eine Leinenglocke ohne Klöppel, die geteert war, um dem Regen standzuhalten. Wenn die Leute dann wieder heimwärts zogen, sagten sie, es sei sehr romantisch gewesen, und das bedeutet etwas ganz anderes als eine Teegesellschaft. Drei Personen versicherten, sie seien bis an das Ende des Waldes vorgedrungen, und immer hätten sie den seltsamen Glockenklang gehört, da aber schien er gleichsam aus der Stadt zu kommen. Der eine schrieb ein ganzes Lied darüber und sagte, das sei wie die Stimme einer Mutter, wenn sie zu ihrem lieben, klugen Kindchen spricht – keine Melodie sei herrlicher als der Klang der Glocke.

Auch der Kaiser des Landes wurde darauf aufmerksam und versprach demjenigen, der den Ursprung des Klangs recht ergründen könne, den Titel eines »Welt-Glöckners«, und zwar selbst dann, wenn es gar keine Glocke sei.

Um dieser guten Stellung willen machten sich nun viele auf den Weg, doch nur einer von ihnen kehrte mit einer Art Erklärung zurück. Keiner war tief genug im Wald gewesen, auch er nicht, und doch behauptete er, das Glockengeläut komme von einer riesigen Eule in einem hohlen Baum; sie sei so eine Weisheits-Eule und schlage unentwegt ihren Kopf gegen den Stamm, ob aber ihr Kopf oder der hohle Baum die Ursache des Klanges sei, das könne er noch nicht mit Bestimmtheit sagen. Und so wurde er als Welt-Glöckner angestellt und schrieb jedes Jahr eine kleine Abhandlung über die Eule; aber man wußte genausoviel wie zuvor.

Nun war gerade Konfirmationssonntag. Die Konfirmanden waren von der schönen, eindringlichen Predigt des Pfarrers sehr bewegt, es war ein wichtiger Tag für sie, auf einmal waren sie nicht mehr Kinder, sondern erwachsene Menschen – die Kinderseele sollte nun gleichsam in eine verständigere Person hinüberfliegen. Im herrlichsten Sonnenschein zogen die Konfirmanden zur Stadt hinaus, und im Wald ertönte wundersam laut die große unbekannte Glocke. Sogleich bekamen sie alle große Lust, dorthin zu wandern, nur drei wollten nicht mit: Ein Mädchen mußte nach Hause, um ihr Ballkleid anzuprobieren, denn eben das Kleid und der Ball waren der Grund, weshalb sie in diesem Jahr zur Konfirmation gegangen war, sonst hätte sie es nicht getan. Der zweite war ein armer Junge, der sich Konfirmationsanzug und Stiefel vom Sohn des Hauswirts ausgeliehen hatte und auf einen bestimmten Glockenschlag zurückgeben mußte. Der dritte sagte, ohne seine Eltern gehe er niemals an einen fremden Ort, und er sei immer ein braves Kind gewesen und wolle es auch als Konfirmand bleiben, und darüber soll man sich nicht lustig machen! – Was die anderen aber trotzdem taten.

Drei von ihnen blieben also zurück. Die übrigen trabten davon, die Sonne schien, und die Vögel sangen. Die Konfirmanden sangen auch und hielten sich an den Händen, denn sie hatten ja noch kein Amt übernommen und waren allesamt Konfirmanden vor dem lieben Gott.

Doch bald wurden zwei der kleinsten müde und kehrten um; auch zwei kleine Mädchen kamen nicht mehr mit, setzten sich nieder und banden Kränze, und als die anderen die Weiden erreichten, wo der Konditor wohnte, da sagten sie: »Jetzt sind wir also hier draußen; eigentlich gibt es ja gar keine Glocke, das ist nur so etwas, was man sich einbildet!«

Im gleichen Moment war aus der Tiefe des Waldes die Glocke so schön und feierlich zu hören, daß sich vier, fünf der Kinder entschlossen, doch noch weiter in den Wald hineinzugehen. Der war so dicht, so voller Laub, daß man nur mit großer Mühe vorwärtskam. Waldmeister und Anemonen wuchsen hier fast zu hoch, blühende Winden und Brombeerranken bildeten lange Girlanden von Baum zu Baum, die Nachtigall sang in den Zweigen, und die Sonnenstrahlen spielten darin. Oh, es war ganz wunderschön, aber für die Mädchen war der Weg nicht geeignet, sie würden sich die Kleider zerreißen. Da lagen große Felsenblöcke, bedeckt mit Moos in allen Farben, das frische Quellwasser rieselte und sagte etwas wie »Gluck, Gluck!«

»Sollte das etwa die Glocke sein?« meinte einer der Konfirmanden und legte sich auf den Boden und lauschte.

»Das muß man freilich studieren!« Und so blieb er zurück und ließ die anderen gehen.

Sie kamen zu einem Haus aus Borke und Zweigen, ein großer wilder Apfelbaum neigte sich darüber, als wollte er seinen ganzen Segen auf das Dach schütten. Dort blühten Rosen, die mit ihren langen Zweigen den ganzen Giebel bedeckten, und daran hing eine kleine Glocke. War sie es vielleicht, die man gehört hatte? Ja, darin waren sie sich alle einig, nur einer fand, diese Glocke sei zu klein und zu fein und nicht so weit zu hören, wie sie den Klang gehört hätten, und es seien ganz andere Töne, die auf solche Art ein Menschenherz rührten. Der das sagte, war ein Königssohn, und da meinten die anderen: »So einer wie der will immer klüger sein.«

Nun ließen sie ihn allein weiterziehen, und je weiter er ging, um so mehr wurde seine Brust von der Waldeinsamkeit erfüllt. Aber noch konnte er die kleine Glocke hören, mit der sich die anderen zufriedengegeben hatten, und manchmal, wenn der Wind vom Konditor her wehte, hörte er dort auch eine Teegesellschaft singen. Aber die tiefen Glockentöne waren doch lauter, bald schien dazu eine Orgel zu spielen, das kam von links, von jener Seite, wo das Herz sitzt.

Da raschelte es im Gebüsch, und vor dem Königssohn stand ein kleiner Junge in Holzschuhen und einer Jacke mit so kurzen Ärmeln, daß man recht sehen konnte, wie lang seine Handgelenke waren. Die beiden kannten sich, der Junge war eben jener Konfirmand, der nicht mitgekommen war, weil er nach Hause mußte, um Jacke und Stiefel beim Sohn des Hauswirts abzuliefern. Nachdem er das getan, war er in Holzschuhen und armseligen Kleidern allein losgezogen, denn die Glocke klang so kraftvoll, so tief, daß er zu ihr mußte.

»Dann können wir ja zusammen gehen!« sagte der Königssohn. Doch der arme Konfirmand mit den Holzschuhen genierte sich, er zog an seinen kurzen Jackenärmeln und sagte, er fürchte, er könne nicht so schnell folgen, außerdem sei er der Meinung, man müsse die Glocke zur Rechten suchen, weil auf diesem Platz alles Große und Herrliche sei.

»Ja, dann werden wir uns gar nicht begegnen!« sagte der Königssohn und nickte dem armen Jungen zu, der sich nun dem dunkelsten, dichtesten Teil des Waldes zuwandte, wo die Dornen seine armseligen Kleider zerfetzten und ihm Gesicht, Hände und Füße blutig rissen. Auch der Königssohn bekam ein paar tüchtige Schrammen, aber die Sonne schien doch auf seinen Weg, und wir wollen ihm folgen, denn er war ein kecker Bursche.

»Ich will und muß die Glocke finden«, sagte er, »und sollte ich bis ans Ende der Welt dafür gehen!«

In den Bäumen saßen häßliche Affen, die grinsten und sämtliche Zähne fletschten. »Wir wollen ihn verprügeln!« sagten sie. »Wir wollen ihn verprügeln, er ist ein Königssohn!«

Doch er ging unverdrossen immer tiefer in den Wald, wo die wunderlichsten Blumen wuchsen: weiße Sternlilien mit blutroten Staubfäden, himmelblaue Tulpen, die im Wind funkelten, und Apfelbäume, deren Äpfel ganz und gar wie große, schimmernde Seifenblasen aussahen – stell dir mal vor, wie diese Bäume im Sonnenschein glänzen! Die herrlichsten grünen Wiesen, wo Hirsch und Hindin im Grase spielten, waren von prachtvollen Eichen und Buchen umgeben, und wenn einem der Bäume die Borke gerissen war, dann wuchsen aus den Spalten Gräser und lange Ranken. Es gab auch große Waldpartien mit stillen Seen, auf denen weiße Schwäne schwammen und mit den Flügeln schlugen. Oft blieb der Königssohn stehen und lauschte, oft glaubte er aus einem dieser tiefen Seen den Glockenklang zu vernehmen, dann aber merkte er wohl, daß er sich irrte – die Glocke läutete noch tiefer im Wald.

Nun ging die Sonne unter, die Luft leuchtete rot wie Feuer, im Wald wurde es ganz still, ganz still, da kniete er nieder, sang seinen Abendchoral und sagte: »Niemals finde ich, was ich suche! Jetzt geht die Sonne unter, jetzt kommt die Nacht, die finstre Nacht. Aber ich kann die runde, rote Sonne vielleicht noch einmal sehen, bevor sie hinter der Erde versinkt; ich will auf jene Felsen dort steigen, die sich so hoch wie die höchsten Bäume erheben!«

Und er hielt sich an Ranken und Wurzeln fest, kletterte über die nassen Steine, auf denen sich die Wasserschlangen wanden und wo die Kröte ihn gleichsam anbellte – doch er kam hinauf, bevor die Sonne ganz versunken war, aus dieser Höhe gesehen. Oh, welche Pracht! Das Meer, das große, herrliche Meer, das seine langen Wogen zur Küste wälzt, dehnte sich vor ihm aus, und in der Ferne, wo Himmel und Meer zusammentrafen, stand die Sonne wie ein großer, glänzender Altar; alles verschmolz in glühenden Farben, der Wald sang, und das Meer sang, und sein Herz sang auch. Die ganze Natur war eine große heilige Kirche – Bäume und schwebende Wolken waren die Pfeiler, Blumen und Gräser das samtene Tuch und der Himmel selbst die große Kuppel darüber. Als die Sonne verschwand, erloschen dort oben die roten Farben, doch Millionen von Sternen wurden angezündet, Millionen von Diamanten-Lampen erglänzten, und der Königssohn breitete seine Arme aus, als wollte er Himmel, Meer und Wald umfassen. – Da erschien auf dem rechten Seitenweg der arme Konfirmand mit seinen kurzen Jackenärmeln und den Holzschuhen; er war genau zur selben Zeit angelangt, auf seinem Weg, und beide liefen aufeinander zu und hielten sich an den Händen, in der großen Kirche von Natur und Poesie, und über ihnen klang die unsichtbare heilige Glocke, selige Geister umschwebten sie im Tanz zu einem jubelnden Halleluja.

34. Der Flachs

Der Flachs war aufgeblüht. Seine Blüten sind so herrlich blau, so weich wie Mottenflügel und noch viel feiner. – Die Sonne beschien ihn, die Regenschauer wässerten ihn, und das tat dem Flachs genauso gut wie kleinen Kindern das Waschen und danach ein Kuß von der Mutter, denn davon werden sie viel schöner. Und der Flachs wurde es auch.

»Die Leute meinen, ich stehe so vortrefflich«, sagte der Flachs, »und ich wachse so schön in die Höhe, aus mir kann ein prächtiges Stück Leinen werden! Nein, wie glücklich ich bin! Ich bin gewiß der Allerglücklichste von allen! Es geht mir so gut, und aus mir soll etwas werden! Wie dieser Sonnenschein aufmuntert und wie der Regen schmeckt und erfrischt! Ich bin wunschlos glücklich, ich bin der Allerglücklichste!«

»Ja, ja, ja!« sagten die Zaunpfähle. »Ihr kennt die Welt nicht, aber wir kennen sie, wir haben Knorren!« Und dann knarrten sie ganz erbärmlich:

> »Schnipp, schnapp, schnurre,
> Basselurre,
> Das Lied ist aus!«

»Nein, das ist es nicht!« sagte der Flachs. »Morgen scheint die Sonne, der Regen tut so gut, ich kann hören, wie ich wachse, ich kann fühlen, wie ich blühe! Ich bin der Allerglücklichste!«

Doch eines Tages kamen Leute, packten den Flachs beim Schopf und rissen ihn mit der Wurzel aus, das tat weh; und er wurde ins Wasser gelegt, als ob er ertrinken sollte, und dann kam er übers Feuer, als ob er braten sollte – es war entsetzlich!

»Aber man kann es nicht immer gut haben«, sagte er, »man muß etwas ausprobieren, dann weiß man etwas!«

Doch es wurde wirklich schlimm! Der Flachs wurde geknickt und gebrochen, geschwungen und gehechelt, ja, was wußte er, wie das hieß; er kam aufs Spinnrad, schnurrerur!, dabei konnte man unmöglich seine Gedanken zusammenhalten.

»Ich bin überaus glücklich gewesen!« dachte er in all seiner Qual. »Man muß froh sein über das Gute, das man gehabt hat! Froh, froh, oh!« – Und das sagte er noch, als er auf den Webstuhl kam – und dann wurde aus ihm ein herrliches, großes Stück Leinen. Der ganze Flachs, jedes einzelne Pflänzchen, wurde zu diesem einen Stück.

»Ja, aber das ist ja unvergleichlich! Das hätte ich niemals gedacht! Nein, wie mir das Glück hold ist! Die Zaunpfähle, die wußten wirklich gut Bescheid mit ihrem

›Schnipp, schnapp, schnurre,
Basselurre!‹

Das Lied ist gar nicht aus! Jetzt fängt es erst richtig an! Das ist unvergleichlich! Ja, wenn ich etwas gelitten habe, dann bin ich jetzt auch etwas geworden; ich bin der Glücklichste von allen! – Ich bin so stark und so weich, so weiß und so lang! Das ist etwas anderes als nur Kraut zu sein, selbst wenn man Blüten trägt, da wird man nicht gepflegt, und Wasser bekommt man nur, wenn es regnet. Jetzt habe ich Bedienung! Jeden Morgen werde ich vom Mädchen gewendet, und jeden Abend bekomme ich ein Regenbad aus der Gießkanne. Ja, die Pfarrersfrau hat persönlich eine Rede über mich gehalten und gesagt, ich sei das beste Stück im ganzen Kirchspiel. Glücklicher kann ich nicht werden!«

Nun kam das Leinen unter Dach, dann kam es unter die Schere. Und man zertrennte, und man schnitt, und man stach mit Nähnadeln, das tat man nämlich – das war gar kein Vergnügen! Doch das Leinen verwandelte sich in zwölf Wäschestücke von jener Art, die man nicht ausspricht, die aber alle Menschen brauchen, und zwar ein ganzes Dutzend.

»Nein, sieh nur, jetzt bin ich erst etwas geworden! Das also war meine Bestimmung! Ja, das ist doch ein wahrer Segen! Jetzt tu ich Nutzen in der Welt, und genau das soll man tun, das ist das rechte Vergnügen. Wir sind zwölf Stücke geworden, und doch sind wir alle ein und dasselbe, wir sind ein Dutzend. Was ist das für ein unvergleichliches Glück!«

Und Jahre vergingen – und dann war das Leinen verschlissen. »Einmal muß es ja vorbei sein«, sagte jedes einzelne Stück, »ich hätte gern noch etwas gehalten, aber man darf keine unmöglichen Dinge verlangen!« Und dann wurden die Stücke zu Fetzen und Lumpen zerrissen und glaubten, nun sei es ganz und gar vorbei, denn sie wurden gehackt und zerquetscht und gekocht, ja, sie wußten selbst nicht was – und dann wurden sie zu wunderbar feinem, weißem Papier!

»Nein, ist das eine Überraschung! Und eine wundervolle Überraschung!« sagte das Papier. »Jetzt bin ich feiner als je zuvor, jetzt soll auf mir geschrieben werden. Und was läßt sich nicht alles schreiben! Das ist doch ein unvergleichliches Glück!« Und das Papier wurde beschrieben, mit den allerschönsten Geschichten, und die Leute hörten, was da stand, und das war so richtig und so gut, daß die Menschen davon viel klüger und besser wurden. Was diesem Papier in Worten gegeben war, das war ein großer Segen.

»Das ist mehr, als mir als kleiner blauer Blume auf dem Feld träumen konnte! Wie hätte ich mir vorstellen können, daß ich den Menschen einmal Freude und Kenntnisse bringen sollte. Ich kann es selbst noch nicht fassen! Aber es ist nun einmal wirklich so! Der Herrgott weiß, daß ich selbst nicht das geringste getan habe, nur eben das, was ich mit meinen bescheidenen Mitteln tun mußte, um auf der Welt zu sein. Und dann bringt er mich auf solche Art voran, von einer Freude und Ehre zur anderen. Jedesmal, wenn ich denke: ›Das Lied ist aus!‹, dann geht es gerade weiter zu etwas Höherem und Besserem. Jetzt werde ich gewiß auf die Reise geschickt und in die ganze Welt versandt, damit mich alle Leute lesen können! Das ist nur recht und billig! Früher hatte ich blaue Blüten, jetzt habe ich für jede Blüte die schönsten Gedanken! Ich bin der Allerglücklichste!«

Doch das Papier ging nicht auf die Reise, es kam zum Buchdrucker, und der setzte alles, was darauf geschrieben stand, in Lettern für ein Buch, ja, für viele hundert Bücher; denn so konnten unendlich viel mehr Leute Nutzen und Freude davon haben, als wenn das einzelne beschriebene Papierstück um die Welt gewandert und auf halbem Wege kaputtgegangen wäre.

»Ja, das ist nun am allervernünftigsten!« dachte das beschriebene Papier. »Auf diese Idee wäre ich gar nicht gekommen. Ich bleibe daheim und werde in Ehren gehalten wie ein alter Großvater. Ich bin es, auf dem geschrieben wurde, die Wörter sind aus der Feder direkt in mich hineingeflossen. Ich bleibe, und die Bücher laufen herum. So kann wirklich etwas ausgerichtet werden! Nein, wie bin ich froh, wie bin ich glücklich!«

Dann wurde das Papier gebündelt und ins Regal gelegt. »Es ist eine Wohltat, von seinen Werken auszuruhen!« sagte es. »Es ist sehr richtig, daß man sich sammelt und darüber nachdenkt, was in einem wohnt. Erst jetzt weiß ich so recht, was in mir steht! Und sich selbst erkennen, das ist der eigentliche Fortschritt. Was nun wohl kommen mag? Es wird ja irgendwie vorwärtsgehen, es geht immer vorwärts!«

Eines Tages wurde das ganze Papier auf den Herd gelegt und sollte ins Feuer, denn es durfte nicht an den Krämer verkauft werden, um als Verpackung für Butter und

Puderzucker zu dienen. Und alle Kinder des Hauses standen rundherum, sie wollten zuschauen, wie es auflodern, und in der Asche die vielen roten Feuerfunken sehen, die gleichsam davonlaufen und erlöschen, einer nach dem anderen, ganz geschwind – wie die Kinder, die aus der Schule kommen, und der allerletzte Funke ist der Schulmeister; oft glaubt man, er sei schon fort, doch kurz darauf folgt er den anderen hinterdrein.

Und das ganze Papier kam gebündelt ins Feuer. Hu, wie es lichterloh brannte! »Hu!« sagte es, und da war es schon eine ganze Flamme. Sie schlug so hoch empor, wie sich der Flachs mit seinen kleinen blauen Blüten nie hätte erheben können, und sie leuchtete, wie das weiße Leinen niemals hätte leuchten können; alle geschriebenen Buchstaben wurde in einem einzigen Augenblick ganz rot, und alle Worte und Gedanken gingen in Flammen auf.

»Jetzt steige ich geradewegs zur Sonne!« sagte es im Feuer, und tausend Stimmen schienen es zusammen zu sagen, und die Flamme schlug durch den Schornstein und oben hinaus – und feiner als sie, so daß Menschenaugen es gar nicht sehen konnten, schwebten darin winzig kleine Wesen, genauso viele, wie der Flachs Blüten getragen hatte. Sie waren noch leichter als die Flamme, die sie davontrug, und als diese erlosch und nur noch die schwarze Asche vom Papier übrig war, tanzten sie noch einmal über sie hin, und an allem, was sie berührten, waren ihre Fußspuren zu sehen, das waren die roten Funken: »Die Kinder kamen aus der Schule, und der Schulmeister war der letzte.« Das sah lustig aus, und die Kinder des Hauses sangen beim Anblick der toten Asche:

>»Schnipp, schnapp, schnurre,
>Basselurre!
>Das Lied ist aus!«

Doch jedes der kleinen unsichtbaren Wesen sagte: »Das Lied ist niemals aus! Das ist doch das Allerschönste am Ganzen! Ich weiß es, und deshalb bin ich der Allerglücklichste!«

Aber das konnten die Kinder weder hören noch verstehen, und das sollten sie auch nicht, denn Kinder dürfen nicht alles wissen.

35. Die Geschichte des Jahres

Es war Ende Januar. Ein furchtbarer Schneesturm tobte, die Flocken stiebten und wirbelten durch Straßen und Gassen. Die Fensterscheiben waren außen wie mit Schnee verklebt, er stürzte in Haufen von den Dächern, und die Leute hatten es ungemein eilig, sie rannten, sie flogen und fielen sich in die Arme, klammerten sich aneinander fest und hatten für einen Augenblick eine Stütze. Kutschen und Pferde waren wie überpudert, die Diener hatten sich umgedreht und fuhren mit dem Rücken zum Wind, die Fußgänger hielten sich ständig im Schutz des Wagens, der durch den tiefen Schnee nur langsam vorankam. Als sich der Sturm dann endlich legte und an den Hausmauern ein schmaler Pfad geschaufelt war, blieben die Leute doch stehen, wenn sie zusammentrafen – keiner von ihnen hatte Lust, den ersten Schritt zu tun und in den tiefen Schnee zu treten, um den anderen vorbeizulassen. Schweigend standen sie da, bis endlich, wie nach einer stillen Übereinkunft, jeder von ihnen ein Bein preisgab und in die Schneewehe tauchte.

Gegen Abend legte sich der Wind, der Himmel sah wie gefegt aus und war höher und durchsichtiger geworden, die Sterne schienen funkelnagelneu, und einige waren ganz blau und klar – und es herrschte ein Frost, daß es knackte. Da konnte die oberste Schneeschicht wirklich stark genug werden, um in der Morgenstunde die Spatzen zu tragen; sie hüpften bald oben, bald unten, wo der Schnee weggeräumt war, aber viel Futter fanden sie nicht, und sie mußten tüchtig frieren.

»Piep!« sagte der eine zum andern. »Das nennt man nun das neue Jahr! – Das ist ja schlimmer als das alte! Da hätten wir es genausogut behalten können. Ich bin mißvergnügt, und dazu habe ich Grund!«

»Ja, da sind die Leute nun herumgelaufen und haben das neue Jahr eingeschossen«, sagte ein kleiner, verfrorener Spatz, »sie haben Töpfe gegen die Türen geworfen und waren reinweg verrückt vor Freude, daß nun das alte Jahr davonging, und ich war auch froh darüber, denn ich habe warme Tage für uns erhofft, aber daraus ist nichts geworden; der Frost ist viel strenger als vorher! Die Menschen haben sich in der Zeitrechnung geirrt.«

»Das haben sie!« sagte ein dritter, der alt und weißschöpfig war. »Sie haben jetzt etwas, was sie Almanach nennen, das ist so ihre eigene Erfindung, und danach soll sich alles richten. Aber das tut es nicht. Wenn der Frühling kommt, dann fängt das Jahr an, das ist der Gang der Natur, und danach rechne ich!«

»Aber wann kommt der Frühling?« fragten die anderen.

»Der kommt, wenn der Storch kommt, aber mit dem ist es sehr ungewiß, und hier in der Stadt weiß keiner etwas darüber, auf dem Lande wissen sie es besser. Wollen wir dorthin fliegen und warten? Dort ist man dem Frühling näher.«

»Das mag alles recht gut sein«, sagte einer, der schon lange gepiepst hatte, ohne eigentlich etwas zu sagen. »Ich habe hier in der Stadt einige Bequemlichkeiten und fürchte, ich muß dort draußen darauf verzichten. Auf einem Hof ganz in der Nähe wohnt eine Menschenfamilie, die ist auf die sehr vernünftige Idee gekommen, an der

Mauer drei, vier Blumentöpfe festzumachen, und zwar mit der großen Öffnung nach innen und mit dem Boden nach außen, und dann haben sie ein Loch hineingeschnitten, das ist so groß, daß ich ein und aus fliegen kann. Dort haben ich und mein Mann ein Nest, und von dem sind alle unsre Jungen ausgeflogen. Die Menschenfamilie hat das Ganze natürlich deshalb eingerichtet, um sich an unserem Anblick zu freuen, sonst hätten sie es wohl nicht getan. Daß sie Brotkrumen ausstreuen, ist auch zu ihrem Vergnügen, und wir haben unser Futter; es ist gleichsam für unsereins gesorgt – und daher glaube ich, ich und mein Mann bleiben hier, obwohl wir sehr mißvergnügt sind – aber wir bleiben!«

»Und wir fliegen aufs Land, um zu sehen, ob der Frühling nicht kommt!« Und dann flogen sie davon.

Und auf dem Lande war strenger Winter, da fror es noch ein paar Grade mehr als in der Stadt. Der scharfe Wind blies über die schneebedeckten Felder. Der Bauer saß mit großen Fausthandschuhen auf dem Schlitten und schlug sich die Arme um den Leib, um die Kälte abzuschütteln; die Peitsche hatte er auf dem Schoß, die mageren Pferde liefen, daß sie dampften, der Schnee knirschte, und die Spatzen hüpften in den Wagenspuren und froren.

»Piep! Wann kommt der Frühling? Es dauert so lange!«

»So lange!« tönte es vom höchsten schneebedeckten Hügel über die Felder, und vielleicht war das nur das Echo, doch es konnte auch der wunderliche alte Mann gesagt haben, der in Wind und Wetter hoch oben auf der Schneewehe saß. Er war ganz weiß, wie ein Bauer in weißer Lodenjacke, hatte langes weißes Haar, einen weißen Bart, ein ganz blasses Gesicht und große, klare Augen.

»Wer ist denn der Alte dort?« fragten die Spatzen.

»Das weiß ich«, sagte ein alter Rabe, der auf dem Zaunpfahl saß und sich zu dem Zugeständnis herabließ, daß wir allesamt kleine Vögel vor dem Herrn sind, und daher auch geruhte, den Spatzen eine Erklärung zu geben. »Ich weiß, wer der Alte ist. Das ist der Winter, der alte Mann vom vorigen Jahr, er ist nicht tot, wie der Almanach sagt, nein, in Wirklichkeit ist er der Vormund des kleinen Prinzen Frühling, der jetzt kommt. Ja, der Winter führt noch das Regiment. Hu, das knackt wohl in euch, ihr Kleinen!«

»Habe ich das nicht gesagt!« sagte der Kleinste. »Dieser Almanach ist nur Menschenerfindung, der ist nicht nach der Natur eingerichtet. Das sollten sie uns überlassen, uns, die wir feiner beschaffen sind!«

Und es verging eine Woche, es vergingen fast zwei. Der Wald war schwarz, das Eis lag schwer auf dem See und sah aus wie erstarrtes Blei. Die Wolken, ja, das waren keine Wolken, sondern nasse, eiskalte Nebel, die über dem Land hingen. Die großen schwarzen Krähen, die in Scharen flogen, waren ganz stumm; es war, als schliefe alles. – Da glitt ein Sonnenstrahl über den See, und nun glänzte er wie geschmolzenes Zinn. Die Schneedecke auf Feld und Hügel glitzerte nicht mehr wie zuvor, doch die weiße Gestalt, der *Winter* persönlich, saß noch da, den Blick unverwandt gen Süden gerichtet. Er merkte gar nicht, daß die Schneedecke gleichsam in die Erde versank, daß hier und da ein kleiner grasgrüner Fleck zum Vorschein kam, auf dem es dann von Spatzen wimmelte.

»Kiwitt! Kiwitt! Kommt jetzt der Frühling?«

»Der Frühling!« klang es über Feld und Wiese und durch die schwarzbraunen Wälder, wo das Moos frisch und grün an den Baumstämmen leuchtete. Da kamen die ersten zwei Störche von Süden durch die Luft geflogen; auf jedem saß ein schönes kleines Kind, ein Junge und ein Mädchen. Und sie küßten die Erde zum Gruß, und wo sie ihre Füße hinsetzten, da wuchsen unter dem Schnee weiße Blumen. Hand in Hand gingen sie zu dem alten Eismann, dem Winter hinauf, schmiegten sich zum neuen

Gruß an seine Brust, und sogleich war keiner von ihnen mehr zu sehen, die ganze Landschaft war verborgen; ein dicker, nasser Nebel, ganz dicht und schwer, hüllte alles ein. – Bald darauf begann es zu wehen, der Wind brauste los mit kräftigen Stößen und jagte den Nebel davon. Die Sonne schien ganz warm – der Winter selbst war verschwunden, auf dem Thron des Jahres saßen die schönen Kinder des Frühlings.

»Das nenne ich Neujahr!« sagten die Spatzen. »Jetzt bekommen wir wohl unsre Rechte zurück und Schadenersatz für den strengen Winter!«

Wohin sich die beiden Kinder wandten, setzten Büsche und Bäume grüne Knospen, wuchs das Gras, wurde das Grün der Saaten immer leuchtender. Und das kleine Mädchen warf mit Blumen um sich, von denen sie einen Überfluß in ihrer Schürze trug – immer neue schienen daraus hervorzuquellen, sie mochte noch so eifrig werfen. Sie war so eilfertig, daß sie Apfel- und Pfirsichbäume mit einem ganzen Blütenschnee überschüttete, und da standen sie nun in voller Pracht, obwohl sie noch gar keine richtigen grünen Blätter hatten.

Da klatschte das Mädchen in die Hände, und der Junge klatschte auch, und nun kamen Vögel zum Vorschein, man wußte gar nicht woher, und alle zwitscherten und sangen: »Der Frühling ist da!«

Das war ein herrlicher Anblick. Und so manches alte Mütterchen trat vor ihre Tür, schüttelte sich im Sonnenschein und sah sich die gelben Blumen an, von denen die ganze Wiese prangte, genauso wie in ihren jungen Jahren – da wurde die Welt wieder jung. »Heute ist es draußen ganz wunderbar!« sagte sie.

Der Wald, obwohl voller Knospen, war noch braungrün, doch der Waldmeister war schon da, so frisch und so duftend, Veilchen wuchsen in Fülle und dazu Anemonen, Schlüsselblumen und Primeln, ja, jeder Grashalm war voller Saft und Kraft. Auf diesem prächtigen Teppich ließ sich wahrhaftig sitzen, und da saß das junge Paar des Frühlings, hielt sich bei den Händen und sang und lächelte und wurde größer und größer.

Vom Himmel fiel ein milder Regen, sie spürten ihn nicht, Regentropfen und Freudentränen wurden eins. Braut und Bräutigam küßten sich, und im Nu schlugen die Bäume aus. – Als die Sonne aufging, waren alle Wälder grün!

Und Hand in Hand wanderte das Brautpaar unter dem frischen hängenden Laubdach, wo nur Sonnenstrahlen und Schlagschatten für Abwechslung im Grünen sorgten. Die feinen Blätter waren von jungfräulicher Reinheit und erfrischendem Duft. Klar und munter rieselten Fluß und Bach zwischen samtgrünem Schilf und über bunte Steine. »Alles im Überfluß immer und ewig, so ist es und so bleibt es!« sagte die ganze Natur. Und der Kuckuck sang, und die Lerche trillerte, das war der herrliche Frühling. Doch die Weiden trugen Wollhandschuhe um ihre Blüten, sie waren eben so furchtbar vorsichtig, und das ist langweilig!

So gingen Tage, und so gingen Wochen. Die Wärme stürzte gleichsam herab, heiße Luftwellen liefen durch das Getreide, das immer gelber wurde. Der weiße Lotos des Nordens breitete seine großen grünen Blätter über die Wasserfläche der Waldseen aus, und die Fische suchten darunter Schatten. Auf der windgeschützten Seite des Waldes, wo die Sonne auf die Mauer des Bauernhauses brannte und die aufgesprungenen Rosen ordentlich durchwärmte, wo die Kirschbäume voll von saftigen schwarzen, fast glühheißen Beeren hingen, saß die schöne Frau des Sommers – wir haben sie schon als Kind und als Braut gesehen. Sie schaute zu den dunklen Wolken auf, die sich in Wellen wie Berge, schwarzblau und schwer, immer höher erhoben. Von drei Seiten kamen sie heran und wuchsen, wie ein versteinertes umgekehrtes Meer, um sich dann herab auf den Wald zu senken, wo wie durch einen Zauber alles verstummte. Der Wind hatte sich völlig gelegt, kein Vogel sang, die ganze Natur war von Ernst, von Erwartung erfüllt; doch die Leute eilten auf Wegen und Stegen, im Wagen, zu Fuß und zu Pferde, um unter Dach und Fach zu kommen. – Da leuchtete es plötzlich auf, als bräche die Sonne hervor, blitzend, blendend, alles verbrennend, dann kehrte die Finsternis mit rollendem Donner zurück. Ströme von Wasser stürzten herab, es wurde Nacht, es wurde hell, es wurde still, und die Schläge dröhnten. Das junge braungefiederte Röhricht des Moors bewegte sich in langen Wellen, die Zweige des Waldes versteckten sich in Wassernebeln, Finsternis wechselte mit Licht, Stille mit Getöse ab. – Gras und Getreide lagen wie gemäht, wie hingespült da, als sollten sie sich niemals wieder erheben. – Auf einmal ließ der Regen nach, die Sonne schien, und die Wassertropfen auf Halm und Blatt funkelten wie Perlen, die Vögel sangen, die Fische schnellten aus dem Fluß, die Mücken tanzten, und im salzigen, aufgewühlten Meereswasser saß auf einem Stein der *Sommer* persönlich, der kräftige Mann mit den starken Gliedern – verjüngt vom erfrischenden Bad saß er mit triefnassem Haar im warmen Sonnenschein. Die ganze Natur war verjüngt, alles war üppig, kraftvoll und schön; es war Sommer, warmer, herrlicher Sommer.

Und aus dem üppigen Kleefeld strömte ein süßer, lieblicher Duft, über der alten Thingstätte summten die Bienen. Der Altarstein, von der Brombeerranke umwunden und vom Regen gewaschen, glänzte im Sonnenlicht. Dorthin flog die Bienenkönigin mit ihrem Schwarm, um Wachs und Honig anzusetzen. Das sah kein anderer als der Sommer mit seinem kräftigen Weib – für sie war der Altartisch mit der Opfergabe der Natur gedeckt.

Und der Abendhimmel glänzte wie Gold, solchen

Reichtum hat keine Kirchenkuppel, und zwischen Abendröte und Morgenröte schien der Mond. Es war Sommerzeit.

Und es vergingen Wochen, und es vergingen Tage. – In den Kornfeldern blitzten die blanken Sensen der Schnitter, die Zweige des Apfelbaums bogen sich unter roten und gelben Früchten, der Hopfen duftete herrlich mit seinen großen Dolden, und unter den Haselbüschen, wo die Nüsse in schweren Trauben saßen, ruhten Mann und Weib, der Sommer mit seiner ernsthaften Frau.

»Was für ein Reichtum!« sagte sie. »Überall Segen, heimisch und gut, und doch, ich weiß selbst nicht, sehne ich mich nach – Ruhe, nach Rast. Ich weiß kein Wort dafür! – Nun werden die Felder schon wieder gepflügt. Mehr, immer mehr wollen die Menschen gewinnen! – Sieh, die Störche folgen in Scharen dem Pflug, Ägyptens Vogel, der uns durch die Luft getragen! Weißt du noch, wie wir zwei als Kinder hierher in die Länder des Nordens kamen? – Blumen brachten wir, herrlichen Sonnenschein und grüne Wälder; nun hat der Wind ihnen übel mitgespielt, wie die Bäume des Südens werden sie braun und dunkel und tragen doch keine goldenen Früchte wie sie.«

»Willst du sie sehen?« sagte der Sommer. »Dann freu dich jetzt!« Er hob seinen Arm, und in allen Wäldern färbten sich die Blätter rot und golden, das war eine Farbenpracht! In der Rosenhecke leuchteten feuerrote Hagebutten, an den Holunderzweigen hingen große, schwere schwarzbraune Beeren, die wilden Kastanien fielen reif aus ihren schwarzgrünen Schalen, und die Veilchen im Wald blühten zum zweiten Mal.

Doch die Königin des Jahres wurde immer stiller, immer bleicher. »Der Wind ist so kalt!« sagte sie. »Die Nacht bringt feuchte Nebel! – Ich habe Sehnsucht – nach dem Kindheitsland!«

Und als sie die Störche einen nach dem anderen davonfliegen sah, streckte sie die Hände nach ihnen aus. – Sie schaute zu ihren leeren Nestern hinauf, und in dem einen wuchs die langstielige Kornblume und in dem anderen der gelbe Hederich, als wäre es nur deshalb da, um ihr Schutz und Schirm zu geben; und dorthin flogen die Spatzen.

»Piep! Wo ist denn die Herrschaft geblieben? Sie können es wohl nicht vertragen, daß man sie anbläst, und da sind sie außer Landes gegangen. Glückliche Reise!«

Und das Laub des Waldes wurde immer gelber, ein Blatt nach dem andern fiel herab, die Herbststürme brausten, es war die späte Zeit der Ernte. Und auf den abgefallenen gelben Blättern ruhte die Königin des Jahres und sah mit milden Augen zum funkelnden Stern hinauf, und ihr Gatte stand bei ihr. Ein Windstoß wirbelte durch das Laub, das fiel und fiel – da war sie verschwunden, doch ein Schmetterling, der letzte des Jahres, flog in der kalten Luft.

Und die feuchten Nebel kamen, der eisige Wind und die dunklen, die längsten Nächte. Der Herr des Jahres hatte nun schneeweißes Haar, aber das wußte er selbst nicht, er hielt es für Schneeflocken, die aus der Wolke fielen. Eine dünne Schneeschicht bedeckte das grüne Feld.

Und die Kirchenglocken läuteten die Weihnachtszeit ein.

»Die Geburtsglocken läuten!« sagte der Herr des Jahres. »Bald wird das neue Herrscherpaar geboren, und ich finde Ruhe wie meine Frau. Ruhe in dem funkelnden Stern!«

Und im frischen, grünen Tannenwald, wo der Schnee lag, segnete der Weihnachtsengel die jungen Bäume, die sein Fest schmücken sollten.

»Freude in der Stube und unter den grünen Zweigen!« sagte der alte Herrscher des Jahres, aus dem in diesen Wochen ein schneeweißer Greis geworden war. »Für mich naht die Ruhe, das junge Paar des Jahres bekommt nun Zepter und Krone.«

»Und die Macht ist doch dein«, sagte der Weihnachtsengel, »die Macht und nicht die Ruhe! Laß den Schnee wärmend die junge Saat bedecken! Lerne ertragen, daß ein anderer gefeiert wird, obwohl du der Herrscher bist; lerne, vergessen zu sein und doch zu leben! Deine Freiheitsstunde schlägt, wenn der Frühling kommt!«

»Wann kommt der Frühling?« fragte der Winter.

»Der kommt, wenn der Storch kommt!«

Und mit weißen Locken und schneeweißem Bart, frostig, alt und gebeugt, doch stark wie der Wintersturm und die Macht des Eises, saß auf der Schneewehe des Hügels der Winter und blickte nach Süden, wie schon der Winter zuvor. – Das Eis knackte, der Schnee knirschte, die Schlittschuhläufer drehten sich auf den blanken Seen, und Raben und Krähen nahmen sich auf dem weißen Grund gut aus. Kein Windhauch regte sich, und in der stillen Luft ballte der Winter die Fäuste, und zwischen den Ländern wuchs klafterdickes Eis.

Da kamen wieder die Spatzen aus der Stadt und fragten: »Wer ist denn der alte Mann dort?« Und der Rabe saß wieder da, oder ein Sohn von ihm, das ist nun ein und dasselbe, und der erklärte ihnen: »Das ist der Winter! Der alte Mann vom vorigen Jahr. Er ist nicht gestorben, wie der Almanach sagt, sondern Vormund des kommenden Frühlings.«

»Wann kommt der Frühling?« fragten die Spatzen. »Dann haben wir eine gute Zeit und ein besseres Regiment. Das alte taugt nichts.«

Und still in Gedanken versunken, nickte der Winter zum schwarzen, entblätterten Wald, wo jeder Baum die schöne Form und Biegung seiner Zweige zeigte. Während der Herrscher schlummerte und von Jugendzeit und Mannesjahren träumte, senkten sich eiskalte Wolkennebel herab, und im Morgengrauen war der ganze Wald herrlich mit Rauhreif bedeckt – das war der Sommertraum des Winters, der Sonnenschein streute Rauhreif von den Zweigen.

»Wann kommt der Frühling?« fragten die Spatzen.

»Der Frühling!« tönte es wie ein Echo von den Hügeln, auf denen der Schnee lag. Und die Sonne schien wärmer und wärmer, der Schnee schmolz, die Vögel zwitscherten: »Der Frühling kommt!«

Und hoch in der Luft kam der erste Storch geflogen, der zweite folgte; jeder trug auf dem Rücken ein schönes Kind. Sie landeten auf dem offenen Feld, und sie küßten die Erde, und sie küßten den alten stillen Mann, und der verschwand wie Moses auf dem Berge, vom Wolkendunst fortgetragen.

Die Geschichte des Jahres war zu Ende.

»Das ist sehr richtig«, sagten die Spatzen, »und das ist auch sehr hübsch, aber es ist nicht so wie im Almanach, und deshalb ist es verkehrt!«

36. Das ist ganz gewiß!

Das ist eine schreckliche Geschichte!« sagte ein Huhn, und zwar in jener Gegend der Stadt, wo die Geschichte gar nicht passiert war. »Es hat eine schreckliche Geschichte im Hühnerstall gegeben! Ich getraue mich nicht, heute nacht allein zu schlafen! Nur gut, daß wir so viele auf der Stange sind!« – Und dann erzählte es, daß sich den andern Hühnern die Federn sträubten und der Hahn seinen Kamm verlor. Das ist ganz gewiß!

Aber wir wollen mit dem Anfang anfangen, und angefangen hat es in einem Hühnerstall am anderen Ende der Stadt. Die Sonne ging unter, und die Hühner flogen auf. Eins von ihnen, mit weißen Federn und kurzen Beinen, legte vorschriftsmäßig seine Eier und war, als Henne gesehen, in jeder Hinsicht respektabel. Als diese Henne nun auf der Stange saß, zupfte sie mit dem Schnabel an sich herum, und dabei verlor sie eine kleine Feder.

»Da ging sie hin!« sagte die Henne. »Je mehr ich zupfe, um so schöner werde ich wohl!« Und das war nur im Spaß gesagt, denn sie galt als Spaßvogel unter den Hühnern und war ansonsten, wie schon gesagt, sehr respektabel. Und dann schlief sie.

Rundherum war es dunkel, ein Huhn saß neben dem andern, und jenes, das der Henne am nächsten saß, war noch wach. Es hörte und es hörte nicht, wie man es tun soll auf dieser Welt, wenn man gut und in Ruhe leben will. Doch ihrer anderen Nachbarin mußte sie es erzählen: »Hast du gehört, was hier gesagt wurde? Ich will ja keinen Namen nennen, aber da gibt es eine Henne, die will sich rupfen, um gut auszusehen! Wäre ich ein Hahn, dann würde ich sie verachten!«

Und den Hühnern gegenüber saß die Eule mit ihrem Eulenmann und ihren Eulenkindern. In dieser Familie hat man scharfe Ohren, deshalb konnten sie jedes Wort des Nachbarhuhns verstehen, und sie rollten mit den Augen, und Eulenmutter flatterte mit den Flügeln: »Hört da bloß nicht hin! Aber ihr habt doch wohl mitbekommen, was da gesagt wurde? Ich habe es mit meinen eigenen Ohren gehört, und man muß vieles hören, bevor die abfallen! Da gibt es bei den Hühnern eine Henne, die hat in einem solchen Grad vergessen, was für ein Huhn schicklich ist, daß sie sich alle Federn ausrupft und den Hahn dabei zusehen läßt!«

»*Prenez garde aux enfants!*« sagte Eulenvater. »Das ist nichts für die Kinder!«

»Der Nachbareule will ich es doch erzählen! Sie ist so achtbar im Umgang!« Und dann flog Eulenmutter davon.

»Hu-hu! Uhuh!« heulten sie alle beide, und zwar direkt über den Tauben im benachbarten Taubenschlag. »Habt ihr gehört? Habt ihr gehört? Da gibt es eine Henne, die hat sich für einen Hahn sämtliche Federn ausgerissen! Sie wird erfrieren, falls sie's nicht schon ist, uhuh!«

»Wo? Wo?« gurrten die Tauben.

»Im Nachbarhof! Ich habe es so gut wie mit eigenen Augen gesehen! Es ist fast unschicklich, diese Geschichte zu erzählen, aber es ist ganz gewiß!«

»Glauben, glauben, jedes einzelne Wort!« sagten die Tauben und gurrten in ihren Hühnerhof hinunter: »Da gibt es eine Henne, ja, einige sagen, da gibt es zwei, die haben sich alle Federn ausgerissen, um nicht auszusehen wie die andern und um die Aufmerksamkeit des Hahns zu erwecken. Das ist ein gewagtes Spiel, man kann sich erkälten und an Fieber sterben, und nun sind sie alle beide tot!«

»Wachet auf! Wachet auf!« krähte der Hahn und flog auf den Bretterzaun. Der Schlaf saß ihm noch in den Augen, aber er krähte trotzdem: »Da sind drei Hennen aus unglücklicher Liebe zu einem Hahn gestorben! Sie haben sich sämtliche Federn ausgerissen! Das ist eine abscheuliche Geschichte, ich will sie nicht behalten, laßt sie weitergehen!«

»Laßt sie weitergehen!« piepsten die Fledermäuse, und die Hennen gluckten, und die Hähne krähten: »Laßt sie weitergehen! Laßt sie weitergehen!«

Und so ging die Geschichte von Hühnerstall zu Hühnerstall und gelangte endlich an jenen Ort, von dem sie eigentlich ausgegangen war.

»Da gibt es fünf Hennen«, hieß es, »die haben sich sämtliche Federn ausgerissen, nur um zu zeigen, welche von ihnen aus Liebeskummer um den Hahn am magersten geworden ist, und dann haben sie sich blutig gehackt und sind tot umgefallen, zu Schimpf und Schande für ihre Familie und zum großen Verlust für den Besitzer!«

Und die Henne, die das lose Federchen verloren hatte, erkannte ihre eigene Geschichte natürlich nicht wieder, und weil sie eine respektable Henne war, sagte sie: »Ich verachte diese Hennen! Aber von dieser Sorte gibt es noch mehr! Dergleichen soll man nicht verschweigen, und ich will das Meine dafür tun, daß die Geschichte in die Zeitung kommt, und dann geht sie durch das ganze Land; das haben diese Hennen verdient, und ihre Familie auch!«

Und es kam in die Zeitung, und es wurde gedruckt, und das ist ganz gewiß: Es ist wohl möglich, daß aus einer kleinen Feder fünf Hennen werden!

37. Eine gute Laune

Das beste Erbteil, das ich von meinem Vater habe, ist eine gute Laune. Und wer war mein Vater? Ja, mit der Laune hat das nichts zu tun. Er war lebhaft und wohlbeleibt, dick und rund, sein Äußeres wie sein Inneres standen vollkommen im Widerspruch zu seinem Amt. Und was war sein Amt, seine Stellung in der Gesellschaft? Ja, wenn man das aufschreiben und gleich zu Anfang eines Buches drucken wollte, dann würden wohl mehrere Leser das Buch weglegen und sagen: »Das sieht mir so unheimlich aus, davon will ich nichts wissen.« Und doch war mein Vater weder Schinder noch Scharfrichter, im Gegenteil, sein Amt ließ ihn oft die ehrenwertesten Männer der Stadt anführen, und da war er ganz in seinem Recht, ganz an seinem rechten Platz; er mußte an der Spitze sein, vor dem Bischof, vor Prinzen von Geblüt – und er war an der Spitze – er war Leichenwagenkutscher!

Jetzt ist es heraus! Und weiter kann ich sagen: Wenn man meinen Vater dort oben, vor dem Omnibus des Todes sitzen sah, mit seinem langen, weiten schwarzen

Umhang, seinem schwarzbefransten Dreispitz und darunter einem Gesicht, das genauso rund und lachend war, wie man die Sonne malt, dann konnte man nicht an Grab und Trauer denken. Dieses Gesicht sagte: »Das macht nichts, es wird viel besser, als man glaubt!«

Siehst du, von *ihm* habe ich meine gute Laune und außerdem die Gewohnheit, oft auf den Friedhof zu gehen, und das ist sehr vergnüglich, man muß nur gutgelaunt sein – und außerdem halte ich den Anzeiger, genauso wie er.

Ich bin nicht mehr ganz jung – ich habe weder Frau noch Kinder noch Bibliothek, doch wie gesagt, ich halte den Anzeiger, der reicht mir aus, der ist für mich die beste Zeitung, und das war er für meinen Vater auch. Er tut seinen Nutzen und enthält alles, was ein Mensch zu wissen braucht: Wer in den Kirchen predigt und wer in den neuen Büchern predigt, wo man Häuser, Gesinde, Kleider und Nahrung bekommt, wer »ausverkauft« und wer selbst ausgeht, und dann sieht man soviel Wohltätigkeit und so viele unschuldige Verse, die keinen Schaden anrichten! Heiratsanzeigen und Einladungen zum Stelldichein, die man annimmt oder nicht – alles einfach und natürlich! Wer den Anzeiger hält, der kann durchaus sehr gut und glücklich leben und sich begraben lassen – und dann hat man an seinem Lebensende so herrlich viel Papier, daß man weich darauf liegen kann, sofern man nicht Hobelspäne vorzieht.

Ausflüge im Anzeiger und auf dem Friedhof, sie waren und sind die besten Erfrischungen für meinen Geist, die zwei segensreichsten Badeanstalten für meine gute Laune.

In den Anzeiger kann jeder kommen; doch nun kommt auf den Friedhof mit, dort wollen wir, wenn die Sonne scheint und die Bäume grün sind, einen Spaziergang zwischen den Gräbern machen! Jedes davon gleicht einem geschlossenen Buch, mit dem Rücken nach oben, man kann den Titel lesen, der den Inhalt angibt und doch nichts sagt;

aber ich weiß Bescheid, das weiß ich von meinem Vater und von mir selbst. Es steht in meinem *Grabbuch*, und dieses Buch habe ich selbst gemacht, zum Nutzen wie zum Vergnügen; darin liegen sie alle und noch ein paar mehr!

Jetzt sind wir auf dem Friedhof.

Hier, hinter dem weißgestrichenen Holzzaun, wo einmal ein Rosenstock stand – jetzt ist er fort, aber vom Nachbargrab streckt ein Pflänzchen Immergrün seine grünen Finger herein, um doch etwas zu putzen –, ruht ein sehr unglücklicher Mann, und doch stand er sich zu Lebzeiten gut, wie man sagt, hatte sein gutes Auskommen und ein bißchen dazu, aber er nahm sich die Welt zu sehr zu Herzen, das heißt die Kunst. Saß er eines Abends im Theater, um mit ganzer Seele zu genießen, dann konnte ihn schon eine Kleinigkeit vollkommen aus der Fassung bringen: der Maschinenmeister brauchte nur ein zu grelles Licht auf jede Mondbacke zu setzen, oder die Deckensoffitte hing vor der Kulisse, wenn sie dahinter hängen sollte, oder eine Palme stand auf der Insel Amager, ein Kaktus in Tirol oder eine Buche im nördlichen Norwegen! Kann so etwas nicht egal sein, wer denkt schon darüber nach? Schließlich ist es eine Komödie, und darüber soll man sich amüsieren! – Bald klatschte das Publikum zu viel, bald klatschte es zu wenig. »Heute abend ist das Holz zu naß«, sagte er, »es will nicht brennen!« Und dann drehte er sich um und musterte die Leute, und wenn er sah, daß sie verkehrt lachten, an Stellen, wo sie nicht lachen sollten, dann ärgerte er sich und litt darunter und war ein unglücklicher Mensch, und nun liegt er im Grab.

Hier ruht ein sehr glücklicher Mann, das heißt ein sehr vornehmer Mann von hoher Geburt, und das war sein Glück, denn sonst wäre nie etwas aus ihm geworden, doch in der Natur ist eben alles so weise eingerichtet, und daran zu denken ist erfreulich. Er war bestickt von vorn und bis hinten und glich, wie er seinen Platz in der guten

Stube einnahm, einem kostbaren, perlenbestickten Glockenstrang, hinter dem sich stets eine starke, dicke Schnur verbirgt, die den Dienst verrichtet. Auch dieser Mann hatte eine gute Schnur hinter sich, einen Stellvertreter, der den Dienst für ihn tat und ihn jetzt wieder hinter einem anderen neuen, bestickten Glockenstrang tut. Alles ist eben so weise eingerichtet, daß man wahrhaftig gutgelaunt sein kann.

Hier ruht, ja, das ist nun sehr traurig! – hier ruht ein Mann, der sich siebenundsechzig Jahre lang einen guten Einfall wünschte, das war sein einziger Lebenszweck; und als ihm dann wirklich ein guter Einfall kam, wie er selbst glaubte, da freute er sich so sehr, daß er starb, aus lauter Freude über seinen Einfall, von dem keiner einen Nutzen hatte, denn keiner hörte ihn. Ich kann mir denken, daß er wegen dieses guten Einfalls nicht einmal im Grabe Ruhe findet, denn vielleicht müßte ein solcher Einfall zum Frühstück geäußert werden, um recht zu wirken, und paßte also nicht zur Zeit, denn als Toter darf er nach allgemeiner Meinung nur um Mitternacht erscheinen, wo keiner lacht, und da kann sich der Mann mit seinem guten Einfall wieder begraben lassen. Das ist ein trauriges Grab.

Hier ruht eine überaus geizige Madame; als sie am Leben war, stand sie nachts auf und miaute, damit die Nachbarn glauben sollten, sie hielte sich eine Katze – so geizig war sie!

Hier ruht ein Fräulein aus guter Familie; wenn sie in einer Gesellschaft war, mußte sie stets ihre Singstimme hören lassen, und dann sang sie »*Mi manca la voce!*« Das war die einzige Wahrheit in ihrem Leben!

Hier ruht eine Jungfrau von anderer Art! Wenn der Kanarienvogel des Herzens zu schreien anfängt, dann steckt sich die Vernunft die Finger in die Ohren. Schön Jungfrau umstrahlt von des Ehestands Glorie! – Das ist eine Alltagsgeschichte – aber hübsch. Laßt die Toten ruhen!

Hier ruht eine Witwe, die hatte Schwanengesang im Munde und Eulengalle im Herzen. Sie unternahm Raubzüge in den Familien, um die Mängel ihrer Nächsten aufzuspüren, so wie in alten Tagen »Der Polizeifreund« herumlief und ein Rinnsteinbrett suchte, das nicht da war.

Hier ist eine Familiengruft; alle aus diesem Geschlecht hielten fest im Glauben zusammen, und wenn die ganze Welt und die Zeitung sagten: »So ist das«, und der kleine Sohn aus der Schule kam und sagte: »Ich habe es anders gehört«, dann war seine Art die einzig richtige, denn er war aus ihrer Familie. Und gewiß ist auch, daß es Morgen war, wenn der Hofhahn der Familie zufällig um Mitternacht krähte, selbst wenn der Wächter und sämtliche Uhren der Stadt verkündeten, daß Mitternacht sei.

Der große Goethe schließt seinen »Faust« mit den Worten: »Ist fortzusetzen«, auch unsere Wanderung auf dem Friedhof kann fortgesetzt werden; hier bin ich oft. Sollte es dieser oder jener meiner Freunde oder Nicht-Freunde einmal zu bunt treiben, dann gehe ich auf den Friedhof, suche einen Rasenplatz aus und weihe ihn jenem oder jener, und wen ich ins Grab wünsche, den begrabe ich auch sogleich. Da liegen sie dann tot und machtlos in der Erde, bis sie als neue und bessere Menschen wiederkehren. Wie ich ihr Leben und Treiben sehe, trage ich in mein Grabbuch ein, und so sollten es alle Menschen halten, nicht sich ärgern, wenn andere es einem zu arg treiben, sondern sie sogleich begraben und an seiner guten Laune und am Anzeiger festhalten, diesem vom Volke selbst geschriebenen Blatt, häufig mit geführter Feder.

Und wenn die Zeit kommt, da ich mitsamt meiner Lebensgeschichte selbst im Grabe eingebunden werden soll, dann setzt mir als Inschrift:

»Eine gute Laune!«

Das ist meine Geschichte.

38. Der Kobold und der Kaufmann

Es war ein richtiger Student, der wohnte unter dem Dach und besaß gar nichts; es war ein richtiger Kaufmann, der wohnte im Erdgeschoß und besaß das ganze Haus. Und an ihn hielt sich der Kobold, denn von ihm bekam er an jedem Weihnachtsabend eine Schüssel Grütze mit einem großen Klumpen Butter hingestellt. Das konnte ihm der Kaufmann geben, und der Kobold blieb im Geschäft, und das war sehr lehrreich.

Eines Abends kam der Student zur Hintertür herein und wollte sich eine Kerze und ein Stück Käse kaufen; weil er keinen anderen danach schicken konnte, ging er selbst. Er erhielt, was er verlangte, und bezahlte es, und dann wünschten sie ihm guten Abend und nickten ihm zu, der Kaufmann und seine Madam, und das war eine Frau, die mehr konnte als nicken, sie war überaus beredt! – Der Student nickte zurück, und während er das Stück Papier studierte, das um den Käse gewickelt war, blieb er stehen. Es war ein herausgerissenes Blatt aus einem Buch, und das hätte man nicht zerreißen dürfen, denn es war ein altes Buch voller Poesie.

»Da liegt noch mehr davon«, sagte der Kaufmann, »ich habe einer alten Frau ein paar Kaffeebohnen dafür gegeben; für acht Schillinge können Sie den Rest haben.«

»Danke«, sagte der Student, »wenn Sie mir das Papier geben, können Sie den Käse behalten, ich esse mein Butterbrot auch ohne. Es wäre eine Sünde, das ganze Buch in Fetzen zu reißen. Sie sind ein prächtiger Mann, ein praktischer Mann, aber von Poesie verstehen Sie nicht mehr als diese Mülltonne!«

Und das war ungezogen gesagt, vor allem im Hinblick auf die Mülltonne, doch der Kaufmann lachte, und der Student lachte, denn es war ja nur im Spaß gesagt. Aber der Kobold ärgerte sich, daß jemand es wagte, so etwas zu einem Kaufmann zu sagen, der obendrein Hauswirt war und die beste Butter verkaufte.

In der Nacht, als der Laden geschlossen war und bis auf den Studenten alle in ihren Betten lagen, ging der Kobold zur Madam und nahm sich ihr Mundwerk, das sie beim Schlafen nicht brauchte. Und jeder Gegenstand in der Stube, dem er es anlegte, bekam nun Stimme und Sprache und die Begabung, seine Gedanken und Gefühle genausogut wie die Madam zu äußern, doch das durfte immer nur einer, und das war eine Wohltat, denn sonst hätten sie alle durcheinander geredet.

Und der Kobold legte der Mülltonne, in der die alten Zeitungen lagen, das Mundwerk an und fragte sie: »Wissen Sie wirklich nicht, was Poesie ist?«

»Doch, das weiß ich«, sagte die Mülltonne, »das ist so etwas, was im unteren Teil der Zeitung steht und was man ausschneidet! Ich sollte meinen, ich habe in meinem Inneren mehr davon als der Student und bin doch nur eine geringe Mülltonne gegen den Kaufmann!«

Und der Kobold legte das Mundwerk der Kaffeemühle an, nein, wie die lief! Und dann legte er es dem Butterfaß und der Geldschublade an – alle waren sie derselben Meinung wie die Mülltonne, und worin sich die meisten einig sind, das muß man respektieren.

»Jetzt will ich's dem Studenten aber zeigen!« sagte der Kobold und schlich ganz leise die Küchentreppe hinauf zum Dachboden, wo der Student wohnte. Dort brannte Licht, und als der Kobold durchs Schlüsselloch guckte, sah er, daß der Student in dem zerfetzten Buch aus dem Laden las. Doch wie leuchtete es darin! Aus dem Buch stieg ein heller Strahl auf, wurde ein Stamm, ein mächtiger Baum, der sich riesenhoch erhob und seine Zweige über den Studenten ausbreitete. Jedes Blatt war ganz frisch und jede Blüte ein lieblicher Mädchenkopf, bei einigen waren die Augen ganz dunkel und glänzend, bei anderen ganz blau und sonderbar klar. Jede Frucht war ein funkelnder Stern, und es sang und klang ganz wunderschön!

Nein, eine solche Pracht hatte sich der kleine Kobold niemals vorgestellt, geschweige denn gesehen oder wahrgenommen. Und so blieb er auf seinen Zehenspitzen stehen und guckte und guckte, bis das Licht in der Kammer erlosch. Der Student hatte wohl seine Lampe ausgeblasen und ging nun zu Bett, doch der kleine Kobold stand immer noch da, denn er hörte es immer noch so weich und schön singen, ein liebliches Wiegenlied für den Studenten, der sich zur Ruhe begab.

»Hier ist es wunderbar!« sagte der kleine Kobold. »*Das* hätte ich nicht erwartet! – Ich glaube, ich werde bei dem Studenten bleiben!« – Und er dachte nach – und dachte vernünftig, und dann seufzte er: »Der Student hat keine Grütze!« – Und dann ging er – ja, dann ging er wieder hinunter zum Kaufmann, und wie gut, daß er kam! Die Mülltonne hatte inzwischen fast das ganze Mundwerk der Madam aufgebraucht, indem sie alles, was sie enthielt, von der einen Seite her dargestellt hatte. Sie wollte sich nun gerade herumdrehen, um dasselbe von der anderen Seite her darzustellen, da nahm ihr der Kobold das Mundwerk weg und brachte es der Madam zurück. Doch alle im Laden, von der Geldschublade bis zum Kleinholz, vertraten seit dieser Zeit die Meinung der Mülltonne und achteten sie und vertrauten ihr in einem solchen Grade, daß sie die Kunst- und Theaterkritiken, die der Kaufmann aus seiner Abendzeitung vorlas, für Produkte aus der Mülltonne hielten.

Der kleine Kobold aber saß nicht länger ruhig da, um sich all die Weisheit und Vernunft dort unten anzuhören, nein, sobald das Licht aus der Dachkammer leuchtete, da wurde er von diesen Strahlen wie von starken Ankertauen nach oben gezogen, und er mußte hinauf und durchs Schlüsselloch gucken. Er wurde von einer Größe umbraust, wie wir sie am wogenden Meer empfinden, wenn

Gott im Sturm darüber hingeht, und da brach er in Tränen aus, er wußte selbst nicht, warum er weinte, aber es war eben so wunderbar schön! – Wie herrlich müßte es sein, mit dem Studenten unter jenem Baum zu sitzen – aber das war nicht möglich, er freute sich am Schlüsselloch. Er stand auch noch in dem eisigen Gang, als der Herbstwind von der Dachluke wehte, und es war kalt, so kalt, aber das spürte der Kleine erst, wenn das Licht in der Dachkammer erlosch und die Töne im Wind erstarben. Hu! dann fror er und kroch wieder hinunter in sein warmes Eckchen, da war es gemütlich und angenehm! – Und als es die Weihnachtsgrütze mit einem großen Klumpen Butter gab – ja, da war der Kaufmann der Meister!

Doch mitten in der Nacht erwachte der Kobold durch ein furchtbares Gedonner, Leute auf der Straße schlugen gegen die Fensterläden; der Wächter pfiff, es war eine große Feuersbrunst, die ganze Straße stand in hellen Flammen. Brannte es hier oder im Haus des Nachbarn? Wo? Es war entsetzlich! Die Kaufmannsmadam war so verwirrt, daß sie die goldenen Ringe aus ihren Ohren nahm und sich in die Tasche steckte, um immerhin etwas zu retten; der Kaufmann lief nach seinen Obligationen und das Dienstmädchen nach seiner Seidenmantille, die konnte sie sich leisten. Jeder wollte das Beste retten, und das wollte der kleine Kobold auch. Mit ein paar Sätzen eilte er die Treppe hinauf zum Studenten, der ganz ruhig am offenen Fenster stand und auf den brennenden Nachbarhof sah. Der kleine Kobold nahm das wunderbare Buch vom Tisch, steckte es in seine rote Mütze und hielt es mit beiden Händen fest – der beste Schatz des Hauses war gerettet! Und dann rannte er weg, aufs Dach hinaus, kletterte auf den Schornstein, und da saß er nun, im Feuerschein des Nachbarhauses, und umklammerte mit beiden Händen seine rote Mütze, die den Schatz enthielt. Jetzt erkannte er die Natur seines Herzens und wußte, zu wem er eigentlich gehörte; doch als das Feuer gelöscht und er zur Besinnung gekommen war – ja, da sagte er: »Ich will mich zwischen ihnen teilen! Ich kann auf den Kaufmann nicht ganz verzichten, der Grütze wegen!«

Und das war ganz menschlich! – Wir andern gehen auch zum Kaufmann, der Grütze wegen.

39. In Jahrtausenden

Ja, in Jahrtausenden kommen sie auf Dampfesflügeln durch die Luft über das Weltmeer geflogen! Die jungen Bewohner Amerikas besuchen das alte Europa. Sie wollen hier die Denkmäler und die versinkenden Städte sehen, so wie wir zu unserer Zeit ausziehen, um die zerfallenden Herrlichkeiten Südasiens zu besichtigen.

In Jahrtausenden kommen sie!

Themse, Donau und Rhein strömen noch; der Mont Blanc ragt noch mit seinem schneebedeckten Gipfel auf, die Nordlichter funkeln über den Ländern des Nordens, doch ein Geschlecht nach dem anderen wurde Staub. In Scharen sind die Mächtigen des Augenblicks vergessen, so wie jene, die jetzt schon in dem Hügel schlummern, auf dem sich der reiche Mehlhändler, dem er gehört, eine Bank zimmert, um dort zu sitzen und das flache, wogende Kornfeld zu überschauen.

»Nach Europa!« ruft Amerikas junges Geschlecht. »Ins Land der Väter, das herrliche Land der Erinnerungen und der Phantasie, nach Europa!«

Das Luftschiff kommt; es ist von Passagieren überfüllt, denn damit reist es sich schneller als zur See. Der elektromagnetische Draht unter dem Weltmeer hat im voraus telegrafiert, wie groß die Luftkarawane ist. Schon ist Europa in Sicht, die Küste von Irland ist zu sehen, doch die Passagiere schlafen noch. Sie wollen erst über England geweckt werden; *dort* betreten sie europäischen Boden in Shakespeares Land, wie es bei den Söhnen des Geistes heißt; andere nennen es das Land der Politik und der Maschinen.

Einen ganzen Tag will man sich hier aufhalten, soviel Zeit hat dieses vielbeschäftigte Geschlecht für das große England und Schottland übrig.

Durch den Kanal-Tunnel geht die Fahrt dann nach Frankreich, dem Land Karls des Großen und Napoleons, Molière wird erwähnt, die Gelehrten sprechen von einer klassischen und romantischen Schule in grauer Vorzeit, und Helden, Sänger und Wissenschaftler werden bejubelt, die unsre Zeit noch nicht kennt, die noch geboren werden, im Krater Europas, in Paris.

Der Luftdampfer fliegt über jenes Land, von dem Columbus auszog, wo Cortéz geboren wurde und Calderón Dramen in wogenden Versen sang. In den blühenden Tälern leben noch schöne, schwarzäugige Frauen, und uralte Lieder berichten vom Cid und der Alhambra.

Durch die Luft, übers Meer nach Italien, dorthin, wo das alte, ewige Roma lag. Es ist jetzt ausgelöscht und die Campagna eine Wüste, vom Petersdom zeigt man noch einen einsamen Mauerrest, dessen Echtheit man jedoch bezweifelt.

Nach Griechenland, um eine Nacht im reichen Hotel auf dem Gipfel des Olymp zu schlafen – dann ist man dort gewesen. Die Fahrt geht zum Bosporus, hier will man sich ein paar Stunden ausruhen und jenen Ort besichtigen, wo sich einst Byzanz befunden hat. Arme Fischer legen ihre Netze aus, wo der Sage nach in der Türkenzeit der Garten des Harems war.

An der reißenden Donau überfliegt man die Reste mächtiger Städte, die zu unserer Zeit unbekannt sind, doch hier und da – in Orten voller Erinnerungen, die noch entstehen und von der Zeit geboren werden – hier und da landet die Luftkarawane und steigt wieder auf.

Da unten liegt Deutschland – einmal vom dichtesten Eisenbahn- und Kanalnetz durchzogen –, jene Länder, wo Luther predigte, Goethe sang und zu seiner Zeit Mozart das Zepter der Töne schwang! Große Namen haben in Wissenschaft und Kunst geleuchtet, Namen, die wir noch nicht kennen. Einen Tag Aufenthalt für Deutschland und einen Tag für den Norden, die Heimatländer Ørsteds und Linnés und für Norwegen, das Land der alten Helden und der jungen Norweger. Island wird auf der Heimreise mitgenommen; der Geysir kocht nicht mehr, die Hekla ist erloschen, doch wie eine ewige Steintafel der Saga steht die mächtige Felseninsel im brausenden Meer.

»In Europa ist viel zu besichtigen!« sagt der junge Amerikaner. »Und wir haben es in acht Tagen geschafft, das ist möglich, wie es der große Reisende« – ein Name wird genannt, der seiner Zeit angehört – »in seinem berühmten Werk *Europa, in acht Tagen gesehen* gezeigt hat.«

40. Unter dem Weidenbaum

Die Gegend von Køge ist sehr nackt; zwar liegt die Stadt am Strand, und das ist immer schön, aber so schön ist es da wieder auch nicht – ringsherum flaches Feld und der Wald weit entfernt. Doch wenn man an einem Ort recht zu Hause ist, dann findet man stets etwas Schönes und sehnt sich vom herrlichsten Platz der Welt danach zurück. Und am Stadtrand von Køge, wo sich ein paar armselige Gärten bis hinunter zum kleinen Fluß erstrecken, der dort ins Meer mündet, da kann es im Sommer ganz reizvoll sein, das müssen wir zugeben, und besonders reizvoll fanden es zwei kleine Nachbarskinder, Knud und Johanne, die hier spielten und unter den Stachelbeerbüschen hindurchkrochen, um sich zu besuchen. In dem einen Garten wuchs ein Holunderbusch, in dem anderen ein alter Weidenbaum, und unter dem spielten die Kinder am liebsten. Das durften sie, obwohl der Baum so dicht am Fluß stand, daß sie leicht hätten hineinfallen können, aber der liebe Gott hat ein Auge auf die Kleinen, sonst wäre es schlimm bestellt. Sie nahmen sich auch sehr in acht, ja, der Junge war so wasserscheu, daß er im Sommer unmöglich an den Strand zu bewegen war, wo doch die andern Kinder so gerne planschen; er mußte es sich gefallen lassen, daß er deswegen ausgeschimpft wurde. Dann aber träumte Nachbars kleine Johanne von einer Bootsfahrt auf der Køge-Bucht: Knud watete zu ihr hinaus; erst reichte ihm das Wasser bis zum Hals und dann ganz über den Kopf. Sowie Knud davon erfahren hatte, duldete er nicht länger, daß man ihn wasserscheu nannte, sondern verwies nur auf Johannes Traum – der war sein Stolz. Aber ins Wasser ging er nicht.

Ihre Eltern, arme Leute, trafen sich oft, und die Kinder spielten in den Gärten und auf der Landstraße, wo an den Gräben eine ganze Reihe von Weiden stand. Hübsch waren sie nicht, ihre Kronen waren so verschnitten, aber sie sollten ja auch nicht prunken, sondern Nutzen tun. Die alte Weide im Garten war schöner, und darunter saßen die Kinder manches liebe Mal, wie man so sagt.

In der Stadt Køge gab es einen großen Platz, und wenn Markt war, sah man dort ganze Straßen von Zelten mit Seidenbändern, Stiefeln und allem möglichen; da war Gedränge und fast immer Regenwetter, und der Dunst von Bauernwämsern stieg einem in die Nase, doch auch der herrlichste Duft von Honigkuchen. Davon gab es eine ganze Bude voll, und das Beste dabei war, daß sich der Mann, der sie verkaufte, stets bei den Eltern des kleinen Knud einlogierte, und da fiel dann natürlich ein kleiner Honigkuchen ab, von dem auch Johanne ihr Stück bekam. Aber was bald noch viel besser war: Der Händler konnte Geschichten erzählen und zwar fast von jedem Ding, sogar von seinen Honigkuchen. Ja, von denen erzählte er eines Abends eine Geschichte, die machte auf die beiden Kinder einen so tiefen Eindruck, daß sie sie niemals vergessen konnten, und da ist es wohl am besten, daß wir sie uns auch anhören, vor allem deshalb, weil sie kurz ist.

»Auf dem Verkaufstisch lagen zwei Honigkuchen«, sagte der Händler, »der eine hatte die Form eines Mannsbilds mit Hut, der andere war eine Jungfer ohne Hut, jedoch auf dem Kopf mit einem Klecks Blattgold. Beide hatten sie ihr Gesicht auf der Oberseite, und so sollte man sie sehen und nicht von der Kehrseite, von der man keinen Menschen sehen soll. Der Mann hatte links eine bittere Mandel, das war sein Herz; die Jungfer dagegen war nur Honigkuchen. Sie lagen als Proben auf dem Verkaufstisch, da lagen sie lange, und dann liebten sie sich, aber das sagte keiner zum andern, denn wenn etwas daraus werden soll, darf man das nicht tun.

›Er ist ein Mannsbild, er muß das erste Wort sagen‹, dachte sie; aber die Nachricht, daß er ihre Liebe erwiderte, hätte sie doch sehr gefreut.

Seine Gedanken waren gefräßiger – so ist das immer bei den Kerlen. Er träumte, er sei ein lebendiger Straßenjunge und habe vier Schillinge in der Tasche, und dann kaufte er die Jungfer und putzte sie weg.

Und sie lagen Tage und Wochen auf dem Verkaufstisch und wurden trocken, wobei die Gedanken der Jungfer feiner und weiblicher wurden: ›Es ist mir genug, daß ich auf dem Tisch mit ihm lag!‹ dachte sie, und dann zerbrach sie.

›Hätte sie von meiner Liebe gewußt, dann hätte sie wohl etwas länger gehalten!‹ dachte er.

Und das ist die Geschichte, und hier sind die beiden!« sagte der Kuchenhändler. »Sie sind bemerkenswert durch ihren Lebenslauf und jene stumme Liebe, die nie zu etwas führt. Seht, da habt ihr sie!« Und dann schenkte er Johanne den Mann, der noch heil war, und Knud bekam die zerbrochene Jungfer. Doch die Kinder waren von der Geschichte so beeindruckt, daß sie es nicht übers Herz brachten, die Liebesleute zu verspeisen.

Am nächsten Tag trugen sie ihre Honigkuchen auf den Friedhof von Køge, wo an der Mauer der schönste Efeu wächst und Sommer wie Winter als reicher Teppich darüberhängt. Hier stellten sie die beiden in das sonnenbeschienene Grün und erzählten einer Schar von anderen Kindern die Geschichte ihrer stummen Liebe, die nichts taugte, das heißt die Liebe, denn die Geschichte war hübsch, das fanden alle. Und als sie dann nach dem Honig-Paar schauten, ja, da hatte ein großer Junge die zerbrochene Jungfer gegessen, aus purer Bosheit. Darüber weinten die Kinder, und dann – und das taten sie gewiß nur deshalb, damit der arme Kerl nicht allein auf der Welt bleiben mußte –, dann aßen sie ihn auch. Doch die Geschichte vergaßen sie nie.

Immer waren die beiden Nachbarskinder am Holunderbusch und unter dem Weidenbaum zusammen, und das kleine Mädchen sang mit silberglockenheller Stimme die schönsten Lieder, während Knud nicht einen Ton zustande brachte, aber den Text konnte er, und das ist auch etwas. – Die Leute, selbst die Madam vom Eisenwarenhändler, blieben stehen und hörten dem Mädchen zu. »Die Kleine hat eine süße Stimme!« sagte sie.

Es waren herrliche Tage, doch sie konnten nicht ewig dauern. Die Nachbarsfamilien mußten sich trennen; Johannes Mutter war gestorben, der Vater wollte in Kopenhagen wieder heiraten und einen Broterwerb suchen, irgendwo Bote werden, was ein sehr einträgliches Amt sein sollte. Und unter Tränen nahmen die Nachbarn voneinander Abschied, die Kinder weinten am lautesten; doch die Alten versprachen, sich Briefe zu schreiben, mindestens einmal im Jahr.

Dann kam Knud in eine Schuhmacherlehre, man

konnte den langen Burschen ja nicht länger faulenzen lassen. Und dann wurde er konfirmiert.

Oh, wie gern wäre er an diesem Festtag nach Kopenhagen gefahren, um die kleine Johanne zu sehen, aber er fuhr nicht dorthin und war auch niemals dort gewesen, obgleich es von Køge nur fünf Meilen sind. Doch bei klarem Wetter hatte er jenseits der Bucht die Türme erblickt, und am Konfirmationstag sah er deutlich das goldene Kreuz auf der Frauenkirche glänzen.

Ach, wie oft er an Johanne dachte! Ob sie sich wohl an ihn erinnerte? Doch! – Um die Weihnachtszeit bekamen Knuds Eltern einen Brief von ihrem Vater: Es gehe sehr gut in Kopenhagen, und der Tochter sei dank ihrer schönen Stimme ein großes Glück zuteil geworden, sie habe eine Anstellung am Theater gefunden, dort, wo gesungen wurde. Und damit verdiente sie schon etwas Geld, und davon schickte sie den lieben Nachbarn in Køge einen ganzen Reichstaler zum Vergnügen am Weihnachtsabend. Sie sollten auf ihr Wohl trinken, das hatte sie eigenhändig in einer Nachschrift hinzugefügt, und darin stand auch: »Freundlicher Gruß an Knud!«

Sie brachen alle in Tränen aus, dabei war das Ganze doch so erfreulich, aber sie weinten vor Freude. Jeden Tag hatte Knud an Johanne gedacht, und jetzt sah er, daß auch *sie* an ihn dachte. Je näher nun seine Gesellenprüfung rückte, um so klarer wurde ihm, wie lieb er sie hatte und daß sie seine kleine Frau werden sollte. Dabei spielte ein Lächeln um seinen Mund, und er zog den Pechdraht noch rascher, während er den Knieriemen am Bein festspannte; er stach sich die Aale ganz tief in den Finger, aber das machte nichts. Er würde gewiß nicht stumm sein wie die beiden Honigkuchen, diese Geschichte war ihm eine große Lehre.

Und dann wurde er Geselle und schnürte sein Ränzel. Endlich wollte er nach Kopenhagen, zum ersten Mal in seinem Leben, und er hatte dort schon einen Meister. Na, das würde eine Überraschung und Freude für Johanne werden! Sie war jetzt siebzehn, und er war neunzehn.

Schon in Køge wollte er einen Goldring für sie kaufen, dann aber bedachte er, daß es in Kopenhagen gewiß viel schönere Ringe gab. Und als er von den Alten Abschied genommen hatte, ging er zu Fuß rüstig durch Sturm und Regen. Es war Herbst, die Blätter fielen von den Bäumen; durchnäßt bis auf die Haut kam er im großen Kopenhagen an und fand seinen neuen Meister.

Am ersten Sonntag danach wollte er Johannes Vater einen Besuch abstatten. Er zog die neue Gesellentracht an und setzte sich den neuen Hut aus Køge auf, der ihm so gut stand – früher hatte er nur eine Mütze getragen. – Und er fand das Haus, das er suchte, und erklomm die vielen Treppen – es konnte einem ganz schwindlig werden, wie die Menschen in dieser verwirrenden Stadt aufeinandergestellt waren.

In der Stube sah es recht wohlhabend aus, und Johannes Vater empfing ihn freundlich; für die Madam war er ja ein Fremder, doch sie bot ihm die Hand und Kaffee an.

»Johanne wird sich über deinen Anblick freuen«, sagte der Vater. »Du bist ja wirklich ein hübscher Mensch geworden! – Ja, nun sollst du sie sehen, ja, das ist ein Mädchen, an dem ich Freude habe und mit Gottes Beistand noch mehr haben werde! Sie hat ihre eigene Kammer, und dafür gibt sie uns Geld.« Und der Vater klopfte ganz höflich an ihre Tür, als wäre er ein fremder Mann, und dann traten sie ein – nein, wie hübsch es hier war! Eine solche Kammer gab es bestimmt in ganz Køge nicht, die Königin konnte keine schönere haben! Da lag ein Teppich, da gab es Gardinen bis zum Boden, einen echten Samtstuhl und ringsum Blumen und Bilder und einen Spiegel, in den man beinah hineinlief, der war genauso groß wie eine Tür. Knud sah dies alles auf einmal und sah doch nur

Johanne. Sie war nun ein erwachsenes Mädchen, ganz anders, als er sich vorgestellt hatte, und viel schöner! Eine Jungfer wie sie gab es nicht in Køge, und wie fein sie war! Sie betrachtete Knud mit einem sonderbar fremden Blick, doch nur für einen Moment, dann flog sie ihm entgegen, als ob sie ihn küssen wollte; sie tat es zwar nicht, aber viel hätte nicht gefehlt. Ja, sie freute sich wirklich, daß sie ihren Kinderfreund wiedersah! Füllten sich ihre Augen nicht mit Tränen? Und dann hatte sie so viel zu fragen und zu erzählen, von Knuds Eltern bis zum Holunderbusch und dem Weidenbaum, und die nannte sie Holundermutter und Weidenvater, als wären sie auch Menschen, und dafür konnten sie genausogut gelten wie die Honigkuchen. Von denen sprach sie auch, von ihrer stummen Liebe, wie sie auf dem Verkaufstisch lagen und zerbrachen, und dabei lachte sie ganz herzlich. – Doch Knud brannte das Blut in den Wangen, und sein Herz pochte stärker als sonst. – Nein, sie war gar nicht hochnäsig geworden! – Ihr zuliebe geschah es auch, wie er wohl merkte, daß ihre Eltern ihn baten, den ganzen Abend noch zu bleiben. Johanne schenkte den Tee ein, und sie bot ihm selbst eine Tasse an, und dann nahm sie ein Buch und las daraus vor, und was sie vorlas, das schien Knud gerade von seiner Liebe zu handeln, so vollkommen stimmte es mit all seinen Gedanken überein. Danach sang sie ein schlichtes Lied, das sie selbst jedoch in eine ganze Geschichte verwandelte, es war, als strömte ihr Herz davon über. Ja, bestimmt hatte sie ihn lieb. Die Tränen liefen ihm über die Wangen, er war machtlos dagegen, brachte kein einziges Wort heraus und kam sich selber sehr dumm vor, und doch drückte sie ihm die Hand und sagte: »Du hast ein gutes Herz, Knud. Bleib immer so, wie du bist!«

Der Abend war wunderschön, an Schlaf war danach gar nicht zu denken, und Knud schlief auch nicht. Beim Abschied hatte Johannes Vater gesagt: »Ja, und nun vergißt du uns wohl nicht ganz! Schau wieder herein, bevor der ganze Winter verstreicht!«

Da konnte er sie wohl am nächsten Sonntag besuchen, und das wollte er auch. Doch jeden Tag nach Arbeitsschluß, und es wurde bei Licht gearbeitet, ging Knud in die Stadt. Er streifte durch die Straße, in der Johanne wohnte, schaute zu ihrem Fenster hinauf, das fast immer erleuchtet war, und einmal sah er auf der Gardine ganz deutlich den Schatten ihres Gesichts – das war ein herrlicher Abend! Der Meistermadam gefiel es gar nicht, daß er abends immer herumschwirren wollte, wie sie es nannte, und sie schüttelte den Kopf. Doch der Meister entgegnete lachend: »Er ist ein junger Mensch!«

»Am Sonntag sehen wir uns, und ich sage ihr, wie sehr ich an sie denke und daß sie meine kleine Frau werden muß! Ich bin zwar nur ein armer Schustergeselle, aber ich kann Meister werden, Freimeister zumindest, ich werde arbeiten und strebsam sein! – Ja, das sage ich ihr, bei der stummen Liebe kommt nichts heraus, das habe ich von den Honigkuchen gelernt!«

Und der Sonntag kam, und Knud kam, doch was für ein Pech – sie wollten gerade das Haus verlassen, das mußten sie ihm sagen. Johanne drückte ihm die Hand und fragte: »Bist du schon im Theater gewesen? Da mußt du einmal hingehen! Am Mittwoch singe ich, und wenn du Zeit hast, dann schicke ich dir ein Billett; mein Vater weiß, wo dein Meister wohnt.«

Wie lieb von ihr! Und am Mittwochmittag traf auch ein versiegelter Umschlag ein, ohne ein Wort, doch das Billett lag darin, und abends ging Knud zum ersten Mal in seinem Leben ins Theater, und was sah er – ja, er sah Johanne, so hinreißend, so schön. Sie heiratete zwar einen fremden Menschen, aber das war nur Komödie, nur gespielt, das wußte Knud, sonst hätte sie es auch nicht übers Herz gebracht, ihm für diesen Anblick ein Billett zu schicken. Und alle Leute klatschten und riefen bravo, und Knud rief hurra.

Sogar der König lächelte Johanne zu, als hätte auch er an ihr seine Freude. Herrgott, Knud fühlte sich ganz winzig, aber er liebte sie so innig, und sie hatte ihn doch auch lieb, und der Mann muß das erste Wort sagen, so hatte die Honigkuchenjungfer gedacht – in dieser Geschichte steckte so viel.

Sobald es Sonntag wurde, machte sich Knud auf den Weg; seine Gedanken waren wie zum Abendmahl gestimmt. Johanne empfing ihn und war allein, günstiger konnte es sich nicht treffen.

»Wie gut, daß du kommst!« sagte sie. »Ich wollte schon Vater zu dir schicken, aber dann hatte ich so ein Gefühl, daß du mich heute abend wohl besuchst. Ich muß dir nämlich sagen, daß ich am Freitag nach Frankreich reise, dort muß ich hin, damit aus mir etwas recht Tüchtiges werden kann.«

Und Knud kam es vor, als ob sich die Stube drehte, als müßte sein Herz zerspringen, und obwohl seine Augen trocken blieben, konnte Johanne seine Betroffenheit deutlich erkennen. Sie kämpfte selbst mit den Tränen. »Du ehrliche, treue Seele!« sagte sie – und nun war Knuds Zunge gelöst, er gestand ihr seine innige Liebe und daß sie seine kleine Frau werden müsse. Bei diesen Worten sah er, daß Johanne leichenblaß wurde, sie ließ seine Hand los und entgegnete ernst und traurig: »Mach dich nicht unglücklich, Knud, und mich auch nicht! Ich werde dir immer eine gute Schwester sein, der du vertrauen kannst! Mehr aber auch nicht.« Und sie strich mit ihrer weichen Hand über seine heiße Stirn. »Gott gibt uns Stärke für vieles, man muß nur selbst wollen!«

Im gleichen Moment trat ihre Stiefmutter ein.

»Knud ist ganz außer sich, weil ich wegfahre«, sagte Johanne. »Sei doch ein Mann!« Und dann klopfte sie ihm auf die Schulter, es war, als hätten sie nur von der Reise und von nichts anderem gesprochen. »Kind!« sagte sie. »Und jetzt mußt du gut und vernünftig sein, wie unter dem Weidenbaum, als wir beide Kinder waren!«

Und für Knud schien die Welt einzustürzen, seine Gedanken trieben wie lose Fäden willenlos im Wind. Er blieb, obgleich er nicht wußte, ob er willkommen war, doch sie waren zu ihm freundlich und gut, und Johanne schenkte ihm Tee ein, und dann sang sie. Es war nicht der alte Klang und doch so unvergleichlich schön, es war herzzerreißend, und dann nahmen sie Abschied. Knud wollte ihr seine Hand nicht reichen, da griff sie danach und sagte: »Du gibst doch deiner Schwester die Hand zum Abschied, mein alter Spielbruder!« Und unter Tränen lächelte sie und wiederholte: »Bruder.« Ja, was konnte das schon helfen! – Es war der Abschied.

Sie fuhr nach Frankreich, Knud ging durch die schmutzigen Straßen von Kopenhagen. – Die anderen Gesellen der Werkstatt fragten ihn, was er denn da so grübele, er solle mit ihnen ausgehen und sich vergnügen, er sei doch ein junges Blut.

Und sie gingen zusammen auf einen Tanzboden, und da waren viele schöne Mädchen, aber keine wie Johanne, und gerade dort, wo er sie zu vergessen hoffte, war sie ganz lebendig in seinen Gedanken. »Gott gibt Stärke für vieles, man muß nur selbst wollen!« hatte sie gesagt. Und da erfüllte sich sein Gemüt mit Andacht, er faltete die Hände – und die Geigen spielten, und die Jungfern tanzten. Er schrak heftig zusammen und glaubte sich an einem Ort, wohin er Johanne nicht mitnehmen könnte, und sie war bei ihm in seinem Herzen. – Und dann ging er hinaus. Er lief durch die Straßen und kam an dem Haus vorbei, in dem sie gewohnt hatte: Es war dunkel, überall war es dunkel, leer und einsam; die Welt ging ihren Gang und Knud den seinen.

Und es wurde Winter, und die Gewässer froren zu, es war, als bereitete sich alles zum Begräbnis vor.

Doch als der Frühling kam und das erste Dampfschiff auslief, da spürte er ein großes Verlangen, weit weg zu fahren, weit hinaus in die große Welt, nur nicht in die Nähe von Frankreich.

Und dann schnürte er sein Ränzel und wanderte nach Deutschland, immer weiter von Stadt zu Stadt, ohne Rast und ohne Ruh. Erst als er die alte, prächtige Stadt Nürnberg erreichte, schien sich seine Unrast zu legen, hier konnte er bleiben.

Das ist eine sonderbare alte Stadt, wie aus einer Bilderchronik ausgeschnitten. Die Straßen laufen, wie sie wollen, die Häuser stehen höchst ungern in einer Reihe; Erker mit Türmchen, Schnörkeln und Bildsäulen ragen über den Bürgersteig, und von den seltsam geformten Dächern laufen Traufen bis in die Mitte der Straße, in Gestalt von Drachen und langgestreckten Hunden.

Knud war zum Marktplatz gegangen und stand nun, mit seinem Ränzel auf dem Rücken, an einem alten Springbrunnen, der zwischen den Wasserstrahlen mit herrlichen Erzfiguren, biblischen und historischen, geschmückt war. – Ein hübsches Dienstmädchen, das gerade Wasser holte, reichte ihm einen Erfrischungstrunk; und weil sie die ganze Hand voller Rosen hatte, schenkte sie ihm eine davon, und das dünkte ihn ein gutes Zeichen.

Aus der Kirche in der Nähe hörte er die Orgel dröhnen, so vertraut wie aus der Kirche von Køge, und da betrat er den großen Dom. Die Sonne schien durch die gemalten Fensterscheiben und zwischen die hohen, schlanken Pfeiler; in seinen Gedanken war Andacht, in sein Gemüt kehrte Stille ein.

Hier in Nürnberg suchte und fand er einen guten Meister, und bei ihm blieb er und lernte die Sprache.

Die alten Stadtgräben waren in kleine Kräutergärten umgewandelt, doch die hohen Mauern mit ihren massigen Türmen standen noch. Der Seiler drehte seine Seile auf der Balkengalerie an der Innenseite der Mauer; hier wuchsen aus allen Spalten und Löchern Holunderbüsche und ließen ihre Zweige über die niedrigen Häuschen darunter hängen. In einem davon wohnte der Meister, bei dem Knud in Arbeit war, und über das kleine Dachfenster seiner Schlafkammer hingen Holunderzweige.

Hier verbrachte er einen Sommer und einen Winter. Doch als der Frühling kam, hielt er es nicht mehr aus, der Holunder blühte, und es duftete so heimisch, daß er sich wie im Garten von Køge fühlte – und deshalb verließ er seinen Meister und zog weiter zu einem anderen in der Stadt, wo es keine Holunderbüsche gab.

Die Werkstatt, in der er nun Arbeit fand, lag in der Nähe einer alten gemauerten Brücke, gegenüber einer niedrigen Wassermühle, die immerfort rauschte. Davor war nur der reißende Fluß, eingeklemmt zwischen Häusern, die allesamt mit alten, gebrechlichen Altanen behängt waren und aussahen, als wollten sie diese ins Wasser schütteln. – Hier wuchs kein Holunder, hier gab es nicht einmal einen Blumentopf mit einem Blättchen Grün, doch am anderen Ufer stand ein großer alter Weidenbaum, der sich gleichsam am Hause festhielt, um nicht von der Strömung mitgerissen zu werden; er streckte seine Zweige über den Fluß, genau wie der Weidenbaum im Garten am Fluß von Køge.

Ja, Knud war wirklich von der Holundermutter zum Weidenvater gezogen, dieser Baum hatte etwas, das ließ sein Gemüt, vor allem an mondhellen Abenden:

»– so dänisch sein
Im Mondenschein!«

Doch nicht der Mondschein rief dieses Gefühl hervor, nein, das tat der alte Weidenbaum.

Das konnte Knud nicht ertragen, und warum nicht? Frag die Weide, frag den blühenden Holunder! – Und da nahm er Abschied von seinem Meister und von Nürnberg und zog weiter.

Keinem erzählte er von Johanne, er verschloß seinen Kummer in seinem Herzen. Die Geschichte von den Honigkuchen bekam für ihn eine besondere Bedeutung, denn jetzt verstand er, warum der Honigkuchenmann links eine bittere Mandel hatte, er konnte selbst ihre Bitterkeit schmecken, und Johanne, die immer so mild und freundlich gewesen war, die war nur Honigkuchen. Der Riemen des Ränzels drohte ihm die Brust zusammenzuschnüren, so daß er kaum atmen konnte; er löste ihn, aber das half nichts. Die Welt, die ihn umgab, war nur halb, die zweite Hälfte trug er in seinem Inneren – so war das!

Erst als er die hohen Berge erblickte, wurde die Welt für ihn größer, seine Gedanken wandten sich nach außen, seine Augen füllten sich mit Tränen. Die Alpen erschienen ihm wie die zusammengefalteten Flügel der Erde; wie, wenn sie diese höbe, die großen Federn spreizte, mit bunten Bildern von schwarzen Wäldern, brausenden Wassern, Wolken und Schneemassen! »Am Jüngsten Tag erhebt die Erde die großen Flügel, fliegt zu Gott empor und zerspringt als Blase in seinen hellen Strahlen! Oh, wäre es doch der Jüngste Tag!« seufzte er.

Still wanderte er durch das Land, das ihm wie ein grasbewachsener Obstgarten erschien. Von den hölzernen Balkons der Häuser nickten ihm klöppelnde Mädchen zu, die Berggipfel glühten in der roten Abendsonne, und als er die grünen Seen zwischen den dunklen Bäumen erblickte, dachte er an den Strand der Bucht von Køge; und da war Wehmut, nicht aber Schmerz in seiner Brust.

Wo sich der Rhein wie eine lange Welle vorwärtswälzt, hinunterstürzt, sich zerschlägt und in schneeweiße, klare Wolkenmassen verwandelt, wie bei der Erschaffung der

Wolken – der Regenbogen flattert wie ein loses Band darüber –, dort dachte er an die Wassermühle von Køge, wie dort das Wasser rauschte und sich zerschlug.

Gern wäre er in der stillen Stadt am Rhein geblieben, aber hier gab es so viel Holunder und so viele Weidenbäume – und da zog er weiter, über die hohen, riesigen Berge, durch gesprengte Felsen und auf Wegen, die wie Schwalbennester an der Steinwand klebten. Das Wasser brauste in der Tiefe, die Wolken lagen unter ihm; er ging in der warmen Sommersonne über blanke Disteln, Alpenrosen und Schnee – und dann nahm er von den Ländern des Nordens Abschied und stieg bergab, unter Kastanien, zwischen Weingärten und Maisfeldern. Die Berge stellten eine Mauer zwischen ihm und allen Erinnerungen dar, und so sollte es sein.

Vor ihm lag eine große, prächtige Stadt, die Milano hieß, und hier fand er bei einem deutschen Meister Arbeit, bei einem alten braven Ehepaar. Und ihnen gefiel der stille Geselle, der wenig sprach, um so mehr arbeitete und fromm und gottesfürchtig war. Es schien auch, als hätte Gott sein Herz von der schweren Bürde befreit.

Seine größte Lust war es, hin und wieder auf die riesige Marmorkirche zu steigen; sie schien ihm wie aus Schnee von daheim geschaffen und dann zu Bildern, spitzen Türmen und blumengeschmückten offenen Hallen geformt; aus jedem Winkel, von jeder Spitze, jedem Bogen lächelten ihn die weißen Bildsäulen an. – Über sich hatte er den blauen Himmel, unter sich die Stadt und die weite, grüne Lombardische Ebene und im Norden die hohen Berge mit dem ewigen Schnee. – Da dachte er an die Kirche von Køge mit ihren efeuumrankten roten Mauern, doch er sehnte sich nicht zurück; hier, hinter den Bergen, wollte er begraben werden.

Ein Jahr hatte er hier zugebracht, drei Jahre waren schon vergangen, seitdem er von zu Hause aufgebrochen war, da führte sein Meister ihn in die Stadt, nicht in die Arena, um den Kunstreitern zuzuschauen, nein, in die große Oper, und der Saal dort war auch sehenswert. Er hatte sieben Ränge mit seidenen Vorhängen, und vom Parkett bis zur schwindelnd hohen Decke saßen da die feinsten Damen mit Blumensträußen in den Händen, als wollten sie zum Ball, auch die Herren hatten sich herausgeputzt, viele mit Silber und mit Gold. Es war so hell wie im strahlendsten Sonnenschein, und die Musik tönte so voll und herrlich, hier war es prächtiger als im Theater von Kopenhagen, aber dort war Johanne, und hier – ja, es war wie ein Zauber, als der Vorhang zur Seite glitt, und auch hier stand Johanne in Gold und Seide mit einer goldenen Krone auf dem Kopf. Sie sang, wie nur ein Engel Gottes singen kann; sie trat bis an die Rampe vor, sie lächelte, wie nur Johanne lächeln konnte, und sah ihm mitten ins Gesicht.

Der arme Knud ergriff die Hand seines Meister und rief: »Johanne!« Aber die Musikanten spielten so laut, daß es nicht zu hören war, und der Meister nickte: »Ja, gewiß heißt sie Johanne!« Und dann holte er ein bedrucktes Blatt hervor und zeigte darauf ihren Namen, ihren vollen Namen.

Nein, es war kein Traum! Und alle Menschen jubelten und warfen ihr Blumen und Kränze zu, und jedesmal, wenn sie die Bühne verließ, wurde sie wieder herausgerufen, sie ging und kam, immer wieder.

Auf der Straße scharten sich die Leute um ihren Wagen und wollten ihn ziehen, allen voran Knud, der sich am meisten freute, und als sie ihr prächtig beleuchtetes Haus erreichten, stand er gleich am Wagenschlag. Der öffnete sich, Johanne stieg aus, da fiel das Licht voll auf ihr liebes Gesicht, und sie lächelte und bedankte sich freundlich und war ganz gerührt; Knud sah sie an, und sie sah Knud an, ohne ihn doch zu erkennen. Ein Herr mit einem Stern auf der Brust reichte ihr seinen Arm – sie seien verlobt, sagten die Leute.

Da ging Knud in seine Kammer zurück und schnürte sein Ränzel; er wollte, er mußte heim zu Holunder und Weidenbaum – ach, unter dem Weidenbaum! In einer Stunde kann man ein ganzes Menschenleben durchleben.

Die Leute baten ihn, er solle bleiben; doch er war durch kein Wort zurückzuhalten. Sie sagten ihm, der Winter sei nahe, in den Bergen falle schon Schnee; doch er meinte, er könne, den Ranzen auf dem Rücken, auf seinen Stab gestützt, der Spur des langsam fahrenden Wagens folgen – für den müsse ja ein Weg gebahnt werden.

Und er ging in die Berge, ging sie hinauf und wieder hinunter, nach Norden zu. Als seine Kräfte nachließen, konnte er weder Stadt noch Haus entdecken, seine Schritte schwankten, im Kopf war ihm schwindlig. Über ihm kamen die Sterne zum Vorschein, auch tief im Tal wurden Sterne angezündet, als wäre der Himmel auch unter ihm. Er fühlte sich krank. Immer mehr Sterne leuchteten in der Tiefe auf, sie wurden heller und heller und bewegten sich hierhin und dahin. Es war ein kleiner Ort mit blinkenden Lichtern, und als ihm das aufging, spannte er seine letzten Kräfte an, um eine armselige Herberge zu erreichen.

Hier blieb er einen ganzen Tag und eine Nacht, denn sein Körper brauchte Ruhe und Pflege. Im Tal ging der Schnee in Regen über. Eines Morgens kam ein Leierkastenmann und spielte eine dänische Melodie, da hielt es Knud nicht länger aus – er zog weiter, viele Tage lang, mit einer Geschwindigkeit, als als müsse er nach Hause kommen, bevor dort alle die Welt verließen. – Doch keinem Menschen vertraute er seine Sehnsucht an, niemand hätte ihm sein Herzeleid geglaubt, das tiefste, das man haben kann; das ist nicht für die Welt, das ist nicht lustig, das ist nicht einmal für die Freunde, und er hatte keine Freunde.

Fremd wanderte er durch fremdes Land, heimwärts, nach Norden. Einen einzigen Brief hatte er vor Jahr und Tag von zu Hause, von den Eltern bekommen, und darin stand: »Du bist nicht richtig dänisch wie wir hier! Wir sind es ganz ungemein! Du liebst nur fremdes Land!« Das konnten die Eltern schreiben – sie kannten ihn ja!

Es war Abend, er ging auf offener Landstraße, und Frost setzte ein. Das Land dehnte sich immer flacher mit Wiesen und Feldern aus; ein großer Weidenbaum stand am Wege, alles erschien so heimatlich, so dänisch. Als er sich unter den Weidenbaum setzte, fühlte er sich unendlich müde, sein Kopf sank herab, seine Augen schlossen sich zur Ruhe, doch er spürte und fühlte, wie sich die Zweige über ihn neigten. Der Baum glich einem riesigen alten Mann, es war der Weidenvater persönlich, der ihn nun in seine Arme nahm und ihn, den müden Sohn, nach Hause trug, ins dänische Land, an den offenen bleichen Strand, nach Køge, in den Garten der Kindheit. Ja, es war der Weidenbaum aus Køge, der hinaus in die Welt gezogen war, um ihn zu suchen und zu finden, und nun hatte er ihn gefunden und heimgebracht in den kleinen Garten am Fluß, und hier stand Johanne in ihrer ganzen Pracht und mit der goldenen Krone, wie er sie zuletzt gesehen, und rief: »Willkommen!«

Und direkt vor ihnen standen zwei seltsame Gestalten, die aber viel menschlicher als in der Kinderzeit aussahen, denn auch sie hatten sich verändert. Es waren die beiden Honigkuchen, das Mannsbild und das Frauenzimmer, sie zeigten die rechte Seite und nahmen sich gut aus.

»Danke!« sagten sie zu Knud. »Du hast uns die Zunge gelöst! Du hast uns gelehrt, seinen Gedanken keck auszusprechen, sonst kommt bei der Sache nichts heraus! Und jetzt ist etwas herausgekommen – wir sind verlobt!«

Und dann gingen sie Hand in Hand durch die Straßen von Køge, und sie sahen auch auf der linken Seite sehr anständig aus, es gab an ihnen nichts auszusetzen! Und sie gingen geradewegs zur Kirche, und Knud und Johanne folgten ihnen, und auch sie gingen Hand in Hand. Die Kirche hatte immer noch rote Mauern und herrliches Efeugrün, und das große Portal öffnete sich nach beiden Seiten, und die Orgel dröhnte, und das Mannsbild und das Frauenzimmer schritten zum Altar. »Die Herrschaft zuerst«, sagten sie, »die Brautleute der Honigkuchen!« Und dann traten sie zur Seite und machten für Knud und Johanne Platz, die vor dem Altar niederknieten. Johanne neigte sich über sein Gesicht, und da liefen aus ihren Augen eiskalte Tränen, das war der Eispanzer, den seine starke Liebe von ihrem Herzen schmolz, und sie fielen auf seine brennenden Wangen, und – da erwachte er und saß unter dem alten Weidenbaum im fremden Land, am winterkalten Abend; aus den Wolken fielen eiskalte Hagelkörner und peitschten sein Gesicht.

»Das war die schönste Stunde meines Lebens!« sagte er, »und sie war ein Traum. – Gott, schenke mir diesen Traum noch einmal!« Und er schloß die Augen, er schlief, er träumte.

In der Morgenstunde fiel Schnee und stiebte ihm über die Füße, er schlief. Als die Dorfbewohner zur Kirche gingen, saß an der Straße ein Handwerksgeselle, er war tot, erfroren – unter dem Weidenbaum.

41. Fünf aus einer Erbsenschote

In einer Erbsenschote lagen fünf Erbsen, sie waren grün, und die Schote war grün, und da glaubten sie, die ganze Welt sei grün, und das war vollkommen richtig! Die Schote wuchs, und die Erbsen wuchsen; sie paßten sich ihrer Wohnung an und saßen in einer Reihe. – Die Sonne schien und erwärmte die Schote, der Regen machte sie klar; darin war es mollig und gut, hell am Tage und dunkel nachts, so wie es sein soll, und wie die Erbsen da saßen, wurden sie größer und immer gescheiter, denn etwas mußten sie ja tun.

»Soll ich denn ewig hier sitzenbleiben!« sagten sie. »Wenn ich nur nicht hart vom langen Sitzen werde! Irgendwie ist mir, als wäre da draußen etwas – ich habe so ein Gefühl!«

Und Wochen vergingen, die Erbsen wurden gelb, und die Schote wurde gelb. »Die ganze Welt wird gelb!« sagten sie, und das durften sie wohl sagen.

Da spürten sie ein Rütteln und Schütteln; die Schote wurde abgerissen, sie geriet in Menschenhände und dann in eine Jackentasche, zusammen mit mehreren anderen vollen Schoten. – »Jetzt wird bald aufgemacht!« sagten sie und warteten darauf.

»Ich möchte doch wissen, wer es von uns am weitesten bringt!« sagte die kleinste Erbse. »Ja, das wird sich bald zeigen.«

»Geschehe, was geschehen muß!« sagte die größte.

»Kratsch!« Da zerriß die Schote, und alle fünf Erbsen rollten in den hellen Sonnenschein. Sie lagen in einer Kinderhand, ein kleiner Junge hielt sie fest und sagte, sie seien für seine Knallbüchse genau richtig; und sogleich steckte er eine Erbse hinein und schoß sie ab.

»Jetzt fliege ich in die weite Welt hinaus! Fang mich, wenn du kannst!« Und dann war sie weg.

»Ich«, sagte die zweite, »fliege direkt in die Sonne, das ist eine richtige Schote und sehr passend für mich!«

Weg war sie.

»Wir werden schlafen, wohin wir auch kommen«, sagten die beiden nächsten, »aber wir rollen doch vorwärts!« Und dann rollten sie erst auf den Fußboden, bevor sie in die Knallbüchse kamen, aber dorthin kamen sie doch. »Wir bringen es am weitesten!«

»Geschehe, was geschehen muß!« sagte die letzte und wurde emporgeschossen. Sie flog auf das alte Brett unter dem Dachkammerfenster, geradewegs in einen Spalt, der mit Moos und weicher Erde ausgefüllt war. Dann wurde sie vom Moos umschlossen und lag da, verborgen und vergessen, doch der liebe Gott vergaß sie nicht.

»Geschehe, was geschehen muß!« sagte sie.

In der kleinen Dachkammer wohnte eine arme Frau, die tagsüber bei anderen Leuten Kachelöfen putzte, ja, sogar Brennholz sägte und schwere Arbeit tat, denn sie war kräftig und fleißig. Aber sie blieb genauso arm, und daheim in der kleinen Kammer lag ihre halbwüchsige einzige Tochter, die war so zart und schmächtig. Sie lag nun schon ein ganzes Jahr zu Bett, und es hatte den Anschein, als könnte sie weder leben noch sterben.

»Sie folgt wohl ihrer kleinen Schwester«, sagte die Frau. »Ich hatte zwei, es war für mich schwer genug, diese zwei Kinder zu versorgen, aber dann hat der liebe Gott mit mir geteilt und das eine zu sich genommen. Das andere, das mir geblieben ist, möchte ich gern behalten, aber er will die Kinder wohl zusammenführen und holt sie hinauf zu ihrer kleinen Schwester.«

Doch das kranke Mädchen blieb bei ihr. Still und geduldig lag sie den ganzen langen Tag da, während ihre Mutter außer Haus war, um etwas zu verdienen.

Nun war Frühling, und als die Mutter eines Morgens früh zur Arbeit gehen wollte, da schien die Sonne so schön durch das kleine Fenster in die Kammer, und das kranke Mädchen schaute zur untersten Scheibe hinauf.

»Was ist denn das Grüne, das da am Fenster hervorguckt? Es bewegt sich im Wind.«

Und die Mutter öffnete das Fenster einen Spalt. »Ei«, sagte sie, »da sprießt ja eine kleine Erbse mit ihren grünen Blättchen hervor! Wie ist die denn in diesen Spalt geraten? Da hast du ja einen kleinen Garten vor dir!«

Und das Bett der Kranken wurde näher ans Fenster gerückt, damit sie die sprießende Erbse betrachten konnte, und dann eilte die Mutter zu ihrer Arbeit.

»Mutter, ich glaube, es geht mir besser!« sagte das kleine Mädchen am Abend. »Die Sonne schien heute so warm zu mir herein. Die kleine Erbse wird immer kräftiger, ich will auch kräftiger werden und auf die Beine und hinaus in den Sonnenschein kommen!«

»Wenn's nur würde!« sagte die Mutter, aber sie glaubte es nicht. Trotzdem stützte sie das grüne Pflänzchen, das ihrem Kind Lebensmut gegeben hatte, mit einem Stöckchen, damit der Wind es nicht knickte. Sie band einen Faden an das Brett und zog ihn bis zum oberen Rand des Fensterrahmens, damit die Erbsenranke etwas zum Festhalten und Festklammern hatte, wenn sie nun in die Höhe schoß. Das tat sie, und man konnte sehen, daß sie täglich größer wurde.

»Sie setzt ja Blüten an!« sagte die Frau eines Morgens. Jetzt schöpfte auch sie Hoffnung und glaubte, ihr krankes Töchterchen könne genesen. Es fiel ihr ein, daß die Kleine in letzter Zeit lebhafter gesprochen hatte, in den letzten Tagen hatte sie sich morgens selbst im Bett aufgerichtet, um dann mit leuchtenden Augen ihren kleinen Garten zu betrachten, der aus einer einzigen Erbse bestand. In der folgenden Woche war die Kranke zum ersten Mal länger als eine Stunde auf. Glücklich saß sie im warmen Sonnenschein; das Fenster stand offen, und die weißrote Erbsenblüte draußen war voll erblüht. Das kleine Mädchen beugte sich über sie und küßte ganz zart ihre feinen Blättchen. Dieser Tag war wie ein Feiertag.

»Der liebe Gott selbst hat sie gepflanzt und sie wachsen lassen, um dir Hoffnung und Freude zu schenken, mein liebes Kind, und mir auch!« sagte die Mutter froh und lächelte der Blüte zu, als wäre sie ein guter Engel, von Gott gesandt.

Doch nun zu den anderen Erbsen! – Ja, diejenige, die in die weite Welt hinausflog: »Fang mich, wenn du kannst!«, die fiel in die Dachrinne und landete in einem Taubenkropf, und da lag sie wie Jonas im Walfisch. Die beiden faulen brachten es genauso weit, auch sie wurden von den Tauben gefressen, und das heißt, sie taten einen soliden Nutzen. Aber die vierte, die direkt in die Sonne wollte – die fiel in den Rinnstein, um Wochen und Tage darin zu liegen und in dem sauren Wasser richtig aufzuquellen.

»Ich werde so wunderbar dick!« sagte die Erbse. »Ich werde noch platzen, und ich glaube, weiter kann oder konnte es keine Erbse bringen. Ich bin die bemerkenswerteste von den fünf aus der Erbsenschote!«

Aber das junge Mädchen stand mit leuchtenden Augen am Dachfenster, auf ihren Wangen lag ein Schimmer von Gesundheit, und sie faltete ihre zarten Hände über der Erbsenblüte und dankte Gott.

»Ich gebe meiner Erbse den Vorzug!« sagte der Rinnstein.

42. Tölpel-Hans
Eine alte Geschichte wiedererzählt

Auf dem Lande gab es einen alten Hof, und darauf wohnte ein alter Gutsherr mit seinen zwei Söhnen, und die hatten soviel Witz, daß die Hälfte ausgereicht hätte. Sie wollten um die Tochter des Königs freien, und das durften sie wohl, denn die Prinzessin hatte kundgeben lassen, sie wolle denjenigen zum Mann nehmen, den sie am redegewandtesten fand.

Nun bereiteten sich die beiden Söhne acht Tage vor, das war die längste Zeit, die sie dafür hatten, aber das war auch genug, denn sie besaßen Vorkenntnisse, und die sind immer nützlich. Der eine konnte das ganze lateinische Lexikon und drei Jahrgänge der Stadtzeitung auswendig, und zwar von vorn wie von hinten. Der andere hatte sich mit sämtlichen Zunftgesetzen und allem, was ein Zunftmeister wissen muß, vertraut gemacht und meinte daher, daß er über den Staat mitreden könne; desweiteren verstand er Hosenträger zu besticken, denn er war fein und fingerfertig.

»Ich bekomme die Königstochter!« sagten sie beide, und dann gab der Vater jedem ein prächtiges Pferd. Jener, der das Lexikon und die Zeitungen auswendig konnte, bekam ein kohlschwarzes, und jener, der zunftmeisterklug war und außerdem stickte, bekam ein milchweißes, und dann schmierten sie sich die Mundwinkel mit Lebertran, um sie geschmeidiger zu machen. Alle Dienstboten waren im Hof und wollten zusehen, wie sie zu Pferde stiegen, und gerade in diesem Moment kam der dritte Bruder – es waren nämlich drei, doch weil der dritte nicht so gelehrt wie die anderen war, nahm ihn keiner für voll, und alle nannten ihn nur Tölpel-Hans.

»Wo wollt ihr denn in euren Staatskleidern hin?« fragte er.

»Zu Hofe, um uns die Königstochter zu erschwatzen! Hast du nicht gehört, was die Trommel im ganzen Land verkündet?« Und dann erzählten sie ihm die Sache.

»Potztausend, da muß ich wohl auch hin!« sagte Tölpel-Hans, und die Brüder lachten ihn aus und ritten davon.

»Vater, gib mir bitte ein Pferd!« rief Tölpel-Hans. »Mir wird so heiratslustig zumute. Nimmt sie mich, dann nimmt sie mich! Und nimmt sie mich nicht, dann nehme ich sie trotzdem!«

»So ein Unsinn!« sagte der Vater. »Dir gebe ich kein Pferd. Du kannst doch gar nicht reden! Nein, deine Brüder, das sind Prachtkerle!«

»Wenn ich kein Pferd bekomme«, sagte Tölpel-Hans, »dann nehme ich den Ziegenbock, der gehört mir, und der kann mich wohl tragen!«

Dann setzte er sich rittlings auf den Ziegenbock, drückte ihm seine Hacken in die Flanken und jagte die Landstraße entlang. Hui, wie er flog!

»Hier komme ich!« sagte Tölpel-Hans, und dann sang er, daß es widergellte.

Doch die Brüder ritten ganz still voraus; sie sprachen kein einziges Wort, sie mußten über all die guten Einfälle nachdenken, mit denen sie aufwarten wollten, es sollte nämlich ganz raffiniert sein!

»Hollahoi«, rief Tölpel-Hans, »hier komme ich! Seht mal, was ich auf der Landstraße gefunden habe!« Und dann zeigte er ihnen eine tote Krähe.

»Tölpel!« sagten sie. »Was willst du damit?«

»Die will ich der Königstochter verehren!«

»Ja, tu das nur!« sagten sie, lachten und ritten weiter.

»Hollahoi! Hier komme ich! Seht mal, was ich jetzt gefunden habe, das findet man auf der Landstraße nicht alle Tage!«

Und die Brüder drehten sich wieder um und wollten sehen, was es sei.

»Tölpel!« sagten sie. »Das ist ja ein alter Holzschuh, von dem das Oberteil abgegangen ist. Soll die Königstochter den auch haben?«

»Das soll sie!« sagte Tölpel-Hans. Und die Brüder lachten und ritten und kamen weit voraus.

»Hollahoi! Hier bin ich!« rief Tölpel-Hans. »Nein, es wird immer schlimmer! Hollahoi! Das ist unerhört!«

»Was hast du denn jetzt gefunden?« fragten die Brüder.

»Oh«, sagte Tölpel-Hans, »das ist nicht der Rede wert! Da wird sie sich aber freuen, die Königstochter!«

»Hu«, sagten die Brüder, »das ist ja Schlamm, direkt aus dem Straßengraben!«

»Ja, so ist es«, sagte Tölpel-Hans, »und zwar die feinste Sorte, die man nicht festhalten kann!« Und dann füllte er den Schlamm in seine Tasche.

Die Brüder aber ritten, was das Zeug hielt, und als sie schließlich am Stadttor anhielten, waren sie eine ganze Stunde voraus. Alle Freier, die dort eintrafen, bekamen eine Nummer und wurden aufgestellt, sechs in jeder Reihe und so dicht, daß sie die Arme nicht bewegen konnten, und das war auch sehr gut, denn sonst hätten sie sich die Rücken aufgeschlitzt, nur weil der eine vor dem anderen stand.

Alle übrigen Einwohner des Landes standen um das Schloß herum, bis an die Fenster, um zu sehen, wie die Königstochter die Freier empfing, doch sowie einer von ihnen in die Stube trat, war es mit seiner Beredsamkeit vorbei.

»Taugt nichts!« sagte die Königstochter. »Weg!«

Nun kam jener Bruder, der das Lexikon auswendig konnte, aber das war ihm, als er in Reih und Glied gestanden hatte, reinweg entfallen, und der Fußboden knarrte, und die Decke war aus Spiegelglas, so daß er sich selbst auf dem Kopf sah, und an jedem Fenster standen drei Schreiber und ein Altmeister, die schrieben jedes Wort auf, damit es sogleich in die Zeitung kommen und für zwei Schilling an der Ecke verkauft werden könnte. Es war entsetzlich, und dann war der Kachelofen so überheizt, daß sein Rohr glühte.

»Es ist sehr warm hier!« sagte der Freier.

»Das kommt davon, daß mein Vater heute Hähnchen brät«, sagte die Königstochter.

Bäh! da stand er, diese Rede hatte er nicht erwartet; er wußte kein einziges Wort zu sagen und hatte doch etwas Lustiges sagen wollen. Bäh!

»Taugt nichts!« sagte die Königstochter. »Weg!« Und da mußte er verschwinden.

Nun kam der zweite Bruder.

»Hier ist eine entsetzliche Hitze!« sagte er.

»Ja, wir braten heute Hähnchen!« sagte die Königstochter.

»Wie bi – wie?« sagte er, und alle Schreiber schrieben: Wie bi – wie?

»Taugt nichts!« sagte die Königstochter. »Weg!«

Nun kam Tölpel-Hans, er ritt auf seinem Ziegenbock geradewegs in die Stube. »Das ist ja eine glühende Hitze!« sagte er.

»Das ist deshalb, weil ich Hähnchen brate!« sagte die Königstochter.

»Das ist ja reizend!« sagte Tölpel-Hans. »Da kann ich wohl eine Krähe braten lassen?«

»Das kannst du sehr wohl!« sagte die Königstochter. »Aber hast du etwas, worin man sie braten kann? Ich habe weder Topf noch Pfanne.«

»Ja natürlich!« sagte Tölpel-Hans. »Hier ist ein Kochgerät mit Blechkrause.« Und dann holte er den alten Holzschuh hervor und legte die Krähe mitten hinein.

»Das reicht für eine ganze Mahlzeit!« sagte die Königstochter. »Aber woher bekommen wir die Tunke?«

»Die habe ich in der Tasche«, sagt Tölpel-Hans. »Ich habe soviel, daß ich sie verschwenden kann!« Und dann goß er etwas Schlamm aus seiner Tasche.

»Das gefällt mir!« sagte die Königstochter. »Du kannst antworten, und du kannst reden, und dich will ich zum Mann haben! Aber weißt du, daß jedes Wort, das wir sagen und gesagt haben, aufgeschrieben wird und morgen in die Zeitung kommt? An jedem Fenster siehst du drei Schreiber und einen alten Altmeister stehen, und der Altmeister ist der Schlimmste, denn er kann gar nichts begreifen!« Das sagte sie, um ihm einen Schreck einzujagen. Und sämtliche Schreiber wieherten und ließen einen Tintenklecks auf den Boden fallen.

»Das ist dann wohl die Herrschaft«, sagte Tölpel-Hans, »da muß ich dem Altmeister das Beste geben!« Und dann drehte er seine Tasche um und warf ihm den Schlamm ins Gesicht.

»Das hast du fein gemacht!« sagte die Königstochter. »Das hätte ich nicht tun können. Aber ich werde es schon noch lernen!«

Und so wurde Tölpel-Hans König, bekam ein Weib zum Lohne und auf den Kopf eine Krone und saß auf einem Throne, und das haben wir aus der Zeitung des Altmeisters – und auf die kann man sich nicht verlassen!

43. »Sie taugte nichts«

Der Stadtrichter stand am offenen Fenster; er trug ein Manschettenhemd, eine Brustnadel in der Halskrause und war aufs sorgfältigste rasiert, das hatte er selbst besorgt, wobei er sich einen kleinen Schnitt zugefügt hatte, der jetzt aber mit einem Stückchen Zeitungspapier überklebt war.

»Hör mal, Kleiner!« rief er.

Und der Kleine war kein anderer als der Sohn der Waschfrau, der gerade vorbeiging und ehrerbietig die Mütze abnahm; die war mit ihrem geknickten Schirm so eingerichtet, daß sie sich in die Tasche stecken ließ. Seine Kleider waren armselig, jedoch sauber und sehr ordentlich geflickt, und nun blieb der Junge mit seinen schweren Holzschuhen ehrfurchtsvoll stehen, wie vor dem König persönlich.

»Du bist ein guter Junge«, sagte der Stadtrichter, »du bist ein höflicher Junge! Deine Mutter ist wohl am Fluß beim Wäschespülen; dorthin sollst du ihr bringen, was du in deiner Tasche hast. Das ist eine schlimme Sache mit deiner Mutter! Wieviel hast du denn?«

»Ein halbes Maß«, sagte der Junge halblaut und erschrocken.

»Und heute morgen hat sie das auch schon bekommen!« fuhr der Mann fort.

»Nein, das war gestern!« entgegnete der Junge.

»Zwei halbe machen ein ganzes! – Sie taugt nichts! Es ist traurig mit dieser Klasse des Volkes! Richte deiner Mutter aus, sie sollte sich schämen! Und werde niemals ein Trunkenbold, aber das wirst du wohl trotzdem! – Armes Kind! – Geh jetzt!«

Und der Junge ging, die Mütze behielt er in der Hand. Der Wind fuhr in sein blondes Haar und ließ es in langen Büscheln flattern. Er bog von der Straße ab, in die kleine Gasse, die zum Fluß hinunterführte, wo seine Mutter an der Waschbank im Wasser stand und mit dem Bleuel auf das schwere Leinen schlug. Die Strömung war heftig, denn die Schleusen der Wassermühle waren geöffnet, das Laken wurde mitgetrieben, und die Waschfrau mußte sich gegen die Waschbank stemmen, damit sie nicht umgerissen wurde.

»Ich schwimme gleich mit«, sagte sie, »wie gut, daß du kommst! Meine Kräfte können eine kleine Stärkung gebrauchen. Im Wasser ist es kalt, sechs Stunden stehe ich schon hier. Hast du etwas für mich?«

Der Junge holte die Flasche hervor, und die Mutter setzte sie an den Mund und nahm einen Schluck.

»Oh, wie gut das tut! Wie das wärmt! Das ist genauso gut wie warmes Essen und nicht so teuer. Trink, mein Junge! Du siehst so blaß aus, du frierst in deinen dünnen Kleidern! Es ist ja auch Herbst. Hu, das Wasser ist kalt! Wenn ich nur nicht krank werde! Aber das werde ich nicht. Gib mir noch ein Schlückchen, und trink auch, aber nur einen kleinen Tropfen, du darfst dich nicht daran gewöhnen, mein armes, armes Kind!«

Und sie ging um die Brücke herum zu ihrem Jungen

und stieg an Land; das Wasser troff aus der Binsenmatte, die sie um den Leib trug, und es troff aus ihrem Rock.

»Ich schufte und schinde mich, daß mir fast das Blut aus den Fingernägeln springt! Aber das macht nichts, wenn ich dich nur auf ehrliche Weise voranbringen kann, mein liebes Kind!«

In diesem Moment erschien eine Frau, die etwas älter war, armselig an Kleidung und Gestalt, lahm auf dem einen Bein und mit einer riesigen falschen Locke, die das eine Auge verdecken sollte, den Schaden jedoch erst recht sichtbar machte. Sie war eine Freundin der Waschfrau, von den Nachbarn »Humpel-Maren mit der Locke« genannt.

»Du Arme, wie du im kalten Wasser schuftest und rackerst! Du kannst gewiß etwas zum Wärmen gebrauchen, und doch gönnt man dir den Tropfen nicht, den du trinkst!« – Und nun war die ganze Rede, die der Stadtrichter dem Jungen gehalten hatte, der Waschfrau bald hinterbracht, denn Maren hatte alles mitangehört. Es hatte sie geärgert, was er dem Jungen über die eigene Mutter gesagt hatte, die sich einen Tropfen genehmigte, wo er doch selbst gerade eine Mittagsgesellschaft gab und den Wein flaschenweise strömen ließ! »Feine Weine und starke Weine! Bei vielen ein bißchen über den Durst, aber das nennen sie nicht trinken! Sie taugen etwas, und du taugst nichts!«

»So, hat er mit dir gesprochen, Kind?« sagte die Waschfrau, und ihre Lippen zitterten. »Du hast eine Mutter, die nichts taugt! Vielleicht hat er recht. Aber dem Kind sollte er das nicht sagen! Ja, von diesem Haus kommt vieles über mich!«

»Ihr habt ja dort auf dem Hof gedient, als die Eltern des Stadtrichters noch lebten und ihn bewohnten, das ist viele Jahre her. Seitdem wurden viele Scheffel Salz gegessen, da kann man wohl durstig sein!« Und Maren lachte. »Heute gibt der Stadtrichter ein großes Essen, sie wollten erst absagen, aber dann war es ihnen dafür zu spät, und alles war schon gekocht. Ich hab's vom Hofknecht. Vor einer Stunde ist ein Brief gekommen, darin stand, daß der jüngere Bruder in Kopenhagen gestorben ist.«

»Gestorben!« rief die Waschfrau und wurde leichenblaß.

»Ei der Daus«, sagte die Frau, »geht euch das so nahe? Na, Ihr kanntet ihn ja aus jener Zeit, als Ihr in diesem Haus dientet.«

»Ist er tot! Er war der beste, der liebevollste Mensch! Solche wie ihn bekommt der liebe Gott nicht viele!« Dabei liefen ihr die Tränen über die Wangen. »O mein Gott! Bei mir dreht sich alles, weil ich die Flasche ausgetrunken habe. Das war zuviel. Mir ist ganz elend!« – Und sie hielt sich am Geländer fest.

»Herrgott, Ihr seht ja ganz elend aus, Mutter!« sagte die Frau. »Seht nur zu, daß es vorübergeht! – Nein, Ihr seid richtig krank! Es ist am besten, ich bringe Euch nach Hause.«

»Aber die Wäsche!«

»Um die werde ich mich schon kümmern. Faßt mich unter! Der Junge kann hierbleiben und solange aufpassen, bis ich zurück bin und den Rest wasche; das ist nur noch ein kleines Häufchen!«

Die Waschfrau konnte sich kaum auf den Beinen halten. »Ich habe zu lange im kalten Wasser gestanden. Seit dem Morgen habe ich weder gegessen noch getrunken. Ich habe Fieber im Körper. O Herr Jesus! Hilf mir nach Hause! Mein armes Kind!« – Und sie weinte.

Auch der Junge weinte, und bald darauf saß er mit der nassen Wäsche allein am Fluß. Die beiden Frauen gingen langsam, die Waschfrau schwankend, die Gasse hinauf und in die Straße, am Hof des Stadtrichters vorbei, und gerade als sie davor waren, stürzte die Waschfrau auf die Pflastersteine. Die Leute liefen zusammen.

Humpel-Maren eilte auf den Hof, um Hilfe zu holen. Der Stadtrichter stand mit seinen Gästen an den Fenstern.

»Das ist die Waschfrau«, sagte er, »sie hat einen über den Durst getrunken; sie taugt nichts! Sie hat einen hübschen Jungen, um den ist es schade. Dem Kind bin ich wirklich wohlgesonnen. Die Mutter taugt nichts!«

Als sie wieder zu sich gekommen war, wurde sie in ihrer armseligen Wohnung zu Bett gebracht. Die brave Maren machte eine Schale Bier mit Butter und Zucker heiß, das hielt sie für die beste Medizin. Dann ging sie zum Fluß und spülte die Wäsche, mehr schlecht als recht, doch mit guter Absicht, denn eigentlich holte sie nur die nassen Sachen an Land und steckte sie in einen Kasten.

Abends saß sie in der ärmlichen Stube der Waschfrau. Das Küchenmädchen des Stadtrichters hatte ihr ein paar Bratkartoffeln und ein schönes fettes Stück Schinken für die Kranke mitgegeben, daran taten sich der Junge und Maren gütlich; die Kranke freute sich am Duft, der sei so nährend, wie sie sagte.

Und der Junge kam ins Bett, in dasselbe, in dem auch die Mutter lag, doch er hatte seinen Platz quer am Fußende, unter einer alten, aus blauen und roten Streifen zusammengenähten Matte.

Der Waschfrau ging es jetzt ein wenig besser; das warme Bier hatte sie gestärkt, und der Duft des feinen Essens hatte ihr gutgetan.

»Danke, du gute Seele!« sagte sie zu Maren. »Ich will dir auch alles erzählen, sobald der Junge schläft! Ich glaube, er tut es schon. Wie lieb und gesegnet er aussieht, wenn seine Augen geschlossen sind! Er weiß nicht, wie es um seine Mutter steht. Der liebe Gott wird nicht zulassen, daß er das jemals zu kosten bekommt. – Ich habe beim Kammerrat gedient, bei den Eltern des Stadtrichters. Da traf es sich, daß der jüngste Sohn, der studierte, nach Hause kam; damals war ich jung, wild und närrisch, aber brav, das darf ich vor Gottes Angesicht sagen!« erzählte die Waschfrau. »Der Student war so lustig und fröhlich, so lieb und gut! Jeder Blutstropfen in ihm war rechtschaffen und ehrlich. Einen besseren Menschen gab es nicht auf der Welt. Er war der Sohn des Hauses und ich nur ein Dienstmädchen, aber wir wurden Liebesleute, in Zucht und Ehren. Ein Kuß ist doch keine Sünde, wenn man sich richtig lieb hat. Und er sagte es seiner Mutter; die war für ihn wie der Herrgott auf Erden, und sie war so klug, freundlich und liebevoll! – Dann fuhr er weg und steckte mir vorher seinen goldenen Ring an den Finger. Als er fort war, rief meine Herrin mich zu sich; sie war ernst und doch so mild und redete, wie der liebe Gott es nicht besser gekonnt hätte; sie machte mir den Abstand an Geist und Wahrheit klar, der zwischen uns bestand. ›Jetzt hat er dein gutes Aussehen im Auge, aber das wird verschwinden! Du bist nicht gebildet wie er, ihr seid im Reich des Geistes nicht ebenbürtig, und das ist das Unglück. Ich achte die Armen‹, sagte sie, ›bei Gott können sie vielleicht einen höheren Platz erlangen als viele Reiche, aber auf Erden darf man nicht in eine falsche Spur wechseln, wenn man vorwärtsfährt, sonst stürzt der Wagen um, und so wird es euch beiden ergehen! Ich weiß, daß ein braver Mann, ein Handwerker, um dich gefreit hat, Erik Handschuhmacher, er ist Witwer, hat keine Kinder, steht sich gut – denk darüber nach!‹ Jedes Wort, das sie sagte, schnitt mir wie ein Messer ins Herz, aber die Frau hatte recht! – Ich küßte ihr die Hand und weinte salzige Tränen, und noch mehr weinte ich, als ich mich in meiner Kammer aufs Bett legte. Es wurde eine schwere Nacht, der liebe Gott weiß, wie ich litt und stritt. Am Sonntag ging ich dann zum Abendmahl und wollte Erleuchtung finden. Da war es wie eine Fügung: Als ich die Kirche verließ, traf ich Erik Handschuhmacher. Nun gab es keinen Zweifel mehr in mir, wir paßten in Stand und Stellung zusammen, ja, er war sogar ein wohlhabender Mann! Und da ging ich geradewegs auf ihn zu, ergriff seine Hand und sagte: ›Denkst du immer noch an mich?‹ – ›Ja, immer und ewig!‹ antwortete er. – ›Willst du ein Mädchen haben, das dich achtet und ehrt und doch nicht liebt, aber das kann wohl noch kommen?‹ – ›Das wird kommen!‹ sagte er, und dann reichten wir uns die Hände. Ich kehrte zu meiner Herrin zurück; den goldenen Ring, den mir ihr Sohn geschenkt hatte, trug ich auf meiner nackten Brust, ich konnte ihn tagsüber nicht am Finger tragen, sondern nur abends, wenn ich ins Bett ging. Ich küßte den Ring, bis mir die Lippen bluteten, und dann gab ich ihn meiner Herrin und sagte, in der nächsten Woche würde ich mit dem Handschuhmacher von der Kanzel aufgeboten. Da nahm mich meine Herrin in die Arme und küßte mich – sie sagte nicht, daß *ich nichts taugte*, aber damals war ich vielleicht auch besser, obwohl ich noch nicht soviel vom Unglück der Welt erfahren hatte. Und zu Lichtmeß wurde geheiratet; und das erste Jahr ging gut, wir hielten einen Gesellen und einen Knecht, und du, Maren, hast bei uns gedient.«

»Oh, Ihr wart eine gute Herrin!« sagte Maren. »Niemals vergesse ich, wie freundlich Ihr und Euer Mann gewesen seid!«

»Du warst in den guten Jahre bei uns! – Kinder hatten wir damals nicht. – Den Studenten sah ich nie wieder. – Doch, einmal sah ich ihn, aber er sah mich nicht! Er kam zur Beerdigung seiner Mutter. Ich sah ihn am Grabe stehen, er war kreideweiß und tieftraurig, aber das war wegen der Mutter. Als dann sein Vater starb, war er in der Fremde und kam nicht her und ist auch später nicht hier gewesen. Wie ich weiß, hat er niemals geheiratet. – Er war wohl Advokat. – An mich dachte er nicht mehr, und wenn er mich gesehen hätte, dann hätte er mich wohl kaum erkannt, so häßlich, wie ich jetzt aussehe. Und das ist ja auch sehr gut!«

Und sie sprach von den schweren Tagen der Prüfung, als das Unglück gleichsam über sie hereingebrochen war. Sie besaßen damals fünfhundert Reichstaler, und als ein Haus in der Straße für zweihundert zum Verkauf angeboten wurde, kauften sie es, denn es konnte sich lohnen, dieses abzureißen und ein neues dafür zu bauen. Maurer und Zimmermann machten einen Kostenanschlag: der Neubau sollte tausendundzwanzig kosten. Erik Handschuhmacher hatte Kredit und lieh sich das Geld in Kopenhagen, doch der Schiffer, der es überbringen sollte, ging unter und das Geld auch.

»Damals habe ich gerade meinen lieben Jungen geboren, der hier schläft. Sein Vater wurde von einer langen, schweren Krankheit betroffen, ein Dreivierteljahr mußte ich ihn aus- und ankleiden. Es ging bergab mit uns, wir borgten und borgten, alle unsre Sachen gingen drauf, und dann starb uns der Vater! – Um das Kind durchzubringen, habe ich geschuftet und gerackert, gekämpft und gestritten, habe Treppen gewischt und Leinen gewaschen, grobes und feines, aber der liebe Gott will nicht, daß es mir besser geht! Doch er wird mich wohl erlösen und für den Jungen sorgen.«

Und dann schlief sie.

Als es Morgen wurde, fühlte sie sich gestärkt und glaubte sich kräftig genug, um wieder an ihre Arbeit zu gehen. Gerade war sie ins kalte Wasser gestiegen, da überkam sie ein Zittern, eine Ohnmacht; krampfhaft versuchte sie sich festzuhalten, machte einen Schritt aufs Ufer zu und stürzte. Ihr Kopf lag auf dem trocknen Land, doch die Füße waren noch im Fluß, die Holzschuhe, mit denen sie im Wasser gestanden hatte – jeder war mit einem Wisch Stroh ausgestopft –, trieben mit der Strömung davon. So wurde sie von Maren gefunden, die ihr Kaffee brachte.

Der Stadtrichter hatte der Waschfrau eine Nachricht geschickt: Sie solle sofort zu ihm kommen, er habe ihr etwas zu sagen. Es war zu spät. Man holte einen Barbier zum Aderlaß – die Waschfrau war tot.

»Sie hat sich totgetrunken!« sagte der Stadtrichter.

In dem Brief, der den Tod seines Bruders vermeldet hatte, war auch sein Testament gewesen, und darin waren der Handschuhmacherwitwe, die einmal bei seinen Eltern gedient hatte, sechshundert Reichstaler vermacht. Das Geld sollte nach bestem Ermessen, in größeren oder kleineren Portionen, ihr und ihrem Kind ausgezahlt werden.

»Es hat mal so eine Affäre zwischen meinem Bruder und ihr gegeben«, sagte der Stadtrichter, »wie gut, daß sie aus dem Wege ist. Jetzt bekommt der Junge das Ganze, und ich werde ihn bei braven Leuten unterbringen, aus ihm kann ein tüchtiger Handwerker werden.« – Und in diese Worte legte der Herrgott seinen Segen.

Der Stadtrichter rief den Jungen zu sich, versprach, für ihn zu sorgen, und sagte, es sei nur gut, daß seine Mutter gestorben sei, sie taugte nichts!

Sie wurde zum Friedhof geschafft, zum Friedhof der Armen. Als Maren einen kleinen Rosenstock auf ihr Grab pflanzte, stand der Junge daneben.

»Meine liebe Mutter!« sagte er, und seine Tränen strömten. »Ist es wahr, daß sie nichts taugte?«

»Doch, sie taugte!« entgegnete die alte Magd und schaute zum Himmel auf. »Ich weiß es seit vielen Jahren und seit der letzten Nacht. Ich sage dir, sie taugte! Und der liebe Gott im Himmelreich sagt das auch, laß die Welt nur reden: ›*Sie taugte nichts!*‹«

44. Suppe aus einem Wurstspeiler

I
»Suppe aus einem Wurstspeiler«

Gestern gab es ein vorzügliches Essen!« sagte eine alte Maus zu einer anderen, die nicht an diesem Gelage teilgenommen hatte. »Ich saß auf Platz Nummer einundzwanzig, vom alten Mausekönig aus gerechnet; das ist gar nicht so schlecht! Wenn Sie nun etwas von der Speisenfolge wissen wollen, so muß ich sagen, daß sie hervorragend arrangiert war: schimmliges Brot, Speckschwarte, Talglicht und Wurst – und dann dasselbe wieder von vorn; das war für uns genausogut wie zwei Mahlzeiten. Die Stimmung war angenehm, man plauderte gemütlich wie im Familienkreis. Nicht der kleinste Rest wurde übriggelassen, bis auf die Wurstspeiler; über die sprachen wir dann, und dabei tauchte es auf: Suppe aus einem Wurstspeiler kochen. Jeder hatte schon davon gehört, doch niemand hatte diese Suppe probieren, geschweige denn zubereiten können. Man brachte einen hübschen Trinkspruch auf den Erfinder aus, der den Posten eines Armenpflegers verdiente. War das nicht witzig? Und der alte Mausekönig erhob sich und versprach, daß diejenige von den jungen Mäusen, welche besagte Suppe am leckersten kochte, seine Königin werden solle; er wolle ihnen Jahr und Tag als Bedenkzeit geben.«

»Das wäre gar nicht so übel!« sagte die zweite Maus. »Aber wie bereitet man diese Suppe zu?«

»Ja, wie bereitet man sie zu! Das haben sie auch gefragt, sämtliche Mäusinnen, die jungen wie die alten. Alle wollten gern Königin werden, aber sie scheuten die Mühe, in die weite Welt hinauszugehen, um es zu lernen, und das müßte man wohl dafür tun! Aber es ist auch nicht jedem gegeben, seine Familie und die alten heimlichen Winkel zu verlassen; da draußen geht man nicht jeden Tag auf Käserinde und schnuppert Speckschwarte, nein, da kann es passieren, daß man am Hungertuch nagt, ja, vielleicht bei lebendigem Leibe von einer Katze gefressen wird!«

Solche Gedanken waren es wohl, was die meisten von der Erkundung der Welt abschreckte; nur vier von ihnen waren zur Abreise bereit, es waren junge und lebhafte, jedoch arme Mäuse. Jede von ihnen wollte in eine der vier Himmelsrichtungen ziehen und dann zusehen, ob ihr das Glück lächelte. Alle nahmen einen Wurstspeiler mit, um den Zweck der Reise nicht zu vergessen; er sollte als Wanderstab dienen.

Anfang Mai brachen sie auf, und Anfang Mai des folgenden Jahres waren sie wieder da, doch nur drei von ihnen, die vierte meldete sich nicht, ließ nichts von sich hören, und nun war der Tag der Entscheidung gekommen.

»Immer wenn man sich am meisten freut, muß es einen Wermutstropfen geben!« sagte der Mausekönig, erließ aber doch den Befehl, alle Mäuse im Umkreis vieler Meilen einzuladen; sie sollten sich in der Küche versammeln. Die drei Reise-Mäuse bildeten eine Reihe für sich, für die fehlende vierte war ein Wurstspeiler mit einem schwarzen Flor aufgestellt. Niemand wagte seine Meinung zu äußern, bevor die drei sich geäußert hatten und der Mausekönig angewiesen hatte, was weiter zu sagen sei.

Jetzt werden wir hören!

II
Was die erste kleine Maus auf der Reise sah und lernte

»Als ich in die weite Welt hinauszog«, sagte das Mäuschen, »glaubte ich wie so viele in meinem Alter, ich hätte die Weisheit der ganzen Welt gefressen, aber das stimmt nicht; bis man das hat, müssen Jahr und Tag vergehen. Ich ging gleich zur See und stieg auf ein Schiff, das nach Norden fahren sollte. Ich hatte gehört, daß sich der Koch auf dem Meer selbst behelfen müsse, aber das ist auch kein Kunststück, wenn man Speckseiten, Fässer mit Pökelfleisch und muffiges Mehl in Hülle und Fülle hat – da lebt man delikat! Aber wie man zu Suppe aus einem Wurstspeiler kommt, das lernt man nicht. Viele Nächte und Tage waren wir unterwegs, von den Wellen geschaukelt und durchnäßt. Als wir dann unser Ziel hoch oben im Norden erreichten, ging ich von Bord.

Wenn man zuvor in seinem heimatlichen Winkel gewesen und dann mit einem Schiff gereist ist, das auch eine Art Geheimwinkel darstellt, dann kommt es einem seltsam vor, plötzlich über hundert Meilen weit weg und in einem fremden Land zu sein. Da gab es unwegsame Wälder mit Tannen und Birken, die einen starken Duft verströmten, was mir gar nicht gefiel! Die wilden Kräuter rochen so würzig, daß ich niesen und an Wurst denken mußte. Da waren große Waldseen, deren Wasser aus der Nähe klar, doch von weitem schwarz wie Tinte aussah. Die weißen Schwäne lagen so still darauf, daß ich glaubte, es wäre Schaum; doch als sie dann flogen und liefen, erkannte ich sie. Sie gehören zum Geschlecht der Gänse, das ist ihrem Gang wohl anzumerken, niemand kann seine familiären Verhältnisse verleugnen! Ich hielt mich zu meinesgleichen und schloß mich den Wald- und Feldmäusen an, die übrigens schrecklich unbedarft sind, vor allem was Bewirtung betrifft, und die war ja der Grund für meine Auslandsreise. Der Gedanke, daß sich Suppe aus einem Wurstspeiler kochen ließe, erschien ihnen so ungewöhnlich, daß sie ihn sogleich im ganzen Wald verbreiteten; doch selbst hielten sie es für unmöglich, diese Aufgabe zu lösen. So konnte ich nicht im entferntesten ahnen, daß ich gerade hier und noch in derselben Nacht in das Geheimnis der Zubereitung eingeweiht werden sollte. Es war Mittsommer, deshalb duftete der Wald so stark, wie sie sagten, deshalb waren die Kräuter so würzig, die Seen mit ihren weißen Schwänen so klar und doch so dunkel. Am Waldrand, zwischen drei, vier Häusern, stand eine Stange so hoch wie ein Großmast, an deren Spitze Kränze und Bänder hingen, das war der Maibaum. Mädchen und Burschen tanzten um ihn herum und sangen um die Wette mit der Fiedel des Spielmanns. Lustig ging es zu bei Sonnenuntergang und im Mondschein, aber ich machte nicht mit – was soll ein Mäuschen beim Waldball! Ich saß im weichen Moos und hielt meinen Wurstspeiler fest. An einer Stelle, auf die der Mond besonders hell schien, stand ein Baum mit ganz feinem Moos, ja, ich wage zu sagen, es war so fein wie das Fell des Mausekönigs, dabei jedoch grün, was für die Augen eine Wohltat war. Auf einmal marschierten die anmutigsten Persönchen heran, die mir gerade mal bis zum Knie reichten und wie Menschen aussahen, aber besser proportioniert waren. Sie nannten sich Elfen und trugen feine Kleider aus Blütenblättern mit Fliegen- und Mückenflügelbesatz, gar nicht übel. Ich vermutete gleich, daß sie etwas suchten, was, das wußte ich nicht; dann aber näherten sich ein paar, der Vornehmste zeigte auf meinen Wurstspeiler und sagte: ›Das ist genauso einer, wie wir ihn brauchen! Der ist fertig zugeschnitten, der ist vortrefflich!‹ Und je länger er meinen Wanderstab betrachtete, um so größer wurde seine Begeisterung.

›Leihen wohl, aber nicht behalten!‹ sagte ich.

›Nicht behalten!‹ sagten sie alle, packten den Wurstspeiler, den ich jetzt losließ, tanzten mit ihm zum Platz mit dem feinen Moos und stellten ihn mitten im Grünen auf. Sie wollten auch einen Maibaum haben, und hier hatten sie einen, der wie zugeschnitten für sie war. Dann wurde er geschmückt, ja, nun machte er etwas her!

Kleine Spinnen umwanden ihn mit Goldfäden und hängten wehende Schleier und Fahnen auf, die so fein gewebt, so schneeweiß im Mondschein gebleicht waren, daß mir die Augen schmerzten. Sie nahmen Farben von den Flügeln des Schmetterlings und bestreuten damit das weiße Leinen, das nun von Blumen und Diamanten leuchtete. Mein Wurstspeiler war nicht wiederzuerkennen; es war ein Maibaum daraus geworden, wie es ihn auf der Welt gewiß nicht noch einmal gab. Und jetzt erst erschien die richtige große Elfen-Gesellschaft, sie war ganz ohne Kleider, feiner war es nicht möglich, und ich wurde eingeladen, mir die ganze Pracht anzusehen, jedoch auf Abstand, denn ich war ihnen zu groß.

Nun begann ein Spiel! Es war, als ob tausend Glasglocken läuteten, so voll und kräftig; ich hielt es für Schwanengesang, ja, mir war, als könnte ich auch Kuckuck und Drossel hören; schließlich schien der ganze Wald mitzuklingen. Da waren Kinderstimmen, Glockenklang und Vogelgesang, die lieblichsten Melodien, und all diese herrlichen Töne kamen vom Maibaum der Elfen, der ein ganzes Glockenspiel war, und das war mein Wurstspeiler. Nie hätte ich gedacht, daß so etwas in ihm stecken könnte, aber es kommt wohl darauf an, in welche Hände er gerät. Ich wurde wirklich ganz bewegt und weinte, wie ein Mäuschen nur weinen kann, vor lauter Entzücken.

Die Nacht war viel zu kurz! Aber zu dieser Zeit ist sie nicht länger im Norden. Im Morgengrauen kam ein Windhauch auf, der Wasserspiegel des Waldsees kräuselte sich, all die feinen, schwebenden Schleier und Fahnen flogen durch die Luft; die schaukelnden Pavillons aus Spinnweben, Hängebrücken und Balustraden, wie sie nun heißen, die von Blatt zu Blatt gebaut waren, flogen wie nichts davon. Sechs Elfen brachten meinen Wurstspeiler zurück und fragten mich, ob sie mir einen Wunsch erfüllen könnten. Da bat ich sie, mir zu verraten, wie man Suppe aus einem Wurstspeiler kocht.

›So wie wir‹, sagte der Vornehmste und lachte, ›ja, das hast du doch gerade gesehen! Du hast deinen Wurstspeiler wohl kaum wiedererkannt.‹

›Ach, so meinen Sie das‹, sagte ich und erzählte freiheraus, was der Grund meiner Reise war und was man sich zu Hause davon erwartete. ›Welchen Nutzen‹, fragte ich, ›haben der Mausekönig und unser ganzes gewaltiges Reich davon, daß ich diese Herrlichkeit gesehen habe? Ich kann sie doch nicht aus dem Wurstspeiler schütteln und sagen: Schaut her, hier ist der Speiler, jetzt kommt die Suppe! Das wäre doch nur dann eine Art Mahlzeit, wenn man sich satt gegessen hätte!‹

Da tauchte der Elf seinen kleinen Finger in ein blaues Veilchen und sagte zu mir: ›Paß auf! Ich bestreiche jetzt deinen Wanderstab, und wenn du dann ins Schloß des Mausekönigs zurückkehrst, dann brauchst du nur seine warme Brust zu berühren, und über den ganzen Stab werden Veilchen blühen, und das selbst im kältesten Winter. Siehst du, da kannst du doch etwas heimbringen, und sogar noch ein bißchen dazu!‹«

Doch ehe die kleine Maus verriet, was dieses bißchen war, richtete sie ihren Stab auf die Brust des Königs, und da sprang wirklich der schönste Veilchenstrauß hervor und duftete so stark, daß der Mausekönig jenen Mäusen, die dem Schornstein am nächsten standen, befahl, sogleich ihre Schwänze ins Feuer zu halten, um etwas Brandgeruch zu machen, denn so ein Veilchenduft sei nicht auszuhalten, derlei habe man gar nicht gern.

»Aber was war dieses bißchen, von dem du gesprochen hast?« fragte der Mausekönig.

»Ja«, sagte die kleine Maus, »das nennt man wohl den Effekt!« Und dann drehte sie den Wurstspeiler um, und da waren alle Blumen verschwunden, und sie hielt nur den nackten Speiler, den sie nun wie einen Taktstock hob.

»›Veilchen sind fürs Auge, für Nase und Gefühl‹, hat der Elf mir gesagt, ›aber es gibt noch etwas für Ohr und Geschmack!‹« Und dann schlug sie den Takt, und die Musik, die jetzt ertönte, nein, die war anders als im Wald beim Fest der Elfen, die war, wie man sie in der Küche hört. Na, das war eine Darbietung! Auf einmal klang es, als brauste der Wind durch alle Schornsteinrohre, als kochten Kessel und Töpfe über, als krachte die Feuerschaufel gegen den Messingkessel, und dann ebbte es ganz plötzlich ab. Der gedämpfte Gesang des Teekessels war zu hören, so merkwürdig, daß man gar nicht wußte, ob er aufhörte oder ob er anfing; und der kleine Topf kochte, und der große Topf kochte, der eine kümmerte sich nicht um den anderen, es war, als sei kein Gedanke im Topf. Und die kleine Maus schwang ihren Taktstock wilder und wilder – die Töpfe schäumten, brodelten, kochten über, der Wind brauste, der Schornstein pfiff – hu ha! Es wurde so schlimm, daß die kleine Maus den Stock verlor.

»Das war aber ein kräftiges Süppchen!« sagte der alte Mausekönig. »Kommt jetzt endlich das Hauptgericht?«

»Das war das Ganze!« sagte die kleine Maus und knickste.

»Das Ganze! Ja, dann wollen wir hören, was die nächste zu sagen hat!« entgegnete der Mausekönig.

III
Was die zweite kleine Maus zu erzählen wußte

»Ich bin in der Schloßbibliothek geboren«, sagte die zweite Maus. »Ich und mehrere aus meiner Familie haben niemals das Glück erlebt, ins Eßzimmer, geschweige denn in die Speisekammer zu gelangen; eine Küche habe ich erst auf Reisen und heute hier gesehen. In der Bibliothek nagten wir wirklich oft am Hungertuch, aber wir wurden sehr gelehrt. Als nun das Gerücht zu uns vordrang, welch ein königlicher Preis für das Kochen einer Suppe aus einem Wurstspeiler ausgesetzt war, da geschah es, daß meine alte Großmutter ein Manuskript hervorholte. Sie konnte es nicht lesen, hatte es aber vorlesen gehört, und darin stand: ›Wenn man ein Dichter ist, dann kann man Suppe aus einem Wurstspeiler kochen.‹ Sie fragte mich, ob ich eine Dichterin sei. Ich wußte mich frei davon, und sie sagte, dann müsse ich ausziehen und versuchen, eine zu werden. ›Aber was ist dafür notwendig?‹ fragte ich, denn dieses Problem erschien mir genauso schwierig wie das Kochen der Suppe. Doch Großmutter hatte viel vorlesen gehört; sie sagte, drei Hauptstücke seien vonnöten: ›Verstand, Phantasie und Gefühl! Wenn du die in dich hineinbekommst, dann bist du Dichterin, und dann kannst du das mit dem Wurstspeiler wohl auch herausfinden.‹

Und dann ging ich in die weite Welt hinaus, und zwar gen Westen, um Dichterin zu werden.

Verstand, wußte ich, ist bei jedem Ding das Wichtigste, die beiden anderen Teile genießen keine solche Achtung. Deshalb ging ich zuerst den Verstand suchen, ja, wo wohnt er? ›Gehe hin zur Ameise und siehe ihre Weise an!‹ hat ein großer König im Judenland gesagt, das wußte ich aus der Bibliothek, und ich machte nicht eher halt, bis ich den ersten großen Ameisenhaufen erreichte. Dort legte ich mich auf die Lauer, um weise zu werden.

Die Ameisen sind ein sehr respektables Volk, sie sind lauter Verstand, alles bei ihnen ist wie eine richtig gelöste Rechenaufgabe, die aufgeht. ›Arbeiten und Eier legen‹, sagen sie, ›das heißt, in der Zeit leben und für die Zukunft sorgen!‹ Und das tun sie auch. Sie teilen sich in die sauberen und in die schmutzigen Ameisen ein, der Rang wird mit einer Nummer bezeichnet. Die Ameisenkönigin hat die Nummer eins, und ihre Meinung ist die einzig richtige, sie hat die ganze Weisheit gefressen, und das zu wissen war für mich wichtig! Sie sagte so vieles, und das war so klug, daß es mir dumm erschien. Sie sagte, ihr Haufen sei das Höchste auf dieser Welt, aber gleich neben dem Haufen stand ein Baum, der war höher, viel höher, was nicht zu bestreiten war, und deshalb wurde nicht darüber gesprochen. Eines Abends hatte sich eine Ameise dorthin verirrt, war den Stamm hinaufgekrochen, nicht einmal bis in die Krone, jedoch höher, als je eine Ameise gekommen war, und als sie zurückkehrte und nach Hause fand, da erzählte sie dem Haufen, daß es dort draußen etwas viel Höheres gab. Das aber empfanden sämtliche Ameisen als eine Beleidigung gegen die gesamte Gesellschaft, und die Ameise wurde zu Maulkorb und ständiger Einsamkeit verurteilt. Doch kurze Zeit später schaffte es eine zweite Ameise bis zum Baum und machte bei ihrer Reise dieselbe Entdeckung, und davon erzählte sie, wie gesagt wurde, bedächtig und unklar, und weil sie zudem eine geachtete Ameise, eine von den sauberen war, glaubte man ihr, und als sie starb, stellte man für sie eine Eierschale auf, für die geachteten Wissenschaften. Ich habe gesehen«, sagte das Mäuschen, »daß die Ameisen ihre Eier ständig auf dem Rücken herumtrugen. Als eine das ihre verlor, unternahm sie große Anstrengungen, um es wieder aufzuheben, aber es wollte nicht glücken. Dann kamen zwei andere und halfen mit allen Kräften, wobei sie um ein Haar ihre eigenen Eier verloren hätten, da hörten sie sofort wieder auf, schließlich ist man sich selbst am nächsten; und die Ameisenkönigin lobte sie dafür, denn sie hätten Herz und Verstand gezeigt. ›Diese zwei weisen uns Ameisen den ersten Platz bei den Vernunftwesen zu. Der Verstand muß und soll vorherrschend sein, und ich habe den größten!‹ Und dann stellte sie sich auf die hintersten Beine. Sie war ganz leicht zu erkennen – ich konnte mich nicht irren; und da habe ich sie verschluckt. ›Gehe hin zur Ameise, siehe ihre Weise an und lerne!‹ Jetzt hatte ich die Königin!

Nun näherte ich mich dem erwähnten großen Baum.

Es war eine sehr alte Eiche mit einem hohen Stamm und einer riesigen Krone. Ich wußte, daß ein lebendiges Geschöpf, eine Frau darin wohnte, die man Dryade nennt; sie wird mit dem Baum geboren und stirbt mit ihm, wie ich in der Bibliothek gehört hatte. Jetzt sah ich einen solchen Baum, sah ein solches Eichenmädchen. Als sie mich so nah erblickte, stieß sie einen entsetzlichen Schrei aus – wie alle Frauenzimmer fürchtete sie sich sehr vor Mäusen, wozu sie auch mehr Ursache als die andern hatte, denn ich hätte den Baum durchnagen können, und an dem hing ja ihr Leben. Ich sprach sie lieb und freundlich an und machte ihr Mut; da setzte sie mich auf ihre feine Hand, und als sie hörte, weshalb ich in die weite Welt hinausgezogen war, versprach sie, daß ich vielleicht noch am selben Abend einen der beiden Schätze bekommen sollte, nach denen ich immer noch suchte. Sie erzählte mir, daß sie sehr gut mit Phantasus befreundet sei, der sei so schön wie der Liebesgott und ruhe bei ihr so manche Stunde unter den dichtbelaubten Zweigen des Baumes aus, die dann noch lauter rauschten; er nenne sie seine Dryade und den Baum seinen Baum, die knorrige, riesige schöne Eiche war just nach seinem Sinn. Ihre Wurzeln breiteten sich tief und fest im Erdreich aus, Stamm und Krone hoben sich hoch in die frische Luft empor und kannten den stiebenden Schnee, die scharfen Winde und den warmen Sonnenschein, wie man sie kennen soll. Ja, so sprach sie: ›Im Wipfel singen die Vögel und erzählen von fernen Ländern, und auf dem einzigen abgestorbenen Zweig hat der Storch sein Nest gebaut, das ist sehr dekorativ, und man erfährt etwas vom Land der Pyramiden. All das hört Phantasus gern, es reicht ihm noch nicht aus, ich selbst muß ihm vom Leben im Wald erzählen, von meiner Kindheit, als der Baum ein so zartes Pflänzchen war, daß eine Nessel ihn verdecken konnte, und bis jetzt, wo er so groß und riesig geworden ist. Setz dich nun unter den Waldmeister und paß gut auf! Wenn Phantasus kommt, werde ich schon eine Gelegenheit finden, um ihn in den Flügel zu kneifen und eine kleine Feder auszurupfen – nimm sie dir, eine bessere hat kein Dichter bekommen – dann hast du genug!‹

Und Phantasus kam, die Feder wurde ausgerissen, und ich ergriff sie«, sagte das Mäuschen, »ich tunkte sie ins Wasser, bis sie weich wurde. – Obwohl sie noch sehr schwer verdaulich war, nagte ich solange, bis ich sie intus hatte. Es ist gar nicht so leicht, sich zum Dichter zu nagen, da muß man vieles in sich aufnehmen. Zwei Dinge hatte ich nun, Vernunft und Phantasie, und durch sie wußte ich, daß das dritte Ding in der Bibliothek zu finden war, denn wie ein großer Mann sagte und schrieb, gibt es Romane, die allein deshalb da sind, um die Menschen von ihren überflüssigen Tränen zu befreien, die also als eine Art Schwamm dienen, um Gefühle aufzusaugen. Ich erinnerte mich an ein paar von diesen Büchern, die mir immer recht appetitlich erschienen waren – so gelesen, so speckig, es mußte eine unendliche Tränenflut darin stecken.

Ich kehrte in die Bibliothek zurück, fraß gleich so gut wie einen ganzen Roman, das heißt, das Weiche, das Eigentliche; dagegen ließ ich die Rinde, den Einband, unberührt. Als ich ihn und einen zweiten verdaut hatte, spürte ich schon, wie es sich in mir regte, und fraß noch ein bißchen von einem dritten. Dann war ich Dichterin, das sagte ich mir selbst und auch den andern! Ich hatte Kopfschmerzen, Eingeweideschmerzen, ich weiß gar nicht, was ich noch alles an Schmerzen hatte. Nun dachte ich darüber nach, welche Geschichten man in Verbindung mit einem Wurstspeiler setzen könnte, und da kamen mir viele Speiler und Stäbchen und Stöckchen in den Sinn, denn die Ameisenkönigin hatte einen außergewöhnlichen Verstand. Mir fiel der Mann ein, der ein weißes Stäbchen in den Mund nahm und dann mitsamt dem Stäbchen unsichtbar war; ich dachte an altes Bier mit einem Stöckchen zum Umrühren, an den Stab brechen und den Stock zu spüren bekommen und am Stock gehen. Alle meine Gedanken wurden zu Kleinholz! Und darüber müßte sich dichten lassen, wenn man Dichterin ist, und das bin ich, ich habe mich dazu geschunden! Daher werde ich Ihnen an jedem Tag in der Woche mit einem Stäbchen, einem Speiler, einer Geschichte aufwarten können – ja, das ist meine Suppe!«

»Laßt uns nun die dritte hören!« sagte der Mausekönig.

»Piep! Piep!« sagte es in der Küchentür, und eine kleine Maus, und zwar die vierte, die man schon gestorben glaubte, stürzte herein und rannte dabei den Wurstspeiler mit dem Trauerflor über den Haufen. Tag und Nacht war sie gelaufen, sie war mit dem Güterzug auf der Eisenbahn gefahren, wenn sich die Gelegenheit dazu bot, und doch wäre sie fast zu spät gekommen. Sie drängte sich vor, sah zerzaust aus, hatte ihren Wurstspeiler, nicht aber die Sprache verloren; sie erzählte gleich los, als hätte man nur auf sie gewartet und wollte nur sie anhören, als ginge alles andere auf der Welt die Welt nichts an. Sie sprach sofort und sprach sich aus; das kam so überraschend, daß niemand Zeit hatte, sich über sie und über ihre Rede aufzuhalten, solange sie redete. Jetzt werden wir hören!

IV
Was die vierte Maus zu erzählen wußte, die sprach, bevor die dritte gesprochen hatte

»Ich ging sogleich in die größte Stadt«, sagte sie, »den Namen habe ich vergessen, ich kann Namen nicht gut behalten. Ich brachte konfisziertes Gut von der Eisenbahn zum Rathaus, wo ich sogleich zum Kerkermeister lief. Der erzählte von seinen Gefangenen, vor allem von einem, der hatte unbedachte Worte gesagt, und die waren weitergesagt und weiterberichtet und gemeldet worden, und dafür hatte man ihn abgekanzelt. ›Das Ganze ist Suppe aus einem Wurstspeiler!‹ sagte der Kerkermeister. ›Aber diese Suppe kann ihn den Kopf kosten!‹ Das erregte mein Interesse«, sagte das Mäuschen, »und ich ergriff die Gelegenheit und schlüpfte zu dem Gefangenen hinein – hinter verschlossenen Türen gibt es immer ein Mauseloch! Er sah blaß aus, hatte einen langen Bart und große, glänzende Augen. Die Lampe blakte, und die Wände waren es gewöhnt und konnten nicht schwärzer werden. Der Gefangene ritzte Bilder und Verse hinein, weiß auf schwarz, ich las sie nicht. Ich glaube, er hatte Langeweile, und ich war ihm ein willkommener Gast. Er lockte mich mit Brotkrumen, Pfiffen und freundlichen Worten und freute sich sehr über mich, da faßte ich Zutrauen, und wir wurden Freunde. Er teilte Brot und Wasser mit mir, gab mir Käse und Wurst; ich lebte in Saus und Braus, muß aber sagen, daß es vor allem der gute Umgang war, was mich hielt. Er ließ mich über Hand und Arm laufen, den ganzen Ärmel hinauf; er ließ mich in seinen Bart kriechen, nannte mich seinen kleinen Freund; ich gewann ihn ordentlich lieb, dergleichen ist wohl gegenseitig! Ich vergaß mein Anliegen in der weiten Welt, vergaß meinen Wurstspeiler in einer Bodenritze, wo er noch immer liegt. Ich wollte bleiben, wo ich war – wäre ich fortgegangen, dann hätte der arme Gefangene ja gar keinen mehr gehabt, und das ist zuwenig auf dieser Welt! Ich blieb, und er blieb nicht. Er war so traurig, als er das letzte Mal zu mir sprach, schenkte mir doppelt soviel Brot und Käserinde und warf mir eine Kußhand zu; dann ging er und kehrte niemals zurück. Ich kenne seine Geschichte nicht. ›Suppe aus einem Wurstspeiler!‹ sagte der Kerkermeister, an den ich mich wandte, aber ihm hätte ich nicht glauben sollen. Er setzte mich zwar auf seine Hand, sperrte mich jedoch in einen Käfig, in eine Tretmühle, das ist entsetzlich! Man läuft und läuft, kommt nicht von der Stelle und macht sich nur lächerlich.

Der Kerkermeister hatte ein hübsches Enkeltöchterchen, mit goldgelben Locken, fröhlichen Augen und einem lachenden Mund. ›Armes Mäuschen!‹ sagte sie, guckte in meinen häßlichen Käfig, zog den Eisenbolzen weg – und ich sprang aufs Fensterbrett und hinaus in die Dachrinne. Frei, frei! Nur daran dachte ich und nicht an den Zweck meiner Reise.

Es war dunkel, es war Nacht, ich suchte mir Obdach in einem alten Turm, wo ein Wächter und eine Eule wohnten. Ich traute keinem von beiden und am wenigsten der Eule; sie gleicht einer Katze und hat den großen Fehler, daß sie Mäuse frißt. Aber man kann sich irren, und das tat ich; es war eine ehrbare, äußerst gebildete alte Eule, sie wußte mehr als der Wächter und genausoviel wie ich. Die Eulenjungen machten um jedes Ding ein großes Gewese. ›Kocht nicht Suppe aus einem Wurstspeiler!‹ sagte sie, das war das Gröbste, was sie hier sagen konnte, denn sie liebte ihre Familie sehr. Ich faßte zu ihr soviel Vertrauen, daß ich ›piep‹ in meiner Spalte sagte; dieses Vertrauen gefiel ihr gut, und sie versicherte mir, ich stünde unter ihrem Schutz, kein Tier dürfe mir etwas zuleide tun, das wolle sie schon selbst besorgen, wenn die Kost zum Winter schmal würde.

Sie kannte sich in allen Dingen aus; sie bewies mir, daß der Wächter nichts weiter konnte, als in ein Horn zu tuten, das an seiner Brust baumelte. ›Er bildet sich schrecklich viel darauf ein und hält sich für die Eule im Turm! Das soll groß etwas hermachen, ist aber nur wenig! Suppe aus einem Wurstspeiler!‹ Als ich sie um das Rezept bat, erklärte sie mir: ›Suppe aus einem Wurstspeiler ist nur eine Redensart der Menschen und wird auf verschiedene Weise verstanden, und jeder glaubt, die seine sei am richtigsten, aber das Ganze ist eigentlich gar nichts!‹

›Gar nichts!‹ sagte ich. Das war ein Schlag! Die Wahrheit ist nicht immer angenehm, aber sie ist das Höchste! Das habe ich auch der alten Eule gesagt. Ich dachte darüber nach und sah ein, daß das Höchste, wenn ich es mitbrächte, viel mehr als Suppe aus einem Wurstspeiler sei. Und dann rannte ich los, um noch rechtzeitig heimzukommen und das Höchste und Beste mitzubringen: die Wahrheit. Die Mäuse sind ein aufgeklärtes Volk, und der Mausekönig steht über allen. Er ist imstande, mich um der Wahrheit willen zu seiner Königin zu machen.«

»Deine Wahrheit ist Lüge!« sagte die Maus, die noch nicht zu Wort gekommen war. »Ich kann die Suppe kochen, und das werde ich tun!«

V
Wie sie gekocht wurde

«Ich bin nicht auf Reisen gegangen«, sagte die vierte Maus, »ich bin im Lande geblieben, das ist das Richtige! Man braucht nicht zu reisen, man kann hier alles genausogut bekommen. Ich bin geblieben! Ich habe das Meine weder von übernatürlichen Wesen gelernt noch es mir angefressen und habe auch nicht mit Eulen geredet. Ich habe das Meine durch Selberdenken erworben. Setzen Sie nun bitte den Kessel auf, füllen Sie Wasser hinein, bis zum Rand. Machen Sie darunter Feuer, es muß brennen, damit das Wasser kocht und heftig brodelt! Werfen Sie dann den Wurstspeiler hinein! Würde der Mausekönig nun geruhen, seinen Schwanz in das Gebrodel zu stecken und umzurühren! Je länger er rührt, um so kräftiger wird die Suppe. Das kostet nichts, es braucht keine Zutaten – nur umrühren!«

»Kann das nicht ein anderer machen?« fragte der Mausekönig.

»Nein«, sagte die Maus, »diese Kraft steckt nur im Schwanz des Mausekönigs!«

Und das Wasser kochte und brodelte, und der Mausekönig stellte sich auf den Rand, was fast gefährlich war, und er streckte den Schwanz aus, wie es die Mäuse in der Milchkammer tun, wenn sie ihren Schwanz in eine Rahmschüssel hängen, um ihn anschließend abzulecken. Doch kaum war er mit dem seinen im heißen Dampf, da sprang er sogleich vom Kessel.

»Natürlich, du bist meine Königin!« sagte er. »Mit der Suppe wollen wir bis zu unsrer goldenen Hochzeit warten, dann haben die Armen meines Reiches etwas zum Freuen, und zwar für lange Zeit!«

Und dann hielten sie Hochzeit. Doch als die Mäuse nach Hause kamen, sagten mehrere von ihnen: »Das konnte man doch nicht Suppe aus einem Wurstspeiler nennen, das war vielmehr Suppe aus einem Mauseschwanz!« – Das eine und andere, was dabei erzählt wurde, hatte ihnen recht gut gefallen, aber das Ganze, meinten sie, hätte doch anders sein können. »Ich hätte es nun so und so erzählt –!«

Das war die Kritik, und die ist immer so klug – hinterher.

Und diese Geschichte ging um die Welt, die Meinungen darüber waren geteilt, die Geschichte selbst blieb aber ganz; und das ist am richtigsten im Großen wie im Kleinen, in der Suppe aus einem Wurstspeiler; man darf nur keinen Dank dafür erwarten!

45. »Etwas«

»Ich will etwas sein!« sagte der älteste von fünf Brüdern. »Ich will auf der Welt Nutzen tun; wie gering meine Stellung auch sein mag, wenn nur das, was ich ausrichte, gut ist, dann ist es etwas. Ich will Ziegelsteine machen, auf die kann man nicht verzichten. Dann habe ich doch etwas getan!«

»Aber das ist viel zuwenig!« sagte der zweite Bruder. »Was du tust, das ist so gut wie gar nichts, das ist Handlangerarbeit, die kann eine Maschine besorgen. Nein, dann lieber Maurer werden, das ist doch etwas, das will ich sein. Das ist ein Stand! Da wird man Mitglied der Innung, wird Bürger, hat seine eigene Fahne und sein eigenes Wirtshaus. Ja, wenn es gut geht, kann ich Gesellen halten, werde Meister genannt, und meine Frau wird Frau Meisterin – das ist etwas!«

»Das ist gar nichts!« sagte der dritte. »Das ist außerhalb der Klassen, und in einer Stadt gibt es viele Klassen, weit höhere als die des Meisters! Du magst ein braver Mann sein, aber als Meister bist du doch nur, was man *simpel* nennt! Nein, da weiß ich etwas Besseres! Ich will Baumeister werden, will mich auf das Gebiet des Künstlerischen, der Gedanken begeben, will aufsteigen zu den Höheren im Reich des Geistes. Zwar muß ich von unten anfangen, ja, um es geradeheraus zu sagen: Ich muß als Zimmermannslehrling anfangen, muß eine Mütze aufsetzen, obwohl ich gewöhnlich einen Seidenhut trage, muß für die einfachen Gesellen Bier und Branntwein holen und mich von ihnen duzen lassen, das ist schwer! Aber ich will mir einreden, das Ganze sei eine Maskerade, sei Maskenfreiheit! Morgen – das heißt, wenn ich Geselle bin, gehe ich *meinen* Weg und habe mit den andern nichts zu schaffen! Ich studiere an der Kunstakademie, lerne zeichnen, nenne mich Architekt – das ist etwas, das ist viel! Ich kann Hochedelgeborener und Wohlgeborener werden, ja, noch ein bißchen mehr davor und dahinter, und ich baue und baue, wie die anderen vor mir. Das ist allemal etwas, worauf man vertrauen kann. Das Ganze ist etwas!«

»Aber ein solches Etwas gefällt mir nicht!« sagte der vierte, »ich will nicht im Kielwasser schwimmen, will nicht Kopie, sondern Genie sein, tüchtiger als ihr alle zusammen! Ich erfinde einen neuen Stil, liefere die Idee für ein Gebäude, passend zum Klima des Landes und zum Material, zur Nationalität, zur Entwicklung unsres Zeitalters und dann noch eine Etage dazu für mein eigenes Genie!«

»Aber wenn nun Klima und Material nichts taugen?« sagte der fünfte. »Dann wird es schlimm, denn das hat Wirkung! Die Nationalität kann sich auch leicht so sehr ausdehnen, daß sie affektiert wird, die Entwicklung des Zeitalters kann dich so beeinflussen, daß sie, wie es häufig bei der Jugend passiert, mit dir durchgeht. Ich sehe schon, daß keiner von euch eigentlich etwas wird, und wenn ihr noch so sehr selbst daran glaubt! Aber macht, was ihr wollt, ich will euch nicht ähnlich werden, ich halte mich heraus, ich will darüber räsonieren, was ihr ausrichtet. Es ist nun einmal so, daß an jedem Ding etwas verkehrt ist, das werde ich herauspicken und besprechen, das ist etwas!«

Und das tat er, und die Leute sagten über den fünften Bruder: »An dem ist bestimmt etwas dran! Der ist ein guter Kopf! Aber er tut nichts.« – Doch dadurch war er etwas.

Siehst du, das ist nur eine kleine Geschichte, und doch wird sie kein Ende haben, solange die Welt besteht.

Aber ist denn aus den fünf Brüdern nichts weiter geworden? Das wäre ja nichts! Dann hör zu, das ist ein ganzes Märchen!

Der älteste Bruder, der Ziegelsteine herstellte, konnte

merken, daß aus jedem fertigen Stein ein kleiner Schilling rollte. Der war zwar nur aus Kupfer, doch wenn man viele kleine Kupferschillinge aufeinanderlegt, dann wird daraus ein blanker Taler, und wo man mit dem anklopft, beim Bäcker, Fleischer, Schneider, ja, bei allen, da fliegt die Tür auf, und man bekommt, was man braucht. Siehst du, das warfen die Ziegelsteine ab. Einige gingen zwar kaputt oder brachen mittendurch, aber auch sie fanden Verwendung.

Mutter Margrethe, die arme Frau, die wollte sich auf dem Deich gern ein Häuschen bauen. Der älteste Bruder hatte ein gutes Herz, obwohl er es in seinem Werk nur bis zur Herstellung von Ziegelsteinen brachte, und schenkte ihr alle zerbrochenen Steine und ein paar ganze dazu. Die arme Frau baute sich ihr Häuschen selbst; es war schmal, das eine Fenster saß schief, die Tür war zu niedrig, und das Strohdach hätte besser gelegt sein können, doch es gewährte Schutz und Obdach und war weit übers Meer zu sehen, dessen Brandung sich am Deich brach. Die salzigen Tropfen spritzten über das ganze Haus, und es stand immer noch, als jener, der die Ziegelsteine gemacht hatte, tot und verschwunden war.

Der zweite Bruder, ja, der konnte freilich anders mauern, er hatte es schließlich auch gelernt. Als er sein Gesellenstück abgeliefert hatte, schnürte er sein Ränzel und sang das Handwerkerlied:

>»Ich reise, wie es mir gefällt,
>Bin heimisch in der Ferne,
>Mein Handwerk ist mein Reisegeld,
>Mein Glück der Jugend Sterne!
>Und wenn ich heimkehr irgendwann,
>Will ich zur Liebsten gehen!
>Hurra, ein flotter Handwerksmann
>Ist immer gern gesehen!«

Und das tat er. Als er in die Stadt zurückkehrte und Meister wurde, mauerte er ein Haus nach dem anderen, eine ganze Straße; und als sie fertig war, gut aussah und der Stadt zur Ehre gereichte, da bauten die Häuser für ihn ein Häuschen, das ihm gehören sollte – doch wie können die Häuser bauen? Ja, frag sie nur, sie werden keine Antwort geben, aber die Leute antworten und sagen: »Gewiß hat diese Straße ihm sein Haus gebaut!« Es war zwar klein und der Fußboden aus Lehm, doch als er mit seiner Braut darauf tanzte, wurde er blank und gebohnert, und aus jedem Stein in der Wand sprang eine Blume, das war ebensogut wie eine kostbare Tapete. Es war ein hübsches Haus und ein glückliches Ehepaar. Die Innungsfahne wehte davor, und Gesellen und Lehrjungen riefen hurra. Ja, das war etwas, und dann starb er, das war auch etwas.

Nun kam der Architekt, der dritte Bruder, der als Zimmermannslehrling angefangen, eine Mütze getragen und in der Stadt Besorgungen gemacht hatte. Doch nach dem Besuch der Akademie war er zum Baumeister aufgestiegen, zum »Hochedelgeborenen« und »Wohlgeborenen«, und wenn die Häuser der Straße für jenen Bruder, der Maurermeister war, ein Haus gebaut hatten, so wurde diese Straße nun nach dem Baumeister benannt, und das schönste Haus darin wurde seins. Das war etwas, und er war etwas – und zwar mit einem langen Titel vorn und hinten. Seine Kinder galten als vornehme Kinder, und als er starb, war seine Witwe eine Witwe von Stand – das ist etwas! Und sein Name stand immer noch an der Straßenecke und war in aller Munde, als Straßenname – ja, das ist etwas!

Dann kam das Genie, der vierte Bruder, der etwas Neues, etwas Apartes und eine Etage dazu erfinden wollte; aber die ging entzwei, und er fiel herunter und brach sich den Hals – doch er bekam ein prachtvolles Begräbnis mit Innungsfahnen und Musik, Blumen in der

Zeitung und auf dem Straßenpflaster. Drei Leichenreden wurden ihm gehalten, eine viel länger noch als die andere, und darüber hätte er sich gefreut, denn er hatte sehr gern von sich reden gehört. Das Denkmal, das man ihm aufs Grab stellte, hatte nur eine Etage, aber das ist immerhin etwas!

Nun war er genauso tot wie die drei anderen Brüder, doch der letzte, der Räsoneur, überlebte sie alle, und das war auch richtig, denn so hatte er das letzte Wort, und das letzte Wort war für ihn von großer Bedeutung. Er sei ja ein guter Kopf, sagten die Leute. Dann schlug auch ihm die Stunde, er starb und kam ans Tor des Himmelreichs. Hier trifft man immer paarweise ein, und neben ihm stand eine zweite Seele, die auch gern hineinwollte, und das war just die alte Mutter Margrethe vom Deichhaus.

»Es soll wohl den Kontrast unterstreichen, daß ich mit dieser elenden Seele gleichzeitig angelangt bin«, sagte der Räsoneur. »Na, wer ist Sie denn, Mütterchen? Will Sie auch hier hinein?« fragte er.

Und die alte Frau knickste, so gut sie konnte, sie glaubte, Sankt Petrus persönlich habe gesprochen. »Ich bin ein armes Ding, ganz ohne Familie, die alte Margrethe vom Deichhaus!«

»Und was hat Sie da unten getan und ausgerichtet?«

»Ich habe auf der Welt unten bestimmt nichts ausgerichtet, nichts, was mir dieses Tor öffnen könnte. Es wäre ein reines Werk der Gnade, wenn man mich eintreten ließe!«

»Wie ist Sie denn von dieser Welt gekommen?« fragte er, um zu konversieren, denn es langweilte ihn, nur dazustehen und zu warten.

»Ja, wie ich von der Welt gekommen bin, das weiß ich nicht. Die letzten Jahre war ich ja krank und elend, und da habe ich's wohl nicht vertragen, daß ich aus dem Bett gekrochen bin, bei Frost und Kälte. Es ist ja ein harter Winter, aber das habe ich jetzt wohl verwunden. Ein paar Tage lang war es ganz windstill, aber bitterlich kalt, wie Euer Ehrwürden sich erinnern werden; so weit man sehen konnte, war das Meer zugefroren. Alle Leute aus der Stadt gingen aufs Eis, ich glaube, da draußen gab es Schlittschuhlaufen und Tanz, wie sie das nennen, mit Bewirtung und lauter Musik; ich konnte es bis in meine armselige Stube hören, wo ich im Bett lag. Es war gegen Abend, der Mond war aufgegangen, aber noch nicht zu Kräften gekommen, da schaute ich durch das Fenster weit über den Strand, und dort, wo Himmel und Meer zusammenstoßen, stieg eine sonderbare weiße Wolke auf. Von meinem Bett aus konnte ich sehen, daß der schwarze Punkt in ihrer Mitte immer größer wurde, und da wußte ich, was das zu bedeuten hatte; ich bin alt und erfahren, obwohl man dieses Zeichen nicht so oft sieht. Ich kannte es, und mir grauste! Schon zweimal in meinem Leben hatte ich dieses Ding kommen sehen und wußte, daß ein furchtbarer Sturm mit einer Springflut nahte und über die armen Menschen hereinbrechen würde, die jetzt dort draußen tranken und hüpften und jubilierten; Jung und Alt, die ganze Stadt war ja auf dem Eis. Wenn nun keiner von ihnen sah und wahrnahm, was ich jetzt erkannte, wer sollte sie warnen? Ich hatte entsetzliche Angst und wurde so lebendig, wie ich es lange Zeit nicht gewesen war, sprang aus dem Bett und eilte zum Fenster, weiter reichte meine Kraft nicht, aber ich konnte das Fenster noch öffnen. Ich sah die Menschen auf dem Eis laufen und springen, sah die hübschen Fahnen, hörte, wie die Jungen hurra riefen und Mädchen und Burschen sangen, lustig ging es zu, aber die weiße Wolke mit ihrem schwarzen Sack stieg höher und höher! Ich rief, so laut ich konnte, aber sie hörten mich nicht, ich war zu weit entfernt. Bald würde das Unwetter losbrechen, das Eis bersten, und alle dort draußen müßten hilflos ertrinken. Sie konnten mich nicht hören, ich konnte nicht zu ihnen hinaus – wie sollte ich sie nur an Land bekommen? Da gab mir der liebe Gott den Gedanken ein, mein Bett anzustecken, lieber das Haus abbrennen lassen, als daß so viele jämmerlich sterben sollten. Ich zündete Licht an, sah die rote Flamme – ja, ich schaffte es noch bis zur Tür, aber dann blieb ich liegen und konnte nicht mehr. Die Flammen loderten hinter mir, zum Fenster hinaus und über das Dach; das wurde von weitem gesehen, und alle liefen nun, was sie konnten, um mir armem Ding zu helfen, sie glaubten mich mitten im Feuer; kein einziger blieb zurück. Ich hörte sie kommen, aber ich hörte auch, wie plötzlich die Luft erbrauste; ich hörte ein Gedonner wie von schweren Kanonen; die Springflut hob das Eis, und das zerbrach. Aber die Leute erreichten den Deich, wo über mir die Funken flogen; ich brachte sie alle in Sicherheit, nur habe ich die Kälte und den Schrecken nicht vertragen, und so bin ich hierher zum Tor des Himmelreichs gekommen. Man sagt zwar, daß auch für so ein armes Wesen wie mich aufgetan wird, und nun habe ich da unten ja kein Haus auf dem Deich mehr, aber das wird mir wohl auch keinen Zutritt hier verschaffen.«

Da öffnete sich das Tor des Himmelreichs, und der Engel führte die alte Frau hinein. Zuvor verlor sie einen Strohhalm, einen Halm aus ihrem Bett, das sie angezündet hatte, um die vielen Menschen zu retten, und der hatte sich nun in pures Gold verwandelt und wuchs und wand sich in den schönsten Verzierungen.

»Siehst du, das hat die arme Frau mitgebracht!« sagte der Engel. »Und was bringst du? Ja, ich weiß schon, du hast nichts ausgerichtet, hast nicht einmal einen Ziegelstein fertiggebracht – wenn du nur wieder umkehren und wenigstens soviel mitbringen könntest! Der Stein taugte gewiß nichts, wenn er aus deiner Hand stammte, doch du hättest deinen guten Willen damit bewiesen, das ist immerhin etwas. Aber du kannst nicht zurückgehen, und ich kann nichts für dich tun!«

Da bat die arme Seele, die Frau aus dem Deichhaus, für ihn: »Sein Bruder hat mir alle Steine und Bruchstücke gegeben, aus denen ich dann mein erbärmliches Haus baute, das war für mich armes Ding wirklich sehr viel! Könnten nicht all diese Brocken und Stückchen als ein ganzer Ziegelstein für ihn gelten? Das ist ein Werk der Gnade! Er hat es jetzt nötig, und hier ist doch die Gnade zu Hause!«

»Dein Bruder, jener, den du den geringsten nanntest«, sagte der Engel, »dessen Arbeit dir in all ihrer Redlichkeit am niedrigsten erschien, gibt dir sein Scherflein fürs Himmelreich. Du sollst nicht abgewiesen werden, es soll dir erlaubt sein, hier draußen zu stehen und über dein irdisches Leben nachzudenken und es besser zu machen, aber hinein kommst du erst dann, wenn du mit einer guten Tat etwas ausgerichtet hast!«

»Das hätte ich besser formulieren können!« dachte der Räsoneur, sagte es aber nicht laut, und das war immerhin auch *etwas*.

46. *Die Schnelläufer*

Es war ein Preis ausgesetzt, ja, sogar zwei Preise waren ausgesetzt, ein großer und ein kleiner, und zwar für denjenigen, der am schnellsten laufen könnte, nicht in einem einzigen Rennen, sondern während eines ganzen Jahrs.

»Ich habe den ersten Preis gewonnen!« sagte der Hase. »Wenn man die eigene Familie und gute Freunde im Rat zu sitzen hat, dann muß es doch Gerechtigkeit geben. Aber daß die Schnecke den zweiten Preis bekam, das empfinde ich fast als eine persönliche Beleidigung!«

»Nein«, versicherte der Zaunpfahl, der Zeuge bei der

Preisverteilung gewesen war, »auch Fleiß und guter Wille sind in Rechnung zu stellen, das haben mehrere achtbare Personen gesagt, und ich habe das auch verstanden. Die Schnecke hat zwar ein halbes Jahr gebraucht, um über die Türschwelle zu gelangen, doch sie hat sich durch die Eile, die es für sie bedeutet hat, den Schenkelknochen gebrochen. Sie hat einzig und allein für ihr Rennen gelebt und ist obendrein mit Haus gelaufen! – All das verdient Beachtung! – Und deshalb bekam sie den zweiten Preis.«

»Mich hätte man doch auch in Betracht ziehen können!« sagte die Schwalbe. »Schneller als ich hat sich wohl keiner bei Flug und Drehung erwiesen, und wo bin ich nicht überall gewesen: weit, weit, weit!«

»Ja, das ist auch Ihr Unglück!« sagte der Zaunpfahl. »Sie schwirren zu viel herum. Immer, wenn es hier anfängt zu frieren, müssen Sie weg und außer Landes; Sie haben keine Vaterlandsliebe! Sie können nicht in Betracht kommen!«

»Aber wenn ich nun den ganzen Winter im Moor hocken und die ganze Zeit verschlafen würde«, sagte die Schwalbe, »käme ich dann in Betracht?«

»Bringen Sie ein Attest der Moorfrau bei, daß Sie die Hälfte der Zeit im Vaterland geschlafen haben, dann sollen Sie in Betracht gezogen werden!«

»Ich hätte wohl den ersten und nicht den zweiten Preis verdient!« sagte die Schnecke. »Ich weiß doch, daß der Hase immer nur aus Feigheit gelaufen ist, wenn er Gefahr im Verzug glaubte. Ich dagegen habe das Laufen zu meiner Lebensaufgabe gemacht und bin in ihrem Dienst zum Krüppel geworden! Sollte jemand den ersten Preis bekommen, dann doch wohl ich! – Aber ich mache kein Gewese, derlei verachte ich!«

Und dann spuckte sie aus.

»Ich kann in Wort und Rede dafür geradestehen, daß jeder Preis, zumindest was meine Stimme betrifft, in gerechter Absicht vergeben wurde!« sagte das alte Landvermessungszeichen im Wald, das Mitglied des entscheidenden Richterkollegiums war. »Ich gehe stets mit Ordnung, Überlegung und Berechnung zu Werke. Bereits siebenmal ist mir die Ehre zuteil geworden, bei der Preisvergabe mitzuwirken, doch erst am heutigen Tag habe ich meinen Willen durchgesetzt. Bei jeder Vergabe war mein Ausgangspunkt etwas Bestimmtes. Ich bin stets von der Reihenfolge der Buchstaben ausgegangen, für den ersten Preis von vorn und für den zweiten Preis von hinten. Und wie Sie nun bitte beachten möchten, ist der achte Buchstabe, wenn man von vorn, von A ausgeht, ein H, da haben wir den Hasen, und deshalb habe ich für ihn als den ersten Preisträger gestimmt; und der achte Buchstabe von hinten ist ein S, deshalb habe ich dafür gestimmt, daß die Schnecke den zweiten Preis bekommt. Beim nächsten Mal erhält I den ersten und R den zweiten. – Jede Sache muß doch ihre Ordnung haben! Man muß sich an etwas halten können!«

»Wenn ich nicht gerade zu den Richtern gehört hätte, dann hätte ich für mich selbst gestimmt«, sagte der Maulesel, der Beisitzer war. »Man sollte nicht nur berücksichtigen, wie schnell man vorwärtskommt, sondern auch eventuelle andere Eigenschaften, so zum Beispiel die, wieviel man ziehen kann. Aber das möchte ich diesmal ebensowenig hervorheben wie die Klugheit des Hasen bei seiner Flucht, sein Geschick, plötzlich Haken zu schlagen, um die Leute auf die falsche Spur zu locken, sein Talent, sich zu verstecken – nein, es gibt noch eine Sache, die von vielen beachtet wird und die auch nicht unbeachtet sein sollte, und das ist, was man *das Schöne* nennt. Darauf habe ich gesehen, ich habe mir die prachtvollen, gutgewachsenen Ohren des Hasen angesehen, sie sind so lang, daß ihr Anblick ein Vergnügen ist! Ich fühlte mich so an meine eigene Kindheit erinnert, und deshalb gab ich ihm meine Stimme!«

»Pst!« sagte die Fliege. »Ich will keine Rede halten, ich will nur etwas sagen. Ich habe gewiß mehr als einen Hasen eingeholt! Erst neulich habe ich einem von den jüngsten die Hinterläufe gebrochen; ich saß auf der Lokomotive vor dem Eisenbahnzug, das mache ich oft, da merkt man seine eigene Geschwindigkeit am besten. Lange Zeit lief ein junger Hase davor, ohne von meiner Anwesenheit zu ahnen; schließlich mußte er abbiegen, da aber brach ihm die Lokomotive die Hinterläufe, denn *ich* saß darauf. Der Hase blieb liegen, doch ich fuhr weiter. Das heißt ja wohl, daß ich ihn überwunden habe! Aber ich brauche keinen Preis!«

»Ich finde nun«, dachte die wilde Rose, sagte es aber nicht, weil das ihrer Natur widerstrebte, obwohl es vielleicht ganz gut gewesen wäre, wenn sie es gesagt hätte, »ich finde nun, der Sonnenstrahl müßte den ersten Ehrenpreis bekommen, und den zweiten auch! Er legt in einem Augenblick den unermeßlich weiten Weg von der Sonne bis zu uns zurück, und durch seine Kraft erwacht die ganze Natur; er besitzt eine Schönheit, die uns Rosen allesamt erröten und duften läßt! Die hohe richterliche Obrigkeit scheint ihn gar nicht bemerkt zu haben. Wenn ich ein Sonnenstrahl wäre, dann verpaßte ich jedem davon einen Sonnenstich – aber dadurch würden sie nur verrückt, was sie auch so werden können. Ich sage nichts!« dachte die wilde Rose. »Friede im Wald! Herrlich ist es, zu blühen, zu duften und zu erquicken, in Sagen und Liedern zu leben! Der Sonnenstrahl überlebt uns alle!«

»Was ist denn der erste Preis?« fragte der Regenwurm, der verschlafen hatte und erst jetzt eintraf.

»Freier Zugang zu einem Kohlgarten!« sagte der Maulesel. »Ich habe den Preis vorgeschlagen. Der Hase mußte und sollte ihn haben, denn als denkendes und tätiges Mitglied war ich so vernünftig, den Nutzen für den Empfänger in Betracht zu ziehen – jetzt ist der Hase versorgt. Die

Schnecke darf auf der Steinmauer sitzen und Moos und Sonnenschein naschen, und beim nächsten Schnellauf wird sie zu einem der ersten Richter berufen. Es ist so gut, jemanden vom Fach zu haben in dem, was die Menschen ein Komitee nennen! Ich muß sagen, daß ich mir viel von der Zukunft erwarte, wir haben schon so gut angefangen!«

47. Der Wind erzählt von Valdemar Daae und seinen Töchtern

Wenn der Wind durch das Gras läuft, kräuselt es sich wie ein Gewässer; läuft er durch das Getreide, dann wogt es wie ein See, das ist der Tanz des Windes. Aber hör ihn erzählen – er singt es heraus, und es klingt in den Waldbäumen anders als in den Schallöchern, Ritzen und Spalten der Mauer. Siehst du, wie der Wind dort oben die Wolken jagt, als wären sie eine Herde Schafe? Hörst du, wie der Wind hier unten durchs offene Tor heult, als wäre er Wächter und stieße ins Horn? Sonderbar braust er in Kamin und Schornstein; die Flammen lodern und flackern, leuchten weit in die Stube, und wer zuhören will, sitzt hier warm und gemütlich. Laß den Wind nur erzählen! Er kennt Märchen und Geschichten, mehr als wir alle zusammen. Jetzt höre, was er erzählt:

»Hu-u-buh! Fahre hin!« – Das ist der Kehrreim des Liedes.

*

»Am Großen Belt steht ein alter Hof mit dicken roten Mauern«, sagt der Wind. »Ich kenne jeden Stein, ich habe ihn schon gesehen, als er noch in der Burg von Marsk Stig auf Næsset saß; die mußte weg. Der Stein erstand wieder, daraus wurde eine neue Mauer, ein neuer

Hof, an anderem Ort, der Gutshof Borreby, wie er heute noch steht.

Ich habe die hochadligen Männer und Frauen, die wechselnden Geschlechter, die dort wohnten, gekannt und gesehen; jetzt erzähle ich von Valdemar Daae und seinen Töchtern.

Er hob so stolz seine Stirn, er war von königlichem Geblüt. Er konnte mehr als einen Hirsch jagen und einen Krug leeren – das würde sich schon zeigen, wie er selbst sagte.

Stolz schritt seine Gattin im Gewand aus Goldbrokat über ihr blankes Parkett; die Tapeten waren prächtig, die Möbel kostbar und kunstvoll geschnitzt. Dinge aus Silber und Gold hatte sie ins Haus gebracht; deutsches Bier war im Keller, als etwas darin war. Schwarze, feurige Pferde wieherten im Stall – Borreby war ein reicher Hof, als Reichtum dort war.

Und da waren Kinder, drei zarte Jungfern, Ide, Johanne und Anna Dorthea; ich weiß noch die Namen.

Es waren reiche Leute, es waren vornehme Leute, geboren in Herrlichkeit und darin aufgewachsen. Hu-u-buh! Fahre hin«, sang der Wind, und dann erzählte er weiter.

»Hier sah ich die hochgeborene Frau nicht wie auf anderen alten Höfen mit ihren Mädchen im Rittersaal sitzen und den Spinnrocken drehen; sie spielte die klingende Laute und sang dazu, doch nicht nur die alten dänischen Weisen, sondern auch Lieder in fremder Sprache. Hier war Leben, hier wurde gefeiert, vornehme Gäste kamen aus nah und fern, Musik ertönte, die Becher klangen, ich konnte sie nicht übertäuben!« sagte der Wind. »Hier war Hochmut mit großem Gepränge, Herrschaft, doch nicht Gott der Herr!

Es war am Abend vor der Walpurgisnacht«, sagte der Wind, »ich kam von Westen, hatte gesehen, wie an der

Westküste Jütlands Schiffe zu Wracks zertrümmert wurden, war über die Heide und die waldgrüne Küste gejagt, über die Insel Fünen und dann über den Großen Belt, hetzend und heulend.

Da legte ich mich an Seelands Küste zur Ruhe, nicht weit von Borreby, wo noch der Wald mit seinen herrlichen Eichen stand.

Hierher kamen die jungen Burschen der Gegend und sammelten Reisig und Zweige, die größten und trokkensten, die sich finden ließen, um sie ins Dorf zu tragen und zu einem Haufen aufzuschichten. Sie steckten ihn an, und Mädchen und Burschen umtanzten singend das Feuer.

Ich lag ganz still«, sagte der Wind, »doch als ich sacht einen Zweig berührte, sprang die Flamme hoch, am höchsten empor – der schönste Jüngling hatte ihn dorthin gelegt und war nun der Auserwählte, bekam den Ehrentitel, wurde Maikönig und wählte zuerst seine Maibraut unter den Mädchen. Soviel Freude, soviel Vergnügen gab es nicht auf dem reichen Hof Borreby!

*

Und in einer goldenen Kutsche, von sechs Pferden gezogen, nahte die hohe Frau mit ihren drei Töchtern, so zart, so jung, drei liebliche Blumen: Rose, Lilie und die bleiche Hyazinthe. Die Mutter war selbst eine prangende Tulpe, sie grüßte nicht einen der jungen Leute, die im Spiel innehielten, knicksten und dienerten – sie fürchtete wohl, vom Stengel zu fallen.

Rose, Lilie und die bleiche Hyazinthe, ja, ich sah sie alle drei. Wem sollten sie wohl einmal als Maikönigin gehören, dachte ich; ihr Maikönig, das würde ein stolzer Ritter, vielleicht ein Prinz sein! – Hu-u-buh! – Fahre hin! Fahre hin!

Ja, sie hatten ihre Kutsche, und die Bauern hatten ihren

Tanz. Es gab Maiumritte in Borreby, in Tjæreby, in allen Dörfern der Umgebung.

Doch als ich mich dann in der Nacht erhob«, sagte der Wind, »da legte sich die hochvornehme Dame nieder, um niemals wieder aufzustehen; es kam über sie, wie es über alle Menschen kommt, das ist nichts Neues. Für eine kurze Zeit war Valdemar Daae ernst und gedankenvoll; der stolzeste Baum kann zwar gekrümmt, doch nicht zerbrochen werden, sagte eine Stimme in ihm. Die Töchter weinten, und alle auf dem Hof wischten sich die Augen, Frau Daae war dahingefahren, und ich fuhr dahin! Hu-u-buh!« sagte der Wind.

*

»Ich kam wieder, oft kam ich wieder, über Fünen und die Fluten des Belts, und lagerte mich am Strand von Borreby, wo der prächtige Eichenwald stand. Dort nisteten Fischadler, Waldtauben, Blauraben und sogar der Schwarzstorch. Es war im Frühsommer, einige Vögel brüteten, andere hatten schon Junge. Nein, wie sie flogen, wie sie schrien! Da waren Axthiebe zu hören, Schlag auf Schlag; die Bäume wurden gefällt. Valdemar Daae wollte ein kostbares Schiff bauen, ein Kriegsschiff mit drei Vorderdecks, das würde der König wohl kaufen, und deshalb fiel der Wald, das Zeichen der Seeleute, die Heimstatt der Vögel. Der Würger flog erschrocken auf, sein Nest wurde zerstört; der Fischadler und alle Waldvögel verloren ihr Heim, sie irrten herum und schrien vor Angst und vor Zorn, ich verstand sie wohl. Krähen und Dohlen riefen laut und höhnisch: ›Das Nest ist ab! Das Nest ist ab! Ab! Ab!‹

Und mitten im Wald, wo sich die Arbeiter scharten, stand Valdemar Daae mit seinen drei Töchtern, und alle lachten sie über das wilde Vogelgeschrei. Nur die jüngste Tochter, Anna Dorthea, fühlte in ihrem Herzen Mitleid, und als auch ein halbabgestorbener Baum fallen sollte, auf dessen nackten Zweigen der Schwarzstorch sein Nest gebaut hatte, da bat sie, mit Tränen in den Augen, für die kleinen Jungen, die ihre Köpfe hervorreckten, und der Baum mit dem Storchennest durfte stehenbleiben. Das war nur ein geringes Ding.

Es wurde gehauen, es wurde gesägt – ein Schiff mit drei Vorderdecks wurde gebaut. Der Baumeister, obwohl von niederer Herkunft, hatte ein adliges Aussehen; Augen und Stirn kündeten von seiner Klugheit, und Valdemar Daae hörte ihn gern erzählen. Das tat auch Klein Ide, die älteste, fünfzehnjährige Tochter; und während er für den Vater ein Schiff erbaute, errichtete er für sich selbst ein Traumschloß, für sich und Klein Ide als Mann und Frau, und er hätte auch mit ihr einziehen können, wäre das Schloß aus Ziegelsteinen gewesen, umgeben von Wällen und Gräben, Wald und Garten. Doch bei all seinem Scharfsinn war der Meister doch nur ein armer Vogel, und je kleiner der Vogel, um so kleiner das Nest. Hu-u-buh! – Ich flog davon, und er flog davon, denn er durfte nicht bleiben, und Klein Ide verwand es, denn das mußte sie tun.«

*

»Im Stall wieherten die schwarzen Pferde; sehenswert waren sie und wurden gesehen. – Als der Admiral, vom König selbst ausgesandt, das neue Kriegsschiff besichtigen und über den Kauf verhandeln wollte, bewunderte er laut die feurigen Pferde; ich hörte es wohl!« sagte der Wind. »Ich folgte den Herren durch die offene Tür und streute vor ihre Füße Strohhalme, Goldstäben gleich. Gold wollte Valdemar Daae haben, der Admiral wollte die schwarzen Pferde haben, deshalb lobte er sie so; doch das verstand man nicht, und da wurde auch das Schiff nicht gekauft. Stolz stand es am Strand, mit Planen zugedeckt, eine Arche Noah, die niemals ins Wasser kam. Hu-u-buh! Fahre hin! Fahre hin! Es war ein Elend!

Im Winter, als Schnee das Feld bedeckte, Treibeis den Belt erfüllte und von mir an der Küste aufgetürmt wurde«, sagte der Wind, »kamen Raben und Krähen, eine schwärzer als die andere, in großen Scharen. Sie setzten sich auf das nutzlose, leblose, das einsame Schiff am Ufer und berichteten heiser schreiend vom Wald, der vernichtet war, von den vielen kostbaren Vogelnestern, die zerstört waren, von den obdachlosen Alten, den obdachlosen Jungen, und an alledem war dieses Ungetüm schuld, das stolze Schiff, das niemals in See stach.

Ich ließ die Schneeflocken wirbeln, hohe Schneewehen bedeckten das Schiff wie große Wellen. Ich ließ meine Stimme ertönen und sagte ihm, was ein Sturm zu sagen hat; ich weiß, ich habe das Meine getan, um ihm Schiffskenntnisse zu vermitteln. Hu-u-buh! Fahre hin! Fahre hin!

Und der Winter fuhr hin, Winter und Sommer, sie fuhren und sie fahren, wie ich fahre, wie der Schnee stiebt, wie die Apfelblüten stieben, wie das Laub fällt! Fahre hin, fahre hin, fahre hin, die Menschen auch!

Aber noch waren die Töchter jung, Klein Ide glich einer Rose, lieblich wie damals, als der Schiffbauer sie ansah. Oft, wenn sie gedankenvoll im Garten unter dem Apfelbaum stand, spielte ich mit ihrem langen braunen Haar, streute Blüten darauf und löste es, ohne daß sie es merkte. Und sie schaute in die rote Sonne und auf den goldenen Himmelsgrund zwischen den dunklen Büschen und Bäumen.

Ihre Schwester, Johanne, war wie eine Lilie, glänzend und stolz; sie trug Kopf und Nase hoch, wie die Mutter darauf bedacht, nicht vom Stengel zu fallen. Gern ging sie in den großen Saal, wo die Familienbilder hingen; die Damen darauf trugen Samt und Seide und winzige perlenbesetzte Hauben auf ihrem geflochtenen Haar – es waren prächtige Damen! Ihre Gatten hatten stählerne Rüstungen oder mit Eichhörnchenfell gefütterte, kostbare Umhänge, dazu blaue Halskrausen; das Schwert war um den Schenkel und nicht um die Lende gegürtet. Wo an der Wand würde wohl ihr eigenes Bild einmal hängen, und wie würde er aussehen, ihr adliger Gatte? Ja, darüber dachte sie nach, darüber plauderte sie, ich hörte es, wenn ich durch den langen Gang in den Saal und wieder hinaus fuhr.

Anna Dorthea, die bleiche Hyazinthe, war noch ein Kind von vierzehn Jahren, still und in sich gekehrt; die großen wasserblauen Augen sahen nachdenklich aus, doch um ihre Lippen spielte ein kindliches Lächeln, das sich nicht wegblasen ließ, und ich wollte es auch nicht wegblasen.

Ich traf sie im Garten, im Hohlweg und auf dem Fronacker, sie sammelte Kräuter und Blumen für ihren Vater, der daraus Getränke und Tropfen zu destillieren verstand. Valdemar Daae war hochmütig und stolz, doch auch gebildet und kenntnisreich; das merkte man wohl, darüber wurde gemunkelt. Sein Kamin brannte sogar zur Sommerzeit, die Kammertür war verschlossen; das geschah immer öfter, Tage und Nächte, doch er sprach kaum davon; man soll die Kräfte der Natur schweigend erforschen, bald würde er das Beste finden – das rote Gold.

Deshalb rauchte es vom Kamin, deshalb das Knistern und Flackern! Ja, ich war dabei!« erzählte der Wind. »Laß fahren dahin! Laß fahren dahin! sang ich durch den Schornstein. Das wird Rauch, Dampf, Glut und Asche. Du verbrennst dich selbst! Hu-u-buh! Fahre hin! Fahre hin! Aber Valdemar Daae ließ es nicht fahren!

Die prächtigen Pferde im Stall – wo kamen sie hin? Das alte Silber und Gold aus Schrank und Kammer, die weidenden Kühe, Gut und Gutshof? – Ja, die können schmelzen, im Goldtiegel schmelzen, und doch wird daraus kein Gold.

Es wurde leer in Tenne und Speisekammer, im Keller und auf dem Boden. Weniger Leute, mehr Mäuse. Eine Scheibe sprang, eine zerbrach, ich brauchte nicht durch die Tür zu kommen!« sagte der Wind. »Wo der Schornstein raucht, da kocht die Mahlzeit; hier rauchte der Schornstein und verschlang sämtliche Mahlzeiten, alles für das rote Gold.

Ich blies durch das Burgtor, wie ein Wächter ins Horn bläst, aber da war kein Wächter!« sagte der Wind. »Ich drehte den Wetterhahn auf dem Turm, er schnarrte, als ob dort oben der Wächter schnarchte, aber da war kein Wächter, da waren Ratten und Mäuse. Armut deckte den Tisch, Armut saß in Kleiderschrank und Speiseschrank, die Tür fiel aus den Angeln, Risse und Spalten entstanden; ich ging aus und ich ging ein«, sagte der Wind, »deshalb weiß ich gut Bescheid.

In Rauch und Asche, in Kummer und schlaflosen Nächten ergraut das Haar und der Bart auch, die Haut wird unrein und gelb, die Augen gieren nach Gold, nach dem ersehnten Gold.

Ich blies ihm Rauch und Asche in Gesicht und Bart; statt Gulden kamen Schulden. Ich sang durch die zerbrochenen Scheiben und die klaffenden Spalten, wehte herein zur Schlafbank der Töchter, wo verblichene, verschlissene Kleider lagen, die ewig halten mußten. Dieses Lied war den Kindern nicht an der Wiege gesungen! Das Herrenleben wurde ein elendes Leben! Ich war der einzige, der laut im Schloß sang«, sagte der Wind. »Ich ließ sie einschneien, das wärmt, wie man sagt; Brennholz hatten sie nicht, der Wald war gefällt, woher sollten sie es nehmen? Es herrschte klirrender Frost; ich schwang mich durch Schallöcher und Gänge, über Giebel und Mauern, um mich in Schwung zu halten. Drinnen lagen sie im Bett, wegen der Kälte, die adligen Töchter; während der Vater unter die Felldecke kroch. Nichts zu beißen und nichts zu brennen, das ist ein Herrenleben! Hu-u-buh! Laß fahren dahin! – Aber das konnte Herr Daae nicht.

›Auf Winter folgt Frühling‹, sagte er, ›auf schlechte Zeiten folgen gute! – Aber sie lassen auf sich warten, warten! – Jetzt ist der Hof nur noch ein Schuldbrief! Jetzt ist es allerhöchste Zeit – und dann kommt das Gold! Zu Ostern!‹

Ich hörte ihn ins Gewebe der Spinne murmeln: ›Du flinke kleine Weberin, du lehrst mich aushalten! Wenn dein Gewebe zerreißt, beginnst du von vorn und bringst es zu Ende! Wieder entzwei – und unverdrossen fängst du von neuem an, von vorn! – Von vorn! Das soll man tun! Und es lohnt sich!‹

Es war Ostermorgen, die Glocken läuteten, die Sonne spielte am Himmel. In Fieberhitze hatte er gewacht, hatte gekocht und gekühlt, gemischt und destilliert. Ich hörte ihn seufzen wie eine verzweifelte Seele, ich hörte ihn beten, ich sah, daß er den Atem anhielt. Er merkte nicht, daß die Lampe erloschen war; ich blies in die Kohlenglut, sie leuchtete ihm in das kreideweiße Gesicht, verlieh ihm einen farbigen Schimmer, tief lagen die Augen in ihren Höhlen – doch jetzt wurden sie groß, ganz groß – als ob sie zerspringen wollten.

›Sieh das alchimistische Glas! Es funkelt darin! Es ist glühend, rein und schwer!‹ Er hob es mit zitternder Hand, er rief mit zitternder Zunge: ›Gold! Gold!‹ Ihm schwindelte dabei, ich hätte ihn umblasen können«, sagte der Wind. »Aber ich blies nur in die glühenden Kohlen, folgte ihm durch die offene Tür, dorthin, wo die Töchter froren. Asche bedeckte sein Gewand, saß ihm im Bart und im verfilzten Haar. Stolz richtete er sich auf, hob das zerbrechliche Glas mit seinem reichen Schatz: ›Gefunden! Gewonnen! – Gold!‹ rief er, reckte das Glas empor, ließ es in der Sonne funkeln – und seine Hand zitterte, das alchimistische Glas fiel zu Boden und zersprang in tausend Stücke – zersprungen war die letzte Blase seines Wohls. Hu-u-buh! Fahre hin! – Und ich fuhr weiter und verließ den Goldmacherhof.

Als das Jahr zu Ende ging und die Tage kurz wurden, als der Nebel mit seinem Wischlappen kam und nasse Tropfen auf rote Beeren und blattlose Zweige wrang, hellte sich meine Laune auf, ich lüftete aus, blies den Himmel rein und brach verrottete Zweige ab; das ist keine große Arbeit, muß aber getan werden. Auch auf andre Weise wurde reingefegt, und zwar auf dem Gutshof Borreby bei Valdemar Daae. Sein Feind Ove Ramel von Basnæs hatte den Pfandbrief auf Hof und Hausrat erworben. Ich trommelte gegen die gesprungenen Scheiben, ließ die morschen Türen schlagen, pfiff durch Ritzen und Spalten: hu-i! – Herrn Ove sollte die Lust vergehen, hier seßhaft zu werden. Ide und Anna Dorthea weinten bittere Tränen; Johanne war stolz und blaß, biß sich auf den Daumen, daß er blutete – aber was sollte das helfen! Ove Ramel gestattete Herrn Daae, bis ans Ende seiner Tage auf dem Hof zu bleiben, doch er bekam für sein Angebot keinen Dank; ich lauschte vergebens – und sah, wie der hoflose Herr den Kopf noch stolzer erhob, ihn in den Nacken warf, und ich warf mich gegen den Hof und die alten Linden, brach den dicksten Zweig davon ab, und der war nicht verfault. Da lag er vor dem Tor wie ein Besen, falls jemand ausfegen wollte, und ausgefegt wurde; dachte ich's doch!

Es war ein harter Tag, eine steife Brise, und das Gemüt war hart, der Nacken steif.

Sie besaßen nichts als die Kleider auf dem Leibe; doch, Herr Daae hatte noch ein alchimistisches Glas gekauft und mit den verschütteten, vom Fußboden zusammengekratzten Resten gefüllt, mit jenem Schatz, der nicht gehalten, was er versprochen hatte. Valdemar Daae barg ihn an seiner Brust, ergriff seinen Stock, und dann verließ der einstmals reiche Herr mit seinen drei Töchtern den Hof. Ich blies kalt auf seine heißen Wangen, ich streichelte seinen grauen Bart und seine langen weißen Haare, ich sang, wie ich konnte: Hu-u-buh! Fahre hin! Fahre hin! – Das war das Ende der reichen Herrlichkeit.

Ide und Anna Dorthea gingen ihm zur Seite; Johanne wandte sich um im Tor – wozu nur, das Glück würde sich doch nicht wenden. Sie betrachtete die roten Steine der Mauer, von der Burg des Marsk Stig, und sie dachte an seine Töchter:

›Die älteste nahm die jüngste bei der Hand,

Und weit in die Welt sie fuhren!‹

An dieses Lied dachte sie – sie waren drei – und der Vater dabei! – Auf dem Weg, den sie gingen, waren sie einst in der Kutsche gefahren, nun zogen sie als Bettler mit dem Vater nach Smidstrup Mark, wo sie für zehn Mark im Jahr ein Lehmhaus gemietet hatten – das war der neue Herrensitz, mit leeren Wänden und leeren Fässern. Krähen und Dohlen flogen über sie hin und schrien wie im Spott: ›Das Nest ist ab! Das Nest ist ab! Ab! Ab!‹ – so hatten damals die Vögel geschrien, als man den Wald von Borreby fällte.

Herr Daae und seine Töchter vernahmen es wohl! Ich wehte ihnen um die Ohren, es lohnte das Zuhören nicht.

Dann hielten sie Einzug im Lehmhaus von Smidstrup Mark – und ich eilte davon über Moor und Feld, durch nackte Hecken und entblätterte Wälder, zu offnen Gewässern, in andere Ländern – hu-u-buh! Fahre hin! Fahre hin! Und das in allen Jahren.«

*

Wie erging es Valdemar Daae, wie erging es den Töchtern? Der Wind erzählt:

»Die letzte, die ich von ihnen sah, ja, das letzte Mal, das

war Anna Dorthea, die bleiche Hyazinthe. – Nun war sie alt und gebeugt, ein halbes Jahrhundert war inzwischen vergangen. Sie lebte am längsten, sie wußte von allem.

Dort auf der Heide, wo die Stadt Viborg liegt, hatte sich der Dompropst seinen neuen, stattlichen Hof errichtet, mit roten Steinen und gezacktem Giebel; aus dem Schornstein stieg fetter Rauch. Im Erker saß die milde Hausherrin mit den schönen Töchtern, sie schauten über den hängenden Bocksdorn des Gartens, hinaus auf die braune Heide. – Was suchten ihre Augen? Sie suchten das Storchennest auf der baufälligen Hütte dort. Das Dach, soweit man es Dach nennen konnte, war mit Moos und Hauswurz bewachsen, den größten Teil bedeckte das Storchennest, das einzige, was ausgebessert war, denn der Storch hielt es instand.

Es war ein Haus zum Ansehen, nicht zum Anrühren! Ich mußte behutsam blasen«, sagte der Wind. »Nur wegen des Storchennestes ließ man das Haus auf der Heide noch stehen, sonst bot es ja einen häßlichen Anblick. Weil der Dompropst den Storch nicht vertreiben wollte, durfte die alte Hütte bleiben, und auch die arme Alte darin durfte bleiben; das hatte sie dem ägyptischen Vogel zu danken – oder war es der Dank dafür, daß sie einmal Fürbitte für seinen wilden schwarzen Bruder eingelegt hatte, damit er sein Nest im Wald von Borreby behalten durfte? Damals war sie, die arme Alte, ein junges Kind, eine feine, bleiche Hyazinthe im adligen Garten. Sie erinnerte alles: Anna Dorthea.

›Oh, oh!‹ – Ja, die Menschen können seufzen, wie es der Wind in Schilf und Röhricht kann. ›Oh! – Über deinem Grab, Valdemar Daae, haben keine Glocken geläutet! Als der einstige Herr von Borreby in die Erde gelegt wurde, haben die armen Schuljungen nicht gesungen! Oh! Alles hat doch einmal ein End', auch das Elend! – Schwester Ide wurde das Weib eines Bauern! Das war für unsern Vater die härteste Prüfung! Der Schwiegersohn ein erbärmlicher Knecht – der Gutsherr konnte ihn auf dem hölzernen Esel reiten lassen! – Nun ist er wohl unter der Erde. Und du auch, Ide? – O ja, o ja, es ist noch nicht vorbei, ich arme Alte, ich armes Ding! Erlöse mich, Herr Jesus Christ!‹

So betete Anna Dorthea in dem elenden Haus, das wegen des Storchs stehenbleiben durfte.

Um die keckeste der Schwestern habe ich mich selbst gekümmert«, sagte der Wind. »Sie schneiderte sich ein Gewand, wie es ihr stand. Verkleidet als armer Knecht heuerte sie bei einem Schiffer an; sie war wortkarg und mürrisch, doch fleißig bei der Arbeit, nur klettern konnte sie nicht. Da blies ich sie über Bord, bevor jemand merkte, daß sie ein Frauenzimmer war, und das war wohlgetan von mir!« sagte der Wind.

*

»Es war ein Ostermorgen wie damals, als Valdemar Daae glaubte, er habe das rote Gold gefunden, da hörte ich unter dem Storchennest, in den baufälligen Wänden, Choralgesang, Anna Dortheas letzten Gesang.

Das Haus hatte kein Fenster, nur ein Loch in der Wand; als die Sonne kam, setzte sie sich wie ein Klumpen Gold hinein – das war ein Glanz! Anna Dortheas Auge brach, ihr Herze brach! Das wäre auch geschehen, hätte die Sonne an diesem Morgen nicht auf sie geschienen.

Der Storch gab ihr ein Dach zum Sterben, ich sang an ihrem Grab«, sagte der Wind, »ich sang auch am Grab ihres Vaters, ich weiß, wo es ist und wo ihr Grab ist, das weiß sonst niemand!

Neue Zeiten, andere Zeiten! Was einst öffentliche Straße war, wird zum eingehegten Feld, beschützte Gräber werden zur befahrenen Landstraße – und bald kommt der Dampf mit seiner Wagenreihe und braust über die

Gräber hinweg, die vergessen sind wie die Namen, hu-u-buh! Fahre hin!

Das ist die Geschichte von Valdemar Daae und seinen Töchtern. Erzählt sie besser, ihr anderen, falls ihr es könnt!« sagte der Wind und drehte sich.

Weg war er.

48. *Hofhahn und Wetterhahn*

Es waren zwei Hähne, einer auf dem Misthaufen und einer auf dem Dach, hochmütig waren sie beide. Wer aber hat das meiste getan? Sag uns deine Meinung – wir behalten die unsere trotzdem.

Der Hühnerhof war durch einen Bretterzaun von einem anderen Hof abgegrenzt, in dem sich ein Misthaufen befand, und auf diesem wuchs eine große Gurke. Sie war sich dessen bewußt, daß sie ein Mistbeetgewächs war.

»Dazu wird man geboren!« sagte es in ihr. »Nicht alle können als Gurken geboren werden, es muß auch noch andere lebende Arten geben. Hühner, Enten und alles Vieh auf dem Nachbarhof sind auch Geschöpfe. Zum Hofhahn auf dem Zaun sehe ich allerdings auf, denn er ist von einer ganz anderen Bedeutung als der Wetterhahn, der so hoch gesetzt ist und nicht einmal knarren kann, geschweige denn krähen. Er hat weder Hennen noch Küken, er denkt nur an sich selbst und schwitzt Grünspan. Nein, der Hofhahn, das ist ein Hahn! Wenn man sieht, wie er tritt – das ist ein Tanz! Wenn man hört, wie er kräht – das ist Musik! Wo er hinkommt, da kann man hören, was ein Trompeter ist! Käme er auf diesen Hof, um mich mit Stumpf und Stiel zu verspeisen, ginge ich in seinem Körper auf – das wäre ein seliger Tod!« sagte die Gurke.

In der Nacht braute sich ein schreckliches Unwetter zusammen; Hühner, Küken und auch der Hahn suchten Schutz. Der Bretterzaun zwischen den Höfen wurde mit großem Getöse umgeweht; die Ziegel fielen vom Dach, doch der Wetterhahn saß fest, ohne sich auch nur zu drehen, das konnte er gar nicht; obwohl er jung war und frischgegossen, war er doch gesetzt und besonnen. Er war alt geboren, im Unterschied zu den flatternden Vögeln des Himmels, den Spatzen und Schwalben, die er verachtete: »Piepvögel, gering an Größe und ordinär!« Die Tauben, groß, blank und schimmernd wie Perlmutter, sahen zwar wie eine Art Verwandtschaft von ihm aus, doch der Wetterhahn sagte, sie seien dick und dumm, dächten einzig und allein ans Fressen und seien langweilig im Umgang. Die Zugvögel waren auch zu Besuch gekommen und hatten von fernen Ländern, von Luftkarawanen und schrecklichen Räubergeschichten mit den Raubvögeln erzählt, was beim ersten Mal interessant gewesen war, doch später wiederholten sie sich, wie der Wetterhahn wußte, es war immer dasselbe, und das ist langweilig! Sie waren langweilig, und alles war langweilig, niemand war ein passender Umgang, jeder war fade und farblos.

»Die Welt taugt nichts!« sagte er. »Unsinn das Ganze!«

Der Wetterhahn war, was man als blasiert bezeichnet, und hätte die Gurke nur davon gewußt, sie hätte ihn bestimmt interessant gefunden. Aber sie blickte nur zum Hofhahn auf, und der war jetzt in ihrem Hof.

Der Zaun lag danieder, doch Blitz und Donner waren vorbei.

»Was sagt ihr zu diesem Hahnenschrei?« fragte der Hofhahn die Hennen und Küken. »Das war vulgär, da fehlte die Eleganz!«

Und während Hennen und Küken in den Mist traten, näherte sich der Hahn mit Reiterschritten der Gurke.

»Gartengewächs!« sagte er zu ihr, und weil sie in diesem einen Wort seine gesamte ungeheure Bildung zu spüren glaubte, vergaß sie, daß sie zerhackt und gefressen wurde.

»Seliger Tod!«

Und die Hennen kamen, und die Küken kamen, und wenn eine läuft, laufen die anderen mit, und sie kakelten und sie piepsten und sie betrachteten den Hahn, sie waren stolz auf ihn, er war von ihrer Art.

»Kikeriki!« krähte er. »Wenn ich im Hühnerhof der Welt nur ein Wort fallen lasse, dann werden Küken sofort große Hühner!«

Und Hennen und Küken kakelten und piepsten ihm nach.

Und dann verkündete der Hahn eine große Neuigkeit: »Ein Hahn kann ein Ei legen! Und wißt ihr, was in diesem Ei steckt? Ein Basilisk! Seinen Anblick kann niemand ertragen. Das wissen die Menschen, und jetzt wißt ihr's auch, ihr wißt, was mir innewohnt! Ihr wißt, was für ein Allerhühnerhofskerl ich bin!«

Und dann flatterte der Hofhahn mit den Flügeln, richtete seinen Kamm auf und krähte wieder. Alle Hennen und alle Küklein erschauerten, aber sie waren auch furchtbar stolz darauf, daß einer der Ihren so ein Allerhühnerhofskerl war. Sie kakelten und sie piepsten, daß es der Wetterhahn hören mußte, und er hörte es auch, doch er rührte sich nicht.

»Unsinn das Ganze!« sagte es in ihm. »Der Hofhahn legt niemals Eier, und ich mag es nicht tun! Wenn ich wollte, könnte ich wohl ein Windei legen, aber die Welt ist ein Windei nicht wert. Unsinn das Ganze! – Jetzt mag ich nicht einmal mehr sitzen!«

Und da brach der Wetterhahn ab, aber er schlug den Hofhahn nicht tot. »Obwohl er es darauf abgesehen hatte!« wie die Hennen sagten.

Und was sagt die Moral?

Es ist doch besser zu krähen, als blasiert zu sein und abzubrechen!

49. Vogel Phönix

Im Garten des Paradieses, unter dem Baum der Erkenntnis, stand eine Rosenhecke. Hier, in der ersten Rose, wurde ein Vogel geboren, sein Flug war wie der des Lichtes, schön seine Farbe, herrlich sein Gesang.

Doch als Eva die Frucht der Erkenntnis brach, als sie mit Adam aus dem Paradiesgarten vertrieben wurde, da fiel vom Flammenschwert des strafenden Engels ein Funke in das Nest des Vogels und steckte es in Brand. Der Vogel starb in den Flammen, doch aus dem roten Ei flog ein neuer, der einzige, der ewig einzige Vogel Phönix. Wie die Sage vermeldet, nistet er in Arabien und verbrennt sich alle hundert Jahre selbst in seinem Nest, und ein neuer Phönix, der einzige in der Welt, fliegt aus dem roten Ei.

Der Vogel umflattert uns, schnell wie das Licht, schön an Farbe, herrlich im Gesang. Wenn die Mutter an der Wiege des Kindes sitzt, ist er am Kopfkissen und schlägt mit seinen Flügeln um den Kopf des Kindes eine Glorie. Er fliegt durch die Stube der Genügsamkeit und erfüllt sie mit Sonnenglanz, die armselige Truhe duftet nach Veilchen.

Aber der Phönix ist nicht nur Arabiens Vogel, im Schein des Nordlichts flattert er über die Eisflächen Lapplands, in Grönlands kurzem Sommer hüpft er zwischen den gelben Blumen. Unter den Kupferbergen Faluns, in den englischen Kohlengruben fliegt er, einer gepuderten Motte gleich, über das Gesangbuch hin, das der fromme Arbeiter in seinen Händen hält. Er schwimmt auf dem Lotosblatt die heiligen Wasser des Ganges hinunter, und die Augen des Hindumädchens leuchten bei seinem Anblick auf.

Vogel Phönix! Kennst du ihn nicht? Der Vogel des Paradieses, der heilige Schwan des Gesangs. Auf dem Thespiskarren saß er als schwatzender Rabe und schlug mit schwarzen, vom Abschaum beschmutzten Flügeln; über Islands Sängerharfe glitt der rote, klingende Schnabel des Schwans; wie Odins Rabe saß er auf Shakespeares Schulter und flüsterte ihm ins Ohr: Unsterblichkeit. Beim Sängerfest flog er durch den Rittersaal der Wartburg.

Vogel Phönix! Kennst du ihn nicht? Er hat dir die Marseillaise gesungen, und du hast die Feder geküßt, die aus seinem Flügel fiel. Er kam im Paradiesesglanz, und du hast dich vielleicht von ihm ab- und dem Spatzen zugewandt, der Flittergold auf den Flügeln trug.

Vogel des Paradieses! In jedem Jahrhundert erneuert, geboren in Flammen, gestorben in Flammen, dein golden gerahmtes Bild hängt in den Sälen der Reichen, du selbst fliegst oft irrend und einsam herum – eine Sage nur: Vogel Phönix in Arabien.

Im Garten des Paradieses, als du unter dem Baum der Erkenntnis in der ersten Rose geboren wurdest, küßte der Herrgott dich und gab dir deinen rechten Namen – *Poesie*.

50. *Zwölf mit der Post*

Es war klirrender Frost, sternklares Wetter, vollkommen windstill. Bums! Da wurde ein Topf gegen die Tür geschlagen.

Paff! Da schoß man das neue Jahr ein. Es war Silvester, jetzt schlug die Uhr zwölf.

Taretata! Da kam die Post. Die große Postkutsche hielt vor dem Stadttor, sie brachte zwölf Personen, mehr konnten nicht darin sitzen, alle Plätze waren besetzt.

»Hurra! Hurra!« sangen in den Häusern die Leute, die Silvester feierten und sich eben jetzt mit dem vollen Glas erhoben hatten, um auf das neue Jahr zu trinken.

»Gesundheit und Glück im neuen Jahr!« sagten sie. »Ein Weibchen! Viel Geld! Schluß mit dem Ärger!«

Ja, das wünschten sie sich und stießen an, und – die Post hielt vor dem Stadttor mit den fremden Gästen, den zwölf Reisenden.

Was waren das für Leute? Sie hatten Pässe und Reisegepäck, ja, Geschenke für dich und mich und alle Menschen in der Stadt. Wer waren die Fremden? Was wollten sie, und was brachten sie?

»Guten Morgen!« sagten sie zur Schildwache am Tor.

»Guten Morgen!« war die Antwort, denn die Uhr hatte ja zwölf geschlagen.

»Ihren Namen? Ihren Stand?« fragte die Schildwache den ersten, der aus dem Wagen stieg.

»Sehen Sie in den Paß!« sagte der Mann. »Ich bin ich!« Er war auch ein ganzer Kerl, bekleidet mit Bärenfell und riesigen Stiefeln. »Ich bin jener Mann, auf den so furchtbar viele ihre Hoffnung setzen. Komm morgen, dann will ich dir ein Neujahrsgeschenk machen! Ich werfe Schillinge und Taler in die Menge, teile Geschenke aus, ich veranstalte sogar Bälle, ganze einunddreißig Bälle, mehr Nächte habe ich nicht zu vergeben. Meine Schiffe sind eingefroren, doch in meinem Kontor ist es warm. Ich bin Großhändler und heiße Januar. Ich habe nur Rechnungen bei mir!«

Dann kam der nächste, er war Spaßmacher, er war Direktor der Komödien, der Maskeraden und aller Vergnügen, die man erfinden kann. Sein Reisegepäck war eine große Tonne.

»Von der werden wir zur Fastnacht viel mehr als die Katze schlagen!« sagte er. »Ich will andere und mich selbst vergnügen, denn ich habe die kürzeste Lebenszeit von der ganzen Familie; ich werde nur achtundzwanzig! Ja, vielleicht legt man noch einen Tag dazu, aber das macht gleichviel. Hurra!«

»Sie dürfen nicht so laut schreien!« sagte die Schildwache.

»Doch, gewiß darf ich das!« sagte der Mann. »Ich bin Prinz Karneval und reise unter dem Namen Februarius!«

Nun kam der dritte. Er sah wie lauter Fasten aus, trug aber den Kopf sehr hoch, denn er war mit den »vierzig Rittern« verwandt und Wetterprophet. Doch dieses Amt bringt nicht viel ein, deshalb pries er die Fastenzeit. Als Schmuck trug er ein Büschel Veilchen im Knopfloch, aber sie waren sehr klein.

»März, marsch!« rief der vierte und stieß den dritten an. »März, marsch! Auf die Wache, da ist Punsch! Ich kann ihn riechen!« Aber das stimmte nicht, es war ein Aprilscherz, damit begann der vierte Bursche. Er sah keck aus, er tat wohl nicht viel und hatte viele Feiertage. »Auf und ab mit der Stimmung!« sagte er. »Regen und Sonnenschein, Ausziehen und Einziehen! Ich bin auch Umzugs-Kommissar, ich bin Leichenbestatter, ich kann lachen und weinen. In meinem Koffer sind Sommerkleider, aber sie anzuziehen wäre völlig verrückt. Hier bin ich! Als Aufputz trage ich Seidenstrümpfe und Muff!«

Nun stieg eine Dame aus dem Wagen.

»Fräulein Mai!« sagte sie. Sie hatte sich sommerlich angezogen und trug aber zum buchenblattgrünen Seidenkleid Galoschen, hatte Anemonen im Haar und duftete derart nach Waldmeister, daß die Schildwache niesen mußte. »Gott segne Sie!« sagte sie, das war ihr Gruß. Sie war hübsch! Und Sängerin war sie auch, nicht auf dem Theater, sondern im Wald; nicht in den Zelten, nein, im frischen grünen Wald sang sie zu ihrem eignen Vergnügen. In ihrem Nähbeutel hatte sie »Holzschnitte« von Christian Winther, denn die sind wie der Buchenwald selbst, und »Kleingedichte« von Richardt, die sind wie Waldmeister.

»Jetzt kommt die Dame, die junge Dame!« rief man im Wagen, und die Dame erschien, jung und fein, stolz und hübsch. Sie war geboren dazu, »Siebenschläfer« zu feiern, das war sofort zu sehen. Am längsten Tag des Jahres gab sie ein Fest, damit man Zeit genug hatte, um die vielen Gerichte zu essen. Obwohl sie sich leisten konnte, im eigenen Wagen zu fahren, kam sie doch mit der Post wie die andern; damit wollte sie zeigen, daß sie nicht hochmütig war. Auch reiste sie nicht allein, sondern wurde von ihrem jüngeren Bruder Julius begleitet.

Der war kräftig gebaut, trug einen Sommeranzug und einen Panamahut. An Reisegepäck hatte er wenig, das war in der Hitze so beschwerlich, nur Badekappen und Badehosen, das ist nicht viel.

Nun kam die Mutter, Madame August, Obsthändlerin en gros, Besitzerin vieler Fischbehälter, Bauersfrau mit großer Krinoline. Sie war dick und warm, nahm an allem Anteil, ging selbst aufs Feld, um den Leuten das Bierfäßchen zu bringen. »Im Schweiße seines Angesichts soll man sein Brot essen!« sagte sie. »Das steht in der Bibel. Hinterher kann man Waldfest und Erntefest feiern!« Sie war die Mutter.

Dann kam wieder ein Mannsbild, von Beruf Maler, Farbenmeister, das bekam der Wald zu spüren. Die Blätter mußten die Farbe wechseln, doch schön wurden sie, wenn er es wollte; bald sah der Wald rot, gelb und braun aus. Der Meister pfiff wie der schwarze Star, war ein fleißiger Arbeiter und bekränzte seinen Bierhumpen mit der braungrünen Hopfenranke, das schmückte, und für Schmuck hatte er einen Blick. Hier stand er nun mit seinem Farbtopf, das war sein ganzes Reisegepäck.

Ihm folgte der Gutsbesitzer, der an Aussaat, an Pflügen und Herbstbestellung, ja, ein wenig auch an Jagdvergnügen dachte. Bei sich hatte er Hund und Gewehr und trug in seiner Tasche Nüsse, knick knack! Er hatte entsetzlich viel Gepäck, dazu einen englischen Pflug und redete landökonomisch, was aber vor lauter Husten und Keuchen kaum zu verstehen war – denn jetzt kam der November.

Er hatte Schnupfen, heftigen Schnupfen und benutzte statt eines Taschentuchs ein Laken, und doch sollte er die Mägde in den Dienst begleiten, wie er sagte. Beim Brennholzschlagen würde sich seine Erkältung schon geben, und das wollte er tun, denn er war Sägemeister der Innung. Die Abende brachte er damit zu, Schlittschuhe aus Holz zu schnitzen, denn er wußte, daß man diese vergnüglichen Schuhe schon in wenigen Wochen brauchte.

Nun kam als letzte das alte Mütterchen mit dem Feuertopf; obwohl sie fror, leuchteten ihre Augen wie zwei helle Sterne. Sie trug einen Blumentopf mit einem kleinen Tannenbaum. »Den will ich hegen und pflegen, damit er am Weihnachtsabend so groß ist, daß er vom Fußboden bis zur Decke reicht und brennende Lichter, vergoldete Äpfel und ausgeschnittene Bilder tragen kann. Der Feuertopf wärmt wie ein Kachelofen, ich hole das Märchenbuch aus der Tasche und lese vor, da werden alle Kinder in der Stube still. Doch die Puppen am Baum werden lebendig, und der kleine Wachsengel hoch oben schüttelt seine Flügel aus Flittergold, fliegt vom grünen Wipfel herab und küßt Große und Kleine im Zimmer, ja, auch die armen Kinder, die draußen stehen und das Weihnachtslied vom Stern über Bethlehem singen!«

»Und jetzt kann die Kutsche weiterfahren!« sagte die Schildwache. »Jetzt haben wir das Dutzend voll. Nun mag ein neuer Reisewagen kommen!«

»Laß erst diese zwölf unbeschadet herein!« sagte der Hauptmann, der Wache hatte. »Einer nach dem anderen! Den Paß behalte ich, der gilt jeweils für einen Monat;

wenn der um ist, werde ich eintragen, wie sich der Betreffende betragen hat. Bitte sehr, Herr Januar, haben Sie die Güte, einzutreten!«

Und dann ging er hinein.

Wenn ein Jahr um ist, dann will ich dir sagen, was diese zwölf dir und mir und uns allen gebracht haben. Jetzt weiß ich es noch nicht, und sie wissen es wohl selber nicht – denn es ist eine seltsame Zeit, in der wir leben!

51. Der Mistkäfer

Das Pferd des Kaisers bekam goldene Hufeisen, ein goldenes Eisen an jeden Huf.

Warum bekam es goldene Hufeisen?

Es war ein prächtiges Tier, mit feinen Beinen, klugen Augen und einer Mähne, die seinen Hals wie ein Seidenschleier umwehte. Es hatte seinen Herrn durch Pulverdampf und Kugelregen getragen, hatte die Kugeln singen und pfeifen gehört; es hatte um sich gebissen, um sich geschlagen, mitgekämpft, als die Feinde vorstürmten; es hatte seinen Kaiser mit einem Sprung über das Pferd des gestürzten Feindes getragen, hatte seinem Kaiser die Krone aus rotem Gold gerettet, hatte seinem Kaiser das Leben gerettet, das war mehr wert als das rote Gold, und deshalb bekam das Pferd des Kaisers goldene Hufeisen, ein goldenes Eisen an jeden Huf.

Da kroch der Mistkäfer hervor.

»Erst die Großen, dann die Kleinen«, sagte er, »aber auf die Größe kommt es nicht an.« Und dann streckte er seine dünnen Beine aus.

»Was willst du?« fragte der Schmied.

»Goldene Hufeisen!« antwortete der Mistkäfer.

»Du bist wohl nicht ganz klar im Kopf!« sagte der Schmied. »Du willst auch goldene Hufeisen haben?«

»Goldene Hufeisen!« sagte der Mistkäfer. »Bin ich nicht genausogut wie der große Gaul, den man bedienen, striegeln, pflegen, füttern und tränken muß? Gehöre ich nicht auch zum Stall des Kaisers?«

»Aber warum bekommt das Pferd goldene Hufeisen?« fragte der Schmied. »Verstehst du das nicht?«

»Verstehen? Ich verstehe dies als eine Mißachtung meiner Person«, sagte der Mistkäfer, »als eine Kränkung – und deshalb ziehe ich jetzt in die weite Welt hinaus!«

»Zieh ab!« sagte der Schmied.

»Grober Klotz!« sagte der Mistkäfer, und dann ging er davon, flog ein Stückchen und geriet in einen hübschen kleinen Blumengarten, wo es nach Rosen und Lavendel duftete.

»Ist es nicht herrlich hier?« sagte ein kleiner Marienkäfer, der mit seinen roten, schwarzgepunkteten Flügeln herumflog, die stark wie ein Panzer waren. »Wie süß es hier duftet und wie schön es hier ist!«

»Ich bin Besseres gewöhnt!« sagte der Mistkäfer. »Nennt Ihr dies schön? Hier gibt es nicht einmal einen Misthaufen!«

Und dann ging er weiter, in den Schatten einer großen Levkoje, auf der eine Kohlraupe kroch.

»Wie herrlich ist doch die Welt!« sagte die Kohlraupe. »Die Sonne ist so warm! Alles ist so vergnüglich! Und wenn ich einmal einschlafe und sterbe, wie sie das nennen, dann wache ich auf und bin ein Schmetterling!«

»Bilde dir bloß nichts ein!« sagte der Mistkäfer. »Jetzt sind wir die Schmetterlinge! Ich komme aus dem Stall des Kaisers, aber solche Einbildungen hat dort keiner, nicht einmal das Leibpferd des Kaisers, das doch meine abgelegten goldenen Hufeisen trägt. Flügel bekommen! Fliegen! Ja, jetzt fliegen wir!« Und dann erhob sich der Mistkäfer in die Luft. »Ich will mich nicht ärgern, aber ich ärgere mich trotzdem!«

Und dann fiel er auf ein großes Rasenstück. Als er ein Weilchen hier gelegen hatte, schlief er ein.

Gott bewahre, was ging da für ein Sturzregen nieder! Der Mistkäfer erwachte von diesem Guß und wollte sogleich in die Erde kriechen; aber er konnte nicht, er fiel um, schwamm auf dem Bauch und auf dem Rücken, an Fliegen war nicht zu denken, es schien, als sollte er kaum jemals lebendig von diesem Fleck wegkommen; er lag, wo er lag, und blieb liegen.

Als der Regen ein wenig nachgelassen und der Mistkäfer das Wasser aus seinen Augen gezwinkert hatte, entdeckte er etwas Weißes, das war Leinen auf der Bleiche. Er begab sich dorthin und verkroch sich in eine Falte des nassen Stoffes, was freilich nicht dasselbe war, wie im warmen Stallmist zu liegen; doch etwas Besseres gab es hier nicht, und so blieb er darin, einen ganzen Tag, eine ganze Nacht, und das Regenwetter blieb auch. In der Morgenstunde kam der Mistkäfer hervor, er war über das Klima sehr verärgert.

Auf dem Leinen saßen zwei Frösche, ihre klaren Augen leuchteten vor lauter Vergnügen. »Das ist ein prachtvolles Wetter!« sagte der eine. »Wie das erfrischt! Und das Leinen hält das Wasser so herrlich zusammen! Es kribbelt mir in den Hinterbeinen, als sollte ich schwimmen!«

»Ich möchte wohl wissen«, sagte der andere, »ob die Schwalbe, die so weit herumfliegt, ob die auf ihren vielen Auslandsreisen ein besseres Klima als hier gefunden hat; welch ein Guß, welch eine Nässe! Das ist, als läge man in einem vollen Graben! Wer sich nicht darüber freut, der liebt sein Vaterland gewiß nicht!«

»Ihr seid wohl noch nie in den Ställen des Kaisers gewesen?« fragte der Mistkäfer. »Da ist das Feuchte warm und würzig! Daran bin ich gewöhnt, das ist mein Klima, aber man kann es nicht mit auf die Reise nehmen. Gibt es in diesem Garten nicht ein Mistbeet, wo Standespersonen wie ich einkehren und sich zu Hause fühlen können?«

Doch die Frösche verstanden ihn nicht oder wollten ihn nicht verstehen.

»Ich frage niemals ein zweites Mal!« sagte der Mistkäfer, nachdem er dreimal gefragt hatte, ohne eine Antwort zu bekommen.

Als er ein Stück gegangen war, lag ein Topfscherben da; das sollte er zwar nicht, doch wie er da lag, gewährte er Schutz. Hier wohnten mehrere Ohrwurmfamilien; sie verlangten nicht viel Wohnraum, sondern nur Geselligkeit. Die Weibchen waren hauptsächlich mit Mutterliebe begabt, weshalb ihre jeweiligen Jungen auch die schönsten und die klügsten waren.

»Unser Sohn hat sich verlobt«, sagte eine Mutter, »die süße Unschuld! Er hat sich als höchstes Ziel gesetzt, einmal ins Ohr eines Pfarrers zu kriechen. Er ist von so liebenswerter Kindlichkeit, und die Verlobung hält ihn von Ausschweifungen ab. Das ist für eine Mutter sehr erfreulich!«

»Unser Sohn«, sagte eine zweite Mutter, »der ist aus dem Ei geschlüpft und hat sogleich sein Spiel getrieben; er sprüht geradezu, er läuft sich die Hörner ab. Das ist für eine Mutter eine ungeheure Freude! Nicht wahr, Herr Mistkäfer?« Sie erkannten den Fremden an der Figur.

»Sie haben beide recht«, sagte der Mistkäfer, und dann wurde er in die Stube gebeten, so weit er unter den Topfscherben kriechen konnte.

»Nun sollen Sie auch mein Ohrwürmchen sehen!« sagten die dritte und vierte Mutter. »Es sind allerliebste Kinder und so lustig! Nie sind sie unartig, außer wenn sie Bauchweh haben, aber das bekommt man in ihrem Alter so leicht!«

Und dann redete jede Mutter von ihren Jungen, und die Jungen redeten mit und benutzten die kleine Gabel an ihrem Schwanz, um den Mistkäfer am Bärtchen zu zupfen.

»Auf was für Ideen sie nur kommen, die kleinen Schelme!« sagten die Mütter und dunsteten vor Mutterliebe. Doch der Mistkäfer fand es langweilig, und deshalb fragte er, ob in der Nähe ein Mistbeet sei.

»Das ist weit weg in der Welt, jenseits des Grabens«, sagte der Ohrwurm, »so weit, wie hoffentlich nie eins meiner Kinder kommt, denn sonst sterbe ich!«

»So weit will ich es aber doch versuchen!« sagte der Mistkäfer und ging ohne Abschied davon – das ist am galantesten.

Am Graben traf er mehrere andere von seiner Art, allesamt Mistkäfer.

»Hier wohnen wir!« sagten sie. »Wir haben es recht gemütlich! Dürfen wir Sie nicht hinunter ins Fette bitten? Gewiß hat die Reise Sie ermüdet.«

»Das hat sie«, sagte der Mistkäfer. »Ich habe im Regen auf Leinen gelegen, und Reinlichkeit greift mich ganz besonders an! Auch habe ich mir im Flügelgelenk die Gicht zugezogen, als ich unter einem Topfscherben im Durchzug stand. Es ist eine wahre Wohltat, einmal bei seinesgleichen zu sein!«

»Sie kommen vielleicht vom Mistbeet?« fragte der Älteste.

»Von einem höheren Ort!« sagte der Mistkäfer. »Ich komme aus dem Stall des Kaisers, wo ich mit goldenen Hufeisen geboren wurde; ich bin in einer geheimen Sache unterwegs, über die Sie mich nicht ausforschen dürfen, denn ich sage es nicht!«

Und dann stieg der Mistkäfer in den fetten Schlamm hinunter. Dort saßen drei junge Mistkäferweibchen und kicherten, weil sie nicht wußten, was sie sagen sollten.

»Die sind noch nicht verlobt«, sagte die Mutter, und dann kicherten sie wieder, aber das war vor Verlegenheit.

»Ich habe in den Ställen des Kaisers keine Schöneren gesehen!« sagte der reisende Mistkäfer.

»Verderben Sie mir meine Mädchen nicht! Und sprechen Sie sie nur dann an, wenn Sie reelle Absichten haben – aber die haben Sie ja, und ich erteile Ihnen meinen Segen.«

»Hurra!« sagten alle andern, und dann war der Mistkäfer verlobt. Erst Verlobung, dann Hochzeit, worauf sollte man auch warten.

Der nächste Tag verlief sehr gut, der übernächste schlich dahin, doch am dritten Tag sollte man an Futter für Frau und vielleicht Kinder denken.

»Ich habe mich überraschen lassen«, sagte der Mistkäfer, »dann darf ich sie wohl auch überraschen!«

Und das tat er. Weg war er, weg den ganzen Tag, weg die ganze Nacht – und dann war seine Frau Witwe. Die andern Mistkäfer sagten, sie hätten einen rechten Landstreicher in die Familie aufgenommen; nun fiel ihnen die Frau zur Last.

»Dann kann sie wieder als Jungfrau gelten«, sagte die Mutter, »als mein Kind. Pfui, dieser Mistkerl, der sie verlassen hat!«

Der war indessen unterwegs und auf einem Kohlblatt über den Graben geschwommen. Am Morgen kamen zwei Menschen, und als sie den Mistkäfer sahen, hoben sie ihn auf und drehten und wendeten ihn, und beide waren sie sehr gelehrt, vor allem der Junge. »Allah sieht den schwarzen Mistkäfer im schwarzen Stein im schwarzen Berg! Steht es nicht so im Koran?« fragte er und übersetzte den Namen des Mistkäfers ins Lateinische, erklärte sein Geschlecht und seine Natur. Der ältere Gelehrte wollte ihn nicht mit nach Hause nehmen und meinte, die Exemplare, die sie schon hätten, seien genausogut, und das fand der Mistkäfer unhöflich gesagt. Deshalb flog er ihm von der Hand, flog ein gutes Stück, denn seine Flügel waren inzwischen getrocknet. Schließlich erreichte er das Treibhaus, und weil dort ein Fenster geöffnet war, konnte er ganz bequem hineinschlüpfen und sich in den frischen Dung eingraben.

»Hier ist es lecker!« sagte er.

Bald schlief er ein und träumte, das Pferd des Kaisers sei gestürzt, und seine goldenen Hufeisen habe der Herr Mistkäfer bekommen und zwei weitere dazu versprochen. Das war sehr angenehm, und als er erwachte, kroch er aus dem Dung und schaute auf. Welch eine Pracht war in diesem Treibhaus! Oben breiteten sich große Fächerpalmen aus, von der Sonne transparent, darunter quoll üppiges Grün, und Blumen leuchteten rot wie Feuer, gelb wie Bernstein und weiß wie frischgefallener Schnee.

»Diese Pflanzenpracht ist unvergleichlich! Wie die schmecken wird, wenn sie verrottet!« sagte der Mistkäfer. »Das ist eine gute Speisekammer, hier wohnen gewiß mehr aus meiner Familie. Ich will Nachforschungen anstellen und zusehen, ob ich einen geeigneten Umgang finde. Stolz bin ich, das ist mein Stolz!« Und dann ging er los und dachte an seinen Traum von dem toten Pferd und den gewonnenen goldenen Hufeisen.

Da packte ihn plötzlich eine Hand, drückte, drehte und wendete ihn.

Der kleine Sohn des Gärtners war mit einem Kameraden ins Treibhaus gekommen, hatte den Mistkäfer entdeckt und wollte seinen Spaß mit ihm haben. In ein Weinblatt eingewickelt, wurde der Käfer in eine warme Hosentasche gesteckt, er kribbelte und krabbelte, bis ihn die Hand des Jungen wieder drückte. Rasch ging es bis ans Ende des Gartens, wo sich ein großer See befand; hier wurde der Mistkäfer in einen alten, kaputten Holzschuh ohne Spann gesetzt, ein Hölzchen wurde als Mast befestigt und er selbst mit einem Wollfaden daran festgebunden – jetzt war er Schiffer und sollte segeln.

Der See war sehr groß und kam dem Mistkäfer wie ein Weltmeer vor, das verblüffte ihn derart, daß er auf den Rücken fiel und mit den Beinen zappelte.

Der Holzschuh schwamm mit der Strömung davon; und wenn das Schiff etwas zu weit abtrieb, dann krempelte der eine Junge sogleich seine Hosenbeine auf und holte es zurück. Doch als es wieder im Abdriften war, wurden die Jungen gerufen, und zwar mit ernster Stimme, und sie rannten davon und ließen den Holzschuh Holzschuh sein, und der trieb weiter und weiter vom Land ab, immer weiter hinaus. Das war für den Mistkäfer grauenhaft; fliegen konnte er nicht, denn er war am Mast festgebunden.

Da bekam er Besuch von einer Fliege.

»Was für ein herrliches Wetter heute!« sagte die Fliege. »Hier kann ich mich ausruhen, hier kann ich mich sonnen. Sie haben es sehr gemütlich!«

»Sie reden, wie es Ihrem Verstand entspricht! Sehen Sie nicht, daß ich festgebunden bin?«

»Ich bin nicht festgebunden!« sagte die Fliege, und dann flog sie davon.

»Jetzt kenne ich die Welt!« sagte der Mistkäfer. »Das ist eine niedrige Welt! Ich bin der einzig Ehrenwerte darin! Erst werden mir goldene Hufeisen verweigert, dann muß ich auf nassem Leinen liegen, im Durchzug stehen, und schließlich wird mir ein Weib aufgeschwatzt. Mache ich nun einen kecken Schritt in die Welt hinaus und sehe mir an, wie man's haben kann und wie ich's haben sollte, da kommt so ein Menschen-Grünschnabel und bindet mich auf dem wilden Meer fest. Und derweilen läuft das Pferd des Kaisers mit goldenen Hufeisen herum! Das wurmt mich am meisten; aber Teilnahme kann man in dieser Welt nicht erwarten! Meine Biographie ist äußerst interessant, aber was hilft das alles, wenn niemand sie kennt! Die Welt verdient es auch nicht, sie zu kennen, sonst hätte sie mir im Stall des Kaisers, als das Leibpferd beschlagen wurde und ich die Beine vorstreckte, goldene Hufeisen gegeben. Mit denen hätte ich dem Stall zur Ehre gereicht, nun hat er mich verloren, und die Welt hat mich verloren, alles ist aus!«

Aber es war noch nicht alles aus, denn es näherte sich ein Boot mit ein paar jungen Mädchen.

»Da schwimmt ein Holzschuh!« sagte die eine.

»Darin ist ein kleines Tier angebunden«, sagte die andere.

Als sie direkt neben dem Holzschuh waren, fischten sie ihn auf, eins der Mädchen zog eine kleine Schere aus der Tasche, schnitt den Wollfaden durch, ohne dem Mistkäfer Schaden zuzufügen, und als sie das Land erreichten, setzte sie ihn ins Gras.

»Kriech, kriech! Flieg, flieg, wenn du kannst!« sagte sie. »Freiheit ist ein herrlich Ding!«

Und der Mistkäfer flog geradewegs durch das offene Fenster in ein großes Gebäude, wo er erschöpft auf eine feine, weiche lange Mähne sank. Die gehörte dem Leibpferd des Kaisers, das stand im Stall, in dem es zu Hause war und der Mistkäfer auch. Der klammerte sich an der Mähne fest und blieb ein Weilchen sitzen, um sich zu sammeln. »Hier sitze ich auf dem Leibpferd des Kaisers! Ich bin der Reiter! Was sage ich da? Ja, jetzt wird es mir klar! Das ist eine gute Idee, eine richtige Idee. Warum hat das Pferd goldene Hufeisen bekommen? Das hat er mich auch gefragt, der Schmied. Jetzt ist es mir klar – meinetwegen bekam das Pferd goldene Hufeisen!«

Und da hellte sich die Laune des Mistkäfers auf.

»Auf Reisen bekommt man einen klaren Kopf!« sagte er.

Die Sonne schien zu ihm herein, sie schien sehr schön.

»Die Welt ist gar nicht so übel«, sagte der Mistkäfer, »man muß sie nur zu nehmen wissen!«

Die Welt war prachtvoll, denn das Leibpferd des Kaisers hatte goldene Hufeisen bekommen, weil der Mistkäfer zu seinem Reiter bestimmt war.

»Jetzt will ich zu den andern Käfern hinuntersteigen und ihnen erzählen, wie vieles für mich getan wurde; ich will von allen Annehmlichkeiten berichten, die ich auf meiner Auslandsreise genossen habe, und ich werde sagen, daß ich nun so lange zu Hause bleibe, bis das Pferd seine goldenen Hufeisen abgewetzt hat!«

52. Was Vater tut, ist immer richtig

Jetzt will ich dir eine Geschichte erzählen, die habe ich gehört, als ich klein war, und immer, wenn ich später an sie dachte, gefiel sie mir bei jedem Mal noch viel besser. Mit Geschichten verhält es sich nämlich genauso wie mit vielen Menschen: Sie werden schöner, je älter sie werden, und das ist sehr erfreulich!

Du bist doch auf dem Lande gewesen? Da hast du auch so ein richtig altes Bauernhaus gesehen, mit einem Strohdach, wo Moos und Kräuter von selber wachsen. Auf dem First ist ein Storchennest – ein Storch muß unbedingt sein –, die Wände sind schief, die Fenster niedrig, ja, nur ein einziges läßt sich öffnen; der Backofen wölbt sich wie ein dickes Bäuchlein vor, und der Holunderbusch neigt sich über den Zaun, da gibt es direkt unter dem knorrigen Weidenbaum einen kleinen Tümpel, mit einer Ente oder Entenküken. Ja, und dann ist da noch ein Kettenhund, der all und jeden anbellt.

Genau so ein Bauernhaus war auf dem Lande, und darin wohnten ein paar Leute, Bauersmann und Bauersfrau. So wenig sie auch besaßen, sie konnten doch etwas davon entbehren, und das war ein Pferd, das im Graben an der Landstraße weidete. Vater ritt darauf zur Stadt, die

Nachbarn liehen es aus und erwiesen dafür Gegendienste, und trotzdem fanden die Bauersleute es günstiger, das Pferd zu verkaufen oder irgend etwas dafür einzutauschen, was ihnen noch mehr Nutzen bringen könnte. Aber was sollte das sein?

»Das wirst du am besten wissen, Vater!« sagte die Frau. »Reite in die Stadt, da ist jetzt Markt, laß dir das Pferd mit Geld bezahlen oder mach einen guten Tausch; was du tust, das ist immer richtig. Reite zum Markt!«

Und dann knüpfte sie ihm sein Halstuch, denn das verstand sie doch besser als er; sie band eine Doppelschleife, das sah galant aus, und dann putzte sie seinen Hut mit ihrer flachen Hand und küßte ihn auf den warmen Mund, und dann ritt er auf dem Pferd davon, das verkauft oder vertauscht werden sollte. Ja, Vater verstand sich darauf.

Die Sonne brannte, am Himmel war nicht eine Wolke. Der Weg war staubig, so viele Leute zogen zum Markt, im Wagen und zu Pferde und auf Schusters Rappen. Es herrschte eine Sonnenglut, und die Straße war ohne jeden Schatten.

Da trieb einer eine Kuh vor sich her, die war so hübsch, wie eine Kuh sein kann. »Die gibt gewiß herrliche Milch!« dachte der Bauersmann. »Damit ließe sich ein recht guter Tausch machen.« – »Weißt du was, du mit der Kuh«, sagte er, »wollen wir uns nicht ein bißchen unterhalten? Siehst du, ein Pferd kostet mehr als eine Kuh, möchte ich meinen, aber das ist einerlei! Ich habe von der Kuh größeren Nutzen, wollen wir tauschen?«

»Jawohl!« sagte der Mann mit der Kuh, und dann tauschten sie.

Nun war das getan, und da hätte der Bauersmann umkehren können, er hatte ja sein Geschäft erledigt. Doch weil er sich nun einmal vorgenommen hatte, den Markt zu besuchen, da wollte er auch auf den Markt, nur um ihn zu sehen, und so zog er mit seiner Kuh los. Er schritt rüstig aus, und die Kuh schritt rüstig aus, und da geschah es, daß sie bald einen Mann eingeholt hatten, der ein Schaf führte. Es war ein gutes Schaf, gut im Futter und gut mit Wolle.

»Das möchte ich wohl haben!« dachte der Bauer. »Es würde genug Futter an unserm Grabenrand finden, und zum Winter könnte man es in die Stube holen. Im Grunde wäre es richtiger, ein Schaf statt einer Kuh zu halten.« – »Wollen wir tauschen?«

Ja, das wollte der Mann wohl, der das Schaf besaß, und so wurde der Tausch abgeschlossen, und der Bauer zog mit seinem Schaf die Landstraße entlang.

An einem Überweg erblickte er einen Mann, der eine große Gans unter dem Arm trug.

»Die ist aber schwer, deine Gans«, sagte der Bauersmann, »die hat sowohl Federn als auch Fett! Die könnte sich gut machen, wenn sie bei unserm Tümpel angepflockt stünde! Da hätte Mutter etwas, wofür sie Kartoffelschalen sammeln könnte! So oft hat sie gesagt: ›Wenn wir doch eine Gans hätten!‹ Jetzt kann sie eine bekommen – und sie soll sie bekommen! Willst du tauschen? Ich gebe dir für die Gans mein Schaf und Dank dazu!«

Ja, das wollte der andere wohl, und so tauschten sie, und der Bauer bekam die Gans.

Er hatte die Stadt fast erreicht, das Gedränge auf der Straße nahm zu, es wimmelte von Leuten und Tieren. Sie gingen auf der Straße, sie gingen im Graben, der an das Kartoffelfeld des Chausseegeldeinnehmers grenzte. Der hatte dort seine Hühner angebunden, damit sie sich nicht vor Schreck verirrten und abhanden kämen. Darunter war ein Huhn mit stumpfem Schwanz, das mit einem Auge blinzelte, was gut aussah. »Gluck, gluck!« machte es; was es sich dabei dachte, kann ich nicht sagen, aber der Bauersmann dachte bei seinem Anblick: »Das ist das schönste Huhn, das ist je gesehen habe, das ist schöner als die Bruthenne des Pfarrers, das möchte ich wohl besitzen! Ein Huhn findet immer ein Korn, das kann fast allein für sich sorgen! Ich glaube, es wäre ein guter Tausch, wenn ich es für die Gans bekäme.« – »Wollen wir tauschen?« fragte er. »Tauschen?« sagte der andere. »Ja, das wäre gar nicht so übel!« Und dann tauschten sie. Der Chausseegeldeinnehmer bekam die Gans, der Bauersmann bekam das Huhn.

Da hatte er auf seiner Reise in die Stadt schon eine ganze Menge ausgerichtet; es war heiß, er war müde und brauchte einen Schnaps und einen Bissen Brot. Nun hatte er das Wirtshaus erreicht und wollte hinein, doch in der Tür begegnete ihm der Wirtshausknecht und wollte hinaus, wobei er einen Sack schwenkte, der etwas enthielt.

»Was hast du denn da?« fragte der Bauer.

»Verfaulte Äpfel«, antwortete der Knecht, »einen ganzen Sack voll für die Schweine!«

»Das ist ja eine gewaltige Menge! Den Anblick würde ich Mutter wohl gönnen. Unser alter Baum neben dem Torfschuppen trug im vorigen Jahr nur einen einzigen Apfel. Der sollte aufgespart werden und lag auf der Truhe, bis er dann platzte. ›Das ist immerhin etwas Wohlstand!‹ hat Mutter gesagt. Hier könnte sie mal Wohlstand sehen! Ja, das würde ich ihr gönnen!«

»Und was gebt Ihr dafür?« fragte der Knecht.

»Geben? Ich gebe dafür mein Huhn.« Und so gab er das Huhn zum Tausch, bekam die Äpfel, ging in die Gaststube und gleich zum Schanktisch. Seinen Sack mit den Äpfeln stellte er an den Kachelofen, und der war geheizt, das bedachte er nicht. Viele Fremde waren hier, Pferdehändler, Ochsenhändler und zwei Engländer, und die sind so reich, daß ihre Taschen vom Goldgeld platzen, und schließen Wetten ab. Jetzt sollst du hören!

»Susss! Susss!« – Was war das für ein Geräusch am Kachelofen? Das waren die Äpfel, die anfingen zu schmoren.

»Was ist denn das?« Ja, das bekamen die Leute bald zu hören, die ganze Geschichte vom Pferd, das gegen die Kuh vertauscht wurde, bis hin zu den verfaulten Äpfeln.

»Na, wenn du nach Hause kommst, wird dir Mutter schon einen Knuff verpassen!« sagte der Engländer. »Da wird der Teufel los sein!«

»Ich bekomme Küsse und keine Knüffe!« sagte der Bauer. »Unsre Mutter wird sagen: ›Was Vater tut, ist immer richtig!‹«

»Wollen wir wetten?« sagten die Engländer. »Goldmünzen pfundweise! Hundert Pfund sind ein Schiffspfund!«

»Das ist ein recht ordentliches Sümmchen!« sagte der Bauersmann. »Ich kann nur die Äpfel dagegensetzen, und mich selbst und Mutter dazu, aber das ist dann mehr als ein gestrichenes Maß, das ist ein gehäuftes Maß!«

»Topp! Topp!« sagten sie, und da war die Wette abgeschlossen.

Der Wagen des Gastwirts kam aus dem Schuppen, die Engländer kamen hinein, der Bauer kam hinein, die verfaulten Äpfel kamen hinein, und dann kamen sie zum Haus des Bauern.

»Guten Abend, Mutter!«

»Guten Abend, Vater!«

»Jetzt habe ich getauscht!«

»Ja, du verstehst es!« sagte die Frau, nahm ihn in den Arm und vergaß sowohl den Sack als auch die Fremden.

»Ich habe das Pferd gegen eine Kuh eingetauscht!«

»Gott sei gedankt für die Milch!« sagte die Frau. »Jetzt können wir Milchspeisen, Butter und Käse auf den Tisch setzen. Das ist ein schöner Tausch!«

»Ja, aber die Kuh habe ich wieder gegen ein Schaf eingetauscht!«

»Das ist bestimmt auch besser!« sagte die Frau. »Du bist immer so vernünftig; für ein Schaf haben wir gerade

Weideland genug. Jetzt können wir Schafsmilch und Schafskäse und wollene Strümpfe, ja ein wollenes Nachthemd haben! Das wirft die Kuh nicht ab, sie verliert ihre Haare! Du bist ein äußerst umsichtiger Mann!«

»Aber das Schaf habe ich gegen eine Gans eingetauscht!«

»Sollen wir in diesem Jahr wirklich eine Martinsgans essen, Väterchen? Du bist auch immer darauf bedacht, mir eine Freude zu machen! Das ist ein schöner Gedanke! Die Gans kann am Pflock stehen und bis zum Martinstag noch fetter werden!«

»Aber die Gans habe ich gegen ein Huhn eingetauscht!« sagte der Mann.

»Ein Huhn! Das ist ein guter Tausch!« sagte die Frau. »Das Huhn legt Eier, es brütet sie aus, dann haben wir Küken, dann haben wir einen Hühnerhof! Gerade das war mein innigster Wunsch!«

»Ja, aber das Huhn habe ich gegen einen Sack verfaulter Äpfel eingetauscht!«

»Jetzt muß ich dich küssen!« sagte die Frau. »Danke, mein lieber Mann! Nun will ich dir etwas erzählen. Als du fort warst, dachte ich mir, ich sollte dir etwas richtig Gutes kochen: Eierkuchen mit Schnittlauch. Die Eier hatte ich, nur den Schnittlauch nicht. Da bin ich hinüber zu Schulmeisters gegangen, die haben Schnittlauch, das weiß ich, aber die Frau ist geizig, das Aas! Ich wollte mir welchen von ihr leihen! – ›Leihen?‹ hat sie gesagt. ›In unserm Garten wächst nichts, nicht einmal ein verfaulter Apfel! Nicht einmal den kann ich Ihr leihen!‹ Jetzt kann ich ihr zehn, ja, einen ganzen Sack voll leihen! Das ist ein Spaß, Vater!« Und dann küßte sie ihn mitten auf den Mund.

»Das mag ich leiden!« sagten die Engländer. »Immer bergab und immer gleich fröhlich! Das ist das Geld wohl wert!« Und dann bezahlten sie dem Bauern, der Küsse und keine Knüffe bekam, ein Schiffspfund Goldgeld.

Ja, es zahlt sich immer aus, wenn die Frau einsieht und erklärt, daß Vater der Klügste ist und das Richtige tut.

Siehst du, das ist nun eine Geschichte! Ich habe sie als Kind gehört, und jetzt hast du sie auch gehört und weißt: Was Vater tut, ist immer richtig.

53. Der Schneemann

»In mir knackt es ganz prächtig, es ist so wunderbar kalt!« sagte der Schneemann. »Der Wind kann schon Leben in einen beißen! Und die Glühende da, wie sie glotzt!« Damit meinte er die Sonne, die gerade unterging. »Die soll mich nicht zum Blinzeln bringen, ich kann meine Brocken wohl festhalten!«

Das waren zwei große, dreieckige Ziegelbrocken, die ihm als Augen dienten; sein Mund war ein Stück von einer alten Harke, deshalb besaß er Zähne.

Er war unter dem Hurra-Geschrei der Jungen geboren worden, Glöckchenklang und Peitschenknall hatten ihn von den Schlitten begrüßt.

Die Sonne ging unter, der Vollmond ging auf, rund und groß, hell und herrlich in der blauen Luft.

»Da haben wir sie wieder von einer anderen Seite!« sagte der Schneemann. Er glaubte nämlich, die Sonne erschiene von neuem. »Ich habe ihr das Glotzen abgewöhnt! Jetzt darf sie da hängen und leuchten, damit ich mich selbst sehen kann. Wenn ich nur wüßte, wie man es anstellt, daß man von der Stelle kommt! Wie gern würde ich mich fortbewegen! Könnte ich das, dann rutschte ich auf dem Eis herum, wie ich es bei den Jungen sah; aber ich kann nun einmal nicht laufen!«

»Weg! Weg!« kläffte der alte Kettenhund. Seit der Zeit, als er Stubenhund gewesen war und unter dem Kachelofen gelegen hatte, war er etwas heiser. »Die Sonne wird dir schon Beine machen! Das habe ich voriges Jahr bei deinem Vorgänger gesehen und bei dessen Vorgänger auch. Weg! Weg! Und weg sind sie alle!«

»Ich verstehe dich nicht, Kamerad!« sagte der Schneemann. »Soll *die* da oben mir Beine machen?« Er meinte den Mond. »Ja, als ich sie starr ansah, da ist sie wirklich gelaufen, jetzt schleicht sie sich von der anderen Seite heran.«

»Du hast keine Ahnung!« sagte der Kettenhund. »Aber du bist ja auch gerade erst zusammengeklatscht! Was du da siehst, das nennt man Mond; was weggegangen ist, das war die Sonne, sie kommt morgen wieder, sie wird dir schon beibringen, wie man in den Wallgraben läuft. Wir bekommen bald anderes Wetter, das kann ich in meinem linken Hinterbein merken, da sticht es. Das Wetter schlägt um!«

»Ich verstehe ihn nicht!« sagte der Schneemann. »Aber ich habe so ein Gefühl, daß er etwas Unangenehmes sagt. Sie, die da glotzte und unterging, die er Sonne nennt, die ist auch nicht meine Freundin, das habe ich im Gefühl!«

»Weg! Weg!« kläffte der Kettenhund, lief dreimal um sich selbst herum und legte sich dann in seine Hütte, um zu schlafen.

Das Wetter änderte sich wirklich. Ein Nebel, ganz dick und feucht, legte sich in der Morgenstunde auf die ganze Gegend. Als es dämmerte, kam ein eiskalter Wind auf, der Frost biß ordentlich zu. Doch was für ein Anblick bot sich dar, als die Sonne aufging! Alle Bäume und Sträucher waren mit Rauhreif bedeckt, das war wie ein ganzer Wald von weißen Korallen; alle Zweige schienen wie mit strahlend weißen Blüten übersät. Jede einzelne der unendlich vielen und feinen Verzweigungen, die man im Sommer wegen der vielen Blätter nicht sehen kann, kam nun zum Vorschein; es war ein Spitzengewebe, so leuchtend weiß, als strömte aus jedem Zweig ein weißer Glanz. Die Hängebirke bewegte sich im Wind, so lebendig wie die Bäume zur Sommerzeit – es war eine unvergleichliche Pracht! Und als dann die Sonne schien, nein, wie funkelte das Ganze, als wäre es mit Diamantenstaub überpudert, und auf dem schneebedeckten Boden glitzerten die großen Diamanten, oder man konnte sie auch für unzählige, winzig kleine Lichter halten, noch weißer als der weiße Schnee.

»Das ist wunderschön!« sagte ein junges Mädchen, das mit einem jungen Mann in den Garten kam und just neben dem Schneemann stehenblieb, um die schimmernden Bäume zu betrachten. »Etwas Schöneres gibt es im Sommer nicht zu sehen!« sagte sie mit leuchtenden Augen.

»Und so einen Burschen wie den da gibt es dann gar nicht!« sagte ihr Begleiter und zeigte auf den Schneemann. »Das ist ein Prachtkerl!«

Das junge Mädchen lachte, nickte dem Schneemann zu und tanzte dann mit ihrem Freund über den Schnee, der unter ihren Füßen wie Wäschestärke knirschte.

»Wer waren die beiden?« fragte der Schneemann den Kettenhund. »Du bist schon länger auf dem Hof als ich, kennst du sie?«

»Gewiß!« sagte der Kettenhund. »Sie hat mich doch gestreichelt, und er hat mir einen Fleischknochen gegeben; die beiße ich nicht.«

»Aber was stellen sie hier vor?« fragte der Schneemann.

»Brrrrr-rautleute!« sagte der Kettenhund. »Sie wollen in eine Hundehütte ziehen und zusammen Knochen nagen. Weg! Weg!«

»Haben die beiden genausoviel zu bedeuten wie du und ich?« fragte der Schneemann.

»Sie gehören doch zur Herrschaft!« sagte der Kettenhund. »Man ist wirklich sehr unwissend, wenn man gestern geboren wurde! Das kann ich dir anmerken! Ich habe Alter und Weisheit, ich kenne alle auf diesem Hof. Und ich habe eine Zeit gekannt, da stand ich nicht in der Kälte und an der Kette. Weg! Weg!«

»Die Kälte ist herrlich!« sagte der Schneemann. »Erzähl, erzähl! Aber du darfst nicht mit der Kette rasseln, dann knackt es nämlich in mir!«

»Weg! Weg!« kläffte der Kettenhund. »Ein Hündchen war ich, klein und niedlich, sagten die Leute. Da lag ich dort im Haus auf einem Samtstuhl, lag auf dem Schoß der höchsten Herrschaft, sie küßten mich auf die Schnauze und wischten mir die Pfoten mit einem gestickten Taschentuch; ich hieß ›Allerliebst‹ und ›Wauwilein‹, aber dann wurde ich ihnen zu groß! Da haben sie mich der Haushälterin gegeben, und so bin ich in die Kelleretage gekommen. Du kannst von deinem Platz aus hineinsehen, du kannst in die Kammer sehen, wo ich die Herrschaft war, denn das war ich bei der Haushälterin. Hier war es zwar kärglicher als oben, aber dafür auch angenehmer; ich wurde nicht gedrückt und von Kindern herumgeschleppt wie dort. Mein Futter war genauso gut wie vorher und viel reichlicher! Ich hatte mein eigenes Kissen, und dann war da ein Kachelofen, der ist zu dieser Zeit das Schönste auf der Welt! Unter den bin ich gekrochen, bis ich ganz verschwunden war. Oh, von diesem Kachelofen träume ich heute noch – weg! weg!«

»Sieht ein Kachelofen so schön aus?« fragte der Schneemann. »Sieht er mir ähnlich?«

»Der ist genau das Gegenteil von dir! Kohlschwarz ist er, hat einen langen Hals mit einer Messingtrommel. Er frißt Brennholz, daß ihm das Feuer aus dem Maul steht. Man muß sich an seine Seite halten, ganz dicht, und unter ihn kriechen, das ist überaus angenehm! Da, wo du stehst, mußt du ihn durchs Fenster sehen können.«

Und der Schneemann sah, und tatsächlich sah er einen schwarzen, blankpolierten Gegenstand mit einer Messingtrommel, aus dem unten das Feuer leuchtete. Dem Schneemann wurde ganz sonderbar zumute; er hatte eine Empfindung, die er sich selbst nicht erklären konnte; etwas kam über ihn, das ihm unbekannt war, das aber alle Menschen kennen, sofern sie nicht Schneemänner sind.

»Und warum hast du sie verlassen?« fragte der Schneemann. Er spürte, daß dies ein weibliches Wesen sein müsse. »Wieso konntest du einen solchen Ort verlassen?«

»Dazu war ich wohl gezwungen«, sagte der Kettenhund. »Sie haben mich hinausgeworfen und hier an die Kette gelegt. Ich knabberte gerade an einem Bein, und der jüngste Junker stieß mich weg, dafür habe ich dann in sein Bein gebissen – Bein um Bein, denke ich! Aber das haben sie mir verübelt, und seit dieser Zeit bin ich angekettet und habe meine klare Stimme verloren, hör nur, wie heiser ich bin. Weg! Weg! Das war das Ende davon!«

Doch der Schneemann hörte nicht mehr zu; er schaute noch immer in die Kelleretage, in die Stube der Haushälterin, wo der Kachelofen auf seinen vier Eisenbeinen stand und ihm an Größe ebenbürtig war.

»In mir knackt es so seltsam!« sagte er. »Soll ich denn niemals zu ihr kommen? Das ist ein unschuldiger Wunsch, und unsre unschuldigen Wünsche werden doch sicher erfüllt. Es ist mein innigster Wunsch, mein einziger Wunsch, und es wäre fast ungerecht, wenn er unerhört bliebe. Ich muß dorthin, ich muß mich an sie lehnen, und müßte ich dafür das Fenster zerschlagen!«

»Da kommst du nie hin!« sagte der Kettenhund. »Und wenn du zum Kachelofen kommst, dann bist du weg! weg!«

»Ich bin so gut wie weg!« sagte der Schneemann. »Ich glaube, ich gehe kaputt!«

Den ganzen Tag stand der Schneemann da und schaute ins Fenster. In der Dämmerung wurde die Stube noch einladender; aus dem Kachelofen leuchtete es so mild, wie nicht der Mond und nicht die Sonne, nein, wie nur der Kachelofen leuchten kann, sofern etwas in ihm ist. Wenn seine Tür geöffnet wurde, schlug die Flamme heraus, das war so ihre Gewohnheit; das weiße Gesicht des Schneemanns glühte ordentlich rot, der rote Schein reichte ihm bis zur Brust.

»Das ertrage ich nicht!« sagte er. »Wie gut es ihr steht, die Zunge herauszustrecken!«

Die Nacht war sehr lang, doch nicht für den Schneemann, er war in seine eigenen schönen Gedanken versunken, und die froren, daß sie knackten.

Am Morgen waren die Kellerfenster zugefroren und mit den schönsten Eisblumen geschmückt, die ein Schneemann jemals verlangen konnte, doch sie verdeckten den Kachelofen. Die Scheiben wollten nicht auftauen, er konnte seine Dame nicht sehen. Es knackte, es knisterte, es war just ein Frostwetter, das einen Schneemann freuen mußte, aber er war nicht froh; er hätte sich so glücklich fühlen können und sollen, aber er war nicht glücklich, er hatte Kachelofen-Sehnsucht.

»Das ist für einen Schneemann eine gefährliche Krankheit!« sagte der Kettenhund. »Ich habe auch daran gelitten, aber ich habe sie überstanden. Weg! Weg! – Und jetzt schlägt das Wetter um!«

Und das Wetter schlug um, es kam Tauwetter.

Es taute immer mehr, und der Schneemann wurde immer weniger. Er sagte nichts, er klagte nicht, und das ist das rechte Zeichen.

Eines Morgens fiel er zusammen. Wo er gestanden hatte, steckte etwas wie ein Besenstiel, um den herum hatten die Jungen ihn einmal gebaut.

»Jetzt kann ich das mit seiner Sehnsucht verstehen«, sagte der Kettenhund. »Der Schneemann hatte einen Feuerhaken im Leib! Das also hat sich in ihm gerührt, jetzt ist es überstanden; weg, weg!«

Und bald war auch der Winter überstanden.
»Weg, weg!« kläffte der Kettenhund. Doch die kleinen Mädchen auf dem Hof sangen:

> »Waldmeister, komm aus deinem Haus,
> Du, Weide, häng die Handschuh raus,
> Singt, Kuckuck, Lerche, in diesem Jahr
> Ist Frühling schon Ende Februar!
> Ich singe mit euch, daß es schallt!
> Komm, liebe Sonne, komme bald!«

Und niemand denkt an den Schneemann!

54. *Im Entenhof*

Es kam eine Ente aus Portugal, einige sagten aus Spanien, das ist gleichviel, man nannte sie die Portugiesische. Sie legte Eier, wurde geschlachtet und serviert; das ist ihr Lebenslauf. Alle, die aus ihren Eiern schlüpften, wurden die Portugiesischen genannt, und das hatte etwas zu bedeuten. Nun gab es von diesem ganzen Geschlecht nur noch eine im Entenhof, und den durften auch die Hühner betreten, wobei der Hahn von grenzenlosem Hochmut war.

»Er kränkt mich mit seinem heftigen Gekrähe!« sagte die Portugiesische. »Aber schön ist er, das läßt sich nicht leugnen, obgleich er kein Enterich ist. Er sollte sich mäßigen, doch Mäßigung ist eine Kunst und zeugt von höherer Bildung, und die haben die kleinen Singvögel im Lindenbaum des Nachbargartens. Wie reizend sie singen! Ihr Gesang hat etwas so Rührendes, ich nenne es Portugal! Hätte ich nur so einen kleinen Singvogel, dann wollte ich ihm eine Mutter sein, lieb und gut, das liegt mir im Blut, in dem, was bei mir das Portugiesische ist!«

Und gerade als sie das sagte, fiel ein kleiner Singvogel

kopfüber vom Dach. Die Katze war hinter ihm her, doch der Vogel entkam und landete mit einem gebrochenen Flügel im Entenhof.

»Das sieht der Katze ähnlich, diesem Scheusal!« sagte die Portugiesische. »Ich kenne sie aus der Zeit, als ich selbst Entenküken hatte. Daß es einem solchen Wesen erlaubt ist, zu leben und auf den Dächern herumzulaufen! Das, glaube ich, gibt es in Portugal nicht!«

Und sie bedauerte den kleinen Singvogel, und die anderen Enten, die nicht portugiesisch waren, bedauerten ihn auch.

»Das kleine Würmchen!« sagten sie, und dann kam die eine, und dann kam die andere. »Wir selber sind zwar keine Sänger«, sagten sie, »aber wir enthalten einen Schallboden oder so etwas; das spüren wir, obgleich wir nicht davon reden!«

»Dann will ich davon reden«, sagte die Portugiesische, »und ich will etwas für den Kleinen tun, das empfinde ich als meine Pflicht!« Und dann stieg sie in den Wassertrog und schlug so mit den Flügeln, daß sie den kleinen Singvogel mit diesem Wasserschwall fast ersäufte; doch es war gut gemeint. »Das ist eine gute Tat«, sagte sie, »daran können sich die andern ein Beispiel nehmen!«

»Piep!« sagte der kleine Vogel. Wegen des gebrochenen Flügels fiel es ihm schwer, sich zu schütteln, aber er konnte das wohlgemeinte Klatschen sehr gut verstehen. »Sie sind so herzensgut, Madame!« sagte er, doch nach mehr verlangte er nicht.

»Über die Beschaffenheit meines Herzens habe ich niemals nachgedacht«, sagte die Portugiesische, »aber das weiß ich: ich liebe alle meine Mitgeschöpfe, mit Ausnahme der Katze, und das kann niemand von mir verlangen! Sie hat zwei von den Meinen gefressen. Aber fühlen Sie sich hier wie zu Hause, das kann man; ich selbst stamme aus einer fernen Gegend, wie Sie wohl an meiner

Haltung und meinem Federkleid erkennen! Mein Enterich ist eingeboren, hat nicht mein Blut, doch ich bin nicht hochmütig! – Sollte irgend jemand Sie hier verstehen, dann, das darf ich wohl sagen, ist das meine Person!«

»Sie hat Portulak im Kropf!« sagte ein gewöhnliches Entlein, das witzig war, und den anderen Gewöhnlichen gefiel das mit dem »Portulak« ganz vorzüglich, weil es wie »Portugal« klang; und sie stießen sich an und sagten Rapp! Das Entlein war so hinreißend witzig! Und dann setzten sie sich mit dem kleinen Singvogel ins Benehmen.

»Die Portugiesische besitzt zwar Sprachgewalt«, sagten sie, »während wir nicht das große Wort im Schnabel führen, doch unsre Anteilnahme ist genauso groß. Wenn wir nichts für Sie tun, dann reden wir auch nicht darüber; und das finden wir am schönsten!«

»Sie haben eine reizende Stimme!« sagte eine der Ältesten. »Es muß ein herrliches Gefühl sein, wenn man so vielen Freude bereitet, wie Sie es tun! Ich verstehe mich allerdings gar nicht darauf! Deshalb halte ich meinen Schnabel, und das ist allemal besser, als wenn man etwas Dummes sagte, wie es Ihnen so viele andere sagen!«

»Quäl ihn nicht!« sagte die Portugiesische. »Er braucht Ruhe und Pflege. Kleiner Singvogel, soll ich Sie wieder vollklatschen?«

»O bitte nicht, ich möchte lieber trocken sein!« bat er.

»Die Wasserkur ist das einzige, was mir hilft«, sagte die Portugiesische. »Zerstreuung ist auch etwas Gutes! Jetzt kommen bald die Nachbarhühner zu Besuch, das sind zwei chinesische Hühner; sie tragen Rüschenhöschen, sind äußerst gebildet und eingeführt, was sie in meiner Achtung hebt.«

Und die Hühner erschienen, und der Hahn erschien und war an diesem Tag so höflich, daß er nicht grob war.

»Sie sind ein wirklicher Singvogel«, sagte er, »und Sie machen aus Ihrer kleinen Stimme alles, was sich aus so einer kleinen Stimme machen läßt. Aber um kundzutun, daß man männlichen Geschlechtes ist, muß man etwas mehr Lokomotive haben.«

Die beiden Chinesischen waren vom Anblick des Singvogels hingerissen, er war von dem Wasserschwall, den er abbekommen hatte, so zerzaust, daß sie in ihm Ähnlichkeit mit einem chinesischen Küken fanden. »Er ist entzückend!« Und dann ließen sie sich mit ihm ein, sprachen mit Flüsterstimme und P-Lauten auf vornehmem Chinesisch.

»Wir sind nun eben von Ihrer Art. Die Enten, selbst die Portugiesische, gehören zu den Schwimmvögeln, wie Sie gewiß bemerkt haben. Uns kennen Sie noch nicht, doch wie viele kennen uns schon oder bemühen sich darum, niemand tut es, nicht einmal eins von den Hühnern, obgleich wir dazu geboren sind, auf einer höheren Sprosse zu sitzen als die meisten anderen. – Das ist nun einerlei, wir gehen unseren stillen Gang zwischen den anderen, deren Grundsätze nicht die unseren sind, doch wir sehen nur die guten Seiten und sprechen nur von dem Guten, obwohl man schwer etwas finden kann, wo nichts ist. Mit Ausnahme von uns beiden und dem Hahn gibt es keinen im Hühnerstall, der begabt ist. Aber ehrenwert sind sie! Dies kann man von den Bewohnern des Entenhofs nicht behaupten. Wir warnen Sie, kleiner Singvogel! Trauen Sie der mit dem kurzen Schwanz nicht, die ist tückisch! Die Gesprenkelte da, mit dem schiefen Spiegel auf den Flügeln, die ist diskutierwütig und muß immer das letzte Wort haben, und dabei hat sie immer unrecht! – Die fette Ente redet schlecht von allen, was unserer Natur zuwider ist; wenn man nichts Gutes sagen kann, dann soll man seinen Schnabel halten. Die Portugiesische ist die einzige, die ein wenig Bildung besitzt und mit der man Umgang pflegen kann, doch sie ist leidenschaftlich und redet zu viel von Portugal!«

»Was haben die beiden Chinesischen nur so viel zu tuscheln!« sagten ein paar Enten. »Mich öden sie an, mit denen habe ich nie gesprochen!«

Jetzt kam der Enterich! Er hielt den Singvogel für einen Spatzen. »Ja, ich kann keinen Unterschied machen«, sagte er, »und das ist ja auch ganz egal! Er gehört zu den Spielwerken, und wenn man die hat, dann hat man die!«

»Achten Sie gar nicht auf seine Worte!« flüsterte die Portugiesische. »In Geschäften ist er ehrenwert, und Geschäfte gehen über alles. Aber jetzt lege ich mich zur Ruhe! Das ist man sich selbst schuldig, damit man schön fett wird, bis man dann balsamiert wird mit Äpfeln und Backpflaumen!«

Und dann legte sie sich in die Sonne und blinzelte mit einem Auge; sie lag so gut, sie war so gut, und dann schlief sie so gut. Der kleine Singvogel zupfte an seinem gebrochenen Flügel und schmiegte sich an seine Beschützerin; die Sonne schien warm und schön, hier war es gut sein.

Die Nachbarhühner liefen herum und scharrten, im Grunde waren sie nur wegen des Futters gekommen; zuerst verschwanden die Chinesischen und danach die anderen. Als das witzige Entlein über die Portugiesische sagte, mit der Alten gehe es bald »zu Ente«, da lachten die anderen Enten. »Zu Ente! Wie unvergleichlich witzig!« Und dann wiederholten sie den vorigen Witz: »Portulak!« Das war ungemein lustig, und dann legten sie sich nieder.

Als sie eine Weile gelegen hatten, fiel plötzlich etwas zu futtern in den Entenhof, und es klatschte so laut, daß die ganze schlafende Besatzung auffuhr und mit den Flügeln schlug. Auch die Portugiesische wachte auf und kippte um, wobei sie den kleinen Singvogel entsetzlich quetschte.

»Piep!« sagte er. »Sie treten so hart, Madame!«

»Was liegen Sie mir auch im Wege!« sagte sie. »Sie dürfen nicht so empfindlich sein! Ich habe auch Nerven, aber ich habe niemals Piep gesagt!«

»Seien Sie nicht böse!« sagte der kleine Vogel. »Dieses Piep ist mir so aus dem Schnabel gerutscht!«

Die Portugiesische hörte nicht darauf, sondern machte sich über das Futter her und hielt ausgiebig Mahlzeit, und als sie damit fertig war und sich hinlegte, kam der kleine Singvogel und wollte liebenswürdig sein:

> »Tillelit!
> Wohin ich flieg,
> Sing ich dir ein Lied
> Und nehm es mit, mit, mit!«

»Jetzt will ich nach dem Essen ruhen!« sagte sie. »Sie müssen die Sitten des Hauses lernen! Jetzt schlafe ich!«

Der kleine Singvogel war ganz verblüfft, denn er hatte es so gut gemeint. Als die Madame später erwachte, brachte er ein Körnchen, das er gefunden hatte, und legte es vor sie hin. Aber sie hatte nicht gut geschlafen, und deshalb war sie natürlich unwirsch.

»Das können Sie einem Küken geben!« sagte sie. »Hocken Sie mir nicht auf der Pelle!«

»Aber Sie sind ja böse auf mich!« sagte der Singvogel. »Was habe ich angestellt?«

»Angestellt!« sagte die Portugiesische. »Ich möchte Sie darauf aufmerksam machen, daß dieser Ausdruck nicht von der feinsten Art ist!«

»Gestern schien hier die Sonne«, sagte der kleine Vogel, »heute ist es dunkel und grau. Ich bin ganz tief betrübt!«

»Sie verstehen wohl nichts von Zeitrechnung«, sagte die Portugiesische, »der Tag ist noch nicht vergangen, stehen Sie nicht so dümmlich herum!«

»Sie sehen mich genauso böse an wie die beiden schlimmen Augen, als ich hier in den Hof gefallen bin!«

»Sie Unverschämter!« sagte die Portugiesische. »Vergleichen Sie mich etwa mit der Katze, diesem Raubtier! In mir ist nicht ein einziger Tropfen bösen Blutes; ich habe mich Ihrer angenommen, und ich werde Sie schon gute Manieren lehren!«

Und dann biß sie dem Singvogel den Kopf ab, und er lag tot da.

»Was ist denn das nun!« sagte sie. »Hat er das nicht vertragen? Ja, dann taugt er wirklich nicht für diese Welt! Ich bin wie eine Mutter zu ihm gewesen, das weiß ich! Denn ich habe ein Herz!«

Und der Hahn des Nachbarn streckte den Kopf in den Hof und krähte mit Lokomotivenkraft.

»Sie können einen mit diesem Gekrähe umbringen!« sagte sie. »Das ist Ihre Schuld, das Ganze; er hat den Kopf verloren, und ich verliere den meinen auch gleich.«

»Viel Platz nimmt er nicht weg, wie er da liegt!« sagte der Hahn.

»Sprechen Sie von ihm mit Achtung!« sagte die Portugiesische. »Er hatte Ton, er hatte Gesang und eine hohe Bildung! Lieb und sanft war er, und das schickt sich für die Tiere ebenso wie für die sogenannten Menschen.«

Und alle Enten versammelten sich um den kleinen toten Singvogel; die Enten haben starke Passionen, sie empfinden entweder Mißgunst oder Mitleid, und weil hier nichts zu mißgönnen war, waren sie mitleidig, und das waren die beiden chinesischen Hühner auch.

»So einen Singvogel bekommen wir nie wieder! Er war fast ein Chinese!« Und sie schluchzten, daß es gluckste, und alle Hühner gluckten, doch die Augen der Enten waren am rötesten.

»Herz haben wir!« sagten sie. »Das kann uns niemand bestreiten!«

»Herz!« sagte die Portugiesische. »Ja, das haben wir – fast genausoviel wie in Portugal!«

»Jetzt wollen wir daran denken, daß wir etwas in den Bauch bekommen!« sagte der Enterich. »Das ist wichtiger! Wenn von den Spielwerken eins kaputtgeht, dann haben wir immer noch genug!«

55. *Die Muse des neuen Jahrhunderts*

Die Muse des neuen Jahrhunderts, die unsere Urenkelkinder, vielleicht ein noch ferneres Geschlecht, nicht aber wir erkennen werden, wann offenbart sie sich? Wie sieht sie aus? Was singt sie? Welche Saiten der Seele wird sie berühren? Zu welchem Höhepunkt wird sie ihr Zeitalter erheben?

So viele Fragen in unsrer geschäftigen Zeit, wo die Poesie fast im Wege steht und wo man genau weiß, daß von den vielen »unsterblichen« Werken der Gegenwartspoeten in der Zukunft vielleicht nur noch Kohleinschriften auf den Gefängnismauern existieren, die einzelne Neugierige sehen und lesen.

Die Poesie muß mit zupacken, zumindest die Büchse laden helfen in den Parteikämpfen, wo Blut oder Tinte fließt!

Das ist einseitig geredet, sagen viele; die Poesie ist in unsrer Zeit nicht vergessen.

Nein, es gibt noch Menschen, die an ihrem »blauen Montag« ein Bedürfnis nach Poesie empfinden und, sobald sie dieses geistige Knurren in ihren respektiven edleren Teilen spüren, ganz gewiß einen Boten in die Buchhandlung schicken und für ganze vier Schillinge Poesie einkaufen, die bestempfohlene. Einige begnügen sich wohl mit dem, was sie als Zugabe bekommen können, oder sie sind schon zufrieden, wenn sie einen Fetzen von der Tüte aus dem Gewürzladen lesen; das ist billiger, und der Billigkeit muß man in unsrer geschäftigen Zeit Rechnung tragen. Es gibt ein Bedürfnis nach dem, was wir haben, und das ist genug! Die Zukunftspoesie gehört wie die Zukunftsmusik zu den Donquichotterien; wer davon redet, könnte genausogut von Reiseentdeckungen auf dem Uranus reden.

Die Zeit ist für Phantasiespiele zu kurz und zu kostbar, und was ist – um einmal recht vernünftig zu reden – was ist denn *Poesie*? Diese klingenden Ausbrüche von Gefühlen und Gedanken, das sind nur Schwingungen und Bewegungen der Nerven! Begeisterung, Freude, Schmerz, sogar das materielle Streben, das alles sind, wie uns die Gelehrten sagen, *Nervenschwingungen*. Wir sind jeder – ein Saitenspiel.

Wer aber greift in diese Saiten? Wer bringt sie zum Schwingen und Beben? Es ist der *Geist*, der Geist der unsichtbaren Gottheit, der durch sie *seine* Bewegung, *seine* Stimmung erklingen läßt, und das verstehen die anderen Saitenspiele, so daß auch sie in verschmelzenden Tönen und kräftigen Dissonanzen des Gegensatzes erklingen. So war es, so bleibt es in dem großen Voranschreiten der Menschheit im Bewußtsein der Freiheit!

Jedes Jahrhundert, man kann auch sagen: jedes Jahrtausend, hat seinen Ausdruck von Größe in der Poesie; geboren im zu Ende gehenden Zeitalter, tritt sie hervor, um im neuen, kommenden Zeitalter zu herrschen.

So ist sie mitten in unsrer geschäftigen, maschinenbrausenden Zeit schon geboren, sie, die Muse des neuen Jahrhunderts. Wir senden ihr unseren Gruß! Sie möge ihn hören oder einmal lesen, vielleicht unter den Kohleinschriften, die wir soeben erwähnten.

Ihre Wiegenkufe reichte vom äußersten Punkt, den je ein Menschenfuß bei den Nordpol-Expeditionen berührte, bis in die dunklen, drohenden Regenwolken des Polarhimmels hinein, soweit das lebendige Auge dort eindrang. Wir hörten sie nicht, vor Maschinengeklapper, Lokomotivenpfeifen, dem Sprengen materieller Klippen und alter Fesseln des Geistes.

In unsrer großen Gegenwarts-Fabrik ist sie geboren, wo der Dampf seine Kraft übt, wo Meister Blutlos und seine Gesellen Tag und Nacht schuften.

Sie besitzt das große, liebevolle Herz des Weibes, mit der Flamme der Vestalin und dem Feuer der Leidenschaft. Sie wurde begabt mit Verstandes-Blitzen, in allen Farben des Prismas, wie sie im Lauf der Jahrtausende wechselten und je nach der Modefarbe geschätzt wurden. Das mächtige Schwanengefieder der Phantasie ist ihre Pracht und ihre Stärke, die Wissenschaft hat es gewebt, die »Urkräfte« verliehen ihm Schwungkraft.

Sie ist vom Vater her ein Kind des Volkes, gesund in Gedanken und Gemüt, mit Ernst im Auge, Humor auf den Lippen. Die Mutter ist die hochgeborene, akademisch erzogene Emigrantentochter mit den goldenen Rokoko-Erinnerungen. Diesen beiden verdankt die Muse des neuen Jahrhunderts Blut und Seele.

Herrliche Patengeschenke wurden ihr in die Wiege gelegt. In Mengen und wie Bonbons wurden verborgene Rätsel der Natur mitsamt ihrer Lösung ausgestreut. Wunderliche »Nippes« aus der Tiefe des Meeres hat die Taucherglocke ausgeschüttet. Die Himmelskarte, dieser aufgehängte Pazifik mit seinen Myriaden von Inseln, jede eine Welt, wurde als Wiegentuch abgedruckt. Die Sonne malt für sie Bilder; die Photographie muß ihr Spielzeug schenken.

Die Amme hat ihr Lieder gesungen: von Eyvind Skaldenspieler und Ferdousi, von den Minnesängern und von Heine, wie er sie in jungenhaftem Übermut aus seiner echten Dichterseele sang. Viel, viel zuviel hat die Amme ihr erzählt; sie kennt die Edda, die grauenerregenden Sagas der alten Ururgroßmutter, in denen die blutigen Schwingen der Verwünschungen rauschen. Alle Märchen aus »Tausendundeiner Nacht« des Orients hat sie in einer Viertelstunde gehört.

Die Muse des neuen Jahrhunderts ist noch ein Kind, doch ist sie schon aus der Wiege gesprungen, vom Willen beseelt, ohne zu wissen, was sie will.

Noch spielt sie in ihrer großen Ammenstube, die von Kunstschätzen und Rokoko voll ist. Da stehen in Marmor gemeißelt die griechische Tragödie und das römische Lustspiel; die Volkslieder der Nationen hängen als getrocknete Pflanzen an der Wand – nur ein Kuß, und sie schwellen wieder frisch und duftend. Ewige Akkorde umbrausen die Muse, in Töne gesetzte Gedanken von Beethoven, Gluck, Mozart und allen großen Meistern. Zahlreiche Werke, die zu ihrer Zeit unsterblich waren, sind auf dem Bücherbrett abgestellt, und hier ist reichlich Platz für viele andere, deren Namen wir durch den Telegrafendraht der Unsterblichkeit klingen hören, die aber mit dem Telegramm schon tot sind.

Schrecklich viel, viel zuviel hat sie gelesen, sie ist ja in unsrer Zeit geboren; furchtbar viel muß sie wieder vergessen, und auch das wird sie verstehen.

Sie denkt nicht an ihren Gesang, der auch in neuen Jahrtausenden leben wird, wie Moses' Dichtungen und Bidpais goldgekrönte Fabel von der List des Fuchses und seinem Glück. Sie denkt nicht an ihre Sendung, ihre tönende Zukunft, sie spielt noch, während der Kampf von Nationen die Luft erschüttert, mit Klangfiguren von Schreibfedern und Kanonen, kreuz und quer, Runen, die schwer zu deuten sind.

Sie trägt einen Garibaldi-Hut, liest unterdessen ihren Shakespeare und denkt dabei einen kurzen Augenblick: »Der kann noch aufgeführt werden, wenn ich groß bin! Calderón möge im Sarkophag seiner Werke ruhen, mit der Inschrift des Ruhms.« Holberg – ja, die Muse ist Kosmopolit – den hat sie in einen Band mit Molière, Plautus und Aristophanes geheftet, aber Molière liest sie am meisten.

Sie ist frei von der Unruhe, welche die Gemsen der Alpen jagt, und doch verlangt ihre Seele nach dem Salz des Lebens, wie die Gemsen nach dem Salz des Gebirges verlangen. In ihrem Herzen ist eine Ruhe, wie sie die Sagen der alten Hebräer erfüllt, in denen der Nomade von den grünen Ebenen in stillen, sternklaren Nächten spricht, und doch schwillt in diesem Gesang das Herz stärker als bei dem begeisterten Krieger von Thessaliens Bergen im griechischen Altertum.

Wie steht es mit ihrem Christentum? – Sie hat das große und das kleine Einmaleins der Philosophie gelernt; an den Urstoffen hat sie sich einen Milchzahn abgebrochen, doch sie hat wieder neue bekommen. Noch als sie in der Wiege lag, hat sie in den Apfel der Erkenntnis gebissen, hat ihn verschlungen und wurde klug – »Unsterblichkeit« blitzte für sie als der genialste Gedanke der Menschheit auf.

Wann bricht das neue Jahrhundert der Poesie an? Wann ist die Muse zu erkennen? Wann ist sie zu hören?

An einem schönen Frühlingsmorgen kommt sie auf dem Drachen der Lokomotive herangebraust, durch Tunnel und über Viadukte oder über das weiche, starke Meer auf dem schnaubenden Delphin oder durch die Luft auf Montgolfiers Vogel Rock, und läßt sich in jenem Land nieder, aus dem ihre göttliche Stimme das Menschengeschlecht zum ersten Mal begrüßen wird. Wo? Aus dem von Columbus entdeckten, dem Freiheitsland, wo die Eingeborenen gejagtes Wild und die Afrikaner Arbeitstiere wurden, jenem Land, aus dem wir das Lied von »Hiawatha« hörten? Aus dem Weltteil der Antipoden, dem Goldklumpen in der Südsee, dem Land der Gegensätze, wo unsere Nacht Tag ist und schwarze Schwäne in den Mimosenwäldern singen? Oder aus dem Land, wo die Memnonssäule tönte und tönt und wir die Sphinx des Gesangs in der Wüste doch nicht verstanden? Von der Steinkohleninsel, wo seit Elisabeths Zeit Shakespeare der Herrscher ist? Aus Tycho Brahes Heimat, die ihn nicht duldete, oder Kaliforniens Märchenland, wo der Wellingtonbaum seine Krone als König der Welt-Wälder erhebt?

Wann wird der Stern, der Stern auf der Musenstirn leuchten, die Blume, auf deren Blättern der Ausdruck des Schönen in Form, Farbe und Duft geschrieben steht, der dem neuen Jahrhundert entspricht?

»Was ist das Programm der neuen Muse?« fragen die kundigen Reichstagsmänner unserer Zeit. »Was will sie?«

Fragt lieber, was sie nicht will!

Sie will nicht als Gespenst der entschwundenen Zeit auftreten! Sie will keine Dramen aus abgelegten Bühnenherrlichkeiten zimmern oder Mängel der dramatischen Architektur mit blendenden Draperien der Lyrik verdecken! Sie wird vor uns fliegen, wie vom Thespiskarren zum marmornen Amphitheater. Sie schlägt die gesunde Menschensprache nicht in Stücke, um sie zu einem künstlichen Glockenspiel mit dem einschmeichelnden Klang der Troubadour-Turniere zusammenzukleben. Sie will nicht das Versmaß als Edelmann und die Prosa als Bürgerlichen darstellen! Sie stehen, was Klang, Fülle und Kraft betrifft, nebeneinander. Sie will nicht die alten Götter aus Islands Saga-Blöcken meißeln! Die sind tot, die neue Zeit empfindet keine Sympathie für sie, keine Verwandtschaft! Diese Muse will die Mitwelt nicht einladen, ihre Gedanken in französischen Roman-Kneipen einzulogieren! Sie will nicht mit dem Chloroform der »Alltagsgeschichten« betäuben! Ein Lebenselixier will sie bringen! Ihr Gesang in Vers und Prosa wird *kurz, klar und reich* sein! Der Herzschlag jeder Nation ist nur ein Buchstabe im großen Alphabet der Entwicklung, doch alle Buchstaben ergreift sie mit der gleichen Liebe, bringt sie in Worte und verknüpft die Worte zu Rhythmen für die Hymne ihrer eigenen Gegenwart.

Und wann wird diese Zeit erfüllt sein?

Wir, die wir hier noch übrig sind, werden lange warten müssen; für jene, die vorausflogen, wird es schon bald sein.

Bald fällt die Chinesische Mauer; Europas Eisenbahnen erreichen Asiens verschlossenes Kulturarchiv – beide Kulturströme begegnen sich! Vielleicht erbraust dann der Wasserfall mit seinem tiefen Klang, wir Alten der Jetztzeit werden bei seinen lauten Tönen erbeben und darin ein Ragnarok, den Fall der alten Götter vernehmen. Wir werden vergessen, daß Zeiten und Völker hienieden verschwinden müssen und von jedem nur ein kleines Bild, eingeschlossen in die Kapsel des Wortes, als Lotosblume auf dem Strom der Ewigkeit schwimmt und uns erzählt, daß sie alle Fleisch von unserem Fleisch sind und waren, in unterschiedlichem Kleid. Das Bild der Juden leuchtet aus der Bibel, das der Griechen aus Ilias und Odyssee, und unseres –? Frag die Muse des neuen Jahrhunderts, im Ragnarok, wenn sich das neue Gimle in Verklärung und Verständnis erhebt.

Alle Macht des Dampfes, aller Druck der Gegenwart seien Hebel! Meister Blutlos und seine geschäftigen Gesellen, die die mächtigen Herrscher unserer Zeit zu sein scheinen, sind nur Diener, schwarze Sklaven, die den Prachtsaal schmücken, die Schätze herbeitragen, die Tische für das große Fest decken, bei dem die Muse mit der Unschuld des Kindes, der Begeisterung der Jungfrau und mit Ruhe und Wissen der Matrone die Wunderlampe der Dichtung erhebt, dieses reiche, volle Menschenherz mit der Gottesflamme.

Sei gegrüßt, du Muse der Poesie des neuen Jahrhunderts! Unser Gruß steigt auf und hört sich an wie die Gedankenhymne der Würmer, jenes Wurms, der von der

Pflugschar zerschnitten wird, wenn ein neuer Frühling leuchtet und der Pflug Furchen zieht und uns Würmer zerschneidet, damit der Segen für das künftige neue Geschlecht wachsen kann.

Sei gegrüßt, du Muse des neuen Jahrhunderts!

56. Die Eisjungfrau

I
Der kleine Rudy

Wir wollen die Schweiz besuchen, wir wollen uns umsehen in dem schönen Bergland, wo sich die Wälder die steilen Felsenhänge hinaufziehen; wir wollen zu den blendenden Schneefeldern aufsteigen und wieder hinunter zu den grünen Wiesen, wo Flüsse und Bäche davonbrausen, als hätten sie Angst, sie könnten das Meer nicht früh genug erreichen, um zu verschwinden. Die Sonne brennt im tiefen Tal, sie brennt auch auf der Höhe, so daß die schweren Schneemassen im Laufe der Jahre zusammenschmelzen, schimmernde Eisblöcke und rollende Lawinen werden oder sich zu Gletschern türmen. Zwei solche liegen in den breiten Felsenschluchten unter Schreckhorn und Wetterhorn, nicht weit von dem kleinen Bergdorf Grindelwald. Merkwürdig sind sie anzuschauen, und das lockt zur Sommerzeit viele Fremde aus aller Herren Länder an. Sie kommen über die hohen, schneebedeckten Berge, sie kommen aus den tiefen Tälern und steigen dann mehrere Stunden bergauf, und je höher sie steigen, um so tiefer hinab sinkt das Tal, bis sie es wie von einem Luftballon unter sich sehen. Oft hüllen Wolken die Gipfel der Berge wie schwere, dunkle Rauchgardinen ein, während unten im Tal, wo verstreut viele braune Holzhäuser liegen, noch ein Sonnenstrahl leuchtet und einen Fleck von glänzendem Grün hervorhebt, als wäre er transparent. Das Wasser braust, summt und rauscht in der Tiefe, das Wasser rieselt und klingt von der Höhe, es sieht aus, als flatterten Silberbänder von der Klippe.

Holzhäuser stehen zu beiden Seiten des Weges, jedes hat seinen kleinen Kartoffelacker, und der ist auch notwendig, denn unter dem Dach sind viele Münder, die etwas wegessen können. Hier gibt es Kinder in Hülle und Fülle, sie wimmeln aus allen Häusern hervor und drängen sich um die Reisenden, die zu Fuß oder im Wagen kommen. Die ganze Kinderschar treibt Handel. Die Kleinen bieten hübsch geschnitzte Holzhäuser feil, wie man sie hier in den Bergen sieht. Ob es regnet oder ob die Sonne scheint, stets ist das Kindergewimmel da, um seine Waren zu verkaufen.

Es ist zwanzig und noch ein paar Jahre her, da wollte hier manchmal auch ein kleiner Junge Handel treiben, der sich von den anderen Kindern stets etwas abseits hielt. Sein Gesicht war so ernst, und er hielt seine Spanschachtel mit beiden Händen fest, als ob er sie gar nicht hergeben wollte. Doch gerade weil der Bursche so ernst und so klein war, erregte er Aufmerksamkeit, ja, er wurde angerufen und machte häufig das beste Geschäft, ohne selbst den Grund dafür zu wissen. Sein Großvater, der die feinen, hübschen Häuschen schnitzte, wohnte höher am Hang. In seiner Stube stand ein alter Schrank, der ganz voll von solchen Schnitzereien war – da gab es Nußknacker, Messer, Gabeln und Schachteln mit prächtigem Laubwerk und springenden Gemsen; da gab es alles, was Kinderaugen erfreuen konnte. Doch der Kleine, Rudy mit Namen, schaute begieriger und sehnsüchtiger nach dem alten Gewehr unter dem Balken; das sollte er einmal bekommen, hatte Großvater gesagt, aber erst mußte er so groß und kräftig werden, daß er es gebrauchen konnte.

Obwohl er noch klein war, sollte der Junge nun die

Ziegen hüten, und Rudy war ein guter Hirte, wenn man darunter verstand, daß er mit seinen Tieren klettern konnte. Er kletterte sogar noch ein Stückchen höher und holte sich gern Vogelnester aus den Wipfeln; er war verwegen und keck, doch lächeln sah man ihn nur dann, wenn er am brausenden Wasserfall stand oder wenn er eine Lawine rollen hörte. Niemals spielte er mit den anderen Kindern und kam mit ihnen nur zusammen, wenn sein Großvater ihn zum Handeln schickte. Daraus machte sich Rudy nicht besonders viel, er kletterte lieber allein in den Bergen oder saß in der Stube und hörte zu, wenn Großvater von alten Zeiten und vom Menschenschlag in dem nahgelegenen Dorf Meiringen erzählte, aus dem er stammte. Dieser Menschenschlag hatte nicht seit Urzeiten dort gelebt, sagte Großvater, sondern war eingewandert, war aus dem hohen Norden gekommen, und dort lebte sein Geschlecht und wurde »Schweden« genannt. Wer das wußte, und das tat Rudy, der war klug und gescheit. Doch noch klüger wurde er durch anderen guten Umgang, und zwar mit den Hausbewohnern aus dem Geschlecht der Tiere. Da war ein großer Hund, Ajola, ein Erbteil von Rudys Vater, und da war ein Kater; der war für Rudy von besonders großer Bedeutung, er hatte ihn klettern gelehrt.

»Komm mit aufs Dach!« hatte der Kater gesagt, und zwar ganz deutlich und verständlich; denn wenn man ein Kind ist und noch nicht sprechen kann, dann versteht man Hühner und Enten, Katzen und Hunde vorzüglich und ebensogut wie Vater und Mutter, nur richtig klein muß man sein; dann kann selbst Großvaters Stock wiehern und sich in ein Pferd verwandeln, mit Kopf, Schwanz und Beinen. Bei einigen Kindern hält sich diese Fähigkeit länger als bei anderen, und von ihnen wird gesagt, daß sie sehr zurückgeblieben und furchtbar lange Kinder seien. Es wird so vieles gesagt!

»Komm mit, kleiner Rudy, hinaus aufs Dach!« Das war einer der ersten Sätze, die der Kater sagte und die Rudy verstand. »Alles nur Einbildung, das mit dem Herunterfallen; wer keine Angst hat, der fällt nicht. Komm, setz deine eine Pfote so, die andere so! Taste mit den Vorderpfoten, gebrauch deine Augen und sei geschmeidig! Wenn da eine Kluft ist, dann spring, und halt dich fest, wie ich es mache!«

Und das tat Rudy auch. Deshalb saß er so oft mit ihm auf dem Dachfirst, er saß mit ihm im Baumwipfel, ja, er kletterte bis zum Felsenrand, wohin es der Kater nicht schaffte.

»Höher! Höher!« sagten Bäume und Sträucher. »Siehst du, wie hoch wir klettern, wie hoch wir es schaffen, wie wir uns festhalten, noch an der äußersten schmalen Felsenspitze!«

Und Rudy schaffte es bis zum Gipfel und war oft noch vor der Sonne dort, um seinen Morgentrunk, die frische, stärkende Bergluft zu genießen. So einen Trunk kann nur unser Herrgott brauen, und wenn die Menschen das Rezept dafür lesen, dann steht geschrieben: der frische Duft von Kräutern des Berges und von Krauseminze und Thymian des Tals. Alles, was schwer ist, saugen die hängenden Wolken in sich auf, und wenn sie dann von den Winden in den Tannenwäldern gereinigt sind, wird der Atem des Duftes zu Luft, leicht und frisch und immer frischer; sie war Rudys Morgentrunk.

Die Sonnenstrahlen, die segenbringenden Töchter der Sonne, küßten ihn auf die Wangen, und der Schwindel lag auf der Lauer, wagte sich jedoch nicht näher heran, und die Schwalben von Großvaters Haus – es hatte nicht weniger als sieben Nester – schwangen sich zu ihm und seinen Ziegen auf und sangen dabei: »Wir und ihr! Und ihr und wir!« Sie brachten Grüße von daheim, sogar von den beiden Hühnern, den einzigen Vögeln zu ebener Erde, mit denen sich Rudy aber nicht einließ.

Obwohl er so klein war, hatte er doch schon Reisen gemacht, und für so einen Knirps sogar ziemlich weite. Geboren war er im Kanton Wallis, und dann hatte man ihn über die Berge hierhergetragen. Neulich hatte er zu Fuß den nahen Staubbachfall besucht, der vor der schneebedeckten, blendend weißen Jungfrau wie ein Silberschleier in der Luft wogt. Und auf dem großen Gletscher von Grindelwald war er gewesen; aber das war eine traurige Geschichte, denn seine Mutter fand dabei den Tod. »Dort wurde dem kleinen Rudy der kindliche Frohsinn weggeblasen«, sagte Großvater. »In den Briefen seiner Mutter stand, daß er mehr lachte als weinte, als er noch kein Jahr alt war. Aber seitdem er in der Eisspalte gefangen saß, hat sich sein Gemüt völlig verändert.« Großvater sprach sonst kaum davon, doch auf dem ganzen Berg wußte man Bescheid.

Rudys Vater war, wie wir wissen, Postknecht gewesen; der große Hund, der jetzt in der Stube saß, hatte ihn auf jeder Fahrt über den Simplon zum Genfersee begleitet. Rudy hatte noch einen Onkel, einen Bruder seines Vaters, im Rhônetal, im Kanton Wallis, der ein tüchtiger Gemsenjäger und ein wohlbekannter Bergführer war. Der Junge war erst ein Jahr alt, als er seinen Vater verlor, und nun wollte die Mutter mit ihm heim zu ihrer Familie im Berner Oberland. Einige Wegstunden von Grindelwald entfernt wohnte ihr Vater, der Holzschnitzer war und dabei soviel Geld verdiente, daß er sein Auskommen hatte. Im Monat Juni machte sie sich in Begleitung von zwei Gemsenjägern auf den Weg, um ihr kleines Kind über den Gemmi nach Hause, nach Grindelwald, zu tragen. Schon hatten die Wanderer die längste Strecke hinter sich, hatten die Schneefläche jenseits des Höhenrückens erreicht, schon war das heimatliche Tal mit all den vertrauten, verstreuten Holzhäusern zu erkennen, und als letzte Schwierigkeit war nur noch der oberste Teil des einen großen Gletschers zu überwinden. Der frischgefallene Schnee verdeckte eine Spalte, die zwar nicht bis zu dem tiefen Brunnen, in dem das Wasser brauste, hinunterreichte, aber doch tiefer, als ein Mensch groß war. Die junge Frau glitt mit ihrem Kind im Arm aus, versank und war verschwunden; ihre Begleiter hörten nicht einen Seufzer, nicht einen Schrei, nur das Weinen eines kleinen Kindes. Mehr als eine Stunde verging, bis sie aus dem nächsten Haus Seile und Stangen herbeigeschafft hatten, um, falls noch möglich, Hilfe zu bringen, und mit großer Mühe holten sie aus der Eisspalte zwei Körper herauf, zwei Leichen, wie es schien. Sie wandten alle Mittel an, und es gelang, das Kind, doch nicht die Mutter, ins Leben zurückzurufen. So geschah es, daß der alte Großvater nicht die Tochter, sondern einen Enkelsohn ins Haus bekam, den Kleinen, der mehr lachte als weinte. Aber das war ihm offenbar abgewöhnt worden, eine Veränderung schien mit ihm vorgegangen, während er in der Gletscherspalte war, in der kalten, sonderbaren Eiswelt, wo die Seelen der Verdammten eingeschlossen bleiben bis zum Jüngsten Tag, wie der Schweizer Bauer glaubt.

Als wäre ein stürmisches Wasser erstarrt und zu grünen Eisblöcken zusammengepreßt worden, so ähnlich liegt der Gletscher da, ein großes Eisstück auf das andere gewälzt. Schmelzwasser von Eis und Schnee rauscht als reißender Strom in der Tiefe; riesige Höhlen, gewaltige Klüfte gibt es im Inneren, einen wunderbaren Eispalast, und darin wohnt die *Eisjungfrau*, die Gletscherkönigin. Sie, die Todbringende, Vernichtende, ist halb ein Kind der Luft, halb mächtige Herrscherin über den Fluß. Deshalb hat sie einmal die Fähigkeit, sich schnell wie die Gemse zum höchsten Gipfel des Schneegebirges emporzuschwingen, wo sich die kühnsten Bergsteiger als Halt Stufen ins Eis schlagen müssen. Ein andermal schwimmt sie auf einem dünnen Tannenzweig den reißenden Fluß hinunter, springt von einem Felsenblock zum andern und läßt sich von ihrem langen, schneeweißen Haar und ihrem blaugrünen Gewand umflattern, schimmernd wie das Wasser der tiefen Schweizer Seen.

»Vernichten! Festhalten! Mein ist die Macht!« sagt sie. »Einen schönen Knaben hat man mir gestohlen, und ich hatte ihn geküßt, doch nicht zu Tode. Er ist wieder bei den Menschen, er hütet die Ziegen im Gebirge, klettert hinauf, immer hinauf, fort von den andern, nicht fort von mir. Mein ist er, ich hole ihn!«

Und sie bat den Schwindel, ihr dabei zu helfen, denn zur Sommerzeit war es der Eisjungfrau im Grünen, wo die Krauseminze gedieh, zu drückend heiß. Da erhob sich der Schwindel und bückte sich, es kam ein zweiter, es kamen drei – der Schwindel hat viele Geschwister, eine ganze Schar –, und die Eisjungfrau erkor sich den stärksten der vielen, die im Haus und außer Haus herrschen. Sie sitzen auf dem Treppengeländer und auf der Turmbrüstung, sie laufen wie Eichhörnchen über den Felsenrand, sie tun einen Sprung und treten Luft, wie ein Schwimmer Wasser tritt, und locken ihr Opfer zu sich und in den Abgrund. Der Schwindel und die Eisjungfrau, beide greifen sie nach den Menschen, wie der Polyp nach allem greift, was sich um ihn herum bewegt. Nun sollte der Schwindel Rudy greifen.

»Ja, den greif mir mal«, sagte der Schwindel, »ich schaffe es nicht! Der Kater, dieser Schurke, hat ihm seine Künste beigebracht! Vor diesem Menschenkind steht eine Macht, die mich wegstößt; ich kann an den kleinen Knirps nicht heran, wenn er auf einem Zweig über dem Abgrund hängt, und wie gern ich ihn unter den Fußsohlen kitzeln oder ihm eine Luftdusche verpassen möchte – ich kann es nicht!«

»Wir können es!« sagte die Eisjungfrau »Du oder ich! Ich! Ich!«

»Nicht, nicht«, ertönte es da, wie das Echo der Berge auf das Läuten der Kirchenglocken. Es war aber Gesang, es waren Worte, sie kamen von einem verschmelzenden Chor, von anderen Naturgeistern, sanften, liebevollen, guten, den Töchtern der Sonne. Sie lagern sich jeden Abend im Kranz auf den Gipfeln, breiten ihre rosenfarbenen Schwingen aus, die um so mehr erröten, je tiefer die Sonne sinkt – das nennen die Menschen »Alpenglühen«. Nach Sonnenuntergang ziehen sie sich in die Felsenspitzen zurück und schlafen dort im weißen Schnee, um bei Sonnenaufgang wieder hervorzukommen. Sie lieben vor allem die Blumen, Schmetterlinge und Menschen, und davon hatten sie sich besonders den kleinen Rudy auserwählt.

»Ihr fangt ihn nicht! Ihr fangt ihn nicht!« sagten sie.

»Größere und Stärkere habe ich gefaßt und gefangen!« sagte die Eisjungfrau.

Da sangen die Töchter der Sonne das Lied vom Wandersmann, dem der Wirbelwind den Mantel wegriß und im stürmischen Flug entführte; der Wind nahm die Hülle, doch nicht den Menschen. »Ihr könnt ihn greifen, ihr Kinder der Kraft, doch ihr könnt ihn nicht festhalten; er ist stärker, er ist geistiger noch als wir! Er steigt höher als die Sonne, unsre Mutter. Er hat das Zauberwort, das Wind und Wasser bindet, sie müssen ihm dienen und gehorchen. Befreit ihn von der schweren, drückenden Last, und er wird sich noch höher erheben!«

So herrlich tönte der glockenhelle Chor.

Und jeden Morgen schienen die Sonnenstrahlen in das einzige kleine Fenster von Großvaters Haus und zu dem stillen Kind herein; die Töchter der Sonne küßten den Jungen, um jene Eisküsse aufzutauen, zu erwärmen und abzuwaschen, die ihm einst die königliche Gletscher-Maid gegeben, als er auf dem Schoß seiner toten Mutter in der tiefen Eisspalte lag und doch gerettet wurde, wie durch ein Wunder.

II
Die Reise in die neue Heimat

Und nun war Rudy acht Jahre alt. Sein Onkel im Rhônetal, jenseits der Berge, wollte ihn zu sich nehmen, um ihm zu einer besseren Ausbildung und Förderung zu verhelfen. Das sah der Großvater ein und ließ den Jungen deshalb gehen.

Rudy sollte nun fort. Nicht nur vom Großvater mußte er Abschied nehmen, sondern auch noch von anderen Hausbewohnern. Da war zuerst Ajola, der alte Hund.

»Dein Vater war Postknecht, und ich war Posthund«, sagte Ajola. »Wir sind bergauf und bergab gefahren, auch jenseits der Berge kenne ich Hunde wie Menschen. Ich habe nie viele Worte gemacht; aber jetzt, wo wir wohl nur noch kurze Zeit miteinander reden können, will ich ein wenig mehr als sonst sprechen. Ich will dir eine Geschichte erzählen, an der ich all die Zeit geschleppt und herumgekaut habe. Begreifen kann ich sie nicht, und du kannst sie auch nicht begreifen, aber das mag nun einerlei sein, denn eins ist mir dabei klargeworden: So ganz richtig verteilt ist es nicht auf der Welt, weder für Hunde noch für Menschen! Nicht alle sind dazu geschaffen, auf dem Schoß zu sitzen oder Milch zu schlürfen; mir hat man so etwas nicht angewöhnt. Aber ich habe einen jungen Hund gesehen, der fuhr mit der Postkutsche und saß auf einem Menschenplatz. Die Dame, die seine Herrschaft oder deren Herrschaft er war, gab ihm aus einer Milchflasche zu trinken, und das Zuckerbrot, das er bekam, mochte er nicht einmal fressen, er schnupperte nur daran, und dann fraß sie es selber. Ich lief neben dem Wagen im Morast, hungrig, wie ein Hund hungrig sein kann, ich kaute an meinen eignen Gedanken, das war doch nicht richtig – aber es gibt wohl vieles, was nicht richtig ist! Ich wünsche dir, daß du auf dem Schoß sitzt und in der Kutsche fährst – aber das kann man sich nicht selbst aussuchen, ich habe es nicht gekonnt, da half kein Bellen und kein Maulaufreißen!«

Das war Ajolas Rede, und Rudy umarmte den Hund und küßte ihn mitten auf seine feuchte Schnauze. Dann nahm er den Kater auf den Arm, der aber wand sich.

»Du wirst mir zu stark, und gegen dich will ich meine Krallen nicht gebrauchen! Klettre du nur über die Berge, das Klettern habe ich dir ja beigebracht! Glaube nie, daß du hinunterfällst, dann wirst du dich schon halten!« Und dann eilte der Kater davon, denn Rudy sollte die Trauer nicht sehen, die in seinen Augen leuchtete.

Die Hühner liefen hin und her. Das eine hatte seinen Schwanz verloren; den hatte ein Reisender, der Jäger sein wollte, abgeschossen, weil er das Huhn für einen Raubvogel gehalten hatte.

»Rudy will über die Berge!« sagte das eine Huhn.

»Er hat es immer so eilig«, sagte das andere, »und ich kann Abschiednehmen nicht leiden.« Und dann trippelten sie beide davon.

Auch den Ziegen sagte Rudy Lebewohl, und sie riefen: »Mit! Mit! Mäh!« Und das war auch traurig.

Es traf sich, daß gerade zwei tüchtige Führer aus dieser Gegend über die Berge und über den Gemmi auf die andere Seite wollten; ihnen schloß sich Rudy an, und zwar zu Fuß. Das war für so einen kleinen Burschen ein tüchtiger Marsch, aber er hatte Kräfte und ließ den Mut niemals sinken.

Die Schwalben flogen ein Stück mit. »Wir und ihr! Und ihr und wir!« sangen sie. Der Weg führte über die reißende Lütschine, die in vielen kleinen Wasserläufen aus der schwarzen Kluft des Grindelwald-Gletschers hervorstürzt. Lose Holzstämme und Steinbrocken dienen hier als Brücke. Nun hatten die Wanderer das Erlengebüsch am anderen Ufer erreicht, und nicht weit von jener Stelle, wo sich der Gletscher vom Berghang gelöst hatte, machten sie sich an den Aufstieg. Als sie auf dem Gletscher waren, gab es Eisblöcke zu überwinden und zu meiden; Rudy mußte bald klettern, bald gehen, doch seine Augen strahlten vor Vergnügen, und er trat mit seinen eisenbeschlagenen Bergschuhen so fest auf, als wollte er Zeichen setzen, wo er gegangen war. Wo sich der Bergstrom ergossen hatte, war eine schwarze Erdablagerung geblieben, was dem Gletscher ein kalkiges Aussehen gab, aber das blaugrüne, glasartige Eis schimmerte hindurch. Sie mußten kleine Teiche umgehen, die von übereinandergeschobenen Eisblöcken eingedämmt waren, und dabei stießen sie an einen großen Stein, der locker auf dem Rand einer Eisspalte lag, aus dem Gleichgewicht geriet, fiel und rollte, daß es aus den hohlen, tiefen Gängen des Gletschers dröhnend widerhallte.

Es ging bergauf, ständig bergauf. Der Gletscher reckte sich empor, als ob er ein Fluß aus wildaufgetürmten Eismassen wäre, eingeklemmt zwischen steilen Klippen. Rudy dachte einen Augenblick daran, was die Leute erzählten: daß er mit seiner Mutter in einer dieser kälteatmenden Spalten gelegen hatte; doch bald waren solche Gedanken wieder verschwunden, es kam ihm vor wie eine Geschichte, und davon hatte er viele gehört. Manchmal, wenn der Aufstieg für den kleinen Kerl ein bißchen zu schwierig erschien, reichten die Männer ihm die Hand; aber er war nicht müde und stand auf dem Glatteis so sicher wie eine Gemse. Bald gingen sie über Felsengrund, bald zwischen nackten Steinen, bald unter niedrigen Tannen und dann wieder auf der grünen Wiese; die Landschaft wechselte ständig, war ständig neu. Wie jedes Kind hier kannte Rudy die Namen der Schneeberge, die sich ringsum erhoben: Jungfrau, Mönch und Eiger. Nie zuvor war er in solcher Höhe gewesen, nie zuvor hatte er das große Schneemeer betreten; es lag mit seinen reglosen Schneewellen da, von denen der Wind einzelne Flocken wehte, wie von Meereswellen den Schaum. Die Gletscher halten sich bei den Händen, wenn man so sagen darf; jeder ist ein Glaspalast für die Eisjungfrau, welche die Macht und den Willen hat, zu fangen und zu begraben. Die Sonne brannte heiß, der Schnee blendete und war wie von weißblauen, glitzernden Diamantenfunken übersät. Hier lagen unzählige tote Insekten, vor allem Schmetterlinge und Bienen; sie hatten sich zu weit hinauf gewagt oder waren vom Wind so hoch getragen und hatten in dieser Kälte ihr Leben ausgehaucht. Das Wetterhorn war gleichsam von einem Büschel feiner schwarzer Wolle, einer drohenden Wolke eingehüllt; sie senkte sich unheilschwanger herab und enthielt einen Föhn, der, wenn er losbricht, in seiner Macht gewalttätig ist. Der Eindruck dieser ganzen Wanderung – das Nachtquartier in großer Höhe und der weitere Weg, die tiefen Felsenklüfte, wo das Wasser während eines so großen Zeitraums, daß es den Gedanken schwindelt, die Steinblöcke durchgesägt hatte – grub sich unvergeßlich in Rudys Gedächtnis ein.

Ein verlassenes Steingebäude jenseits des Schneemeers gab den Wanderern für die Nacht Schutz und Zuflucht. Hier fanden sie Holzkohle und Tannenzweige, bald war ein Feuer angezündet und ein Nachtlager bereitet, so gut es ging. Die Männer setzten sich um das Feuer, rauchten ihren Tabak, tranken das warme, würzige Getränk, das sie selbst gebraut hatten, auch Rudy bekam sein Teil davon ab. Sie sprachen von den geheimnisvollen Wesen des Alpenlandes, den seltsamen Riesenschlangen in den tiefen Seen, dem Nachtvolk, dem Gespensterheer, das den Schlafenden durch die Luft zur wunderbaren schwimmenden Stadt Venedig trug; dem wilden Hirten, der seine schwarzen Schafe über die Weide trieb – hatte man sie auch nicht gesehen, so hatte man doch den Klang ihrer Glocken, das unheimliche Brüllen der Herde gehört.

Rudy lauschte voller Neugier, doch ohne jede Furcht, die kannte er nicht, und während er lauschte, glaubte er das gespenstische, hohle Gebrüll zu vernehmen; ja, es wurde lauter und lauter, die Männer hörten es auch, unterbrachen ihr Gespräch, lauschten und sagten zu Rudy, er dürfe nicht schlafen.

Es war ein Föhn, der heftige Sturmwind, der sich von den Bergen ins Tal hinunterwirft und mit seiner Gewalt Bäume knickt, als wären sie Schilfrohr, der Holzhäuser von einem Ufer des Flusses zum andern versetzt, wie wir eine Schachfigur setzen.

Als eine Stunde vergangen war, sagten sie Rudy, es sei überstanden, jetzt könne er schlafen, und müde vom Marsch schlief er wie auf Befehl ein.

Früh am Morgen brachen sie auf. Die Sonne beleuchtete für Rudy neue Berge, neue Gletscher und Schneefelder. Sie hatten den Kanton Wallis erreicht, waren über den Bergrücken gekommen, den man von Grindelwald aus sieht, aber noch weit von Rudys neuer Heimat entfernt. Hier gab es andere Bergklüfte, andere Wiesen, Wälder und Bergpfade, Rudy sah andere Häuser und andere Menschen. Doch was waren das für Menschen? Es waren Mißbildungen, unheimliche, fette, weißgelbe Gesichter, der Hals nur schweres, häßliches Fleisch, das aufgeschwollen herunterhing; es waren Kretins, die sich mit schwachen Kräften vorwärtsschleppten und mit dummen Augen auf die sich nähernden Fremden starrten; die Frauen sahen am schrecklichsten aus. Waren das die Menschen der neuen Heimat?

III
Der Onkel

Als Rudy ins Haus seines Onkels kam, sahen die Leute gottlob genauso aus, wie er es gewohnt war. Hier gab es nur einen einzigen Kretin, einen armen närrischen Burschen, eins jener bedauernswerten, verlassenen, mittellosen Geschöpfe, die man im Kanton Wallis von einer Familie zur andern reicht und die in jedem Haus ein paar Monate bleiben. Bei Rudys Ankunft hielt sich gerade das arme Saperli hier auf.

Der Onkel war noch ein kräftiger Jäger und betrieb außerdem das Böttcherhandwerk. Seine Frau, eine kleine, lebhafte Person, glich im Gesicht fast einem Vogel, hatte Augen wie ein Adler und einen langen, ganz mit Flaum bedeckten Hals.

Alles war für den Jungen neu, Kleidung, Sitten und Gebräuche, sogar die Sprache, die aber würden seine Kinderohren bald verstehen lernen. Verglichen mit Großvaters Haus, herrschte hier Wohlstand. Die Wohnstube war größer, an den Wänden prangten Gemshörner und blankgeputzte Flinten, über der Tür hing das Bild der Muttergottes, geschmückt mit frischen Alpenrosen, und eine brennende Lampe stand davor.

Wie schon gesagt, war der Onkel einer der tüchtigsten Gemsenjäger der Gegend und außerdem der erfahrenste und beste Bergführer. Nun sollte Rudy der Liebling seines Hauses sein, obgleich es einen solchen hier schon gab. Das war ein alter blinder, tauber Jagdhund, der keinen Nutzen mehr tun konnte, ihn aber in früheren Jahren tüchtig getan hatte. Das hatte man nicht vergessen, und deshalb gehörte er jetzt zur Familie und sollte seinen guten Lebensabend haben. Mit Fremden ließ er sich nicht mehr ein, und deshalb wollte er sich von Rudy nicht streicheln lassen, denn der war ihm noch fremd. Aber es dauerte gar nicht lange, da schlug der Junge Wurzeln in Haus und Herz.

»In unserm Kanton Wallis ist es gar nicht schlecht«, sagte der Onkel. »Wir haben Gemsen, die sterben nicht so bald aus wie die Steinböcke. Uns geht es viel besser als in alter Zeit; man mag noch so viele Loblieder auf sie singen, unsre Zeit ist doch besser. Der zugeschnürte Sack ist aufgegangen, in unser eingeschlossenes Tal ist frische Luft gekommen. Wenn das Veraltete verschwindet, kommt immer etwas Besseres zum Vorschein«, sagte er. Und wenn der Onkel so recht ins Reden kam, erzählte er von seinen Kindheitsjahren, als sein Vater im besten Mannesalter war. Damals war das Wallis ein zugeschnürter Sack, wie er sagte, mit viel zu vielen kranken Leuten, jämmerlichen Kretins. »Dann aber sind die französischen Soldaten gekommen, das waren die rechten Doktoren; sie schlugen sofort die Krankheit tot und die Leute dazu. Schlagen können die Franzosen, einen Hieb führen auf vielerlei Weise, und das können ihre Mädchen auch!« Und dabei lachte der Onkel und nickte seiner Frau zu, die eine gebürtige Französin war. »Die Franzosen können auf die Steine schlagen, bis sie nachgeben. Sie haben die Simplonstraße in den Fels geschlagen und einen Weg gebahnt, daß ich jetzt zu einem dreijährigen Kind sagen kann: Geh mal nach Italien, halte dich nur an die Landstraße! Und das Kleine findet nach Italien, wenn es sich nur an die Landstraße hält.« Und dann sang der Onkel ein französisches Lied und rief hurra auf Napoleon Bonaparte.

Da hörte Rudy zum ersten Mal von Frankreich, von Lyon, der großen Stadt an der Rhône, wo der Onkel gewesen war.

In ein paar Jahren könne aus Rudy ein flinker Gemsenjäger werden, begabt dafür sei er, sagte der Onkel. Und er zeigte ihm, wie man die Flinte hält, wie man zielt und abdrückt. Wenn Jagdzeit war, nahm er ihn mit in die Berge, ließ ihn vom warmen Gemsenblut trinken, das den Jäger vor dem Schwindel bewahrt. Er lehrte ihn, wie man den Zeitpunkt erkennt, wann von den verschiedenen Berghängen Lawinen drohen, um die Mittags- oder zur Abendzeit, je nach der Wirkung der Sonne und ihrer Strahlen. Rudy lernte von ihm, recht auf die Gemsen achtzugeben und ihren Sprung nachzuahmen, auf die Füße zu fallen und Halt zu finden, und wenn ihn der Fuß in der Felsenkluft nicht finden konnte, dann mußte man sich mit den Ellbogen stützen, mußte sich mit den Muskeln von Waden und Schenkeln festklammern, selbst der Nacken konnte sich festbeißen, wenn es notwendig war. Die Gemsen waren klug und stellten ihre Vorposten auf; doch der Jäger mußte klüger sein und ihren Geruchssinn überlisten. Er konnte sie auch zum Narren halten: Wenn er Rock und Hut auf den Alpenstock hängte, hielt die Gemse das Kleid für den Mann. Diesen Spaß trieb der Onkel eines Tages, als er mit Rudy auf der Jagd war.

Der Gebirgspfad war schmal, ja, fast gar nicht vorhanden, ein schmales Gesims nur, dicht am schwindelnden Abgrund. Der Schnee darüber war halbgetaut, das Gestein zerbröckelte unter den Füßen, weshalb sich der Onkel längelang auf den Boden warf und sich kriechend vorwärtsbewegte. Jeder Stein, der abbrach, fiel, prallte ab, hüpfte und rollte weiter, er machte viele Sprünge von Felsenwand zu Felsenwand, bis er in der schwarzen Tiefe zur Ruhe kam. Rudy, der einhundert Schritte dahinter auf dem äußersten festen Felsenvorsprung stand, sah in der Luft etwas näherkommen und den Onkel schwebend umkreisen. Es war ein riesiger Lämmergeier, der mit seinem Flügelschlag den kriechenden Wurm in den Abgrund stürzen und zu Aas verwandeln wollte. Während der Onkel nur auf die Gemse starrte, die sich mit ihrem Jungen jenseits der Kluft befand, behielt Rudy den Vogel im Auge, begriff, was er wollte, und hatte deshalb den Finger am Abzug. Da machte die Gemse einen Satz, der Onkel schoß und traf sie mit seiner tödlichen Kugel; doch das Junge jagte davon, als hätte es lebenslang Flucht und Gefahr erprobt. Beim Knall der Flinte erschrak der riesige Vogel und flog in eine andere Richtung; der Onkel wußte nichts von der Gefahr, bis ihm Rudy davon erzählte.

Als sie nun in bester Stimmung heimwärts zogen, wobei der Onkel ein Lied aus seiner Kinderzeit pfiff, hörten sie plötzlich, gar nicht weit weg, ein merkwürdiges Geräusch. Sie schauten nach allen Seiten, sie schauten in die Höhe und sahen nun, daß sich auf einem schrägen Felsenabsatz die Schneedecke hob und zu wogen begann, wie ein ausgebreitetes Leinenstück, wenn der Wind darunterfährt. Die Wellenkämme zerbrachen, als wären es Marmorplatten, die sich in schäumendes, stürzendes Wasser auflösten, dröhnend wie gedämpfter Donner. Es war eine Lawine, die niederging, nicht auf Rudy und den Onkel, jedoch sehr nahe, allzu nahe.

»Halt dich fest, Rudy«, rief der Onkel, »so fest du kannst!«

Und Rudy umklammerte den nächsten Baumstamm, der Onkel kletterte in die Zweige und hielt sich dort oben fest. Die Lawine ging zwar viele Klafter entfernt von ihnen nieder, doch mit ihrem Luftzug, ihren Sturmflossen, knickte und zerbrach sie Bäume und Sträucher, als wären sie nur trocknes Schilf, und warf sie weit umher. Rudy kauerte auf der Erde; der Baumstamm, an dem er sich festhielt, war vom Sturmwind wie abgesägt und die Krone ein weites Stück fortgeschleudert. Dort, zwischen den zerknickten Zweigen, lag mit zerschmettertem Kopf der Onkel, seine Hand war noch warm, doch sein Gesicht nicht mehr zu erkennen.

Blaß und zitternd stand Rudy davor; ihn befiel zum ersten Mal Entsetzen, es war die erste Schreckensstunde seines Lebens.

Am späten Abend kehrte er mit der Todesbotschaft heim, und Trauer erfüllte nun das Haus. Die Gattin hatte keine Worte, keine Tränen, und erst als man die Leiche brachte, kam ihr Schmerz zum Ausbruch. Der arme Kretin verkroch sich ins Bett, war den ganzen Tag nicht zu sehen, und gegen Abend ging er zu Rudy.

»Schreib Brief für mich! Saperli kann nicht schreiben. Saperli kann Brief zur Post bringen.«

»Brief von dir?« fragte Rudy. »Und an wen?«

»An den Herrn Christus!«

»Wen meinst du damit?«

Und der Halbverrückte, den die Leute den Kretin nannten, sah Rudy mit rührendem Blick an, faltete die Hände und sagte ganz feierlich und fromm: »Jesus Christus! Saperli will ihm Brief schicken, will ihn bitten, daß Saperli tot sein darf und nicht Mann im Haus!«

Da drückte Rudy ihm die Hand. »Dieser Brief kommt nicht an. Dieser Brief bringt uns den Mann nicht zurück.«

Es fiel Rudy schwer, dem Saperli diese Unmöglichkeit zu erklären.

»Nun bist du die Stütze des Hauses«, sagte die Pflegemutter, und Rudy wurde es.

IV
Babette

Wer ist der beste Schütze im Kanton Wallis? Ja, das wußten die Gemsen. »Nimm dich in acht vor Rudy!« konnten sie sagen. »Wer ist der schönste Schütze?« – »Ja, das ist Rudy!« sagten die Mädchen, doch sie sagten nicht: »Nimm dich vor Rudy in acht!« Das sagten nicht einmal die ernsthaften Mütter, denn ihnen nickte er ebenso freundlich zu wie den jungen Mädchen. Er war so keck und munter, mit braunen Wangen, leuchtend weißen Zähnen und glänzenden kohlschwarzen Augen – er war ein schmucker Bursche und nicht älter als zwanzig Jahre. Ihn biß das kalte Eiswasser nicht beim Schwimmen; wie ein Fisch konnte er sich im Wasser drehen, konnte klettern wie kein anderer, wie eine Schnecke konnte er sich an die Felsenwand festkleben. Daß er gute Muskeln und Sehnen besaß, zeigte er auch beim Springen, er hatte es zuerst vom Kater gelernt und dann von den Gemsen. Wollte man sich dem besten Bergführer anvertrauen, dann ging man zu Rudy; der hätte damit ein ganzes Vermögen verdienen können. Er hatte beim Onkel auch das Böttcherhandwerk erlernt, doch danach stand ihm nicht der Sinn; seine Lust und sein Verlangen war die Gemsenjagd, und die brachte auch Geld ein. Rudy war eine gute Partie, wie es hieß, er durfte nur nicht über seinen Stand hinausschauen. Beim Tanzen war er einer, von dem die Mädchen träumten, und so manche dachte auch wachend an ihn.

»Er hat mich beim Tanz geküßt!« hatte Schullehrers Annette ihrer liebsten Freundin anvertraut; aber das hätte sie nicht erzählen sollen, nicht einmal ihrer liebsten Freundin. Dergleichen kann man nicht leicht für sich behalten, das ist wie Sand in einem durchlöcherten Sack und läuft aus. Wie brav und anständig Rudy auch war, so war doch bald bekannt, daß er beim Tanzen geküßt hatte; und dabei hätte er diesen Kuß viel lieber einer anderen gegeben.

»Der hat es hinter den Ohren!« sagte ein alter Jäger. »Er hat Annette geküßt, er hat mit A angefangen und wird wohl das ganze Alphabet durchküssen.«

Ein Kuß beim Tanz, mehr gab es vorerst über Rudy nicht zu klatschen, aber er hatte Annette geküßt, und sie war gar nicht die Blume seines Herzens.

Unten in Bex, zwischen den großen Walnußbäumen, hatte am reißenden Bergflüßchen der reiche Müller sein Anwesen. Er wohnte in einem großen Haus mit drei Stockwerken und kleinen Türmen, das mit Schindeln gedeckt und mit Blechplatten beschlagen war, die in Sonnen- und Mondschein glänzten. Der größte Turm hatte als Wetterfahne einen blitzenden Pfeil, der sich durch einen Apfel bohrte; das sollte auf Tells Pfeilschuß deuten. Die Mühle sah schmuck und nach Wohlstand aus, man konnte sie sowohl zeichnen als auch beschreiben; das aber war bei der Tochter nicht möglich, hätte zumindest Rudy gesagt. Und doch war sie ihm ins Herz gezeichnet, ihre Augen leuchteten darin, daß es in hellen Flammen stand. Der Brand war so plötzlich ausgebrochen, wie Feuer sonst auch auflodert, und am merkwürdigsten dabei war, daß die Müllerstochter, die hübsche Babette, nicht das geringste davon wußte, sie hatte mit Rudy niemals auch nur zwei Worte gewechselt.

Der Müller war reich, und dieser Reichtum hob Babette in eine solche Höhe, daß sie fast unerreichbar war. Doch nichts ist so hoch, sagte Rudy bei sich selbst, daß man es nicht erreichen könnte; man muß klettern, und man fällt nicht, wenn man nicht daran glaubt. Diese Weisheit hatte er zu Hause gelernt.

Nun traf es sich, daß Rudy etwas in Bex zu besorgen hatte; dorthin war es eine ganze Reise, denn die Eisenbahn war zu jener Zeit noch nicht gebaut. Am Rhônegletscher beginnt das breite Wallistal mit der mächtigen Rhône, die häufig anschwillt, Felder und Wege überschwemmt und alles zerstört. Es erstreckt sich am Fuß des Simplonmassivs entlang, begrenzt von vielen und wechselnden Bergen, macht zwischen den Städten Sion und St-Maurice eine Biegung, krümmt sich wie ein Ellbogen und wird unterhalb von St-Maurice so eng, daß nur das Flußbett und die schmale Fahrstraße Platz darin haben. Als Schildwache für den Kanton Wallis, der hier zu Ende ist, steht auf dem Berghang ein alter Turm und schaut über die gemauerte Brücke zum Zollhaus auf der anderen Seite, wo der Kanton Vaud beginnt, und die nächste Stadt, nicht weit von hier, ist Bex.

Wenn man weitergeht, sieht man bei jedem Schritt mehr Fruchtbarkeit und verschwenderische Fülle, man ist gleichsam in einem Garten von Kastanien- und Walnußbäumen; da und dort gucken Zypressen und Granatblüten hervor, hier ist es so südlich warm, als wäre man in Italien.

Rudy hatte Bex erreicht, erledigte seine Besorgung und schaute sich um – doch nicht einen Gesellen von der Mühle, geschweige denn Babette bekam er zu Gesicht. Es war nicht so, wie es sein sollte.

Als es Abend wurde, war die Luft vom Duft des wilden Thymians und der blühenden Linde erfüllt; die waldgrünen Berge waren wie von einem schimmernden, luftblauen Schleier umgeben. Eine Stille war ausgebreitet, nicht die des Schlafs, nicht die des Todes, nein, die ganze Natur schien den Atem anzuhalten, als fühlte sie sich aufgestellt, um vor dem blauen Himmelsgrund fotografiert zu werden. Hier und da standen zwischen den Bäumen auf grünem Feld Stangen; sie hielten den Telegrafendraht, der durch das stille Tal gezogen war. An einer von ihnen lehnte etwas, und zwar so reglos, daß man es für einen abgestorbenen Baumstamm halten mußte. Doch es war kein lebloses Stück Holz, sondern Rudy; er stand hier ebenso still, wie es in diesem Augenblick seine ganze Umgebung war, nicht schlafend und noch weniger tot. Doch ebenso, wie oft große Weltereignisse und bedeutsame Lebensmomente für den einzelnen den Telegrafendraht durchfliegen, ohne daß ein Zittern oder Ton darauf hindeutet, so wurde Rudy von Gedanken durchflutet, die groß und überwältigend waren, er dachte an sein Lebensglück, an das, was von nun an sein *ständiger Gedanke* war. Sein Blick war auf einen Punkt im Laub geheftet, ein Licht, das in der Wohnstube des Müllers brannte – dort war Babette. So still stand er da, daß man annehmen konnte, er legte auf eine Gemse an; doch in diesem Moment glich er selbst einer Gemse, die minutenlang wie aus dem Fels gemeißelt dastehen kann, um dann plötzlich, sowie ein Stein rollt, aufzuspringen und davonzujagen – und genau das tat Rudy, denn bei ihm rollte ein Gedanke.

»Niemals verlieren!« sagte er. »Besuch in der Mühle! Guten Abend, Herr Müller, guten Tag, Babette. Man fällt nicht, wenn man nicht daran glaubt! Babette muß mich doch einmal zu sehen bekommen, wenn ich ihr Mann werden soll!«

Und Rudy lachte, war guten Mutes und ging zur Mühle; er wußte, was er wollte, und das war Babette.

Der Fluß stürzte eilig davon, Weiden und Linden neigten sich über sein weißgelbes Wasser; Rudy ging den Pfad entlang und, wie es in einem alten Kinderlied heißt:

> »– – –zum Müller hinein,
> War aber niemand zu Hause,
> Nur ein Kätzchen klein!«

Die Stubenkatze stand auf der Treppe, machte einen Buckel und sagte: »Miau!« Doch Rudy achtete nicht auf diese Rede und klopfte an – niemand hörte, niemand öffnete die Tür. »Miau!« sagte die Katze. Wäre Rudy ein kleines Kind gewesen, dann hätte er die Sprache der Tiere und auch die Katze verstanden, die ihm sagte: »Hier ist keiner zu Hause!« So aber mußte er sich in der Mühle erkundigen, und dort gab man ihm Auskunft. Der Hausherr war verreist, in der fernen Stadt Interlaken – *inter lacus*, zwischen den Seen, wie der gelehrte Schulmeister, Annettes Vater, einmal erklärt hatte. So weit fort war der Müller, und Babette auch. Morgen sollte dort ein großes Schützenfest beginnen, das acht Tage dauern und die Schweizer aus allen deutschen Kantonen versammeln würde.

Armer Rudy, war da zu sagen, er war nicht zum günstigsten Zeitpunkt nach Bex gekommen; er konnte wieder umkehren, was er auch tat. Über St-Maurice und Sion kehrte er in sein Tal, zu seinen Bergen zurück, doch er war unverzagt. Als am nächsten Morgen die Sonne aufging, da hatte sich seine Stimmung längst aufgehellt, verdüstert war sie nie gewesen.

»Babette ist in Interlaken, viele Tagesreisen weit«, sagte er zu sich selbst. »Auf der gebahnten Landstraße hat man lange zu gehen; aber wenn man über die Berge kraxelt, dann ist es kürzer, und dieser Weg ist für einen Gemsenjäger gerade richtig! Den bin ich schon einmal gegangen, dort drüben ist meine Heimat, wo ich als kleiner Junge beim Großvater war. Und in Interlaken ist Schützenfest! Da will ich der erste sein, und das will ich auch bei Babette sein, wenn die Bekanntschaft erst einmal gemacht ist.«

Mit seinem leichten Ranzen, der den Sonntagsstaat enthielt, mit Gewehr und Jagdtasche stieg Rudy den Berg hinauf, den kurzen Weg, der doch von ziemlicher Länge war. Aber das Schützenfest hatte ja erst an diesem Tag begonnen und sollte noch über eine Woche dauern; der Müller und Babette wollten die ganze Zeit bei ihren Verwandten bleiben, hatte man ihm in der Mühle gesagt. Rudy ging über den Gemmi und wollte bei Grindelwald hinunter ins Tal.

Rüstig und munter stieg er aufwärts, in der frischen, der leichten, der stärkenden Bergluft. Das Tal sank tiefer, der Gesichtskreis wurde weiter; hier ein Schneegipfel, da ein Schneegipfel und bald die schimmernde weiße Alpenreihe. Rudy kannte jeden Schneeberg; er steuerte auf das Schreckhorn zu, das seinen weißgepuderten Steinfinger in die blaue Luft emporreckte.

Endlich hatte er den Höhenrücken überquert, die Wiesen senkten sich, vor ihm lagen die heimatlichen Täler. Die Luft war leicht, der Sinn war leicht; Berg und Tal strotzten von Blumen und Grün, das Herz war voller Jugendgedanken. Man wird niemals alt, man wird niemals sterben; leben, bestimmen, genießen! Frei wie ein Vogel, leicht wie ein Vogel, so war er. Und die Schwalben flogen vorüber und sangen wie in der Kinderzeit: »Wir und ihr! Und ihr und wir!« Alles war Fliegen und Freude.

Dort unten lag die samtgrüne, mit braunen Holzhäusern bestreute Wiese, die Lütschine summte und rauschte. Er sah den Gletscher, seine glasgrünen Kanten im schmutzigen Schnee, die tiefen Spalten, er sah den oberen und den unteren Gletscher. Die Glocken der Kirche klangen zu ihm herüber, als wollten sie »Willkommen zu Hause« läuten. Sein Herz klopfte stärker und wurde so weit, so groß und erinnerungsvoll, daß Babette für einen Augenblick verschwand.

Auf diesem Weg, den er jetzt wieder ging, hatte er als kleines Bürschchen mit den anderen Kindern am Grabenrand gestanden und geschnitzte Holzhäuser verkauft. Dort oben, hinter den Tannen, stand noch Großvaters Haus, von Fremden bewohnt. Kinder liefen auf ihn zu und wollten handeln, eins davon reichte ihm eine Alpenrose. Rudy nahm sie als ein gutes Zeichen und dachte an Babette. Bald hatte er die Brücke überquert, wo sich die beiden Lütschinen vereinen. Die Laubbäume mehrten sich, die Walnußbäume spendeten Schatten. Jetzt sah er wehende Fahnen, das weiße Kreuz auf dem roten Tuch, wie es die Schweizer und Dänen haben; und vor ihm lag Interlaken.

Ein Prachtstadt wie diese gab es wirklich kein zweites Mal, fand Rudy. Das war eine Schweizer Stadt im Sonntagskleid und nicht wie andere Städte in der Provinz eine Anhäufung von schweren Steinhäusern, wuchtig, fremd und vornehm, nein, hier sah es aus, als wären die Holzhäuser von den Bergen ins grüne Tal gelaufen, zu dem klaren, pfeilschnellen Fluß, und hätten sich aufgereiht, ein bißchen vor, ein bißchen zurück, um Straßen zu bilden. Und die prächtigste von allen diesen Straßen, ja, die war freilich erst emporgewachsen, nachdem der kleine Rudy die Stadt verlassen; sie sah aus, als hätten sich die hübschen Holzhäuschen, die Großvater geschnitzt hatte und von denen der Schrank zu Hause voll gewesen war, dafür aufgestellt und wären an Kraft und Höhe gewachsen, wie die alten, uralten Kastanienbäume. Jedes Haus war ein Hotel, wie es hieß, mit Schnitzereien an Fenstern und Balkons, mit vorspringenden Dächern überaus hübsch und zierlich, und vor jedem Haus war ein ganzer Blumengarten, der an die breite, makadamisierte Straße grenzte. Die hatte jedoch nur auf der einen Seite Häuser, um nicht den Blick auf die frische grüne Wiese gegenüber zu versperren, wo die Kühe weideten und Glocken trugen, die wie auf den hochgelegenen Almen klangen. Rings um die Wiese standen hohe Berge, die unmittelbar vor einem gleichsam zur Seite traten, damit man den schönsten aller Schweizer Berge, die schimmernde, weißgekleidete Jungfrau, recht sehen konnte.

Welch eine Menge geputzter Herren und Damen aus fernen Ländern, welch ein Gewimmel von Bauersleuten aus den verschiedenen Kantonen! Die Schützen hatten die Hüte mit ihren Nummern zum Schießen umkränzt. Hier gab es Musik und Gesang, Leierkästen und Blasinstrumente, Geschrei und Gelärm. Häuser und Brücken waren mit Versen und Emblemen geschmückt; Fahnen und Wimpel wehten, die Flinten feuerten unablässig – das war die beste Musik in Rudys Ohren, der bei alledem Babette, deretwegen er doch hierhergekommen war, vollkommen vergaß.

Die Schützen drängten sich beim Scheibenschießen. Bald war Rudy unter ihnen und von allen der tüchtigste, der glücklichste; stets traf er mitten ins Schwarze.

»Wer ist nur dieser fremde, blutjunge Jäger?« wurde gefragt. »Er spricht die französische Sprache, wie sie im Kanton Wallis gesprochen wird, und in unserem Deutsch macht er sich auch recht gut verständlich«, sagten einige. »Er soll als Kind in der Gegend von Grindelwald gewohnt haben«, wußte ein anderer.

In diesem Burschen steckte Leben: Seine Augen leuchteten, sein Blick war so sicher wie sein Arm, und deshalb traf er. Das Glück macht Mut, und den hatte Rudy immer. Schon bald hatte er einen ganzen Kreis von Freunden um sich gesammelt, er wurde geehrt und gefeiert, Babette war fast ganz aus seinen Gedanken verschwunden. Da spürte er den Schlag einer schweren Hand auf seiner Schulter, und eine grobe Stimme sprach ihn auf französisch an: »Seid Ihr nicht aus dem Kanton Wallis?«

Rudy drehte sich um und erblickte ein rotes, vergnügtes Gesicht, einen dicken Kerl. Es war der reiche Müller aus Bex, der mit seinem breiten Körper die feine, hübsche Babette verdeckte, doch bald guckte sie mit ihren strahlenden Augen hervor. Der reiche Müller hielt es sich zugute, daß ein Jäger aus seinem Kanton am besten schoß und der Geehrte war.

Rudy war wirklich ein Glückskind; was er bei seiner Wanderung vor sich gesehen, jedoch an Ort und Stelle fast vergessen hatte, das kam nun zu ihm.

Wenn man fern der Heimat Leute von zu Hause trifft, dann kennt man sich, dann spricht man miteinander. Wie Rudy beim Schützenfest der Erste durch seine Treffer war, so war der Müller in Bex der Erste durch sein Geld und seine gute Mühle; und so drückten sich beide Männer die Hand, was sie noch nie getan hatten. Als auch Babette vertrauensvoll Rudys Hand ergriff, erwiderte er ihren Händedruck und sah sie an, und dabei wurde sie ganz rot.

Der Müller erzählte von der langen Wegstrecke, die sie zurückgelegt, von den vielen großen Städten, die sie gesehen hatten. Das war eine ordentliche Reise: sie waren mit Dampfschiff, Dampfwagen und Postkutsche gefahren.

»Ich bin den kürzeren Weg gegangen«, sagte Rudy. »Ich bin über die Berge gegangen; kein Weg ist so hoch, daß er nicht zu benutzen wäre!«

»Aber man kann sich auch den Hals dabei brechen!« sagte der Müller. »Und danach seht Ihr mir gerade aus, so verwegen, wie Ihr seid!«

»Man fällt nicht, wenn man nicht selbst daran glaubt!« sagte Rudy.

Und die Verwandten, bei denen der Müller mit seiner Tochter zu Gast war, forderten Rudy auf, doch einmal vorbeizuschauen – wo er doch aus demselben Kanton wie ihr Vetter stammte. Das war ein gutes Angebot für Rudy – das Glück war mit ihm, wie es stets mit jenem ist, der auf sich selbst vertraut und daran denkt: »Unser Herrgott gibt uns die Nüsse, aber er knackt sie nicht für uns!«

Und Rudy saß bei der Verwandtschaft des Müllers, als gehörte er zur Familie. Ein Trinkspruch auf den besten Schützen wurde ausgebracht, und Babette stieß mit ihm an, und er bedankte sich.

Als sie gegen Abend alle die schöne Straße mit den schmucken Hotels unter den alten Walnußbäumen entlanggingen, war dort eine solche Menschenmenge und ein solches Gedränge, daß es Rudy erlaubt war, Babette den Arm anzubieten.

Er sei so froh, daß er Leute aus Vaud getroffen habe, Vaud und Wallis seien gute Nachbarkantone, sagte er mit einer solchen Innigkeit, daß Babette meinte, sie müsse ihm die Hand dafür drücken. Sie schienen fast so vertraut wie alte Bekannte, und lustig war sie, die kleine, reizende Person. Es stand ihr so hübsch, fand Rudy, wie sie auf das Lächerliche und Übertriebene in Kleidung und Gang der fremden Damen hinwies. Dabei wollte sie sich gar nicht über sie lustig machen, die Damen mochten ja äußerst rechtschaffen, ja, sogar lieb und freundlich sein, das wußte Babette, denn sie hatte eine Patentante, eine englische Dame, die auch sehr vornehm war. Die kostbare Nadel, die sie an ihrer Brust trug, hatte ihr die Tante vor achtzehn Jahren geschenkt, als sie zur Taufe nach Bex gekommen war, und zwei Briefe hatte sie ihr geschrieben, und in diesem Jahr wollten sie sich hier in Interlaken treffen, sie, die Tante und deren Töchter, das waren alte

Mädchen, so an die dreißig, sagte Babette – sie war ja erst achtzehn.

Nicht einen Augenblick stand ihr hübsches Mündchen still, und jedes Wort erschien Rudy äußerst bedeutsam. Er erzählte nun seinerseits, was er zu erzählen hatte: Wie viele Male er in Bex gewesen, wie gut er die Mühle kenne und wie oft er Babette gesehen – doch sie habe ihn vermutlich nie bemerkt. Und als er letztens zur Mühle gekommen sei, mit so vielen Gedanken, die er nicht aussprechen könne, da sei sie mit ihrem Vater verreist gewesen, weit weg, aber doch nicht so weit, daß die Mauer, die den Weg verlängerte, unüberwindlich gewesen wäre.

Ja, das sagte er, und er sagte so vieles; er sagte, daß sie ihm so sehr gefalle – und daß er ihretwegen und nicht wegen des Schützenfestes gekommen sei.

Babette wurde ganz still; was er ihr da anvertraute, das war wohl fast zu schwer zu tragen.

Und währenddessen sank die Sonne hinter die hohe Felsenwand. Die Jungfrau erhob sich in Pracht und Glanz, vom waldgrünen Kranz der nahen Berge umgeben. Die vielen Leute blieben bei diesem Anblick stehen; auch Rudy und Babette betrachteten all diese Größe.

»Nirgends ist es schöner als hier!« sagte Babette.

»Nirgends«, sagte Rudy und schaute sie an.

»Morgen muß ich zurück«, sagte er kurz darauf.

»Besuchen Sie uns in Bex!« flüsterte Babette. »Da wird sich mein Vater freuen!«

V
Auf dem Heimweg

Oh, wie vieles hatte Rudy zu tragen, als er am nächsten Tag über die hohen Berge in Richtung Heimat ging. Ja, er hatte drei Silberbecher, zwei vorzügliche Flinten und eine Kaffeekanne aus Silber, die konnte man bei der Gründung eines Hausstands gebrauchen. Aber das alles wog nicht am schwersten; auf seinem Weg über die hohen Berge trug er noch etwas – oder wurde von ihm getragen –, das hatte mehr Gewicht und Macht. Das Wetter war rauh, grau, regnerisch und trübe; wie ein Trauerflor senkten sich die Wolken auf die Berge und hüllten die schimmernden Gipfel ein. Aus dem Waldesgrund tönten die letzten Axtschläge, und die Stämme, die den Hang hinunterrollten, sahen von oben wie Kleinholz, aus der Nähe jedoch wie mastdicke Bäume aus. Die Lütschine ließ ihren einförmigen Akkord erklingen, der Wind brauste, die Wolken segelten.

Plötzlich ging neben Rudy ein junges Mädchen, das er erst bemerkte, als sie an seiner Seite war, sie wollte ebenfalls über die Berge. Ihre Augen besaßen eine eigene Macht, man war gezwungen, in sie hineinzuschauen; sie waren so seltsam glasklar, tief und grundlos.

»Hast du einen Liebsten?« fragte Rudy; denn er selbst dachte an nichts anderes als an sein Liebstes.

»Den habe ich nicht«, sagte sie lachend; doch es klang, als wäre kein Wort davon wahr. »Laß uns einen anderen Weg gehen«, schlug sie vor. »Wir müssen weiter nach links, das ist kürzer.«

»Ja, um in eine Eiskluft zu fallen!« sagte Rudy. »Weißt du nicht besser Bescheid und willst mich führen!«

»Ich kenne den Weg sehr wohl«, sagte sie, »und habe meine Gedanken bei mir. Die deinen sind wohl unten im Tal. Hier oben muß man an die Eisjungfrau denken, sie ist den Menschen nicht gut, sagen die Menschen.«

»Ich fürchte sie nicht«, sagte Rudy, »sie mußte mich loslassen, als ich ein Kind war; jetzt, wo ich älter bin, werde ich sie schon loswerden!«

Und die Finsternis wuchs, der Regen strömte, dann kam Schnee, der leuchtete, der blendete.

»Reich mir deine Hand, dann werde ich dir beim Aufstieg helfen!« sagte das Mädchen und berührte ihn mit eiskalten Fingern.

»Du und mir helfen!« sagte Rudy. »Ich habe noch keine Frauenhilfe beim Klettern gebraucht!« Und er schritt rascher aus und ließ sie zurück. Das Schneegestöber schlug wie eine Gardine um ihn zusammen, der Wind brauste, und hinter sich hörte er das Mädchen lachen und singen – das klang ganz sonderbar. Gewiß war es Geisterspuk im Dienste der Eisjungfrau; Rudy hatte davon gehört, damals in seiner Kindheit, als er hier oben übernachtet hatte, auf der Wanderung über die Berge.

Der Schnee fiel dünner, die Wolke lag unter ihm, und als er zurückschaute, war niemand zu sehen; doch er hörte ein Lachen und Jodeln, das nicht wie von einem Menschen klang.

Als Rudy endlich jene Stelle im Gebirge erreichte, wo der Pfad direkt hinunter in das Rhônetal führt, erblickte er in dem klaren blauen Streifen Luft, wo fern Chamonix liegen mußte, zwei helle Sterne, die leuchteten und funkelten – und er dachte an Babette, an sich selbst und an sein Glück, und bei diesen Gedanken wurde ihm warm.

VI
Der Besuch in der Mühle

»Vornehme Dinge bringst du ins Haus«, sagte die alte Pflegemutter, wobei ihre seltsamen Adleraugen blitzten und ihr magerer Hals seine merkwürdigen Drehungen noch schneller vollführte. »Das Glück ist mit dir, Rudy! Ich muß dich küssen, mein lieber Junge!«

Und Rudy ließ sich küssen, doch seinem Gesicht war die Mühe anzusehen, mit der er sich in die Umstände, die kleinen häuslichen Schwierigkeiten schickte.

»Wie schön du bist, Rudy!« sagte die alte Frau.

»Setz mir keine Flausen in den Kopf!« sagte Rudy und lachte, aber es freute ihn trotzdem.

»Ich sage es noch einmal«, erwiderte die alte Frau, »das Glück ist mit dir!«

»Ja, diesmal will ich dir glauben«, sagte er und dachte an Babette.

Noch nie hatte er so große Sehnsucht nach dem tiefen Tal gehabt.

»Jetzt müssen sie wieder zu Hause sein«, sagte er bei sich selbst. »Es ist schon zwei Tage über ihre Ankunftszeit. Ich muß nach Bex!«

Und als Rudy in Bex eintraf, waren die Müllersleute zu Hause. Sie empfingen ihn freundlich und richteten ihm Grüße von der Familie in Interlaken aus. Babette sprach nicht viel, sie war sehr still geworden, doch ihre Augen waren beredt, das war für Rudy mehr als genug. Der Müller, der sonst gern das Wort führte und daran gewöhnt war, daß seine Einfälle und Wortspiele stets belacht wurden, denn er war doch der reiche Müller, schien jetzt lieber Rudy zuzuhören. Der erzählte Jagdabenteuer, von den Mühen und Gefahren, denen sich die Gemsenjäger auf den hohen Bergspitzen aussetzen mußten, wie man über die unsicheren Schneegesimse zu klettern hatte, die Wind und Wetter an den Felsenrand klebten, wie man an den kühnen Brücken entlangkroch, die das Schneetreiben über die tiefen Abgründe warf. Rudy sah keck aus, und er erzählte mit leuchtenden Augen: vom Jägerleben, von der Klugheit und den kühnen Sprüngen der Gemsen, vom heftigen Föhn und den rollenden Lawinen. Er merkte wohl, daß er den Müller mit jeder neuen Beschreibung mehr für sich einnahm, doch den größten Eindruck machte sein Bericht über die Lämmergeier und die kühnen Königsadler.

Nicht weit von hier, im Kanton Wallis, gab es ein Adlernest, das so klug unter die überhängende Felsenkante gebaut war, daß sich das Junge darin unmöglich fangen ließ. Ein Engländer hatte vor wenigen Tagen eine ganze Handvoll Gold dafür geboten, wenn Rudy ihm das Junge lebendig beschaffen könnte. »Aber alles hat seine Grenze«, sagte der, »das Adlerjunge ist unerreichbar, ein solcher Versuch wäre Irrsinn.«

Und der Wein strömte, und die Rede strömte, der Abend erschien Rudy viel zu kurz, und doch war es nach Mitternacht, als er die Mühle nach diesem ersten Besuch verließ. Noch eine kurze Weile blinkten durch das Fenster und zwischen den grünen Zweigen die Lichter. Aus der offenen Dachluke kam die Stubenkatze, und über die Dachrinne kam die Küchenkatze.

»Weißt du Neues aus der Mühle?« fragte die Stubenkatze. »Hier im Haus hat man sich stillschweigend verlobt! Vater weiß es noch nicht. Rudy und Babette haben sich den ganzen Abend unter dem Tisch auf die Pfoten getreten; zweimal haben sie mich getreten, aber ich habe trotzdem nicht miaut, das hätte Aufmerksamkeit erregt.«

»Das hätte ich doch getan«, sagte die Küchenkatze.

»Was sich in der Küche schickt, das schickt sich nicht in der Stube«, sagte die Stubenkatze. »Ich möchte nur wissen, was wohl der Müller sagt, wenn er von der Verlobung hört!«

Ja, was würde der Müller wohl sagen, das hätte Rudy auch gern gewußt, und er konnte die Antwort darauf gar nicht erwarten. Deshalb saß er nur wenige Tage später im Omnibus, der zwischen den Kantonen Wallis und Vaud über die Rhônebrücke rumpelte, guten Mutes wie immer, und machte sich schöne Gedanken: ein Ja-Wort noch an diesem Abend.

Und als es dann Abend wurde und der Omnibus in die entgegengesetzte Richtung fuhr, ja, da saß Rudy auch wieder darin und fuhr denselben Weg zurück. Doch die Stubenkatze in der Mühle hatte Neues zu berichten.

»Hast du schon gehört, du aus der Küche? Jetzt weiß der Müller alles. Das hat ein hübsches Ende genommen! Als Rudy gegen Abend ankam, da hatte er mit Babette viel zu flüstern und zu tuscheln, sie standen im Flur direkt vor der Kammer des Müllers. Ich lag zu ihren Füßen, doch sie hatten für mich weder Augen noch Gedanken. ›Ich gehe gleich zu deinem Vater‹, sagte Rudy, ›das ist eine ehrliche Sache!‹ – ›Soll ich mitkommen?‹ bot Babette ihm an. ›Das wird dir Mut machen!‹ – ›Mut habe ich genug‹, sagte Rudy, ›aber wenn du dabei bist, dann muß er milde sein, ob er will oder nicht.‹ Und dann sind sie in die Kammer gegangen, Rudy hat mir entsetzlich auf den Schwanz getreten, er ist so furchtbar ungeschickt! Ich habe miaut, aber weder er noch Babette hatten dafür ein Ohr. Sie machten die Tür auf, gingen alle beide hinein, ich voraneweg. Aber ich bin auf einen Stuhlrücken gesprungen, weil ich nicht wußte, wohin Rudy treten würde. Und dann hat der Müller getreten, das war ein guter Tritt! Zur Tür hinaus, auf den Berg zu den Gemsen! Auf die kann Rudy nun anlegen, und nicht auf unsre kleine Babette!«

»Aber was wurde denn gesagt?« fragte die Küchenkatze.

»Gesagt! – Es wurde alles gesagt, was sie so sagen, wenn sie auf Freiersspfoten gehen: ›Ich habe sie lieb, und sie hat mich lieb, und wenn für einen Milch im Eimer ist, dann reicht es auch für zwei!‹ – ›Aber Babette sitzt für dich zu hoch!‹ hat der Müller gesagt, ›die sitzt auf Körnern, auf Goldkörnern, das weißt du doch. An die kommst du nicht heran!‹ – ›Nichts sitzt so hoch, daß man es nicht doch erreichen kann, wenn man nur will!‹ hat Rudy gesagt, denn beherzt ist er. ›Aber das Adlerjunge kannst du doch nicht erreichen, hast du letztens zugegeben. Babette sitzt höher!‹ – ›Ich hole sie alle beide‹, hat Rudy gesagt. – ›Ja, wenn du mir das Adlerjunge lebendig schenkst, dann will ich dir Babette schenken‹, hat der Müller gesagt und dabei so sehr gelacht, daß ihm die Tränen übers Gesicht liefen. ›Und jetzt bedanke ich mich für deinen Besuch, Rudy! Komm morgen wieder, dann ist niemand zu Hause. Leb wohl, Rudy!‹ Und Babette sagte auch Lebewohl, so kläglich wie ein kleines Kätzchen, das seine Mutter nicht sehen kann. ›Ein Wort ist ein Wort, ein Mann ist ein Mann!‹ hat Rudy gesagt. ›Weine nicht, Babette, ich bringe das Adlerjunge!‹ – ›Hoffentlich brichst du dir den Hals‹, hat der Müller gesagt, ›damit dein Gerenne zu uns aufhört!‹ Das nenne ich einen Tritt! Nun ist Rudy auf und davon, und Babette sitzt da und weint, und der Müller singt Deutsch, das hat er auf der Reise gelernt. Ich will jetzt nicht weiter darüber trauern, das hilft nichts.«

»Aber es macht immerhin etwas her!« sagte die Küchenkatze.

VII
Das Adlernest

Auf dem Bergpfad ertönte ein Jodeln, so lustig und laut, da schien einer gute Laune und frohen Mut zu haben. Es war Rudy, der zu seinem Freund Vesinand ging.

»Du mußt mir helfen! Wir nehmen Ragli mit, ich muß das Adlerjunge vom Felsenrand holen.«

»Willst du nicht erst das Schwarze vom Mond herunterholen? Das ist genauso leicht«, sagte Vesinand. »Du hast wohl gute Laune!«

»Ja, ich denke nämlich ans Heiraten. Aber jetzt mal im Ernst, du mußt wissen, wie die Sache für mich steht!«

Und bald waren Vesinand und Ragli in Rudys Vorhaben eingeweiht.

»Du bist ein verwegener Kerl«, sagten sie. »Das ist unmöglich! Du brichst dir den Hals!«

»Man fällt nicht, wenn man nicht daran glaubt!« entgegnete Rudy.

Um Mitternacht zogen die Jäger los, mit Stangen, Leitern und Seilen; es ging durch Gebüsch und Gesträuch und über Geröll, immer bergauf, bergauf, in dunkler Nacht. Das Wasser rauschte unten, das Wasser rieselte von oben, feuchte Wolken trieben in der Luft. Als sie den steilen Felsenrand erreichten, wurde es noch dunkler, die Bergwände stießen fast zusammen, und nur hoch oben, in einem schmalen Spalt, war es ein wenig heller. Gleich neben ihnen war der tiefe Abgrund, in dem ein Wasser rauschte. Alle drei saßen sie still da und warteten, daß der Morgen graute und der Adler das Nest verließe. Den mußte man zuerst erlegen, sonst wäre das Junge niemals zu fangen. Rudy kauerte so still, als wäre er mit dem Stein, auf dem er saß, verwachsen; er hielt das Gewehr schußbereit vor sich und die Augen unverwandt auf die oberste Felsenkluft gerichtet, deren überhängender Rand das Adlernest verbarg. Die drei Jäger warteten und warteten.

Da hörten sie hoch oben ein Knistern und Rauschen, etwas Großes, Schwebendes verfinsterte die Luft. Zwei Flintenläufe zielten auf den schwarzen Körper des Adlers, der aus dem Nest geflogen war, es fiel ein Schuß. Noch einen Augenblick bewegten sich die ausgebreiteten Schwingen, bevor der Vogel langsam tiefer sank, als wollte er mit seiner Größe und seiner Spannweite die ganze Kluft ausfüllen und dabei die Jäger mit sich reißen. Es knackte in Bäumen und Büschen, deren Zweige er auf seinem Weg in die Tiefe zerbrach.

Und nun begann ein geschäftiges Treiben. Um an das Nest heranzukommen, banden die Jäger drei der längsten Leitern zusammen und stellten sie auf den äußersten festen Platz vor dem Abgrund, aber das reichte nicht. Die Felsenwand war noch viel höher und dazu glatt wie eine Mauer bis zu jenem höchsten Vorsprung, unter dem sich das Nest verbarg. Nach einigem Beraten wurden sie sich einig, daß hier nichts Besseres zu tun sei, als von oben zwei zusammengebundene Leitern in die Kluft zu lassen und sie, wenn möglich, mit den dreien zu verbinden, die unten schon standen. Es kostete große Mühe, diese zwei Leitern hinaufzuschleppen, mit Tauen zu befestigen und sie so weit über den Felsenvorsprung hinauszuschieben, bis sie freischwebend über dem Abgrund hingen. Der Morgen war eiskalt, die Wolkenschleier stiegen aus der schwarzen Schlucht. Rudy saß auf der untersten Sprosse der Leiter, wie eine Fliege auf einem Strohhalm, der, von einem nistenden Vogel verloren, auf dem Rand eines hohen Fabrikschornsteins wippt – doch die Fliege könnte davonschwirren, falls sich der Halm löste, während Rudy sich nur den Hals brechen konnte. Um ihn herum brauste der Wind, und im Abgrund rauschte das Wasser, das aus dem schmelzenden Gletscher stürzte, aus dem Palast der Eisjungfrau.

Nun begann Rudy mit der Leiter zu pendeln, wie eine Spinne, die von ihrem langen, schwebenden Faden aus auf ihre Beute lauert, und beim vierten Versuch gelang es ihm, das Ende der unteren drei Leitern zu packen und mit sicherer, kräftiger Hand an die zwei oberen zu binden, die jedoch unentwegt baumelten wie in verschlissenen Angeln.

Die fünf langen Leitern, die nun senkrecht an der Felsenwand lehnten und bis zum Nest hinaufreichten, glichen einem schwankenden Rohr. Doch das Gefährlichste kam noch: Es galt zu klettern wie eine Katze, aber das konnte Rudy auch, das hatte er vom Kater gelernt; er spürte den Schwindel nicht, der hinter ihm Luft trat und seine Polypenarme nach ihm ausstreckte. Jetzt stand er auf der obersten Leitersprosse und noch immer zu tief, um in das Nest hineinzuschauen, er konnte es nur mit der Hand erreichen. Nachdem er die Festigkeit der untersten ineinandergeflochtenen Zweige des Nestes ausprobiert hatte, sicherte er sich einen dicken, unerschütterlichen Zweig, schwang sich von der Leiter zu ihm empor und konnte Brust und Kopf über den Nestrand schieben. Doch da schlug ihm ein erstickender Aasgestank entgegen, Lämmer, Gemsen und Vögel lagen hier zerfetzt und verwest. Der Schwindel, der ihn nicht anzutasten vermochte, blies ihm giftige Dünste ins Gesicht, um ihn irrezumachen, und in der schwarzen, gähnenden Tiefe, auf dem reißenden Wasser, saß die Eisjungfrau selbst, mit ihrem langen, weißgrünen Haar und ihren Todesaugen, die wie zwei Flintenläufe starrten.

»Jetzt fange ich dich!«

In einem Winkel des Adlernestes hockte groß und mächtig das Adlerjunge, das noch nicht flügge war. Rudy heftete seinen Blick darauf, hielt sich mit der ganzen Kraft seiner einen Hand fest und warf mit der anderen die Schlinge – der junge Adler war lebendig gefangen, und die Schnur zog sich um seine Beine zusammen. Dann warf sich Rudy die Schlinge über die Schulter, so daß der Vogel ein ganzes Stück unter ihm hing, und hielt sich solange am Sicherheitstau fest, bis seine Fußspitze die oberste Sprosse der Leiter erreichte.

»Halt fest! Glaub nicht, daß du fällst, dann fällst du auch nicht!« – Das war die alte Weisheit, und er befolgte sie, hielt sich fest, kletterte, war sich ganz sicher, daß er nicht fallen würde, und er fiel nicht.

Nun ertönte ein Jodeln, so kraftvoll und fröhlich. Rudy stand mit seinem Adlerjungen auf festem Felsengrund.

VIII
Was die Stubenkatze an Neuem erzählen konnte

»Hier ist das Verlangte!« sagte Rudy, beim Müller in Bex eintretend, und stellte einen großen Korb auf den Boden. Als er das Tuch davon abnahm, starrten zwei gelbe, schwarzumrandete Augen heraus und funkelten mit einer solchen Wildheit, als wollten sie sich, wohin sie fielen, recht festbrennen und festbeißen. Das Tier hatte den kurzen, kräftigen Schnabel gierig aufgerissen, sein Hals war rot und flaumig.

»Das Adlerjunge!« rief der Müller. Babette schrie auf und sprang zur Seite, doch sie konnte den Blick weder von Rudy noch von dem Adlerjungen losreißen.

»Du läßt dich nicht von ihm küssen!« sagte der Müller.

»Und Ihr haltet allemal Wort!« sagte Rudy. »Jeder hat seine Eigenart.«

»Aber wieso hast du dir nicht den Hals gebrochen?« fragte der Müller.

»Weil ich festgehalten habe«, entgegnete Rudy, »und das tu ich noch immer! Ich halte an Babette fest!«

»Da mußt du sie erst einmal haben«, sagte der Müller lachend; und wie Babette wußte, war das ein gutes Zeichen.

»Jetzt wollen wir den jungen Adler aus dem Korb nehmen, das sieht ja gefährlich aus, wie der glotzt! Wie hast du den bloß erwischt?«

Und Rudy mußte erzählen, und dabei wurden die Augen des Müllers immer größer.

»Wer soviel Mut und soviel Glück hat wie du, der kann drei Ehefrauen versorgen«, sagte der Müller.

»Danke, danke!« rief Rudy.

»Aber Babette hast du noch nicht«, sagte der Müller und schlug dem Alpenjäger scherzhaft auf die Schulter.

»Weißt du Neues aus der Mühle?« fragte die Stubenkatze die Küchenkatze. »Rudy hat uns das Adlerjunge gebracht und holt sich dafür Babette. Die beiden haben sich geküßt, und der Vater durfte zusehen, das ist so gut wie eine Verlobung. Der Alte hat nicht getreten, sondern die Krallen eingezogen und sich ein Mittagsschläfchen genehmigt und die beiden schmusen lassen. Die haben sich soviel zu erzählen, daß sie bis Weihnachten nicht fertig werden.«

Und sie wurden auch nicht bis Weihnachten fertig. Das braune Laub wirbelte durch die Luft, der Schnee stiebte im Tal wie auf den hohen Bergen; die Eisjungfrau saß in ihrem stolzen Schloß, das sich zur Winterzeit ausdehnte. Die Felsenwände waren mit einer dünnen Eisschicht überzogen; wo der Bergstrom im Sommer seinen Wasserschleier wehen ließ, hingen klafterdicke, elefantenschwere Eiszapfen, und über den schneebepuderten Tannen funkelten Girlanden aus phantastischen Eiskristallen. Die Eisjungfrau ritt auf dem brausenden Wind über die tiefsten Täler. Sie konnte bis hinunter nach Bex gelangen, weil die Schneedecke so weit reichte, und dort Rudy im Hause sehen, wo er jetzt häufiger war als sonst – er saß bei Babette. Im Sommer sollte die Hochzeit sein; den beiden klangen die Ohren, so oft ihre Freunde davon sprachen. Da schien die Sonne, die prächtigste Alpenrose glühte, die muntere, lachende Babette, schön wie der Frühling, der ihnen bevorstand: dann sollten alle Vögel vom Sommer, vom Hochzeitstag singen.

»Wie können die beiden bloß so zusammenhocken!« sagte die Stubenkatze. »Jetzt habe ich dieses Miauen aber satt!«

IX
Die Eisjungfrau

Der Frühling hatte seine saftiggrüne Girlande aus Walnuß- und Kastanienbäumen aufgehängt, und besonders üppig war sie zwischen der Brücke von St-Maurice und dem Ufer des Genfersees, wo mit rasender Geschwindigkeit die Rhône strömt, die ihren Ursprung unter dem grünen Gletscher, dem Eispalast, hat. Die Eisjungfrau, die darin wohnt, läßt sich vom scharfen Wind zum höchsten Schneefeld tragen und streckt sich im grellen Sonnenlicht auf den zusammengestiebten Polstern aus. Da saß sie auch jetzt und schaute mit weitem Blick in die tiefen Täler, wo sich die Menschen, wie Ameisen auf sonnenbeschienenem Stein, emsig regten.

»Geisteskräfte nennen euch die Kinder der Sonne«, sagte die Eisjungfrau, »Gewürm seid ihr! Ein rollender Schneeball, und schon seid ihr mitsamt euren Häusern und Städten zerschmettert und ausgelöscht!« Und sie hob ihr stolzes Haupt noch höher und sah mit todblitzenden Augen in die Weite und Tiefe. Doch aus dem Tal drang Lärm herauf, von Felsensprengungen, Menschenwerk; dort wurden Wege und Tunnel für die Eisenbahn gebaut.

»Sie spielen Maulwurf«, sagte sie, »sie graben Gänge, deshalb klingt es wie Flintenschüsse. Aber wenn ich meine Schlösser versetze, da dröhnt es noch lauter als der Donner!«

Aus dem Tal stieg ein Rauch und bewegte sich durch das Tal wie ein flatternder Schleier; auf der neueröffneten Eisenbahnlinie zog die Lokomotive mit wehendem Federbusch pfeilschnell den Zug, diese sich windende Schlange, deren Glieder aneinandergehängte Wagen sind.

»Sie spielen da unten die Herren, die Geisteskräfte«, sagte die Eisjungfrau. »Aber die Kräfte der Naturgewalten sind ihnen doch überlegen!« Und sie lachte, sie sang, es dröhnte im Tal.

»Jetzt ist eine Lawine niedergegangen«, sagten die Menschen dort unten.

Aber noch lauter sangen die Kinder der Sonne vom Menschen*gedanken*, der bestimmt und das Meer unters Joch zwingt, Berge versetzt und Täler ausfüllt; vom Menschengedanken, der Herr über die Naturkräfte ist.

Gerade zu der Zeit, als die Eisjungfrau dort saß, kam über das Schneefeld eine Gesellschaft von Reisenden gezogen. Sie hatten sich mit Seilen aneinandergebunden, um auf der glatten Eisfläche, an den tiefen Abgründen gleichsam einen größeren Körper zu bilden.

»Gewürm!« sagte die Eisjungfrau. »Ihr also wollt Herren über die Naturgewalt sein!« Und sie wandte sich von ihnen ab und warf einen spöttischen Blick in das tiefe Tal, wo der Eisenbahnzug vorüberbrauste.

»Da sitzen sie, diese *Gedanken*! Sie sind den Naturkräften ausgeliefert. Jeden einzelnen kann ich sehen. – Einer sitzt stolz wie ein König – allein; dort sitzen sie in einem ganzen Haufen, dort schläft die Hälfte; und wenn der Dampfdrache anhält, steigen sie aus und gehen davon. Die Gedanken gehen in die Welt hinaus!« Und sie lachte.

»Da ist wieder eine Lawine niedergegangen«, sagten die Leute im Tal.

»Bis zu uns kommt sie nicht«, sagten zwei, die auf dem Rücken des Dampfdrachens saßen, ›zwei Seelen und ein Gedanke‹, wie es heißt. Es waren Rudy und Babette, und der Müller war auch dabei.

»Als Gepäck!« sagte er. »Mich haben sie als notwendiges Übel mitgenommen.«

»Dort sitzen die beiden«, sagte die Eisjungfrau. »So manche Gemse habe ich erschlagen, Millionen von Alpenrosen habe ich geknickt und gebrochen, mit Stumpf und Stiel vernichtet. Ich lösche sie aus! Die Gedanken! Die Geisteskräfte!« Und sie lachte.

»Jetzt ist wieder eine Lawine niedergegangen«, sagten die Leute im Tal.

X
Die Patin

In der nahen Stadt Montreux, die mit Clarens, Vernex und Crin eine Girlande um den nordöstlichen Teil des Genfersees bildet, wohnte Babettes Patin, die vornehme englische Dame. Sie war vor kurzem mit ihren Töchtern und einem jungen Vetter dort eingetroffen, doch der Müller hatte bereits seine Visite gemacht, Babettes Verlobung vermeldet und von Rudy und dem Adlerjungen, vom Besuch in Interlaken, kurzum, die ganze Geschichte erzählt.

Das hatte die Tante im höchsten Grade erfreut und für Rudy und für Babette und auch für den Müller eingenommen; sie mußten alle drei unbedingt zu ihr kommen, und deshalb kamen sie nun. – Babette sollte ihre Patin, die Patin sollte Babette sehen.

Das Dampfschiff, das von dem kleinen Ort Villeneuve am Ende des Genfersees abfährt, erreicht in einer halben Stunde Vernex, in unmittelbarer Nähe von Montreux. Diese Küste haben Dichter besungen; hier saß Byron unter Walnußbäumen am tiefen blaugrünen See und schrieb seine melodischen Verse über den Gefangenen im düstren Felsenschloß Chillon. Wo sich Clarens mit seinen Trauerweiden im Wasser spiegelt, wandelte Rousseau und träumte von Heloise. Unter Savoyens hohen, schneebedeckten Bergen strömt die Rhône hervor, und nicht weit von ihrer Mündung in den See liegt eine kleine Insel, ja, sie ist so klein, daß sie vom Ufer wie ein Schiff aussieht. Vor etwa hundert Jahren ließ eine Dame den Felsengrund mit Steinen eindämmen, mit Erde belegen und mit drei Akazienbäumen bepflanzen, die nun die ganze Insel überschatten. Babette war von diesem Fleckchen, das ihr während der ganzen Schiffsreise als das Lieblichste erschien, vollkommen hingerissen – dort müsse man hin, dort sei es gewiß zauberhaft schön, meinte sie. Doch das Dampfschiff fuhr vorbei und legte, wie es sollte, in Vernex an.

Von hier aus wanderte die kleine Gesellschaft bergauf, zwischen weißen, sonnenbeschienenen Mauern, welche die Weingärten vor der kleinen Gebirgsstadt Montreux einfassen, wo Feigenbäume vor dem Haus des Bauern Schatten spenden und in den Gärten Lorbeerbäume und Zypressen wachsen. Die Patentante wohnte in einer Pension, die auf halbem Wege lag.

Der Empfang war überaus herzlich. Die Patin war eine große, freundliche Frau mit einem runden, lächelnden

Gesicht; als Kind mußte sie ein wahrer raffaelischer Engelskopf gewesen sein, jetzt war sie ein alter Engelskopf, mit silberweißen Löckchen in reicher Fülle. Der junge Vetter, der sie begleitete, war von Kopf bis Fuß ganz weiß gekleidet, hatte vergoldete Haare und so große vergoldete Koteletten, daß sie für drei Gentlemen ausgereicht hätten. Er erwies der kleinen Babette sogleich die allergrößte Aufmerksamkeit.

Auf dem großen Tisch lagen kostbar eingebundene Bücher, Notenblätter und Zeichnungen verstreut, die Balkontür stand offen zum herrlichen weiten See, der so blank und reglos war, daß sich Savoyens Berge mit kleinen Ortschaften, Wäldern und Schneegipfeln umgekehrt darin spiegelten.

Rudy, sonst immer keck, lebensfroh und unbefangen, fühlte sich hier gar nicht in seinem Element, wie man so sagt; er bewegte sich, als ginge er auf Erbsen über ein glattes Parkett. Wie mühsam sich die Zeit dahinschleppte, sie schien in einer Tretmühle zu stecken! Und jetzt ein Spaziergang, das war genauso langsam. Um mit den anderen Tritt zu halten, konnte Rudy zwei Schritte vor und einen zurück machen. Sie wanderten zu einer Felseninsel, um sich das alte, düstre Schloß Chillon anzusehen, mit Marterpfahl und Todesgefängnissen, verrosteten Ketten in der Felsenmauer, Steinlagern für die zum Tode Verurteilten und Falltüren, aus denen die Unglücklichen hinuntergestürzt worden waren, um von Eisenspitzen in der Brandung aufgespießt zu werden. Dies zu besichtigen nannten sie ein Vergnügen. Ein Richtplatz war das, durch Byrons Lied in die Welt der Poesie erhoben, das spürte Rudy mit seiner ganzen Seele. Er lehnte sich an den großen steinernen Fensterrahmen, sah auf das tiefe, blaugrüne Wasser und zu der kleinen einsamen Insel mit den drei Akazien – dorthin wünschte er sich und von der ganzen plappernden Gesellschaft frei. Babette dagegen war sehr fröhlich;

sie habe sich prächtig amüsiert, sagte sie später und fand den Vetter »complet«.

»Ja, ein kompletter Maulaffe!« entgegnete Rudy und hatte zum ersten Mal etwas gesagt, das ihr nicht gefiel. Der Engländer hatte Babette zur Erinnerung an Chillon ein kleines Buch verehrt, Byrons Dichtung »Der Gefangene von Chillon«, in die französische Sprache übersetzt, so daß sie es lesen konnte.

»Das Buch mag ja recht gut sein«, sagte Rudy, »aber dieser feinfrisierte Bursche, von dem du es hast, der hat mir gar nicht gefallen!«

»Der sah aus wie ein Mehlsack ohne Mehl«, sagte der Müller und lachte über seinen Witz. Rudy stimmte in sein Gelächter ein und fand, das sei gut und richtig gesagt.

XI
Der Vetter

Als Rudy ein paar Tage später zu Besuch in die Mühle kam, traf er dort den jungen Engländer an. Babette setzte ihm gerade gekochte Forellen vor, die mit Petersilie herausgeputzt waren – das hatte sie bestimmt selber getan, um ihnen ein prächtiges Aussehen zu verleihen, was gar nicht nötig gewesen wäre. Was wollte der Engländer hier? Was sollte er hier? Sich von Babette bedienen und bewirten lassen? Rudy war eifersüchtig, und das fand Babette lustig; es machte ihr Spaß, alle Seiten seines Herzens zu betrachten, die starken wie die schwachen. Die Liebe war für sie noch ein Spiel, und sie spielte mit Rudys ganzem Herzen, und doch, das muß man sagen, war er ihr Glück, ihr Lebensgedanke, das Beste und Schönste auf dieser Welt. Trotzdem lachten ihre Augen, je mehr sich sein Blick verfinsterte. Sie hätte den blonden Engländer mit den vergoldeten Koteletten küssen mögen, nur um zu erreichen, daß Rudy wütend das Weite suchte – eben daran hätte sie gesehen, wie sehr er sie liebte. Das war von der kleinen Babette weder recht noch klug, doch sie war ja nicht älter als neunzehn Jahre. Sie machte sich keine Gedanken darüber, und noch weniger dachte sie darüber nach, wie der junge Engländer ihr Betragen auslegen könnte – lustiger und leichtfertiger, als es sich für die ehrbare, frischverlobte Müllerstochter just schickte.

Wo die Landstraße von Bex am Fuße einer schneebedeckten Felsengruppe, in der Landessprache Les Diablerets genannt, entlang verläuft, war ein reißender Gebirgsbach zu sehen, der weißgrau wie schäumendes Seifenwasser war. Die Mühle lag nicht weit davon entfernt, wurde jedoch von einem kleineren Fluß angetrieben, der jenseits des Bergstroms vom Felsen stürzte. Er wurde unterhalb des Wegs von einem Steinwall aufgestaut, um sich durch eigene Kraft und Geschwindigkeit zu heben und dann in einem geschlossenen Bassin aus Balken, einer breiten Rinne, den reißenden Strom zu überqueren und das große Mühlenrad zu drehen. Diese Rinne enthielt soviel Wasser, daß sie überlief, und wem es einfallen konnte, sich an dieser Stelle den Weg zur Mühle abzukürzen, der ging auf nassem, schlüpfrigem Grund. Einen solchen Einfall hatte ein junger Mann, der Engländer, der sich, weißgekleidet wie ein Müllergeselle, in der Abendstunde ans Klettern machte und sich von dem Licht aus Babettes Kammer leiten ließ. Klettern hatte er nicht gelernt, und beinah wäre er kopfüber in den Fluß gestürzt, doch er kam mit nassen Ärmeln und bespritzten Hosen davon und langte pudelnaß und besudelt unter Babettes Fenstern an. Dann erklomm er eine alte Linde und ahmte die Eule nach – das war der einzige Vogel, den er nachahmen konnte. Das hörte Babette und guckte durch die dünnen Gardinen hinaus. Als sie aber den weißen Mann erblickte und sich wohl denken konnte, wer es war, da begann ihr kleines Herz vor Schreck, doch auch vor Zorn zu klopfen.

Sie löschte in aller Eile das Licht, überprüfte sämtliche Fensterkrampen, und dann ließ sie ihn heulen und jammern.

Wenn nun Rudy in der Mühle gewesen wäre, das wäre entsetzlich gewesen. Aber Rudy war nicht in der Mühle, nein, viel schlimmer noch, er stand direkt davor. Da fielen laute, zornige Worte; es sah nach Schlägerei, sogar nach Totschlag aus.

Erschrocken öffnete Babette das Fenster, rief Rudy bei Namen und forderte ihn zum Gehen auf. Sie dulde ihn nicht hier, sagte sie.

»Du duldest mich nicht hier!« rief Rudy aus. »Es gibt also eine Verabredung! Du erwartest gute Freunde, bessere als mich. Schäm dich, Babette!«

»Du bist abscheulich!« sagte Babette. »Ich hasse dich!« Und dann brach sie in Tränen aus. »Geh! Geh!«

»Das habe ich nicht verdient!« sagte er, und er ging, seine Wangen brannten wie Feuer, sein Herz war wie Feuer.

Babette warf sich aufs Bett und weinte.

»Und ich liebe dich so sehr, Rudy! Wie kannst du nur Schlechtes von mir denken!«

Sie war wütend, sehr wütend, und das war gut für sie; denn sonst wäre sie tief betrübt gewesen. Nun konnte sie in Schlaf fallen, in den stärkenden Schlaf der Jugend.

XII
Böse Mächte

Rudy verließ Bex, machte sich an den Heimweg, stieg auf die Berge, in die frische, kühlende Luft, wo der Schnee lag, wo die Eisjungfrau herrschte. Die Laubbäume tief unter ihm glichen Kartoffelkraut, Tannen und Büsche wurden kleiner, Alpenrosen wuchsen neben Flecken von Schnee, die aussahen wie Leinen auf der Bleiche. Ein blauer Enzian, der dort stand, wurde von Rudys Gewehrkolben zerschmettert.

Als er etwas höher zwei Gemsen erblickte, bekamen seine Augen Glanz, seine Gedanken neuen Schwung; doch für einen sicheren Schuß war er nicht nah genug. Er kletterte weiter, bis nur noch hartes Gras zwischen den Steinblöcken wuchs, und spornte seinen Eifer an, während die Gemsen ruhig über das Schneefeld liefen. Dann senkten sich Wolkennebel um ihn herab, plötzlich stand er vor einer steilen Felsenwand, und der Regen begann zu strömen.

Er spürte brennenden Durst, Hitze im Kopf, Kälte in allen Gliedern, und als er nach seiner Jagdflasche griff, war sie leer – daran hatte er nicht gedacht, als er die Berge hinaufgestürmt war. Nie im Leben war er krank gewesen, jetzt aber fühlte er sich so. Vor Müdigkeit hätte er sich am liebsten auf den Boden geworfen und geschlafen, doch alles triefte von Nässe. Er versuchte, sich zusammenzunehmen, denn die Dinge zitterten so seltsam vor seinen Augen.

Plötzlich erblickte er ein kleines Haus, das es an dieser Stelle noch nie gegeben hatte, es war vor kurzem erst an den Felsen gebaut, und in der Tür stand ein junges Mädchen, wie er glaubte Schullehrers Annette, die er einmal beim Tanz geküßt. Aber sie war nicht Annette, und doch hatte er sie schon einmal gesehen, vielleicht an jenem Abend in der Nähe von Grindelwald, als er nach dem Schützenfest heimwärts gezogen war.

»Woher kommst du?« fragte er.

»Ich bin hier zu Hause«, sagte sie, »ich hüte meine Herde.«

»Deine Herde, und wo weidet die? Hier gibt es nur Schnee und Felsen.«

»Du kennst dich gut aus«, sagte sie lachend. »Dort hinten, ein bißchen tiefer, ist eine herrliche Weide. Dort sind meine Ziegen. Ich hüte sie gut, nicht eine geht mir verloren. Was mein ist, bleibt mein!«

»Du bist keck!« sagte Rudy.

»Du auch!« entgegnete sie.

»Wenn du Milch hast, dann gib mir zu trinken! Ich bin fast verschmachtet.«

»Ich habe etwas Besseres als Milch«, sagte sie, »das sollst du bekommen. Gestern waren hier Reisende mit ihrem Führer, sie haben eine halbe Flasche von einem Wein vergessen, wie du ihn noch nie gekostet hast. Sie werden ihn nicht abholen, ich trinke ihn nicht, trink du ihn!«

Und sie brachte den Wein, goß eine Holzschale davon voll und reichte sie Rudy.

»Der ist gut!« sagte er. »Noch nie habe ich einen so wärmenden, so feurigen Wein getrunken.« Und seine Augen leuchteten, er wurde von einem Leben, einer Glut erfüllt, als sollten alle Sorgen und jeder Druck verfliegen; was sich in ihm regte, war die sprudelnde, frische Menschennatur.

»Aber das ist ja doch Schullehrers Annette!« rief er aus. »Gib mir einen Kuß!«

»Ja, gib mir den hübschen Ring, den du am Finger trägst!

»Meinen Verlobungsring?«

»Eben den!« sagte das Mädchen, goß Wein in die Schale, setzte sie an seine Lippen, und er trank. Da strömte Lebensfreude in sein Blut, er glaubte die ganze Welt zu besitzen – warum sich plagen? Alles ist zum Genießen da und um uns glücklich zu machen. Der Strom des Lebens ist ein Strom der Freude, von ihm mitgerissen, von ihm davongetragen zu werden, das ist Glückseligkeit. Er betrachtete das junge Mädchen: Es war Annette und doch nicht Annette und noch weniger jenes Trollphantom, wie er es nannte, das ihm bei Grindelwald begegnet war. Das Mädchen hier auf dem Berg war frisch wie Neuschnee, schwellend wie eine Alpenrose und leicht wie ein Kitz – doch allemal geschaffen aus Adams Rippe, ein Mensch wie er selbst. Und er umschlang sie mit seinen Armen und sah ihr in die seltsamen klaren Augen, ganz kurz nur, doch in dieser einen Sekunde – ja, erklär es, erzähl es, faß es in Worte – war es das Leben des Geistes oder des Todes, was ihn erfüllte; trug es ihn oder sank er hinab? – in den tiefen, tödlichen Eisschlund, tiefer, immer tiefer. Er sah Eiswände wie aus graugrünem Glas, ringsum gähnten unendliche Klüfte, und das Wasser, das mit dem Klang eines Glockenspiels tropfte, war perlenklar, leuchtend in blauweißen Flammen. Die Eisjungfrau gab ihm einen Kuß, daß es ihn eiskalt von den Rückenwirbeln bis in die Stirn durchrieselte. Er stieß einen Schmerzensschrei aus, riß sich los, taumelte und fiel, es wurde Nacht vor seinen Augen, doch er öffnete sie wieder. Böse Mächte hatten ihr Spiel getrieben.

Verschwunden war das Alpenmädchen, verschwunden die bergende Hütte, Wasser strömte von der nackten Felsenwand, ringsum lag Schnee. Rudy zitterte vor Kälte, war durchgeweicht bis auf die Haut, und sein Ring war verschwunden, der Verlobungsring, den ihm Babette gegeben. Das Gewehr lag neben ihm im Schnee; er griff danach und wollte es abschießen, doch es versagte. Die Schlucht war von nassen Wolken wie von festen Schneemassen ausgefüllt, da saß der Schwindel und lauerte auf seine kraftlose Beute, und aus der tiefen Kluft darunter kam ein Geräusch, als ob ein Felsenblock fiele und alles zermalmte und mit sich risse, was ihn in seinem Fall aufhalten wollte.

Doch in der Mühle weinte Babette: Schon sechs Tage war Rudy nicht hier gewesen; wo er doch im Unrecht war, wo er sie doch um Verzeihung bitten müßte, denn sie liebte ihn von ganzem Herzen.

XIII
Im Haus des Müllers

»Was machen die Menschen bloß für Geschichten!« sagte die Stubenkatze zur Küchenkatze. »Jetzt ist es zwischen Babette und Rudy wieder kaputt. Sie weint, und er denkt wohl nicht mehr an sie.«

»Das gefällt mir nicht«, sagte die Küchenkatze.

»Mir auch nicht«, sagte die Stubenkatze, »aber ich will nicht darüber trauern. Babette kann ja mit den roten Koteletten anbandeln. Der ist auch nicht wieder hier gewesen, seitdem er aufs Dach wollte.«

Böse Mächte treiben ihr Spiel, um uns und in uns; Rudy hatte es zu spüren bekommen und darüber nachgedacht. Was war um ihn und in ihm geschehen, hoch oben im Gebirge? Hatte er Gesichte oder einen Fiebertraum gehabt? Fieber oder Krankheit hatte er nie gekannt. Einen Blick in sich selbst hatte er getan, als er sein Urteil über Babette sprach. Er dachte an die wilde Jagd in seinem Herzen, den heißen Föhn, der noch vor kurzem darin tobte. Wäre er fähig, vor Babette zu beichten – alles, jeden seiner Gedanken, der in der Stunde der Versuchung zur Tat werden konnte? Er hatte ihren Ring verloren, und sie hatte ihn gerade dadurch zurückgewonnen. Wäre sie fähig, vor ihm zu beichten? Das Herz drohte ihm zu zerreißen, wenn er an sie dachte. So viele Erinnerungen stiegen in ihm auf: Er sah sie vor sich, lachend, ein ausgelassenes Kind. So manches liebe Wort, das sie aus überströmendem Herzen gesagt, flog wie ein Sonnenblitz in seine Brust, und bald schien die Sonne darin ganz für Babette.

Sie müßte ihm eine Beichte ablegen können, und sie sollte es tun.

Er ging zur Mühle, und es kam zur Beichte: Sie begann mit einem Kuß und endete damit, daß Rudy als Sünder dastand. Es war *sein* großer Fehler gewesen, Babettes

Treue zu bezweifeln – das war doch fast abscheulich! Mit solchem Mißtrauen, solcher Heftigkeit könnte er sie beide ins Unglück bringen. Ja, ganz bestimmt! – Und darum hielt ihm Babette eine kleine Predigt, was ihr selbst Spaß machte und ganz entzückend stand. Doch in einem gab sie Rudy recht: Der Verwandte der Patin war ein Maulaffe! Sie wollte das Buch verbrennen, das er ihr geschenkt hatte, und nicht das geringste mehr besitzen, was sie an ihn erinnerte.

»Jetzt ist es überstanden!« sagte die Stubenkatze. »Rudy ist wieder hier, sie verstehen sich, und sie sagen, das ist das größte Glück.«

»Heute nacht habe ich von den Ratten gehört«, entgegnete die Küchenkatze, »daß es das größte Glück ist, Talglichter zu fressen und einen Vorrat an verdorbenem Fleisch zu besitzen. Wem soll man nun glauben, den Ratten oder den Liebesleuten?«

»Keinem von ihnen!« sagte die Stubenkatze. »Das ist immer am sichersten.«

Das größte Glück für Rudy und Babette kündigte sich gerade an, sie sahen dem schönsten Tag, wie man ihn nennt, entgegen, dem Hochzeitstag.

Doch nicht in der Kirche von Bex, nicht im Hause des Müllers sollte die Hochzeit sein, sondern die Patin wünschte die Feier bei sich und die Trauung in der hübschen kleinen Kirche von Montreux. Dieser Wunsch, meinte der Müller, sei unbedingt zu erfüllen; er allein wußte, daß die Patin den Neuvermählten ein Hochzeitsgeschenk zugedacht hatte, das eine solche kleine Gefälligkeit gewiß wert war. Der Tag war festgesetzt. Schon am Vorabend wollten sie nach Villeneuve reisen, um morgens so zeitig nach Montreux überzusetzen, daß die Töchter der Patin die Braut schmücken könnten.

»Dann wird die Nachfeier wohl hier stattfinden«, sagte die Stubenkatze. »Sonst gebe ich kein Miau auf das Ganze!«

»Hier gibt es ein Festessen«, sagte die Küchenkatze. »Enten sind geschlachtet, Tauben erwürgt, ein ganzes Tier hängt an der Wand. Mir tropft der Zahn, wenn ich das sehe! – Morgen gehen sie auf die Reise.«

Ja, morgen! – An diesem Abend saßen Rudy und Babette zum letzten Mal als Verlobte in der Mühle.

Draußen glühten die Alpen, die Abendglocke klang, die Töchter der Sonne sangen: »Das Beste geschieht!«

XIV
Gesichte der Nacht

Die Sonne war untergegangen, die Wolken senkten sich ins Rhônetal zwischen den hohen Bergen, der Wind kam von Süden, aus Afrika, über die hohen Alpen geweht, ein Föhn, der die Wolken zerriß. Als er sich ausgetobt hatte, wurde es einen Augenblick lang ganz still. Zwischen den bewaldeten Bergen und über der eilenden Rhône hingen die zerfetzten Wolken als phantastische Gestalten, als Seetiere der Urwelt, schwebende Adler der Lüfte, hüpfende Frösche der Sümpfe; sie senkten sich auf den reißenden Strom, schwammen auf ihm und doch in der Luft. Im Wasser trieb eine entwurzelte Tanne, und was vor ihr wie Strudel aussah, das war der Schwindel, und nicht nur einer, der sich auf dem davonbrausenden Strom im Kreise drehte.

Der Mondschein fiel auf die verschneiten Gipfel, die dunklen Wälder und die weißen, seltsamen Wolken, Gesichte der Nacht, Naturkräfte-Geister. Der Bergbauer sah ihre Scharen durch die Fensterscheibe, sie schwammen vor der Eisjungfrau her, die aus ihrem Gletscherschloß erschienen war und auf dem gebrechlichen Schiff einer ausgerissenen Tanne saß, um sich vom Gletscherwasser stromab zum offenen See tragen zu lassen.

»Die Hochzeitsgäste kommen!« sauste und sang es in Luft und Wasser.

Gesichte draußen, Gesichte drinnen. Babette hatte einen seltsamen Traum.

Ihr war, als sei sie Rudys Frau, und das schon seit vielen Jahren. Während er auf der Gemsenjagd war, saß sie daheim, und der junge Engländer mit den vergoldeten Koteletten leistete ihr Gesellschaft. Seine Augen waren so warm, seine Worte hatten Zauberkraft, er gab ihr die Hand, und sie mußte ihm folgen, weg von zu Hause, immer bergab! – Babette spürte eine Bürde auf ihrem Herzen, die immer schwerer wurde, sie versündigte sich an Rudy, sie versündigte sich an Gott. Plötzlich war sie allein und verlassen, ihre Kleider waren von Dornen zerrissen, ihr Haar war grau, und als sie in ihrem Schmerz zum Felsenrand sah, erblickte sie Rudy. – Sie streckte die Arme nach ihm aus, wagte jedoch nicht, ihn zu rufen oder zu bitten, und das hätte ihr auch nichts genützt, denn wie sie bald erkannte, war er es gar nicht. Es war nur sein Alpenstock, behängt mit seiner Jägerjacke und seinem Hut, wie ihn die Jäger aufstellen, um die Gemsen zu täuschen. Und Babette jammerte in grenzenlosem Schmerz: »Oh, wäre ich doch an meinem Hochzeitstag, an meinem glücklichsten Tag gestorben! Herr, du mein Gott, es wäre eine Gnade, ein Lebensglück gewesen! Dann wäre das Beste geschehen, was mir und Rudy geschehen konnte! Keiner weiß seine Zukunft!« Und in gottlosem Schmerz stürzte sie sich in die tiefe Felsenkluft. Eine Saite zerriß, ein Trauerton erklang.

Babette erwachte, der Traum war zu Ende – und ausgelöscht. Doch sie wußte, daß es etwas Schreckliches gewesen war, und der junge Engländer war ihr erschienen, an den sie seit ihrer letzten Begegnung vor mehreren Monaten nicht mehr gedacht hatte. Ob er sich wohl in Montreux aufhielt? Würde sie ihn bei ihrer Hochzeit sehen? Ein kleiner Schatten glitt über den feinen Mund, die Stirn runzelte sich, doch bald lächelten und leuchteten ihre

Augen wieder – die Sonne schien so schön, und morgen hielt sie mit Rudy Hochzeit.

Als sie in die Wohnstube kam, war er schon da, und bald ging es davon, nach Villeneuve. Sie waren so glücklich, die beiden und der Müller auch, er lachte und strahlte und war bester Stimmung; er war ein guter Vater, eine ehrliche Seele.

»Jetzt sind wir die Herrschaft im Hause«, sagte die Stubenkatze.

XV
Das Ende

Es war noch nicht Abend, da trafen die drei fröhlichen Menschen in Villeneuve ein und hielten ihre Mahlzeit. Der Müller setzte sich mit seiner Pfeife in den Lehnstuhl und machte ein Nickerchen. Die jungen Brautleute verließen Arm in Arm die Stadt und wanderten den Fahrweg unter den buschbewachsenen Klippen am blaugrünen, tiefen See entlang. Im klaren Wasser spiegelte sich das düstere Chillon mit seinen grauen Mauern und seinen schweren Türmen; die kleine Insel mit den drei Akazien lag näher am Ufer und glich einem Blumenstrauß auf dem See.

»Dort drüben muß es zauberhaft sein«, sagte Babette, und wieder wollte sie so gern dorthin, und ihr Wunsch ließ sich sogleich erfüllen. Ein Boot lag am Ufer und war nur recht lose vertäut. Da niemand zu sehen war, den sie hätten um Erlaubnis bitten können, setzten sie sich ohne weiteres hinein, Rudy verstand wohl zu rudern.

Wie Fischflossen schnitten die Riemen durch das fügsame Wasser, das so nachgiebig ist und doch so stark; es ist ein ganzer Rücken, um zu tragen, ein ganzer Mund, um zu schlucken, milde lächelnd, die Sanftmut selbst und doch furchterregend und von großer Zerstörungskraft. Das Kielwasser schäumte, in wenigen Minuten hatte das

Boot die Insel erreicht, und sie stiegen an Land. Hier war nicht mehr Platz als für ein Tänzchen.

Rudy schwenkte Babette zwei-, dreimal herum, dann setzten sie sich auf eine kleine Bank unter hängenden Akazienzweigen, sahen sich in die Augen und hielten sich bei den Händen. Alles ringsum erstrahlte im Glanz der sinkenden Sonne. Die Tannenwälder auf den Bergen färbten sich rotlila wie blühendes Heidekraut, und wo die Bäume aufhörten, war das nackte Gestein so glühend, als wäre der Fels transparent. Die Wolken am Himmel leuchteten wie rotes Feuer, der ganze See glich einem frischen, flammenden Rosenblatt. Die aufsteigenden Schatten ließen die schneebedeckten Savoyer Berge schwarzblau werden, während ihre höchsten Gipfel wie rote Lava schimmerten und noch einmal einen Moment der Gebirgsbildung zeigten, als sich diese Massen, glühend und noch nicht erloschen, aus dem Schoß der Erde hoben. Es war ein Alpenglühen, wie es Rudy und Babette noch nie gesehen zu haben glaubten. Die schneebedeckte Dent du Midi hatte einen Glanz wie die Scheibe des Vollmonds, wenn sie am Horizont heraufsteigt.

»So viel Schönheit! So viel Glück!« sagten sie beide. – »Mehr hat die Erde mir nicht zu geben!« sagte Rudy. »Eine Abendstunde wie diese ist doch ein ganzes Leben! Immer, wenn ich mein Glück empfunden habe, wie ich es jetzt empfinde, dachte ich: Wenn jetzt alles zu Ende ginge, wie glücklich hätte ich dann gelebt! Wieviel Segen liegt auf dieser Welt! – Und der Tag ging zu Ende, und ein neuer begann, und den fand ich noch schöner. Der Herrgott ist doch unendlich gut, Babette!«

»Ich bin so glücklich!« sagte sie.

»Mehr hat die Erde mir nicht zu geben!« rief Rudy aus.

Und die Abendglocken erklangen von den Savoyer Bergen, von den Schweizer Bergen, im Westen erhob sich im Goldglanz der schwarzblaue Jura.

»Gott gebe dir das Herrlichste und Beste!« rief Babette aus.

»Das wird er«, sagte Rudy. »Morgen habe ich es, morgen bist du ganz mein, mein liebe kleine, reizende Frau!«

»Das Boot!« schrie Babette im gleichen Moment.

Das Boot, das sie von der Insel zurückbringen sollte, hatte sich losgemacht und trieb auf den See hinaus.

»Ich hole es«, sagte Rudy, warf seinen Rock ab, riß sich die Stiefel von den Füßen, sprang ins Wasser und schwamm mit kräftigen Zügen hinterdrein.

Das klare, blaugrüne Eiswasser des Gletschers war kalt und tief. Rudy blickte hinunter, nur ein einziges Mal, und er glaubte einen Goldring rollen zu sehen, blinkend und blitzend – da dachte er an seinen verlorenen Verlobungsring, und der Ring wurde größer, erweiterte sich zu einem funkelnden Kreis, und in seinem Inneren leuchtete der klare Gletscher. Unendlich tiefe Spalten klafften, und das tropfende Wasser klang wie ein Glockenspiel und leuchtete mit weißblauen Flammen. Rudy sah in einem kurzen Moment, was wir mit vielen langen Wörtern beschreiben müssen: junge Jäger und junge Mädchen, Männer und Frauen, alle einmal in den Gletscherspalten versunken, ganz lebendig, mit offenen Augen und lächelndem Mund. Tief darunter läuteten in begrabenen Städten die Glocken, die Gemeinde kniete im Kirchenraum, Eisstücke waren die Orgelpfeifen, auf denen der Bergstrom spielte. Die Eisjungfrau saß auf dem klaren, durchsichtigen Grund, sie hob sich zu Rudy empor, um seine Füße zu küssen – da fuhr ein tödlicher Eishauch, ein elektrischer Stoß durch seine Glieder – Eis oder Feuer, das läßt sich bei einer kurzen Berührung nicht unterscheiden.

»Mein! Mein!« hörte er rufen und in sich eindringen. »Ich habe dich geküßt, als du klein warst, habe dich auf den Mund geküßt. Jetzt küsse ich dich auf Zeh und Ferse, *mein* bist du ganz!«

Und er war im klaren, blauen Wasser verschwunden.

Alles war still; die Kirchenglocken stellten ihr Läuten ein, ihre letzten Töne erstarben mit dem Glanz der roten Wolken.

»Mein bist du!« klang es in der Tiefe. »Mein bist du!« klang es in der Höhe, aus dem Unendlichen.

Wie herrlich, von Liebe zu Liebe, von der Erde in den Himmel zu fliegen!

Da zersprang eine Saite, ein Trauerton erklang, der Eiskuß des Todes hatte das Vergängliche besiegt; das Vorspiel war zu Ende, damit das Lebensdrama beginnen, der Mißklang sich in Harmonie auflösen konnte.

Nennst du das eine traurige Geschichte?

Arme Babette! Für sie war es die Stunde der Angst. Das Boot trieb immer weiter hinaus. Niemand an Land wußte, daß das Brautpaar zu der kleinen Insel gerudert war. Es wurde später, die Wolken sanken herab, die Dunkelheit brach herein. Allein, verzweifelt, jammernd stand Babette da. Ein schreckliches Unwetter drohte am Himmel, über den Jurabergen, über dem Schweizerland und über Savoyen war ein Wetterleuchten; zu allen Seiten Blitz auf Blitz, Donnerschlag auf Donnerschlag, das Dröhnen dauerte minutenlang. Bald war es so hell, daß man wie im Glanz der Sonne zur Mittagszeit jeden einzelnen Weinstock erkennen konnte, und gleich darauf brütete wieder die schwarze Finsternis. Die Blitze bildeten Schleifen, Schlingen, Zickzack, schlugen rundum im See ein und leuchteten überall, während der Donner durch das Echo noch lauter dröhnte. Auf dem Festland wurden die Boote aufs Ufer gezogen; alles, was lebendig war, suchte Schutz. – Und dann strömte der Regen.

»Wo sind denn nur Rudy und Babette bei diesem schrecklichen Wetter?« fragte der Müller.

Babette saß da, die Hände gefaltet, den Kopf im Schoß, stumm vor Schmerz, vom Schreien und Jammern.

»Im tiefen Wasser!« sagte sie bei sich selbst. »Tief unten, wie unter dem Gletscher, da ist er.«

Sie dachte an Rudys Erzählung vom Tod seiner Mutter und seiner eigenen Rettung, wie man ihn als Leiche aus der Gletscherspalte gezogen hatte. »Die Eisjungfrau hat ihn wieder!«

Da zuckte ein Blitz, so blendend hell wie Sonnenglanz auf weißem Schnee, und Babette fuhr auf. Im gleichen Moment erhob sich der See wie ein schimmernder Gletscher, da stand die Eisjungfrau, majestätisch, blaßblau, schimmernd, mit Rudys Leiche zu ihren Füßen.

»Mein!« sagte sie, und ringsum war wieder Dunkel und Nacht und strömendes Wasser.

»Grausam!« jammerte Babette. »Warum mußte er nur sterben, als der Tag unsres Glücks anbrechen sollte! Gott, erleuchte meinen Verstand und leuchte mir ins Herz! Ich begreife deine Wege nicht, irre blind in deiner Allmacht und Weisheit!«

Und Gott leuchtete in ihr Herz hinein. Ein Gedankenblitz, ein Strahl der Gnade durchfuhr sie, ihr Traum letzte Nacht, ganz lebendig. Sie entsann sich ihrer eigenen Worte, daß sie für sich und Rudy das Beste wünschte.

»Weh mir! War das der Samen der Sünde in meinem Herzen? Habe ich von einem künftigen Leben geträumt, dessen Saite zerreißen mußte, damit ich erlöst würde? Ich Elende!«

So jammerte sie in pechschwarzer Nacht. In der tiefen Stille glaubte sie noch einmal Rudys Worte zu hören, die letzten, die er zu ihr gesprochen: »Mehr Glück hat die Erde mir nicht zu geben!« Sie erklangen in der Fülle der Freude, sie wiederholten sich im maßlosen Schmerz.

※

Seitdem sind ein paar Jahre vergangen. Der See lächelt, die Ufer lächeln, am Weinstock schwellen die Trauben.

Dampfschiffe jagen mit wehenden Fahnen vorüber, Jachten fliegen mit ihren beiden ausgespannten Segeln wie weiße Schmetterlinge über den Wasserspiegel. Die Eisenbahnlinie, die über Chillon und tief ins Rhônetal führt, ist eröffnet. An jeder Station steigen Fremde aus; sie tragen ihr rot eingebundenes Reisebuch und lesen sich an, was sie an Merkwürdigem zu besichtigen haben. Wenn sie das Schloß Chillon besuchen, sehen sie die kleine Insel mit den drei Akazien und lesen in ihrem Buch von dem Brautpaar, das in einer Abendstunde des Jahres 1856 dorthin fuhr, vom Tod des Bräutigams, und: »Erst am nächsten Morgen hörte man am Ufer die verzweifelten Schreie der Braut.«

Doch das Reisebuch vermeldet nicht, daß Babette seitdem zurückgezogen bei ihrem Vater lebt, nicht in der Mühle, die jetzt Fremde bewohnen, sondern in einem schönen Haus nahe dem Bahnhof. So manchen Abend schaut sie noch vom Fenster über die Kastanienbäume zu jenen Schneebergen hin, wo sich einst Rudy tummelte, und sieht das Alpenglühen. Dort oben lagern sich die Kinder der Sonne und wiederholen das Lied vom Wandersmann, dem der Wirbelwind den Mantel abriß und entführte: Er nahm die Hülle und nicht den Mann.

Rosenglanz liegt auf dem Schnee des Gebirges, und Rosenglanz ist in jedem Herzen, das den Gedanken birgt: »Gott läßt das Beste für uns geschehen!« Doch nicht immer wird es uns so offenbart, wie es Babette im Traum widerfuhr.

57. *Der Schmetterling*

Der Schmetterling wünschte sich eine Liebste, natürlich wollte er gern eine hübsche Kleine von den Blumen haben. Er schaute sie alle an: Jede saß so still und besonnen auf ihrem Stengel, wie es sich für eine Jungfer schickt, wenn sie noch nicht verlobt ist. Aber hier standen so viele zur Auswahl, und weil dem Schmetterling das Aussuchen zu mühsam war, flog er zum Gänseblümchen. Die Franzosen nennen es Margarete, sie wissen, daß es wahrsagen kann, und das tut es, wenn ihm Liebesleute ein Blatt nach dem anderen abzupfen und dabei jedesmal nach dem Liebsten fragen: »Von Herzen? – Mit Schmerzen? – Liebt mich sehr? – Ein klein wenig? – Überhaupt nicht?«, oder so ähnlich. Jeder fragt in seiner Sprache. Nun wollte auch der Schmetterling fragen; er zupfte die Blätter nicht ab, sondern gab jedem einen Kuß, weil er glaubte, man komme mit Freundlichkeit am weitesten.

»Liebe Margarete Gänseblümchen!« sagte er. »Sie sind die klügste Frau von allen Blumen! Sie verstehen sich aufs Wahrsagen. Sagen Sie mir, bekomme ich diese oder jene? Und welche bekomme ich? Wenn ich das weiß, dann kann ich geradewegs zu ihr fliegen und um sie freien!«

Doch Margarete gab gar keine Antwort. Es gefiel ihr nicht, daß er sie ›Frau‹ nannte, denn sie war ja eine Jungfer, und dann ist man keine Frau. Er fragte noch einmal, und er fragte ein drittes Mal, und da er kein einziges Wort von ihr hörte, verlor er die Lust am Fragen und flog ohne weiteres auf die Freite.

Es war im zeitigen Frühjahr; Schneeglöckchen und Krokusse blühten in Hülle und Fülle. »Sie sind entzückend«, sagte der Schmetterling, »reizende kleine Konfirmandinnen, aber noch etwas grün.« Wie alle jungen Burschen hielt er nach älteren Mädchen Ausschau. Dann flog er zu den Anemonen, die waren ihm etwas zu herb, die Veilchen etwas zu schwärmerisch, die Tulpen zu prunkend, die Narzissen zu bürgerlich, die Lindenblüten zu klein, und außerdem hatten sie eine große Verwandtschaft. Die Apfelblüten sahen zwar wie Rosen aus, aber sie blühten heute und fielen morgen schon ab, so wie der

Wind wehte, und eine solche Ehe wäre nach seiner Meinung zu kurz. Die Erbsenblüte gefiel ihm am besten, sie war rot und weiß, sie war zart und fein, gehörte zu den häuslichen Mädchen, die gut aussehen und doch für die Küche taugen. Gerade wollte er um sie freien, da erblickte er gleich neben ihr eine Erbsenschote mit einer verwelkten Blüte an der Spitze. »Wer ist denn das?« fragte er. »Das ist meine Schwester«, sagte die Erbsenblüte.

»Na, so werden Sie also später aussehen!« Das schreckte den Schmetterling ab, und deshalb flog er davon.

Geißblätter hingen über den Zaun; hier gab es viele Fräuleins, mit langem Gesicht und gelber Haut, diese Art mochte er nicht. Ja, aber was mochte er? Frag ihn mal!

Das Frühjahr verging, der Sommer verging, dann war es Herbst, und der Schmetterling war genauso weit. Und die Blumen zogen die prächtigsten Kleider an, aber was konnte das nützen, es fehlte der frische, duftende Jugendsinn. Gerade im Alter braucht das Herz Duft, und davon haben Dahlien und Stockmalven nicht eben viel. Da flog der Schmetterling hinunter zur Krauseminze.

»Die hat zwar gar keine Blüte, ist aber ganz und gar Blume und duftet von Kopf bis Wurzel, hat Blütenduft in jedem Blatt. Die nehme ich!«

Und so freite er endlich.

Doch die Krauseminze stand still und steif da, und schließlich sagte sie: »Freundschaft, mehr aber auch nicht! Ich bin alt, und Sie sind alt. Wir könnten sehr gut füreinander leben, aber heiraten – nein! Wir wollen uns doch nicht lächerlich machen in unserem hohen Alter!«

Und so bekam der Schmetterling gar keine. Er hatte zu lange gesucht, und das soll man nicht. Der Schmetterling wurde ein Hagestolz, wie man das nennt.

Es war Spätherbst, mit Regen und Sturm. Der Wind

blies den alten Weidenbäumen kalt den Rücken hinunter, daß es in ihnen knackte. Es war nicht gut, in Sommerkleidern draußen herumzufliegen, da würde man die Liebe zu spüren bekommen, wie man so sagt. Doch der Schmetterling flog auch nicht draußen herum, er war zufällig in ein Haus geraten, wo der Kachelofen brannte, ja, wo es richtig sommerwarm war. Hier konnte er leben, aber: »Leben ist nicht genug!« sagte er. »Sonnenschein, Freiheit und ein Blümchen muß man haben!«

Und dann flog er gegen die Scheibe, wurde gesehen, bewundert, auf eine Nadel gespießt und in den Raritätenkasten gesteckt; mehr konnte man für ihn nicht tun.

»Jetzt sitze ich auch auf dem Stengel wie die Blumen!« sagte der Schmetterling. »Sehr angenehm ist das nicht! Das ist wohl wie Verheiratetsein, man sitzt fest.« Und damit tröstete er sich dann.

»Das ist ein schlechter Trost!« sagten die Topfblumen im Zimmer.

»Aber Topfblumen ist nicht recht zu trauen«, meinte der Schmetterling, »die verkehren zuviel mit den Menschen.«

58. Die Schnecke und der Rosenbusch

Rund um den Garten standen Haselbüsche, dahinter waren Felder und Wiesen mit Kühen und Schafen; doch mitten im Garten blühte ein Rosenbusch, und darunter saß eine Schnecke. Sie hatte vieles in sich, sie hatte sich selbst.

»Warten Sie ab, bis meine Zeit kommt!« sagte sie. »Ich werde etwas mehr ausrichten als Rosen setzen, als Nüsse tragen oder Milch geben wie Kühe und Schafe!«

»Ich erwarte mir ungemein viel!« sagte der Rosenbusch. »Darf ich fragen, wann es so weit ist?«

»Ich lasse mir Zeit!« sagte die Schnecke. »Sie haben es eben zu eilig! Das spannt die Erwartungen nicht sehr hoch.«

Im Jahr darauf lag die Schnecke etwa am selben Fleck im Sonnenschein unter dem Rosenbusch, der Knospen setzte und Blüten trieb, immer frische, immer neue. Und die Schnecke kroch halb hervor, streckte die Fühlhörner aus und zog sie wieder zurück.

»Alles sieht aus wie im vorigen Jahr, es ist kein Fortschritt geschehen; der Rosenbusch bleibt bei den Rosen, weiter kommt er nicht!«

Der Sommer verging, der Herbst verging, der Rosenbusch trug immer noch Blüten und Knospen, bis dann der Schnee fiel und das Wetter rauh und naß wurde. Da neigte er sich zur Erde, und die Schnecke kroch in die Erde.

Nun begann ein neues Jahr, und die Rosen kamen hervor, und die Schnecke kam hervor.

»Jetzt sind Sie ein alter Rosenbusch«, sagte sie, »Sie müssen dann wohl bald eingehen. Sie haben der Welt alles gegeben, was Sie in sich hatten; ob es von Bedeutung war, das ist eine Frage, über die nachzudenken mir die Zeit fehlte. Aber es ist ja offensichtlich, daß Sie für Ihre innere Entwicklung nicht das Geringste getan haben, sonst wäre etwas anderes aus Ihnen hervorgekommen. Können Sie das verantworten? Jetzt werden Sie bald lauter Kleinholz werden. Begreifen Sie, was ich sage?«

»Sie erschrecken mich!« sagte der Rosenbusch. »Darüber habe ich niemals nachgedacht.«

»Nein, mit dem Denken haben Sie sich wohl nie viel abgegeben! Haben Sie sich jemals selbst klargemacht, weshalb Sie blühten und wie es dabei zuging? Warum so und nicht anders?«

»Nein!« sagte der Rosenbusch. »Ich habe aus Freude geblüht, weil ich nicht anders konnte. Die Sonne war so warm, die Luft so erfrischend, ich trank den klaren Tau und den kräftigen Regen; ich atmete, ich lebte! Zu mir kam eine Kraft aus der Erde, es kam eine Kraft von oben, ich spürte ein Glück, immer neu, immer groß, und deshalb mußte ich immer blühen. Das war mein Leben, ich konnte nicht anders.«

»Sie haben ein sehr bequemes Leben geführt!« sagte die Schnecke.

»Gewiß! Alles wurde mir gegeben!« sagte der Rosenbusch. »Aber Ihnen wurde noch mehr gegeben. Sie sind eine von diesen denkenden, tiefsinnigen Naturen, eine von den Hochbegabten, welche die Welt in Erstaunen setzen.«

»Das habe ich überhaupt nicht im Sinn!« sagte die Schnecke. »Die Welt kümmert mich nicht! Was habe ich mit der Welt zu schaffen? Ich habe genug mit mir selbst und genug in mir selbst!«

»Aber sollten wir nicht alle hier auf Erden unser bestes Teil den anderen geben? Darbringen, was wir können – ? Ja, ich habe nur Rosen gegeben. Aber Sie? Sie, die Sie so vieles bekommen haben, was gaben Sie der Welt? Was geben Sie ihr?«

»Was ich gab? Was ich gebe? Ich spucke auf sie! Sie taugt nichts. Sie geht mich nichts an. Setzen Sie nur Rosen, Sie können es nicht weiter treiben! Mag der Haselbusch Nüsse tragen! Mögen Kühe und Schafe Milch geben! Jeder von ihnen hat sein Publikum, ich habe das meine in mir selbst. Ich verziehe mich in mich selbst, und da bleibe ich. Die Welt kümmert mich nicht!«

Und dann ging die Schnecke in ihr Haus und klebte es zu.

»Das ist so traurig!« sagte der Rosenbusch. »Ich kann beim besten Willen nicht in mich hineinkriechen, ich muß immer ausschlagen, aufblühen. Die Blätter fallen ab und fliegen im Wind davon. Ich habe aber gesehen, daß eine der Rosen ins Gesangbuch der Hausfrau gelegt wurde, eine von meinen Rosen bekam einen Platz an der Brust eines schönen jungen Mädchens, und eine wurde von einem Kindermund in seliger Freude geküßt. Das hat mir so wohlgetan, das war ein wahrer Segen. Das ist meine Erinnerung, mein Leben!«

Und der Rosenbusch blühte in seiner Unschuld, und die Schnecke vertrödelte die Zeit in ihrem Haus, die Welt kümmerte sie nicht.

Und Jahre vergingen.

Die Schnecke war Erde in der Erde, der Rosenbusch war Erde in der Erde; auch die Erinnerungsrose im Gesangbuch war verweht. – Aber im Garten blühten neue Rosenbüsche, im Garten wuchsen neue Schnecken; sie krochen in ihr Haus und spuckten – die Welt kümmerte sie nicht.

Wollen wir die Geschichte wieder von vorn lesen? – Sie wird nicht anders.

59. Die Irrlichter sind in der Stadt, sagte die Moorfrau

Es war ein Mann, der hatte einmal so viele neue Märchen gewußt, aber jetzt waren sie ihm ausgegangen, wie er sagte. Das Märchen, das von selbst erschien, kam nicht mehr, um an seine Tür zu klopfen. Und warum kam es nicht? Ja, es stimmt schon – der Mann hatte ein ganzes Jahr nicht daran gedacht und nicht erwartet, daß es anklopfen würde, und es war wohl auch nicht hier gewesen, denn draußen war Krieg und drinnen Sorge und Not, wie der Krieg sie mit sich bringt.

Storch und Schwalbe kehrten von ihrer langen Reise zurück; sie dachten an keine Gefahr, und als sie eintrafen, war ihr Nest verbrannt, die Häuser der Menschen brannten, die Tür war aus den Angeln, ja ganz verschwunden; über die alten Gräber trampelten die Pferde des Feindes. Es waren schwere, dunkle Zeiten – doch auch die haben ein Ende.

Und nun hatten sie ein Ende, hieß es, aber noch klopfte das Märchen nicht an und ließ auch nichts von sich hören.

»Es ist wohl mit vielen andern gestorben und verschwunden«, sagte der Mann. Doch das Märchen stirbt nie!

Und mehr als ein ganzes Jahr verging, und der Mann hatte so große Sehnsucht.

»Ach, wenn doch wieder das Märchen käme und anklopfte!« Und er erinnerte sich ganz lebendig an all die vielen Gestalten, in denen es zu ihm gekommen war; bald jung und schön, der Frühling selbst, ein liebliches kleines Mädchen mit einem Waldmeisterkranz im Haar und einem Buchenzweig in der Hand; die Augen leuchteten wie tiefe Waldseen im hellen Sonnenschein. Bald war es als Hausierer gekommen, hatte die Kramkiste aufgemacht und Seidenbänder mit Versen und Inschriften von alten Denkmälern flattern lassen. Doch am allerschönsten war es, wenn es als altes Mütterchen kam, mit silberweißem Haar und Augen so groß und so klug; sie wußte recht von uralten Zeiten zu erzählen, lange bevor die Prinzessinnen die goldene Spindel drehten, während draußen Drachen und Lindwürmer Wache hielten. Da erzählte sie so lebendig, daß jeder, der zuhörte, schwarze Flecken vor Augen bekam und der Fußboden schwarz von Menschenblut wurde; das sah und hörte sich grauenhaft an und war doch so vergnüglich, denn es war vor so langer Zeit geschehen.

»Will denn das Märchen gar nicht mehr anklopfen?« sagte der Mann und starrte auf die Tür, bis schwarze Flecken vor seinen Augen, schwarze Flecken auf dem Fußboden erschienen – ob es Blut oder Trauerflor von den schweren, dunklen Tagen war, wußte er nicht.

Und wie er so dasaß, kam es ihm in den Sinn, daß sich das Märchen vielleicht versteckt haben könnte, wie die Prinzessin in den richtigen alten Märchen; es wollte gesucht und gefunden werden, um dann in neuer Herrlichkeit zu erstrahlen, schöner als jemals zuvor.

»Wer weiß! Vielleicht ist es in dem hingeworfenen Strohhalm verborgen, der auf dem Brunnenrand wippt. Vorsichtig! Vorsichtig! Vielleicht hat es sich in eine getrocknete Blume verkrochen und wurde in eins der großen Bücher auf dem Regal gelegt!«

Und der Mann ging zum Regal und schlug eins von den allerneuesten auf, um daraus klug zu werden. Aber darin lag keine Blume, darin stand über Holger Danske zu lesen; und der Mann las, daß diese ganze Geschichte von einem Mönch in Frankreich erfunden und erdichtet war; es sei ein Roman, »übersetzt und in der dänischen Sprache zum Druck befördert«; einen Holger Danske habe es gar nicht gegeben, also könne er auch gar nicht wiederkehren, wie wir von ihm gesungen und so gern geglaubt hatten. Mit Holger Danske verhalte es sich wie mit Wilhelm Tell, alles leeres Gerede und nicht zu glauben – das stand in dem Buch mit großer Gelehrsamkeit zusammengeschrieben.

»Ja, ich glaube nun, was ich glaube!« sagte der Mann. »Wohin kein Fuß getreten ist, da wächst kein Wegerich!«

Und er schloß das Buch, stellte es zurück ins Regal und ging dann zum Fenster, zu den frischen Blumen. Vielleicht hatte sich das Märchen in der roten Tulpe mit den goldgelben Rändern oder in der frischen Rose oder in der kräftig gefärbten Kamelie versteckt. Zwischen den Blättern war Sonnenschein, doch nicht das Märchen.

»Die Blumen, die hier in der Zeit der Trauer standen, waren alle viel schöner; aber sie wurden abgeschnitten, jede einzelne, wurden zu Kränzen gebunden und in den Sarg gelegt, der mit der Fahne bedeckt wurde. Vielleicht wurde mit diesen Blumen das Märchen begraben! Aber davon hätten die Blumen erfahren, das hätte der Sarg gespürt, das hätte die Erde gespürt, jeder kleine Grashalm, der emporwuchs, hätte davon erzählt. Das Märchen stirbt nie!

Vielleicht war es auch hier und hat angeklopft, doch wer hatte damals ein Ohr, einen Gedanken dafür? Die Frühlingssonne, das Vogelgewimmel und all das vergnügliche Grün sah man finster, schwermütig, geradezu zornig an; ja, die alten frischen Volkslieder wollten nicht über die Zunge, sie wurden mit so vielem, was unserem Herzen lieb gewesen, zu Grabe getragen. Das Märchen kann sehr wohl angeklopft haben; doch es wurde nicht gehört, nicht willkommen geheißen, und da ist es weggeblieben.

Ich will es suchen gehen.

Hinaus aufs Land! In den Wald am offenen Strand!«

*

Auf dem Lande liegt ein alter Herrenhof mit roten Mauern, gezacktem Giebel und einem Turm mit wehender Fahne. Die Nachtigall singt unter zartgefransten Buchenblättern, schaut dabei auf die blühenden Apfelbäume des Gartens und glaubt, daß sie Rosen tragen. In dieser Sommersonne haben die Bienen viel zu tun, sie umschwärmen ihre Königin mit summendem Gesang. Der Herbststurm weiß von der wilden Jagd zu erzählen, von Menschengeschlechtern und Blättern des Waldes, die alle vergehen. Zur Weihnachtszeit singen die wilden Schwäne im offnen Gewässer, und auf dem alten Hof, am brennenden Kachelofen, fühlt man sich in der rechten Stimmung, um sich Lieder und Sagen anzuhören.

Der Mann, der das Märchen suchte, ging in den alten Teil des Gartens, dorthin, wo die große Allee aus wilden Kastanien mit ihrem Schummerlicht lockt. Hier hatte der Wind einmal gerauscht und ihm von *Valdemar Daae und seinen Töchtern* erzählt. Hier hatte er von der Dryade im

Baum, der Märchenmutter persönlich, *den Traum der alten Eiche* gehört. Wo zu Großmutters Zeit gestutzte Hecken gestanden hatten, wuchsen jetzt nur noch Farne und Nesseln und wucherten über die verstreuten Reste von alten Steinfiguren. Obwohl Moos in ihren Augen wuchs, konnten sie genausogut sehen wie früher, anders als der Mann, der das Märchen suchte und nicht sah. Wo war es?

Über ihn und die alten Bäume hinweg flogen Krähen zu Hunderten und schrien: »Weg da! Weg da!«

Und er verließ den Garten, überquerte den Wallgraben des Hofs und ging in den Erlenhain, wo ein sechseckiges Häuschen mit Hühnerhof und Entenhof stand. Mitten darin saß die alte Frau, die das Ganze verwaltete und über jedes Ei, das die Hühner legten, jedes Küken, das aus dem Ei schlüpfte, genau Bescheid wußte. Aber das Märchen, das der Mann suchte, war sie nicht, das konnte sie mit dem christlichen Taufschein und mit dem Impfschein bezeugen, die beide in ihrer Truhe lagen.

Nicht weit von dem Häuschen erhob sich ein Hügel mit Rotdorn und Goldregen. Der alte Grabstein darauf war vor vielen Jahren aus der Kirche des Städtchens hierhergekommen, um an einen ehrlichen Ratsmann zu erinnern; da stand er in Stein gehauen, um ihn herum seine Gattin und seine fünf Töchter, alle hatten die Hände gefaltet und trugen Halskrausen. Man konnte ihn so lange betrachten, daß er gleichsam auf die Gedanken wirkte, und diese wirkten auf den Stein, und der erzählte von alten Zeiten; so hatte es der Mann, der das Märchen suchte, zumindest einmal erlebt. Als er jetzt das Denkmal erreichte, sah er mitten auf der Stirn des steinernen Ratsmanns einen lebendigen Schmetterling sitzen; er flatterte mit den Flügeln, flog ein Stückchen und ließ sich gleich neben dem Grabstein nieder, wie um zu zeigen, was dort stand. Da stand ein vierblättriges Kleeblatt, da standen ganze sieben in einer Reihe. Wenn das Glück kommt, dann kommt es reichlich! Er pflückte die Kleeblätter und steckte sie in seine Tasche. »Das Glück ist genausogut wie bares Geld, aber ein neues, prächtiges Märchen wäre noch besser«, dachte der Mann, doch er fand es nicht.

Die Sonne ging unter, rot und groß; die Wiese dampfte, die Moorfrau braute.

*

Am späten Abend stand er allein in seiner Stube und schaute hinaus auf Garten, Wiese, Moor und Strand. Der Mond schien hell, die Wiese wurde von Dunst bedeckt, daß sie aussah wie ein großer See, und den hatte es hier auch einmal gegeben, und die Sage davon wurde im Mondschein zur Wirklichkeit. Da fiel dem Mann ein, was er in der Stadt gelesen, daß es Wilhelm Tell und Holger Danske gar nicht gegeben habe, und doch bleiben sie wie dieser See im Volksglauben lebendige Wirklichkeit. Ja, Holger Danske kehrt zurück!

Während der Mann solchen Gedanken nachhing, hörte er etwas sehr kräftig gegen das Fenster schlagen. War das ein Vogel? Eine Fledermaus oder eine Eule? Ja, denen macht man nicht auf, wenn sie anklopfen. Das Fenster öffnete sich von selbst, und eine alte Frau schaute herein.

»Was wünscht Sie?« fragte der Mann. »Wer ist Sie? Sie blickt direkt ins erste Stockwerk. Steht Sie auf einer Leiter?«

»Sie haben ein vierblättriges Kleeblatt in der Tasche«, sagte die Frau, »Sie haben sogar ganze sieben, von denen eins sechsblättrig ist!«

»Wer ist Sie?« fragte der Mann.

»Die Moorfrau!« antwortete sie. »Die Moorfrau, die braut; ich war gerade dabei, und der Zapfen saß in der

Tonne. Aber eins von den kleinen Moorkindern hat ihn im Übermut abgerissen und auf diesen Hof geworfen, wo er gegen das Fenster schlug. Jetzt läuft das Bier aus der Tonne, und damit ist keinem gedient.«

»Sagen Sie's mir doch!« bat der Mann.

»Da müssen Sie ein bißchen warten!« sagte die Moorfrau. »Jetzt habe ich mich um anderes zu kümmern!« Und dann war sie weg.

Als der Mann das Fenster schließen wollte, stand die Frau wieder da.

»Nun ist es getan!« sagte sie. »Aber das halbe Bier kann ich morgen umbrauen, falls das Wetter danach ist. Na, was haben Sie denn zu fragen? Ich bin zurückgekehrt, denn ich halte stets mein Wort, und Sie haben in Ihrer Tasche sieben vierblättrige Kleeblätter, von denen eins sechsblättrig ist, das gebietet Respekt, das sind Ordenszeichen, die an der Landstraße wachsen, aber nicht von jedem gefunden werden. Was haben Sie also zu fragen? Stehn Sie nicht wie ein lächerlicher Zipfel herum, ich muß gleich wieder zu meinem Zapfen und meiner Tonne!«

Und der Mann fragte nach dem Märchen, fragte, ob die Moorfrau es auf ihrem Weg gesehen habe.

»Ach du großes Gebräu!« sagte die Frau. »Haben Sie vom Märchen noch nicht genug? Das haben wohl die meisten, wie ich glaube. Hier hat man sich um anderes zu kümmern, hat auf anderes zu achten. Sogar die Kinder sind jetzt darüber hinaus. Geben Sie den kleinen Jungen eine Zigarre und den kleinen Mädchen eine Krinoline, das ist ihnen lieber! Märchen anhören! Nein, hier gibt es wahrhaftig anderes zu besorgen, wichtigere Dinge zu verrichten!«

»Was meinen Sie damit?« sagte der Mann. »Und was wissen Sie von der Welt? Sie sehen doch nur Frösche und Irrlichter!«

»Ja, nehmen Sie sich vor den Irrlichtern in acht!« sagte

die Frau, »die sind draußen! Die sind losgelassen! Von denen sollten wir reden! Kommen Sie zu mir ins Moor, wo meine Anwesenheit vonnöten ist; da werde ich Ihnen alles sagen. Aber Sie müssen sich ein bißchen beeilen, solange Ihre sieben vierblättrigen Kleeblätter mit dem einen Sechser noch frisch sind und der Mond noch am Himmel steht!«

Weg war die Moorfrau.

*

Die Uhr auf dem Turm schlug zwölf, und bevor sie das nächste Viertel schlug, hatte der Mann Hof und Garten verlassen und stand auf der Wiese. Der Nebel hatte sich verzogen, die Moorfrau braute nicht mehr.

»Sie haben lange gebraucht, um hierherzukommen!« sagte die Moorfrau. »Spuk kommt schneller voran als Menschen, und ich bin froh, daß ich als Spuk geboren wurde!«

»Was haben Sie mir nun zu sagen?« fragte der Mann. »Ist es ein Wort über das Märchen?«

»Kommen Sie denn nie über diese Frage hinaus?« sagte die Frau.

»Können Sie mir dann etwas über die Poesie der Zukunft sagen?« fragte der Mann.

»Werden Sie bloß nicht hochtrabend«, entgegnete die Frau, »dann werde ich schon antworten! Sie denken nur an die Dichterei, fragen nach dem Märchen, als wäre es die Madam des Ganzen! Sie ist doch nur die Älteste, aber man hält sie stets für die Jüngste. Ich kenne sie wohl! Ich bin auch einmal jung gewesen, und das ist keine Kinderkrankheit. Ich bin einmal ein recht hübsches Elfenmädchen gewesen und habe mit den andern im Mondschein getanzt, der Nachtigall gelauscht, bin in den Wald gegangen und dem Märchenfräulein begegnet, das sich immer herumtrieb. Bald hatte sie ihr Nachtlager in einer halb aufgesprungenen Tulpe oder in einer Trollblume; bald schlich sie sich in die Kirche und hüllte sich in den Trauerflor ein, der von den Altarkerzen hing!«

»Sie wissen prächtig Bescheid!« sagte der Mann.

»Ich sollte doch wohl wirklich genausoviel wissen wie Sie!« sagte die Moorfrau. »Märchen und Poesie, die sind vom selben Schlag: die können sich hinlegen, wo sie wollen. All ihr Tun und Reden kann man nachbrauen und besser und billiger haben. Sie sollen es bei mir umsonst bekommen. Ich habe einen ganzen Schrank voll Poesie in Flaschen. Das ist die Essenz, das Feine davon; das Kraut, das süße wie das bittere. In diesen Flaschen habe ich alles, was die Menschen an Poesie benötigen, um sich an den Feiertagen ein bißchen zum Riechen aufs Taschentuch zu träufeln.«

»Sie sagen ja ganz wunderliche Dinge«, sagte der Mann. »Haben Sie Poesie in Flaschen?«

»Mehr als Sie vertragen können!« sagte die Frau. »Sie kennen wohl die Geschichte von dem Mädchen, das auf das Brot trat, um seine neuen Schuhe nicht zu beschmutzen? Die ist sowohl geschrieben als auch gedruckt.«

»Die habe ich selbst erzählt«, sagte der Mann.

»Ja, dann kennen Sie sie«, sagte die Frau, »und wissen, daß das Mädchen in den Boden bis zur Moorfrau versank, just in dem Augenblick, als Teufels Urgroßmutter zu Besuch war, um sich die Brauerei anzusehen. Als sie das versinkende Mädchen erblickte, bat sie es sich als Postament aus, zur Erinnerung an den Besuch, und sie bekam es, und ich bekam ein Geschenk, das mir gar nichts nützt, eine Reiseapotheke, einen ganzen Schrank voll Poesie in Flaschen. Urgroßmutter sagte, wo der Schrank stehen sollte, und da steht er noch. Schaun Sie mal! Sie haben ja Ihre sieben vierblättrigen Kleeblätter in der Tasche, von denen eins sechsblättrig ist, da werden Sie ihn wohl sehen können!«

Und wirklich, mitten im Moor lag etwas wie ein großer Erlenstumpf, das war der Schrank der Urgroßmutter. Er stehe ihr selbst und jedermann in allen Ländern und allen Zeiten offen, sagte die Moorfrau, sie müßten nur seinen Standort kennen. Er ließ sich vorn und hinten, von allen Seiten und Kanten öffnen, war ein ganzes Kunststück und sah doch nur wie ein alter Erlenstumpf aus. Die Poeten aller Länder, insbesondere die unseres eigenen Landes, waren hier nachgemacht; ihr Geist war herausgetüftelt, rezensiert, renoviert, konzentriert und auf Flaschen gezogen. Mit viel Instinkt, wie man es nennt, wenn man nicht Genie sagen will, hatte Urgroßmutter der Natur entnommen, was gleichsam nach diesem oder jenem Poeten schmeckte, hatte ein bißchen Teufelei hinzugefügt, und dann hatte sie seine Poesie für alle Zukunft in der Flasche.

»Lassen Sie mich einmal sehen!« bat der Mann.

»Es gibt noch wichtigere Dinge anzuhören!« sagte die Moorfrau.

»Aber nun sind wir einmal beim Schrank«, sagte der Mann und warf einen Blick hinein. »Hier sind Flaschen in allen Größen. Was ist in der da? Und was in der?«

»Hier ist das, was sie *Maienduft* nennen«, sagte die Frau, »ich habe es nicht ausprobiert, aber ich weiß, daß man nur ein Tröpfchen davon auf den Fußboden zu spritzen braucht, dann ist da sogleich ein herrlicher Waldsee mit Seerosen, Wasserliesch und wilder Krauseminze. Man schütte nur zwei Tropfen auf ein altes Aufsatzheft, es kann sogar von der untersten Klasse sein, und es verwandelt sich in eine ganze Duft-Komödie, die man sehr gut aufführen kann, um darüber einzuschlafen, so stark duftet sie. Die Flasche trägt wohl aus Höflichkeit gegen mich die Aufschrift: ›Gebräu der Moorfrau‹.

Hier steht die *Skandal-Flasche*. Sie scheint nur schmutziges Wasser zu enthalten, und das ist auch schmutziges Wasser, aber mit Brausepulver aus Stadtklatsch darin; der enthält drei Lot Lüge und zwei Gran Wahrheit, verrührt mit einem Birkenzweig, nicht einer Spießrute, in Salzlake gelegt und aus dem blutigen Körper des Sünders geschnitten, oder einem Stück Schulmeister-Rute, nein, direkt vom Besen genommen, der den Rinnstein fegte.

Hier steht die Flasche mit der frommen Poesie im Psalmenton. Jeder Tropfen hat einen Klang, als knallten die Höllenpforten, und ist aus Blut und Schweiß der Züchtigung gemacht. Einige behaupten zwar, es sei nur Taubengalle; aber die Tauben sind die frömmsten Tiere und haben keine Galle, sagen Leute, die von Naturgeschichte nichts verstehen.«

Hier stand die Flasche aller Flaschen und beanspruchte den halben Schrank für sich: die Flasche mit den *Alltagsgeschichten*; sie war sowohl mit Schweinsleder als auch mit Schweinsblase zugebunden, denn sie vertrug es nicht, etwas von ihrer Kraft einzubüßen. Hier konnte jede Nation ihre eigene Suppe bekommen, je nachdem, wie man die Flasche drehte und wendete. Hier war altdeutsche Blutsuppe mit Räuberklößchen, auch dünne Hausmannssuppe mit wirklichen Hofräten, als Wurzeln hineingelegt, und darüber schwammen philosophische Fettaugen. Da war englische Gouvernanten-Suppe und französische *Potage à la Kock*, aus Hahnenbeinen und Spatzeneiern bereitet, auf dänisch Cancan-Suppe genannt. Aber die beste von allen war die Kopenhagener. Das sagte die Familie.

Hier stand die *Tragödie* in der Champagnerflasche; die konnte knallen, und das soll sie auch. Das *Lustspiel* sah aus wie feiner Sand, den Leuten in die Augen zu werfen, das heißt, das feinere Lustspiel; das gröbere war zwar auch in einer Flasche, bestand jedoch nur aus Zukunftsplakaten, auf denen der Name des Stücks das Kräftigste war. Es gab vorzügliche Komödiennamen, zum Beispiel: »Darfst du das Werk bespucken?«, »Eins hinter die Löffel«, »Das süße Biest« und »Sie ist sternhagelvoll!«

Der Mann verlor sich darüber in Gedanken, während die Moorfrau weiter dachte, sie wollte der Sache ein Ende machen.

»Jetzt haben Sie wohl genug in die Kramkiste geguckt!« sagte sie. »Jetzt wissen Sie, was darin ist. Aber das Wichtigere, was Sie wissen sollten, das wissen Sie noch nicht. Die Irrlichter sind in der Stadt! Das hat mehr zu bedeuten als Poesie und Märchen. Ich sollte zwar den Mund halten, aber es muß eine Fügung, ein Schicksal sein, etwas, was mir zustößt, es ist mir in die Kehle geraten, es muß heraus. Die Irrlichter sind in der Stadt! Sie sind losgelassen. Nehmt euch in acht, Menschen!«

»Davon verstehe ich kein Wort!« sagte der Mann.

»Setzen Sie sich bitte auf den Schrank!« sagte sie. »Aber passen Sie auf, daß Sie nicht hineinfallen und die Flaschen kaputtschlagen; Sie wissen ja, was darin ist. Ich werde von dem großen Ereignis berichten; es ist nicht älter als von gestern und hat sich schon öfter abgespielt. Dieses hat noch dreihundertvierundsechzig Tage Laufzeit. Sie wissen doch, wie viele Tage das Jahr hat?«

※

Und die Moorfrau erzählte:

»Hier war gestern viel los, bei uns im Sumpf! Hier war Kinderfest! Ein kleines Irrlicht wurde geboren, es wurden zwölf von jener Art geboren, der es gegeben ist, ganz nach Belieben als Menschen aufzutreten und unter diesen zu agieren und zu kommandieren, als ob sie geborene Menschen wären. Das ist im Sumpf ein großes Ereignis, und deshalb tanzten alle Irrlichtmänner und Irrlichtfrauen als Lichtlein über Moor und Wiese – es gibt nämlich auch ein weibliches Geschlecht, von dem man aber nicht redet. Ich saß auf dem Schrank dort und hatte alle zwölf neugeborenen Irrlichtchen auf meinem Schoß; sie schimmerten wie Glühwürmchen, fingen schon an zu hüpfen, nahmen mit jeder Minute an Größe zu, und bevor eine Viertelstunde vergangen war, sah jedes von ihnen genauso groß aus wie Vater oder Onkel. Nun ist es eine althergebrachte Regel und Vergünstigung, wenn der Mond gerade so steht, wie er gestern stand, und der Wind gerade so weht, wie er gestern wehte, daß es allen Irrlichtern, die in dieser Stunde und Minute geboren werden, vergönnt und gegeben ist, Menschen zu werden, und jedes von ihnen kann ein ganzes Jahr lang Menschenmacht ausüben. Das Irrlicht kann durchs Land und auch durch die Welt laufen, sofern es keine Angst hat, ins Meer zu fallen oder bei schwerem Sturm zu erlöschen. Es kann schnurstracks in einen Menschen fahren, kann für ihn sprechen und alle Bewegungen machen, die es machen will. Das Irrlicht kann jede beliebige Gestalt annehmen, ob Mann oder Frau, kann in ihrem Geiste handeln, jedoch ganz mit seinem eigenen Äußeren, so daß herauskommt, was es wünscht. Doch es muß fähig und imstande sein, innerhalb eines Jahres' dreihundertfünfundsechzig Menschen auf Abwege zu führen, und zwar im großen Stil, es muß sie vom Wahren und Richtigen abbringen, dann erreicht es die höchste Stellung, die ein Irrlicht erreichen kann, nämlich die eines Läufers vor der Prachtkutsche des Teufels, mit einem glühend brandgelben Gewand und aus dem Halse hängender Lohe. Danach kann sich ein einfaches Irrlicht sämtliche Finger lecken. Doch ein ehrgeiziges Irrlicht, das eine Rolle zu spielen gedenkt, kann auch in Gefahr und großen Kampf geraten; denn wenn dem Menschen die Augen dafür aufgehen, was es ist und daß er es wegblasen kann, dann ist es weg und muß in den Sumpf zurück. Und wenn ein Irrlicht vor Ablauf des Jahres von Sehnsucht nach seiner eignen Familie überwältigt wird, wenn es sich selbst aufgibt, dann ist es auch weg, kann nicht mehr hell brennen, geht bald aus und läßt sich nicht wieder anzünden. Und wenn das Jahr um ist, und das Irrlicht hat noch keine dreihundertfünfundsechzig Menschen von der Wahrheit und dem Guten und Schönen abgebracht, dann ist es dazu verurteilt, in einem verfaulten Baum zu liegen und zu leuchten, ohne sich regen zu können, und das ist für ein lebhaftes Irrlicht die schrecklichste Strafe. Alles das wußte ich, und alles das sagte ich den zwölf Irrlichtchen auf meinem Schoß, und sie waren ganz außer sich vor Freude. Ich sagte ihnen, daß es am sichersten und bequemsten sei, auf die Ehre zu verzichten und gar nichts zu tun; das lehnten die jungen Feuerköpfe ab, sie sahen sich schon glühend brandgelb, mit der Lohe aus dem Hals. ›Bleibt bei uns!‹ sagten einige der Alten. ›Treibt euer Spiel mit den Menschen!‹ sagten die andern. ›Die Menschen trocknen unsre Wiesen aus, sie dränieren! Was soll aus unsern Nachkommen werden?‹

›Wir wollen flammen, potz Blitz!« sagten die neugeborenen Irrlichter, und da war es entschieden.

Sogleich gab es einen Minuten-Ball, kürzer war es nicht möglich! Die Elfenmädchen schwangen sich dreimal mit allen anderen herum, um nicht hochmütig zu erscheinen; sie tanzen sonst am liebsten mit sich selbst. Dann gab es Patengeschenke: Es wurden ›Butterbrote geworfen‹, wie es heißt. Die Geschenke flogen wie Kieselsteine über das Moorwasser. Jedes Elfenmädchen gab einen Zipfel von seinem Schleier. ›Nimm ihn!‹ sagten sie. ›Dann beherrschst du sogleich den höheren Tanz, die schwierigsten Schwünge und Wendungen, wenn es brenzlig ist; du bekommst die rechte Haltung und kannst dich in den vornehmsten Gesellschaften zeigen.‹ Der Nachtrabe lehrte jedes junge Irrlicht ›Bra, bra, brav!‹ zu sagen, und zwar an der richtigen Stelle, und das ist eine große Gabe, die sich auszahlt. Die Eule und der Storch ließen auch etwas fallen, aber es war nicht der Rede wert, wie sie sagten, und deshalb reden wir nicht davon. König Valdemars wilde Jagd stürmte gerade über das Moor, und als diese Herrschaften von der Festlichkeit hörten, schickten sie als Geschenk ein paar feine Hunde, die mit der Geschwindigkeit des Windes jagen und ein Irrlicht oder drei wohl tragen können. Zwei alte Nachtmahre, die sich durch Drücken ernähren, nahmen am Fest teil; sie lehrten die Irrlichter sogleich die Kunst, durch ein Schlüsselloch zu schlüpfen, dann stehen einem gleichsam alle Türen offen. Sie boten sich an, die jungen Irrlichter in die Stadt zu geleiten, wo sie sich gut auskannten. Sie reiten gewöhnlich auf ihrem eignen langen Nackenhaar durch die Luft, das sie zu einem Knoten gebunden haben; jetzt aber setzte sich jeder rittlings auf einen Hund der wilden Jagd und nahm die jungen Irrlichter, die zur Stadt und die Menschen verleiten und verwirren wollten, auf den Schoß – husch! waren sie fort. Das alles geschah gestern nacht. Jetzt sind die Irrlichter in der Stadt, jetzt haben sie sich ans Werk gemacht, aber wie und auf welche Weise, ja, sag es mir! Ich habe einen Wetterdraht durch meinen großen Zeh, der sagt mir immer etwas!«

»Das ist ein ganzes Märchen!« sagte der Mann.

»Das ist aber nur der Anfang davon«, sagte die Frau. »Können *Sie* mir erzählen, wie sich die Irrlichter jetzt tummeln und benehmen, welche Gestalten sie angenommen haben, um die Menschen auf Abwege zu führen?«

»Ich glaube«, sagte der Mann, »man könnte wohl einen ganzen Roman über die Irrlichter schreiben, ganze zwölf Teile, einen über jedes Irrlicht, oder vielleicht noch besser eine ganze Volkskomödie!«

»Das sollten Sie«, sagte die Frau, »oder lieber lassen!«

»Ja, das ist bequemer und angenehmer!« sagte der Mann. »Da wird man nicht in der Zeitung festgenagelt, und darin fühlt man sich oft genauso eingeschränkt wie ein Irrlicht, das in einem verfaulten Baum liegt und leuchtet und keinen Mucks sagen darf!«

»Mir ist das völlig egal!« sagte die Frau. »Aber lassen

Sie lieber die andern schreiben, die es können und die es nicht können. Ich spendiere von meiner Tonne einen alten Zapfen, der macht den Schrank mit der Poesie in Flaschen auf, daraus können sie nehmen, was ihnen fehlt. Aber Sie, mein guter Mann, haben sich die Finger genug mit Tinte beschmiert, wie mir scheint, und müßten nun doch so alt und so gesetzt sein, daß Sie nicht mehr jedes Jahr nach Märchen herumlaufen, wo hier jetzt viel wichtigere Dinge zu besorgen sind! Sie haben doch wohl verstanden, was im Gange ist?«

»Die Irrlichter sind in der Stadt!« sagte der Mann. »Ich habe es gehört, ich habe es verstanden. Aber was verlangen Sie, was ich tun soll? Die Leute werden mich ja verprügeln, wenn ich eins sehe und zu ihnen sage: ›Schaut mal, da geht ein Irrlicht in ehrlichem Kleid – !‹«

»Die tragen auch Hemden!« sagte die Frau. »Die Irrlichter können alle Gestalten annehmen und an allen Orten auftreten. Ein Irrlicht geht nicht des lieben Gottes wegen in die Kirche, vielleicht ist es in den Pfarrer gefahren. Wenn es am Wahltag redet, dann nicht des Landes und des Reiches wegen, sondern nur seinetwegen; es ist Künstler, sowohl mit dem Farbtopf als auch mit dem Theatertopf, aber wenn es ganz und gar die Macht bekommt, dann läuft der Topf über! Ich rede und rede, es muß heraus, was mir in der Kehle sitzt, zum Schaden für meine eigene Familie; aber ich soll nun eben die Retterin der Menschen sein! Ich tu es gewiß nicht aus meinem guten Willen oder um der Medaille willen. Ich tu das Verrückteste, was ich tun kann, ich sage es einem Poeten, und dann erfährt es bald die ganze Stadt!«

»Die Stadt nimmt sich das nicht zu Herzen!« sagte der Mann. »Kein einziger wird sich davon anfechten lassen, sie glauben alle, ich erzähle ein Märchen, wenn ich mit dem größten Ernst berichte: ›Die Irrlichter sind in der Stadt, hat die Moorfrau gesagt, nehmt euch in acht!‹«

60. Die Kröte

Der Brunnen war tief, deshalb war die Schnur lang; die Winde lief schwer, wenn man den Wassereimer über den Brunnenrand zog. Nie konnte die Sonne hinunterdringen, um sich im Wasser zu spiegeln, wie klar es auch war; so weit ihr Schein fiel, wuchs Grün zwischen den Steinen.

Dort wohnte eine Familie vom Krötengeschlecht. Sie war eingewandert oder eigentlich kopfüber hineingefallen, und zwar durch die alte Krötenmutter, die noch am Leben war. Die grünen Frösche, die schon viel länger hier heimisch waren und im Wasser schwammen, erkannten die Vetternschaft an und nannten sie »die Brunnengäste«. Diese gedachten auch, sich hier anzusiedeln; sie lebten sehr angenehm auf dem Trocknen, wie sie die nassen Steine nannten.

Froschmutter hatte einmal eine Reise gemacht, war im Eimer gewesen, als man Wasser heraufzog. Doch es wurde ihr zu hell, sie bekam Augensperre, konnte zum Glück aus dem Eimer springen und fiel mit einem entsetzlichen Plumps ins Wasser, so daß sie noch drei Tage später an Rückenschmerzen litt. Viel hätte sie von der oberen Welt nicht berichten können, aber sie wußte, und alle wußten, daß der Brunnen nicht die ganze Welt war. Dies und jenes hätte sie wohl doch erzählt, aber weil Krötenmutter nie Antwort gab, wenn man sie fragte, wurde sie nicht gefragt.

»Dick und häßlich, abscheulich und fett ist sie!« sagten die jungen grünen Frösche. »Ihre Bälger werden genauso abscheulich!«

»Mag wohl sein!« sagte Krötenmutter. »Aber eins von ihnen hat einen Edelstein im Kopf, oder ich habe ihn!«

Und als die grünen Frösche das hörten, glotzten sie, und weil es ihnen nicht gefiel, verzogen sie die Mäuler und gingen auf den Grund. Doch die Krötenjungen streckten vor lauter Stolz die Hinterbeine aus; jedes von ihnen glaubte, den Edelstein zu besitzen, und dann hielten sie den Kopf ganz still. Doch schließlich fragten sie nach dem Gegenstand ihres Stolzes, und was so ein Edelstein eigentlich sei.

»Das ist etwas so Herrliches und Kostbares«, sagte Krötenmutter, »daß ich es gar nicht beschreiben kann! Das ist etwas, das man zu seinem eigenen Vergnügen trägt und worüber sich die andern ärgern. Aber fragt mich nicht, ich gebe keine Antwort!«

»Also, ich habe den Edelstein nicht«, sagte die kleinste Kröte, die so häßlich war, wie sie nur sein konnte. »Weshalb sollte ich eine solche Herrlichkeit besitzen? Und wenn sie andere ärgert, dann kann sie mich doch nicht erfreuen! Nein, ich wünsche mir nur, daß ich einmal hinauf zum Brunnenrand kommen und hinausschauen darf; dort muß es hübsch sein.«

»Bleib du am besten, wo du bist!« sagte die Alte. »Das kennst du, da weißt du, was es ist! Nimm dich in acht vor dem Eimer, der zerquetscht dich; und kommst du wohlbehalten hinein, dann kannst du hinausfallen, nicht alle fallen so glücklich wie ich, ohne sich Glieder und Eier zu verletzen!«

»Quak!« sagte die Kleine, und das war genauso, wie wenn wir Menschen »Ach!« sagen.

Sie hatte so große Lust, zum Brunnenrand hinaufzukommen und hinauszuschauen; sie verspürte so große Sehnsucht nach dem Grünen dort; und als am nächsten Morgen der volle Wassereimer emporgezogen wurde und zufällig einen Augenblick vor dem Stein, auf dem sie saß, stehenblieb, erzitterte das kleine Tier, sprang in den Eimer, fiel bis auf den Grund, und oben angelangt, wurde das Wasser ausgeschüttet.

»Pfui, so ein Unglück!« sagte der Knecht, als er die

Kröte erblickte. »Das ist das Scheußlichste, was ich jemals gesehen habe!« Und dann trat er nach ihr mit seinem Holzschuh und hätte sie beinah verletzt, aber sie konnte doch in die hohen Brennesseln entkommen. Sie sah Stiel neben Stiel, sie sah auch nach oben. Die Sonne schien auf die Blätter, die ganz durchsichtig waren; das war für sie wie für uns Menschen, wenn wir auf einmal in einen großen Wald geraten, wo der Sonnenschein durch Zweige und Blätter fällt.

»Hier ist es viel schöner als unten im Brunnen! Hier möchte man für sein ganzes Leben bleiben!« sagte die kleine Kröte. Da lag sie eine Stunde, da lag sie zwei. »Was mag wohl dahinter sein? Wenn ich so weit gekommen bin, dann muß ich zusehen, daß ich noch weiter komme!« Und sie kroch so rasch, wie sie kriechen konnte, und geriet auf die Landstraße, und als sie quer hinübermarschierte, wurde sie von der Sonne beschienen und vom Staub gepudert.

»Hier ist man richtig auf dem Trocknen!« sagte die Kröte. »Ich bekomme des Guten fast zuviel, das kitzelt in mir!«

Nun erreichte sie den Graben. Hier wuchsen Vergißmeinnicht und Spiräen, dicht daneben stand eine Hecke aus Flieder und Weißdorn, hier wuchsen weißblütige Winden als Schlingpflanzen; hier gab es Farben zu sehen! Auch ein Schmetterling flog durch die Luft; die Kröte hielt ihn für eine Blume, die sich losgerissen hatte, um sich desto besser in der Welt umzuschauen, das war ja auch ganz natürlich.

»Könnte man doch so fliegen wie er!« sagte die Kröte. »Quak! Ach! Welch eine Herrlichkeit!«

Acht Nächte und Tage blieb sie hier am Graben, und an Futter fehlte es nicht. Am neunten Tag dachte sie: »Weiter voran!« – Aber könnte es denn noch etwas Schöneres geben? Vielleicht eine kleine Kröte oder ein paar grüne

Frösche? Der Wind hatte in der letzten Nacht geklungen, als wären »Vettern« in der Nähe.

»Es ist schön zu leben – aus dem Brunnen zu kommen, in Brennesseln zu liegen, über die staubige Straße zu kriechen und sich im nassen Graben auszuruhen! Aber weiter voran! Nach Fröschen oder einer kleinen Kröte suchen, die braucht man ja auch, die Natur ist einem nicht genug!« Und so machte sie sich wieder auf die Wanderung.

Auf dem Feld fand sie einen großen, schilfumkränzten Teich und sprang hinein.

»Hier ist es Ihnen wohl zu naß?« sagten die Frösche. »Aber seien Sie herzlich willkommen! – Sind Sie ein Er oder eine Sie? Das ist ja auch egal, Sie sind so und so willkommen!«

Und dann lud man sie zum Abendkonzert, zum Familienkonzert: große Begeisterung und dünne Stimmen – wir kennen das. Es gab keine Speisen, nur freie Getränke, den ganzen Teich, wer es schaffte.

»Jetzt reise ich weiter!« sagte die kleine Kröte. Sie spürte stets den Drang nach etwas Besserem.

Sie sah die Sterne blinken, so groß und so klar, sie sah den Neumond leuchten, sie sah die Sonne aufgehen, höher und höher.

»Ich bin wohl noch im Brunnen, in einem größeren Brunnen, ich muß höher hinauf! Ich fühle eine Unruhe, eine Sehnsucht!« Und als der Mond ganz und rund wurde, dachte das arme Tier: »Ob das wohl der Eimer ist, den man hinunterläßt, damit ich hineinspringe und noch höher komme? Oder ist die Sonne der große Eimer? Wie groß sie ist, wie strahlend, sie hat Platz für uns alle! Ich muß die Gelegenheit abpassen. Oh, wie es in meinem Kopf leuchtet! Ich glaube, der Edelstein kann nicht besser leuchten! Aber den habe ich nicht, und deswegen weine ich nicht, nein, höher hinauf in Glanz und Freude! Ich spüre Gewißheit und doch eine Angst – das ist wirklich ein schwerer Schritt! Aber man muß ihn tun! Vorwärts! Geradeaus auf der Landstraße!«

Und sie schritt aus, wie so ein Kriechtier kann, und dann war sie auf der großen Straße, wo die Menschen wohnten, wo es Blumengärten und Kohlgärten gab. Vor einem Kohlgarten ruhte sie sich aus.

»Wie viele verschiedene Geschöpfe gibt es doch, die ich noch nie gesehen habe! Und wie groß und gesegnet ist die Welt! Aber man muß sich auch darin umschauen und darf nicht an einem Ort sitzenbleiben.« Und dann hüpfte sie in den Kohlgarten hinein. »Wie grün es hier ist! Wie schön es hier ist!«

»Das weiß ich wohl!« sagte die Kohlraupe auf dem Blatt. »Mein Blatt ist hier das größte. Es verdeckt die halbe Welt, aber auf die kann ich verzichten.«

»Gluck! Gluck!« ertönte es; das waren Hühner, die in den Kohlgarten getrippelt kamen. Das vorderste Huhn war weitsichtig; als es die Raupe auf dem krausen Blatt erblickte, hackte es danach, so daß sie auf die Erde fiel und sich wand und krümmte. Das Huhn schaute erst mit dem einen, dann mit dem anderen Auge, denn es wußte nicht, was bei diesem Krümmen herauskommen könnte.

»Das tut sie nicht aus freien Stücken!« dachte das Huhn und hob den Kopf, um zu hacken. Die Kröte entsetzte sich so sehr, daß sie geradewegs auf das Huhn zu kroch.

»Die hat also Hilfstruppen!« sagte das Huhn. »Schau an, so ein Gewürm!« Und dann drehte es sich um. »Ich mache mir nichts aus dem kleinen grünen Mundvoll, der kitzelt mir nur den Hals!« Die anderen Hühner waren derselben Meinung, und deshalb gingen sie fort.

»Ich habe mich ihm entwunden!« sagte die Kohlraupe. »Wie gut, daß man Geistesgegenwart besitzt! Aber das Schwierigste kommt noch: Ich muß auf mein Kohlblatt hinauf. Wo ist es?«

Und die kleine Kröte kam zu ihr und sprach ihre Anteilnahme aus. Sie freue sich, daß sie die Hühner durch ihre Häßlichkeit abgeschreckt habe.

»Was meinen Sie damit?« fragte die Kohlraupe. »Ich habe mich ihnen doch selbst entwunden. Ihr Anblick ist äußerst unangenehm! Darf ich mich in mein Eigenes zurückziehen? Jetzt rieche ich Kohl! Jetzt habe ich mein Blatt erreicht! Nichts ist so schön wie das Eigene. Aber ich muß höher hinauf!«

»Ja, höher hinauf!« sagte die kleine Kröte, »höher hinauf! Sie empfindet genauso wie ich! Aber sie ist heute nicht in Stimmung, das kommt von dem Schrecken. Wir wollen alle höher hinauf!« Und sie schaute nach oben, so hoch sie konnte.

Auf dem Dach des Bauern saß in seinem Nest der Storch; er klapperte, und Storchenmutter klapperte.

»Wie hoch sie wohnen!« dachte die Kröte. »Könnte man nur dorthin gelangen!«

Im Bauernhaus wohnten zwei junge Studenten, von denen der eine Poet, der andere Naturforscher war. Der eine sang und schrieb freudig von allem, was Gott geschaffen und wie es sich spiegelte in seinem Herzen; er sang es heraus, kurz, klar und reich in klangvollen Versen. Der andere packte das Ding selber an, ja, er schlitzte es auf, wenn es sein mußte. Er verstand Gottes Werk als eine große Rechenaufgabe, subtrahierte, multiplizierte, wollte es von innen und von außen kennen und mit Verstand darüber reden, und das war reiner Verstand, und er redete voller Freude und Klugheit. Alle beide waren sie gute, fröhliche Menschen.

»Da sitzt ja ein gutes Exemplar von einer Kröte«, sagte der Naturforscher, »die muß ich in Spiritus setzen!«

»Du hast doch schon zwei andere«, sagte der Poet, »laß sie in Ruhe sitzen und sich vergnügen!«

»Aber sie ist so schön häßlich!« sagte der andere.

»Ja, wenn wir den Edelstein in ihrem Kopf finden

könnten«, sagte der Poet, »dann würde ich selbst beim Aufschlitzen helfen!«

»Den Edelstein!« sagte der andere. »Du bist gut in Naturgeschichte!«

»Aber liegt nicht gerade etwas sehr Schönes in dem Volksglauben, daß die Kröte, das allerhäßlichste Tier, oft den kostbarsten Edelstein in ihrem Kopf verbirgt? Verhält es sich bei den Menschen nicht genauso? Welch einen Edelstein hatte doch Äsop, und dann Sokrates – ?«

Mehr hörte die Kröte nicht, und sie hatte nicht die Hälfte davon verstanden. Die beiden Freunde gingen davon, und sie entging dem Spiritus.

»Sie haben auch von dem Edelstein gesprochen«, sagte die Kröte. »Wie gut, daß ich ihn nicht besitze, sonst wäre ich in Unannehmlichkeiten geraten!«

Da klapperte es auf dem Dach des Bauern; Storchenvater hielt der Familie einen Vortrag, und diese sah die beiden jungen Menschen im Kohlgarten mit scheelen Augen an.

»Der Mensch ist doch die hochnäsigste Kreatur!« sagte der Storch. »Hört nur, wie die klappern! Und dabei können sie die Klapper gar nicht richtig schwingen. Sie brüsten sich mit ihrer Beredsamkeit, ihrer Sprache! Das ist eine hübsche Sprache: Nach jeder Tagesreise, die wir machen, wird sie ihnen unverständlich, der eine versteht den anderen nicht. Wir können unsre Sprache auf der ganzen Erde sprechen, in Dänemark genauso wie in Ägypten. Fliegen können die Menschen auch nicht! Sie bewegen sich durch eine Erfindung fort, die sie ›Eisenbahn‹ nennen, aber oft brechen sie sich dabei auch den Hals. Es läuft mir kalt den Schnabel hinunter, wenn ich daran denke! Die Welt kann ohne Menschen bestehen. Wir können auf sie verzichten! Wenn wir nur Frösche und Regenwürmer behalten!«

»Das ist ja eine gewaltige Rede!« dachte die kleine

Kröte. »Was ist das für ein großer Mann! Und wie hoch er sitzt, so hoch habe ich noch keinen sitzen gesehen! Und wie er schwimmen kann!« rief sie aus, als sich der Storch mit ausgebreiteten Flügeln durch die Luft bewegte.

Und Storchenmutter führte das Wort im Nest, erzählte vom Land Ägypten, vom Wasser des Nils und von all dem unvergleichlichen Morast, den es im fernen Land gab. Das klang für die kleine Kröte ganz neu und lieblich.

»Ich muß nach Ägypten!« sagte sie. »Wenn mich doch nur der Storch oder eins seiner Jungen mitnehmen würde! Ich würde ihm wieder an seinem Hochzeitstag dienen. Ja, ich komme nach Ägypten, denn ich bin so glücklich! Alle Sehnsucht und alle Lust, die ich in mir fühle, ist freilich besser als ein Edelstein im Kopf!«

Und gerade sie hatte den Edelstein – *die ewige Sehnsucht und Lust*: aufwärts, immer aufwärts! Er leuchtete darin, er leuchtete in Freude, er strahlte in Lust.

In diesem Moment kam der Storch. Er hatte die Kröte im Gras gesehen, schoß herab und packte das kleine Tier nicht eben sanft. Der Schnabel klemmte, der Wind brauste, es war nicht angenehm, doch aufwärts ging es, aufwärts nach Ägypten, das wußte die Kröte; und deshalb glänzten ihre Augen, ein Funke schien daraus zu fliegen: »Quak! Ach!«

Der Körper war tot, die Kröte getötet. Aber der Funke aus ihren Augen, wo blieb der?

Der Sonnenstrahl nahm ihn, der Sonnenstrahl trug den Edelstein aus dem Kopf der Kröte – wohin?

Du darfst nicht den Naturforscher fragen, frage lieber den Poeten! Er erzählt es dir als Märchen; und die Kohlraupe kommt darin vor, und die Storchenfamilie kommt darin vor. Denk nur! Die Kohlraupe verwandelt sich und wird ein prächtiger Schmetterling. Die Storchenfamilie fliegt über Berge und Meere ins ferne Afrika und findet doch den kürzesten Weg zurück ins dänische Land, zum selben Ort, zum selben Dach! Ja, das ist freilich fast allzu märchenhaft, und doch ist es wahr – du kannst gern den Naturforscher fragen, er muß es zugeben; und du selbst weißt es auch, denn du hast es gesehen.

– Aber der Edelstein im Kopf der Kröte?
Such ihn in der Sonne! Sieh ihn, wenn du kannst!
Dieser Glanz ist zu stark. Wir haben noch nicht die Augen, um in all die Herrlichkeit zu schauen, die Gott geschaffen hat; aber wir bekommen sie wohl, und das wird das schönste Märchen, denn wir sind selbst mit darin!

61. *Der böse Fürst*
(Eine Sage)

Es war einmal ein böser und übermütiger Fürst, dessen ganzes Denken darauf gerichtet war, alle Länder der Welt zu gewinnen und mit seinem Namen in Furcht zu versetzen. Er wütete mit Feuer und Schwert, seine Soldaten zertrampelten das Korn auf dem Feld, sie zündeten das Haus des Bauern an, so daß die rote Flamme von den Bäumen die Blätter leckte und die Früchte gebraten an schwarzen, versengten Zweigen hingen. Hinter der rauchenden Mauer versteckte sich manch eine arme Mutter mit ihrem nackten Säugling, und die Soldaten suchten und fanden sie und das Kind, und ihr teuflisches Vergnügen begann. Böse Geister hätten nichts Schlimmeres tun können; doch der Fürst fand das gerade recht. Mit jedem Tag wuchs seine Macht, sein Name wurde von allen gefürchtet, und bei allen seinen Taten hatte er das Glück auf seiner Seite. Aus den eroberten Städten raubte er Gold und große Schätze; in seiner Königstadt häuften sich Reichtümer an wie an keinem anderen Ort. Nun ließ er prächtige Schlösser, Kirchen und Bogengänge bauen, und jeder, der diese Herrlichkeit sah, sagte: »Was für ein großer Fürst!« Sie dachten nicht an die Not, die er über andere Länder gebracht hatte; sie hörten nicht die Seufzer, den Jammer aus den gebrandschatzten Städten.

Der Fürst betrachtete sein Gold, betrachtete seine prachtvollen Gebäude und dachte dabei wie die Menge: »Was für ein großer Fürst! Aber ich muß mehr haben! Viel mehr! Keine Macht darf der meinen gleich, geschweige denn größer genannt werden!« Und er überzog alle seine Nachbarn mit Krieg, und er besiegte sie alle. Die überwundenen Könige ließ er mit Goldketten an den Wagen fesseln, mit dem er dann durch die Straßen fuhr; und wenn er speiste, dann mußten sie ihm und den Hofleuten zu Füßen liegen und die Brotstückchen fangen, die man ihnen zuwarf.

Nun ließ der Fürst auf Märkten und in den königlichen Schlössern seine Bildsäule aufstellen, ja, er wünschte sie auch in den Kirchen, vor dem Altar des Herrn; doch die Priester sagten: »Fürst, du bist groß, Gott aber ist größer, wir wagen es nicht.«

»Wohlan«, sagte der böse Fürst, »dann will ich auch Gott überwinden!« Und in seines Herzens Übermut und Torheit ließ er ein kunstvolles Schiff erbauen, um damit durch die Luft zu fahren. Es war bunt wie ein Pfauenrad und schien mit tausend Augen besetzt, doch jedes Auge war ein Flintenlauf. Mitten in diesem Schiff saß der Fürst, er brauchte nur auf eine Feder zu drücken, da flogen tausend Kugeln heraus, und die Flinten waren von neuem geladen. Hundert starke Adler wurden vor das Schiff gespannt, und dann flog er der Sonne entgegen. Die Erde lag tief unten; zuerst sah sie mit ihren Bergen und Wäldern nur wie ein aufgepflügter Acker aus, wo das Grün aus den umgeworfenen Grassoden guckt; dann glich sie der flachen Landkarte, und bald war sie ganz von Dunst und Wolken verhüllt. Höher und höher stiegen die Adler; da entsandte Gott einen einzigen seiner unzähligen Engel, und der böse Fürst ließ ihm tausend Kugeln entgegenfliegen, doch sie prallten wie Hagel von den schimmernden Flügeln ab. Ein Blutstropfen, ein einziger nur, perlte von seiner weißen Flügelfeder, und dieser Tropfen fiel auf das Schiff, in dem der Fürst saß. Das Blut brannte sich fest, es wurde so schwer wie tausend Zentner Blei und riß das Schiff mit rasender Fahrt zur Erde. Die starken Schwingen der Adler zerbrachen, der Wind brauste dem bösen Fürsten um den Kopf, und die Wolken ringsum, die ja aus den verbrannten Städten aufgestiegen waren, formten sich zu drohenden Gestalten, zu meilengroßen Krebsen, die ihre starken Scheren nach ihm ausstreckten, zu rollenden Felsenbrocken und feuerspeienden Drachen. Halbtot lag der Fürst in seinem Schiff, das sich schließlich in den dicken Zweigen des Waldes verfing.

»Ich will Gott besiegen!« sagte er. »Das habe ich geschworen, mein Wille geschehe!«

Und sieben Jahre lang ließ er kunstvolle Schiffe bauen, um damit durch die Luft zu fahren; er ließ aus dem härtesten Stahl Blitzstrahlen schmieden, denn er wollte die Himmelsbefestigung sprengen. Aus all seinen Ländern trieb er große Kriegesheere zusammen, die, Mann an Mann aufgestellt, den Umkreis von mehreren Meilen bedeckten. Sie bestiegen die kunstvollen Schiffe, auch der König wollte das seine besteigen, da sandte Gott einen Mückenschwarm aus, einen einzigen kleinen Mückenschwarm, der umschwirrte den König und zerstach ihm Gesicht und Hände. Da zog er zornig sein Schwert, doch er schlug in die leere Luft und konnte die Mücken nicht treffen. Nun gebot er, kostbare Decken zu bringen, damit sollte man ihn umhüllen, so daß keine Mücke mit ihrem Stachel hindurchzudringen vermochte; und man tat, wie er geboten. Doch eine einzige Mücke setzte sich in die innerste Decke, sie kroch dem König ins Ohr und stach ihn dort; das brannte wie Feuer, das Gift stieg ihm ins Hirn.

Er machte sich los, riß sich die Decken ab, zerfetzte die Kleider und tanzte nackt vor den rohen, wilden Soldaten, die nun den wahnsinnigen Fürsten verspotteten, der gegen Gott anstürmen wollte und von einer einzigen kleinen Mücke sogleich überwunden war.

62. *Der Marionettenspieler*

Auf dem Dampfschiff war ein älterer Mann, der so vergnügt aussah, daß er, falls sein Gesicht nicht trog, der glücklichste Mensch von der Welt sein mußte. Das sei er auch, sagte er; ich hörte es aus seinem eigenen Mund. Er war Däne, war mein Landsmann und ein reisender Theaterdirektor. Sein gesamtes Personal trug er bei sich, es lag in einem großen Kasten; er war Marionettenspieler. Seine angeborene gute Laune, sagte er, sei von einem polytechnischen Kandidaten geläutert worden, und dieses Experiment habe ihn vollkommen glücklich gemacht. Ich verstand ihn nicht sogleich, dann aber setzte er mir die ganze Geschichte auseinander, und hier ist sie.

»Es war in Slagelse«, sagte er, »ich gab eine Vorstellung im Posthof und hatte brillantes Haus und brillantes Publikum, ganz und gar unkonfirmiert, mit Ausnahme von ein paar alten Madames. Da kommt eine schwarzgekleidete Gestalt von studentischem Aussehen, setzt sich und lacht an den vollkommen richtigen Stellen, klatscht vollkommen richtig – es war ein ungewöhnlicher Zuschauer! Ich mußte wissen, wer das war, und da höre ich, es sei ein Kandidat von der polytechnischen Lehranstalt, ausgesandt, um die Leute in der Provinz zu belehren. Um acht Uhr war meine Vorstellung zu Ende, Kinder müssen ja zeitig ins Bett, und an die Bequemlichkeit des Publikums muß man denken. Um neun Uhr fing der Kandidat mit seinen Vorlesungen und Experimenten an, und jetzt war ich sein Zuhörer. Ich sah und hörte seltsame Dinge. Das meiste ging über meinen Kopf und in den des Pastors, wie man so sagt, aber ich mußte unwillkürlich denken: Können wir Menschen dergleichen erfinden, dann müssen wir auch länger aushalten können, als bis man uns in die Erde steckt. Was er vorführte, waren nur kleine Mirakel, und doch war alles verblüffend einfach und überaus natürlich. In der Zeit Mosis und der Propheten wäre so ein polytechnischer Kandidat gewiß einer der Weisen des Landes geworden, und im Mittelalter hätte man ihn verbrannt. Ich konnte die ganze Nacht nicht schlafen, und als ich am nächsten Abend eine Vorstellung gab und der Kandidat wieder da war, da kam ich ordentlich in Stimmung. Ein Schauspieler hat mir einmal erzählt, daß er in Liebhaberrollen nur an eine einzige im Zuschauerraum dachte, nur für sie spielte und das ganze übrige Haus vergaß; meine ›Angebetete‹, mein einziger Zuschauer, vor dem ich spielte, war der polytechnische Kandidat. Als die Vorstellung zu Ende war, wurden alle Marionetten herausgerufen, und ich wurde von dem polytechnischen Kandidaten zu einem Glas Wein eingeladen. Er sprach von meiner Komödie, und ich sprach von seiner Wissenschaft, und ich glaube, wir hatten gleich großes Vergnügen an beidem. Ich behielt aber das Wort, denn in dem, was er sagte, war so vieles, was er selbst nicht erklären konnte – wie nun jene Sache, daß ein Stück Eisen, das durch eine Spirale fällt, magnetisch wird, ja, was ist das: Der Geist kommt darüber – wo kommt er denn her? Das ist wie mit den Menschen dieser Welt, denke ich, der liebe Gott läßt sie durch die Spirale der Zeit plumpsen, und dann kommt der Geist über sie, und da steht ein Napoleon, ein Luther oder eine ähnliche Person. ›Die ganze Welt ist eine Reihe von Wunderwerken‹, sagte der Kandidat, ›wir sind jedoch so an sie gewöhnt, daß wir sie alltägliche Dinge nennen.‹ Und er redete und er erklärte, und am Ende war mir, als lüftete er mir die Hirnschale an, und ich gab ehrlich zu, daß ich, wäre ich nicht schon ein alter Kerl, sofort in die polytechnische Anstalt eintreten und lernen wollte, die Welt in den Nähten nachzusehen, und das, obgleich ich einer der glücklichsten Menschen sei. ›Einer der glücklichsten!‹ sagte er und schien es gleichsam zu bedenken. ›Sind Sie glücklich?‹ fragte er. – ›Ja‹, antwortete ich, ›glücklich bin ich und bin willkommen in allen Städten, die ich mit meiner Gesellschaft besuche. Freilich gibt es einen Wunsch, der mich dann und wann wie ein Kobold überfällt, ein Alp, der auf meine gute Laune drückt, das ist: Ich möchte Theaterdirektor einer lebendigen Truppe, einer richtigen Menschen-Gesellschaft werden.‹ – ›Sie wünschen sich, daß Ihre Marionetten lebendig, daß sie wirkliche Schauspieler werden‹, sagte er, ›und daß Sie selbst der Direktor sind – dann wären Sie vollkommen glücklich, meinen Sie?‹ Er glaubte das freilich nicht, aber ich glaubte es, und wir redeten hin, und wir redeten her und waren uns in unsrer Meinung gleich fern, doch mit den Gläsern stießen wir zusammen, und der Wein war sehr gut. Es war aber Spukzeug darin, denn sonst besagt die ganze Geschichte nur, daß ich mir einen Rausch antrank. So war es nicht, ich sah ganz klar. Das Zimmer war wie mit Sonnenschein erfüllt, der aus dem Gesicht des polytechnischen Kandidaten leuchtete, und ich mußte an die alten Götter und an jene Zeit denken, als sie in ewiger Jugend auf der Welt umgingen. Als ich ihm das sagte, lächelte er, und ich hätte darauf zu schwören gewagt, daß er ein verkleideter Gott oder einer aus ihrer Familie war. Und das war er auch – mein innigster Wunsch sollte sich erfüllen, die Marionetten lebendig und ich Direktor von Menschen werden. Darauf tranken wir; er packte alle meine Puppen in den Holzkasten, band diesen auf meinen Rücken, und dann ließ er mich durch eine Spirale plumpsen; ich höre noch, wie ich aufschlag. Ich lag auf dem

Fußboden, das ist gewiß und wahr, und die ganze Gesellschaft sprang aus dem Kasten, der Geist war über sie alle gekommen, sämtliche Marionetten waren jetzt vorzügliche Künstler, das sagten sie selbst, und ich war Direktor. Alles war zur ersten Vorstellung bereit, die ganze Gesellschaft wollte mit mir reden, und das Publikum auch. Die Tänzerin sagte, wenn sie nicht auf einem Bein stünde, dann fiele das Haus ein, sie sei Meister des Ganzen und wünsche sich entsprechend behandelt. Die Puppe, welche die Kaiserin spielte, wollte auch außerhalb der Bühne als Kaiserin behandelt werden, denn sonst käme sie aus der Übung. Jener, der dafür gebraucht wurde, einen Brief auf die Bühne zu bringen, tat sich genauso wichtig wie der erste Liebhaber; denn, sagte er, in einer künstlerischen Ganzheit seien Kleine und Große von gleicher Bedeutung. Da verlangte der Held, daß seine gesamte Rolle nur aus Schlußrepliken bestehen dürfe, denn diese würden beklatscht; die Primadonna wollte nur in roter Beleuchtung spielen, weil ihr das gut stand – sie wollte nicht in Blau getaucht sein. Sie waren wie Fliegen in einer Flasche, und ich war mitten darin, ich war der Direktor. Die Luft ging mir aus, der Kopf ging mir ab, mir war so elend, wie einem Menschen nur sein kann. Es war ein neues Menschengeschlecht, in das ich da hineingeraten war, und ich wünschte, ich hätte sie allesamt wieder im Kasten und wäre niemals Direktor geworden. Als ich ihnen klipp und klar sagte, daß sie im Grunde doch alle Marionetten seien, da schlugen sie mich tot. Ich lag in meiner Kammer auf dem Bett; wie ich von dem polytechnischen Kandidaten dorthin geraten war, muß er wissen, ich weiß es nicht. Der Mond schien auf den Fußboden, wo der umgekippte Puppenkasten lag und alle Puppen herausgefallen waren, kleine und große, das ganze Theater. Doch ich war nicht säumig, sprang aus dem Bett, und in den Kasten kamen sie alle, einige auf den Kopf und andere auf die Beine. Ich warf den Deckel zu und setzte mich selbst obendrauf – es war zum Malen, können Sie sehen? Ich kann das. ›Jetzt sollt ihr da bleiben‹, sagte ich, ›und nie wieder wünsche ich, daß ihr Fleisch und Blut werdet!‹ – Meine Stimmung war so leicht, ich war der glücklichste Mensch, der polytechnische Kandidat hatte mich geläutert. Ich saß in lauter Glückseligkeit auf dem Kasten und schlief ein, und am Morgen – es war eigentlich Mittag, denn ich hatte an diesem Morgen merkwürdig lange geschlafen –, da saß ich immer noch da, glücklich, weil ich gelernt hatte, daß mein vormals innigster Wunsch dumm gewesen war. Ich fragte nach dem polytechnischen Kandidaten, aber der war verschwunden – wie die griechischen und römischen Götter. Und seit dieser Zeit bin ich der glücklichste Mensch. Ich bin ein glücklicher Direktor, mein Personal räsoniert nicht, das Publikum auch nicht, es vergnügt sich aus Herzensgrund; frei kann ich alle meine Stücke selbst zusammenbauen. Ich nehme von allen Komödien das Beste, das ich will, und niemand ärgert sich darüber. Stücke, die jetzt an den großen Theatern verachtet sind, denen das Publikum aber vor dreißig Jahren nachlief, um Tränen darüber zu vergießen, die nehme ich mir jetzt und spiele sie für die Kleinen, und die Kleinen vergießen Tränen, wie einst Vater und Mutter. Ich spiele ›Johanna Montfaucon‹ und ›Dyveke‹, jedoch gekürzt, denn die Kleinen mögen kein langes Geschwätz von Liebe, sie wollen: unglücklich, aber fix. Nun habe ich Dänemark in die Kreuz und in die Quer bereist, kenne alle Menschen, und sie kennen mich auch; da bin ich nach Schweden gegangen, und wenn ich hier Erfolg habe und gutes Geld verdiene, dann werde ich Skandinavier, sonst nicht, das sage ich Ihnen, der Sie mein Landsmann sind.«

Und ich, als sein Landsmann, erzähle es natürlich gleich weiter, nur um zu erzählen.

63. Die Teekanne

Es war eine stolze Teekanne, sie war stolz auf ihr Porzellan, stolz auf ihre lange Tülle, stolz auf ihren breiten Henkel. Sie hatte etwas vorn und hinten, die Tülle vorn, den Henkel hinten, und davon sprach sie. Doch von ihrem Deckel sprach sie nicht, der war zerbrochen, der war gekittet, der hatte Mängel, und von seinen Mängeln redet man nicht gern, das besorgen die andern schon genug. Tassen, Sahnekännchen und Zuckerschale, das ganze Teeservice würde wohl eher die Gebrechlichkeit des Deckels erinnern und erwähnen als den guten Henkel und die vorzügliche Tülle. Das wußte die Teekanne.

»Ich kenne sie!« sagte sie in sich hinein. »Ich kenne wohl auch meinen Mangel, und ich erkenne ihn an, darin besteht meine Demut, meine Bescheidenheit; Mängel haben wir alle, aber schließlich hat man auch Begabung. Die Tassen bekamen einen Henkel, die Zuckerschale einen Deckel, und ich bekam beides und noch ein Ding vorn, das sie niemals bekommen, ich bekam eine Tülle, und die macht mich zur Königin auf dem Teetisch. Zuckerschale und Sahnekännchen ist es vergönnt, Diener des Wohlgeschmacks zu sein; doch ich bin die Gebende, die Herrschende, ich spende Segen der dürstenden Menschheit; in meinem Inneren werden die chinesischen Blätter verarbeitet, im kochenden, geschmacklosen Wasser.«

All das sagte die Teekanne in ihrer munteren Jugendzeit. Sie stand auf dem gedeckten Tisch, die zarteste Hand hob sie empor, doch die zarteste Hand war ungeschickt, die Teekanne fiel, der Henkel brach ab, vom Deckel lohnt es sich nicht zu reden, von dem ist schon genug geredet. Die Teekanne lag ohnmächtig auf dem Fußboden, das kochende Wasser lief heraus. Das war für sie ein schwerer Schlag, und am schwersten dabei war, daß man lachte, daß man über sie lachte und nicht über die ungeschickte Hand.

»Diese Erinnerung werde ich niemals verwinden!« sagte die Teekanne, wenn sie sich später selbst ihr Leben erzählte. »Ich wurde invalide genannt, in einen Winkel gestellt und am nächsten Tag einer Frau geschenkt, die um Schmalz bettelte. Ich geriet in Armut, war sprachlos außen und innen, aber gerade wie ich so dastand, begann mein besseres Leben. Man ist das Eine und wird ein ganz Anderes. Ich wurde mit Erde gefüllt, was für eine Teekanne heißt, beerdigt zu werden. Doch in die Erde kam eine Blumenzwiebel; ich weiß nicht, wer sie hineinsteckte, wer sie spendete, aber gespendet wurde sie, als Ersatz für die chinesischen Blätter und das kochende Wasser, als Ersatz für den abgebrochenen Henkel und die abgebrochene Tülle. Und die Zwiebel lag in der Erde, die Zwiebel lag in mir, sie wurde mein Herz, mein lebendiges Herz, ein solches hatte ich noch nie gehabt. In mir war Leben, ich hatte Kraft und Kräfte; der Puls schlug, die Zwiebel keimte, Gedanken und Gefühle drohten sie zu sprengen und brachen in einer Blüte auf. Ich sah sie, ich trug sie, ich vergaß mich selbst in ihrer Herrlichkeit; gesegnet ist es, sich selbst in anderen zu vergessen! Sie sagte mir keinen Dank, sie dachte nicht an mich – sie wurde bewundert und gepriesen. Ich war so froh darüber, wie froh mußte sie da erst sein! Eines Tages hörte ich sagen, sie verdiene einen besseren Topf. Man schlug mich mitten entzwei, das tat entsetzlich weh; aber die Blume kam in einen besseren Topf – und ich wurde auf den Hof geworfen, liege hier als alter Scherben – aber ich habe die Erinnerung, die kann ich nicht verlieren.«

64. Die kleinen Grünen

Im Fenster stand ein Rosenstock, vor kurzem war er noch jugendfrisch, jetzt sah er kränklich aus, er litt an etwas.

Er hatte Einquartierung bekommen, die fraß ihn auf; ansonsten war sie in ihrer grünen Uniform sehr ehrenwert.

Ich sprach mit einem der Einquartierten, er war erst drei Tage alt und schon Urgroßvater. Weißt du, was er mir sagte? Es war die Wahrheit; er sprach von sich und der ganzen Einquartierung.

»Wir sind das merkwürdigste Regiment, das es unter den Geschöpfen der Erde gibt. In der warmen Zeit bekommen wir lebendige Junge, da ist das Wetter ja gut; wir verloben uns sofort und halten Hochzeit. Wenn es kalt wird, legen wir Eier; die Kleinen liegen geschützt. Das weiseste Tier, die Ameise, vor der wir große Achtung haben, studiert uns, taxiert uns. Sie frißt uns nicht gleich, sie nimmt unsre Eier, legt sie in ihren Haufen, den gemeinsamen Haufen der Familie, in die unterste Etage, legt uns kundig und in Nummernfolge Seite an Seite, Schicht auf Schicht, so daß jeden Tag ein Neuer aus dem Ei schlüpfen kann. Dann sperren sie uns in den Stall, klemmen unsre Hinterbeine ein, melken uns, bis wir sterben – das ist äußerst angenehm! Wir haben bei ihnen den reizendsten Namen: »süße kleine Milchkuh«! Alle Tiere mit Ameisenverstand nennen uns so, nur die Menschen, und das kränkt uns so tief, daß wir darüber fast unsre Süße verlieren – können Sie nicht etwas dagegen schreiben, können Sie sie nicht zurechtweisen, diese Menschen! –, die sehen uns dumm an, sehen uns mit Sudelaugen an, weil wir ein Rosenblatt verspeisen, während sie selbst die ganze lebendige Schöpfung fressen, alles, was da grünt und gedeiht. Sie geben uns den verächtlichsten Namen, den ekligsten Namen; ich spreche ihn nicht aus, uh! es dreht sich in mir herum! Ich kann ihn nicht sagen, zumindest nicht in Uniform, und in Uniform bin ich immer.

Ich bin auf einem Blatt des Rosenstocks geboren; ich und das ganze Regiment leben vom Rosenstock, und der lebt wieder in uns, die wir zur höhergestellten Schöpfung gehören. Die Menschen dulden uns nicht; sie töten uns mit Seifenlauge, das ist ein widerlicher Trank! Mir scheint, ich kann ihn riechen. Wenn man dazu geboren ist, sich nicht zu waschen, ist es entsetzlich, wenn man gewaschen wird!

Mensch! Du, der du mich mit deinen strengen Seifenlaugenaugen anstarrst, bedenke unsern Platz in der Natur, unsre kunstvolle Ausrüstung, um Eier zu legen und Junge zu liefern! Wir erhielten den Segen: ›Seid fruchtbar und mehret euch und füllet die Erde!‹ Wir werden in Rosen geboren, wir sterben in Rosen; unser ganzes Leben ist Poesie. Hefte uns nicht den Namen an, den du am abscheulichsten und häßlichsten findest, jenen Namen – ich sage ihn nicht, spreche ihn nicht aus! Nenn uns Milchkuh der Ameise, Regiment des Rosenstocks, *die kleinen Grünen*!«

Und ich, der Mensch, betrachtete den Rosenstock und die kleinen Grünen, deren Namen ich nicht nennen soll, um nicht einen Rosenbürger, eine große Familie mit Eiern und lebendigen Jungen zu kränken. Die Seifenlauge, mit der ich sie waschen wollte, denn ich war mit Seifenlauge und bösen Absichten gekommen, die will ich nun schlagen und in Schaum verwandeln, will Seifenblasen machen und mir ihre Pracht ansehen, vielleicht liegt in jeder davon ein Märchen.

Und die Blase wurde ganz groß und farbenprächtig, und auf ihrem Grund lag etwas wie eine silberne Perle. Die Blase schwankte, schwebte, flog gegen die Tür und platzte, doch die Tür sprang auf, und da stand die Märchenmutter persönlich.

»Ja, jetzt kann *Sie* erzählen, besser als ich, von den – ich nenne den Namen nicht! – von den kleinen Grünen.«

»Blattläuse!« sagte die Märchenmutter. »Man soll jedes Ding bei seinem rechten Namen nennen, und wagt man es im allgemeinen nicht, so soll man es im Märchen können.«

65. *Der Kobold und die Madam*

Den Kobold kennst du, aber kennst du auch die Madam, die Gärtners-Madam? Sie war belesen, konnte Verse auswendig, ja, mit Leichtigkeit selber schreiben; nur die Reime, die »Zusammenfügung«, wie sie es nannte, machten ihr ein wenig Mühe. Sie besaß Schreibfertigkeit und Sprachfertigkeit; sie hätte gut Pfarrer sein können, zumindest Pfarrfrau.

»Die Erde ist herrlich in ihrem Sonntagskleid!« sagte sie, und diesen Gedanken hatte sie mit Stil und »Zusammenfügung« versehen, hatte daraus ein Lied gemacht, sehr schön und lang.

Der Seminarist Herr Kisserup – der Name tut nichts zur Sache – war ihr Neffe und bei der Gärtnerfamilie zu Besuch. Er hörte sich das Gedicht der Madam an, und es tat ihm gut, es tat ihm in der Seele gut. »Sie haben Geist, Madame!« sagte er.

»Schnickmichschnack!« sagte der Gärtner. »Blas ihr nicht so was ein! Eine Frau soll Körper sein, anständiger Körper, und sich um ihren Topf kümmern, damit die Grütze nicht anbrennt.«

»Das eine, was angebrannt ist, entferne ich mit einem glühenden Holzscheit«, sagte die Madam, »und das andere nehme ich dir mit einem Küßchen. Man sollte glauben, du dächtest nur an Kohl und Kartoffeln, und doch liebst du die Blumen!« Und dann küßte sie ihn. »Die Blumen sind der Geist!« sagte sie.

»Kümmre dich um deinen Topf!« sagte er und ging in den Garten, der sein Topf war und um den er sich kümmerte.

Doch der Seminarist saß bei der Madam und sprach mit ihr; über ihr schönes Wort »Die Erde ist herrlich« hielt er gleichsam eine ganze Predigt, auf seine Weise.

»Die Erde ist herrlich, macht sie euch untertan, wurde gesagt, und wir wurden die Herrschaft. Der eine ist es durch den Geist, der andere durch den Körper; der eine wurde als Ausrufezeichen des Erstaunens in die Welt gesetzt, der andere als Gedankenstrich, so daß man wohl fragen kann: Was sollte er hier? Einer wird Bischof, der andere nur ein armer Seminarist, doch alles ist weislich. Die Erde ist herrlich und stets im Sonntagskleid! Das Gedicht der Madame regt zum Denken an, ist voller Gefühl und Geographie.«

»Sie haben Geist, Herr Kisserup«, sagte die Madam, »viel Geist, das versichere ich Ihnen! Man bekommt Klarheit in sich selbst, wenn man mit Ihnen spricht.«

Und so sprachen sie weiter, gleich schön und gleich gut; doch in der Küche sprach auch einer, das war der Kobold, der kleine graugekleidete Kobold mit der roten Mütze – du kennst ihn! Der Kobold saß in der Küche und war Topfgucker; er redete, doch niemand hörte ihn, nur die große schwarze Miezekatze, »die Sahnediebin«, wie die Madam sie nannte.

Der Kobold war böse auf sie, weil er wußte, daß sie nicht an seine Anwesenheit glaubte. Obwohl sie ihn noch nie gesehen hatte, mußte sie doch bei all ihrer Belesenheit wissen, daß es ihn gab, und ihm deshalb eine kleine Aufmerksamkeit erweisen. Nie fiel es ihr am Weihnachtsabend ein, ihm auch nur soviel wie einen Löffelvoll Grütze hinzustellen, das hatten alle seine Vorväter bekommen, und zwar von solchen Madams, die gar nicht belesen waren; die Grütze hatte von Butter und Sahne gestrotzt. Als die Katze das hörte, leckte sie sich den Bart.

»Sie nennt mich einen Begriff!« sagte der Kobold. »Das übersteigt alle meine Begriffe. Sie verleugnet mich ja! Das habe ich mir erlauscht, und jetzt habe ich wieder gelauscht; sie tuschelt mit dem Pauker, dem Seminaristen. Ich sage mit Vatern: ›Kümmre dich um deinen Topf!‹ Das tut sie nicht, jetzt will ich ihn mal überkochen lassen!«

Und der Kobold blies ins Feuer, daß es flammte und loderte. »Surre-rurre-rup!« – da kochte der Topf über.

»Jetzt will ich mal Löcher in Vaters Socken bohren«, sagte der Kobold. »Ich werde ein großes Loch in Zeh und Hacken zupfen, da bekommt sie was zu stopfen, falls sie nicht was zu dichten hat. Dichtermadam, stopf Vaters Strümpfe!«

Die Katze nieste dazu; sie war erkältet, obwohl sie stets einen Pelz trug.

»Ich habe die Tür zur Speisekammer aufgemacht«, sagte der Kobold, »da steht eingekochte Sahne, so dick wie Mehlbrei. Wenn du sie nicht lecken willst, dann will ich!«

»Wenn ich schon Schuld und Schläge bekommen soll«, sagte die Katze, »dann laß mich auch die Sahne lecken!«

»Erst das Lecken, dann den Stecken!« sagte der Kobold. »Aber jetzt gehe ich ins Zimmer des Seminaristen, hänge seine Hosenträger an den Spiegel und lege seine Socken in die Waschschüssel, dann glaubt er, der Punsch sei zu stark gewesen und er verwirrt im Kopf. Heute nacht saß ich auf dem Holzstoß an der Hundehütte; ich foppe so gern den Kettenhund. Ich ließ meine Beine herunterhängen und baumeln, und der Hund kam nicht an sie heran, er mochte noch so hoch springen. Das ärgerte ihn, er bellte und bellte, ich baumelte und baumelte – das war ein Spektakel! Der Seminarist wurde davon wach und stand dreimal auf, um hinauszugucken, aber er sah mich nicht, obgleich er die Brille aufhatte; er schläft nämlich immer mit Brille.«

»Sag miau, wenn die Madam kommt!« sagte die Katze. »Ich höre nicht gut, ich bin heute krank.«

»Du bist leckerkrank!« sagte der Kobold. »Leck weg! Leck die Krankheit weg! Aber wisch dir den Bart ab, damit keine Sahne dranhängt! Jetzt gehe ich horchen.«

Und der Kobold stellte sich an die Tür, und die Tür war angelehnt, nur die Madam und der Seminarist waren im Zimmer. Sie sprachen davon, was der Seminarist so schön dasjenige nannte, was man in jedem Haushalt über Topf und Tiegel stellen soll: die *Geistesgaben*.

»Herr Kisserup«, sagte die Madam, »aus diesem Anlaß will ich Ihnen etwas zeigen, was ich noch keine irdische Seele sehen ließ, am allerwenigsten ein Mannsbild – meine ›Verslein; einige sind freilich etwas lang, ich habe sie ›Zusammenfügungen eines biederen Weibes‹ genannt, ich liebe die alten Wörter so sehr.«

»Die soll man auch lieben«, sagte der Seminarist, »man soll das Fremde aus der Sprache ausrotten!«

»Das tu ich auch!« sagte die Madam. »Nie werden Sie mich *Omelette* oder *Bouillon* sagen hören, ich sage *Eierkuchen* und *Brühe*.«

Und sie holte aus der Schublade ein Schreibheft mit hellgrünem Umschlag und zwei Tintenklecksen.

»Es ist viel Ernst in diesem Buch!« sagte sie. »Ich habe ein ganz ausgeprägtes Gespür für das Traurige. Hier ist nun ›Der Seufzer in der Nacht‹, ›Meine Abendröte‹ und ›Als ich Klemmensen bekam‹ – meinen Mann; das können Sie überspringen, obgleich es gefühlt und gedacht ist. ›Pflichten der Hausfrau‹ ist das beste Stück. Alle sehr traurig, darin liegt meine Stärke. Nur ein einziges Stück ist scherzhaft, es sind ein paar muntre Gedanken, wie man sie auch haben kann, Gedanken über – Sie dürfen nicht über mich lachen! – Gedanken über das Dichterinsein; *das* ist nur mir selbst bekannt, meiner Schublade und nun auch Ihnen, Herr Kisserup! Ich liebe die Poesie, sie kommt über mich, sie neckt, herrscht und regiert. Ich habe das unter dem Titel ›Kleiner Kobold‹ ausgesprochen. Sie kennen wohl den alten Bauernglauben vom Kobold im Haus, der immer etwas im Schilde führt; ich habe mir vorgestellt, ich selbst sei das Haus, und die Poesie, die Empfindungen in mir, das sei der Kobold, der bestimmende Geist; seine Macht und seine Größe habe ich in ›Kleiner Kobold‹ besungen. Aber Sie müssen mir mit Hand und Mund versprechen, dies niemals meinem Mann oder einem anderen zu verraten. Lesen Sie es laut, damit ich hören kann, ob Sie meine Schrift verstehen.«

Und der Seminarist las, und die Madam lauschte, und der kleine Kobold lauschte; er horchte, weißt du, und war gerade dazugekommen, als der Seminarist die Überschrift »Kleiner Kobold« las.

»Das betrifft ja mich!« sagte er. »Was kann sie über mich geschrieben haben? Ja, ich werde sie zwicken, werde ihre Eier stibitzen, ihre Küken stibitzen, werde dem Mastkalb das Fett abjagen! Sieh dich vor, Madam!«

Und er lauschte mit gespitztem Mund und gespitzten Ohren. Doch als er nun von der Macht und Herrlichkeit des Kobolds hörte, von seiner Herrschaft über die Madam – sie meinte die Dichtkunst, weißt du, aber der Kobold hielt sich genau an die Überschrift –, da erhellte ein Lächeln sein Gesicht, seine Augen glänzten vor Freude, seine Mundwinkel bekamen gleichsam einen vornehmen Zug, er hob seine Hacken in die Höhe, stellte sich auf seine Zehen, wurde einen ganzen Zoll größer, als er vorher war; er war hingerissen von dem, was da über den *kleinen Kobold* gesagt wurde.

»Die Madam hat Geist und große Bildung! Wie habe ich dieser Frau unrecht getan! Sie hat mich in ihre ›Zusammenfügung‹ gebracht, das wird gedruckt und gelesen! Jetzt soll die Katze nicht mehr ihre Sahne trinken dürfen, das werde ich selber tun! Einer trinkt weniger als zwei, das ist allemal eine Einsparung, und die will ich einführen, ich will die Madam achten und ehren!«

»Wie sehr er doch Mensch ist, dieser Kobold!« sagte die alte Katze. »Nur ein süßes Miau der Madam, ein Miau über ihn selbst, da wechselt er gleich die Gesinnung. Sie ist schlau, die Madam!«

Aber sie war nicht schlau, das war der Kobold, der Mensch war.

Kannst du diese Geschichte nicht verstehen, dann frage – aber frag nicht den Kobold und auch nicht die Madam!

66. Was man erfinden kann

Es war ein junger Mann, der studierte Dichten und wollte bis Ostern fertig sein; dann wollte er heiraten und von der Dichterei leben, was nichts anderes ist, wie er wußte, als etwas erfinden. Aber er konnte nichts erfinden; er war zu spät geboren, alles hatte man aufgegriffen, bevor er auf die Welt gekommen war, alles war schon bedichtet und beschrieben.

»Wie glücklich waren die Menschen, die vor tausend Jahren geboren wurden!« sagte er. »Da war es ganz einfach, unsterblich zu werden! Glücklich selbst der noch, der vor hundert Jahren geboren wurde, da gab es doch noch etwas zu bedichten! Jetzt ist die Welt ausgedichtet, was soll ich hineindichten können?«

Er studierte so heftig, daß er krank und elend wurde, der arme Mensch; kein Doktor konnte ihm helfen, doch vielleicht die kluge Frau. Sie hatte ihr Häuschen am Feldgatter, wo sie für Fahrende und Reitende das Tor aufmachte. Freilich konnte sie mehr aufmachen als das, sie war klüger als der Doktor, der im eigenen Wagen fährt und Rangsteuer bezahlt.

»Ich muß zu ihr hinaus!« sagte der junge Mann.

Das Haus, in dem sie wohnte, war klein und hübsch, doch von außen unansehnlich. Es gab weder Baum noch Blume, vor der Tür stand ein Bienenstock, sehr nützlich! Da war ein kleines Kartoffelfeld, sehr nützlich! und ein Graben mit Schlehdorn, der abgeblüht war und Beeren gesetzt hatte; die ziehen einem den Mund zusammen, wenn man sie kostet, bevor sie Frost bekommen haben.

»Was ich hier sehe, das ist unsre poesielose Zeit leibhaftig!« dachte der junge Mann, und das war immerhin ein Gedanke, ein Goldkorn, gefunden an der Tür der klugen Frau.

»Schreib das auf!« sagte sie. »Krumen sind auch Brot! Warum du herkommst, weiß ich; du kannst nichts erfinden, und doch willst du bis Ostern Dichter sein!«

»Alles ist aufgeschrieben!« sagte er. »Unsre Zeit ist nicht die alte Zeit.«

»Nein«, sagte die Frau, »in alter Zeit wurden die klugen Frauen verbrannt, und die Poeten hatten einen leeren Magen und ein Loch am Ellenbogen. Unsre Zeit ist gerade gut, sie ist die allerbeste! Aber du hast nicht den rechten Blick, du hast kein geschärftes Gehör und betest wohl niemals abends dein Vaterunser. Hier gibt es in jeder Hinsicht vollauf zu dichten und zu erzählen, wenn man zu erzählen versteht. Du kannst es aus den Gewächsen und Pflanzen der Erde herauslösen, du kannst es aus dem fließenden und dem stillstehenden Wasser schöpfen, aber du mußt es verstehen, mußt verstehen, einen Sonnenstrahl einzufangen. Probier einmal meine Brille aus, steck dir mein Hörrohr ins Ohr, bete dann zum lieben Gott und denke nicht an dich selbst!«

Letzteres war freilich sehr schwierig und mehr, als eine kluge Frau verlangen kann.

Sie gab ihm Brille und Hörrohr, stellte ihn mitten ins Kartoffelfeld und drückte ihm dann eine große Kartoffel in die Hand. Darin sang es, ein Lied mit Worten ertönte, die Geschichte der Kartoffeln, interessant – eine Alltagsgeschichte in zehn Teilen, zehn Zeilen hätten gereicht.

Und was sang die Kartoffel?

Sie sang von sich und ihrer Familie: von der Ankunft der Kartoffeln in Europa, von all der Verkennung, die sie erleiden und erdulden mußten, bis es dann anerkannt war, daß sie mehr Segen als ein Goldklumpen bringen.

»Wir wurden auf königliches Gebot in allen Städten vom Rathaus verteilt; Bekanntmachungen über unsre große Bedeutung wurden veröffentlicht, doch sie wurden nicht geglaubt, man verstand nicht einmal, uns zu pflanzen. Der eine grub ein Loch, um seinen ganzen Scheffel Kartoffeln hineinzuwerfen; der andere steckte eine Kartoffel hierhin und eine dahin in die Erde und erwartete, sie würde als ganzer Baum in die Höhe schießen, so daß man die Kartoffeln abschütteln könnte. Es wuchs auch etwas aus dem Boden, es kamen Blüten, wäßrige Früchte, dann aber wurde alles welk. Keiner dachte daran, was auf dem Grunde lag, der Segen: die Kartoffeln. Ja, wir haben geduldet und gelitten, das heißt, unsre Vorväter, sie und wir, das kommt aufs selbe heraus. Was für Geschichten!«

»Ja, das mag nun genug sein!« sagte die Frau. »Sieh dir den Schlehdorn an!«

»Auch wir haben nahe Verwandte im Heimatland der Kartoffeln, weiter nördlich als sie«, sagte der Schlehdorn. »Männer kamen aus Norwegen, sie steuerten ihre Schiffe durch Nebel und Sturm und gen Westen, zu einem unbekannten Land, wo sie hinter Eis und Schnee Kräuter und Grün entdeckten, Sträucher mit den schwarzblauen Beeren des Weins: Schlehen, die zu reifen Trauben gefroren, das tun wir auch. Und das Land erhielt den Namen ›Weinland‹, das ist ›Grünland‹, das ist ›Schlehenland‹!«

»Das ist eine ganz romantische Erzählung!« sagte der junge Mann.

»Und jetzt komm mit!« sagte die kluge Frau und führte

ihn zum Bienenstock. Er schaute hinein: welch ein Leben und Treiben! In allen Gängen gab es Bienen, die mit den Flügeln flatterten, damit in der ganzen großen Fabrik ein gesunder Luftzug wehen konnte, das war ihr Geschäft. Nun kamen Bienen von außen, mit Körben an den Beinen geboren, und brachten Blütenstaub, der wurde ausgeschüttet, sortiert und zu Honig und Wachs verarbeitet. Sie kamen, sie flogen; auch die Bienenkönigin wollte fliegen, und alle sollten sie begleiten. Aber dafür war keine Zeit, und als sie trotzdem fliegen wollte, bissen die andern Ihrer Majestät die Flügel ab, und da mußte sie bleiben.

»Nun steig auf den Wall hinauf!« sagte die kluge Frau, »betrachte die Landstraße, da gibt es brave Leute zu sehen.«

»Was herrscht da für ein Gewimmel!« sagte der junge Mann. »Eine Geschichte nach der anderen! Das surrt und schnurrt! Mir wird ganz bunt! Ich falle hintenüber!«

»Nein, geh geradeaus!« sagte die Frau. »Geh mitten hinein ins Menschengewimmel, nimm es wahr mit Augen, Ohren und auch mit dem Herzen, dann wirst du bald etwas erfinden! Aber bevor du gehst, mußt du mir meine Brille und mein Hörrohr geben!« Und dann nahm sie beides.

»Jetzt sehe ich nicht das geringste!« sagte der junge Mann. »Jetzt höre ich nichts mehr!«

»Dann kannst du zu Ostern auch nicht Dichter werden!« sagte die kluge Frau.

»Und wann dann?« fragte er.

»Weder zu Ostern noch zu Pfingsten! Du lernst das Erfinden nicht.«

»Und was soll ich tun, damit ich mir mein Brot durch die Poesie verdiene?«

»Das kannst du dir schon zur Fastnacht verdienen! Schlag die Poeten von der Tonne! Schlag ihre Schriften, damit schlägst du sie selbst. Halt dich nur nicht zurück;

schlag munter zu, dann bekommst du Fastnachtswecken, damit kannst du dich und deine Frau ernähren!«

»Was man erfinden kann!« sagte der junge Mann, und dann schlug er jeden zweiten Poeten von der Tonne, weil er selbst keiner werden konnte.

Wir haben es von der klugen Frau, sie weiß, was man erfinden kann.

67. *Der Floh und der Professor*

Es war ein Luftschiffer, der erlitt Schiffbruch, sein Ballon platzte, der Mann fiel zu Boden und schlug sich entzwei. Seinen Knecht hatte er zwei Minuten zuvor mit dem Fallschirm hinuntergeschickt, der war glücklicher dran und blieb unversehrt. Er hätte mit seinen großen Kenntnissen auch sehr gut Luftschiffer werden können, doch er besaß weder einen Ballon noch die Mittel, um sich einen solchen zu beschaffen.

Leben mußte er, und so verlegte er sich auf Geschicklichkeitskünste und darauf, mit dem Bauch zu reden, das nennt man einen Bauchredner. Er war jung und sah gut aus, und als er sich einen Schnurrbart und vornehme Kleider zulegte, hätte man ihn für ein Grafenkind halten können. Die Damen fanden ihn hübsch, ja, eine Jungfer wurde von seiner Schönheit und Geschicklichkeitskunst so beeindruckt, daß sie ihm in ferne Städte und Länder folgte; dort nannte er sich Professor, weniger konnte es nicht sein.

Er dachte ständig darüber nach, wie er sich einen Luftballon beschaffen könnte, um mit seiner kleinen Frau in die Lüfte zu steigen, aber noch fehlten ihnen die Mittel.

»Die kommen!« sagte er.

»Wenn sie's nur täten!« sagte sie.

»Wir sind junge Leute, und jetzt bin ich Professor! Krumen sind auch Brot!«

Sie half ihm getreulich, saß an der Tür und verkaufte Billetts für die Vorstellung, und das war im Winter ein kaltes Vergnügen. Sie half ihm auch bei einem Kunststück. Er steckte seine Frau in eine Schublade, eine große Schublade; da kroch sie dann in eine hintere Schublade und war in der vorderen nicht mehr zu sehen; das war wie eine Augentäuschung.

Doch als er eines Abends die Schublade herauszog, da war seine Frau auch für ihn verschwunden; sie war weder in der vorderen noch in der hinteren Schublade noch irgendwo im Haus, weder zu sehen noch zu hören. Das war ihre Geschicklichkeitskunst. Sie kehrte niemals zurück, denn sie hatte es satt, und da bekam er es auch satt, verlor seine gute Laune, konnte nicht mehr lachen und Possen treiben, und da kamen die Leute auch nicht mehr. Der Verdienst wurde schlecht, die Kleider wurden schlecht; am Ende besaß er nur einen großen Floh, ein Erbteil von seiner Frau, und deshalb liebte er ihn sehr. Nun dressierte er ihn, brachte ihm Geschicklichkeitskünste bei, lehrte ihn, das Gewehr zu präsentieren und eine Kanone abzuschießen, allerdings eine kleine.

Der Professor war stolz auf den Floh, und der war stolz auf sich selbst; er hatte etwas gelernt und besaß Menschenblut, war in den größten Städten gewesen, von Prinzen und Prinzessinnen gesehen und mit höchstem Beifall bedacht worden. Das stand in Zeitungen und auf Plakaten gedruckt. Er wußte, daß er eine Berühmtheit war und einen Professor, ja eine ganze Familie ernähren konnte.

Stolz war er, und berühmt war er, und doch saß er mit dem Professor, wenn sie mit der Eisenbahn reisten, in der vierten Klasse; damit fährt man genauso schnell wie mit der ersten. Sie hatten einander stillschweigend gelobt, sich niemals zu trennen und niemals zu heiraten, der Floh wollte Junggeselle und der Professor Witwer bleiben. Das geht gerade auf.

»Wo man den größten Erfolg hat«, sagte der Professor, »dorthin soll man nicht zweimal kommen!« Er besaß Menschenkenntnis, und das ist auch eine Kenntnis.

Schließlich hatte er alle Länder bereist, bis auf das Land der Wilden, und deshalb wollte er dorthin. Zwar wußte der Professor, daß die Wilden Christenmenschen fressen; weil er aber kein richtiger Christ und der Floh kein richtiger Mensch war, meinte er doch, daß sie dorthin reisen dürften, um sich ein gutes Stück Geld zu verdienen.

Sie reisten mit dem Dampfschiff und mit dem Segelschiff; der Floh machte seine Künste, und so fuhren sie umsonst und kamen ins Land der Wilden.

Hier regierte eine kleine Prinzessin, die war erst acht Jahre alt und regierte trotzdem. Sie hatte Vater und Mutter entmachtet, denn sie hatte einen Willen und war so reizend und ungezogen, daß es nicht zu beschreiben ist.

Als der Floh das Gewehr präsentierte und die Kanone abschoß, war sie gleich von ihm hingerissen und sagte: »Den oder keinen!« Sie wurde vor lauter Liebe ganz wild und war schon im voraus wild gewesen.

»Liebes, vernünftiges Kindchen!« sagte ihr eigener Vater. »Könnte man daraus doch erst einen Menschen machen!«

»Das überlaß mir, Alter!« sagte sie, und das war nicht nett gesagt von einer kleinen Prinzessin, die mit ihrem Vater spricht, aber sie war eben wild.

Sie setzte sich den Floh auf ihre kleine Hand.

»Jetzt bist du ein Mensch und regierst mit mir; aber du mußt tun, was ich will, sonst schlage ich dich kaputt und verspeise den Professor.«

Der Professor bekam einen großen Saal zum Wohnen. Die Wände waren aus Zuckerrohr, er hätte dauernd daran lecken können, doch er war kein Leckermaul. Er bekam eine Hängematte zum Schlafen, darin war ihm zumute, als läge er in dem Luftballon, den er sich immer gewünscht hatte und an den er unentwegt dachte.

Der Floh blieb bei der Prinzessin, saß auf ihrer kleinen Hand und auf ihrem zarten Hals. Sie hatte sich ein Haar vom Kopf gerissen, das mußte der Professor dem Floh ums Bein binden und an dem großen Korallenstück befestigen, das sie am Ohrläppchen trug.

Es war eine wunderbare Zeit für die Prinzessin, für den Floh auch, wie sie glaubte. Doch der Professor konnte sich nicht zufriedengeben, er war ein Reisemann, der es liebte, von Stadt zu Stadt zu ziehen und in den Zeitungen zu lesen, mit welcher Klugheit und Geduld er einem Floh alle menschlichen Werke beigebracht hatte. Tagaus, tagein lag er in der Hängematte, faulenzte und bekam sein gutes Essen: frische Vogeleier, Elefantenaugen und gebratene Giraffenschenkel. Die Menschenfresser leben nicht nur von Menschenfleisch, was für sie eine Delikatesse ist; »Kinderschulter mit scharfer Soße«, sagte die Prinzessinnenmutter, »ist am delikatesten.«

Der Professor langweilte sich und wollte das Land der Wilden gern verlassen, aber den Floh mußte er mitnehmen, der war sein Wunder und Broterwerb. Wie sollte er ihn fangen und zurückbekommen? Das war nicht so einfach.

Er spannte alle seine Gedankenkräfte an, und dann sagte er: »Jetzt hab ich's!«

»Prinzessinnenvater, gestattet mir, etwas zu tun! Darf ich die Bewohner des Landes im korrekten Auftreten unterrichten, in dem, was man in den größten Ländern der Welt Bildung nennt?«

»Und was kannst du mir beibringen?« fragte der Prinzessinnenvater.

»Meine größte Kunst«, sagte der Professor, »nämlich eine Kanone abzufeuern, daß die ganze Erde erbebt und die leckersten Vögel des Himmels allesamt gebraten herunterfallen! Das ist einen Knall wert!«

»Bringt die Kanone!« sagte der Prinzessinnenvater.

Doch im ganzen Land war keine andere Kanone als die des Flohs zu finden, und die war zu klein.

»Ich gieße eine größere!« sagte der Professor. »Gebt mir dafür nur die Mittel! Ich brauche feinen Seidenstoff, Nadel und Faden, Taue und Schnüre sowie Magentropfen für Luftballons, die blasen auf, erleichtern und erheben; sie bewirken den Knall im Kanonenmagen.«

Alles, was er verlangte, bekam er.

Das ganze Land lief zusammen, um die große Kanone zu sehen. Der Professor rief die Leute erst dann herbei, als er den Ballon vollkommen fertig zum Aufblasen und Aufsteigen hatte.

Der Floh saß auf der Hand der Prinzessin und schaute zu. Der Ballon wurde gefüllt, er blähte sich und war so wild, daß er kaum zu halten war.

»Ich muß ihn in die Höhe steigen lassen, damit er sich abkühlt«, sagte der Professor und setzte sich in den Korb, der unter dem Ballon hing. »Allein vermag ich ihn nicht zu steuern. Ich brauche einen kundigen Kameraden, der mir hilft. Der einzige hier, der das kann, ist der Floh!«

»Ich gestatte es ungern!« sagte die Prinzessin, reichte den Floh aber doch dem Professor, und der setzte ihn sich auf die Hand.

»Laßt Stricke und Taue los!« sagte er. »Der Ballon kann ohne!«

Sie aber verstanden »Kanone«.

Und so stieg der Ballon höher und höher, bis über die Wolken und weg von dem Land der Wilden.

Die kleine Prinzessin, ihr Vater und ihre Mutter, das ganze Volk, alle standen da und warteten. Sie warten noch immer, und glaubst du das nicht, dann fahre ins Land der Wilden, dort spricht jedes Kind vom Floh und vom Professor und glaubt, daß sie wiederkommen, wenn die Kanone abgekühlt ist. Aber sie kommen nicht wieder, sie sind zu Hause bei uns, sie sind in ihrem Vaterland, fahren mit der Eisenbahn, und zwar erste Klasse, nicht vierte; sie haben einen guten Verdienst, einen großen Ballon. Niemand fragt, wie sie dazu gekommen sind oder woher sie ihn haben, sie sind gemachte Leute, geachtete Leute, der Floh und der Professor.

68. Die große Seeschlange

Es war ein kleiner Seefisch aus guter Familie, den Namen weiß ich nicht mehr, den müssen dir die Gelehrten sagen. Der kleine Fisch hatte achtzehnhundert Geschwister, alle gleich alt. Sie kannten weder Vater noch Mutter, sie mußten sogleich für sich selber sorgen und herumschwimmen, aber das war ein großes Vergnügen. Wasser zu trinken gab es genug, das ganze Weltmeer voll, an Futter dachten sie nicht, das würde sich finden; jeder wollte nach Lust und Laune leben, jeder wollte seine eigene Geschichte haben, ja, darüber dachte auch keiner von ihnen nach.

Die Sonne schien auf das Wasser und ließ es um sie herum leuchten; es war ganz klar, es war eine Welt mit den wundersamsten Geschöpfen, von denen einige so entsetzlich groß waren, daß sie die achtzehnhundert Geschwister mit ihrem riesigen Rachen verschlingen konnten, aber daran dachten sie auch nicht, denn das war noch keinem passiert.

Die Fischlein schwammen zusammen, dicht beieinander, wie es Heringe und Makrelen tun; doch gerade als sie am besten schwammen und an nichts weiter dachten, kam von oben herab, mit einem gräßlichen Laut und mitten durch ihren Schwarm hindurch, ein langes, schweres Ding, das gar nicht aufhören wollte. Es dehnte sich immer länger aus, und jedes Fischlein, das es traf, wurde zerquetscht oder bekam einen Knacks, den es niemals verwinden sollte. Alle Fische, die kleinen wie die großen, von der Meeresfläche bis zum Meeresgrund, flitzten entsetzt zur Seite; das schwere, riesige Ding sank tiefer und tiefer, es wurde länger und länger, meilenlang, und reichte durch das ganze Meer.

Fische und Schnecken, alles, was schwimmt, alles, was kriecht oder von der Strömung getrieben wird, bemerkte das schreckliche Ding, diesen unermeßlichen, unbekannten Meeraal, der ganz unversehens von oben gekommen war.

Was war das nur für ein Ding? Ja, wir wissen das! Es war das große, meilenlange Telegrafentau, das die Menschen zwischen Europa und Amerika versenkten.

Wo es hinkam, entstand unter den rechtmäßigen Bewohnern des Meeres Entsetzen, es gab Bewegung. Der fliegende Fisch schwang sich über die Meeresfläche, so hoch er konnte, der Knurrhahn flog sogar einen ganzen Flintenschuß weit über das Wasser, das kann er nämlich; andere Fische eilten zum Meeresgrund und zwar mit einer solchen Geschwindigkeit, daß sie ihn lange vor dem Telegrafentau erreichten; sie erschreckten dabei Kabeljau und Flunder, die friedlich in der Tiefe schwammen und ihre Mitgeschöpfe fraßen.

Ein paar Seewalzen erschraken so heftig, daß sie ihren Magen ausspuckten und trotzdem am Leben blieben, denn das konnten sie. Zahlreiche Hummer und Taschenkrebse kamen aus ihrem guten Harnisch heraus, wobei sie die Beine zurücklassen mußten.

In all dieser Bestürzung und Verwirrung gerieten die achtzehnhundert Geschwister auseinander und fanden sich nicht wieder, oder sie erkannten sich nicht. Nur ein Dutzend blieb am selben Fleck, und als sie sich ein paar Stunden still verhalten hatten, da war der erste Schreck verwunden, und nun wurden sie neugierig.

Sie sahen sich um, sie sahen hinauf, sie sahen hinunter, und in der Tiefe glaubten sie es zu erspähen, das entsetzliche Ding, das alle, Große wie Kleine, in Schrecken versetzt hatte. Es schlängelte sich über den Meeresgrund, so weit ihre Augen reichten, und war sehr dünn; doch sie wußten ja nicht, wie dick es sich machen konnte oder wie stark es war. Es lag ganz still, aber, dachten sie, das konnte auch Arglist sein.

»Laßt es liegen, wo es liegt! Das geht uns nichts an!« sagte das vorsichtigste der Fischlein. Doch das allerkleinste war hartnäckig und wollte ergründen, was es mit diesem Ding auf sich hatte. Von oben war es gekommen, von oben müßte man am besten Auskunft holen können, und so schwammen die Fischlein zur Oberfläche, bei vollkommen ruhigem Wetter.

Da begegneten sie einem Delphin – das ist so ein Springinsfeld, ein Meeresstreicher, der Purzelbäume über dem Meeresspiegel schlagen kann. Er hatte Augen zum Sehen, mußte gesehen haben und Bescheid wissen, deshalb fragten sie ihn. Aber er hatte nur an sich selbst und an seine Purzelbäume gedacht, hatte nichts gesehen und wußte nichts zu antworten, deshalb schwieg er und sah stolz aus.

Darauf wandten sie sich an den Seehund, der gerade untertauchte; der war höflicher, obgleich er kleine Fische frißt; aber an diesem Tag war er satt. Er wußte ein wenig mehr als der Springfisch.

»Ich habe so manche Nacht auf einem nassen Stein gelegen und zum Land geschaut, mehrere Meilen weit. Da gibt es arglistige Geschöpfe, die sich in ihrer Sprache Menschen nennen; die stellen uns nach, aber zumeist entwischen wir ihnen, wie mir klar wurde, und dieser Seeaal, nach dem ihr fragt, der ist ihnen auch entwischt. Er ist in ihrer Macht gewesen, oben auf dem festen Land, gewiß seit undenklichen Zeiten; dann haben sie ihn auf ein Schiff gebracht, um ihn übers Meer in ein anderes fernes Land zu schaffen. Ich habe gesehen, wieviel Mühe sie mit ihm hatten, aber sie konnten ihn doch bezwingen, denn er hatte auf dem festen Land seine Kräfte verloren. Sie legten ihn in Kränze und Kreise, ich hörte ihn dabei klirren und klappern, aber er entkam ihnen doch, er kam hierher. Obwohl sie ihn mit allen Kräften, mit vielen Händen festhielten, entschlüpfte er und erreichte den Grund; da bleibt er nun, denke ich, bis auf weiteres liegen.«

»Er ist etwas dünn!« sagten die Fischlein.

»Sie haben ihn hungern lassen«, sagte der Seehund, »aber er wird sich bald erholen und so dick und groß wie früher sein. Ich vermute, daß es die große Seeschlange ist, vor der sich die Menschen so fürchten und von der sie soviel reden. Ich habe sie nie zuvor gesehen und nie an sie geglaubt; jetzt glaube ich, daß sie es ist!« Und dann tauchte der Seehund unter.

»Wieviel er wußte! Wieviel er redete!« sagten die Fischlein. »So klug bin ich noch nie gewesen! – Wenn es nur nicht gelogen ist!«

»Wir können ja zum Grund schwimmen und nachsehen!« sagte das Kleinste. »Unterwegs hören wir die Meinung der andern.«

»Ich tu keinen Flossenschlag, um etwas herauszufinden!« sagten die übrigen und drehten ab.

»Aber ich tu es!« sagte das Kleinste und tauchte hinunter; doch von jener Stelle, wo »das lange versenkte Ding« lag, war es noch weit entfernt. Auf dem Weg in die Tiefe sah und suchte das Fischlein nach allen Seiten.

Nie zuvor war seine Welt ihm so groß erschienen. Die Heringe bildeten große Schwärme, glänzend wie riesige Silberbänder; auch die Makrelen schwammen gemeinsam und sahen noch prachtvoller aus. Es kamen Fische in allen Gestalten und in allen Farben gezeichnet; Medusen ließen sich wie halbdurchsichtige Blumen von der Strömung tragen und treiben. Große Pflanzen wuchsen auf dem

Meeresgrund, klafterhohe Gräser und palmenähnliche Bäume, von denen jedes Blatt mit schimmernden Schaltieren besetzt war.

Endlich erblickte das Fischlein einen langen dunklen Streifen, doch als es ihn ansteuerte, da war es weder Fisch noch Tau, sondern die Reling von einem großen versunkenen Schiff, dessen oberstes und unterstes Deck vom Druck des Meeres zerbrochen war. Das Fischlein schwamm in den Raum hinein; hier waren beim Untergang viele Menschen ertrunken, doch die Strömung hatte alle fortgespült, bis auf zwei: eine junge Frau lag ausgestreckt da und hielt ein kleines Kind im Arm. Sie schienen zu schlafen, vom Wasser gehoben und gleichsam gewiegt. Das Fischlein bekam einen großen Schreck, es wußte ja nicht, daß sie nie wieder erwachen konnten. Wasserpflanzen hingen wie Laubwerk über die Reling und über die beiden schönen Leichen von Mutter und Kind. Es war ganz still, es war ganz einsam. Das Fischlein eilte davon, so schnell es konnte, dorthin, wo mehr Licht ins Wasser drang und andere Fische zu sehen waren. Es war noch gar nicht weit gekommen, da begegnete es einem jungen Wal von entsetzlicher Größe.

»Friß mich nicht auf!« sagte das Fischlein. »Ich bin für dich nicht mal eine Kostprobe, wo ich so klein bin, und ich finde es äußerst angenehm zu leben!«

»Was willst du in dieser Tiefe, wohin deine Art nicht kommt?« fragte der Wal. Und da erzählte das Fischlein von dem langen wundersamen Aal, oder was das nun für ein Ding war, der sich von oben herabgesenkt und selbst die allermutigsten Meeresgeschöpfe in Schrecken versetzt hatte.

»Ho, ho!« sagte der Wal und sog so heftig Wasser, daß er einen gewaltigen Wasserstrahl von sich geben mußte, als er nach oben kam und Atem holte. »Ho, ho!« sagte er. »Dann war es dieses Ding, was mich beim Umdrehen am

Rücken gekitzelt hat! Ich hatte es für einen Schiffsmast gehalten, den ich als Rückenkratzer gebrauchen könnte! Aber an dieser Stelle ist es nicht gewesen. Nein, viel weiter weg liegt das Ding. Doch ich will es untersuchen, ich habe nichts anderes zu tun.«

Und so schwamm er voraus und das Fischlein hinterher, nicht zu nahe, denn wo der große Wal durch das Wasser schoß, entstand gleichsam ein reißender Strom.

Unterwegs trafen sie einen Hai und einen alten Sägefisch; auch diese beiden hatten von dem seltsamen Meeraal gehört, so lang und so dünn; gesehen hatten sie ihn zwar nicht, wollten es aber gern.

Jetzt erschien ein Seewolf.

»Ich komme mit!« sagte er und wollte denselben Weg.

»Wenn die große Seeschlange nicht dicker ist als ein Ankertau, zerbeiße ich sie mit einem Biß!« Und dann öffnete er seinen Rachen und zeigte seine sechs Reihen von Zähnen. »Ich kann eine Kerbe in einen Schiffsanker beißen, da ist dieser Stiel für mich eine Kleinigkeit!«

»Dort ist sie!« sagte der große Wal. »Ich sehe sie!« Er glaubte, er hätte bessere Augen als die anderen. »Guckt mal, wie sie sich hebt, wie sie schwankt, wie sie sich biegt und krümmt!«

Doch nicht die Seeschlange näherte sich, sondern ein ungeheuer großer Meeraal von mehreren Ellen Länge.

»Den habe ich schon mal gesehen«, sagte der Sägefisch, »der hat noch nie großen Spektakel im Meer gemacht oder jemals einen großen Fisch erschreckt!«

Und dann erzählten sie ihm von dem neuen Aal und fragten, ob er mit auf Entdeckung ausziehen wolle.

»Wenn dieser Aal länger ist als ich«, sagte der Meeraal, »dann gibt es ein Unglück!«

»Soll es doch!« sagten die anderen. »Wir sind genug, um ihm den Garaus zu machen!« Und dann eilten sie weiter.

Da aber kam ihnen etwas in die Quere, ein seltsames Ungeheuer, das größer als sie alle zusammen war. Es sah aus wie eine schwimmende Insel, die sich nicht über Wasser halten konnte.

Das war ein uralter Wal. Sein Kopf war mit Meerespflanzen bewachsen, sein Rücken mit Kriechtieren und so unermeßlich vielen Austern und Muscheln besetzt, daß seine schwarze Haut ganz weißgesprenkelt war.

»Komm mit, Alter!« sagten sie. »Hier ist ein neuer Fisch erschienen, den wir nicht dulden können.«

»Ich will lieber liegenbleiben, wo ich liege!« sagte der alte Wal. »Laßt mich in Ruhe! Laßt mich liegen! Ach ja, ja, ja! Ich leide an einer schweren Krankheit und finde nur Linderung, wenn ich aus dem Meer auftauche, mit dem Rücken nach oben. Dann kommen die großen, netten Seevögel und picken an mir herum, das tut so gut, wenn sie den Schnabel nur nicht zu tief in mich bohren, oft geht er bis in meinen Speck. Schaut doch mal: in meinem Rücken sitzt noch ein ganzes Vogelskelett, der Vogel hatte seine Klauen zu tief hineingeschlagen und konnte nicht loskommen, als ich untertauchte. Nun haben die kleinen Fische ihn gerupft. Schaut mal, wie der aussieht und wie ich aussehe! Ich habe eine Krankheit!«

»Das ist nur Einbildung«, sagte der Hai. »Ich bin niemals krank. Kein Fisch ist krank.«

»Entschuldige mal!« sagte der alte Wal. »Der Aal hat eine Hautkrankheit, der Karpfen soll Pocken haben, und alle haben wir Eingeweidewürmer!«

»Quatsch!« sagte der Hai, der nichts mehr hören mochte; das wollten die anderen auch nicht, sie hatten sich ja um noch mehr zu kümmern.

Endlich kamen sie zu jener Stelle, wo das Telegrafentau lag. Es hatte ein langes Bett auf dem Meeresgrund, von Europa bis nach Amerika, über Sandbänke und Felsengrund, durch Meeresschlamm und Pflanzenwildnis, ganze Wälder von Korallen, und dann wechseln die Strömungen dort unten, Wasserwirbel drehen sich, Fische wimmeln hervor, in größeren Schwärmen als die zahllosen Vogelscharen, welche die Menschen während des Vogelflugs sehen. Da ist eine Bewegung, ein Plantschen, ein Summen, ein Brausen; von diesem Brausen spukt noch ein wenig in den großen, leeren Meerkonchylien, wenn wir sie an unser Ohr halten.

Jetzt hatten sie den Ort erreicht.

»Da liegt das Tier!« sagten die großen Fische, und der kleine sagte es auch. Sie sahen das Tau, dessen Anfang und Ende aus ihrem Gesichtskreis verschwand.

Schwämme, Polypen und Korallentiere schwankten vom Grunde, senkten und neigten sich darüber, so daß es bald verborgen, bald sichtbar war. Seeigel, Schnecken und Würmer bewegten sich rundherum; riesige Spinnen, die eine ganze Besatzung von Kriechtieren trugen, stolzierten auf dem Tau. Dunkelblaue Seewalzen, oder wie diese Würmer heißen, die mit dem ganzen Körper fressen, schienen das neue Tier, das sich auf den Meeresgrund gelegt hatte, zu beschnuppern. Flunder und Kabeljau drehten sich im Wasser, um nach allen Seiten zu horchen. Der Sternfisch, der sich stets in den Schlamm hineinbohrt und nur zwei lange Stiele mit Augen draußen behält, glotzte und wollte sehen, was wohl bei dieser Bewegung herauskommen würde.

Das Telegrafentau lag reglos da. Doch es war erfüllt von Leben und Denken, Menschengedanken gingen hindurch.

»Das Ding ist heimtückisch!« sagte der Wal. »Es ist imstande, mich auf den Bauch zu schlagen, und das ist nun mal meine schwache Seite!«

»Wir wollen uns vorfühlen!« sagte der Polyp. »Ich habe lange Arme, ich habe geschmeidige Finger. Jetzt habe ich es berührt und will etwas fester zupacken.«

Und er streckte seine längsten geschmeidigen Arme hinunter und umschloß das Tau.

»Es hat keine Schuppen«, sagte der Polyp, »es hat keine Haut. Ich glaube, es wird niemals lebendige Junge bekommen.«

Der Meeraal legte sich längelang an das Telegrafentau und streckte sich, so weit er konnte.

»Dieses Ding ist länger als ich«, sagte er. »Aber auf die Länge kommt es nicht an, man muß Haut, Bauch und Geschmeidigkeit haben.«

Der Wal, der junge, starke Wal, beugte sich hinunter, so tief, wie er noch nie gewesen war.

»Bist du Fisch oder Pflanze?« fragte er. »Oder bist du nur ein Von-oben-Werk, das bei uns nicht gedeihen kann?«

Doch das Telegrafentau gab keine Antwort, das ist nun mal nicht seine Art. Es wurde von Gedanken durchlaufen, von Menschengedanken; sie tönten von Land zu Land, durchmaßen in einer Sekunde die vielen hundert Meilen.

»Willst du antworten oder willst du zerbrochen werden?« fragte der Hai wütend, und alle andern großen Fische fragten dasselbe: »Willst du antworten oder willst du zerbrochen werden?«

Das Tau rührte sich nicht, es hatte seinen besonderen Gedanken, und einen solchen kann haben, wer mit Gedanken gefüllt ist.

»Sollen sie mich nur zerbrechen, dann werde ich hinaufgezogen und wieder instand gesetzt, das ist mit anderen meiner Art geschehen, in kleineren Fahrwassern!«

Deshalb gab es keine Antwort, es hatte anderes zu besorgen, es telegrafierte, lag in gesetzlichem Auftrag auf dem Meeresgrund.

Oben ging nun die Sonne unter, wie die Menschen es nennen, sie wurde dem rötesten Feuer gleich, und alle Wolken des Himmels glänzten wie Feuer, eine prächtiger als die andere.

»Jetzt bekommen wir die rote Beleuchtung«, sagten die Polypen, »dann kann man dieses Ding vielleicht besser sehen, falls das notwendig ist.«

»Auf ihn, auf ihn!« rief der Seewolf und zeigte alle Zähne.

»Auf ihn, auf ihn!« sagten der Schwertfisch und der Wal und der Meeraal.

Sie stürzten vor, der Seewolf an der Spitze; doch gerade als er das Tau zwischen die Kiefer nehmen wollte, jagte ihm der Sägefisch vor lauter Ungestüm seine Säge direkt ins Hinterteil; das war ein schweres Versehen, und nun hatte der Wolf keine Kraft mehr zum Beißen.

Das gab ein Tamtam unten im Schlamm: Großfische und Kleinfische, Meerwalzen und Schnecken gingen aufeinander los, fraßen einander, quetschten und knautschten einander. Das Tau lag still da und tat sein Werk, und das soll man tun.

Oben brütete die dunkle Nacht, doch die Milliarden und Abermilliarden lebendiger Kleintiere des Meeres leuchteten. Krebse, nicht einmal so groß wie ein Stecknadelknopf, leuchteten. Das ist ganz wunderbar, aber so ist es eben.

Die Tiere des Meeres betrachteten das Telegrafentau.

»Was ist dieses Ding nur und was ist es nicht?«

Ja, das war die Frage.

Da näherte sich eine alte Seekuh. Die Menschen nennen diese Art Meerfrau oder Meermann. Es war ein Weibchen, hatte einen Schwanz und zwei kurze Arme zum Plantschen, eine Hängebrust und auf dem Kopf Tang und Schmarotzertiere, und darauf war sie stolz.

»Wollt ihr Kenntnis und Kunde haben?« sagte sie. »Dann bin ich wohl die einzige, die sie euch geben kann. Doch ich verlange dafür, daß ich und die Meinen auf dem Meeresgrund weiden dürfen. Ich bin Fisch wie ihr, und außerdem bin ich Kriechtier durch Übung. Ich bin die Klügste im Meer; ich weiß über alles Bescheid, was sich hier unten regt, und über alles, was oben darüber ist. Das Ding, worüber ihr da spintisiert, stammt von oben, und was von oben herunterfällt, das ist tot oder wird tot und kraftlos. Laßt es liegen als das, was es ist. Es ist nur Menschenerfindung!«

»Ich glaube aber, da ist etwas mehr dran!« sagte der kleine Seefisch.

»Halt den Mund, Makrele!« rief die große Seekuh.

»Stichling!« riefen die anderen, und das war eine noch schlimmere Beleidigung.

Und die Seekuh erklärte ihnen, daß dieses ganze Radau-Tier, das im übrigen nicht einen Mucks sagte, nur eine Erfindung vom trockenen Land sei. Und sie hielt einen kleinen Vortrag über die Arglist der Menschen.

»Die wollen uns fassen«, sagte sie, »das ist das einzige, wofür sie leben; sie legen Netze aus und Köder an Haken, um uns zu locken. Dies hier ist eine Art große Angelschnur, und sie glauben, wir würden anbeißen, so dumm sind sie! Das sind wir nicht! Rührt dieses Machwerk bloß nicht an, das räufelt sich auf, wird zu Staub und Schlamm, das Ganze. Was von oben kommt, ist Schund, Schrott, taugt nichts!«

»Taugt nichts!« sagten sämtliche Meeresgeschöpfe und schlossen sich der Meinung der Seekuh an, um eine Meinung zu haben.

Das Seefischlein hatte doch seine eignen Gedanken. »Die unermeßlich lange, dünne Schlange ist vielleicht der wunderbarste Fisch im Meer. Das habe ich so im Gefühl.«

»Der Wunderbarste!« sagen auch wir Menschen, und wir sagen es mit Wissen und Gewißheit.

Die große Seeschlange ist es, vor langer Zeit schon in Liedern und Sagen erwähnt.

Sie ist aus der Klugheit der Menschen geboren, entsprungen und erstreckt sich über den Meeresgrund, von den Ländern des Ostens zu den Ländern des Westens, sie bringt ihre Botschaft schnell wie der Lichtstrahl, der von der Sonne zu unsrer Erde eilt. Sie wächst, nimmt an Macht und Ausdehnung zu, wächst mit jedem Jahr, zieht sich durch alle Meere, um die ganze Welt, unter stürmischen Wassern, unter glasklaren Wassern, die dem Schiffer wie durchsichtige Luft erscheinen, wo er ein Fischgewimmel sieht, ein ganzes Feuerwerk von Farben.

In tiefster Tiefe erstreckt sich die Schlange, eine Midgardschlange des Segens, die sich, indem sie die Erde umspannt, selbst in den Schwanz beißt. Fische und Kriechtiere stoßen mit ihren Köpfen dagegen, und doch können sie das Ding von oben nicht verstehen: die von Gedanken erfüllte, in allen Sprachen kündende und doch lautlose Schlange der Erkenntnis des Guten und Bösen, das wunderbarste der Meereswunder, *die große Seeschlange* unsrer Zeit.

69. *Der Gärtner und die Herrschaft*

Eine Meile Weg von der Hauptstadt entfernt, lag ein alter Herrenhof mit dicken Mauern, Türmen und gezackten Giebeln.

Hier wohnte, doch nur im Sommer, eine reiche, hochadlige Herrschaft; es war der beste und schönste von allen Höfen, die sie besaß. Er war von außen wie frischgegossen und bot innen jede Wohnlichkeit und Bequemlichkeit. Herrliche Rosen umrankten den Erker und das Familienwappen, das in Stein gehauen über dem Tor hing, und davor breitete sich ein ganzer Grasteppich aus. Da standen Rotdorn und Weißdorn, da wuchsen seltene Blumen, nicht nur im Treibhaus.

Die Herrschaft hatte auch einen tüchtigen Gärtner; es war eine Lust, den Blumengarten, den Obst- und Gemüsegarten zu betrachten. An diesen grenzte noch ein Überrest des ursprünglichen alten Gartens: einige Buxbaumhecken, zu Kronen und Pyramiden zurechtgestutzt. Dahinter standen zwei riesige alte Bäume, die kaum jemals ein Blatt trugen und fast so aussahen, als hätte sie ein Sturmwind oder eine Windhose mit großen Klumpen Dung bestreut, doch jeder Klumpen war ein Vogelnest.

Hier nistete seit undenklichen Zeiten ein Gewimmel schreiender Saatkrähen und Nebelkrähen – es war ein ganzes Vogeldorf, und die Vögel waren die Herrschaft, die Besitzer, das älteste Geschlecht des Herrenhauses, die eigentliche Herrschaft auf dem Hof. Sie scherten sich um keinen Menschen, duldeten jedoch die niedriggehenden Geschöpfe da unten, obgleich diese hin und wieder mit Flinten knallten, daß es ihnen im Rückgrat kribbelte und jeder Vogel erschrocken aufflog und »Pack! Pack!« schrie.

Der Gärtner redete seiner Herrschaft häufig zu, die alten Bäume fällen zu lassen, sie sähen nicht gut aus, und mit ihnen würden vermutlich auch die schreienden Vögel verschwinden und woandershin ziehen. Aber die Herrschaft wollte weder die Bäume noch das Vogelgewimmel beseitigen, das sei etwas, worauf der Hof nicht verzichten könne, das sei etwas aus der alten Zeit, und die soll man nicht vollkommen auslöschen.

»Diese Bäume sind nun einmal das Erbgut der Vögel, das sollten Sie ihnen nicht nehmen, mein guter Larsen!«

Der Gärtner hieß Larsen, aber das hat nichts weiter zu bedeuten.

»Ist denn Ihr Wirkungsfeld nicht groß genug, lieber Larsen? Der ganze Blumengarten, die Treibhäuser, der Obst- und Gemüsegarten!«

Die hatte er, die pflegte, hegte und umsorgte er mit Eifer und Tüchtigkeit, und das erkannten seine Dienstherren an. Sie verhehlten ihm jedoch nicht, daß sie bei Fremden häufig Früchte zu essen und Blumen zu sehen bekamen, die alles übertrafen, was sie in ihrem Garten hatten, und das betrübte den Gärtner, denn er wollte das Beste und tat das Beste. Er war von Herzen gut und gut im Dienst.

Eines Tages ließ die Herrschaft ihn rufen und teilte ihm in aller Milde und Herrschaftlichkeit mit, daß vornehme Freunde ihnen am Tag zuvor eine Sorte von Äpfeln und Birnen vorgesetzt hätten, so saftig und wohlschmeckend, daß sie und sämtliche Gäste in Bewunderung ausgebrochen seien. Die Früchte kämen gewiß nicht aus dem Inland, man sollte sie aber einführen und hier anbauen, falls es das Klima erlaubte. Die Freunde hätten sie beim ersten Obsthändler der Stadt eingekauft, wie man wisse, der Gärtner solle zu ihm reiten und in Erfahrung bringen, woher diese Äpfel und Birnen stammten, und dann Propfreiser bestellen.

Der Gärtner kannte den Obsthändler gut, es war eben jener, dem er im Auftrag der Herrschaft den Überfluß an Obst verkaufte, der im Herrschaftsgarten wuchs.

Und der Gärtner fuhr in die Stadt und fragte den Obsthändler, woher er diese hochgepriesenen Äpfel und Birnen habe.

»Die sind aus Ihrem eigenen Garten!« sagte der Mann, und als er ihm Äpfel wie Birnen zeigte, erkannte der Gärtner sie wieder.

Na, wie sich da der Gärtner freute! Er eilte zu seiner Herrschaft und erzählte, daß sowohl Äpfel als auch Birnen aus ihrem eigenen Garten stammten.

Das konnte die Herrschaft gar nicht glauben. »Das ist unmöglich, Larsen! Können Sie sich das vom Obsthändler schriftlich bestätigen lassen?«

Und das konnte er, er brachte ein schriftliches Attest.

»Das ist ja merkwürdig!« sagte die Herrschaft.

Nun kamen jeden Tag große Schalen mit diesen prächtigen Äpfeln und Birnen aus dem eigenen Garten auf den Herrschaftstisch; man schickte die Früchte scheffel- und tonnenweise an Freunde in der Stadt und nach außerhalb, ja, sogar ins Ausland. Das war ein rechtes Vergnügen! Jedoch mußte die Herrschaft hinzufügen, daß die letzten beiden Sommer ja auch äußerst günstig für die Baumfrüchte gewesen seien, sie waren im ganzen Land gut geraten.

Einige Zeit verging. Die Herrschaft dinierte bei Hof und bekam an der Tafel Melonen serviert, überaus saftig und wohlschmeckend, aus dem Treibhaus Seiner Majestät.

»Sie müssen zum Hofgärtner gehen, guter Larsen, und uns ein paar Kerne von diesen köstlichen Melonen beschaffen!«

»Aber der Hofgärtner hat die Kerne von uns bekommen!« sagte der Gärtner ganz vergnügt.

»Dann hat es der Mann verstanden, diese Frucht zu einer höheren Form zu entwickeln!« antwortete die Herrschaft. »Jede Melone war vorzüglich!«

»Ja, dann kann ich stolz sein!« sagte der Gärtner. »Ich muß der gnädigen Herrschaft verraten, daß der Schloßgärtner dieses Jahr gar kein Glück mit seinen Melonen hatte, und als er sah, wie prächtig unsere standen, und sie kostete, da hat er drei davon aufs Schloß bestellt.«

»Larsen! Bilde Er sich doch nicht ein, daß diese Melonen aus unserem Garten waren!«

»Ich glaube doch«, sagte der Gärtner, ging zum Schloßgärtner und ließ sich von ihm schriftlich bestätigen, daß die Melonen auf der königlichen Tafel von seinem Gutshof stammten.

Das war für die Herrschaft wirklich eine Überraschung, und sie verschwieg die Geschichte nicht, sondern zeigte das Attest vor, ja, sie ließ Melonenkerne genauso weit verschicken wie zuvor die Propfreiser.

Von diesen wurde mitgeteilt, daß sie gediehen, ganz vorzüglich ansetzten, und da wurde die Sorte nach dem Gut der Herrschaft benannt, so daß dieser Name nun auf englisch, deutsch und französisch zu lesen war.

Das hätte man niemals gedacht.

»Wenn sich der Gärtner nur nicht zu viel einbildet!« sagte die Herrschaft.

Er verstand das auf andere Weise: Jetzt wollte er seinen Namen als einer der besten Gärtner des Landes gerade behaupten und wollte versuchen, jedes Jahr etwas Vorzügliches von allen Arten des Gartens hervorzubringen, und das tat er. Häufig bekam er jedoch zu hören, daß die allerersten Früchte, die er geliefert, die Äpfel und die Birnen, eigentlich am besten gewesen seien, an die reichte keine der späteren Arten heran. Die Melonen seien zwar sehr gut gewesen, aber doch eine ganz andere Sorte; die Erdbeeren könne man vortrefflich nennen, aber doch nicht besser als die der anderen Herrschaften; und als in einem Jahr die Rettiche nicht so gut ausfielen, sprach man nur von den mißratenen Rettichen und nicht von dem, was es sonst an Gutem gegeben hatte.

Es schien fast Erleichterung mitzuschwingen, als die Herrschaft feststellte: »In diesem Jahr ging es nicht gut, lieber Larsen!« Sie waren recht froh, wenn sie sagen konnten: »In diesem Jahr ist es fehlgeschlagen!«

Ein paarmal in der Woche brachte der Gärtner ihnen frische Blumen aufs Zimmer, stets sehr geschmackvoll geordnet und zusammengestellt, so daß die Farben gleichsam besser ins Licht gesetzt wurden.

»Sie haben Geschmack, Larsen!« sagte die Herrschaft. »Diese Gabe haben Sie vom lieben Gott, nicht von sich selbst!«

Eines Tages trug der Gärtner eine große Kristallschale mit einem schwimmenden Seerosenblatt herein; darauf hatte er eine leuchtendblaue Blüte gelegt, deren langer, dicker Stiel ins Wasser reichte und die groß wie eine Sonnenblume war.

»Ein Lotos aus Hindustan!« rief die Herrschaft aus.

Eine solche Blüte hatten sie noch nie gesehen; und sie

wurde tagsüber in den Sonnenschein und abends in das Reflex-Licht gestellt. Jeder, der sie betrachtete, fand sie bemerkenswert selten und schön; das sagte sogar die vornehmste junge Dame des Landes, und sie war Prinzessin, klug und von Herzen gut.

Die Herrschaft setzte ihre Ehre daran, ihr diese Blüte zu überreichen, und so kam sie mit der Prinzessin aufs Schloß.

Nun ging die Herrschaft in den Garten, um für sich eine Blume derselben Art zu pflücken, falls es sie noch einmal gab, doch sie war nicht zu finden. Da riefen sie den Gärtner und fragten, woher er den blauen Lotos habe.

»Wir haben vergebens gesucht«, sagten sie. »Wir sind im Treibhaus und im ganzen Blumengarten gewesen!«

»Nein, dort ist sie freilich nicht«, sagte der Gärtner. »Sie ist nur eine geringe Blume aus dem Gemüsegarten. Aber, nicht wahr, sie ist wunderschön! Sie sieht wie ein blauer Kaktus aus, und dabei ist es nur eine Artischockenblüte!«

»Das hätten Sie uns gleich sagen sollen!« entgegnete die Herrschaft. »Wir mußten glauben, es sei eine fremde, seltene Blume. Sie haben uns vor der jungen Prinzessin prostituiert! Die hat die Blume bei uns gesehen und sehr schön gefunden, ohne sie zu kennen, wo sie doch in Botanik so bewandert ist, aber diese Wissenschaft hat mit Küchenkräutern nichts zu tun. Wie konnte es Ihnen nur einfallen, guter Larsen, eine solche Blume in die Stube zu bringen. Sie machen uns ja lächerlich!«

Und die schöne blaue Prachtblume, die aus dem Gemüsegarten stammte, wurde aus der herrschaftlichen Stube entfernt, in die sie nicht hineingehörte, ja, die Herrschaft entschuldigte sich bei der Prinzessin und erzählte, diese Blume sei nur ein Küchenkraut, es sei ein Einfall des Gärtners gewesen, sie auszustellen, aber man habe ihn dafür ernsthaft gemaßregelt.

»Das ist schade und ungerecht!« sagte die Prinzessin. »Er hat uns ja die Augen für eine Prachtblume geöffnet, die wir bis dahin gar nicht bemerkt hatten, er hat uns die Schönheit dort gezeigt, wo es uns niemals einfiele, sie zu suchen. Jeden Tag, solange die Artischocken blühen, soll mir der Schloßgärtner eine Blüte in meine Stube bringen!«

Und so geschah es.

Die Herrschaft ließ ihrem Gärtner ausrichten, er könne ihnen nun wieder eine frische Artischockenblüte pflücken.

»Im Grunde ist sie hübsch«, sagten sie, »höchst bemerkenswert!« Und der Gärtner wurde gelobt.

»Das gefällt dem Larsen«, sagte die Herrschaft. »Er ist ein verwöhntes Kind!«

Im Herbst gab es einen furchtbaren Sturm; er wurde in der Nacht so heftig, daß er am Waldessaum viele alte Bäume mit der Wurzel ausriß, und zum großen Kummer der Herrschaft – ihnen zum Kummer, dem Gärtner zur Freude – blies er die beiden großen Bäume mit allen Vogelnestern um. Das Geschrei der Saatkrähen und Nebelkrähen war im Sturmwind zu hören, sie schlugen mit den Flügeln gegen die Fensterscheiben, wie die Leute auf dem Hof erzählten.

»Jetzt sind Sie wohl froh, Larsen!« sagte die Herrschaft. »Der Sturm hat die Bäume gefällt, und die Vögel haben sich in den Wald verzogen. Nun sieht man hier nichts mehr von der alten Zeit; jedes Zeichen und jede Andeutung ist verschwunden. Wir finden das betrüblich!«

Der Gärtner erwiderte nichts, dachte aber daran, woran er schon lange gedacht datte: den prächtigen Platz im Sonnenschein, den er bis dahin nicht hatte bearbeiten können, recht auszunutzen, der sollte eine Zierde für den Garten und eine Freude für die Herrschaft werden.

Die großen Bäume hatten bei ihrem Fall die uralten Buxbaumhecken und den ganzen Zierschnitt zerstört und zerschlagen. An dieser Stelle legte der Gärtner ein Dickicht von Pflanzen an, allesamt heimisch in Wald und Flur.

Hier pflanzte er in reicher Fülle, was wohl kein andrer Gärtner in den Herrschaftsgarten gepflanzt hätte, und jedes Gewächs kam in die richtige Erde, jede Art in Schatten oder in Sonnenschein, wie sie es brauchte. Was er mit Liebe pflegte, das wuchs in Herrlichkeit.

Der Wacholderstrauch von der jütländischen Heide erhob sich und glich in Form und Farbe Italiens Zypresse; der blanke, stachlige Christdorn, immergrün in Winterkälte wie in Sommersonne, war prachtvoll anzuschauen. Davor wuchsen viele verschiedene Arten von Farnen, einige sahen wie die Kinder der Palme aus und andere wie die Eltern der feinen, anmutigen Pflanze, die wir Frauenhaar nennen. Hier wuchs die geringgeachtete Klette, die in ihrer Frische so schön ist, daß sie einem Bukett zur Zierde gereicht. Sie stand auf dem Trocknen; tiefer jedoch, in feuchterem Grund, wohnte die Pestwurz, auch sie eine geringgeachtete Pflanze und doch durch ihre Höhe und ihr riesiges Blatt so malerisch schön. Klafterhoch, mit Blüten übersät, erhob sich wie ein riesiger, vielarmiger Kandelaber die Königskerze, vom Feld verpflanzt. Hier standen Waldmeister, Schlüsselblume und Waldmaiglöckchen, Aronstab und der dreiblättrige, feine Waldsauerklee. Es war eine Augenweide.

Ganz vorn, von Stahldrähten gehalten, wuchs eine Reihe winziger Birnbäume aus französischem Erdreich; sie bekamen Sonne und gute Pflege und trugen bald große, saftige Früchte, wie in dem Land, aus dem sie stammten.

An die Stelle der beiden alten, blattlosen Bäume wurde eine hohe Fahnenstange aufgestellt, wo der Danebrog wehte, und gleich daneben stand noch eine Stange, um die sich im Sommer und Herbst die Hopfenranke mit ihren duftenden Blütenkegeln wand und an der im Winter nach altem Brauch eine Hafergarbe aufgehängt wurde, damit die Vögel des Himmels in der fröhlichen Weihnachtszeit ihre Mahlzeit hatten.

»Der gute Larsen wird auf seine alten Tage sentimental!« sagte die Herrschaft. »Aber er ist uns treu und ergeben.«

Zu Neujahr erschien in einem der illustrierten Blätter der Hauptstadt ein Bild von dem alten Gutshof. Man sah die Fahnenstange und die Hafergarbe für die Vögel des Himmels zur fröhlichen Weihnachtszeit, und man nannte es einen schönen Gedanken, daß hier ein alter Brauch wiederbelebt und in Ehren gehalten wurde, der für den alten Hof just so bezeichnend war.

»Für alles, was dieser Larsen tut«, sagte die Herrschaft, »wird die Trommel geschlagen. Das ist ein glücklicher Mann! Wir müssen ja beinah stolz darauf sein, daß wir ihn haben!«

Aber sie waren gar nicht stolz darauf! Sie fühlten sich als die Herrschaft, sie konnten Larsen entlassen, was sie jedoch nicht taten. Sie waren gute Menschen, und es gibt so viele gute Menschen von ihrer Art, und das ist für jeden Larsen erfreulich.

Ja, das ist die Geschichte vom *Gärtner und der Herrschaft*.

Jetzt kannst du darüber nachdenken!

70. *Tante Zahnweh*

Woher haben wir die Geschichte? Willst du es wissen? Wir haben sie aus der Tonne mit den alten Papieren.

So manches gute und seltene Buch landet beim Krämer und Kaufmann, nicht als Lektüre, sondern als Gebrauchsartikel. Da wird Papier benötigt, um daraus Tüten für Wäschestärke und Kaffeebohnen zu drehen, Papier zum Einwickeln von Salzheringen, Butter und Käse. Geschriebene Sachen sind auch zu gebrauchen.

Oft ist im Eimer, was nicht im Eimer landen sollte.

Ich kenne einen Kaufmannsburschen, der ein Krämersohn ist, der ist vom Keller zum Laden im Erdgeschoß aufgestiegen; ein Mensch von großer Belesenheit, Tüten-Belesenheit, gedruckter wie geschriebener. Er besitzt eine interessante Sammlung und darin mehrere wichtige Aktenstücke aus dem Papierkorb dieses oder jenes Beamten, der allzu zerstreut und beschäftigt war; diesen und jenen vertraulichen Brief, den eine Freundin der anderen schrieb, Skandalmitteilungen, die nicht weitergehen, von keinem Menschen erwähnt werden durften. Er ist eine lebendige Rettungsanstalt für einen nicht geringen Teil der Literatur, und er besitzt ein großes Gebiet, er besitzt den Laden der Eltern und des Prinzipals, und manch ein Buch oder die Blätter eines Buches, das zweimal gelesen zu werden verdiente, wurden dort von ihm gerettet.

Er hat mir seine Sammlung gedruckter und geschriebener Sachen aus dem Eimer gezeigt, das meiste hatte er aus dem Eimer des Krämers. Darunter waren ein paar Blätter aus einem größeren Schreibheft; die Handschrift war so schön und so deutlich, daß sie sogleich meine Aufmerksamkeit erregte.

»Das hat der Student geschrieben«, sagte er, »der Student, der hier gegenüber wohnte und vor einem Monat gestorben ist. Er hat unter heftigem Zahnweh gelitten, wie man erfährt. Das liest sich ganz lustig! Jetzt ist nur noch ein kleiner Teil des Geschriebenen übrig, es war ein ganzes Buch und noch ein bißchen mehr; dafür haben meine Eltern der Wirtin des Studenten ein halbes Pfund Schmierseife gegeben. Hier ist, was ich davon zurückhalten konnte.«

Ich lieh es aus, ich las es, und nun teile ich es mit. Die Überschrift lautete:

Tante Zahnweh
I

Als ich klein war, schenkte mir meine Tante Leckereien. Meine Zähne nahmen daran keinen Schaden, wurden nicht faul. Jetzt bin ich älter und Student; sie verwöhnt mich immer noch mit Süßem und sagt, daß ich ein Dichter sei.

Ich habe etwas vom Poeten, doch nicht genug. Wenn ich die Straßen der Stadt durchstreife, glaube ich oft in einer großen Bibliothek zu sein: Die Häuser sind Bücherregale, jede Etage ein Bord mit Büchern. Hier gibt es eine Alltagsgeschichte, da eine gute alte Komödie, wissenschaftliche Werke in allen Fächern, hier Schmutzliteratur und gute Lektüre. Über all dieses Bücherwerk kann ich phantasieren und philosophieren.

In mir ist etwas vom Poeten, doch nicht genug. Viele Menschen haben davon gewiß genausoviel wie ich und tragen doch kein Schild oder Halsband mit der Bezeichnung *Poet*.

Was ihnen und mir gegeben ist, das ist eine Gottesgabe, ein Segen, groß genug für einen selbst, doch viel zu klein zur Verteilung an andere. Es kommt wie ein Sonnenstrahl, erfüllt Seele und Gedanken; es kommt wie ein Blumenduft, wie eine Melodie, die man kennt, ohne zu wissen, woher.

Als ich neulich abends in meiner Stube hockte, das Bedürfnis nach Lektüre spürte, jedoch kein Buch, kein Blatt besaß, fiel just in diesem Augenblick ein frisches, grünes Blatt vom Lindenbaum. Der Luftzug wehte es durchs Fenster zu mir herein.

Ich betrachtete die vielen verzweigten Adern; ein Würmchen kroch darüber hin, als wollte es das Blatt gründlich studieren. Da mußte ich an Menschenweisheit denken: Auch wir kriechen auf einem Blatt herum, kennen nur das eine, und dann halten wir sogleich einen Vortrag über den ganzen großen Baum, die Wurzel, den Stamm und die Krone – den großen Baum: Gott, Welt und Unsterblichkeit, und kennen vom Ganzen nur ein kleines Blatt.

Wie ich so dasaß, bekam ich Besuch von Tante Mille.

Ich zeigte ihr das Blatt mit dem Würmchen, teilte ihr meine Gedanken dazu mit, und ihre Augen leuchteten.

»Du bist Dichter«, sagte sie, »vielleicht der größte, den wir haben! Sollte ich das noch erleben, dann gehe ich gern in mein Grab. Seitdem Brauer Rasmussen begraben wurde, hast du mich stets mit deiner gewaltigen Phantasie verblüfft!«

Das sagte Tante Mille und küßte mich.

Wer war Tante Mille, und wer war Brauer Rasmussen?

II

Mutters Tante wurde von uns Kindern auch Tante genannt, wir hatten für sie keinen anderen Namen.

Sie gab uns Kompott und Zuckerwerk, obgleich das für unsre Zähne sehr schädlich war, aber sie hatte für die süßen Kinder eine Schwäche, wie sie sagte. Es wäre ja grausam, ihnen das bißchen Süße zu verwehren, das sie so lieben.

Und deshalb liebten wir die Tante so sehr.

Sie war ein altes Fräulein, so weit ich zurückdenken kann, immer alt. Sie stand im Alter still.

In früheren Zeiten hatte sie sehr an Zahnweh gelitten und stets davon gesprochen, und da geschah es, daß ihr Freund, der Brauer Rasmussen, auf den witzigen Einfall kam, sie Tante Zahnweh zu nennen.

In den letzten Jahren braute er nicht mehr, lebte von

seinen Zinsen, besuchte unsre Tante häufig und war älter als sie. Er hatte gar keine Zähne, nur ein paar schwarze Stümpfe.

Als kleiner Junge habe er zuviel Zuckerwerk genascht, erzählte er uns Kindern, und davon sehe man dann so aus.

Tante hatte in ihrer Kindheit gewiß niemals Zucker gegessen; sie hatte die prächtigsten weißen Zähne.

Sie schonte sie auch und ging niemals mit ihnen schlafen, wie Brauer Rasmussen erklärte.

Das war nun boshaft von ihm, wie wir Kinder wußten, aber Tante sagte, er habe es nicht so gemeint.

Als wir eines Vormittags beim Frühstück saßen, erzählte sie, daß sie in der Nacht einen häßlichen Traum gehabt habe: Einer ihrer Zähne sei ausgefallen.

»Das bedeutet«, sagte sie, »daß ich einen echten Freund oder eine Freundin verliere.«

»Wenn es ein falscher Zahn war«, sagte der Brauer kichernd, »dann kann es nur bedeuten, daß Sie einen falschen Freund verlieren!«

»Sie sind ein unhöflicher alter Herr!« sagte die Tante und war so zornig, wie ich sie nie zuvor und nie danach gesehen habe.

Später sagte sie, ihr alter Freund habe sie nur necken wollen; er sei der edelste Mensch auf Erden, und wenn er einmal sterben müsse, dann würde er ein kleiner Gottesengel im Himmel!

Ich dachte viel über diese Verwandlung und darüber nach, ob ich wohl imstande wäre, ihn in seiner neuen Gestalt wiederzuerkennen.

Als Tante jung war und er jung war, da hielt er um ihre Hand an. Sie überlegte zu lange, blieb sitzen, blieb allzu lange sitzen, blieb für immer ein altes Fräulein, jedoch stets eine treue Freundin.

Und dann starb Brauer Rasmussen.

Er wurde im teuersten Leichenwagen zum Friedhof gefahren und hatte ein großes Gefolge, Leute mit Orden und in Uniform.

Tante stand in Trauerkleidung am Fenster, wir Kinder waren alle dabei, bis auf den kleinen Bruder, den der Storch eine Woche zuvor gebracht hatte.

Als dann der Leichenwagen mit dem Gefolge verschwunden und die Straße leer war, wollte Tante gehen, doch ich wollte bleiben, denn ich wartete auf den Engel, Brauer Rasmussen – er war ja nun ein kleines beflügeltes Gotteskind geworden und müßte sich zeigen.

»Tante«, sagte ich, »glaubst du nicht, daß er jetzt kommt? Oder daß uns der Storch, wenn er wieder einen kleinen Bruder für uns hat, den Engel Rasmussen bringt?«

Tante war von meiner Phantasie vollkommen überwältigt und sagte: »Dieses Kind wird ein großer Dichter!« Und das wiederholte sie in all den Jahren, als ich die Schule besuchte, ja, auch nach meiner Konfirmation und in meiner Studentenzeit.

Sie war und ist die teilnahmsvollste Freundin, die ich habe, sowohl bei Dichterweh als auch bei Zahnweh. Ich habe ja Anfälle von beiden.

»Schreib nur alle deine Gedanken auf«, sagte sie, »und steck sie in die Schublade! Das tat Jean Paul, und er wurde ein großer Dichter – freilich mag ich ihn nicht, er ist nicht spannend. Du mußt spannend sein! Und du wirst spannend sein!«

Die Nacht nach dieser Rede verbrachte ich in Sehnsucht und in Qualen, mit dem Drang und mit der Lust, der große Dichter, den Tante in mir sah und spürte, auch zu werden. Ich hatte Dichterweh! Aber es gibt ein schlimmeres Weh: Zahnweh; ich wurde davon vernichtet und zernichtet, ich krümmte mich wie ein Wurm, mit Kräuterkissen und spanischer Fliege.

»Das kenne ich!« sagte Tante.

Um ihren Mund spielte ein trauriges Lächeln, ihre Zähne glänzten so weiß.

*

Aber ich muß einen neuen Abschnitt in meiner und Tantes Geschichte beginnen.

III

Ich war in eine neue Wohnung umgezogen und hatte einen Monat dort verbracht. Darüber unterhielt ich mich mit meiner Tante.

»Ich wohne bei einer stillen Familie; sie denkt nicht an mich, und wenn ich dreimal läute. Ansonsten ist es ein wahres Spektakel-Haus mit Geräuschen und Lärm von Wetter und Wind und Menschen. Ich wohne direkt über dem Tor; jeder Wagen, der aus- oder einfährt, versetzt die Bilder an der Wand in Bewegung. Wenn das Tor zuschlägt, wird das Haus wie von einem Erdbeben erschüttert. Liege ich im Bett, dann gehen mir die Stöße durch alle Glieder; aber das soll die Nerven stärken. Wenn der Wind weht, und das tut er hierzulande immer, dann baumeln draußen die langen Fensterkrampen und schlagen gegen die Mauer. Die Glocke am Tor des Nachbarhofs läutet bei jedem Windstoß.

Unsre Hausbewohner kehren kleckerweise heim, spät am Abend, tief in der Nacht; der Logierende direkt über mir, der am Tage Posaunenunterricht erteilt, kommt als letzter und legt sich erst zu Bett, nachdem er einen kleinen Mitternachtsspaziergang mit schweren Schritten und eisenbeschlagenen Stiefeln unternommen hat.

Doppelfenster gibt es nicht, dafür eine zersprungene Scheibe; die Wirtin hat zwar Papier darüber geklebt, aber der Wind weht trotzdem hindurch und erzeugt ein

Geräusch wie eine sirrende Bremse. Das ist Schlummermusik. Wenn ich dann endlich eingeschlafen bin, dann weckt mich bald der Hahnenschrei. – Hahn und Henne vermelden aus dem Hühnerstall des Kellermanns, daß der Morgen naht. Die kleinen Nordlandponys, die keinen Stall haben und im Sandkasten unter der Treppe angebunden sind, schlagen ihre Hufe gegen Tür und Paneel, um sich Bewegung zu verschaffen.

Der Morgen dämmert. Der Pförtner, der mitsamt Familie unter dem Dach wohnt, poltert die Treppe herunter; die Holzpantoffeln klappern, das Tor kracht, das Haus bebt, und ist dies alles überstanden, macht sich der Logierende über mir an seine gymnastischen Übungen, hebt mit jeder Hand eine schwere Eisenkugel, die er nicht halten kann; sie fällt und fällt immer wieder, während die Jugend des Hauses, die in die Schule muß, zur selben Zeit schreiend aus den Türen stürzt. Ich gehe zum Fenster, öffne es, um frische Luft zu atmen, und das ist erquickend, sofern sie frisch ist und die Jungfer im Hinterhaus nicht Handschuhe in Fleckenwasser wäscht, das ist ihr Broterwerb. Ansonsten ist es ein nettes Haus, und ich wohne bei einer stillen Familie.«

So lautete der Bericht, den ich der Tante über meine Wohnung lieferte; ich gab ihn lebendiger, der mündliche Vortrag ist im Wortlaut frischer als der geschriebene.

»Du bist Dichter!« rief die Tante. »Schreib deine Rede nur auf, dann bist du genauso gut wie Dickens! Ja, für mich bist du viel interessanter! Du malst, wenn du sprichst! Du beschreibst dein Haus, so daß man es sieht! Man schaudert! – Dichte weiter! Versieh es mit Lebendigem, mit Menschen, reizenden Menschen, am besten unglücklichen!«

Ich brachte das Haus wirklich zu Papier, mit seinen Geräuschen und Gebrechen, doch nur mit mir selbst darin, ohne Handlung. Die kam später!

IV

Es war im Winter an einem späten Abend, nach der Theaterzeit, das Wetter war schrecklich, ein Schneesturm, gegen den man kaum ankam.

Tante war im Theater gewesen, und ich wollte sie nun heim begleiten, konnte aber selbst nur mit Mühe gehen und noch weniger andere unterstützen. Sämtliche Mietwagen waren in Beschlag genommen; Tante wohnte weit entfernt in der Stadt, während meine Wohnung in der Nähe des Theaters lag; wäre dies nicht der Fall gewesen, dann hätten wir bis auf weiteres im Schilderhaus bleiben müssen.

Ich stapfte mit meiner Tante durch den tiefen Schnee, umschwirrt von wirbelnden Flocken. Ich hob sie, ich hielt sie, ich stieß sie vorwärts. Wir fielen nur zweimal, doch wir fielen weich.

Als wir mein Haustor erreichten, schüttelten wir uns; wir schüttelten uns auch auf der Treppe, und doch hatten wir noch Schnee genug, um auch noch den Hausflur zu bestreuen.

Wir zogen uns Überkleider und Unterkleider und sämtliche Kleider aus, die sich ausziehen ließen. Meine Wirtin lieh der Tante trockne Strümpfe und einen Morgenrock; das sei notwendig, sagte sie und fügte hinzu, daß meine Tante in dieser Nacht unmöglich nach Hause gelangen könne, was der Wahrheit entsprach, und bat sie, mit ihrer Wohnstube vorliebzunehmen; dort wollte sie ihr auf dem Sofa vor der stets verschlossenen Tür zu mir ein Nachtlager bereiten.

Und so geschah es.

In meinem Kachelofen brannte Feuer, die Teemaschine kam auf den Tisch, die kleine Stube wurde gemütlich, obgleich nicht so gemütlich wie sonst bei Tante. Die hat im Winter dicke Vorhänge vor der Tür, dicke Vorhänge vor den Fenstern und doppelte Teppiche mit drei dicken Papierschichten darunter; da fühlt man sich wie in einer verstöpselten Flasche mit warmer Luft. Doch wie gesagt, auch bei mir zu Hause wurde es gemütlich; draußen heulte der Wind.

Tante redete und erzählte; die Jugendzeit kehrte zurück, der Brauer kehrte zurück – alte Erinnerungen.

Sie konnte sich an meinen ersten Zahn entsinnen und wie sehr sich die Familie darüber freute.

Der erste Zahn! Der Unschuldszahn, schimmernd wie ein weißes Tröpfchen Milch, der Milchzahn.

Nach dem einen kamen mehr, es kam eine ganze Reihe, Seite an Seite, oben und unten, die prächtigsten Kinderzähne, und doch nur die Vortruppen, nicht die richtigen, die fürs ganze Leben halten sollten.

Auch sie erschienen, dazu die Weisheitszähne, die Flügelmänner der Reihe, geboren unter Qualen und großen Mühen.

Sie gehen wieder, jeder einzelne! Sie gehen, bevor ihre Dienstzeit endet, selbst der letzte Zahn geht, und das ist kein Festtag, das ist ein Wehmutstag.

Dann ist man alt, auch wenn die Stimmung jung ist.

Derlei Gedanken und Reden sind nicht vergnüglich, und doch kamen wir auf alles das zu sprechen, wir kamen zurück auf die Kindheitsjahre, sprachen und sprachen, es war zwölf Uhr, als Tante im Nebenzimmer zur Ruhe ging.

»Gute Nacht, mein süßes Kind!« rief sie. »Nun schlafe ich, als läge ich in meiner eigenen Kommode!«

Und dann fand sie Ruhe; doch die gab es weder im Haus noch außer Haus. Der Sturm rüttelte an den Fenstern, ließ die langen, baumelnden Eisenkrampen schlagen, beim Nachbarn im Hinterhaus die Türglocke läuten. Der Logierende über mir war heimgekehrt. Er machte noch einen kleinen Nachtspaziergang durchs Zimmer, warf seine Stiefel ab, legte sich dann zu Bett und schlafen, schnarchte jedoch, daß es mit guten Ohren durch die Decke zu hören war.

Ich fand keinen Frieden, kam nicht zur Ruhe; auch das Wetter beruhigte sich nicht, es war unmanierlich munter. Der Wind heulte und sang auf seine Art, nun wurden auch meine Zähne munter und heulten und sangen auf ihre Art. Sie huben zum großen Zahnweh an.

Vom Fenster zog es. Der Mond schien ins Zimmer. Sein Schimmer kam und ging, wie die Wolken im Sturmwind kamen und gingen. Schatten und Licht wechselten unruhig miteinander ab, doch schließlich nahm der Schatten auf dem Fußboden Gestalt an; als ich dieses Bewegliche ansah, spürte ich einen eiskalten Windhauch.

Auf dem Fußboden saß eine Gestalt, lang und dünn, als ob ein Kind mit dem Griffel etwas auf die Schiefertafel gezeichnet hätte, was einem Menschen gleichen sollte: Ein einziger dünner Strich ist der Körper, ein Strich und noch ein Strich sind die Arme, auch die Beine sind je nur ein Strich, der Kopf ist ein Vieleck.

Bald wurde die Gestalt deutlicher und hüllte sich in eine Art Kleiderstoff, sehr dünn, sehr fein und doch verratend, daß sie zum weiblichen Geschlecht gehörte.

Ich vernahm ein Summen. War sie es oder der Wind, der wie eine Bremse im Fensterspalt sirrte?

Nein, es war sie selbst, Frau Zahnweh! Ihre Entsetzlichkeit *Satania infernalis*, Gott behüte und bewahre uns vor ihrem Besuch!

»Hier ist gut sein!« summte sie. »Hier ist ein gutes Quartier, sumpfiger Grund, Moorgrund! Hier haben die Mücken gesirrt, mit Gift im Stachel, den habe ich jetzt. Der muß an Menschenzähnen gewetzt werden. Sie schimmern so weiß bei dem hier im Bett. Süßem und Saurem, Heißem und Kaltem, Nußschalen und Pflaumenkernen haben sie getrotzt! Ich aber werde sie rütteln, sie schütteln, ihre Wurzel mit Zugwind düngen, ihnen kalte Füße machen!«

Es war eine entsetzliche Rede, ein entsetzlicher Gast.

»So, na, du bist Dichter!« sagte sie. »Ja, ich werde dich durch alle Versmaße des Schmerzes dichten! Ich werde deinem Körper Eisen und Stahl, allen deinen Nervenfäden Draht einziehen!«

Das war, als bohrte sich eine glühende Ahle in meinen Backenknochen; ich wand und krümmte mich.

»Ein vorzügliches Zahnweh«, sagte sie, »eine Orgel zum Spielen! Maultrommel-Konzert, großartig, mit Pauken und Trompeten, Pikkoloflöte, Posaune im Weisheitszahn. Großer Poet, große Musik!«

Ja, sie spielte auf, und ihr Anblick war gräßlich, obwohl von ihr nichts als die Hand zu sehen war, die schattengraue, eiskalte Hand mit den langen, ahlendünnen Fingern. Jeder davon war ein Folterwerkzeug: Daumen und Zeigefinger hielten Kneifzange und Schraube, der Mittelfinger endete in einer spitzen Ahle, der Ringfinger diente als Handbohrer und der kleine Finger als Spritze mit Mückengift.

»Ich werde dich das Versmaß lehren!« sagte sie. »Großer Dichter soll großes Zahnweh haben, kleiner Dichter kleines Zahnweh!«

»O laß mich klein sein!« bat ich. »Laß mich gar nicht sein! Ich bin kein Poet, ich habe nur Anfälle vom Dichten, Anfälle wie von Zahnweh! Fahre hin! Fahre hin!«

»Erkennst du jetzt, daß ich mächtiger bin als die Poesie, die Philosophie, die Mathematik und die ganze Musik?« sagte sie. »Mächtiger als all diese abgemalten und in Marmor gehauenen Gefühle? Ich bin älter als sie alle zusammen. Ich wurde vor dem Paradiesgarten geboren, draußen, wo der Wind wehte und die feuchten Pilze wuchsen. Ich brachte Eva dazu, sich bei dem kalten Wetter anzuziehen, und Adam auch. Im ersten Zahnweh war Kraft, das kannst du mir glauben!«

»Ich glaube alles!« sagte ich. »Fahre hin! Fahre hin!«

»Ja, gibst du es auf, Dichter zu sein, bringst du nie wieder Verse auf Papier, Tafel oder irgendeine Art Schreibmaterial, dann will ich dich loslassen, aber ich komme wieder, wenn du dichtest!«

»Ich schwöre!« sagte ich. »Wenn ich dich nur niemals wieder sehen oder spüren muß!«

»Sehen sollst du mich, doch in einer fülligeren Gestalt, die dir lieber ist, als ich es jetzt bin. Du sollst mich als Tante Mille sehen; und ich werde sagen: ›Dichte, mein süßer Junge! Du bist ein großer Dichter, vielleicht der größte, den wir haben!‹ Doch wenn du mir glaubst und zu dichten anfängst, dann setze ich deine Verse in Musik, spiele sie auf deiner Maultrommel! Du süßes Kind! – Denk an mich, wenn du Tante Mille siehst!«

Dann verschwand sie.

Zum Abschied bekam ich gleichsam einen glühenden Ahlenstich in den Kieferknochen; aber es ließ bald nach, ich glitt wie auf weichem Wasser dahin, sah weiße Seerosen, die sich mit breiten grünen Blättern beugten, unter mir niedersanken, welkten, sich auflösten, und ich sank mit ihnen, löste mich in Frieden und Ruhe auf –.

»Sterben, hinschmelzen wie Schnee!« sang und klang es im Wasser. »Verdunsten in der Wolke, vergehen wie die Wolke!«

Zu mir herab durch das Wasser schimmerten große, leuchtende Namen, Inschriften auf wehenden Siegesfahnen, das Patent der Unsterblichkeit – geschrieben auf den Flügel der Eintagsfliege.

Der Schlaf war tief und ohne Träume. Ich hörte nicht den heulenden Wind, das krachende Tor, die läutende Torglocke des Nachbarn und die schwere Gymnastik des Logierenden über mir.

Glückseligkeit!

Da jagte ein Windstoß heran, so daß sich die verschlossene Tür zum Nebenzimmer öffnete. Meine Tante fuhr auf, kam in die Schuhe, kam in die Kleider, kam zu mir herein.

Ich schlief wie ein Gottesengel, sagte sie später, und sie brachte es nicht übers Herz, mich zu wecken.

Ich erwachte von selbst, schlug die Augen auf, hatte reinweg vergessen, daß meine Tante in dieser Wohnung war, doch bald erinnerte ich mich, erinnerte mich an meine Zahnweh-Gesichte. Traum und Wirklichkeit gingen ineinander über.

»Du hast wohl nicht vielleicht etwas geschrieben, nachdem wir uns gestern abend gute Nacht gewünscht haben?« fragte sie. »Hättest du doch! Du bist mein Dichter, und du bleibst mein Dichter!«

Es kam mir vor, als ob sie so hinterhältig lächelte. Ich wußte nicht, ob das die brave Tante Mille war, die mich liebte, oder jene Entsetzliche, der ich in der Nacht mein Wort gegeben hatte.

»Hast du gedichtet, süßes Kind?«

»Nein, nein!« rief ich. »Du bist doch Tante Mille!«

»Wer sonst!« sagte sie. Und es war Tante Mille.

Sie küßte mich, stieg in eine Droschke und fuhr heim.

Ich schrieb nieder, was hier geschrieben steht. Es ist nicht in Versen, und es soll niemals gedruckt werden.

*

Ja, hier hörte das Manuskript auf.

Mein junger Freund, der angehende Krämergehilfe, konnte das Fehlende nicht auftreiben, es war in die Welt hinausgewandert, als Einwickelpapier für Salzhering und Schmierseife – es hatte seine Bestimmung erfüllt.

Der Brauer ist tot, die Tante ist tot, der Student ist tot, und seine Gedankenfunken waren im Eimer.

Alles ist einmal im Eimer.

Das ist das Ende der Geschichte – der Geschichte von Tante Zahnweh.

NACHWORT

Hans Christian Andersen (1805–1875) hat wie kaum ein anderer mit seinen Märchen (eventyr) und Geschichten (historier) nachgewirkt und weltweit Anerkennung gefunden, während seine anderen schriftstellerischen Arbeiten weitgehend vergessen sind. Übersetzungen seiner Märchen liegen in über 100 Sprachen vor.

Der dänische Dichter und Märchenerzähler wurde als Sohn eines Flickschusters in Odense am 2. April 1805 geboren und verlebte eine durch Not und Entbehrung gekennzeichnete Kindheit. Sein ganzes Leben lang hat Andersen unter seiner Herkunft gelitten und versucht, in seinen Werken die Eltern, vor allem seine Mutter, zu idealisieren. Daß er trotz einer geringen schulischen Ausbildung sein Talent entfalten konnte, liegt an glücklichen Zufällen, die oft auch sein späteres Leben beeinflußten. Es gelang ihm, in jungen Jahren Gönner zu finden, durch deren finanzielle Unterstützung er die versäumte Schulbildung nachholen und einen staatlichen Abschluß machen konnte. Im Alter von 24 Jahren legte er die Reifeprüfung ab und lebte danach ausschließlich von seiner schriftstellerischen Tätigkeit. Wie seine dichtenden Zeitgenossen versuchte Andersen sich in den verschiedensten literarischen Genres, verfaßte Gedichte, Romane, Reiseberichte, Dramen und Novellen. In seinem Heimatland stieß er auf kritische Bewunderung, bei einigen Dichterkollegen auf Ablehnung. Bezeichnend ist die abfällige Äußerung des Romantikers Carsten Hauch, der 1829 über Andersen urteilte: »H. C. Andersen wirft sich in den Staub und läßt sich von jedem, dem es einfällt, dann treten. Er drängt sich in alle Familien, leckt den Speichel aller

Menschen und ist ebenso rückgratlos und ohne Haltung in seiner Person wie in seinen Gedichten.« Trotz solcher distanzierender Äußerungen hatte Andersen mit seinen Romanen und Reiseberichten zunehmend Erfolg, so daß ihm ab 1838 gar ein königliches Stipendium auf Lebenszeit gewährt wurde, das ihn fortan finanziell unabhängig stellte. »Nun habe ich doch einen kleinen Brotbaum in meinem Dichtergarten und muß nicht vor jedermanns Tür singen«, schrieb er dem befreundeten Dichter Bernhard Severin Ingemann. Andersen unternahm rund 30 Reisen ins europäische Ausland, besonders Deutschland hatte es ihm angetan, er war aber auch in der Türkei und kurz in Nordafrika. In Deutschland erschienen schon bald seine Märchen und auch eine erste Gesamtausgabe. Mit vielen damaligen literarischen Größen korrespondierte er, eine große Zahl lernte er auch persönlich kennen. Zu seinen engeren Bekannten zählten unter anderen Ludwig Tieck und Adalbert von Chamisso. An vielen europäischen Fürstenhöfen war er ein gern gesehener Gast (und Erzähler).

Wie kaum ein anderer zeitgenössischer Dichter hat Andersen autobiographische Studien betrieben und der Nachwelt hinterlassen. Es sind nicht nur Tagebücher, Almanache, sondern auch die »mit vergoldeter Feder« (H. Göbels) verfaßten Autobiographien »Das Märchen meines Lebens ohne Dichtung« (1847) und »Das Märchen meines Lebens« (1855). Schon 1832, also mit 27 Jahren, unternahm Andersen zum ersten Male den Versuch einer Selbstdarstellung. Doch blieb dieses »Lebensbuch«, entstanden vor seiner ersten Italienreise, zu seinen Lebzeiten ungedruckt, galt sogar viele Jahrzehnte lang als verschollen, bis es der dänische Andersen-Forscher Hans Brix wiederentdeckte und 1926 herausgab; die erste deutsche Übertragung (von Gisela Perlet) erschien 1993. In Andersens Werken selbst sind biographische Spuren immer wieder festzustellen. Wenn er in seinem ersten größeren Roman »Der Improvisator« (1835) die Geschichte eines armen Kindes in den Mittelpunkt stellt, das trotz zahlreicher Schwierigkeiten den sozialen Aufstieg schafft und sein persönliches Glück findet, oder wenn er arme Kinder zu den Helden und Heldinnen seiner Märchen macht, stets spiegelt sich darin Andersens Einstellung wider, wie er sein Leben begriff und im Leitspruch des Märchens »Das häßliche Entlein« (1843) verdichtete: »Es macht nichts, daß man im Entenhof geboren wurde, wenn man nur in einem Schwanenei gelegen hat.«

Andersen als Märchendichter in Deutschland

Die seit 1835 erscheinenden »Eventyr« blieben zunächst in Dänemark ohne größere Resonanz. Ganz anders dagegen die Aufnahmebereitschaft in Deutschland, später auch in England und Frankreich: Hier fanden Andersens Märchen breiten Widerhall, und dies kam nicht von ungefähr. In Frankreich hatte sich seit dem ausgehenden 17. Jahrhundert eine regelrechte Märchenmode herausgebildet, die bis Ende des 18. Jahrhunderts anhielt und in andere europäische Länder ausstrahlte, wo die zunächst als unwahre Geschichten abgelehnten Produkte der Phantasie in Übersetzung dargeboten wurden. Dies führte in der Folgezeit zu verstärkter Beschäftigung mit Erzählungen aus der Volksüberlieferung und zu einer positiveren Einstellung gegenüber jenen Erzählungen, die nun nicht mehr als ›Ammenmärchen‹ abgetan wurden, welche es nicht verdienten, schriftlich festgehalten zu werden. Während in England schon im frühen 18. Jahrhundert erste Märchensammlungen erschienen waren – darunter Übersetzungen von »Tausendundeinenacht« (1708) oder Charles Perraults »Contes de ma mère l'Oye« (1729) –, setzte dieser Prozeß in Deutschland erst in der zweiten

Hälfte des 18. Jahrhunderts und sehr zögerlich ein. Dies lag darin begründet, daß dem gebildeten Bürgertum als Adressaten der Märchen die Texte in den französischen Originalfassungen zugänglich waren, mithin Übersetzungen nicht nötig erschienen. Außerdem gab es im Zeitalter der Aufklärung eine massive Ablehnung aller literarischen Erzeugnisse, die das Wunderbare in den Mittelpunkt stellten. Diese Einstellung gegenüber Märchen änderte sich jedoch, nachdem Pädagogen solche Erzählungen anstelle der langatmigen ›Moralischen Geschichten‹ als nützliches Erziehungsinstrument für Kinder entdeckt hatten, was die zunächst pejorative Bewertung als Ammenmärchen vergessen ließ. Es waren nicht selten Schulmänner, Pfarrer oder Gelehrte, die nun Märchenausgaben zusammenstellten, ältere Märchen dem Zeitgeschmack anpaßten und Stoffe und Motive neu kombinierten. Hatten in Deutschland in der zweiten Hälfte des 18. Jahrhunderts und zu Beginn des 19. Jahrhunderts noch Übersetzungen französischer Feenmärchen dominiert, brachten die Verlage unter dem Einfluß Christoph Martin Wielands, Ludwig Tiecks, Wilhelm Hauffs und Clemens Brentanos deutsche Be- und Umarbeitungen sowie Neuschöpfungen von Märchen auf der Folie älterer Motive heraus. Doch verlief diese Phase sehr zögerlich. Erst der Erfolg der »Kleinen Ausgabe« der »Kinder- und Hausmärchen« (1825, 1833, 1836 ...) und verschiedener anderer Märchensammlungen in den späten 1830er Jahren (z. B. J. P. Lyser) führte zu einer verstärkten Veröffentlichung von Märchensammlungen, die seit den 1840er Jahren in Deutschland die Kinderliteratur bestimmten.

Als Andersen sich daher Mitte der dreißiger Jahre den Märchen zuwandte, war der Boden für die Aufnahme solcher Erzählungen für Kinder als wichtigste Zielgruppe gut vorbereitet. Die zunächst in zwei Heftchen veröffentlichten und ausdrücklich für Kinder bestimmten Erzählungen erschienen erstmals 1835 in Dänemark und enthielten sieben Texte: »Das Feuerzeug«, »Der Kleine und der Große Klaus«, »Die Prinzessin auf der Erbse«, »Die Blumen der kleinen Ida« sowie »Däumelinchen«, »Der unartige Knabe« und »Der Reisekamerad«. Vier davon sind Neubearbeitungen dänischer Volksmärchen, »Däumelinchen«, »Der unartige Knabe« und »Die Blumen der kleinen Ida« dagegen Andersens eigene Erfindung. Das letztere hatte er zuerst einer Tochter J. M. Thieles erzählt, dem die erste größere dänische Sagensammlung (1818 – 23) zu verdanken war. Das war kennzeichnend für Andersen: Er erzählte und las seine Märchen auch vor Publikum, bevor er einen Text veröffentlichte.

Weitere Märchen folgten 1838 und 1841, und diese Phase ist ebenso dadurch charakterisiert, daß Andersen immer wieder auf populäre Märchenstoffe zurückgriff und neu bearbeitete wie »Der Schweinehirt« (1841), eine Fassung des »Hasenhirt«-Märchens, oder mit dem Märchen von den wilden Schwänen (1838) eine Version zu dem in Europa populären Märchen schuf, das die Suche eines Mädchens nach seinen Brüdern schildert. Bei den Brüdern Grimm trägt es den Titel »Die sechs Schwäne«.

1843 verzichtete Andersen in den Ausgaben auf den Zusatz »für Kinder«, weil er sich nicht als Kinderdichter und die Idee seiner Märchen für alle Altersgruppen verstanden wissen wollte. »Jetzt erzähle ich aus meiner eigenen Brust, ergreife eine Idee für die Älteren und erzähle dann für die Kleinen.« Später (1852) wollte er »Eventyr« (Märchen) und »Historier« (Geschichten) unterschieden wissen. Doch setzte sich dieser Terminus in den deutschen Ausgaben nicht durch, fast alle Ausgaben wurden als ›Märchen‹ bezeichnet. Bei der Auswahl seiner Stoffe und Vorlagen war er ebenso großzügig wie seine dichtenden Zeitgenossen und verstand unter ›Märchen‹ alle Kategorien, die schon die Brüder Grimm unter ihrem weitgefaßten Begriff zusammengenommen hatten. So enthält seine Sammlung Zaubermärchen wie »Die wilden Schwäne« (Nr. 10) oder »Das Feuerzeug« (Nr. 1), Schwänke wie »Des Kaisers neue Kleider« (Nr. 7) oder »Was Vater tut, ist immer richtig« (Nr. 52), Sagen wie »Fliedermutter« (Nr. 31) oder »Der Kobold und die Madam« (Nr. 65), gleichnishafte Erzählungen (Parabeln) wie »Der Wassertropfen« (Nr. 26) und Legenden wie »Das kleine Mädchen mit den Schwefelhölzchen« (Nr. 27). Aber es gibt auch eine erstaunlich große Anzahl von Natur und Pflanzensagen, etwa »Der Flachs« (Nr. 34) oder »Der Wind erzählt von Waldemar Daae und seinen Töchtern« (Nr. 47) sowie Tiergeschichten wie »Der Mistkäfer« (Nr. 51) oder »Der Schmetterling« (Nr. 57).

Anders als die vielen Märchenpublikationen der damaligen Zeit bot Andersen eine völlig neue Form des Erzählens dar, indem er sich als allwissenden Erzähler einbrachte, das Handlungsgeschehen subjektiv bewertete, Figuren und Requisiten individuell beschrieb, nicht selten ›mit erhobenem Zeigefinger‹, wenn auch nicht so aufdringlich und mit Humor und einer gewissen Ironie. Auch fehlt häufig ein optimistischer Schluß, der die meisten Märchen der Brüder Grimm ebenso wie Bechsteins und anderer Märchenherausgeber des 19. Jahrhunderts charakterisiert. Der Ausgang ist offen, wenn die kleine Meerfrau auf ihre Erlösung warten muß, oder entspricht der ›traurigen‹ Realität, wenn der Tannenbaum (Nr. 17) in seiner ganzen Pracht den Mittelpunkt des Weihnachtsfestes bildet und hernach lieblos und verachtet in die Ecke geworfen und zu Kleinholz verarbeitet wird, oder endet tragisch, wenn das kleine Mädchen mit den Schwefelhölzchen (Nr. 27) hungernd und frierend stirbt, während ihr Tod durch die Vision religiös verklärt wird. Andersen gestaltete die Märchen kindgerecht, indem er Geschichten aus seiner (biedermeierlich geprägten) Umwelt erzählte.

Er beseelte Flora und Fauna. In seinen Märchen ist eine ungewöhnlich hohe Zahl sprechender Tiere und handelnder Gegenstände anzutreffen wie sonst kaum in einer Sammlung von Kunst- oder Volksmärchen. All dies kam dem kindlichen Bedürfnis nach Allverbundenheit beziehungsweise Universalismus entgegen. »Alles ist Wunder, alles ist Zauberei im täglichen Leben«, schrieb er am 20. Dezember 1845 an den Kopenhagener Physikprofessor Hans Christian Ørsted. Aber es war wohl auch die Erinnerung an Entbehrung und Not, die solche Wunderwelten als Gegenbild zur Wirklichkeit entstehen ließ.

Es war nicht unerheblich, daß die Stoffe der ersten von Andersen dargebotenen Märchen – wie auch spätere – zum Teil in Deutschland (und Europa) bereits bekannt waren: Den Stoff von dem hilfreichen Zaubergegenstand (Nr. 1: Das Feuerzeug) hatten bereits die Brüder Grimm nach älteren Motiven in ihrem Märchen »Das blaue Licht« (KHM 116, 1815: KHM 30) aufgegriffen, der Episodenschwank (»Der Kleine und der Große Klaus«) hängt mit der seit dem 11. Jahrhundert bekannten Thematik vom Unibos zusammen, der als armer, aber gewitzter Bauer sein Glück macht. Oder das Märchen »Des Kaisers neue Kleider« stammt aus dem altspanischen »Conde Lucanor« Juan Manuels, einer Sammlung von Beispielgeschichten, dessen einzelne Geschichten in Europa weit verbreitet waren. Andersen kannte wahrscheinlich die 1836 erschienene Novelle »So ist der Lauf der Welt« aus Karl Eduard von Bülows Sammlung.

Viele andere Märchen wie beispielsweise »Das kleine Mädchen mit den Schwefelhölzchen« (Nr. 27) oder »Die kleine Meerfrau« (Nr. 6) sind als selbständige Neuschöpfungen anzusehen. Andersen zeichnet in der Figur der Meerfrau Motive der »Undine« Friedrich de la Motte Fouqués nach. Das übernatürliche Wesen geht eine nicht erfüllbare Liebe zu einem Menschen ein – eine vor allem im 19. Jahrhundert äußerst populäre Thematik. Nach ihrem Tod (der Entführung durch Luftgeister) wird sie ein Geist und kann durch gute Taten, nicht als Gabe der Liebe eines Menschen, eine unsterbliche Seele erhalten, aber Andersen läßt den Schluß offen. Wie in anderen vergleichbaren Märchen, die von der Liebe Jenseitiger zu Menschen erzählen, ist die Verbindung eines Menschen mit einem übernatürlichen Wesen auf Dauer undenkbar. Während der Ausgang des Märchens bei Andersen in diesem klassischen Sinn kein Happy-End kennt, war ein solcher Schluß für die moderne Medienvermarktung nicht annehmbar. So haben filmische Umsetzungen unter die guten Taten einen Schlußpunkt gesetzt. Die Prüfung der Meerfrau findet ein Ende, sie muß nicht dreihundert Jahre warten, sondern erlangt tatsächlich Unsterblichkeit. Unter den 156 Märchen, die Andersen geschrieben hat, ist »Die Schneekönigin« (Nr. 18) mit sieben einzelnen Binnengeschichten das längste Märchen. Auch dieses hat Andersen selbst erfunden. Hier wird besonders seine Lebensphilosophie deutlich, wonach Gefühle wichtig und Furcht vor Gott nötig sind, um in der Welt bestehen zu können – wichtiger als die (kalte) Vernunft.

Als 1839 in deutscher Übersetzung Andersen Märchen im Braunschweiger Verlag Vieweg herauskamen, war dies die erste Übersetzung von Andersens Märchen überhaupt, nachdem bereits sein Erstlingsroman »Jugendleben und Träume eines italienischen Dichters« (1835; später unter dem Titel: »Der Improvisator«), die »Schattenbilder von einer Reise in den Harz...« (1836), der autobiographisch geprägte Roman »O.Z.« (1837) und der Roman »Nur ein Geiger« (1837) erschienen waren. Eine größere öffentliche Resonanz auf die Märchensammlung blieb jedoch zunächst aus. Zwar hatte der dänische Dichter durch die Veröffentlichung von Gedichten schon einen gewissen Bekanntheitsgrad – zumindest in der literarischen Szene – erreicht, einer breiteren Öffentlichkeit in Deutschland wird er aber erst durch seine 33 Geschichten des Mondes bekannt, Anekdoten aus der jüngeren Geschichte ebenso wie Erzählungen aus fernen Ländern, die seit 1841 als »Bilderbuch ohne Bilder« rasche Verbreitung (bis 1900/22 verschiedene Ausgaben) fanden.

Obwohl sich eine positive Aufnahme Andersens aus zeitgenössischen Zeugnissen zunächst nicht ablesen läßt, gibt es indirekt Indizien, die für eine Wertschätzung Andersens sprechen: Seine Märchen kamen nicht bei einem einzigen Verlag heraus, sondern über Jahre hinweg nahezu parallel vor allem in mehreren Leipziger und Berliner Verlagen. Beide Städte hatte Andersen in den zurückliegenden Jahren wiederholt besucht, war dort mit führenden Geistesgrößen und Persönlichkeiten des öffentlichen Lebens zusammengetroffen und hatte zu einflußreichen Adelskreisen und der Intelligenz Zugang gefunden. Mit großem Erfolg hatte er seine Märchen vor Publikum vorgetragen, auch von seinen Reisen erzählt. Immer wieder wird in den Tagebüchern von dem großen Echo solcher Vortragsabende berichtet. Wegen einer gewiß vorhandenen Subjektivität sind jedoch bei der Einschätzung solcher Passagen Abstriche zu machen. Typisch ist der Kunstgriff des Dichters, der unter dem Datum des 22.12.1845 Pressestimmen mit einer lobenden Bewertung seiner Märchen zitiert: »Gestern stand in der ›Frankfurter Zeitung‹ und im ›Correspondenten‹, daß ich in der zweiten Woche in Oldenburg [gewesen] sei und bei Hof und im privaten Kreis mit meinen köstlichen Märchen Freude bereitet habe.« Der Herausgeber der Zeitschrift »Europa«, F.G. Kühne, bringt im Jahrgang 1847 eine größere Würdigung, aus der unter anderem hervorgeht, daß Andersen »in allen Schichten der Gesellschaft« »heimisch wird«. Er ist nach Kühne »ein seltener Mensch, ein Mensch, der Kind geblieben ist, ein mitten in der Debatte der streitigen Welt harmlos gebliebener, von Leidenschaft nie getrübter Mann aus dem Monde reicht dir träumerisch Hand und Herz«. Die Wirkung des Vorlesens beschreibt Kühne so: »Den großen Kindern liest er mit der rührenden Unbeholfenheit seines Deutsch, mit der hinreißenden Herzlichkeit seines naiven Selbstgefühls seine Märchen vor« und folgert daraus: »Es ist nicht der Geist, was die Menschen gewinnt, sondern die Art, wie der Geist sich zugänglich macht. Wer ihnen die Wahrheit nackt zeigt, den scheuen und fliehen oder hassen und verfolgen sie. Zu einem Propheten in der Wüste würde heute niemand mehr pilgern. Wer aber in der Sophaecke sitzt und ihnen traulich die Geheimnisse des Himmels zu deuten weiß, dem lauschen sie von früh bis über Mitternacht hinaus. Muß das Genie wieder Kind werden und Kinder voraussetzen? Nur dann wenigstens hegt und pflegt es die Welt mit liebevollen Armen.«

Wie bekannt der Dichter Mitte der vierziger Jahre in Deutschland gewesen sein muß, läßt sich indirekt – trotz fehlender Auflagenhöhen – aus den zahlreichen Märchenausgaben ersehen, die als »Neue Märchen«, »Ausgewählte Märchen«, »Historien«, »Sämmtliche Märchen« oder innerhalb einer 25bändigen Gesamtausgabe (1847/48) bei diversen Verlagen seit 1844 zu erscheinen beginnen, viele davon in mehreren Auflagen innerhalb weniger Jahre. Ein weiterer Anhaltspunkt für Andersens Popularität ergibt sich aus der Tatsache, daß berühmte Künstler die Illustrierung seiner Bücher übernehmen: Gewöhnlich wagten die Verlage sich an eine großzügigere Bebilderung erst dann heran, nachdem sich eine Märchenanthologie durchgesetzt oder sich bestimmte Märchen als beliebt erwiesen hatten. Ob die Verlage die Werbewirksamkeit illustrierter Märchenausgaben erkannt hatten – dafür sprechen die zur gleichen Zeit überall in Deutschland erschienenen Ausgaben und die Entstehung erster sogenannter »Prachtausgaben« – oder ob Andersen entsprechende Wünsche bei den Verlegern geäußert hat, ist nicht bekannt. Als Illustratoren der Frühphase sind zu nennen Georg Osterwald (1803–84), Ludwig Richter (1803–84), Theodor Hosemann (1807–75), Paul Thumann (1834–1908), Franz von Pocci (1807–76) und Ludwig Löffler (1819–76). Bekannte dänische Illustratoren sind Vilhelm Pedersen (1820–59) und Lorenz Frølich (1820–1908), deren Zeichnungen bis in heutige Zeit viele Andersen-Gesamtausgaben schmücken. Die große Aufmerksamkeit, die Andersen in Deutschland binnen weniger Jahre erringt, erreicht kaum einer seiner Konkurrenten. Der dänische Dichter schlägt nicht nur die Romantiker mit ihren vergleichbaren Kunstmärchen um Längen, sondern erweist sich erfolgreicher als die Brüder Grimm mit ihren »Kinder- und Hausmärchen« oder als Ludwig Bechstein. Daß etwa 1879 eine von Thumann, Hosemann, Graf Pocci, Oscar Pletsch und Richter illustrierte »Prachtausgabe« schon in 18. Auflage herauskommt, spricht für die anhaltende Beliebtheit Andersens in Deutschland ebenso wie eine von Pedersen illustrierte Ausgabe in der 12. Auflage 1873. Außerhalb der Andersen-Ausgaben finden einzelne Märchen Eingang in Kalender (seit etwa 1850) und in weitverbreitete Märchen-Anthologien, ohne daß in dieser Phase eine Dominanz bestimmter Märchen zu erkennen gewesen wäre. Dieser Prozeß setzt erst zögerlich im letzten Viertel des 19. Jahrhunderts ein, etwa mit Ausgaben der »Schneekönigin«, »Däumelinchens«, der »Galoschen des Glücks« oder des »Kleinen Klaus und des Großen Klaus«.

Andersen und die Sammler des Volksmärchens

Während Andersen mit den deutschen Romantikern herzliche Kontakte pflegte, war er für die ›gelehrten‹ Märchensammler Grimm und Bechstein zunächst eine persona ignota. Jacob Grimm jedenfalls wußte bis 1844 mit dem Namen Andersen nichts zu verbinden. Nach einem Besuch bei dem von ihm geschätzten Jacob Grimm (1844) notierte Andersen über seine Begegnung enttäuscht: »Ohne Empfehlungsschreiben kam ich zu [J.] Grimm. Er kannte mich nicht, hatte noch nie meinen Namen gehört, wußte überhaupt nichts von mir!« Dies sollte sich jedoch rasch ändern, auch den Bruder Wilhelm lernte Andersen kennen, spätestens 1845 bei einem weiteren Besuch in Berlin. Erneut besuchte er dort Jacob Grimm und sprach mit ihm über Märchen. Außerdem waren die Brüder Grimm im Hause des preußischen Ministers Savigny Zeugen von einem der offenbar sehr beliebten Andersenschen Vortragsabende. Weder über den Inhalt der Gespräche mit den von Andersen verehrten Brüdern – er schenkte ihnen eine Ausgabe seiner »Nye Eventyr« (2. Aufl. 1844) mit einer freundlichen Widmung – sind wir durch Andersen oder Aufzeichnungen der Brüder Grimm informiert, noch wissen wir etwas über deren Bewertung des dänischen Konkurrenten. Wilhelm jedenfalls erwähnt Andersens Märchenbearbeitungen nur gelegentlich in der dritten Ausgabe der Anmerkungen zu den »Kinder und Hausmärchen« von 1856, verweist auf »Das Feuerzeug« als dänische Variante zu KHM 116: »Das blaue Licht« und nennt den »Kleinen und den Großen Klaus« als Spielart von KHM 61: »Das Bürle«. Ein 1843 in der 5. Großen Auflage auf Vermittlung des Grimm-Bruders Herman veröffentlichtes Märchen »Die Erbsenprobe« wurde 1850 bei der nächsten Auflage sofort wieder ausgeschieden, »weil sie wahrscheinlich aus Andersen (S. 42) stammt«, wie Wilhelm vorsichtig wertend festhielt. Tatsächlich waren die Ähnlichkeiten unübersehbar. Die bloße Vermutung, daß es ein ›Kunstmärchen‹ sein könnte, war also Grund genug, das Märchen wieder zu eliminieren, während dieses – fragwürdige – Ausscheidungskriterium für andere (und beliebte) Märchen, die stofflich auf französische beziehungsweise italienische Märchen zurückgingen (z. B. »Rotkäppchen«, »Aschenputtel«), keine Anwendung fand. Andersen selbst sah sich vor allem als Märchendichter und bewertete dies höher als die Sammeltätigkeit, wie auch aus einer späten Tagebucheintragung hervorgeht. So äußerte er sich einem Gesprächspartner gegenüber am 29. Mai 1873: »Grimm hat niemals ein Märchen gedichtet, er war nur Sammler.«

Der zweite große Märchenmatador jener Jahre, dessen Erfolg als Märchenherausgeber jedoch erst 1845 mit der Veröffentlichung des »Deutschen Märchenbuchs« einsetzte, war der Bibliothekar und Sagenspezialist Ludwig Bechstein. Er schaffte innerhalb von acht Jahren bis 1853 allein 11 Auflagen. Interessant ist Bechsteins neugefaßtes Vorwort zur 1853 erschienenen Ausgabe, weil er wesentlich intensiver als andere zu den Konkurrenzsammlungen Stellung bezieht. Hatten andere Sammler ihre Bewertungen bislang zumeist nicht öffentlich vorgebracht, so scheute Bechstein nicht vor Kritik zurück. Andersen steht nach Bechstein für eine bedenkliche Wende des Märchenerzählens, weil er handelnde und sprechende Gegenstände in den Mittelpunkt seiner Märchen stellte: zwar »oft nicht ohne Geschick und sehr ergötzlich«, aber damit würden des Märchenlandes Grenzen überschritten, »und was sie dann noch Märchen nennen, ist keines mehr, ist Fabel.« So treffend Bechstein das Moment der Beseelung als neues Stilelement hervorhob, so wenig überzeugend klingen seine Warnungen vor der fehlenden Wissenschaftlichkeit und der vermeintlich fehlenden »Ächtheit«. Schließlich verfuhr er nicht anders als Andersen und auch die Brüder Grimm, die dank ihrer Belesenheit älter umlaufende Motive und Stoffe zu einem neuen Ganzen zusammenfügten. Die dahinterstehende Vorstellung von den Märchen ›aus dem Volke< ist heute selbst als Ideologie entlarvt, da nur solche Erzählungen weiterleben können, welche Normen und Werte der Gesellschaft widerspiegeln.

Gerade Märchen eignen sich aber nun besonders universell zur Darstellung unserer Welt und sind Weltliteratur. Sie sind an keine strenge Gattungsbezeichnung gebunden und können sich vielfältiger Ausdrucksformen bedienen. Programmatisch bekennt sich Andersen zum Wert des Märchenhaften, als er schon längst die hohe Bedeutung des Märchens für seine eigenen Dichtungen erkannt hatte und daß er davon »eine Menge Stoff, mehr als für irgendeine andere Dichtart« (1843 in einem Brief an den dänischen Dichter Bernhard Severin Ingemann) besaß. »Die Märchendichtung«, so bekennt er in seinem 1857 veröffentlichten Roman »Sein oder Nichtsein«, »ist das am weitesten ausgedehnte Reich der Poesie, es reicht von den blutdampfenden Gräbern der Vorzeit bis zum Bilderbuch der frommen, kindlichen Legende, nimmt die Volksdichtung und Kunstdichtung in sich auf, sie ist mir Repräsentantin aller Poesie, und der, welcher sie beherrscht, kann in sie hineinlegen das Tragische, das Komische, das Naive, die Ironie und den Humor und hat hier die lyrische Saite, das Kindlichplaudernde und die Sprache des Naturbeschreibers zu seinem Dienst.« Daß Andersen mit seiner ›gesprochenen Dichtung‹ nicht nur bei seinen Zeitgenossen Anklang fand, daß seine Märchen zur Weltliteratur gehören und in vielen Ländern der Welt eine große Wertschätzung genießen, bezeugen die vielen Einzel-, Teil- und Gesamtausgaben, die bis heute aufgelegt werden.

Göttingen, im Dezember 1995 *Hans-Jörg Uther*

Anmerkungen

Ein besonderer Dank gilt Erik Dal für freundlichen Rat und vielseitige Unterstützung.

Grundlage für Auswahl und Übersetzung dieser Ausgabe ist:

H.C. Andersens Eventyr. Kritisk udgivet efter de originale Eventyrhæfter med Varianter ved Erik Dal og Kommentar ved Erik Dal, Erling Nielsen og Flemming Hovmann. Bd. I–VII, København 1963–1990.

Die Reihenfolge der Märchen und Geschichten folgt dieser Ausgabe, die im wesentlichen chronologisch und entsprechend dem Erstdruck in Heften und Bänden angeordnet ist.

Abkürzungen

AaTh = Antti Aarne und Stith Thompson. The Types of the Folktale. Second Revision. Helsinki 1961.

EB = H. C. Andersen. Eventyr, fortalte for Børn. EB 1–35, EB 2–35, EB 3–37: Første Samling. 1.–3. Hefte. Kjøbenhavn 1835–37. EB 4–38, EB 5–39, EB 6–42: Ny Samling. 1.–3. Hefte. Kjøbenhavn 1838–42.

EP–50 = H. C. Andersen. Eventyr med Illustrationer af Vilhelm Pedersen. Kjøbenhavn 1852–53.

H = H. C. Andersen. Historier. H 1–52, H 2–53: 1.–2. Samling. Kjøbenhavn 1852–53.

HP–55 = H. C. Andersen. Historier med Illustrationer af Vilhelm Pedersen. Kjøbenhavn 1855.

NE = H. C. Andersen. Nye Eventyr. NE 1–44, NE 2–45, NE 3–34: Første Bind. 1.–3. Samling. Kjøbenhavn Samling. Kjøbenhavn 1847–48.

NEH = H. C. Andersen. Nye Eventyr og Historier. NEH 1–58, NEH 2–58, NEH 3–59, NEH 4–60: 1. Raekke. 1.–4. Samling. Kjøbenhavn 1858–60. NEH 5–61, NEH 6–62, NEH 7–65, NEH 8–66: 2. Raekke. 1.–4. Samling. Kjøbenhavn 1861–66. NEH 9–72, NEH 10–72: 3. Raekke. 1.–2. Samling. Kjøbenhavn 1872.

3 NEH–70 = H. C. Andersen. Tre nye Eventyr og Historier. Kjøbenhavn 1870.

33. DIE GLOCKE. Erstdruck 1845 in Maanedsskrift for Børn ved H. V. Kaalund og Julius Chr. Gerson, 3. Hæfte. Kjøbenhavn 1845.
Andersen vermerkt dazu, der Text sei »ebenso wie fast alle nachfolgenden Märchen und Geschichten eigene Erfindung«.
34. DER FLACHS. Erstdruck 1849 in der Zeitschrift Fædrelandet, Nr. 79.
13 *»Schnipp, schnapp, schnurre ... aus«:* alter dänischer Kinderreim.
35. DIE GESCHICHTE DES JAHRES. Erstdruck 1852 in H 1–52, S. 7–22.
Das Motiv, das vor Andersen u. a. Adam Oehlenschläger (1779–1850) und Jens Baggesen (1764–1826) benutzten, hat er selbst in mehreren Werken bearbeitet, so 1832 in seiner Gedichtsammlung »Aarets tolv Maaneder« (Die zwölf Monate des Jahres).
23 *der weiße Lotos des Nordens:* Gemeint ist die Seerose.
28 *Moses auf dem Berge:* Vgl. 2. Mos. 3,4.
36. DAS IST GANZ GEWISS! Erstdruck 1852 in H 1–52, S. 43–48.
29 *»Prenez garde aux enfants!«:* (frz.) Haben Sie acht auf die Kinder!
37. EINE GUTE LAUNE. Erstdruck 1852 in H 1–52, S. 55–63.
33 *Deckensoffitte:* herabhängende Theaterdekoration.
34 *»Mi manca la voce«:* (ital.) Mir fehlt die Stimme.
34 *Alltagsgeschichte:* Vgl. Anm. zu Bd. 1, S. 315.
35 *»Der Polizeifreund«:* dänische Wochenzeitung.
35 *»Ist fortzusetzen«:* Vgl. Goethes Werke. Vollständige Ausgabe letzter Hand. XII, 1828. Befand sich in Andersens Besitz.
38. DER KOBOLD UND DER KAUFMANN. Erstdruck 1852 in H 2–53, S. 29–36.
36 *eine Schüssel Grütze:* Nach dänischem Volksglauben war es notwendig, dem Hauskobold am Weihnachtsabend eine Schüssel Grütze oder Reisbrei hinzustellen, um seine Gunst zu bewahren.
39. IN JAHRTAUSENDEN. Erstdruck 1852 in der Zeitschrift Fædrelandet, Nr. 21.
Bereits in seinem Frühwerk »Fußreise von Holmens Kanal zur Ostspitze von Amager in den Jahren 1828 und 1829« (1829) läßt Andersen ein Luftdampfschiff fliegen, die technische Entwicklung seiner Zeit interessierte ihn sehr.
40 *der elektromagnetische Draht unter dem Weltmeer:* Das

erste längere Seekabel wurde 1850 zwischen Dover und Calais verlegt.

41 *Cortéz:* Hernán Cortéz (1485–1547), spanischer Konquistador.

41 *Calderón:* Pedro Calderón de la Barca (1600–1681), spanischer Dramatiker.

41 *Cid:* (Ruy) Diaz de Vivar, von den Arabern El Cid genannt, spanischer Heerführer, der im Kampf gegen die Mauren 1094 Valencia eroberte.

41 *Alhambra:* maurische Palastanlage in Granada aus dem 13./14. Jahrhundert von großer Pracht.

42 *Ørsted:* Vgl. Anm. zu Bd. 1, S. 310.

42 *Linné:* Carl von Linné (1707–1778), schwedischer Botaniker.

42 *die jungen Norweger:* Gemeint sind die Vertreter der norwegischen Nationalromantik um 1840.

40. UNTER DEM WEIDENBAUM. Erstdruck 1852 in H 2–53, S. 43–68.
Das Motiv des unglücklichen Liebhabers verwendet Andersen auch in anderen Werken, häufig mit autobiographischem Bezug. Hier wird eine Beziehung zu der schwedischen Sängerin Jenny Lind (1820–1887) vermutet, der Andersen 1843 einen Heiratsantrag gemacht hatte.
49 *Freimeister:* Meister außerhalb der Zunft.
53 *»— so dänisch... Mondenschein!«:* Zitat aus Johanne Louise Heibergs Vaudeville »Ein Sonntag auf Amager« (1848).

41. FÜNF AUS EINER ERBSENSCHOTE. Erstdruck 1852 in Folkekalender for Danmark 1853.
63 *Jonas im Walfisch:* Vgl. Jonas 2.

42. TÖLPEL-HANS. Erstdruck 1855 in HP-55, S. 114–119.
Nach Andersens eigener Bemerkung war die Quelle ein dänisches Volksmärchen, AaTh 853, das er »frei nacherzählte«.

43. »SIE TAUGTE NICHTS«. Erstdruck 1852 in Folkekalender for Danmark 1853.
Der Text hat starke autobiographische Bezüge, auch Andersens Mutter, Anne-Marie Andersdatter (gest. 1833), die dem Alkohol verfallen war, mußte sich u. a. als Waschfrau ihr Brot verdienen.

44. SUPPE AUS EINEM WURSTSPEILER. Erstdruck 1858 in NEH 1–58, S. 1–20.
Das Märchen variiert sprachlich und thematisch eine dänische Redensart, die sinngemäß übersetzt heißt: Leeres Stroh dreschen / Viel Lärm um nichts. Da sich Andersen immer wieder

auf den genauen Wortlaut bezieht und ihn durchspielt, mußte die wörtliche Übersetzung beibehalten werden.

84 ›*Gehe hin... an!*‹ Vgl. Sprüche Salomonis 6, 6.

86 *Dryade:* Vgl. Anm. zu Bd. 1, S. 301.

86 *Phantasus:* nach Ovids Metamorphosen einer der Traumgötter.

87 *ein weißes Stäbchen in den Mund:* Vgl. Anm. zu Bd 1, S. 235.

45. »ETWAS«. Erstdruck 1858 in NEH 1–58, S. 57–67.
Andersen erwähnt als Anregung eine Sage aus Schleswig.

46. DIE SCHNELLÄUFER. Erstdruck 1858 in NEH 2–58, S. 53–59.

47. DER WIND ERZÄHLT VON VALDEMAR DAAE UND SEINEN TÖCHTERN. Erstdruck 1859 in NEH 3–59, S. 1–17.
Andersen verweist auf »dänische Volkssagen« und »historische Nachrichten über den alten Gutshof Borreby«.

104 *Valdemar Daae:* dänischer Adliger (1616–1691), Besitzer des Gutshofs Borreby, vertat sein Vermögen als Alchemist.

104 *Marsk Stig:* Stig Andersen Hvide (gest. 1293), dän. Adliger und Politiker, hat jedoch nichts mit Borreby zu tun. Andersen geht auch im weiteren recht frei mit den historischen Gegebenheiten um.

114 »*Die älteste... fuhren!*«: Zitat aus einem dänischen Volkslied.

115 *ägyptischer Vogel:* d. h. der Storch.

116 *hölzerner Esel:* mittelalterliches Strafinstrument, auf dänischen Gutshöfen bis zum Ende des 18. Jahrhunderts in Gebrauch.

48. HOFHAHN UND WETTERHAHN. Erstdruck 1859 in NEH 4–60, S. 17–22.

119 *Basilisk:* Fabelwesen, das von einer Schlange oder Kröte aus einem Hühnerei ausgebrütet wurde und mit seinem Blick töten konnte.

49. VOGEL PHÖNIX. Erstdruck 1850 in Den nye Børneven, Ill. Tidsskrift for Børn, udg. af Julius Chr. Gerson. 1. Hæfte. Welche der zahlreichen Phönix-Darstellungen Andersen benutzt hat, ist nicht sicher festzustellen.

121 *Thespiskarren:* Theaterkarren, mit dem Thespis, der Begründer der griechischen Tragödie, durchs Land gefahren sein soll.

121 *Odins Rabe:* Auf Odins Schultern saßen die Raben Hugin und Munin, die ihm alle Neuigkeiten der Welt zuflüsterten.

50. ZWÖLF MIT DER POST. Erstdruck 1861 in NEH 5–61, S. 1–8.
Andersen äußert sich nicht über die unmittelbare Anregung,

hat sich jedoch mehrfach mit dem Motiv beschäftigt, vgl. auch Nr. 35, »Die Geschichte des Jahres«.

122 *Tonne... Katze schlagen:* Nach altem dänischen Fastnachtsbrauch mußte eine Katze oder ein Hahn von einer Tonne geschlagen werden.

123 »*vierzig Ritter«:* christliche römische Soldaten, die um 320 den Märtyrertod erlitten haben sollen, ihr Fest war am 10. bzw. 9. März.

123 *Wetterprophet:* An diesem Tag soll sich nach dänischer Überlieferung das Wetter für die nächsten 40 Tage entscheiden.

123 *Umzugs-Kommisar:* Als Ziehtag galt der 3. Dienstag im April.

123 »*Holzschnitte« von Christian Winther:* Træsnit (1828), Titel einer Idyllen-Sammlung von Christian Winther (1796–1876).

124 »*Kleingedichte« von Richardt:* Smaadigte (1860), Gedichtsammlung von Christian Richardt (1831–1892).

124 »*Siebenschläfer«:* 27. Juni, so genannt nach sieben Christen, die eingemauert und nach zweihundertjährigem Schlaf wieder erwacht sein sollen.

124 »*Im Schweiße ... essen!«:* Vgl. 1. Mos. 3, 19.

125 *englischer Pflug:* Der technisch bessere Schwingpflug wurde zuerst in England hergestellt.

125 *in den Dienst begleiten:* Ziehtag für Knechte und Mägde war der 1. November.

51. DER MISTKÄFER. Erstdruck 1861 in NEH 5-61, S. 9-21.
Andersen erwähnt im »Märchen meines Lebens« (1860), daß er in der englischen Zeitschrift »Household Words« (1852) mehrere arabische Sprichwörter und Redensarten fand, darunter über das Beschlagen der Hufe des Pascha-Pferdes, was ihn später zu diesem Text anregte.

131 »*Allah sieht ... Koran«:* Anspielung auf einen Vers in Adam Oehlenschlägers Schauspiel »Aladdin eller Den forunderlige Lampe« (Aladdin oder die Wunderlampe, 1805).

52. WAS VATER TUT, IST IMMER RICHTIG. Erstdruck 1861 in NEH 5-61, S. 23-31.
Nach Andersens eigener Bemerkung die Nachdichtung eines Volksmärchens, AaTh 1415, das er in seiner Kindheit hörte.

139 *Schiffspfund:* 160 Kilogramm.

53. DER SCHNEEMANN. Erstdruck 1861 in NEH 5-61, S. 57-66.
Als Anregung nennt Andersen nur die Kälte im Winter 1860.

145 *Bein um Bein:* Anspielung auf 2. Mos. 21, 24.

54. IM ENTENHOF. Erstdruck 1861 in NEH 5-61, S. 67-76.
149 *Portulak:* Gewürz- und Gemüsepflanze.
150 *Lokomotive:* hier von dem technik- und eisenbahnbegeisterten Andersen als Synonym für Kraft gebraucht.
150 *P-Laute:* Vgl. »Die Nachtigall«, Bd. 1, S. 158.

55. DIE MUSE DES NEUEN JAHRHUNDERTS. Erstdruck 1861 in NEH 5-61, S. 77-86.
In ähnlicher Weise hatte Andersen 1851 im Kapitel »Das Kalifornien der Poesie« des Reisebuchs »In Schweden« einem Kulturoptimismus Ausdruck gegeben, der stark von dem Physiker Ørsted (vgl. Anm. zu Bd 1, S. 310) beeinflußt war.
155 *Zukunftsmusik:* Anspielung auf den Komponisten Richard Wagner (1813–1883) und seine Publikation »Das Kunstwerk der Zukunft« (1850).
156 *Meister Blutlos:* Andersen hat den Ausdruck von dem schwedischen Philologen und Schriftsteller Adolph Törneros (1794–1839) übernommen und auch in seinem Reisebuch »In Schweden« (1851) und in der Reiseskizze »Ein Besuch bei Charles Dickens« (1857) verwendet.
156 *Vestalin:* römische Priesterin, die das Feuer im Tempel der Göttin Vesta hütete.
156 *Emigrantentochter:* Gemeint sind die Emigranten nach der Französischen Revolution 1789.
156 *Eyvind Skaldenspieler:* um 910–990, isländischer Häuptling und Skalde.
156 *Ferdousi:* um 934–1025, persischer Dichter.
157 *Moses' Dichtungen:* Andersen meint die fünf Bücher Mose des Alten Testaments, die jedoch nicht von Moses stammen.
157 *Bidpai:* oder Bilpai, gilt als Verfasser der altindischen Sammlung von Fabeln und märchenhaften Geschichten Pantschatantra (um 500). Andersen hatte eine deutsche Übersetzung.
157 *Garibaldi-Hut:* nach dem italienischen Freiheitshelden Giuseppe Garibaldi (1807–1882).
157 *Calderón:* Vgl. Anm. zu Bd. 11, S. 41.
157 *Holberg:* Ludvig Holberg (1684–1754), dänisch-norwegischer Dramatiker, Epiker, Historiker und Philosoph.
157 *Molière:* Jean-Baptiste Molière (1622–1673), französischer Komödiendichter.
157 *Plautus:* Titus Maccius Plautus (um 244–184 v. Chr.), römischer Komödiendichter.

158 *Aristophanes:* um 445–385 v. Chr., griechischer Komödiendichter.

158 *Montgolfiers Vogel Rock:* Die französischen Brüder Jacques Étienne (1745–1799) und Joseph Michel (1740–1810) Montgolfier hatten 1782 den ersten Heißluftballon entwickelt, den Andersen mit dem arabischen Fabelvogel vergleicht.

158 *»Hiawatha«:* »The Song of Hiawatha« (Sang von Hiawatha, 1855), Indianerepos des amerikanischen Dichters Henry Wadsworth Longfellow (1807–1882).

158 *Weltteil der Antipoden:* Gemeint ist Australien.

159 *Memnonssäule:* Nach griechischer Sage errichtete König Memnon zwei Säulen, von denen eine bei Sonnenaufgang einen Ton von sich gab.

159 *Elisabeths Zeit:* nach der englischen Königin Elisabeth (1533–1603).

159 *Tycho Brahe:* 1546–1601, dänischer Astronom, der 1597 gezwungen-freiwillig das Land verließ.

159 *Thespiskarren:* Vgl. Anm. zu Bd. II, S. 122.

159 *Alltagsgeschichten:* Vgl. Anm. zu Bd. I, S. 315.

160 *Ragnarok:* in der nordischen Mythologie Kampf zwischen Asen und Riesen, der zum Weltuntergang führt.

160 *Gimle:* die danach entstehende bessere Welt.

56. DIE EISJUNGFRAU. Erstdruck 1861 in NEH 6–62, S. 1–68.
Ursprünglich wollte Andersen nur eine Erzählung »Das Adlernest« schreiben, zu der ihn der bayerische Volksdichter und Mineraloge Franz von Kobell (1803–1882) angeregt hatte. Weiterhin zog er die dreibändigen »Alpenreisen« (1849–51) von Johann Georg Kohl zu Rate und entnahm die Geschichte des waghalsigen Alpenjägers und seines tragischen Endes vor dem Hochzeitstag vermutlich: Die Schweiz, die italienischen Seen; Mailand, Genua, Turin. Handbuch für Reisende von K. Baedeker. Coblenz 1857. Zur Gestalt der eisigen Jungfrau vgl. auch »Die Schneekönigin«, Nr. 18.

168 *das Lied vom Wandersmann:* Andersen bezieht sich auf eine Fabel des Äsop, die er in einer dänischen Ausgabe von Christian Winther (1848) kennengelernt hatte.

172 *geheimnisvolle Wesen des Alpenlandes:* Andersen stützt sich auf Kohl, Alpenreisen, s. o.

173 *Kretins:* an Kretinismus (physischen und psychischen Entwicklungsschäden) leidende Menschen.

175 *die französischen Soldaten:* Napoleon hatte das Wallis 1798 besetzt.

179 *Tells Pfeilschuß:* Nach der Sage weigerte sich der Schweizer Jäger Wilhelm Tell 1307 in Altorf, einen Hut auf der Stange als Symbol der habsburgischen Herrschaft zu grüßen, und mußte auf Befehl Geßlers zur Strafe einen Apfel vom Kopf seines Sohnes schießen.

181 *ständiger Gedanke:* Anspielung auf eine Replik von Adam Oehlenschläger.

185 *makadamisiert:* nach dem schottischen Ingenieur Mac Adam (1756–1830), der den Straßenbau seiner Zeit entscheidend verbesserte.

201 *»zwei Seelen und ein Gedanke«:* Zitat aus dem Drama »Der Sohn der Wildnis« (1842) von Friedrich Halm (1806–1871).

202 *Byron:* George Noel Gordon Lord Byron (1788–1824), englischer Dichter der Romantik.

202 *Rousseau... Heloise:* Vgl. »Julie ou la nouvelle Héloise« (Julie oder Die neue Heloise, 1761) von Jean-Jacques Rousseau (1712–1778).

203 *raffaelischer Engelskopf:* bezogen auf den italienischen Maler Raffael, eigtl. Raffaelo Santi (1483–1520).

204 *Byrons Dichtung »Der Gefangene von Chillon«:* The Prisoner of Chillon (1816).

219 *roteingebundenes Reisebuch:* Vgl. den oben genannten Baedeker-Band.

57. DER SCHMETTERLING. Erstdruck 1860 in Folkekalender for Danmark 1861.

220 *Margarete:* (frz.) grande marguerite.

58. DIE SCHNECKE UND DER ROSENBUSCH. Erstdruck 1861 in NEH 6–62, S. 95–100.

59. DIE IRRLICHTER SIND IN DER STADT, SAGTE DIE MOORFRAU. Erstdruck 1865 in NEH 7–65, S. 1–20.

Schon früher wollte Andersen über ein Irrlicht schreiben, ursprünglich in einer Märchenkomödie, die er jedoch aufgab. Erst 1865, nachdem ihn der Krieg 1864 (vgl. Anm. zu S. 225) in eine tiefe Krise geführt hatte, die auch seine Kreativität betraf, kam er darauf zurück.

225 *Krieg:* Preußisch-österreichischer Krieg gegen Dänemark, der 1864 mit dem Wiener Frieden und dem Verzicht Dänemarks auf Schleswig-Holstein und Lauenburg endete.

227 *Holger Danske:* Gestalt dänischer Sagen und Volkslieder, die dem französischen Rolandslied (Ogier le Danois) entnommen ist, ursprünglich nichts mit Dänemark zu tun hatte, je-

doch als Nationalheld gilt — schlafend unter dem Schloß Kronborg, um zu erwachen, wenn das Land in Not ist.
227 *Wilhelm Tell:* Vgl. Anm. zu Bd. II, S. 179. Auch seine historische Existenz wurde zu Andersens Zeit angezweifelt.
228 *Valdemar Daae und seine Töchter:* Vgl. Andersens Märchen »Der Wind erzählt von Valdemar Daae und seinen Töchtern«, hier Nr. 47.
228 *Dryade:* Vgl. Anm. zu Bd. I, S. 301. Andersen veröffentlichte 1868 das Märchen »Die Dryade«.
229 *Traum der alten Eiche:* bezogen auf Andersens Märchen »Der letzte Traum der alten Eiche« (1858).
230 *die Moorfrau, die braut:* Nebel über dem Moor wurde nach dem Volksglauben durch die brauende oder kochende Moorfrau verursacht. Vgl. auch Anm. zu Bd. I, S. 232.
231 *Irrlichter:* Nach dem Volksglauben eigentlich Geister schlechter Menschen, die andere ins Moor und ins Unglück zu locken versuchen, hier im weiteren Sinn verstanden.
233 *das Mädchen, das auf das Brot trat:* bezogen auf Andersens Märchen »Das Mädchen, das auf das Brot trat« (1859).
235 *Alltagsgeschichten:* Vgl. Anm. zu Bd. I, S. 315.
235 *Potage à la Kock:* Suppe à la Kock. Anspielung auf den französischen Trivialautor Paul de Kock (1793–1871).
238 *König Valdemars wilde Jagd:* Nach dänischer Sage wurde König Valdemar Atterdag (1320–1375) zur Strafe für seine Jagdlust dazu verurteilt, nach seinem Tod jede Nacht als Gespenst durch die Luft zu jagen.

60. DIE KRÖTE. Erstdruck 1866 in NEH 8–66, S. 63–74.
Unmittelbar angeregt wurde Andersen durch den Anblick einer Kröte in Portugal 1866. Von der Kröte, die nach dem Volksglauben einen Edelstein im Kopf trägt, hatte er nach eigener Aussage in seiner Kindheit gehört.
247 *Äsop:* griechischer Fabeldichter (6. Jh. v. Chr.), soll mißgebildet und häßlich gewesen sein.
247 *Sokrates:* 470–399 v. Chr., griechischer Philosoph, soll ebenfalls sehr häßlich gewesen sein.

61. DER BÖSE FÜRST. Erstdruck 1840 in Salonen. Et belletristisk Maanedsskrift, red. af Gottlieb Siesby, Bd. 1, 1. Hæfte. Erst 1868 in eine Märchensammlung aufgenommen.
Andersen bezeichnet das Märchen nicht als eigene Erfindung, sondern als Nacherzählung »in der Art von Grimm-Musäus«, ohne eine genauere Quellenangabe zu machen.

62. DER MARIONETTENSPIELER. Erstdruck 1851 als Kapitel IX des Reisebuchs »In Schweden«.
Wichtigste Anregung war vermutlich E.T.A. Hoffmanns »Seltsame Leiden eines Theater-Direktors« (1818). Der Text spiegelt Andersens persönliche Beziehung zu Ørsted, vgl. auch Anm. zu Bd. I, S. 310.
256 *Johanna Montfaucon:* »Johanna von Montfaucon«, Trauerspiel von August von Kotzebue (1761–1819).
256 *»Dyveke«:* Trauerspiel von Ole Johan Samsøe (1796).
256 *Skandinavier:* Anhänger der Bewegung des Skandinavismus, die vor allem um die Mitte des 19. Jahrhunderts eine engere Verbindung der skandinavischen Länder anstrebte.
63. DIE TEEKANNE. Erstdruck 1864 in Folkekalender for Danmark 1865.
64. DIE KLEINEN GRÜNEN. Erstdruck 1867 in Nye Digtninger, udg. af Christian Winther.
259 *Das weiseste Tier:* Vgl. Sprüche Salomonis 6, 6.
260 *»Seid fruchtbar…«:* Vgl. 1. Mos. 1, 28.
65. DER KOBOLD UND DIE MADAM. Erstdruck 1867 in Folkekalender for Danmark 1868.
Andersen verweist als Anregung auf eine Volkssage.
262 *… macht sie euch untertan:* Vgl. 1. Mos. 1, 28.
66. WAS MAN ERFINDEN KANN. Erstdruck 1869 in englischer Übersetzung, dänisch 1869 in 3NEH–70, S. 55–64.
Andersen zählt den Text zu den »erlebten Märchen«.
268 *Alltagsgeschichte:* Vgl. Anm. zu Bd. I, S. 315.
269 *Schlag die Poeten von der Tonne:* Anspielung auf den alten dänischen Fastnachtsbrauch, ein Katze oder einen Hahn von der Tonne zu schlagen.
67. DER FLOH UND DER PROFESSOR. Erstdruck 1872 in Folkekalender for Danmark 1873.
Vermutet werden verschiedene Anregungen, sowohl was das Modell für den Professor als auch die Ballonreise betrifft. Mit der technischen Neuerung hatte sich Andersen schon früher beschäftigt, vgl. »In Jahrtausenden«, Nr. 39.
68. DIE GROSSE SEESCHLANGE. Erstdruck 1871 in Illustreret Tidende, 13. Bd., Nr. 638.
Andersen nennt als Anregung die technischen Neuerungen seiner Zeit und den Physiker Ørsted.
281 *von Europa bis nach Amerika:* 1866 wurde ein 3500 km langes Telegrafenkabel von Irland nach Newfoundland verlegt.

286 *Midgardschlange:* in der nordischen Mythologie eine riesige Schlange, die im Meer die Erde umschließt.
286 *Schlange der Erkenntnis:* Vgl. 1. Mos. 3.
69. DER GÄRTNER UND DIE HERRSCHAFT. Erstdruck 1872 in NEH 9-72, S. 64-73.
Für das Modell des Gärtners gibt es Vermutungen, wichtiger ist jedoch der autobiographische Bezug, Andersens Wunsch, im eigenen Land ebenso wie in der Welt anerkannt zu werden.
293 *Danebrog:* dänische Nationalfahne, die nach der Sage am 15. 6. 1219 während der Schlacht bei Lyndanisse gegen die Esten vom Himmel gefallen sein soll.
70. TANTE ZAHNWEH. Erstdruck 1872 in NEH 10-72, S. 57-73.
Die gefährliche Tante tritt in etwas anderer Gestalt bereits 1829 in Andersens Frühwerk »Fußreise von Holmens Kanal zur Ostspitze von Amager in den Jahren 1828 und 1829« in Erscheinung. Andersen litt sein Leben lang unter Zahnbeschwerden und später verschiedenen Arten von Gebissen.
299 *Kräuterkissen:* mit wohlriechenden Kräutern gefülltes Säckchen, das der Heilung dienen sollte.
299 *spanische Fliege:* Vgl. Anm. zu Bd. I, S. 331.
304 *Satania infernalis:* (lat.) höllische Teufelin.

Literatur

H.C. Andersens Almanakker 1833–73. ed. H. Vang Lauridsen/K. Weber. København 1990.

H.C. Andersens Dagbøger, 1825–1875. Bd. 1–12. København 1971–77 (Auszüge übersetzt von H. Barüske: Aus Andersens Tagebüchern 1–2. Frankfurt a. M. 1980).

Braude, L.: H. C. Andersens eventyr og historier 1850–70. In: Andersen og verden. Indlæg fra den Første internationale H. C. Andersen-Konference, 25.–31. August 1991. ed. J. de Mylius u. a. Odense 1993, 75–84.

Brostrøm, T.: Hans Christian Andersen und die literarische Märchentradition. In: The Telling of Stories. Approaches to a Traditional Craft. ed. M. Nøjgaard u. a. Odense 1990, 183–192.

Holbek, B.: Hans Christian Andersen's Use of Folktales. In: The Telling of Stories. Approaches to a Traditional Craft. ed. M. Nøjgaard u. a. Odense 1990, 165–182.

Kofod, E.M. (ed.): De vilde swaner og andre folkeeventyr. København 1989, bes. 11–60.

Müller, H.: Andersen, Hans Christian. In: Lexikon der Kinder- und Jugendliteratur. Bd. 1. Weinheim/Basel 1975, 35–38.

Pulmer, K.: Vom Märchenglück zum Bürgeridyll. Zu H.C. Andersens Volksmärchenbearbeitungen. In: Skandinavistik 10 (1980), 104–117.

Scharioth, B. (u. a.): Märchenreise mit Hans Christian Andersen. Ausstellungskatalog München 1994.

Schmitz, V.: Andersen in Deutschland. In: Handwörterbuch des deutschen Märchens. Bd. 1. Berlin/Leipzig 1930–33, 67–73.

Uther, H.-J.: H. C. Andersen und Deutschland. Zur frühen Rezeption seiner Märchen. In: Andersen og verden. Indlæg fra den Første internationale H. C. Andersen Konference, 25.–31. August 1991. ed. J. de Mylius u. a. Odense 1993, 367–375.

York Möller-Christensen, I.: Den danske eventyrtradition 1800–1870. Harmoni, splittelse og erkendelse. Odense 1988.

York Möller-Christensen, I.: H. C. Andersens gennembrud i Tyskland. In: Andersen og verden. Indlæg fra den Første internationale H. C. Andersen-Konference, 25.–31. August 1991. ed. J. de Mylius u. a. Odense 1993, 321–328.

Dänische Volksmärchen

Herausgegeben von Laurits Bødker

342 Seiten, Halbleinen

Der Norden Europas hat eine eigene große Erzähltradition. Seit dem 12. Jahrhundert ist vor allem in Dänemark eine Sagen- und Märchentradition lebendig, die sich bis in die Neuzeit hinein erhalten hat. Laurits Bødker, der führende dänische Märchenforscher, hat in dem vorliegenden Band 54 Volksmärchen versammelt, die für die verschiedenen Teile Dänemarks typisch sind. Besonders reizvoll an dieser Ausgabe sind die sechs Texte, die dem berühmten Werk »Gesta Danorum« des Saxo Grammaticus entstammen, das um 1200 verfaßt wurde und somit sehr frühe Belege für märchenhafte Stoffe liefert.

»Das Buch... weist am Märchenschatz einer Nation die wunderbare Magie des ›Es war einmal...‹ auf. Seine Anlage und die ergänzenden knappen Verweise bezeugen, wie sehr die Reihe ›Märchen der Weltliteratur‹ des Verlages Diederichs ein Standardwerk dieser Erzählgattung geworden ist.«

Die Tat, Zürich

Eugen Diederichs Verlag

Die Märchen der Weltliteratur – das Kostbarste, was Völker besitzen

Diese Märchensammlung, die die traditionsreichste im deutschsprachigen Raum ist, hat im jährlichen Erscheinungsrhythmus, seit 1912, mehr als 100 Bände herausgebracht. Die nach Ländern geordneten Ausgaben bestechen durch ihre bibliophile Ausstattung ebenso wie durch die kompetente Auswahl der aufgenommenen Texte.
Ausführliche Informationen über wiederkehrende Erzählmotive, über Erzähler und Märchensammler als Träger der Volksüberlieferung, sowie Kommentare und Hinweise auf weiterführende Literatur machen diese Buchreihe zu einer Fundgrube für jeden Märchenfreund.

EUGEN DIEDERICHS VERLAG